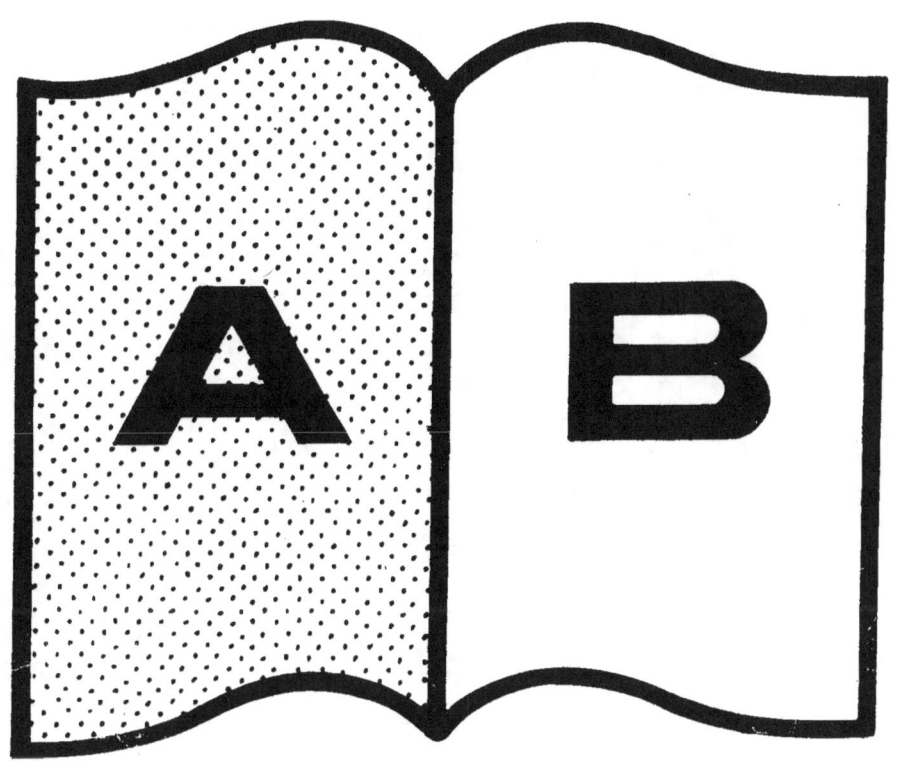

Contraste insuffisant

NF Z 43-120-14

TOURVILLE

ET

LA MARINE DE SON TEMPS

NOTES, LETTRES ET DOCUMENTS

(1642-1701)

Par J. DELARBRE

CONSEILLER D'ÉTAT HONORAIRE
TRÉSORIER GÉNÉRAL DES INVALIDES DE LA MARINE
MEMBRE DU CONSEIL DE L'ORDRE DE LA LÉGION D'HONNEUR

PARIS
LIBRAIRIE MILITAIRE DE L. BAUDOIN ET Cⁱᵉ
IMPRIMEURS-ÉDITEURS
30, Rue et Passage Dauphine, 30

1889

TOURVILLE

ET

LA MARINE DE SON TEMPS

NOTES, LETTRES ET DOCUMENTS

(1642-1701.)

Extrait de la Revue maritime et coloniale
(1888-1889.)

TOURVILLE

ET

LA MARINE DE SON TEMPS

NOTES, LETTRES ET DOCUMENTS

(1642-1701)

Par J. DELARBRE

CONSEILLER D'ÉTAT HONORAIRE
TRÉSORIER GÉNÉRAL DES INVALIDES DE LA MARINE
MEMBRE DU CONSEIL DE L'ORDRE DE LA LÉGION D'HONNEUR

PARIS
LIBRAIRIE MILITAIRE DE L. BAUDOIN ET Ce
IMPRIMEURS-ÉDITEURS
30, Rue et Passage Dauphine, 30

1889

A LA MÉMOIRE

DU

MARQUIS P. DE CHASSELOUP-LAUBAT,

ANCIEN MINISTRE DE LA MARINE,

(Avril-octobre 1851) — (Novembre 1860) — (Janvier 1867)

CE LIVRE EST DÉDIÉ :

Il a été commencé sous son inspiration et terminé avec son souvenir.

(1889.)

J. D.

Mr le chr de modene m'a tesmongne qu'il
auroit souhaite un brulot Je prends la liberte
de vous dire qu'il a de la capacite et
de la valeur

Monseigneur

voftre tres humble
et tres obeissant serviteur
le chr de Tourville
À Toulon le 26 avril 1649

TOURVILLE

ET LA MARINE DE SON TEMPS.

NOTES, LETTRES ET DOCUMENTS.

(1642 1701)

AVERTISSEMENT

« ... Le plus grand homme de mer, de l'aveu des Anglais et des Hollandais, qui eût été depuis un siècle et, en même tems, le plus modeste, ce fut le maréchal de Tourville... Tourville possédait, en perfection, toutes les parties de la Marine, depuis celle du charpentier jusqu'à celle d'un excellent amiral. Son équité, sa douceur, son flegme, sa politesse, la netteté de ses ordres, les signaux et beaucoup d'autres détails particuliers très utiles qu'il avait imaginés, son arrangement, sa justesse, sa prévoyance, une grande sagesse, aiguisée de la plus naturelle et de la plus tranquille valeur, tout contribuait à faire désirer de servir sous lui et d'y apprendre. »

Tel est le portrait que Saint-Simon fait dans ses mémoires[1] d'un

[1] Tome II, p. 208.

homme de mer qui n'a pas encore eu véritablement d'historien[1]. De nombreux biographes se sont, il est vrai, occupés de Tourville; mais, la plupart d'entre eux, s'appropriant simplement le thème du premier en date (l'abbé de Magron[2]) ou celui de Graincourt[3], reproduisent sans aucun caractère d'authenticité des récits qui semblent participer beaucoup plus du roman que de l'histoire.

Nous nous sommes proposé dans ce travail, commencé il y a vingt ans et continué à de trop rares moments de liberté, d'apporter notre contribution à l'histoire de Tourville et de son temps, de cette période (1642-1701), si pleine de mouvement et d'intérêt par les hommes et les choses de la Marine, bien décidé à ne laisser échapper aucune occasion de mettre en plein jour ce qui nous paraîtrait n'avoir pas mérité d'être laissé dans l'ombre, mais bien résolu aussi à n'accueillir que des faits authentiques, que des documents puisés à des sources dignes de foi.

Peut-être aurons-nous ainsi réussi à avancer le jour où d'autres, plus heureux que nous, auront la satisfaction, après avoir comblé toutes lacunes, dissipé toutes incertitudes, d'élever alors à l'un des plus illustres marins du XVIIe siècle, un monument vraiment digne de lui.

Voici le plan que nous avons suivi :

En premier lieu, prenant notre héros au début de sa carrière navale et retraçant le récit de ses premières campagnes contre les pirates barbaresques, nous avons suivi fidèlement la version d'un précieux manuscrit, qui appartient aux archives de la Marine et où d'Hamécourt « *garde et 1er commis du Dépôt des papiers de la Marine et des Colonies* » a écrit l'histoire, au jour le jour, des faits maritimes de 1610 à 1750.

---

[1] « La Vie de Tourville est à faire ! » (A. Jal, historiographe de la Marine, *Dictionnaire de biographie et d'histoire*, 1867.)

[2] Les *Mémoires du maréchal de Tourville* (3 vol. in-12, Amsterdam, 1742) sont restés comme un de ces livres qu'on lit sans plaisir, parce qu'on ne sait quelle dose de vérité ils contiennent. On y voit bien le mensonge, mais où la réalité prend-elle le pas sur l'invention ?... Ce mauvais livre est resté, cependant, la seule histoire du maréchal de Tourville. (*Dictionnaire de biographie et d'histoire*, par A. Jal, 1867.)

[3] *Les hommes illustres de la marine française*, par Graincourt, peintre et pensionnaire de S. E. monseigneur le Cardinal de Luynes, 1781.

Puis, les mêmes archives, celles de la Bibliothèque nationale [1], du Ministère de la guerre, les magistrales publications de Pierre Clément sur Colbert, nous ont fourni, pour la période à partir de laquelle Tourville est au service du Roi (1666), des renseignements du plus haut intérêt.

Même après tout ce qui a été écrit sur la Marine au temps de Colbert et de Louis XIV, la matière est si riche, que l'on trouve encore aujourd'hui à mettre en lumière bien des événements peu ou mal connus, bien des détails demeurés obscurs. Ainsi, pour l'administration des arsenaux notamment, nous avons recueilli des documents intéressants sur les armements, sur les écoles et sur le rôle des intendants de nos ports, de ces hommes auxquels Colbert et Seignelay accordaient une si légitime influence.

D'autre part, quand nous en sommes arrivé à la période culminante de la vie militaire de Tourville, nous avons pu, alors (ce qui n'avait pas encore été fait), réunir un corps assez considérable de lettres de notre héros, dont bon nombre n'avaient pas été publiées jusqu'ici.

A partir de 1675, surtout, sa correspondance devient particulièrement active, et nous en donnons tout ce que nous avons pu nous procurer.

Enfin, une trouvaille inattendue a récompensé nos recherches :

Un savant jésuite, le père Hoste [2], a publié à Lyon, en 1697, *par ordre de Tourville*, une *Théorie de la construction des vaisseaux* et un *Traité des évolutions navales*.

Dans ce dernier traité, à l'appui des problèmes de tactique maritime qu'il démontre, le père Hoste fait une relation raisonnée des principaux combats de Tourville :

« *On ne trouvera pas étrange*, écrit-il dans sa préface, *qu'un homme de ma profession ait travaillé sur ces matières, si on sait que, depuis 12 ans, j'ai eu l'honneur d'être auprès de M. le maréchal d'Estrées, de M. le duc de Mortemart et de M. le maréchal de Tourville,*

---

[1] Aux Affaires étrangères, nous n'avons rien trouvé qui rentrât dans notre cadre.
[2] Hoste (le Père Paul), né en 1652 à Pont-de-Veyle (Ain), admis à 17 ans dans la compagnie de Jésus, s'adonne avec ardeur à l'enseignement des mathématiques et aux sciences appliquées à la navigation. Professeur des gardes de la marine à Toulon, où il est mort le 23 février 1700, laissant les ouvrages suivants : *Traité des évolutions navales*, 1684 ; — *Traité des signaux et évolutions navales* ; — *Architecture navale* ; — *l'Art des armes navales*, Lyon, 1697 et 1727 ; *Théorie de la construction des vaisseaux*, Lyon, 1697.

dans toutes les expéditions qu'ils ont faites, quand ils commandaient nos armées navales, et que M. le maréchal de Tourville a bien voulu me communiquer ses lumières, en m'ordonnant de composer sur une matière que je pense n'avoir pas encore été traitée. »

Or, ces appréciations didactiques sur les combats de Tourville étaient restées enfouies au milieu des théorèmes du père Hoste, dans un volume aujourd'hui peu consulté. Nous avons été heureux de les y reprendre et de faire ainsi revivre une explication authentique et raisonnée des manœuvres de l'illustre marin pour quelques-unes de ses affaires de guerre les plus importantes.

Ces documents avaient leur place naturellement marquée dans le récit que nous avons essayé de faire des événements auxquels Tourville a pris part; c'est donc là qu'on les retrouvera. Mais, quel que soit le soin dont nous ayons entouré notre travail à cet égard, qui ne comprend pas moins de douze chapitres, il ne constitue, à vrai dire, dans notre pensée, qu'une préface, qu'une espèce d'avant-garde; l'œuvre véritable, le corps de bataille de notre entreprise, ce que nous présentons à nos lecteurs avec confiance, pour bien leur faire connaître notre héros, c'est le précieux faisceau de ses lettres.

Nous en avons réuni 127 : nous les publions classées par ordre chronologique et annotées d'indications succinctes sur les personnages dont il y est parlé.

C'est dans cette correspondance, embrassant une période de 30 années, qu'on verra bien, nous en avons la ferme conviction, ce qu'était Tourville comme marin et comme homme de guerre. C'est là que, successivement, simple capitaine, chef d'escadre, maréchal de France, commandant en chef des flottes les plus nombreuses qu'on eût encore armées, il nous apparaît avec les qualités maîtresses qui ont fait de lui, en peu d'années, le plus habile manœuvrier, le plus brillant amiral de son siècle. Dans cette correspondance exclusivement officielle, le caractère tout entier de notre héros se fait jour à chaque page. On y voit le marin, amoureux de sa carrière, recherchant toutes les occasions de payer de sa personne, l'officier se faisant ingénieur, artilleur, ne négligeant rien pour pénétrer à fond tous les secrets de son multiple métier, le solide et entreprenant capitaine dont on a pu dire : « ...Il ne laisse ni au pilote le soin de tracer sa route, ni au maître d'équipage celui de manœuvrer son vaisseau, ni au maître canonnier celui de diriger et ordonner l'artillerie, étant lui-même très bon hauturier, marinier et canonnier[1]. » Partout et toujours, c'est l'homme de guerre, d'une bravoure sans égale, qui sait porter comme personne le poids des grands commandements et en comprend admirablement les devoirs, qui rend compte de ses succès avec une incomparable modestie, qui n'oublie jamais de mettre en relief les faits d'armes de ses lieutenants; toujours et partout, c'est l'homme soucieux de sa dignité personnelle, de son honneur militaire; il résiste aussi bien à Seignelay, qui serait prêt à tout risquer uniquement en vue de faire briller les armes du Roi, qu'à Pontchartrain, quand celui-ci ne rêve que de faire la course sur la plus large échelle, pour venir en aide au Trésor. C'est le grand chef, prêt à tout oser, après avoir cherché à tout prévoir et qui estime que, pour être complète, « une victoire navale doit coûter le moins de sang, le moins de chanvre et le moins de bois possible. »

Tel a été Tourville : capitaine des galères de la Religion à 19 ans, capitaine des vaisseaux du Roi à 24, chef d'escadre à 31, lieutenant général à 40, vice-amiral du *Ponant* à 47, maréchal de France à 51 ans, le vainqueur de Bévéziers et de Lagos, l'invaincu de La Hougue, tel a été Tourville.

CHAPITRE PREMIER.
(1612-1663).

Naissance de Tourville. — Ses débuts comme chevalier de Malte. — Ses premiers combats contre les pirates barbaresques. — Expéditions infructueuses du duc de Beaufort. — Nos bâtiments, trop chargés, marchent moins bien que ceux des Turcs. — Question des victuailles. — Colbert, *amoureux du mesnage.* — Il veut qu'on rapporte au Roi, et non à lui, ce qui se fait de bien. — Ses recommandations à ses agents. — De la Guette, intendant général à Toulon.

Anne-Hilarion de Costantin de Tourville est né à Paris. Jal, le savant historiographe de la Marine, a retrouvé dans un registre d'une vieille paroisse de la capitale (Saint-Sauveur) un acte de baptême ainsi conçu :

« Le lundi 24 nov. 1642 a esté baptisé Anne-Hilarion, fils de messire César de Costantin, chevalier, seigneur baron de Tourville, premier

---

[1] *Tourville à bord du « Croissant »*, 1669 (Eugène Sue).

gentilhomme de la Chambre de Monsieur le duc d'Anguin et de dame Lucie de la Rochefoucault, sa femme ; le parrain messire Anne Chatignié de la Rochepesé, abbé des abbaies de la Gartie-Baufort, Aimery et autres, demeurant de présent en la paroisse Saint-Benoist, la marraine damoiselle Renée de Péricart, niepce du sieur de Tourville, fille de deffunct M. Péricart.

« Signé : MICHARD. »

Anne-Hilarion était le troisième fils de César de Costantin baron de Tourville[1]. Son père le destina à l'Ordre de Malte et l'y fit recevoir à l'âge de 4 ans (11 avril 1647), moyennant des dispenses d'âge, ainsi que cela est établi par les bulles de la chancellerie de Jérusalem, dont copie a été transmise le 27 novembre 1858 au Ministre de la Marine, sur sa demande, par le Consul de France à Malte[2].

Que fut l'éducation première de Tourville ? Quels étaient ses penchants et son caractère ? Comment se passèrent les premières années de son adolescence ?

Sur ce point, ceux qui aiment le romanesque, le merveilleux, les récits de cape et d'épée, trouveront ample satisfaction de leurs goûts dans les Mémoires cités plus haut de l'abbé de Magron, que les différents biographes de Tourville se sont généralement bornés à reproduire, dans l'impossibilité probablement où ils étaient, comme nous le sommes nous-même, de produire à cet égard des informations plus dignes de foi.

Pour nous, qui ne voulons faire état que de pièces et de renseignements authentiques, c'est en 1661 seulement que nous voyons, par un document certain, apparaître Tourville pour la première fois.

---

[1] On lit dans les *Mémoires de Saint-Simon* :
« Mon père fut heureux dans plusieurs de ses différentes sortes de domestiques, qui firent des fortunes considérables. Tourville, qui étoit un de ses gentilshommes, et celui par qui, à la journée des Dupes, il envoya dire au cardinal de Richelieu de venir sur sa parole trouver le roi à Versailles le soir même, étoit un homme fort sage et de mérite. Le cardinal de Richelieu, mariant sa nièce au fameux duc d'Enghien, M. le Prince lui demanda un gentilhomme de valeur et de confiance à mettre auprès de M. son fils. Il lui donna Tourville, qui y fit une fortune. Son fils, à force d'être, de l'aveu des Anglois et des Hollandois, le plus grand homme de mer de son siècle, en fit une bien plus grande »
(*Mémoires de Saint-Simon*, tome I, p. 36 et 37.)

[2] Ces bulles constatent qu'Anne-Hilarion de Tourville est admis « parmi les chevaliers de Justice de la vénérable langue et prieuré de France », à la condition de payer au Trésor de l'Ordre mille écus d'or, à raison de 14 tarins par écu.

Les archives de la Marine possèdent, en effet, un précieux manuscrit, inédit encore, qui contient, au jour le jour, l'histoire navale de la France de 1610 à 1750.

D'Hamécourt, premier commis des archives du Ministère de la Marine, de 1748 à 1785 [1], est l'auteur de cet important travail. Pour le mener à bien, « il s'est aidé (ainsi qu'il l'expose dans sa préface), « de pièces originales et de différents états de dépenses, en y joi- « gnant les lumières de l'histoire, qui lui a fourni tous les événe- « ments mémorables arrivés sur mer. »

[1] Voici la copie du brevet de la pension accordée à d'Hamecourt. La contexture de ce brevet nous a paru curieuse à reproduire :

DÉPARTEMENT
DE LA MARINE

PENSION
de 6,250 liv.

N° 363.

RÉCOMPENSE en faveur de Jean-Charles  NATIONALE Horque d'Hamecourt

LOUIS, par la grâce de Dieu, et par la Loi constitutionnelle de l'État, Roi des François : A tous présents et à venir ; Salut.

Vu par Nous le Décret de l'Assemblée Nationale, en date du vingt Janvier 1792 sanctionné par Nous le dix-neuf Février suivant, par lequel il est accordé à Jean, Charles Horque d'Hamecourt, né à Bury le 4 février 1724 et baptisé le 6 dudit mois dans l'église paroissiale de St-Lucien dudit Bury, canton de Mont, District de Clermont, Département de l'Oise, une pension annuelle et viagère de six mille deux cent cinquante livres payable sur le Trésor-Public, pour récompense de 38 ans de services ; 1° — 1743 et 1744 aux Gardes du Roi ; 2° — d'avril 1748 à aoust 1761, et de cette époque au 9 Janvier 1785 dans deux différents bureaux ; 2 campagnes, le tout formant 40 ans ; Emploi de Garde et premier commis du Dépôt des papiers de la marine et des colonies, aux appointements de 10,000 liv. les six dernières années afin de faire jouir ledit Jean, Charles Horque d'Hamecourt du bénéfice de la Loi susdite du dix-neuf Février 1792 sa vie durant, Nous lui avons fait délivrer le présent Brevet ; et mandons en conséquence aux Commissaires de la Trésorerie Nationale, de payer annuellement audit Jean, Charles Horque d'Hamecourt la somme de six mille deux cent cinquante livres en deux termes égaux de six mois en six mois, dont le premier terme à compter du 1er Janvier 1790 est échû le 1er Juillet suivant ; le second est échû le 1er Janvier 1791 ; le troisième est échû le 1er Juillet suivant, et les autres continueront à échoir ainsi de six mois en six mois, sur quittance pardevant Notaires, et à présentation de présent Brevet, dont un double sera déposé au Trésor-Public.

Fait à Paris, le 29 Février, l'an mil sept cent quatre-vingt-douze de notre règne le dix-huitième.

Signé : LOUIS.

Et plus bas DE BERTRAND.

Ce travail commence à l'avènement de Louis XIII.

« Je me suis fixé (dit-il), avec d'autant plus de raison au règne de
« ce prince, qu'on peut le regarder comme le régénérateur de notre
« Marine, qui était tombée dans un si grand anéantissement depuis
« Henri II, qu'à peine sous Henri IV la France aurait pu mettre
« quatre vaisseaux en mer. »

C'est dans d'Hamecourt que nous trouvons la première mention dont l'origine nous paraisse sérieuse sur les commencements de Tourville : il s'agit évidemment, d'ailleurs, d'une des expéditions de début du jeune chevalier de Malte qui, à cette époque (1661), avait 19 ans et était embarqué sur les galères de la Religion avec le chevalier d'Hocquincourt [1].

A cette époque (le manuscrit de d'Hamecourt le constate), les corsaires de Barbarie, malgré de fréquents traités de paix avec la France, aussitôt rompus que signés, faisaient des incursions continuelles dans les mers du Levant, et y troublaient le commerce en enlevant un très grand nombre de bâtiments marchands. Les correspondances des intendants avec Colbert relèvent pour ainsi dire à chaque page cette situation : ainsi, La Guette (Louis Testard), d'abord lieutenant d'artillerie, puis intendant général de la Marine à Toulon, écrit à cette même époque à Colbert (10 décembre 1661 :
« ... On dit que les corsaires d'Alger ont pris 20 vaisseaux marchands anglais, 2 hollandais et 5 barques françaises et tout cela depuis la Toussaint (c'est-à-dire en 40 jours à peine). » Le commandeur Paul, avec une escadre de 14 vaisseaux (août 1660), avait paru à Tripoli, à Tunis, devant Alger, et sa croisière se terminait en septembre, sans avoir produit grand résultat.

L'année suivante, il repartait de Toulon avec 3 vaisseaux et un brûlot ; le 8 février, il prenait ou coulait deux corsaires algériens et paraissait encore devant Alger avec le projet de brûler les bâtiments algériens dans ce port ; mais le vent contraire et le défaut de vivres (dit d'Hamecourt), l'en empêchèrent et le forcèrent de rentrer à Toulon.

---

[1] « Du matin au soir (lisons-nous dans les *Mémoires de l'abbé de Magron*), il n'était occupé qu'à s'exercer à la manœuvre comme un simple matelot et à s'instruire des pilotes et des mariniers les plus experts de tout ce qui regardait la marine, et il faisait dans l'équipage tout ce qu'il voyait faire aux matelots, et cela avec plus d'adresse et d'agilité qu'eux. »

Dans ce même temps, d'Hocquincourt avait fait construire à Marseille (à ce que rapporte d'Hamecourt) « une frégate de 36 canons, « pour aller en course contre les Algériens. Beaucoup de jeunes gens « de la première noblesse se joignirent à lui, entre autres le chevalier « d'Artigny, de Tourville, qui devint par suite maréchal de France, « et de Cruvillier, qui lui offrit une frégate de 24 canons et d'être « son matelot, ce qu'il accepta. »

Sur ces entrefaites, le bruit se répand que « deux vaisseaux de « Tripoli, dont un de 42 et l'autre de 54 canons, » font beaucoup de ravages dans l'archipel. D'Hocquincourt et Cruvillier se rendent dans ces parages, et, au début de leur croisière, ils rencontrent « deux « algériens presque aussi forts que les tripolitains qu'ils cherchaient ». Ils les attaquent, et après 6 heures de combat, les corsaires allaient échapper, par la fuite, à une capture imminente, quand les deux tripolitains, sortant du cap de Matapan, viennent à leur secours. Le combat recommence et dure de nouveau 3 heures, avec une fureur et un acharnement sans exemple.

D'Hocquincourt aborde un des tripolitains; Tourville, quoique blessé, se jette le premier sur ce navire, suivi seulement de cinq à six volontaires et de 30 matelots déterminés; il renverse tout ce qui se présente devant lui et s'empare du bâtiment; il y trouve enchaînés 30 esclaves chrétiens qu'il délivre. Pendant ce temps, les autres corsaires réussissent à prendre la fuite à l'exception du bâtiment algérien qui avait eu affaire à Cruvillier et qui fut coulé.

En racontant ce premier combat de Tourville, d'Hamecourt complète les renseignements que nous venons de résumer d'après lui, par la note suivante :

« Cette action fut très sanglante et d'autant plus glorieuse pour les « Français, qu'ils n'avaient pas la moitié des forces de leurs enne- « mis. Le tripolitain, pris par le chevalier de Tourville, fut conduit « à l'île de Siffante, où ces deux chevaliers furent se radouber. A « peine eurent-ils réparé les dommages faits à leurs vaisseaux et ar- « mé le tripolitain, dont le commandement fut donné au chevalier « d'Artigny, qu'ils remirent à la voile. »

Quelques jours après, dans les mêmes parages, les trois bâtiments commandés par d'Hocquincourt, Cruvillier et d'Artigny (dont Tourville était le second), rencontrent et attaquent trois corsaires (deux turcs et une prise armée par eux). D'Artigny est tué d'un coup de canon, Tourville prend le commandement à sa place : « et comme il s'aperçut (dit d'Hamecourt), que les ennemis gagnaient l'avantage, il ranima ses gens, mais dans le temps qu'il donnait les plus grands prodiges de valeur, on l'avertit que son vaisseau venait d'être percé à l'eau, et que la voye était si grande qu'il n'y avait pas moyen, avec toutes les pompes, de l'affranchir, qu'il fallait se déterminer à se rendre ou à couler bas. Ne voyant plus d'autres ressources que dans l'abordage, il ne balança pas à faire jetter les grapins », puis il s'élança sur le bâtiment tunisien, suivi de son équipage. Au même moment, 150 Turcs envahissaient, pour le piller, le bâtiment français, qui sombra aussitôt et les engloutit avec lui.

Telle est, suivant d'Hamecourt, la version des premiers combats de Tourville.

A l'époque où ils avaient lieu, se produisit un événement considérable, la mort de Mazarin et l'avènement de Colbert aux affaires.

D'Hamecourt y consacre dans son journal une note curieuse à reproduire, comme renfermant l'opinion d'un contemporain bien placé pour juger des choses de la Marine.

Voici cette note :

« Après la mort du cardinal Mazarin, qui arriva le 9 mars 1661, le Roy résolut de gouverner par luy-même; il choisit, pour le seconder, J. B. Colbert, marquis de Seignelay, homme d'ordre et d'un génie actif, remply de grandes vues d'amour pour la gloire à son Prince et d'une fermeté qui le rendait incapable d'accorder aucune grâce contraire au bien public; aussytôt le royaume changea de face et les abus qui s'étaient glissés dans l'administration de la justice et de la finance furent réformés, les arts et les sciences refleurirent. La Marine fut rétablie; on construisit des vaisseaux dans tous les ports; on y éleva des arsenaux; le commerce reprit de nouvelles forces et devint des plus fleurissant. Les manufactures firent de nouveaux progrès et furent considérablement augmentées. Enfin, les traitants furent poursuivis vivement et la France prit un nouvel éclat. (D'Hamecourt, *Histoire navale*, tome 1er) ».

On sait que, dans son testament, Mazarin s'exprimait ainsi : « Je donne à Colbert la maison où il demeure, sans être obligé d'en rendre aucun compte et prie le Roy de se souvenir de luy, estant fort fidèle. »

L'année suivante (1662), pendant que le duc de Beaufort, à la tête

« d'une escadre de 8 vaisseaux et 4 brûlots », faisait dans la Méditerranée, pour protéger notre commerce, une croisière aussi inutile que son apparition devant Alger [1], Tourville, plus heureux, se signalait par un nouveau fait d'armes. Montant le bâtiment qu'il avait pris sur les Turcs l'année précédente, et s'étant joint à Carigny qui commandait un bâtiment de 50 canons, il rencontrait, près de Zante trois corsaires turcs. Ceux-ci (rapporte d'Hamecourt) viennent bravement à toutes voiles sur les Français et font une décharge de tous leurs canons.

Tourville attend, pour répondre, de pouvoir le faire à bout portant, et il le fait « si habilement que la manœuvre des Turcs en fut fort incommodée ». Les corsaires veulent en venir à l'abordage. Tourville en laisse pénétrer 150 sur son navire, puis fait couper les amarres des grappins « et profitant alors de l'avantage qu'il avait sur eux,
« il en fit un carnage si épouvantable qu'ils furent presque tous
« tués ; le reste mit bas les armes et fut conduit à fond de cale. Il
« ordonna ensuite de faire de nouveau la même manœuvre qui lui
« réussit comme la première ; aussitôt, il fit aborder le vaisseau
« corsaire et s'en empara. »

Puis, se portant au secours de Carigny, il mène si vivement les

---

[1] Cet insuccès du duc de Beaufort [2] motive des lettres de Colbert comme celle-ci, par exemple, du 7 juillet 1662 :

« Monseigneur,

« J'ay leu au Roy gnalement toutes les depesches dont votre Altesse m'a honoré depuis
« le retour de l'armée nauale et luy ay rendu un compte exat de ce qui s'est passé dans
« le voyage. C'est un grand malheur que l'on n'ayt rien exécuté et qu'après auoir fait
« un effort extraordinaire pour mettre à la mer le plus grand nombre de vaisseaux
« qu'il auoit esté possible, la dépence que l'on y a faite n'a produit aucun aduantage
« et particulièrement de ce que la chaleur que Sa Majesté auoit tesmoignée pour les
« affaires de la marine commence fort à s'attiédir. Au surplus, Votre Altesse aura pû
« connoistre par les ordres qui ont esté enuoyez la resolution qui a esté prise d'armer
« seulement six vaisseaux et six galleres pour faire la guerre aux Corsaires et pour
« asseurer nostre commerce, aquoy je n'ay rien a adiouster que les asseurances ordi-
« naires du respect auec lequel je suis, etc... »

(Archives de la Marine.)

[2] François de Vendôme, duc de Beaufort, fils de César de Vendôme, né à Paris en 1616. Pendant la régence d'Anne d'Autriche, il fut un des chefs de la cabale des *Importants* ; enfermé à Vincennes, il s'en échappa en 1649. Frondeur déclaré, son langage, ses manières le firent surnommer le *Roi des Halles*. En 1664, Louis XIV lui confia le commandement d'une expédition contre les corsaires d'Afrique. Mort en 1669, à Candie qu'il défendait contre les Turcs.

deux corsaires restants, qu'il les oblige à se faire sauter pour éviter d'être amarinés.

Voilà donc Tourville à la tête de trois bâtiments, sur lesquels il avait réparti ses équipages.

Quelques jours après son affaire de Zante, il rencontre dans les mêmes parages, quatre corsaires. Malgré l'infériorité numérique de ses forces, il n'hésite pas à les attaquer. Il fait charger « une partie « de ses pièces à grosse mitraille, afin de faire plus de ravages sur « les ponts de l'ennemi ». Il le laisse arriver à bout portant, ordonne une décharge générale, qui coule l'un des corsaires, puis il aborde le second, et, sautant le premier à bord, fait mettre bas les armes à l'équipage. Il se retourne alors contre le troisième et « lui envoye si « à propos une volée de son canon, qu'il le met hors de toute deffense « et le force à demander quartier. »

Alors, il s'aperçoit que, dans sa lutte contre le quatrième corsaire, le bâtiment commandé par Carigny faiblissait ; il se porte rapidement à son secours. Carigny venait d'être tué et les Turcs étaient déjà presque maîtres du pont du navire. L'arrivée de Tourville rend l'avantage aux nôtres; les Turcs, sous son choc impétueux, plient et cherchent pêle-mêle à regagner leur bord, mais « dans leur fuite, il y en eut beaucoup de « tués et de culbutés dans la mer et les autres n'évitèrent d'être pris « que par la fatigue de l'équipage du chevalier de Tourville qui ne « put les poursuivre [1]. »

Dans ces premières affaires, Tourville nous apparaît déjà avec les qualités dont il a donné des preuves éclatantes pendant toute sa carrière : une grande intrépidité personnelle, beaucoup de coup-d'œil et une promptitude extrême à mettre à exécution les combinaisons qu'il avait mûrement conçues ou celles qu'il improvisait au milieu de l'action.

Il avait eu l'occasion, dans ses premières croisières, de remarquer que les bâtiments turcs avaient sur les nôtres un avantage de marche signalé, qui tenait non seulement à leur mode de construction, mais aussi à leur mode de chargement. Aussi, montait-il ses prises de préférence aux bâtiments construits dans les ports de France. Cette observation, l'intendant général de Toulon (de la Guette [2], dont nous

[1] D'Hamecourt.
[2] Louis de Testart de la Guette, chevalier seigneur de Sancy, conseiller du Roi en ses Conseils d'État, intendant de la justice, police et finances des armées navales et galères de S. M. en ses mers du Levant.

avons déjà parlé), l'avait signalée, de son côté, à Colbert, auquel il écrivait le 14 novembre 1662 :

« ... Ce n'est point le défaut de nos vaisseaux s'ils ne cheminent pas aussi bien que ceux des corsaires turcs ; mais la différence tient que les nôtres se chargent trop de canons, de victuailles et de bagages, au lieu de quoi les barbares ne se servent que d'artillerie légère, ne portent que six semaines ou deux mois de victuailles et comme point de bagage, de sorte que, si vous aviez des capitaines capables de se passer du peu que font les infidèles, vous trouveriez vos vaisseaux aussi bons voiliers que les leurs, et quelques frégates que vous fassiez bâtir, si vous ne faites observer ce que pratiquent les corsaires d'Alger, elles ne chemineront jamais si bien que les vaisseaux de ces voleurs-là [1]. »

Le même suggérait à Colbert (lettre du 5 décembre 1662, *Archives de la Marine*) d'ordonner à tout capitaine « de se peu charger de bagages et de n'embarquer ni vaches, ni moutons, ni porceaux... Il faudra petit à petit établir cette frugalité première. »

Ce n'est pas d'ailleurs seulement « *cette frugalité première* » qu'il fallait rétablir, il y avait aussi à réprimer des abus qui nuisaient à l'efficacité de nos armements. La discorde régnait entre nos officiers et le même La Guette recevait de Colbert, le 7 et le 21 juillet 1662, les lettres suivantes :

« Le Roy continüe à tesmoigner beaucoup de desgoust des affaires
« de la marine sur ce que non seulement son armée nauale n'a rien
« exécuté ny mesme tenté en tout le temps qu'elle a esté à la mer,
« mais *que la discorde s'estant mise entre les principaux officiers*, ils
« s'apliquent dauantage à enuoyer des procès verbaux pour leur
« justiffication qu'à trauailler de concert à ce qui peut satisfaire sa
« majesté et à donner de la réputation à ses forces maritimes [2]... »

« ... Je vous advoüe que le Roy a du desgout de voir cette mésin-
« telligence qui s'est formée entre les officiers qui composent ce corps-
« là (la Marine), qui, n'étant pas assouvie, auroit vraysemblable-
« ment empesché l'exécution quand l'on seroit venu à l'action, de ce
« qui auroit été résolu de concert avant le départ (Le même au même,
« 21 juillet 1662.) [3] »

[1] *Archives de la Marine.*
[2] *Ibidem.*
[3] *Ibidem.*

En outre, certains capitaines, au lieu de poursuivre les corsaires, faisaient le commerce pour leur compte, comme cela résulte d'une lettre de Colbert, du 7 juillet 1662 :

« Je ne me scaurois empescher de vous dire qu'il me semble qu'il
« est fait au dessous de la grandeur et de la dignité d'un grand Roy
« comme le nostre qu'un cappitaine commandant ses galleres s'amuse
« a charger dans les ports estrangers des marchandises afin de faire
« un gain qui me paroist peu honneste. Je vous prie de m'informer
« si cet usage est estably dans les galleres et si ce n'est pas une nou-
« veauté introduite depuis peu qui sans doute feroit un très-meschant
« effet [1]. » (Colbert à la Guette.)

De son côté, dans une lettre du 27 février 1663, de la Guette rend compte à Colbert qu'on a saisi sur le *Saint-Louis*, monté par Duquesne, cinquante-quatre pièces de cordages qu'on a fait remettre dans les magasins du Roi et des ballots de marchandises. Il ajoute, pour répondre à des recommandations de Colbert d'avoir à ménager Duquesne :

« Au surplus, je n'aurai rien à démêler avec le sieur Duquesne, par
« mon fait particulier, et je saurai vivre avec lui en parfaite intelligence
« pour peu qu'il y veuille contribuer et déjà il m'a fait l'honneur de
« venir manger avec moi. »

D'autres officiers gagnaient sur « les victuailles », c'est-à-dire sur les approvisionnements du bord [2] ; ou bien ils les consommaient sur rade avant même d'avoir mis à la voile; ou bien encore s'ils consentaient à appareiller, ils revenaient au port « tous les trois mois, sous prétexte de radoub, » ainsi que Colbert l'écrit à la Guette le 22 août 1662 et il ajoute :

« Il est absolument nécessaire de les accoustumer a tenir la mer

---

[1] *Archives de la Marine.*

[2] La Guette à Colbert :
23 novembre 1662.

« ... Comme il est assez manifeste que MM. les capitaines gagnent considérablement
« sur leurs victuailles, je prendrai la liberté de vous dire en confiance que je serais
« d'avis que l'on m'envoyât un ordre du Roi avec l'attache de M. l'amiral de leur faire
« payer la moitié de cette somme-là sur le total de leur armement, chacun à propor-
« tion de ce qu'ils auront pris de ladite subsistance, afin de ne pas les accoutumer à
« nous faire entretenir leurs gars pendant le tems que les vaisseaux se prépareront à
« sortir pour faire voile, cela estant d'une conséquence *fort opposée au mesnage*. »

« pendant quinze ou dix-huit mois, ainsy que font les Anglois et les
« Hollandois, en leur enuoyant des victuailles par des barques
« longues ou par d'austres bastimens à des rendez-vous que l'on
« prend avec seureté, de sorte que sur ce fondement le Roy veut que
« les six vaisseaux tiennent la mer tout l'hyuer prochain... »

Ce à quoi l'Intendant général de Toulon, non moins amoureux du
« mesnage », que son illustre Ministre, répond :

« Puisque le Roi donne l'argent aux capitaines pour acheter leurs
« victuailles, ce que je n'improuve pas, il n'est pas nécessaire que
« S. M. se charge de leur en faire reporter, et ce doit être à leur soin
« d'en faire trouver où ils en auront besoin. Mais il seroit bon que
« le Roi leur déclarât à tous que, leur fesant donner des victuailles
« pour tant de mois, il leur ordonne de ne point revenir au port
« qu'elles ne soient consommées, et que s'ils reviennent sans avoir
« fait quelque chose digne du nom français, qu'il ne les veut
« jamais voir et, pour leur ôter tout prétexte, établir un commissaire
« à la suite de l'armée, avec un peu d'argent pour les faire nettoyer
« de deux mois en deux mois, et si on tient cette exactitude, il y a
« lieu de croire que nos capitaines feront quelque chose de mieux
« que par le passé [1]. » (La Guette à Colbert, 23 novembre 1662.)

Colbert faisait, d'ailleurs, peu à peu sentir sa main dans les affaires
de la Marine, tout en évitant avec un soin extrême tout ce qui pouvait porter ombrage à son jeune monarque, qu'il savait décidé à
gouverner par lui-même. Aussi, gourmande-t-il ceux qui essayent de
lui attribuer, à lui Colbert, et non au Roi, telle ou telle mesure. Par
exemple, il écrit, à cet égard, au commandeur de Neuchèze [2] :

« Je vous diray que Sa Majesté tesmoigne estre fort desgoutée des
« affaires de la Marine voyant que ses vaisseaux ont rendu le bord
« sans auoir exécuté ny mesme tenté la moindre chose, à quoy en
« mon particulier vous me permettrez d'adiouster qu'estant obligé
« non seulement de luy montrer, mais le plus souuent de luy lire d'un
« bout à l'autre vos lettres, ce m'est une confusion la plus grande du
« monde de prononcer les termes de deference et de desuouement
« auec lesquels vous m'escriuez, parce que n'ayant aucun interest
« que celuy du seruice du Roy, *outre que cela fait un mauuais effet*

---

[1] *Archives de la Marine.*
[2] Jacques de Neuchèze, né en 1594.

« *pour vous et pour moy*, ce m'est une mortification très sensible
« que l'on me traicte auec cette manière soumise et d'attachement
« dont l'on se sert auec trop de liberté, ce que je vous supplie très-
« humblement, Monsieur, de prendre en bonne part et de me croire,
« etc. [1] » (7 juillet 1662.)

Le même sentiment l'anime, quand (lettre du 30 novembre 1662), il s'adresse en ces termes à La Guette :

« Je suis marry d'estre obligé de vous respliquer si souuent la
« mesme chose et de vous dire que j'ay eu une matière de mortifica-
« tion fort sensible, lorsque j'ai veu la copie d'une lettre que vous
« auez escrite aux consuls des villes et communautez des costes de
« Prouence et de Languedoc par laquelle vous leur donniez aduis
« que le Roy, voulant particulierement s'apliquer au restablissement
« du commerce et tenir en tous les temps deux escadres de vaisseaux
« dans les deux mers pour l'asseurer contre les briguandages des
« corsaires, *c'estoit une pensée qui venoit de moy et laquelle deuoit
« faire connoistre l'utilité de mes soins et de mon ministere, et j'ay re-
« ceu apres des complimens de quelques-unes desdites villes et com-
« munautez sur ce suiet qui n'ont fait qu'augmenter l'inquietude que
« j'ay de ces sortes de discours* lesquels pourroient estre de mise dans
« un autre temps que celuy-cy, mais qui ne sont ni receuables (*le
« Roy gouuernant son Estat et prenant la direction de ses affaires de
« luy mesme*), ny conformes à mon humeur et bien moins à l'estat où
« je me trouve, Sa Majesté me faisant trop d'honneur de se seruir
« de moy en qualité d'intendant des finances et comme le dernier du
« conseil Royal. »

Mais, quand il s'agit de recommander l'économie, Colbert ne craint pas de parler en son nom :

Ainsi, les armemens contre les corsaires ont, suivant son expression, entraîné « une furieuse dépense » en 1662, sans grand résultat. Aussi, écrit-il à l'intendant général de Toulon (15 septembre 1662) une lettre que nous reproduisons tout entière, parce que ce double sentiment de Colbert, son habileté, si l'on veut, à reporter au roi tout ce qui peut lui faire honneur, son abnégation à se réserver, à lui, ministre, les difficultés et les ennuis des détails, apparaissent en plein jour :

[1] *Archives de la Marine.*

Colbert à M. de la Guette.

15 septembre 1662.

« Auant que de respondre à vostre depesche du 5 de ce mois je
« vous diray que j'ay esté fort surpris, apres auoir examiné l'estat
« datté du 18ᵉ juin de l'année presente que vous m'auez enuoyé, par
« lequel il paroist que l'on a desia despensé 19,284^l au radoub des
« vaisseaux venus de Ponant et qu'il falloit encore y employer
« 1158^l, de voir que cela montast a une somme si excessiue. J'ai
« commencé à apostiller ledit estat de ma main que je vous renuoye-
« ray aussy tost que je l'auray acheué, mais je dois vous dire à
« l'auance qu'apres une depense de 300^{ml} qui a esté faite au radoub
« des vaisseaux de Ponant et Leuant, il n'est pas possible de com-
« prendre qu'il en faille encore faire une de 100^{ml} pour le mème
« suiet parce que lesdits vaisseaux ont esté quatre mois a la mer, et
« je vous aduoüe que j'en ay un desgoust et une mortiffication plus
« sensible que je ne sçaurois vous exprimer, d'autant plus que s'il
« ny auoit pas de moyen de remédier à une chose si extraordinaire
« et qui tombe si peu sous le sens, il vaudroit mieux abandonner
« tout à fait le dessein de la Marine que de s'engager à des des-
« penses exorbitantes *et s'exposer en mesme temps à la raillerie*
« *des Estrangers* qui se mocquent de ce que nous employons si inu-
« tillement des sommes immenses. Et en effet, l'on a receu des lettres
« d'Angleterre ou ce desordre estant connu l'on nous traicte comme
« des ridicules et des gens incapables des affaires de la mer; car
« enfin il est constant que le Roy d'Angleterre ne depensera que
« trois millions cinq cent mil liures par chacun an pour entretenir à
« la mer cent cinquante trois vaisseaux de guerre l'estat en estant
« fait qui sera vray semblablement executé par l'industrie et l'apli-
« cation de ceux qui en seront chargez, au lieu que nous en auons
« despensé presque autant depuis une année sans aucun fruict.
« J'adiousteray encore que je n'ay pas osé faire voir vostre estat au
« Roy, parce que je sçay que Sa Majesté en seroit sans doute plus
« estonnée que moy, et que cela luy pourroit peut estre faire perdre
« entièrement la pensée d'auoir des forces maritimes.....
« J'ay une extreme impatience d'aprendre la suite de la nouuelle

« que l'on a receüe de la prise faite par nos galères. Si elle est con-
« firmée par des aduis asseurez, ce sera un double aduantage en ce
« que nous aurons des Turcs pour fortiffier nos chiourmes, et en ce
« que le Roy pourroit par un petit succez prendre plus de goust aux
« affaires de la Marine [1]..... »

Sur ce chapitre, Colbert n'entend pas raillerie. Au milieu des grandes affaires dont il s'occupe, il ne perd pas un seul détail de vue, quand cela touche à la dépense; donc, il ne néglige pas l'examen des comptes des galères, et voici par exemple une de ses dépêches à la Guette à ce sujet :

Lettre de Colbert à M. de La Guette.

16 octobre 1662.

« ..... Je vous enuoye aussy une coppie de l'estat des galères
« arresté en l'année 1654 en laquelle le Roy en auoit treize à la
« mer par laquelle vous verrez que l'on ne donnoit aux cappitaines
« que 27^{ml} pour l'entretennement d'une galere au lieu que depuis
« on leur a donné à cet effet 32^{ml}, vous priant de me mander ce qui
« a obligé à faire cette augmentation et les raisons que l'on en a
« eües.

« Je vous enuoye encore un mémoire de ce à quoy monte l'ex^{re}
« d'une galere pendant un mois, vous priant d'examiner si l'on ne
« peut rien retrancher sur cette dépense, bien entendu que ce soit
« seulement sur des choses où l'on pourroit pratiquer une plus
« grande œconomie [2]..., »

Il se préoccupe aussi du nombre des malades de la chiourme, qui arme les galères et il écrit au même la Guette, à la date du 8 septembre 1662, « d'en prendre un soin extrême et de se mettre dans
« l'esprit que la conservation d'un forçat lui doit estre aussi chère
« que celle d'un de ses domestiques [3]. »

Ou bien encore :

« ..... Je suis persuadé comme vous qu'il n'y a rien de si impor-
« tant pour le rétablissement de la chiourme que d'avoir des Turcs

---

[1] *Archives de la Marine.*
[2] *Ibidem.*
[3] *Ibidem.*

« pour y mesler et, pour cet effet, il faut, dès à présent, examiner
« les moyens de faire des descentes en Barbarie pour y faire des
« esclaves. »   (Le même au même, 8 décembre 1662.)

Ainsi, la guerre aux corsaires sert à deux fins : elle constitue un recrutement avantageux des équipages de nos galères et tend à assurer à notre commerce la libre circulation sur les mers du Levant.

Colbert se préoccupe de ces deux résultats et, après avoir assuré le premier, comme on vient de le voir, il poursuit le second en recommandant à l'intendant général de Toulon (lettre d'août 1662), de faire savoir « à tous les négociants de la Prouince et mesmes à ceux
« des villes du Languedoc qui peuuent auoir quelque commerce en
« Leuant que six vaisseaux sont particulièrement destinez pour leur
« seruir de connoy et d'escorte, de sorte qu'y ayant deux ou trois
« bastimens marchands qui voulussent aller de conserue aux
« Smyrnes, au grand Caire, ou en Syrie, ceux du Roy les accompa-
« gneront jusques où il sera necessaire pour les garentir des insultes
« des corsaires[1]. Vous pourrez mesme adiouster que le Roy aura
« pendant tous les estez douze galeres à la mer et dix vaisseaux en
« toutes les saisons dans la vûe de nettoyer la mer de pirates et
« donner moyen à ses suiets de faire leur traffic avec seureté... »

Mais, là, il se heurte à un intérêt privé que lui signale en ces termes de la Guette :

3 novembre 1662

« ..... Les marchands de notre ville tiennent pour maxime de ne
« point envoyer leurs vaisseaux *en flotte*, disant que cela rend les
« soies et autres marchandises plus élevées en Levant et à meilleur
« marché en cette ville; de sorte qu'ils aiment mieux hazarder un
« vaisseau seul, que de les assurer en les assemblant pour naviguer
« de convoi[2]. »

---

[1] Le mot de *corsaire* est employé ici au lieu de celui de *pirate*, parce que l'on regardait sans doute ces écumeurs de mer comme faisant la course avec l'autorisation de leur gouvernement. — « Il est constant que tous les corsaires ne vivent que de ce qu'ils « picorent sur les Françoys et les appellent les *sardines et poissons vollans* de la mer. » (Mémoire de Razilly au cardinal de Richelieu, 1622). — Voir au chapitre suivant une note de l'amiral Pâris.

[2] *Archives de la Marine.*

Quoi qu'il en fût, Colbert veut absolument purger les mers du Levant et la Méditerranée de la piraterie des barbaresques. Dès son arrivée aux affaires il avait demandé un mémoire sur cette question à l'intendant général de Toulon, qui lui avait répondu qu'il y avait trois choses à faire :

La première de s'emparer d'un point sur la côte d'Afrique, « par
« exemple de la ville et de la forteresse d'*Yponne*, vulgairement
« appelée *Bonne*, où l'on dit qu'il y a un port considérable; de là,
« on réduirait Alger, Tripolly et autres lieux à soumettre aux lois
« de notre grand Roi; mais pour cela il faut des forces dont nous
« ne disposons pas. On pourrait aussi avec ces forces tenter quel-
« que chose sur Tripolly, la Goulette ou Port-Farine.

« La seconde chose regarde principalement Alger. Là, on peut
« en brusler les vaisseaux dans le port, ou maçonner six de nos
« vieux vaisseaux et les mener enfoncés dans l'embouchure du port
« d'Alger (il n'y a que 21 pieds d'eau) à la faveur du canon et de la
« mousqueterie de nos vaisseaux de guerre, et de quelques galères
« pour remorquer et placer les vaisseaux maçonnés avant que de les
« enfoncer. On bouchera ainsi un port pour lequel les barbares ont
« dépensé plus d'un million pour le mettre en l'état.

« La troisième chose, à laquelle ne fait pas obstacle la seconde :
« c'est d'employer à la suite de cet exploit-là les dix vaisseaux du
« Roi à donner la chasse aux corsaires barbaresques et à protéger
« nos bâtiments de commerce. »

C'est à peu près ce plan que l'on exécutait pendant les années suivantes.

Le mémoire adressé à Colbert à ce sujet, par de La Guette, intendant de la Marine, débute par le curieux exposé suivant :

« *Tous les sages ne mettent point en doute que la prudence ne soit*
« *absolument nécessaire pour former les desseins, et pour projeter les*
« *entreprises. Si l'expérience nous apprend qu'après qu'elle a prévu*
« *tous les obstacles et qu'elle a digéré tous les événements, que la for-*
« *tune en décide par des incidents, que cette sage vertu n'avait pas vus*
« *ni osé espérer, mais il ne faut pas s'étonner si cette inconstante tient*
« *quelque empire sur la prudence, puisque celle-ci n'est formée que*
« *par notre tempérament et par la disposition des organes du corps*
« *humain ; et celle-là prend son origine du ciel et nous est donnée*

« *par les secrets de la Providence. Je conclus donc que l'on doit for-*
« *mer les entreprises avec prudence et en remettre le succès à la*
« *fortune.* »

Rien de plus singulier d'ailleurs et de plus intéressant que la correspondance de La Guette avec Colbert : on y reconnaît l'agent dévoué à son ministre, et ne craignant pas, ainsi appuyé, de rompre en visière avec les grands seigneurs ou les grands capitaines qui résistent aux « ordres du Roy » (ou à ceux de Colbert, ce qui revient au même).

La Guette a le sentiment de l'influence de son maître, mais l'on voit aussi quelle confiance Colbert a dans son agent, et de quelle autorité il ne craint pas de l'armer. On lit, par exemple ceci, dans une lettre que Colbert adresse à la Guette le 8 décembre 1662 (*Archives de la Marine*), en lui envoyant un règlement sur les « victuailles » :

..... « Il importe de le faire observer exactement et particulière-
« ment que vous exécutiez *avec vigueur* et *sans aucune circonspection*
« l'ordre qui vous est donné de *destituer les capitaines* qui ne vou-
« dront pas se conformer audit règlement *et d'en mettre d'autres en*
« *leurs places, l'intention du Roy estant que ces messieurs de la Marine*
« *se soumettent à la manière dont Sa Majesté veut être servie et non*
« *pas de s'accommoder à leurs sentiments et à leurs humeurs.* »

Ainsi dirigé, La Guette tient tête même à de Beaufort, même à Duquesne dont il dit à ce sujet : « Cet homme-là est épineux et diffi-
« cile à persuader, il a du rechange le double des autres et il se
« plaint toujours » (7 septembre 1662, à Colbert, *Archives de la*
« *Marine*). Puis il ajoute : « Donnez-moi des gens dociles et qui
« aient les mêmes sentiments que moi pour les économies, de l'ar-
« gent en tems opportun, et vous verrez si je sais ménager les
« choses sans rien diminuer du nécessaire, *mais il est difficile à un*
« *homme de rétablir en peu de temps un corps mort et abattu, sans*
« *faire beaucoup de dépense et même étant contrarié.* »

Mais si La Guette sert avec dévouement, avec entrain, il désire qu'on ne l'oublie pas : aussi, en écrivant à Colbert (5 décembre 1662) pour lui annoncer la mort de l'évêque, il dit :

« .... Il avait un petit bénéfice en Champagne, qui accommoderait
« bien un de mes enfants, quoique d'une petite valeur. Si vous avez
« la bonté de le demander au Roi pour moi, vous ferez charité à une
« famille qui priera Dieu pour votre conservation et S. M., grâce à

« un pauvre homme qui sert, il y a 44 ans, dans la cour ou dans les
« armées, qui a zèle et fidélité à son service [1]. »

C'est, d'ailleurs, un saint homme que ce de la Guette, et il veut que
Colbert le sache, car en lui annonçant l'arrivée à Toulon d'un convoi
de galères impatiemment attendu, il a soin d'écrire que cette nouvelle
lui est arrivée « lorsqu'il était à l'église priant Dieu avec ferveur
« qu'on fit reconnaître au Roi la fidélité et l'affection qu'il a pour
« tout ce qui regarde les intérêts de S. M. [2] .... »

Tels étaient les agents dont le premier ministre excellait à tirer
parti en les associant à ses vues. Le temps n'est pas loin, d'ailleurs,
où Colbert arrivera à ses fins, en ce qui concerne les victuailles et les
rechanges des bâtiments. A cet égard, c'est surtout sur Toulon que
ses efforts se portent parce que c'est là que se concentrent les principaux armements du moment et notamment les expéditions de la
France contre les corsaires barbaresques, qui se continuent en 1662
et 1663, conduits par le chevalier Paul et par le duc de Beaufort, —
nous n'y voyons pas figurer Tourville. — Mais l'année suivante
(1664), nous retrouverons la trace de notre jeune officier : c'est ce
qui nous a permis, en passant, de présenter cette esquisse d'un
intendant de la Marine au XVIIe siècle.

CHAPITRE II.
(1664-1667.)

Armements de Tunisie avec d'Hocquincourt et Marigny contre les pirates barbaresques
— Ce qu'étaient ces armements faits par des particuliers. — Mort de d'Hocquincourt.
— Tourville échappe comme par miracle au sort de ce dernier. — Déplorable composition des équipages à cette époque. Desiderata de Beaufort. — Colbert cherche à
remédier à la situation. — Guerre entre l'Angleterre d'un côté et la Hollande et la
France de l'autre. — Était-elle *simulée* de la part de la France, comme certains historiens l'ont cru ? Preuves du contraire. — Véritables causes de l'insuccès de la campagne de 1666. — Mesures prises par Colbert pour en éviter le retour dans l'avenir.
— Lettre du Roi au duc de Beaufort (20 octobre 1666). — Inspection des ports par
La Reynie : « *Il faut s'appliquer à bien connaître tous les abus* » — Mode de
payement des équipages. — Première commission de Tourville. — Paix de Bréda
(1667). — Lettre du Roi au duc de Beaufort au sujet des armements de 1668
(déc. 1666). — Soins à prendre pour l'instruction du personnel.

Au commencement de 1664 [2], le manuscrit de d'Hamecourt nous
montre Tourville et ses anciens compagnons, d'Hocquincourt et Ma-

[1] *Archives de la Marine.*
[2] *Ibidem.*
[2] « Ce fut vers le même temps que le chevalier de Flavigny, envoyé par M. Lefebvre

rigny se réunissant pour armer à leurs frais des bâtiments destinés à croiser contre les corsaires de Barbarie et tous les trois « donnant « des preuves singulières de leur valeur et de leur intrépidité. »

Ces « armements », faits par de simples particuliers, ne s'opéraient pas sans difficulté, car il fallait trouver des *armateurs*, c'est-à-dire des personnes qui, ayant confiance dans le produit futur des captures, avançassent les sommes nécessaires aux opérations.

Cette fois, par exemple, des lettres de l'intendant de Toulon à Colbert établissent que d'Hocquincourt et Tourville avaient eu peine à commencer en France, et à terminer à Malte leur armement :

« ... Je sais que M. le chevalier de Tourville a passé à Malte avec le commandeur Degout pour y chercher des *armateurs*. » (De la Guette à Colbert, lettre du 8 avril 1664. — *Archives de la Marine*.) — « Le chevalier d'Hocquincourt a pris la résolution de passer son vaisseau à Malte et d'en achever l'armement avec l'aide de ses amis. » (Du même au même, 3 juin 1664.)

Aussi, l'État venait-il parfois en aide à ces *armements* en leur procurant des passagers dont il payait le passage.

C'est ce qui résulte d'une lettre de M. de la Guette, intendant à Marseille (*Archives de la Marine*) du 28 octobre 1664, d'où nous extrayons ce qui suit relativement à une convention de ce genre passée avec d'Hocquincourt :

« ... Comme il y a quantité de noblesse icy qui veulent passer à
« Gigery [1] et qu'il y en avoit beaucoup (à Marseille) qui ce dispo-
« sois à passer sur des barques, je leur ay proposé que pour leur
« plus grande sûreté et commodité, *de nolizer, tant par place, le
« vaisseau de M. le chevalier d'Hocquincourt, qui est desja aux isles
« d'If, et que de mon costé j'y chargerois quelque chose pour le Roy,
« afin de lui donner plus de moyen de leur faire bon marché de leur
« passage*. Cette proposition estant fort utile au dit sieur chevalier,
« et ayant esté goutée de quelques-uns de ses messieurs les volon-
« taires, j'espère qu'elle ce pourra conclure, ce qui assureroit le pas-

---

de la Barre, gouverneur de l'isle de Cayenne, arriva à Fontainebleau et apporta la nouvelle au Roy de l'établissement de la colonie française dans cette isle et de la soumission des Hollandais, Flamands et autres nations qui étaient dans ce païs et qui avaient volontairement remis le fort Caperous entre les mains de M. de la Barre, qui lui donna le nom de Fort-Louis. » (D'Hamecourt.)

[1] C'était l'époque de l'expédition du comte de Beaufort.

« sage de tant de personnes de qualité, et me donneroit lieu d'en-
« voyer surement ce qu'il y aura icy de prest à charger..... »

C'est au sujet de ces armements que, dans son magnifique ouvrage (*Musée de marine du Louvre*), le vice-amiral Pâris, membre de l'Institut, dit :

« ..... De tous tems, les armateurs ont livré des navires aux souverains comme aux particuliers pour les expéditions maritimes ; sous Louis XIV, ils prirent la part la plus glorieuse à toutes les guerres et l'esprit d'association se concentrait sur les aventures de la guerre de corsaire, régularisée par les lois, de manière à n'avoir rien qui tint du flibustier ou du pirate : *celui-ci était un voleur pillant sous tous les pavillons, tandis que le corsaire est un volontaire qui ne s'attaque qu'aux ennemis déclarés et qui aide ainsi son pays en faisant son profit des pertes causées aux étrangers avec lesquels on est en guerre.* Tous les marins célèbres de cette époque furent formés à l'école des corsaires : Forbin, d'Estrées, Du Quesne, Tourville, Jean Bart. »

Cette même année (1664), le manuscrit de d'Hamecourt le relate, le commerce français porta ses opérations jusque dans les Indes par l'établissement d'une compagnie « que plusieurs riches négociants proposèrent au Roy. — Sa Majesté, non seulement agréa leur demande, mais leur accorda encore de grands privilèges, leur fournit des finances considérables et leur prêta des vaisseaux pour le premier embarquement ; on choisit pour servir d'entrepôt l'isle de Madagascar, où quelques Français avaient déjà formé des habitations et même construit un fort et l'on y envoya une colonie. Ce fut aussi au mois de mars de cette année que fut établie la Compagnie des Indes occidentales par les soins de M. de Colbert, qui ne cessait de représenter au Roy combien de semblables établissements étaient utiles et avantageux à la France. » (D'Hamecourt.)

D'Hocquincourt ne survécut pas longtemps à la dernière expédition qu'il avait faite avec Tourville; car le 13 mars 1666, pendant le cours d'une croisière dans les parages de Candie « il se trouva
« parmi des écueils où il ne put éviter d'échouer, son vaisseau se
« brisa et, par une trop grande précipitation de son équipage, envi-
« ron 60 personnes se noièrent avec lui, ainsi que le chevalier de la
« Grille, s'étant *par une générosité tout à fait singulière*, trop atta-

« ché à pourvoir à la sûreté de son vaisseau et à la conservation de
« ses gens qu'il préféra à la sienne » [1].

Tourville faillit avoir le même sort; il ne se sauva que par miracle [2]. — Ce n'était pas une navigation facile que celle qui pouvait se faire à cette époque dans des parages dont les côtes étaient encore mal connues et avec des équipages dont le duc de Beaufort écrivait (lettre à Colbert du 12 mars 1665 ; expédition contre Tunis) qu'il y manquait de matelots éprouvés, de pilotes, de menus officiers, de maîtres de navires, canonniers, charpentiers, calfateurs, bossemans, et Beaufort ajoutait : « *de ces gens-là dépend assez souvent l'honneur du pavillon de France et de toute une armée*. ... Que
« l'on choisisse, s'il se peut, des capitaines très éprouvés, car *notre*
« *métier est tout propre pour la chicane des poltrons. Ils auront pourtant peine à me tromper à présent que je commence à entendre quelque chose à la mer.* »

Colbert savait bien que cette insuffisance de vrais matelots était un des côtés faibles de la marine ; aussi, ne négligeait-il rien pour y remédier. Sa correspondance avec les intendants est pleine de témoignages à cet égard. A l'époque qui nous occupe, Toulon avait attiré ses efforts particuliers et était peu à peu doté d'institutions propres à faire des hommes de mer, de ce qu'on appellerait aujourd'hui des *spécialités*. C'est à ce sujet que l'intendant La Guette lui écrit de ce port à la date du 12 juin 1663 [3] :

« L'école des canonniers est enfin établie et, dès le premier jour qu'on a tiré, nous avions des écoliers qui ont déjà fait d'assez beaux coups. La chose est très proprement exécutée. L'école de l'hydrographie est aussi établie, de façon que voilà Toulon l'académie des sciences maritimes, car il y aura fabrique de vaisseaux et galères pour les meilleurs maîtres de la *crestienté*, il y aura fonderie de canons, école pour s'en savoir bien servir et pour apprendre à être bon pilote. »

L'année même de la mort de d'Hocquincourt (1666), la lutte se ranimait entre l'Angleterre et la Hollande, et cette dernière puissance demandait à la France son concours, en exécution du traité de 1662.

---

[1] D'Hocquincourt.
[2] Jal, *Dictionnaire critique de biographie et d'histoire*.
[3] *Archives de la Marine*.

« Le Roy (dit d'Hamecourt), vivement pressé par les États généraux, envoya un ambassadeur extraordinaire à Londres, par lequel il fit déclarer aux Anglais qu'il prendrait parti contre celle des deux puissances qui ne voudrait pas accepter la paix, mais rien ne fut capable de faire changer le Roy d'Angleterre, qui avait résolu de pousser vivement les Hollandais. »

D'Hamecourt ajoute (et ce passage touche à un fait historique sur lequel les appréciations des historiens sont loin d'être d'accord) : « ..... Comme il était de l'intérêt de la France de ménager l'Angleterre, dans ce moment où le Roy voulait s'emparer des Païs-Bas, prétendant qu'ils lui appartenaient comme dévolus à la Reine par la mort du Roy d'Espagne son père [1], ce monarque *convint avec celui d'Angleterre* de se déclarer *une guerre simulée*, ce qui fut exécuté de la part de la France le 24 janvier. Ce fut en conséquence de cette déclaration que la flotte qui était à Toulon eut ordre de venir dans l'Océan, mais si lentement que les Hollandais n'en purent tirer aucun avantage. »

Ainsi que nous l'avons dit plus haut, d'Hamecourt écrivait ses mémoires au jour le jour et il y consignait les bruits, les impressions du moment. Or, nous ne contestons pas qu'on ait cru à ce moment à cette simulation de la guerre, mais l'impression était sans fondement sérieux, à notre avis, et nous allons exposer les motifs de notre opinion à cet égard :

Voltaire (*Siècle de Louis XIV*, chap. 6) a dit, de son côté, sur ce point : « ... Ce fut par cette politique que le Roi *évita, malgré ses promesses*, de joindre le peu de vaisseaux qu'il avait, alors, à la Hollande », et cette assertion a été répétée de confiance par bon nombre d'historiens; mais elle nous semble absolument démentie par des documents authentiques. Jal (*Abraham Du Quesne et la marine de son temps*, volume 1er, chap. 404 et suivantes), en a produit à cet égard de concluants et nous en avons retrouvé, après lui, d'autres qui confirment les premiers. D'après ces pièces, la vérité est, suivant nous, que Louis XIV était résolu à tenir ses engagements envers la Hollande et que, si sa flotte n'a pas opéré sa jonction avec celle des États, c'est par suite d'un concours de circonstances qu'il ne put maîtriser.

---

[1] Le Roi d'Espagne était mort le 17 septembre 1666.

Au nombre de ces circonstances il faut noter celle-ci que la flotte hollandaise sortit *avant* le temps convenu pour opérer la jonction ; ce qui, soit dit en passant, exposait Beaufort à être attaqué isolément par les Anglais avec des forces supérieures devant l'île de Wight.

Voici, d'ailleurs, à l'appui de notre opinion, quelques-uns des faits nouveaux que nous croyons intéressant de produire pour achever de bien mettre ce point en lumière :

D'abord, après les préparatifs considérables ordonnés par le Ministre de la marine dans les ports de l'Océan et de la Méditerranée, une démonstration importante et effective de la France apparait dans l'autorisation donnée par le Roi à des volontaires français d'embarquer sur les flottes des États. On sait la conduite brillante de quelques-uns d'entre eux : d'Harcourt, Cavoye, Coïslin, Busca, de Guiche aux combats de juin et d'août 1666. Mais, en continuant à examiner les documents contemporains, rien de plus net et de plus concluant, par exemple, que les correspondances de Colbert :

Ainsi, trois jours après la déclaration de guerre de la France à l'Angleterre, c'est-à-dire le 29 juin 1666, il écrit à l'intendant à Rochefort, Colbert de Terron, son cousin :

« Ma pensée est de donner au sieur Guisant, avec deux vaisseaux, la garde des côtes de Bretagne *pour faire la guerre aux Anglais partout où il le pourra .. J'ai fortement excité* le duc de Mazarin *d'animer* les Bretons à *armer en course...* Il y a lieu d'espérer qu'il y aura à Saint-Malo 12 ou 15 bâtiments armés en course et peut-être autant dans le reste de la Bretagne, et que tous ces petits bâtiments réunis ensemble *pourront faire quelque chose de considérable...* Vous savez de quelle importance il est, dans le commencement, *de faire quelque bonne action ..* — Comme vous voyez que, de ma part, je tasche *d'animer tout le monde*, si vous pouviez faire armer quelque petit nombre de vaisseaux en couvrant nos côtes, nous ferions toujours plus d'effet et *tourmenterions davantage nos ennemis.* »

Il le prie d'examiner « s'il ne sera pas bon d'envoyer, dès à présent, quelques vaisseaux aux îles Sorlingues et *jour et nuit de bien tailler de la besogne à nos ennemis.* »

Il écrit lettres sur lettres à Vivonne (18 février), au chevalier Paul (18 février), au marquis de Martel (id.) ; il leur recommande l'union : « Il faut s'estudier, dans l'occasion qui se présente, de faire *quelque*

« *action d'éclat qui tourne à la gloire du Roi et qui servira à abaisser
« la marine anglaise* et pour faire connaître que la bravoure fran-
« çaise s'estend également *en la mer comme sur la terre.* (Lettre à
de Martel. — 18 février.)

Il écrit à Arnoul, intendant général des galères (19 février) pour
lui parler « de l'importance de l'occasion présente » et l'inviter à
« mettre les galères en état de faire quelque chose *de glorieux* pour
le Roy dans cette guerre. »

Il charge notre ambassadeur en Hollande, le comte d'Estrades,
« d'offrir à MM. des États quelques-unes des meilleures troupes du
Roi pour mettre sur leurs vaisseaux. » (26 mars 1666.)

Nous passons sous silence des lettres, qui ont été en partie déjà
publiées, au duc de Mazarin, gouverneur de Bretagne (25 février 1666),
au duc de Beaufort (Instructions de la main de Colbert), à d'Infreville (5 mars 1666), où ces mêmes intentions s'affirment nettement,
de faire une guerre sérieuse aux Anglais ; puis, dans une lettre du
12 mars 1666, Colbert presse Beaufort en ces termes de chercher et
de combattre l'escadre anglaise de 15 frégates :

« Il n'est jamais arrivé (dit-il) une conjoncture plus favorable pour
nous acquérir beaucoup de gloire en humiliant cette nation. Pourvu
que ledit Smith ne nous échappe pas !... Enfin, BATTRE CES ANGLAIS
EST BON A TOUT. »

En même temps, il relance l'administration de Toulon (lettre à d'Infreville du 26 fév. 1666). Voici un extrait de cette correspondance :

« L'affaire que nous ayons la plus importante de la marine étant
de faire partir promptement l'armée navale et de la mettre en état
d'exécuter les intentions du Roi *qui sont d'aller chercher la flotte
anglaise partout où elle se trouvera* dans la Méditerranée et de passer
ensuite en Ponant. »

« ... S. M. ne doute pas que son armée navale ne fasse voile au
8 ou 10 du mois prochain et que tous les officiers employés pour son
service dans le port de Toulon *ne se soient surpassés pour avancer
l'armement des derniers vaisseaux* qu'elle a résolu de mettre en
guerre et, en effet, c'est une chose d'une telle conséquence qu'*il ne
faut laisser écouler aucune heure de jour et de nuit sans y faire
quelque progrès*[1]. »

[1] *Archives de la Marine.*

Puis, il se retourne vers le duc de Beaufort (5 mars 1666) : « Le
« Roi m'ordonne de vous dire (lui écrit-il), que vous pouvez assurer les
« capitaines qui feront quelque belle action que S. M. leur donnera
« des récompenses proportionnées à leurs services ; et quant à ceux
« des brûlots, Votre Altesse aura pour agréable d'examiner celle
« qu'elle jugera devoir être donnée à celui qui s'attachera à en
« vaincre et qui le brûlera. »

Cette question des brûlots avait déjà préoccupé Colbert ; le 8 janvier 1666, il écrivait à d'Infreville :

« ... Examinez si ce ne serait pas une chose qui augmenterait
considérablement les forces maritimes de S. M. d'avoir, s'il se pouvait, un ou deux brûlots à chaque vaisseau qui lui serviraient pour
ainsi dire de conserve et qui donneraient, à mon sens, une grande
terreur aux Anglais, particulièrement si ces brûlots étaient commandés par des braves capitaines de la bonne conduite desquels,
autant qu'il se pourrait, l'on fût assuré. Pour moi, je ne sais si je me
trompe en mon opinion, mais il me semble que vingt bons vaisseaux, accompagnés chacun de deux brûlots, seraient meilleurs que
quarante grands vaisseaux. Si vous et les principaux officiers qui
sont auprès de vous êtes de ce sentiment, cherchez de combien de
capitaines de brûlots vous pouvez faire état [1]. »

Il revient à la charge sur ce sujet avec sa persistance habituelle
en s'adressant, cette fois, à Colbert de Terron, à Rochefort (où se
trouvait l'escadre de Du Quesne qui devait opérer plus tard sa jonction avec celle de Beaufort) et s'exprime ainsi (16 mars 1666) :

« Je vous envoye une chaisne d'or de la valeur de 2,500 livres,
n'en ayant pas trouvé de plus forte pour vous l'envoyer sur le
champ, laquelle il sera bon que vous montriez aux capitaines de
bruslots, en leur fesant connaître que le Roy vous a recommandé de
la donner *au premier d'entre eux qui s'attachera à un vaisseau anglais et y fera son devoir*, et mesme si vous jugez que je vous en
doive envoyer d'autres, en me le faisant sçavoir, j'y pourvoirais avec
diligence. »

Certes, ces ordres, ces recommandations ne sont pas le fait d'un
gouvernement qui ne veut faire qu'un simulacre de guerre.

[1] *Archives de la Marine.*

D'un autre côté, tout en pressant Beaufort et l'armement de Toulon, Colbert ne néglige pas de tenir la Hollande au courant des contrariétés que rencontrent nos armements, et par ses soins, le comte d'Estrades, notre ambassadeur, est invité (28 mai 1666), à insister auprès des États généraux pour que leur flotte ne prenne pas la mer avant que celles de Danemark et de France soient prêtes. L'armée d'Angleterre est au nombre de 90 vaisseaux... il faut donc que MM. des États examinent s'ils exposeront leur armée au combat contre celle d'Angleterre ou s'ils attendront dans leurs ports et rades jusqu'à ce qu'ils puissent se joindre à quelqu'une des deux puissances qui ont pris leur parti ou à toutes les deux ensemble. *Il semble que la prudence* « voudrait que l'armée des États demeurât au
« Texel jusqu'à ce que l'armée de S. M. étant arrivée en Ponant et
« celle de Danemark fût en état, elle pût se joindre à l'une des deux,
« suivant la route que prendrait l'armée d'Angleterre [1]. »

Nouvelle lettre du Roi au comte d'Estrades, du 3 juin 1666 :

« ..... Ma flotte n'étant point arrivée en Ponant, celle de Dane-
« mark n'étant point en état, l'argent ne pouvant manquer ni de ma
« part, ni de la leur (MM. des États), pour l'entretènement de nos
« flottes; au contraire, le Roi d'Angleterre ayant fait des efforts
« extraordinaires pour remettre la sienne à la mer, tous les avis
« portant qu'il n'a que pour six semaines de vivres, et qu'il aura
« peine à la remettre en mer, quand, une fois, elle aura rendu le
« bord, ce que la remise de la convocation de son Parlement, au
« mois de septembre, donne lieu de croire. Toutes ces raisons étant
« très fortes, il me semble qu'il valloit beaucoup mieux ou surseoir
« à la sortie des flottes et *ne pas hazarder le tout pour le tout*, ou au
« moins attendre une occasion favorable de pouvoir joindre ma
« flotte à celle des États *pour attaquer ensemble les Anglais* [2]. »

Mais on préfère, en Hollande, *hazarder le tout pour le tout*, et les 13, 14, 15 et 16 juin, Ruyter remporte sur les Anglais quatre mémorables victoires. Puis, le 6 août suivant, les Anglais en tirent une éclatante revanche.

On connaît les détails de ces belles journées maritimes, où les

---

[1] *Archives de la Marine.*
[2] *Ibid.*

volontaires français embarqués sur la flotte des États, avec la permission du Roi, firent preuve (nous l'avons déjà dit plus haut), de la valeur la plus brillante. Au combat du 6 août, ce fut une quarantaine de nos mousquetaires, menés par les chevaliers de Cange, d'Harcourt-Lorraine, de Coislin et de Busca, qui, en se jetant dans deux chaloupes et en se portant à la rencontre d'un brûlot anglais, préservèrent des flammes Ruyter et son vaisseau.

Enfin, Beaufort passe le détroit de Gibraltar et arrive à la Rochelle (23 août 1666). Les forces navales françaises dans le Ponant étaient alors composées de 16 brûlots et de 43 bâtiments, portant 1158 canons et 10,550 hommes d'équipage. Une fois qu'elles sont rendues et en sûreté à Brest, le Roi mande ceci au duc de Beaufort le 28 septembre 1666 (*Archives de la Marine.*) :

« ..... En même temps que vous donnerez ordre pour le désarme-
« ment, je désire que vous fassiez croiser mes frégates légères dans
« l'embouchure de la Manche, *et que vous fassiez si bonne guerre*
« *aux Anglais*, entre les Sorlingues et Ouessant, qu'ils ne puissent
« avoir aucune liberté de commerce et que vous assuriez celui de
« mes sujets et de mes alliés, me remettant, au surplus, aux lettres
« du sieur Colbert. » Mais, notre flotte avait perdu l'occasion de se mesurer avec les forces anglaises, et, après avoir paru à Brest (octobre 1666), elle venait désarmer à Rochefort (15 novembre).

Ce mécompte, Colbert le sentit vivement; aussi n'est-ce peut-être pas sans quelque ironie que le grand Roi écrivait, par la plume de son Ministre, à Beaufort, le 18 juin 1666 :

« Mon cousin, la grande victoire que la flotte des Estats des Pro-
« vinces-Unies a remportée sur celle d'Angleterre estant d'une
« grande considération dans l'estat présent des affaires, *je vous en*
« *envoie la relation ; le seul regret que j'ai dans une conjoncture si*
« *favorable et si avantageuse est que mon armée navale, soubs votre*
« *commandement, n'ait point eu de part à cette action.* Je veux
« espérer que cette campagne ne se passera pas que vous ne trou-
« viez occasion de donner des marques de vostre valeur et de vostre
« expérience. »

L'année suivante (le 31 juillet 1667), intervenait la paix de Bréda entre l'Angleterre et la Hollande, d'une part, l'Angleterre et a France, de l'autre.

L'Angleterre était forcée, au moins pour un temps, de renoncer à ses prétentions sur la souveraineté de la mer. Mais, la campagne de 1666 n'avait pas répondu aux espérances et aux désirs de Colbert, puisque notre jeune marine n'avait pu y faire ses preuves. Les causes de ce mécompte étaient multiples :

Au nombre des principales, les historiens s'accordent à compter le manque de matelots dans la Méditerranée [1], et les querelles de Beaufort avec les intendants. Ces querelles, Colbert avait tout fait pour les prévenir.

A chaque instant, ses instructions aux administrateurs dans les ports de la Méditerranée reviennent sur ce sujet.

Ainsi, il écrit à Arnoul, intendant des galères, le 29 janvier 1666 :

« ..... Comme je m'aperçois que M. de Beaufort a quelque petite
« froideur ou au moins quelque réserve pour M. d'Infreville et qu'il
« me semble qu'il a témoigné de peu d'empressement en vous
« envoyant quérir par le major de la Marine, je suis bien aise de
« vous avertir qu'il importe que vous ne donniez aucune ouverture
« à la moindre mésintelligence entre vous et ledit sieur d'Infreville,
« et qu'au contraire vous travailliez, si vous avez plus de crédit sur
« l'esprit de M. de Beaufort que moi, à l'y établir dans la même
« confiance où vous êtes et surtout que vous fassiez tous les efforts
« imaginables pour entretenir une parfaite union entre M. de Beau-
« fort et M. de Vivonne, parce que c'est principalement de cette
« bonne correspondance que l'on doit tirer ce principal fait de la
« conjonction des forces des deux corps de la marine et des galères. »

Ou bien c'est à d'Infreville [2], qui a remplacé la Guette à Toulon comme intendant, qu'il adresse ces conseils de prudence.

---

[1] Dans l'espace de trois mois, au dire de Larrey, on n'avait pu parvenir à y compléter les équipages de trois vaisseaux.

[2] Louis Leroux, seigneur d'Infreville et de Saint-Aubin d'Ecrosville assista, sous Richelieu, au siège de La Rochelle en qualité de commissaire général de la flotte ; intendant des armées navales de Levant en 1642 ; retiré dans ses terres, quand, en 1664, Louis XIV le nomma conseiller d'État ; l'année suivante, succède à de La Guette, à Toulon, comme intendant des vaisseaux et est nommé intendant de justice, armée et finances du port de Toulon ainsi que des troupes de Provence et des citadelles de Marseille ; se retira de sa charge en 1670.

La Guette est remplacé comme intendant des ports par Arnoul. Il figure sur l'état de dépense de Toulon 1666 pour 1000 livres d'appointements par mois.

D'abord le 29 janvier 1666 :

« 29 janvier 1666.

« ..... Je ne doute pas que vous ne fassiez toutes sortes de dili-
« gences pour vous acquérir la confiance de M. de Beaufort et l'obli-
« ger de vous expliquer ses intentions et ce dans les termes du
« respect et de la déférence qui lui sont dus, mais si elles venaient à
« être inutiles, ce que je ne crois pas, comme la relation que vous
« devez avoir avec lui dans une conjoncture comme celle-ci doit
« être entière, il ne sera pas mal que vous lui disiez franchement
« que vous refusez la part de ses pensées que vous y pouviez pré-
« tendre par la raison du service, vous ne sauriez vous en dispenser
« pour n'être pas responsable. »

Puis, le 19 février de la même année :

Colbert à d'Infreville.

« 19 février 1666.

« ..... Quand M. de Beaufort se renfermera dans sa charge.....
« vous n'aurez rien à y improuver, parce que ce sont des choses qui
« sont dans l'ordre naturel, comme aussi qu'il résoude ce qui est des
« actions de la guerre et des entreprises que l'on peut former, en
« sorte que toutes ces choses étant sans partage, le vôtre consiste
« dans l'économie et l'administration, de prendre garde que toutes
« les dépenses se fassent à profit et que l'on ne s'engage pas dans
« aucune, que suivant les ordres de S. M. »

Plus tard, c'est à Beaufort qu'il s'adressera, en lui faisant écrire
par le Roi une lettre des plus intéressantes à reproduire, car elle est
empreinte, à la fois, de bienveillance et de fermeté, et montre au
duc qu'il essayera vainement de *se cacher* devant le Roi, qu'il faut
accepter le contrôle des intendants.

Voici cette lettre de la main du Roi, datée du 20 octobre 1666
(*Archives de la Marine*) :

« Mon cousin, cette lettre vous fera plus particulièrement con-
« naître qu'aucune des grâces que je vous ai faites jusqu'à présent
« combien je vous aime et combien j'ai d'envie de vous rendre de

« plus en plus digne de me bien servir. Vous jugerez assez facile-
« ment que, vous regardant comme ayant toujours à commander
« mes armées de mer, que je veux rendre plus considérables qu'au-
« cun des Roys mes prédécesseurs, combien il m'importe de relever
« et augmenter toutes vos bonnes qualités et retrancher et corriger
« les défauts que je puix reconnaitre en votre conduite, sachant bien
« que vous n'aurez pas assez de vanité pour croire que vous n'en
« ayez aucun, et que vous recevrez mes sentiments comme la plus
« grande et la plus sensible marque d'amitié que je puisse vous
« donner. Je vous dirai donc qu'il ne se peut rien ajouter à la satis-
« faction que je reçois de la chaleur et de l'application que vous
« employez en toutes rencontres pour vous mettre en état de faire
« quelque action qui puisse m'être agréable, que j'approuve fort
« toute la conduite que vous avez tenue dans le commandement de
« mon armée pendant le voyage que vous avez fait, et même que j'ai
« fort estimé, et la résolution prompte que vous avez prise d'entrer
« dans la Manche, et tous les ordres que vous avez donnés en y
« entrant dans toutes les places et par toutes mes costes, que j'ai
« considéré tout ce qui s'est passé dans un rencontre si important,
« non seulement comme un effet de votre fermeté et de votre har-
« diesse pour entreprendre quelque chose de grand et de glorieux
« pour mes armes; mais même comme celui d'un bonheur duquel
« j'espère que Dieu voudra bien continuer de les accompagner tou-
« jours comme il a fait jusque à présent, qu'en une occasion si
« importante et si hardie les capitaines des quatorze vaisseaux qui
« se sont séparés de mon pavillon sont blâmables; mais vous devez
« bien observer qu'en un rencontre un peu moins important le
« vaisseau qui porte mon pavillon doit être toujours le plus pesant
« de mon armée, c'est-à-dire qu'encore qu'il soit le meilleur voilier,
« c'est à lui à régler sa manœuvre de sorte que les vaisseaux les
« plus pesants le puissent suivre, estant bien possible qu'un ou deux
« vaisseaux s'en séparent, ou qu'une grande tempête divise toute
« l'armée, mais dans un temps égal le nombre de quatorze est trop
« grand pour ne le pas attendre; après vous avoir dit toutes les
« bonnes qualités que je reconnais en vous, et qui me donnent lieu
« d'espérer de vous voir bientôt en état de me rendre des services
« très considérables, *je veux aussi vous avertir d'un seul défaut, qui*
« *est que vous voulez trop faire les fonctions de tous les officiers de*

« mon armée, en sorte qu'il semble que votre zèle et votre chaleur
« pour mon service veuille leur ravir la gloire et la satisfaction de
« me bien servir chacun dans sa fonction, surtout votre inclination
« naturelle vous portant à tout faire, vous aurez peine à vous accom-
« moder des fonctions d'un intendant, vous savez que vous n'avez pu
« vous accommoder du sieur de la Guette, et je l'ai osté par cette
« raison. Après avoir fait choix du sieur d'Infreville comme du plus
« expérimenté qui fût dans mon royaume, vous ne l'avez pu souffrir,
« et en même temps vous avez fort exagéré la suffisance et l'habi-
« leté du sieur Arnoul, pour faire voir que l'incompatibilité ne
« venait pas de votre part. Mais je ne sais s'il avait travaillé dans la
« Marine s'il vous aurait été plus agréable. Vous avez été bien aise que
« Brodard ne montât point sur mon armée navale pour vous délivrer
« toujours de ce qui pouvait porter le nom ou quelque sorte de fonc-
« tion d'intendant ; mais ces commencements ont eu de plus grandes
« suites, lorsque vous êtes arrivé aux rades de la Rochelle, l'aver-
« sion que vous avez contre les fonctions de l'intendance a été bien
« augmentée par la résolution que j'avais prise de faire monter le
« sieur Colbert de Terron sur mon armée navale pour assister dans
« tous les conseils, et ces deux mouvements avec la pensée que vous
« avez eu qu'il aurait peine à se détacher de son séjour de la Ro-
« chelle, ce qui était un attachement qui lui faisait préférer la Cha-
« rente à Brest, ont fait une infinité d'effets dans votre esprit ; vous
« avez blâmé et condamné d'abord la Charente, et pour vous tirer
« plus tôt de ce lieu vous m'avez écrit et fait dire par Estemare qu'il
« ne vous manquait aucune chose, et qu'en trois jours de temps
« vous seriez en état de partir, sur quoi j'envoyai assurer les États
« que vous entreriez dans la Manche aussitôt ; ce que je n'ai pu
« excuser, vu que vous fûtes obligé d'y demeurer seize ou dix-huit
« jours ; vous n'avez rien concerté sur vos besoins avec le dit sieur
« de Terron, vous avez extraordinairement exagéré la beauté et la
« bonté de Brest sans l'avoir jamais vu, d'abord que vous avez été à
« Belle-Isle ; j'ai vu par les lettres du sieur marquis de Bellefonds
« qu'il vous manquait une infinité de choses, vous avez été d'avis
« que le dit sieur de Terron demeurant à Charente, sous prétexte d'y
« envoyer le tiers de mes vaisseaux pour y désarmer à votre retour et
« de travailler à fournir le port de Brest de tout ce dont vous auriez
« besoin pendant votre voyage et votre entrée dans la Manche. Vous

« vous êtes toujours appliqué à condamner tout ce qui s'était fait en
« Ponant, que vous manquiez de pilotes, que l'on n'avait pas reconnu
« les côtes, qu'il fallait jeter à la mer les vaisseaux le *Rubi* et le
« *Bourbon*, punir le charpentier qui les avait bastis et une infinité
« d'autres choses dont vos lettres sont pleines. A votre arrivée à
« Brest, vous n'avez plus parlé d'envoyer aucun vaisseau en Cha-
« rente pour les retenir tous sous votre main, et vous avez fort exa-
« géré la suffisance du sieur de Seuil. Le tout pour me persuader
« qu'il était bon de laisser Terron à la Rochelle, et que le dit Seuil
« était capable de faire le travail de Brest, *dans la pensée que vous*
« *aurez qu'il ne vous empêcherait en rien*. J'ai été bien aise de vous
« dire tout ce que j'ai remarqué en ceci afin de vous *faire connaître*
« *qu'il est inutile de se cacher* devant moi et pour vous dire en
« même temps que le bien de mon service veut qu'un intendant
« autorisé, habile et expérimenté soit toujours au principal lieu où
« mes armées navales séjourneront, que lui même ou un commis-
« saire général aussi expérimenté, soit toujours sur mes dites
« armées pendant le temps qu'elles sont en mer, que je suis certain
« que vous ne trouverez au dit Colbert de Terron aucune prévention
« pour préférer plus tôt un lieu qu'un autre, et qu'il n'aura en vue
« que le bien de mon service et d'exécuter vos ordres, qu'il est
« nécessaire que vous l'appuyez en toute occasion, qu'il vous rende
« compte de tout ce qu'il fera et que vous lui disiez vos sentiments
« et donniez vos ordres, qu'il exécutera ponctuellement, et songez
« qu'autant de moments que vous employez aux fonctions des autres
« charges, autant vous en dérobez à l'application que vous devez
« avoir de bien apprendre votre métier qui est le plus grand et le
« plus difficile de tous, et auquel les plus grands hommes ont tou-
« jours trouvé à apprendre, même à l'âge de soixante-dix ans, après
« y avoir consommé toute leur vie. Je ne doute pas que vous ne
« profitiez de l'avis que je vous donne, et que vous ne connaissiez
« que vous m'êtes d'autant plus obligé d'une si grande marque de
« mon amitié qu'il n'y a guère d'exemple qu'aucun Roy en ait usé
« de cette sorte. Sur ce, je prie Dieu qu'il vous ait, mon cousin, en
« sa sainte et digne garde.

« Écrit à Saint-Germain en Laye, le 20ᵉ octobre 1666. »

Mais, il y avait tant à faire pour introduire un peu d'ordre dans les habitudes de tous, que Colbert résolut de faire faire une sorte d'inspection générale des ports par la Reynie [1].

On retrouve dans les archives du ministère de la marine (Registre des ordres du Roi), les instructions que Colbert adresse à la Reynie.

Voici ce document : il était important à reproduire parce qu'il met bien en lumière la situation des choses à cette époque, au lendemain des grands armements de 1666 aussi parce qu'il contient les germes de l'établissement des *classes* :

Poincts principaux du pouvoir et instruction de M. de la Reynie [2].

(Décembre 1666.)

« Son pouuoir doit estre sur tout ce qui concerne la Marine et la jurisdiction de l'Amirauté.

« Il faut qu'il commance son voyage par Dunkerque et finisse par Andaye.

« Luy donner pouuoir de suspendre toutes les fonctions des officiers de l'Amirauté.

« Examiner si ce pouuoir sera seullement donné en cas qu'il trouve abuz ou maluersation en l'administration de cette justice, ou si de plein droit dès lors qu'il notiffiera son entrée dans une ville aux officiers, et qu'il tiendra sa première séance dans le siège de la justice ordinaire, tous les officiers demeureront suspendus, ce dernier semble meilleur.

« Pouuoir souuerain de juger seul jusqu'à 1000 ou 1200 francs, sans apel et appeller auec luy le nombre de graduez ou au premier présidial à son choix au dessus des 1000 ou 1200 francs, et pour le criminel.

« Informer de tous abus et maluersations tant des juges que de tous officiers de quelque qualité et condition qu'ils soient, sans aucune exception et nonobstant tous priuilèges.

« Et par faire le procès aux coupables souuerainement informer de tous les vols, déprédations, pirateries, etc.

[1] La Reynie (Nicolas), le même qui, de mars 1667 au 29 juin 1697, occupa l'office de lieutenant général de police de la prévôté de Paris.
[2] Registre des ordres du Roy, *Marine*, coté 4, fol. 274. v°.

« Dresser ses procès verbaux de tous manuais usages, tant en l'administration de la justice, circonstances et dépendances, que en ce qui concerne les déclarations et raports auant et après le départ des vaisseaux, équipages, euictuaillements, et généralement de tout ce qui peut concerner la nauigation.

« Par la suite de ce mémoire, on connoistra facilement les points qu'il faudra employer dans son pouuoir.

DANS SON INSTRUCTION.

La fin principalle de son voyage doit estre d'augmenter la nauigation dans tout le Royaume.

« Pour cet effet il faut réformer tous les abus qui se commettent en l'administration de la justice.

« En retrancher les frais ou tous, ou la plus grande partie ; toutes les longueurs.

« Afin que les gens de mer estant bien persuadez qu'ils receuront à l'auenir bonne et briéue justice, ils puissent s'adonner auec plus de facilité et plus de succès à la nauigation et en attirer d'autres par ce moyen.

« Faire une exacte description de toute l'étendue de chacun siège d'Amirauté, le nom et les qualités de tous les officiers de justice.

« Un rolle exact de tous les gens de mer qui se trouuent dans l'étendue de chaque Amirauté,

« Leurs différentes professions,

« Les moyens de les augmenter,

« Les establissemens des écoles de pilotage et de canonneries.

« Les priuilèges qui peuuent estre donnez à tous ceux qui s'adonneront à la mer.

« Pour tous les matelots et autres gens de mer qui voudront s'enroller au seruice du Roy pour trois ou quatre ans.

« A la solde entierre et uictuailles pendant le temps qu'ils seruiront en mer, et à la solde réglée de 5 sous par jour pendant tout le temps qu'ils seront à terre, pour les simples matelots et les pilottes et officiers mariniers à proportion, auec permission de pouuoir vacquer le long des costes aux pêcheries pendant le temps qu'ils ne seront point en mer.

« Examiner tout ce qui concerne les ouurages publics establis contre la viollence de la mer, s'ils sont entretenus ou non.

« S'informer si les villes en sont chargées;

« Si elles n'ont point d'octrois qui leur aient esté accordés à cette condition, en ce cas en faire rendre compte, en voir l'employ et, en cas d'abus, le réformer.

« Examiner le délestage des vaisseaux et s'y appliquer comme à l'un des plus importans points de son instruction.

« Pour cet effet il doit estre informé qu'il n'y a rien à quoy il faille donner une si grande et si continuelle application qu'à empescher tous les desordres que la mer cause dans les rades, ports, haures, pour la quantité de sables et autres choses qu'elle charrie toujours dans son flux et reflux, et que toutes les nations qui s'appliquent au commerce et à la nauigation, ont toujours les yeux attaschés au désordre que la mer cause pour y appliquer incessamment les remèdes conuenables, ce qui ne se peut bien souuent qu'auec des dépenses considérables.

« Que tous les ouurages ne se peuuent conseruer sans une égalle application et que cette application consiste à tenir le fonds de la mer, des rades, des entrées et du dedans des ports et haures le plus profond qu'il se peut afin d'y conseruer la facilité d'entrer sans risque pour les vaisseaux qui tirent le plus d'eau.

« Que toute la coste de France estant exposée au couchant et le vent soufflant au moins 7 ou 8 mois de l'année, en même temps qu'il vuide les costes d'Angleterre il remplit les nostres, et par conséquent toutes les rades, ports, haures et entrées, en sorte que la nature résiste et forme des empeschements très difficiles à surmonter, et au lieu que cette raison deuoit surmonter, obliger à une plus grande application et à y employer de plus puissans moyens, l'abandonnement de la marine, nauigation et commerce du royaume a esté tel que non seullement l'on n'a pas cherché les moyens de résister à la nature, mais même l'on a laissé la liberté entierre aux estrangers qui sont venus charger les denrées et marchandises du royaume de délester leurs vaisseaux en tel lieu que bon leur a semblé, en telle sorte que soit pour leur commodité, soit pour l'application qu'ils ont à ruiner tout ce qui peut bonifier le commerce du royaume, ils ont presque fermé toutes les entrées du peu de ports que la nature auoit laissés.

« Il faut donc s'appliquer à bien connoistre tous les abus qui ont esté commis sur le fait desdits délestages, punir les officiers qui, pour leur conniuence, ignorance ou malice, les ont causés, et establir la conseruation des rades et des entrées à l'auenir, en sorte que les mêmes accidents ne puissent jamais arriver.

« Observer aussi si dans tous les ports, rades et entrées des riuières, il y a suffisamment de pilottes et lamaneurs, et s'informer s'ils s'aquittent bien de leurs fonctions, et sur ce point il est nécessaire d'obseruer qu'y ayant souuent des vaisseaux dans les rades qui sont obligés par les vents facheux et tempestes qui suruiennent, d'abandonner leurs ancres, au lieu qu'il deuroit y auoir une liberté entierre à tous pilottes et lamaneurs de les repescher à leur profit pour netoyer tous jours les rades, et empescher que la quantité d'ancres par succession de temps ne coupent les câbles des autres vaisseaux qui sont nécessités d'y ancrer, les officiers de l'Amirauté ont prétendu tirer de si grands droits sur ces ancres qu'enfin lesdits pilottes et lamaneurs les ont entièrement abandonnées, ce qui cause que les rades sont bien souuent si mauuaises que tous les vaisseaux font l'impossible pour n'y point demeurer.

« Un autre point très important pour l'exécution duquel il est nécessaire d'une très grande application, consiste en la résolution que Sa Majesté a prise de rappeler tous ses sujets qui sont à présent au seruice des princes estrangers, et d'empescher à l'auenir qu'aucun ne s'y puisse engager.

« Sa Majesté a remis jusqu'à présent à prendre cette résolution, d'autant que n'ayant pû auoir le nombre de vaisseaux assez considérable pour donner de l'employ à tous ses sujets et la bonne foy n'estant pas encore bien establie en ce qui concerne la marine pour obliger ceux de sesdits sujets qui auroient pris party auec les estrangers à s'exposer.

« A présent que Sa Majesté a augmenté considérablement le nombre de ses vaisseaux et qu'elle a besoin pour seruir sur ses armées naualles de rassembler de toutes parts tous ses sujets qui luy peuuent seruir et que par le payement effectif qui reste fait depuis quatre ans, il y a lieu de croire que la bonne foy est suffisamment establie pour paruenir à la fin que Sa Majesté se propose.

« Elle désire que ledit sieur commissaire fasse, non seullement le rôle exact de tous les gens de mer de toutes qualités qui se trouueront dans l'étendue de chacun siège d'Amirauté, mais de plus qu'il s'informe auec la même application de tous les sujets de Sa Majesté qui sont au seruice des estrangers, soit qu'ils aient femme et famille, soit qu'ils y aient quelques biens, soit qu'ils en soient sortis, soit qu'ils n'y aient ny biens ny familles, desquelles il fera des rolles particuliers pour les enuoyer à Sa Majesté auec son auis sur tout ce qui se peut faire pour les rapeller; pour cet effet Sa Majesté fera publier sa déclaration par laquelle elle rapelera tous lesdits sujets, leur enjoindra de reuenir dans son royaume dans six mois à compter du jour de sa publication dans les sièges d'Amirauté du ressort desquels ils seront, leur promettant de les exempter de tailles pour toute leur vie au cas qu'ils soient demeurans en lieux taillables, et leur continuera la même solde ou gages qu'ils receuoient desdits estrangers et en la même fonction sur ses vaisseaux, autrement et à faute de ce faire ledit temps passé qu'il sera procédé contre eux par saisie et confiscation de leurs biens, même par punition corporelle en cas qu'ils puissent estre pris, sinon par défaut et contumace.

« A l'égard de ceux qui auront des femmes et enfants il faudra leur faire escrire par ce moyen, et à l'égard des autres qui seront connus, il faudra prendre soin de leur faire escrire par leurs parents et amis.

« De plus il faut faire imprimer en peu de mots les principaux termes de la déclaration et la faire passer par voye de marchans dans tous les païs estrangers.

« Pour porter les sujets de Sa Majesté à la mer, outre les grâces que Sa Majesté fait tous les jours à tout ce qui concerne le commerce, elle estimeroit qu'elle pouroit accorder l'exemption de tailles à tous ceux de ses sujets qui seruiroient actuellement sur ses armées naualles et qui s'enrolleroient pendant deux ou trois années aux conditions cy-dessus desduittes.

« Il faut de plus bien examiner sur les lieux quelles grâces Sa Majesté pouroit faire qui ne seroient pas d'une si grande conséquence que celle de l'exemption de tailles à tous ceux de ses sujet qui s'adonnent à la mer, même aux voyages de longs cours et examiner les moyens d'obliger tous les m^{res} et capitaines de bastiments de prendre toujours deux jeunes garçons dans leur bord pour aprendre leur mestier; pour chaque centaine de tonneaux du port de leurs vaisseaux, c'est-à-dire qu'un vaisseau de 50 et au-dessous en prendroit un, de 100 deux, de 200 quatre et ainsi à proportion ; on pouroit bien faire un règlement qui contiendroit cette condition, auec injonction à M. l'amiral et aux officiers de l'Amirauté d'y tenir la main et deffences de donner aucun congé qu'il ne leur apparoisse que le capitaine ou maître ait ledit nombre de jeunes garçons, et acorder quelques priuilèges à ceux qui en prendroient un plus grand nombre.

« Pour bien exécuter tous les establissements qui seroient faits par ledit sieur commissaire en suite des ordres de Sa Majesté, qui seroient expédiés sur ses auis, les officiers de l'Amirauté estant establis pour cette fonction, il faut donner une grande application pour les remettre dans l'exacte obseruation de leur devoir, purger tous les abus qui se sont introduits, et qui ont presque passé pour légitimes par un long usage, punir séuèrement les plus criminels, afin que l'exemple de quelques-uns qui seront punis, remette tous les autres dans leur deuoir, et en cas que ledit sieur commissaire ne trouue pas lieu d'espérer que tous ou aucuns d'eux ne puissent pas régler leur conduite en sorte que Sa Majesté puisse estre satisfaite, il faudra leur ordonner de se défaire de leurs charges ou même paruenir à une supression et à un changement entier de cet establissement en cas qu'il soit estimé nécessaire.

« Outre ces précautions, Sa Majesté pouroit encore establir quelqu'un des principaux bourgeois des villes pour auoir une inspection ou publique ou secrette de tout ce qui concerneroit l'exécution des règlemens qui seroient faits.

« Si cet expédient n'estoit pas trouué suffisant Sa Majesté pouroit encore establir un commissaire général de la marine en chacun département; par exemple un depuis le Haure de Grâce jusqu'à Dunkerque, lequel allant et venant continuellement pouroit prendre soin de l'exécution de tous lesdits ordres et règlements.

« Ledit sieur commissaire examinant soigneusement les coutumes et usages particuliers des lieux trouuera toujours d'autres abus et quelquefois plus de facilité ou de difficulté aux remèdes que l'on y pouroit apporter, sur quoy Sa Majesté se remet à la prudence et aux auis qu'il luy donnera sur lesquels il receura continuellement ses ordres.

« Il sera bien nécessaire qu'auant son départ le dit sieur commissaire s'informera soigneusement du sieur premier président de Bretagne de l'usage de cette prouince sur le fait de la juridiction de l'Amirauté, sur quoy il sera même nécessaire d'auiser auec luy aux moyens de remédier à tous les abus qui s'y peuuent connoistre.

« Sur quoy la première pensée seroit d'establir une chambre de réformation des affaires de l'Amirauté ainsy qu'il a esté fait pour celle des eaues et forests, dans laquelle chambre le sieur de la Reynie assisteroit dans son passage, et cette chambre pouroit estre composée des conseillers du Parlement, que le dit sieur premier président nommeroit de la fidélité et bonne conduite desquels il répondroit à Sa Majesté. »

Cette instruction peut se résumer dans cette phrase que nous lui empruntons : « *Il faut s'appliquer à bien connaitre tous les abus.* » C'était l'une des pensées dominantes de Colbert; on en retrouve la trace à chaque instant dans sa correspondance avec les intendants.

En cette année 1666, l'un des points qui le préoccupaient dans cette direction d'idées, c'était le payement des équipages : si les capitaines s'ingéniaient trop souvent par mille moyens à garder pour eux une partie de l'argent qui leur était remis pour leurs équipages, Colbert, de son côté, ne néglige rien pour prévenir ces abus et c'est pour cela qu'il tient tant au payement *à la banque*, c'est-à-dire au payement de la solde des équipages fait à bord, non plus par le capitaine, mais par un *écrivain*, qui tenait une revue des hommes qu'il payait et de la somme attribuée à chacun d'eux. Cet écrivain devait tenir aussi une comptabilité des recettes et des dépenses en matières.

Colbert revient sans cesse à ce sujet, le prenant, suivant le cas, tantôt avec douceur, tantôt avec énergie :

Voici, par exemple, ce qu'il écrit à l'intendant de Toulon (d'Infreville) le 8 janvier 1666 :

« … Je vous dirai que s'il (le sieur Luché) veut convenir de faire payer son équipage à la banque, S. M. le fera entretenir et même que vous leur expliquiez, après en avoir conféré avec M. de Beaufort, que ceux qui ne voudront pas s'y soumettre à l'avenir seront assurément licenciés. »

Au même, 15 janvier 1666 :

« … La meilleure nouvelle que le Roi pouvait recevoir a été celle de l'établissement que vous avez fait sur les vaisseaux de S. M. de payer les équipages *à la banque* en surmontant toutes les difficultés que les capitaines y fesaient naître. S. M. m'ordonnant de vous dire que comme c'est un ouvrage de votre main et qui vous acquiert beaucoup de mérite auprès d'elle, elle s'assure que vous ferez toutes sortes d'efforts pour le maintenir, pourquoi elle vous assistera de sa part de toute l'étendue de son autorité. »

Puis, à l'intendant de Brest, le 22 janvier 1666 :

« ... Tenez soigneusement la main à ce que le payement *à la banque* se fasse exactement autant qu'il dépendra de vous, puisque c'est un établissement dont il doit revenir de grands avantages tant par la facilité d'avoir des matelots que pour rendre les équipages excellents. »

Il revient sur ce sujet avec d'Infreville d'abord le 29 janvier 1666 :

« ... Il faut toujours fortifier l'établissement que vous avez fait heureusement du payement de la solde *à la banque* par le moyen des écrivains qui ont été mis sur les vaisseaux, lesquels le Roi autorisera quant à ce qui sera de la question de leurs charges *et si les officiers veulent les maltraiter, ils ne s'en trouveront pas assurément bien.* »

Puis, les 12 et 19 février :

« ... Le Roi s'est si fortement expliqué à M. le duc de Beaufort de ses intentions sur le sujet du payement des matelots *à la banque*, que je suis assuré que vous n'y trouverez plus aucune résistance de sa part, et ce qui est à faire à présent est de commettre des écrivains sur les vaisseaux *dont la probité et la suffisance vous soient connues*, en sorte qu'ils tiennent un registre de ce qui y sera embarqué, de ce qui s'y consommera, de ce qui restera. » (12 février.)

« ... L'intention du Roi est que le payement de la solde se fasse *à la banque*. Cet établissement étant trop avantageux pour le service de S. M. et les matelots pour le négliger. Pour ce qui est des écrivains, vous ne devez douter qu'ils ne soient fortement appuyés dans les fonctions de cet emploi ; mais il importe que vous preniez garde au choix que vous ferez et que si, au moins, ils n'ont pas toute l'intelligence et l'habileté nécessaires, ils aient de la modération et de la retenue pour se comporter avec les officiers avec le respect et l'honnêteté qu'ils doivent. » (19 février.)

Il se retourne ensuite vers Beaufort et lui adresse une lettre le 12 mars 1666, où se trouve ce passage :

« ... Je dois vous dire que le Roi est tellement persuadé que le bien de son service veut que les équipages soient payés *à la banque*, que le mieux que les capitaines puissent faire est de se conformer à la volonté de S. M. et V. A. de conduire leurs esprits, en sorte qu'ils ne se dégoûtent pas dans l'occasion présente pour ce changement. Ce qui arrive présentement en Ponant a fort contribué à confirmer S. M. dans cette pensée. Il y a 10 mois entiers que M. Du Quesne travaille à faire l'équipage du *Vendôme*, dont il n'a point encore pu venir à bout. M. de Terron lève au nom du Roi les équipages de tous les autres vaisseaux, à condition de les faire payer à la banque. Il a trouvé en peu de temps le nombre d'hommes qui lui était nécessaire. »

Le rapprochement entre les résultats des deux modes de procéder, celui de Du Quesne et celui de De Terron, est concluant, et il le cite de nouveau à ce dernier dans deux lettres, en s'exprimant ainsi à propos d'un armement pressé :

« ... J'ai crainte qu'il n'en arrive comme du sieur Du Quesne et qu'étant pressé pour son équipage, il ne pourra dans 18 mois ni le composer, ni faire sortir son vaisseau. » (9 mars.)

Puis, le 21 mars :

« Vous me donnez une agréable nouvelle en me mandant que pour la dernière solde que vous avez annoncé de faire donner à terre le payement aux matelots, vous m'avez gagné le cœur parce qu'il importe d'en avoir le plus grand nombre qu'il sera possible jusqu'à ce que nous en ayons *dix mille* à la solde de S. M. »

Il faut donc attirer les marins au service de la flotte, et pour cela ne négliger rien de ce qui touche à leurs intérêts.

Préoccupé de cette pensée, Colbert écrit encore à De Terron le 5 novembre, et cette fois de sa main :

« ... Vous devez donner une application toute particulière à bien faire connaître aux capitaines qu'il n'y a rien de si important, ni qui leur doive tant attirer d'estime et de considération du Roy, que de s'appliquer à si bien traiter leurs équipages que les hommes s'engagent volontairement avec eux. Vous devez, de plus, bien examiner la conduite de tous lesdits capitaines sur ce point, leur représenter qu'à présent la grande quantité de vaisseaux que le Roi doit tenir à la mer oblige d'employer tous ceux qui sont capables de les commander sans observer si exactement leur conduite. Comme cette guerre ne peut toujours durer et que le Roi aura alors beaucoup moins de vaisseaux à tenir en mer, il préférera toujours ceux qui auront mieux traité leurs équipages et avec lesquels les matelots et autres gens de mer s'engageront plus volontiers et avec plus de plaisir. » (Biblioth. nat.)

Mais, nous arrivons à la fin de 1666 et c'est à cette époque que nous trouvons la première commission de Tourville.

En voici le texte complet et exact ; nous respectons même l'étrange distraction de l'écrivain qui estropie le nom de Tourville dans le corps même de l'acte :

Extrait du registre des expéditions de la marine commençant le trentiesme octobre 1665, et finissant le trentiesme décembre mil six cent soixante-six.

TABLE DES EXPÉDITIONS CONTENUES AU PRÉSENT REGISTRE.

Commission pour le sieur chevalier de Tourville.

fol. IIIe XX bin (328).

4 décembre 1666.

COMMISSION AU SIEUR CHEVr DESTOURVILLE (*sic*).

« François de Vandosme duc de Beaufort prince de Martigues, pair grand maistre chef et surintendant général de la navigation et commerce de France, généralissime des armées navales du Roy au sieur chevalier *d'Estourville* (sic), capitaine de la marine, salut. Estant nécessaire de pourvoir au commandement de chacun des vaisseaux que Sa Majesté a cy devant fait construire et ordonné estre armez pour son service en Dannemarc et en Hollande, à dessein d'en fortiffier son armée navalle et joindre le tout à celle de ses alliez pour le bien et advantage de la cause commune contre les Anglois, et fait choix à cet effet de personnes de capacité, valleur et expérience, au fait des armes et de la marine, comme nous n'en sçaurions faire un meilleur ny plus digne que de la vostre en qui touttes ces qualitez se rencontrent, et dont vous avés donné des preuves en plusieurs rencontres, a ces causes et sur la connaissance particulière que nous avons de vostre zèle, fidélité et affection au service de Sa Majesté ; en vertu du pouvoir par elle attribué à nostre dite charge, nous vous avons commis, ordonné et estably, commettons, ordonnons et establissons par ces présentes, pour sous nostre authorité et les ordres du sieur de la Roche Saint-André, monter et commander le vaisseau du Roy *le Courtisant* ensemble les officiers, soldatz et matelots quy seront sur iceluy, auxquelz à cet effect nous enjoignons de vous obéir et entendre en tout ce quy leur sera par vous ordonné ; prions et requérons tous Roys, Princes, Pottentatz, Estatz, Seigneuries, Républiques, amis, alliez et confédérez de cette Couronne, leurs admiraux, gouverneurs de leurs provinces, villes, ports, havres et passages, capitaines, chefs et conducteurs de leurs vaisseaux et équipages et tous autres leurs officiers et sujetz qu'il appartiendra, de vous donner tout passage et retraite en leurs ports, sans vous fere ny permettre qu'il vous soit fait ou donné aucun trouble ny empeschement, ainsi toutte ayde, faveur et assistance dont vous aurez besoin ; offrans de fere le semblable lorsque nous en serons par eux requis. Mandons au trésorier général de la marine de vous payer les appointemens, solde et nourriture des gens de vostre équipage, lesquelz vous seront ordonnez par les Estatz de Sa Majesté, et nos ordonnances particulières, rapportans lesquelz avec les roolles des montres et reveues en bonne et deue forme, coppie collationnée des présentes et vos quittances sur ce suffisantes. Les sommes qu'il vous aura ainsi payées seront passées et allouées en la despence de ses comptes par Messieurs des comptes à Paris, que nous prions ainsy le fere sans difficulté. En tesmoin de quoy nous avons signé ces présentes : icelles faites, contresignées et scellées par le secrétaire général de la Marine, à Brest, le 13 décembre 1666. »

Pendant que les Anglais et les Hollandais guerroyaient sur mer avec des avantages à peu près égaux, la France soutenait en Amérique et dans la mer des Antilles une lutte sérieuse contre les Anglais à la fin de 1666 et jusqu'au milieu de 1667 (encore une preuve qu'il ne s'agissait pas entre l'Angleterre et la France d'une guerre simulée). Puis, les Espagnols traitaient avec la France à Aix-la-Chapelle le 2 mai 1668, et notre marine n'avait plus affaire qu'aux corsaires d'Algérie et de Tunis. La paix de Bréda était signée le 31 juillet 1667.

A cette époque, le nom de Tourville figure avec le titre de « cappi-
« taine du *Courtisant* » dans « l'escadre des vaisseaux du Roi qui
« sont en Danemark et Hollande. » (*Expéditions de la Marine*, 1667.)

On trouve, en outre, ce qui suit dans un mémoire de Colbert pour M. de Terron (décembre 1666) :

Vaisseaux qui doivent composer l'armée du Roy pour l'année prochaine 1667.

« . . . .

Pour les vaisseaux de Hollande et de Danemark, par le mémoire que vous m'avez envoyé, M. de Beaufort nomme :

« MM. de la Roche, de Querjan, Dumetz d'Aplemont, Forant, Desgorry, *chevalier de Tourville*, Turelle et Gabaret.
« Sa Majesté voulant composer une escadre de ces huit vaisseaux et de la *Ville-de-Rouen* en y joignant quatre bruslots et deux galliottes d'advis, laquelle il considère comme ayant la première à paroistre et combattre contre les Anglais en se joignant à l'armée des Estats, Sa Majesté désire qu'elle soit composée des *meilleurs officiers et équipages de son armée*. » . . . .
(Biblioth. nat. — Registre de diverses expéditions et dépesches des années 1666 et 1667.)

Voici encore un document bon à reproduire ; il provient aussi des *Archives de la Marine* et de la même date :

« Lettre de la main du Roy à M. de Beaufort pour luy dire que Sa Majesté a examiné tous les vaisseaux qu'elle pourra mettre en mer l'année prochaine, qu'Elle a nommé tous les capitaines qui les doivent commander suivant la liste que Colbert lui en envoyera.

« Qu'en même temps Sa Majesté a résolu de faire fermer tous les ports du Royaume tant en Ponant qu'en Levant pour pouvoir former avec plus de facilité les équipages de l'armée, qu'elle luy envoyera au premier ordinaire les ordres pour cet effet.

« Qu'à son égard Sa Majesté estime que, quand bien la proposition qu'il a fait de remonter en mer pendant cet hyver ne réussirait point, il ne doit pas quitter le port de Brest ou celuy de la Rochelle parce que sa présence sera toujours fort advantageuse au bien de son service.

« *Que Sa Majesté n'estimant rien de plus important pour son service que l'establissement des escrivains sur les vaisseaux et du payement des équipages à la banque* [1], *mesme depuis qu'elle a reconnu le mauvais usage que quelques capitaines ont fait de la liberté qu'ils ont eu jusques a présent de payer leurs équipages dont ledit sieur Duc est bien informé.*

« Qu'il exerce toujours les esquipages et les tienne en haleine.

« Qu'il travaille par préférence à toutes choses à former debons canonniers, qu'il en fasse faire perpétuellement l'exercice tant sur terre que sur son vaisseau et sur ceux de quelques autres des plus expérimentés et habiles capitaines de l'armée.

« Qu'il excite les jeunes gentilshommes qui ont servi de volontaires et même ceux qui prétendent au commandement des vaisseaux de s'appliquer toujours à bien apprendre la manœuvre, le pilotage et même l'exercice du canon,

« Qu'il examine s'il ne serait pas bon de tenir tousjours à bord de l'admiral un maistre à montrer le pilotage et établir aussy un maistre canonnier *pour monstrer l'exercice du canon et attirer dans la compagnie des gardes de la marine le plus grand nombre de jeunes*

---

[1] Sur le même sujet (payement à la banque), Colbert écrit à de Terron le 15 février 1666 :

« ... Je suis bien aise de l'espérance que vous me donnez que vous n'aurez guère de peine à faire le payement des matelots à la banque et pour cet effet j'estime que le principal est de tenir la main que les écrivains fassent exactement leur devoir. »

Nous reviendrons plus loin sur ce sujet et notamment dans le chapitre suivant.

gentilshommes qu'il pourra et les appliquer à apprendre les sciences. »
(Décembre 1666.)

Nous verrons plus tard ces idées de Colbert prendre du corps et Tourville s'y associer avec une ardeur véritable.

CHAPITRE III.

(1668-1670).

Tourville porte à Alger sur le *Courtisan* le commissaire envoyé pour réclamer l'exécution d'un traité avec la Régence. — Premier autographe de Tourville (lettre à Colbert). — Difficultés que rencontrent les armements. — L'argent des communes. — Correspondance de d'Infreville, intendant général de la marine à Toulon. — Retour du *Courtisan*. — L'activité de Tourville signalée au ministre. Il est nommé au commandement du *Croissant*. — Rôle des intendants. Confiance et sévérité de Colbert à leur égard. — Embarras causés par les capitaines : « Il faut les assujettir à ne se mêler que du commandement des armes. » Mémoire de de Terron à ce sujet. — Règlement du 4 juillet 1670. — Tourville avec le *Courtisan* dans l'escadre du duc de Beaufort. — Sa lettre de commandement. — L'amiralat. — Attributions du grand-maître de la navigation. — Les capitaines de vaisseau d'après Laffilard. — Commission de Tourville sur l'*Hercule* (1669). — Tourville choisi pour servir à Toulon (1670). — Quelques lettres de lui. — Les capitaines ne feront plus la levée de leurs équipages (29 avril 1670).

Au mois de mars 1668, le Roi envoie à Alger M. Trubert, commissaire général de la Marine, pour réclamer l'exécution d'un traité conclu avec la Régence l'année précédente ; Trubert prend passage sur le *Courtisan*, commandé par Tourville, et c'est à ce commandement que se rapporte une lettre de Tourville du 28 mars 1668 écrite de sa main, le premier autographe que nous possédions de lui. La lettre est adressée à Colbert : on la trouvera plus loin à sa date dans la correspondance de Tourville.

Mais les armements n'étaient ni prompts ni faciles en ce temps-là.

Cependant, grâce à l'activité personnelle de Tourville, le *Courtisan* était prêt à sortir du port dans les premiers jours de mars. Malheureusement, les « communautés » qui devaient fournir à Trubert une partie de l'argent destiné à racheter les captifs d'Alger ne s'exécutaient que très lentement. De là, des retards qui motivent un échange fréquent de lettres entre Colbert et d'Infreville. Nous en reproduisons quelques-unes parce qu'elles jettent un certain jour sur l'état de nos armements à ce moment et sur les difficultés que les intendants de la marine, ces lieutenants du grand ministre, rencontraient à chaque pas pour exécuter ses instructions.

D'Infreville, l'intendant de Toulon, écrit à Colbert le 13 mars 1668, précisément à l'occasion de l'expédition du vaisseau qui doit porter Trubert à Alger :

« ... Le sieur de Tourville commandant le *Courtisan*, qui est prest à sortir comme eux, est retenu pour conduire et porter M. Trubert en Alger pour y achever le traité qu'il a commencé ; il ne faict qu'attendre les esclaues que M. Arnoux luy doibt donner, et l'argent que la prouince luy doibt fournir ; ce vaisseau a esté choisy comme un des plus grands et le plus apparent qu'il y aie en cett' escadre, bien armé, et sur lequel on peut embarquer sans incommodité les esclaues qu'on va rachepter et les rapporter. Nous ne serons pas peu embarrassés à pourvoir aux seuretés nécessaires pour oster la crainte en cette prouince des accidents qui en peuuent arriver, nous userons de toutes les précautions ordinaires de la quarantaine qu'il faudra faire faire pour oster le soubçon qu'on en pourra auoir, je laisseray agir en cela les personnes qui sont icy préposées et commises pour en auoir soing et y auoir l'œil pour qu'elle soit exacte.

« Ce vaisseau pourra estre de retour avec M. Trubert dans le temps que Son Altesse pourra estre en ces mers, ce qui donnera lieu de répartir les hommes qu'il ramennera sur les vaisseaux de son armée et rétablir ceux qui manqueront à leurs équipages, soit par maladies ou autres incommodités. »

Puis, le 20 et le 27 mars :

« ... M. Trubert ne faict qu'attendre l'argent des communautés de Martègues et de la Cioutat pour partir, le vaisseau qui le doibt passer en Alger est tout prest... » (20 mars 1666.)

« ... M. le chevalier de Tourville est aussy prest de partir pour Alger. M. Trubert m'a dit mesme auoir reçu ses ordres et instructions. Il ne luy reste plus qu'à receuoir l'argent de trois ou quatre communautés qui luy doibt estre enuoyé par les ordres de M. le premier président. » (27 mars 1668.)

D'Infreville avait reçu une « lettre du Roi pour lui dire de mettre *incessamment* le vaisseau *le Courtisan* en état de faire le voyage d'Alger. » (23 mars 1668.) Elle était ainsi conçue :

« Monsieur d'Infreville, ayant fait choix du vaisseau le *Courtisan*, commandé par le chevalier de Tourville, pour porter le sieur Trubert en Alger et en rapporter les esclaves français, qui y sont encore demeuré, je vous fais cette lettre pour vous dire que je désire que vous mettiez incessamment ledit vaisseau en état de faire ledit voyage; à quoi m'assurant que vous ne ferez faute, je prie Dieu, etc. » — Écrit à Saint-Germain le 23 mars 1668. (*Archives de la Marine.*)

Mais, le 17 avril, Trubert n'a pu encore partir, comme l'écrit d'Infreville à Colbert :

« J'ay donné à M. Trubert la lettre qui m'a esté adressée pour luy; *il n'est point encore party faute de treize mille liures* qui luy manquent. Cela est sy peu considérable qu'on luy deuoit auancer pour ne retarder sa partance : il y a trois semaines qu'il est en cet estat et se voit à présent à la veille de son retour... » (17 avril 1668.)

Un mois après, nouvelle lettre :

. . . .

« . . M. Trubert est encore resté icy et le vaisseau le *Courtisan*, commandé par M. le chevalier de Tourville, qui le doit porter en Alger; il doit partir jeudy prochain, je crois qu'il ne manquera pas de mander ce qui l'a retenu jusqu'à present, ayant esté auerty de l'ordre que vous auiez pris la peine de donner pour receuoir les treize mille tant de liures qui luy manquoient. » (8 mai 1668.)

Enfin, le *Courtisan* peut partir, et d'Infreville écrit le 15 mai à Colbert qu'Arnoul, l'intendant des galères « *a vu partir* » ce vaisseau. Il prévoit son retour pour la fin de juin et propose les dispositions à prendre à ce sujet.

Voici la lettre datée de Toulon le 15 mai 1668 et adressée à Colbert :

« ... M. Arnoul est venu à Toulon où il a esté seulement deux jours ; il a veu partir le vaisseau le *Courtisan*, commandé par M. le cheualier de Tourville, sur lequel M. Trubert s'est embarqué de samedy dernier qu'il mit à la voile ; je luy garderay la lettre que vous m'auez envoyée sy je ne trouve occasion de luy faire tenir en Alger; il est party avec bon vent et je le crois desià arriué ; il ne peut pas tarder dauantage que jusqu'à la fin de juin. Ce vaisseau reuenant, il faut mettre en quarantaine les esclaues et l'équipage. Je ne vois pas que ce soit l'intention du Roy de le renuoyer chercher l'escadre commandée par M. de Martel et je vois de son seruice qu'il le faudra désarmer. C'est un vaisseau neuf qu'on a fourny à prix faict, qu'il faudra fortiflier de bois et de fer ; le nauire est beau, bien armé, il faut tâcher de le maintenir et faire subsister dans le corps de l'armée de Sa Majesté. Vous me commanderez, s'il vous plaist, ce que j'auray de faire à son retour... »

Devançant de quinze jours l'époque préuue pour son retour, le *Courtisan* arrivait le 18 juin à Toulon et d'Infreville écrit à Colbert (19 juin 1668) :

« . . . .
. . . Hyer au matin, sur l'aube du jour, le sieur Trubert fist icy son retour d'Alger sur le vaisseau le *Courtisan*, commandé par M. le cheuallier de Touruille auec 116 esclaues rachetez. On les oblige à faire quarantaine et afin de la modérer nous auons escrit à M. le premier président d'Opède pour luy faire connestre que l'équipage est en parfaite santé et qu'ils ont leurs certificats du consul de la nation françoise, comme il n'y a nule malladie contagieuse en Alger afin de leur faire donner entrée s'il juge que cela soit à propos, ou au moins de faire grace à M. Trubert qu'ils feront parfumer et changer d'habitz pour porter au Roy ses despeches qu'il dict ne pouvoir confier qu'à luy seul, qu'il sçaura accompagner d'une relation véritable de sa négociation.

« Je feray entendre à M. le cheuallier de Touruille l'ordre que j'ay de le désarmer, et prendray mes mesures sur la quarantaine que l'équipage doit faire pour trouuer la subsistance des esclaues, dans les vituailles de l'équipage qui a decourre jusqu'à la fin d'aoust et feray toujours ce que je jugeray à propos pour l'économie des deniers du Roy.

« Le navire du Roy qu'il nous ramène qui est le *Courtisan* est celuy de l'armée où il y a le plus à travailler quoy qu'il soit neuf et qu'il n'aye faict qu'une campagne. Il faut mettre des courbes à tous ses baulx et pour plus de dix mille liures de fer, n'estant que cheuillé de bois, comme l'on bastit d'ordinaire les navires à prix faict... » (19 juin 1668).

Et le 3 juillet d'Infreville écrit de nouveau à Colbert :

« ... Aujourd'hui se deuoit acheuer la quarantaine de l'équipage du vaisseau du Roy le *Courtisan*. Depuis son retour, il n'est arriué aucun accident qui doiue l'obliger à la continüer plus longtemps : les intendants de la santé de ceste ville trauaillent à dresser un procès-verbal de ce qui s'est passé durant les quinze jours eschus depuis qu'il est arriué jusques à aujourd'huy, pour l'enuoyer à Messieurs du parlement qui seuls se réseruent l'autorité, pour faire donner l'entrée quand ils le jugent à propos... »

Mais, au moment où le désarmement du *Courtisan* allait avoir lieu, survient un incident qui décide l'administration de Toulon à réexpédier ce vaisseau à la mer. D'Infreville en rend compte à Colbert sous la date du 10 juillet :

« Par mes précédentes, je m'estois donné l'honneur de vous escrire que des barques de Mayorque auoient atacqué la fluste du Roy nommée l'*Espérance* à la veüe d'Antibes et qu'elle s'estoit très bien défendüe, ce qui auoit obligé les Mayorquins à la quiter et à se retirer, et qu'à la sollicitation de M. Arnoul, qui employe ladite fluste aux affaires qu'il traite du costé du Leuant, nous auions enuoyé M. le cheualier de Touruille, commandant le vaisseau du Roy le *Courtisan*, pour aller secourir et mettre en seureté ce qu'il a faict en huict jours de temps qu'il y a employez au lieu qu'il les auroit icy passez en quarantaine. Il arriua samedy en cette rade auec ladite fluste qui n'attend qu'un vent propre pour s'en aller à Marseille, suiuant qu'elle en a les ordres de M. Arnoul ; elle fera ce petit voyage sans risque en prenant bien son temps, ayant toujours des ports assurés sous le vent en cette nauigation.

« Les intendants de la santé ayans (*sic*) l'ordre de Messieurs du parlement ont donné l'entrée à M. de Touruille et à tout son équipage... »

Enfin, le *Courtisan* désarme, et cette opération est si bien menée par Tourville, que l'intendant de la marine à Toulon le signale au ministre en ces termes :

« Toulon, le 24 juillet 1668.

. . . .

« ... Vous auez sceu par mes précédentes que j'ay désarmé le

Courtisan; cela s'est faict auec tout l'ordre qu'on sçauroit souhaiter, et sy Messieurs les capitaines qui ont à désarmer y procèdent comme M. le cheuallier de Touruille, on aura tout sujet de se contenter; je tascherai de les porter à en user de mesme et de satisfaire un chacun en conseruant les interetz de Sa Majesté... »

On voit par ces lettres le rôle important que jouaient les intendants en ce qui concerne les armements; mais, tout n'était pas facile dans leur situation. Colbert ne leur passait rien, comme on le verra par quelques citations nouvelles empruntées à la correspondance de d'Infreville.

Nous avons montré plus haut quelle peine d'Infreville s'était donnée à l'occasion du *Courtisan* et de la mission de Trubert.

L'escadre, commandée par le marquis de Martel, devait prendre la mer à destination de Gênes au moment même de l'envoi de Trubert à Alger. D'Infreville suit pas à pas leurs mouvements et en rend compte à Colbert. Ainsi, il lui écrit le 6 mars 1668 :

« ... Messieurs de Martel de Bel-Isle et Conté d'Humières n'ont qu'à former leurs équipages pour sortir. Le *Beaufort*, l'*Escureuil*, le *Courtisan* et le *Soleil-d'Affrique*, venus de Ponan, que M. d'Almeras m'auoit laissés lorsqu'il remit à la mer, sont ressortis de la petite darse radoubés et carennés, leurs équipages paiés et entretenus, et n'attendent que d'estre commandés pour mettre à la mer... » (6 mars 1668.)

Le 15 mars 1668, nouvelle lettre de d'Infreville :

« L'escadre des vaisseaux du Roy et les galleres partirent comme je l'ay mandé par ma dernière et furent mouïller aux isles d'Yères et après auoir receu les lettres qu'ils attendoient le mardy en-suiuant, ils appareillèrent pour suiure leur route suiuant les résolutions qui en auoient été prises, se mirent au large pour se faire voir aux isles de Corse et ensuite tomber à la veüe de Gennes; ils trouuèrent une tempeste sy grande que les gallères furent prendre le port les premiers au Gourjean, près les isles Sainte-Marguerite; les vaisseaux voulant soustenir se mettant à la cap et se tenant au vent le plus qu'il leur estoit possible trouuèrent la mer sy orageuse que M. de Martel voulant virer vent deuant, *contre la pratique ordinaire*, démasta de son beauprey et de son mast d'auant et se mist dans le danger de démaster de tous ses masts. Il m'en a donné auis par ordre que M. de Beaumont receut de luy qui m'enuoya l'escriuain de son vaisseau et par sa lettre m'escrit du lieu du Gourjean où il mouïlla auec les autres que le vaisseau le *Prouençal*, commandé par M. de Coutay, auoit aussy desmasté de son grand mast d'hune, qui est une chose assez extraordinaire de la façon qu'il le mande, puisqu'il dit que le mast et la voile du dit grand mast d'hune a esté aussy perdu auec le dit mast d'hune. *Quand ces disgrâces arriuent à la sortie du port c'est le plus souuent manque de préuoyance des capiteines peu intelligens à leur métier et manque de soin à ceux ausquelz ils se confient qui ne prennent pas la peine de roider leurs estays et d'assurer leurs racayes; c'est ce que j'en ay pu aprendre par nos maistres d'équipages et les plus expérimentez à la nauigation.....* »

Mais l'inexpérience des capitaines n'est pas la seule difficulté que rencontre l'intendant général de Toulon; voilà maintenant les questions de préséance, de salut, qui mettent aux prises les commandants entre eux. D'Infreville écrit de nouveau, le 1ᵉʳ mai, à Colbert :

« Auant que de faire responce à celle que vous m'auez fait l'honneur de m'escrire au 20 avril, je vous asseureray de l'arriuée des gallères qui vinrent mouïller en ce port samedy dernier. Elles trouuèrent l'escadre des vaisseaux du Roy commandée par M. le marquis de Martel moüillée en la grande rade. M. de Ternes salüa le pauillon de viçamiral où M. de Martel ne s'estant pas encore rangé, estant incommodé en sa santé, ce premier fit serper les ancres des gallères et s'estant aproché des fortifications de Toulon et sous le pauillon amiral qu'on tient en tous les portz du Roy ou il y a des escadres, ne fit aucun salut au dit pauillon amiral, ce qui surprist tous les officiers des vaisseaux; il se mist seullement dans son cas que qu'il desbarqua près de la maison de M. de Martel qu'il visita et trouua encore dans son lict; peu de temps après M. d'Almeras entra dans la chambre du dit sieur de Martel, où rencontrant M. de Ternes, ils s'auancèrent et se salüèrent auec toutes sortes de ciuilitez et s'embrassèrent cordialement comme bons amys. M. d'Alméras luy dist qu'il auoit tout sujet de se loüer de ses caresses, mais qu'il auoit lieu de se plaindre de ce qu'il n'auoit pas salué le pauillon amiral. Il luy respondit l'avoir faict en entrant en la grande rade, puisqu'il auoit salüé son commandant qui portoit le pauillon de viçamiral. Il luy repliqua que ce n'estoit point un salut qu'on deust prendre pour le pauillon amiral; *sur quoy entrantz* (sic) *en contestation ils en vinrent aux extrémitez qui obligèrent M. de Martel à se jetter du lict pour empescher qu'ils n'en vinssent aux mains* : chacun représentera plus particulièrement ce qui les a portez à en venir jusques là où ne m'estant pas trouué, je m'en rapporte à ce qu'ilz en pourront mander..... »

Puis, questions de préséance entre les officiers et les intendants : communication de d'Infreville à Colbert, du 6 mars 1668 :

« Sa Majesté a prononcé sur la marche et m'a donné reng après le lieutenant général, mais s'en rencontrant quelquefois *deux*: je doibs sçauoir si je doibs marcher au milieu d'eux ou à leur suite.

« De cette prétention de Messieurs les lieutenants généraux, messieurs les chefs d'escadre, capitaines et jusque aux lieutenants, prétendent auoir cette mesme préférance et que je doibs leur céder le rang que je croirois m'estre deub après le lieutenant général, et le prétendent mesme lorsqu'on s'assemble pour juger des déserteurs, ce qui nous a empesché, M. d'Alméras et moy, de nous trouuer en un conseil de guerre qui est tenu, que nous auons laissé à messieurs les capitaines à tenir, où de cinq qui ont esté atteincts et convaincus de désertion, trois ont esté condamnés aux gallères, le quatriesme pendu par le cinquiesme qui a eu sa grâce pour se retirer en son pays.

« Il y a beaucoup de raisons à alléguer que nous auons déduites de part et d'autre sur les quelles il plaira à Sa Majesté d'ordonner. Je sçay qu'aux entreprises de guerre les commandans y doibvent présider, mais aux jugements et assemblées qui se font pour justice et police je croy que c'est la principalle fonction de l'intendant. »

Il a fort à faire, l'intendant, et les capitaines lui rendent la vie bien difficile. D'Infreville le montre en quelques lignes d'une lettre à Colbert, du 8 mai 1668 :

« ..... *J'ay icy plus combatu que l'armée nauale ne pourra faire contre les ennemys de Sa Maiesté bien que je n'aye eu affaire qu'aux capiteines de ses vaisseaux. Ilz ne peuuent souffrir qu'il reste de l'argent ez mains du trésorier et cherchent tous les moyens imaginables à nous surprendre.*

Dans cette lutte pour le *mesnage*, Colbert soutient l'intendant. Mais d'Infreville donne trois mois de vivres à l'*Écureuil*, au lieu de deux

8

mois qu'on l'avait autorisé à délivrer. Aussitôt, Colbert lui écrit d'une façon si vive que le malheureux intendant est réduit à se défendre en ces termes :

« Toulon, le 16 octobre 1668.

« Je vous auoue, Monseigneur, que je suis sensiblement touché des menaces qui m'ont esté faictes par vos dernières de me faire payer le vaisseau l'*Escureuil* s'il se perd, et qu'on m'aie blasmé d'auoir augmenté un troisième mois de victuailles aux vaisseaux qui sont partis pour Candie. Vous leur en aués ordonné deux pour leur voiage. M. le duc de Roannes ne s'est embarqué qu'au 22 de septembre. J'ay esté obligé de donner la subsistance des dits deux vaisseaux jusqu'au dict embarquement, si vous usés de rigueur enuers moy ce ne seroit que huit jours à me faire payer, car sans doubte c'est vostre intention que les vaisseaux du Roy les attendent, et que les deux mois de leur trauerse n'aient à courir que du jour qu'ils mettent à la voile; et si vous considérés, Monseigneur, que ce que j'ay faict n'est que par zèle et passion que j'ay d'aider à ce que vous projettés, et que vous me faicte l'honneur de me mander pour que tout réussisse à votre souhait, c'est ce qui m'a faict aussy consentir à donner le vaisseau l'*Escureuil*, pressé et sollicité par M. le duc de Roannes, comme vous l'auez veu par le billet qu'il en a faict dont je vous ay enuoié coppie. Je scay que s'il demeure en cette expédition sa garantie ne me seruira pas de grand chose, mais je me confie entièrement en vostre bonté qui sçaura me soustenir quand je fais les choses pour le bien du seruice de Sa Majesté, sans autre intérest que de satisfaire à ce que vous voulés qui soit faict.

« C'est auec beaucoup de raison que vous tenés pour asseuré qu'il ne marriuera jamais de changer rien aux ordres que vous me prescriués et sur ce que j'ay à faire aujourd'huy avec M. le comte de Viuonne, où vous m'ordonnés de luy donner le vaisseau le *Conte*, et à choisir sur le *Croissant*, la *Perle* et le *Soleil-d'Afrique*. Je ne me départiray nullement de cet ordre..... »

Et cependant les intendants ne se ménageaient pas : c'est à eux que Colbert devait d'être renseigné sur les licences de toute nature que prenaient souvent les commandants. Mais l'*Écureuil* avait eu un mois de vivres de plus que Colbert ne l'avait autorisé; l'intendant de Toulon en était rendu responsable.

En même temps, Colbert faisait dans tous les ports une enquête sur la question de savoir si les capitaines devaient continuer à être chargés de la dépense des armements pour la solde et pour les vivres, ou s'il fallait réserver ce soin à l'administration.

D'Infreville lui répondait à ce sujet le 9 octobre 1668 :

. . . .

« *Si l'on peut assujettir les capitaines à ne se mesler que du commandement des armes ils seront plus attachés à leur debuoir, mais la chose n'est pas trop aisée et si les munitionnaires qu'on proposera ne sont soutenus, il s'y trouuera une guerre plus cruelle qu'ils n'en auront auec les ennemis ;* on représente les choses pour en laisser le choix à ceux qui ont de nous commander dont on a d'attendre les ordres, et en sont les maistres, et qui commandent les choses selon qu'il est plus utile au seruice de Sa Majesté, et qui sçauent comme on en use pour les galères, et qui connoissent l'auantage qui s'y rencontre. »

De Terron, l'intendant de Rochefort, résume, dans la note ci-jointe, avec beaucoup de netteté, la question posée par Colbert.

Nous empruntons ce document intéressant aux *Archives de la Marine*.

Raisons pour lesquelles les capitaines veulent être chargés de la dépense des armements pour la solde et les vivres.

Comme l'armement des vaisseaux du Roi consiste en deux articles, savoir la nourriture et solde des équipages, il est à remarquer sur le dernier que les revenant bon se trouvent en sept articles.

PREMIÈREMENT.

1. Par les déserteurs ;
2. Changement de matelots ;
3. Passevolants ;
4. Valets et mousses ;
5. Morts ;
6. Réduction de la solde des soldats ;
7. Et le temps d'intervalle que l'équipage n'est pas complet.

Exemple.

Le capitaine touche trois mois d'avance de solde et six mois de nourriture, il donne aux équipages

Raisons pour lesquelles le Roi doit faire faire la dépense de la solde et des vivres.

L'équipage étant payé ponctuellement de la solde au lieu de la remettre au capitaine, chacun servira de bon cœur et ne se plaindra pas du payement, satisfait du temps qu'il aura servi, et sur cet article les espaces de temps vides par les désertions ou morts viendront de bon au Roi, et même quand Sa Majesté n'en retirerait aucun intérêt, le capitaine ne touchant plus la solde, il s'ensuivra qu'il ne souffrira que le moins qu'il pourra tous les gens dénommés aux remarques de revenant bon, comme garçons, valets, méchants soldats et matelots, et même s'opposera aux absences et à l'imperfection des équipages, de sorte que Sa Majesté retirera l'avantage d'avoir ses vaisseaux bien armés, celui qui était le munitionnaire en étant devenu le contrôleur.

Or, pour empêcher le chagrin des matelots qui servent deux ou trois

deux mois de solde et retient l'autre mois; au bout des trois premiers mois il demande les trois autres derniers qui font six mois d'avance de solde; il remet à la mer et donne le mois de vieille solde à l'équipage et garde les trois derniers mois disant que ses matelots déserteraient s'il les payait; et, sous cette circonstance, il arrive dans un mois ou deux un nombre de désertions et morts, de sorte que la solde demeure au capitaine remplissant ledit nombre de désertions et morts par les matelots nouveaux qui n'ont plus qu'un mois à servir à la fin desdits six mois et partant, ils ne retirent que la solde dudit mois.

Idem. Un matelot ennuyé du service (y étant quelquefois deux et trois ans consécutifs), soit de la mauvaise nourriture ou payement, demandera son congé sans solde, quoiqu'il lui soit dû deux ou trois mois, ce qui se remplace par un nouveau qui commence sa solde au service. Ainsi, ce qui est dû au matelot congédié vient de bon au capitaine.

A l'égard des passevolants et mousses, on sait assez ce que c'est, et cet article règlement va à près de 300 liv. par mois.

Idem. Un vaisseau de 400 hommes n'aura que 250 matelots et 150 soldats, la solde des soldats réduite à 8 liv. fait par mois de revenant bon 600.

Idem. Il se trouve quelquefois un intervalle de 15 jours depuis l'assemblée première des équipages où sur 400 hommes il n'y en a que 350 peu plus ou moins jusqu'au temps du nombre complet duquel temps chacun reçoit sa solde distinctement. L'un de l'autre la revue faite, cet article dépend de la fidélité des écrivains aussi bien que les précédents.

A l'égard de la nourriture, le Roi ordonne 6 liv. 8^d à chacun par jour. La supputation faite de la fourniture régulière de l'ordonnance du Roi, faux frais déduits, chaque matelot et soldat l'un portant l'autre ne dépense que 5 liv. 3^d le plus par jour, de sorte que sur un vaisseau de 400 hommes, il revient de bon par mois 850 liv.,

années consécutives pendant que les autres demeurent à terre et dans les côtes et pour éviter la désertion qui vient en partie de cette gêne aussi bien que de la mauvaise nourriture et solde, il serait à propos et facile de faire donner des rôles généraux à toutes les communes de leurs matelots et les faire servir par tiercé moitié ou autant que Sa Majesté en aura besoin. Cet expédient apporte trois ou quatre biens au service; premièrement on est sûr du temps qu'un vaisseau peut être équipé, le matelot ne se rend point chagrin servant tour à tour, la moitié des vivres ne se mangera point dans la rade, la solde ne s'y consommera point, un armement sera bien plus tôt expédié au lieu que le capitaine cause tous ces inconvénients par cent obstacles qu'il représente, et tout cela ne vient que du temps qui s'écoule à chercher et les gens et les vivres à bon marché pendant que le service de Sa Majesté demeure en souffrance.

Outre ces avantages, Sa Majesté retirera tous les revenant bon sur les vivants, comme il est dit à près de 204,000 liv. et quand l'intérêt ne serait pas si grand. Elle pourra toujours être assurée d'une bonne partie, de voir ses équipages bien payés, bien nourris et par conséquent contents et ne fuiront plus le service comme ils font ordinairement lorsqu'ils sont traités de cette manière, de plus le capitaine ne songera qu'à la bonne discipline de son vaisseau et s'étant dépouillé des soins du pain et du vin, il n'aura autre but que celui du service et de son honneur, outre à la place qui pourrait être occupée par des personnes qui ne servent que pour le lucre, sera remplie par d'autres qui ne serviront que pour la gloire de leur Prince et de leur honneur, l'intérêt ne leur paraissant plus pour objet n'ayant pas le maniment de la solde et vivres. Pour cet effet il est nécessaire que le capitaine ait une somme honnête pour sa table à laquelle mangent ordinairement le lieutenant, l'enseigne, l'aumônier et le chirurgien-major.

Pour la fourniture des vivres elle

pour six mois 5100, pour 40 vaisseaux pour six mois 204,000 liv.

Idem. L'espace de temps qu'il faut à remplacer les déserteurs et morts.

Idem. Les absences des matelots étant dans les rades.

Idem. Il se trouve souvant grand nombre de malades.

Idem. Le retranchement de l'ordonnance pour la subsistance qui est un autre point très considérable ne donnant aux équipages de 16 à 17 onces de pain au lieu de 20 onces.

est assez facile à faire sans donner des avis là-dessus; c'est ce qu'observent les autres nations dans la diligence des armements, et il est assuré qu'à moins de changer la première manière d'armer quelque réforme qu'on puisse apporter à cette première, le service du Roi en souffrira toujours les mêmes retardements.

La question ne devait être tranchée que par le règlement du 4 juillet 1670, ainsi conçu :

Règlement fait par le Roy sur la fourniture des vivres aux équipages de ses armées navalles et sur les tables des capitaines commandans ses vaisseaux.

PREMIÈREMENT.

Sa Majesté veut que le munitionnaire général de ses armées navalles fournisse à l'advenir les vivres nécessaires aux équipages de ses vaisseaux conformément au traité faict avec luy le quatriesme janvier dernier.

. . . .

Art. 6.

Sa Majesté ayant pourvu par le traité fait avec le munitionnaire général à ce que les matelots et soldats fussent suffisamment nourris, Elle fait deffenses à tous les dits matelots et soldats de divertir ny jetter hors le bord aucune partie des vivres qui leur seront présentez, voulant que ce qu'ils ne pourront manger soit laissé dans les corbillons et bidons, et en cas de contravention, Sa Majesté veut que les coupables soient mis pour huit jours au pain et à l'eau pour la première fois, et en cas de récidive ils seront battus de corde sur le pont en présence de l'esquipage, Sa Majesté mandant très expressément aux capitaines de ses vaisseaux et aux commissaires qui seront establis sur les escadres de tenir la main à l'exécution de cet article.

. . . .

Art. 11.

Sa dite Majesté veut encore que le dit munitionnaire général se charge de la nourriture de l'aumosnier et chirurgien du bord, pour lesquels Elle donnera une double ration par jour qui est de douze sols, voulant que nonobstant cette différence de prix ils mangent à la table des dits officiers d'infanterie.

. . . .

Art. 13.

A l'esgard du capitaine du vaisseau, Sa Majesté ayant reglé par ses estats sa table outre ses appointemens, Elle entend qu'il se nourrisse luy et ses officiers en pied et deux officiers en second, et à l'esgard des officiers généraux, Sa dite Majesté entend qu'ils nourrissent tous leurs officiers en pied et en second et pour leur donner moyen de se faire servir Elle fera passer dans les reveües six domestiques au capitaine, son escrivain compris, à quinze livres de solde par mois, outre la nourriture, huit au chef d'escadre et douze aux lieutenans généraux.

. . . .

Art. 15.

Sa Majesté deffend d'embarquer aucune chose pour la table, qui aille à une délicatesse indécente à des gens de guerre, le service du vaisseau et la bonne navigation debvant estre préféré à toutes superfluitez; Sa dite Majesté se réservant de faire sur ce sujet un réglement plus exprez sur le raport qui luy sera fait de ce qui se passera dans les bords.

. . . .

Faict à Saint-Germain en Laye, le 4 juillet 1670.

Revenons à Tourville :

Au commencement de 1669, nous le retrouvons commandant le vaisseau de 30 canons et de 450 hommes, le *Croissant*, dans une escadre de 17 vaisseaux, envoyée sous le commandement du duc de Beaufort au secours de Candie, qui était assiégée par les Turcs.

C'est dans cette campagne que Beaufort fut tué au milieu d'un combat à terre contre les Turcs « sans qu'on ait pu savoir de quelle manière, ni ce qu'il était devenu. » (D'Hamecourt.)

Voici la lettre délivrée à Tourville pour l'investir du commandement du *Croissant* ; elle est encore signée par Beaufort, mais la mort de ce dernier va donner à Colbert l'occasion de supprimer la charge de grand-maître et surintendant du commerce et de la navigation de France :

« François de Vandosme, duc de Beaufort, prince de Martigues, pair et grand-maistre chef et surintendant général de la navigation et commerce de France, génerallissime des armées naualles du Roy, au sieur chevalier de Touruille, cappitaine de la marine, salut.

« Les contrevantions faits depuis quelque temps par ceux de Thunis et d'Alger aux derniers traités faits avec eux pour le restablissement du commerce obligeant Sa Majesté à employer la force de ses armées pour les en faire repartir et empescher la suite de leurs pirateries en faisant armer quelcun de ses vaisseaux. — Comme il est très important et nécessaire pour le bien de son service d'en confier le commandement et la conduite de chacun d'iceux à des personnes de capassité, valleur et intelligence, au fait de la guerre et de la marine, ne pouuant pour cela faire un meilleur ny plus digne choix que de la vostre en qui toutes ces qualités se rencontrent, jointes à vostre zelle, affection et fidellité au service de Sa Majesté, — A ces cauzes et suiuant le pouuoir attribué par Elle à nostre dite charge, Nous vous auons commis, ordonné et estably, commetons, ordonnons et establissons par ces présantes pour soubs nostre auctorité et nos ordres, commander le vaisseau le *Croissant*, ensemble les officiers, soldats et matelots qui seront sur icelluy, auxquels à cest effet nous ordonnons de vous obéir et entendre, comme à leur cappitaine. Prions et requérons tous roys, princes, potentats, estats, seigneureries, républiques, amys, alliés et confédérés de cette couronne, leurs amiraux gouverneurs de leurs prouinces, ports, villes, havres et passages, capitaines chefs conducteurs de leurs vaisseaux et équipages et tous autres leurs officiers et subjects qu'il appartiendra de vous donner tout passage et retraite en leurs ports sans vous faire ny permettre qu'il vous soit fait ou donné aucun trouble ny empeschement, ains tout aide, faueur et assistance dont vous avez besoin, offrant de faire le samblable lors que nous en serons par eux requis, mandons au trésorier général de la marine de vous payer les appointements, solde et nourriture des gens de vostre équipage tels qui seront employés dans les Estats du Roy, et nos ordonnances particulières, raportant lesquelles et vos quitances sur ce suffisantes les sommes qu'il vous aura ainsy payées seront passées et allouées en la despence de ses comptes, par Messieurs des comptes, à Paris, que nous prions ainsy le faire sans difficulté. En témoing nous avons signé ces présantes, icelles fait contresigner et sceller par le secrétaire général de la marine, à Paris, le dix-neuvième jour de janvier seize cent soixante-neuf. Signé : le duc de Beaufort, et sur le reply, par Monseigneur Matharel et deuement scellées du grand seau en cire rouge des armes dudit seigneur amiral à l'original.

« Collationné par nous, conseiller du Roy, en ses conseils, commissaire général et intendant des armées naualles de Sa Majesté es mers de Levant à Tolon, le troisième novembre seize cent soixante-neuf.

« D'INFREVILLE. »

Richelieu avait enlevé à l'amiralat ses droits et privilèges, en les faisant passer dans la charge du grand-maître chef et surintendant de la navigation et du commerce qu'il s'était fait attribuer. Le duc de Beaufort, en succédant à Richelieu dans cet office, avait donc conservé le pouvoir de délivrer les commissions d'officiers commandants et d'officiers généraux de la marine; il ne devait recevoir ses ordres que du Roi. A sa mort, il fut décidé, sur les propositions de Colbert, que la charge de grand-maître serait abolie et que l'on reconstituerait l'amiralat, mais sans lui rendre ses anciennes prérogatives qui lui permettaient de pourvoir aux nominations dans la marine. De plus, ce fut un enfant, Louis, bâtard de Bourbon, comte de Normandie [1], qui fut investi de cette charge purement honorifique. Deux édits royaux du 12 novembre 1669 consacrèrent ces dispositions qu'avait préparées Colbert dans un mémoire au Roi que d'Hamecourt nous a conservé [2]. Dans ce mémoire, Colbert constate que les chefs de l'ancienne marine étaient l'amiral, le vice-amiral et les chefs d'escadre de Guienne, Bretagne, Normandie et Provence avec un nombre limité de capitaines entretenus « auxquels le Roi donnait « une pension annuelle, outre la solde ordinaire, qui leur était payée « lorsqu'ils commandaient les vaisseaux. »

Dans ce même mémoire, Colbert explique avec sa netteté habituelle comment se recrutait, à cette époque, la marine royale.

« *Anciennement* (dit-il, sans préciser d'époque), les hommes de mérite étaient inscrits sur *l'état* [3] et mandés pour servir, sans se consumer en voyages et dépenses inutiles, à être maintenus dans le service de ce qu'ils appellent la marine. » « La plupart (ajoute Colbert) n'étaient pas en pouvoir de subvenir aux frais de sollicitations,

---

[1] Fils de Louis XIV et de la duchesse de La Vallière-Voujours.
[2] Mémoire écrit de la main de Colbert pour prouver que l'amiral n'a pas le droit de nommer les capitaines de vaisseau, mais que c'est le Roi seulement.
(*Archives de la Marine.*)
[3] État des officiers entretenus en la chambre des Comptes, où le payement des pensions n'est alloué si les provisions ou brevets ne sont donnés par S. M., enregistrés au contrôle des finances et vérifiés en ladite chambre.

de présents nécessaires pour être employés. » Le Roi les nommait dans la marine « selon leur capacité ou ancienneté de service ».

Mais peu à peu, cet état de choses avait changé au détriment des bons serviteurs et la Marine était devenue un corps bien différent de l'armée. En effet, on n'y servait que d'une manière intermittente. Ainsi, on formait une escadre, par exemple, composée d'un certain nombre de bâtiments et qui, après quelques mois, était licenciée, si bien que les officiers qui en faisaient partie n'avaient plus d'emplois « et ne font plus de corps ». Les choses se passaient tout autrement dans l'armée ; le mémoire de Colbert a soin de le remarquer :
« Ce qu'on appelle corps d'armée (écrit-il) est composé de plusieurs
« régiments et chaque régiment de plusieurs compagnies, lesquelles
« aussi sont composées d'un nombre de soldats sous la charge des
« capitaines, lesquelles toutes ensemble font le corps du régiment. »
Les capitaines, en vertu d'une commission du Roi, commandent
« toujours leur compagnie sans qu'il soit besoin de la renouveler
« pour monter à la tête du régiment, lorsque les premières compa-
« gnies deviennent vacantes par mort ou démission et si une ou
« plusieurs compagnies, lors de la création du régiment, sont com-
« mandées pour la garde de quelque place et n'entrent point au corps
« d'armée, ni même en celui du régiment ; les capitaines ne perdent
« point l'ancienneté de la commission et, quoique après un long
« espace de tems, ils aient été séparés, ils viennent à la tête du corps,
« puisque le service du Roi est toujours service considérable en
« quelque lieu qu'il se fasse, et le Roi établit les maistres de camp à
« chaque régiment, à cause de leur expérience, *sans avoir été du*
« *corps*, et nul autre que S. M. n'a le droit d'y pourvoir. »

Dans la marine, au contraire, les capitaines n'avaient ni vaisseaux ni compagnie fixes. Aussi, le nombre de ceux qui étaient « *entretenus* » était-il fort restreint et l'amiral s'était-il peu à peu arrogé le droit de donner des commissions à des personnes « qui n'avaient jamais commandé vaisseau » et qui, après le désarmement, demeuraient « sans fonction ni subsistance ».

Colbert a établi dans son mémoire tout ce que cette situation a de fâcheux ; mais ce ne devait être que par l'ordonnance du 15 avril 1689 que cette situation devait être changée et la Marine organisée. Jusque-là, c'est l'arbitraire qui domine. Les officiers sont nommés par le Roi ou au nom du Roi. Une ordonnance du 22 novembre 1669 porte qu'aucun officier de marine ne pourra être reconnu qu'il ne soit « pourvu du Roi. » (*Code des armées navales*, page 155.)

Nous lisons ce qui suit dans un travail de Laffilard intitulé : *Vice-Amiraux de France* (n° 32) :

« *Capitaines de vaisseaux*. — Ils ont été qualifiés depuis 1605 jus-
« qu'en 1669 de capitaines de marine.

« Le Roi, en 1669, ayant conservé à son service 58 anciens capi-
« taines de marine pourvus par les grands maîtres de la navigation,
« leur fit expédier ses commissions le 12 novembre de la même
« année, suivant les rang et ancienneté qu'ils avaient entre eux, qui
« y furent rappelés. Les appointements des capitaines de vaisseaux
« furent réglés en 1669 à deux payes différentes, savoir les 30 an-
« ciens à 2,400 livres et les derniers à 1800 livres. »

Laffilard inscrit dans les « Capitaines de marine *pourvus par le Roi et l'amiral* » le chevalier de Tourville (*Commission de l'amiral*, 1667. — *Commission du Roi*, 1669).

Voici la commission par laquelle Tourville est nommé au commandement du vaisseau l'*Hercule*, le 26 octobre 1669 :

« De par le Roy,

« Sa Majesté n'ayant point encore pris de résolution sur le suiet de la charge de grand-maître, chef et surintendant général de la navigation et commerce de France, et estant nécessaire de pourvoir au commandement des vaisseaux, qu'elle a ordonné de mettre en mer pour faire la guerre aux corsaires de Barbarie et asseurer le commerce de ses sujets, Sa dite Majesté vous ordonne que le chevalier de Tourville commande l'*Hercule*, l'un des dicts vaisseaux, en qualité de *capitaine*, et qu'à cet effet, il se serve de sa dernière commission, mande et ordonne Sa Majesté à tous ses officiers et suiets qu'il appartiendra de reconnoistre ledit chevalier de Tourville en ladite qualité. Faict à Saint-Germain-en-Laye, le vingt-sixième octobre 1669.

« Louis. »

Pour l'année 1670, les *Archives de la Marine* nous donnent quelques lettres intéressantes sur Tourville, dont le nom figure, d'ailleurs, sur l'ordre du Roi du 15 mars de ladite année, parmi ceux des officiers que le Roi a choisis pour servir au département de Toulon.

Voici, en effet, un extrait de ce document que nous empruntons au « *Registre des ordres du Roi expédiés par Monseigneur Colbert* » :

**Liste des officiers de marine
que le Roi a choisis pour servir au département de Toulon.**

(En marge, de la main de Colbert : Bon.)

CAPITAINES.

Le sieur marquis de Martel, lieutenant général des armées du Roi en Levant ;
Le sieur d'Alméras, chef d'escadre de Provence ;
Le sieur de Saint-Tropez ;
Le sieur de Chasteauneuf ;
Le sieur de Larson ;
Le sieur Contay d'Humières ;
Le chevalier de Valbelle ;
Le chevalier de Tourville ;
Et 13 autres, plus 33 lieutenants, 24 enseignes, 2 capitaines de frégates légères, 9 capitaines de brûlots.

Dans ce même registre, pour la même année 1670, nous trouvons la *Liste des capitaines pourvus par le Roy* :

Premier rang. (Il y en a 36.)

Le sieur Desardens ;
Le sieur Forant ;
Le sieur marquis de Grancey ;
Le sieur chevalier de Valbelle ;
Le sieur chevalier de Tourville (le 33e), etc.

(Il y en a 20 de second rang).

Fait à Saint-Germain, le 22 juillet 1670.

On trouvera à leurs dates six lettres de Tourville adressées à diverses personnes et relatives à des détails de service.

C'était l'époque où Colbert s'occupait activement de réglementer l'armement des vaisseaux et d'enlever aux capitaines le droit de faire la levée de leurs équipages. La note suivante, envoyée à Colbert par d'Infreville, intendant général de la marine du Levant, précise les points principaux des prescriptions du ministre à cet égard et rend compte de leur application :

« Le Roy ayant changé la manière cy devant pratiquée pour l'armement de ses vaisseaux et osté le soing aux capitaines de faire la levée des équipages, l'ayant laissé aux officiers par luy ordonnés pour faire ladite levée, sur le total des hommes enrollés, en toutes les provinces de son royaume, pour les despartir en trois classes, dont l'une sera en service, et qui recevront la demy montre de leur solde pendant six mois en terre et seront payés de la solde entière durant les six mois de service qu'ils rendront sur les vaisseaux, suivant les estats du Roy qui seront dressés des appointemens qu'ils auront dû toucher pendant leur campagne de service, auxquels se doit joindre la soldatesque des régimens Amiral et Vermandois, restant à regler le nombre d'officiers mariniers et matelots qui sont à distribuer sur les vaisseaux qui auroist de mettre en mer selon leur grandeur, que l'on a divisé en cinq classes differantes, et les estats envoyés cy devant, ceux de la première classe qui n'est composée que de trois vaisseaux, doivent porter le pavillon, lorsque tous les vaisseaux du Roy mettront à la mer, qui auront leurs équipages composés, sçavoir :

1ʳᵉ CLASSE (3 vaisseaux).

Sur le *Royal-Louis*, vaisseau amiral .... { 600 matelots. / 300 soldats.

Sur le *Dauphin-Royal* .... { 400 matelots. / 200 soldats.

Sur le *Monarque* .... { 400 matelots. / 200 soldats.

2ᵉ CLASSE.

La 2ᵉ classe (escadre de Toulon) se compose de 12 vaisseaux, savoir : le *Paris*, l'*Ile-de-France*, la *Princesse*, la *Royale*, le *Diamant*, le *Bourbon*, le *Courtisan*, le *Sceptre*, la *Thérèse-Royale*, la *Madame*, le *Joli*, le *Rubis*, à 400 hommes par vaisseau, soit .... 4,800 hommes.

3ᵉ CLASSE (4 vaisseaux).

Le *Dauphin*, le *Comte*, le *Lis*, le *Fleuron*, à 300 hommes par vaisseau, soit .... 1,200 hommes.

4ᵉ CLASSE (12 vaisseaux).

Le *Duc*, le *Provençal*, le *Toulon*, la *Syrène*, le *Cheval-Marin*, le *Dunkerquois*, le *Fidèle*, le *Glorieux*, l'*Indien*, le *More*, le *Furieux*, la *Princesse-de-Gênes*, à 400 hommes par vaisseau, soit .... 4,800 —

5ᵉ CLASSE (12 vaisseaux).

Le *Mercœur*, le *Beaufort*, le *Saint-Joseph*, l'*Étoile*, le *Croissant*, le *Saint-Augustin*, l'*Écureuil*, la *Perle*, le *Soleil-d'Afrique*, la *Trompeuse*, la *Bouffonne*, le *Saint-Antoine*, à 200 hommes par vaisseau, soit.................. 2,400 —

Pour l'armement de ces 43 vaisseaux, il faut :

Officiers-mariniers...............	2,544
Matelots......................	6,496
Soldats......................	4,460
Soit en tout....................	13,500 hommes.

« A Toulon. »

« Signé : D'INFREVILLE. »

En tête des vaisseaux de 4ᵉ classe figure, dans l'état qu'on vient de lire, le *Duc*.

Nous verrons, au chapitre suivant, Tourville en prendre le commandement.

CHAPITRE IV.

(1671-1675.)

Expéditions contre les Saltins. — Tourville commande le *Duc*. — Son heureux coup de main sur Sousse. — Lettre de Matharel à son sujet. — Lettre du Roi. — Tourville est nommé au commandement de l'*Excellent*. — Lettre de Colbert sur la composition des états-majors. — Guerre contre l'Angleterre et la Hollande. — Tourville commande le *Sage* dans l'escadre de d'Estrées. — Le *Sage* se distingue au combat du 7 juin 1672 contre Ruyter. — Campagne de 1673. — Tourville commande le *Sans-Pareil* au combat du 8 juin et le premier rencontre Ruyter. — Il fait preuve d'une grande intrépidité et se montre bon manœuvrier. — Il commande l'*Excellent* (1674), puis la *Syrène* (1675). — Lettres et documents qui le concernent.

Nous voici arrivés à l'année 1671 : des expéditions sont entreprises contre les *Saltins*, qui faisaient dans la Méditerranée des courses continuelles fort gênantes pour notre commerce.

Château-Renault fut envoyé d'abord contre eux avec cinq vaisseaux ; puis, il fut rejoint par le comte d'Estrées avec dix vaisseaux qui avaient mission de se rendre devant Salé et d'y brûler les corsaires qui s'y trouvaient. Mais, ces forces navales, bien qu'assez imposantes, ne réussirent à rien de sérieux. D'Alméras reçut l'ordre de se rendre vers Port-Farine (État de Tunis), avec douze vaisseaux, un magasin flottant, trois brûlots et deux tartanes, en vue de brûler les Saltins réfugiés dans ce port. Dans cette division, Tourville commande le vaisseau le *Duc*, de 42 canons et 250 hommes.

Là, se place une action vigoureuse de notre héros : il la raconte dans sa lettre au Ministre du 12 août 1671 (la voir à cette date dans la *Correspondance*). Seul, sur le *Duc*, qu'il commandait, il chasse deux bâtiments qui le mènent jusqu'à Sousse ; là il est contraint par le calme de laisser tomber l'ancre devant le port, où il voit quinze navires tunisiens et autres. Le soir, avec deux chaloupes, il quitte son vaisseau, franchit l'entrée du port, aborde une polacre armée de seize pierriers et de deux canons, montée par trente corsaires et s'en rend maître ; il y met le feu et regagne son bord.

Un Algérien, qui était bord à bord avec la polacre, parvint à éteindre l'incendie, ce qui sauva de la destruction quatorze navires grands ou petits.

Matharel écrit à ce sujet à Colbert, le 16 octobre 1678 :

« L'action que M. le chevalier de Tourville a faite à Souze et dont vous avez eu le premier avis en mes précédentes, me paraît trop généreusement entreprise et trop vigoureusement exécutée pour ne vous en pas faire voir quelques détails dans les originaux des deux lettres ci-jointes : l'une est de sa propre main, écrite avec modestie ; l'autre est du chirurgien de son vaisseau s'adressant à un officier de ce port, assez naïve en son style pour être crue véritable ; cette aventure demandait un succès plus favorable, mais elle ne doit rien perdre pour cela de son mérite, et je m'assure, monseigneur, qu'elle ne laissera pas d'en trouver auprès de vous et d'avoir en son malheur le bonheur de vous plaire. »

En effet, le Roi adresse à Colbert l'expression de sa satisfaction et l'ordre à Tourville de venir désarmer à Toulon et de se rendre ensuite à Rochefort :

« Chevalier de Tourville, ayant appris l'entreprise que vous avez faite de brûler les vaisseaux qui étaient dans le port de Sousse lorsque vous y passâtes avec le vaisseau que vous commandez, je vous fais cette lettre pour vous dire que, quoiqu'elle n'ait pas réussi comme je l'aurais pu souhaiter, je ne laisse pas d'être satisfait de la bonne intention et du courage que vous avez montré en cette action, et, comme je vous ai destiné pour commander l'un des vaisseaux que je fais équiper au port de Rochefort pour la campagne prochaine, mon intention est qu'aussitôt que vous aurez désarmé à Toulon le vaisseau que vous commandez à présent, vous vous rendiez au dit port de Rochefort; et la présente n'étant à autre fin, je prie Dieu, qu'il vous ait, chevalier de Tourville, en sa sainte garde. »

(Écrit à Saint-Germain-en-Laye le 30 octobre 1671.)

Nous trouvons dans les notes du Roi de cette même année, sans date précise, une liste « des officiers choisis par le Roi pour servir sur les vaisseaux que Sa Majesté veut être armés au port de Rochefort au commencement de l'année prochaine » qui porte :

Sur l'*Excellent*.

Le sieur chevalier de TOURVILLE, capitaine;
Le sieur MACHAUT, lieutenant;
Le sieur PRINCE, lieutenant en second;
Le sieur chevalier de COETLOGON, enseigne.

(Saint-Germain en-Laye, 4 décembre 1671.)

Sous la date du 28 décembre de la même année (*Dépêches de la Marine*, tome II), figure une lettre de Colbert à Tourville, au sujet de ce commandement (vaisseau l'*Excellent*).

« *Lettre de Colbert au chevalier de Tourville.*

« A Versailles, le 28 décembre 1671.

« Monsieur,

« J'ay ordre du Roy de vous faire savoir que sy tost que vous aurez receu ce billet vous ayez à partir sans perte de temps à Brest pour estre present à l'armement du vaisseau dont Sa Majesté vous a donné le commandement pour la campagne prochaine à quoy m'asseurant que vous ne manquerez pas je suis, monsieur, votre très affectionné serviteur. »

Nous extrayons également des Archives de la Marine le renseignement suivant :

Liste des officiers choisis par le Roi pour commander les vaisseaux de Sa Majesté qu'elle a ordonné être armés à Rochefort au commencement de l'année prochaine 1672, ainsi qu'il suit :

Premièrement.

. . . .

Sur l'*Excellent*.

Le sieur chevalier de Tourville, capitaine ;
Le sieur de Machaut, lieutenant ;
Le sieur chevalier de Coetlogon, enseigne ;
Le sieur. . . . . enseigne en second.

(Fait à Saint-Germain-en-Laye, le 23 novembre 1671.)

C'est à la même source que nous empruntons l'*Extrait de la Revue faite à bord des vaisseaux dont est composée l'escadre commandée par M. le marquis d'Alméras, chef d'escadre des armées navales de Sa Majesté, mouillée dans la rade de Tunis, en Afrique, le 22 juin 1671*.

Le *Duc*.

Monsieur le chevalier de Tourville, capitaine ;
Le sieur Castean l'aîné, lieutenant ;
Le sieur Gratien, enseigne en pied ;
Le sieur Poenid, enseigne en second ;
Missies, aumônier ;
Le sieur Goriol, chirurgien.

Matelots présents.	150
Soldats	74
Malades	2
Mort et remplacés	4
Total.	230

La composition des états-majors amène Colbert à écrire à Matharel une lettre intéressante à reproduire, la voici :

« Saint-Germain, le 9 octobre 1671.

« Jay fait une liste de tous les officiers divisez par vaisseau composée de capitaine, lieutenant et enseigne que j'ay cru avoir plus de disposition à servir plus agréablement ensemble, ayant cru qu'il estoit très important au service du Roy de ne point mettre avec un capitaine un lieutenant et un enseigne contre lesquelz il auroit de l'adversion ou dont les esprits n'auroient point de disposition à bien vivre ensemble, et j'ay formé cette liste sur les armemens passez et sur le choix que les officiers eux-mesmes ont faict lorsqu'ilz en avoient la liberté. Je vous envoye la liste des vaisseaux de vostre département qui doivent estre mis en mer l'année prochaine avec les noms des officiers rangez ainsy que je viens de vous l'expliquer, examinez-la promptement et en cas que vous estimiez nécessaire d'y apporter quelque changement faites-le-moy sçavoir au plus tost, l'intention du Roy est de rendre ces listes fixes que vous en ayez tousjours une copie en forme, dont l'original sera en mes mains et que toutes les fois que Sa Majesté nommera un capitaine l'on sçache les noms du lieutenant et de l'enseigne, et ces listes ne pourront changer que pour des raisons importantes, sçavoir en cas de vacance de charges pour les remplir, en cas que dans les désarmemens vous trouviez qu'il y auroit eu quelque demeslé entre le capitaine, le lieutenant et l'enseigne ou que vous trouviez que le service du Roy s'en feroit mieux en faisant quelque changement.

« Ou quil fust à propos de mettre un lieutenant fort avec un capitaine un peu foible ou autrement.

« Lorsque l'une de ces raisons ou quelque autre aussy forte vous obligera de proposer au Roy quelque changement vous m'en donnerez part, et lorsque le Roy aura résolu le changement vous en ferez mention sur vos listes suivant les ordres que je vous envoyeray, afin quelles demeurent tousjours fixes. »

(*Dépêches de la Marine*, 1671, tome II.)

Nous sommes en 1672 : la guerre a été déclarée, le 7 avril, par la France à l'Angleterre et à la Hollande.

On appelle de jeunes volontaires à venir servir dans la flotte.

D'Estrées, avec trente bâtiments, se joint au duc d'York qui en a quatre-vingts. La flotte des Provinces-Unies, composée de cent cinquante-huit bâtiments et commandée par Ruyter (7 juin 1672), vient chercher les escadres alliées jusque devant South-wood (côtes de Suffolk).

Tourville commande le *Sage*, dans l'escadre blanche de d'Estrées.

On a prétendu que des avis secrets de Versailles avaient prescrit à notre escadre de ménager les Hollandais. D'autres ont estimé que le but de la France n'avait été que de regarder de loin le combat pour conserver ses vaisseaux, en laissant les deux nations de l'Europe les plus puissantes sur mer épuiser leurs forces et s'entre-détruire afin de pouvoir mieux, dans la suite, venir à bout de ces deux marines rivales. Cela ne nous paraît pas pouvoir être admis.

A la bataille du 7 juin, le *Sage*, que montait Tourville, tira plus de 3,600 coups de canon. Il avait à son bord, en qualité de volontaires, le marquis de Lauzun, l'aîné de ce nom, et le marquis de la Porte, qui se battirent comme des lions. Mais la merveille du bord fut le petit chevalier de Château-Morand qui, à peine entré dans sa neuvième année, en était déjà à sa seconde campagne sur mer. Tantôt sur le pont, il maniait avec une dextérité prodigieuse un mousquet fait pour sa taille, tantôt dans les batteries, il mettait le feu à la mèche des canons [1].

Au plus fort de l'action, son vaisseau ayant été percé à l'eau par le canon des ennemis, Tourville employa plus d'une heure à le radouber en essuyant toujours le feu le plus violent sans jamais s'écarter de la ligne.

En résumé, les deux escadres s'attribuèrent chacune l'avantage [2].

Nous lisons à cet égard ce qui suit, dans le *Tableau historique de la Marine française*, par Turpin (Paris 1780) :

« Le combat fut opiniâtre; chaque parti s'attribua la victoire. Elle pencha réellement vers les Français puisque, après l'action, ils furent chercher les Hollandais qui s'étaient réfugiés dans les ports.

---

[1] *Les Hommes illustres de la Marine française*, par Graincourt, peintre et premier pensionnaire de S. E. le cardinal de Luynes, 1780. « Paris, chez l'auteur, rue de la Jussienne, maison d'un parfumeur, au premier. »

[2] Guérin.

Ce fut dans cette guerre que Tourville, qui n'avait encore mérité que le titre de brave, fit concevoir les plus hautes espérances de sa capacité. Il acquit des Anglais et des Hollandais le secret de ranger une armée navale en bataille. Cet art était encore dans l'enfance chez les Français ; leurs victoires étaient plutôt le fruit de leur courage que de leur science, leurs vaisseaux formaient un croissant. Témoin des manœuvres des Anglais et des Hollandais, il apprend d'eux à ranger les vaisseaux en ligne droite parallèle à celle des ennemis ; c'est cet ordre de bataille qui a fait donner à nos grands vaisseaux le nom de vaisseaux de ligne. »

L'année suivante, les Hollandais mettent en mer, sous le commandement de Ruyter, une flotte de cinquante-quatre vaisseaux de ligne, quatorze frégates, vingt-quatre brûlots, six galiotes et onze barques.

La flotte française, commandée par d'Estrées, était composée de vingt-sept vaisseaux, trois frégates et neuf brûlots. La flotte anglaise, commandée par le prince Rupert, comprenait soixante vaisseaux ou frégates.

Dans la flotte française, Tourville commandait le vaisseau le *Sans-Pareil*, de 64 canons et 400 hommes d'équipage.

On connaît les détails de cette mémorable campagne de 1673 et les combats des 7, 14 juin et du 21 août. Nous n'avons pas le projet d'en refaire ici le récit ; nous recueillerons seulement quelques détails intéressants relatifs à Tourville.

Les *Archives de la Marine* conservent une relation (sans nom d'auteur) « des actions particulières de chaque capitaine dans la dernière bataille qui s'est donnée entre les flottes de France et d'Angleterre jointes ensemble et la flotte des États Généraux des Provinces-Unies le 8 juin 1673 ».

On y lit :

« Le *Sans-Pareil*, commandé par Tourville, a fait tout ce qu'on pouvait attendre de lui. Voyant que Grancey se détachait pour s'approcher des ennemis, il fit vent arrière sur eux avec un brûlot qu'il mena et fut trois heures au milieu de la ligne ennemie. »

Voici, d'après un autre document des *Archives de la Marine*, quelle était la composition de l'état-major du *Sans-Pareil* (18 juillet 1873) :

Le sieur chevalier DE TOURVILLE, capitaine ;
Le sieur DE MÉRICOURT, capitaine en second, blessé d'un éclat au bras au premier combat ;
Le sieur DE PRINCÉ, lieutenant ;
Le sieur chevalier DE COETLOGON, lieutenant ;
Le sieur DE CHALAT, enseigne ;
Le sieur Nicolas CADENAN, enseigne ;
Le sieur ESTRÉE, enseigne, tué au premier combat.

Matelots.	280
Pilote anglais	1
Soldats	100
Total.	381

Puis, dans un « Mémoire sur la défense des Hollandais dans la campagne de 1673 contre les flottes de France » (*Archives de la Marine*), on lit :

. . . . . « Le chevalier de Tourville, second vaisseau de l'avant-garde, ayant couru de l'avant, revira sy à propos qu'il le gagna aux ennemis et mit une flamme rouge à la vergue d'artimon et fut suivi par les sieurs Panetier, Louis Gabaret et Saint-Aubin. »

D'un autre côté, l'extrait suivant d'une lettre du chevalier de Valbelle (classée aux *Archives de la Marine*, -- Campagnes, -- tome V), contient cet intéressant passage :

. . . .

« Le vaisseau le *Sans-Pareil*, que monte Tourville qui est matelot de nostre contre-admiral, fust le premier qui rencontra M. de Ruther, et le dit sieur ne pouvant luy passer au vent parce que le dit chevalier le tenoit sans relascher de rien, n'arriva pas seulement pour luy mais pour le *Terrible* auquel il dona toute sa bordée, M. des Ardens ne s'épargna pas non plus, de là il courut vers la *Reine* et ne pouvant la doubler il passa entre elle et le *Tonant* qui estoit soubs le vent. C'estoit sans mentir une assez belle chose à voir que de regarder ces deux navires aller affronter M. de Ruther accompagné de deux pavillons et de six autres grands navires qui venoient droit à eux avec une forte envie de leur disputer le vent, mais il n'hazarda pas de la contenter, et je loue sa modération car c'est un avantage qu'on ne

peut prendre sans s'aborder, à moins qu'un de deux ne plie et ne face place au plus opiniastre, les conséquences en sont périlleuses et les suittes sont fort effroyables. . . . .
. . . . »

Le *Sans-Pareil* avait donc bien combattu et nous voyons par un mémoire de d'Estrées du 18 juin 1673 (*Archives de la Marine*), qu'il s'en tira dans de bonnes conditions :

« Le *Sans-Pareil* (est-il écrit dans ce mémoire), a reçu aussi quelques dommages, *mais moins que les autres, quoi qu'il fût aussi près de l'ennemi.* »

Vers la même époque, Tourville écrit à Seignelay, sous la date du 16 juillet 1673 (voir cette lettre à sa date).

Ici se place un petit incident au sujet duquel « Seignelay écrit au comte d'Estrées du camp de Näy sur la Meuse, le 10 juillet 1673 :

. . . .

. . . . « J'ai été fort surpris de ce que vous m'écrivez que le chevalier de Tourville vous ait donné pour excuse d'avoir quitté son vaisseau sans votre congé, que je l'avais chargé de quelque chose pour M. l'ambassadeur d'Angleterre, ne lui ayant jamais rien dit ni écrit qui ait pu autoriser cette faute, pour laquelle il mériterait assurément d'être interdit. Mais, comme il a d'ailleurs fait son devoir, je crois qu'il suffira qu'il sache qu'il l'a mérité et qu'il le serait infailliblement si cela lui arrivait une seconde fois. Je lui en écris dans ce sens et je ne doute point que la sévère réprimende que vous lui ferez sur la faute qu'il a faite ne le corrige à l'avenir. »

Seignelay ne garde pas rancune à Tourville de cette faute ; on le voit par la lettre suivante :

« Seignelay à M. le comte d'Estrées, le 18 juillet 1673 :

. . . .

. . . . . . « J'ai été bien aise que le chevalier de Tourville vous ait satisfait par le repentir qu'il a témoigné de la faute qu'il a faite de s'en aller à Londres sans votre congé. Je ne doute pas qu'à l'avenir il n'exécute vos ordres avec plus de ponctualité qu'aucun autre. »

En arrivant à l'année 1674, nous trouvons une lettre de Colbert au chevalier de Tourville, capitaine de vaisseau, ainsi conçue :

« Saint-Germain, 23 novembre 1674.

» J'ay esté bien ayse d'apprendre, par vostre billet du 17 de ce mois, que vostre santé se fortifie tous les jours. Je vous avoue que vostre maladie et celle de M. de Saint-Amant [1] m'ont donné beaucoup d'inquiétude ; je vous attendray l'un et l'autre icy, à la fin de ce mois. Cependant soyez bien persuadé que vos intérests me sont bien chers et que je vous feray connoistre en toutes occasions que je suis tout à vous. »

(*Arch. de la Mar.* Dépêches concernant la Marine, 1674, fol. 384.)

Puis la pièce suivante :

« **Ordre du Roy au Chlier de Tourville pour lui donner le**
« **Commandement du pre^{er} des vaisseaux de Rochefort qui sera**
« **le plustost prest de mettre à la voile pour servir avec le S^r**
« **comte d'Estrées.** »

« Du 14e avril 1674.

« Chlier de Tourville, ayant résolu de vous faire servir dans l'escadre qui sera commandée par le S^r comte d'Estrées, et de vous donner le commandement du pre^{er} de mes vaisseaux de Rochefort qui sera le plustost prest de mettre à la voile au lieu de mon vaisseau l'*Excellent* que vous commandez ; je vous fais cette lettre pour vous dire que mon intention est que vous travailliez avec toute la diligence nécessaire pour mettre le vaisseau qui sera choisy par le Sr Colbert de Terron en estat de partir avec les autres vaisseaux qui doibvent servir dans la dite escadre. Sur ce je prie Dieu, etc. »

Enfin, plusieurs lettres de Colbert à Tourville :

« *A M. le chevalier de Tourville.*

« Versailles, le 14 avril 1674.

« Monsieur,

« Pour response à vostre lettre du 9 de ce mois le Roy ne croit pas

---

[1] Le baron de Saint-Amant, sous-lieutenant de galère en 1667, volontaire en 1670, lieutenant, puis capitaine de vaisseau en 1673, ambassadeur au Maroc en 1682, mort en 1686.

que l'accident qui est arrivé au vaisseau l'*Excellent* [1] vienne de vostre faute, mais comme il est très important au bien de son service que les vaisseaux que doit commander M. le comte d'Estrées soient promptement à la mer, il faut que vous fassiez une extrême diligence pour mettre en mer le vaisseau qui sera le plustost prest et qui sera choisy par M. Colbert de Terron. Je m'assure donc que vous y travaillerez avec un soin et une application si particulière que Sa Maj^{té} aura lieu de se louer de vostre zèle et de vostre activité.

« Je suis, etc. »

« *A M. le Chlier de Tourville.*

« Arc-sur-Tille, le 20 juin 1674.

« Monsieur,

« J'ai appris par vostre lettre du 3 de ce mois les délibérations qui ont été prises par les officiers de la Marine pour la conservation de la rivière de Charente. Le Roy ne doute point que dans les occasions qui se pourront présenter, en cas que les ennemis fassent quelque entreprise sur le port et les vaisseaux de Rochefort, vous ne donniez à Sa Maj^{té} des marques de vostre zèle et de l'expérience que vous vous estes acquise et qu'ainsy vous ne vous mettiez en estat de mériter ses graces, à quoy j'adjousteray que je seray fort aise de faire rapport à sa Maj^{té} de ce que vous aurez fait, et vous pouvez estre assuré que je vous donneray en tous rencontres des marques de mon amitié.

« Je suis, Monsieur, vostre très affectueux serviteur. »

A cette date, Tourville figure sur une liste générale des escadres de 1674 comme capitaine de l'*Excellent*, dans l'escadre de Ponant.

En 1675, nous trouvons aux *Archives de la Marine* une « *liste générale des officiers de marine qui règle leur ancienneté.* » Tourville y figure comme capitaine de vaisseau, de 1667. Dans une lettre au

---

[1] L'*Excellent* s'était échoué, ainsi que cela résulte d'une lettre de Colbert à d'Alméras du 4 mai 1674 portant : « Le Roi a été bien aise d'apprendre que le vaisseau l'*Excellent* « ait été relevé et conduit au bord de la rivière de la côte de Soubise. »

Ministre, du 21 juillet 1675, il réclame[1] contre cette indication, en disant que son ancienneté est de 1666. Sa nomination de capitaine de vaisseau est, en effet, du 24 décembre 1666.

Les *Archives* nous offrent encore une liste « des officiers de marine choisis par le Roy pour servir sur les vaisseaux que Sa Majesté fait équiper au port et arsenal de Toulon sous le commandement du sieur d'Alméras, lieutenant général de ses armées navales (20 mars 1675.) »

On y lit : . . . .

DU QUATRIESME RANG.

La *Syrène*.

Le sieur Chevalier DE TOURVILLE, capitaine ;
Le sieur Chevalier DE COETLOGON, capitaine en second ;
Le sieur DU CHALART, lieutenant ;
Le sieur DE BRUCOURT, enseigne ;
Le sieur Chevalier DE PUISIEUX, enseigne en second.

CHAPITRE V.
(1675-1678.)

Les lettres de Tourville deviennent plus nombreuses et sont pleines d'intérêt pendant l'année 1675. — Prise de trois bâtiments espagnols. — Tourville en brûle quatorze dans le port de Messine et 30 maisons de la ville. — Il fait partie de l'expédition de Vivonne et de Du Quesne contre la Sicile. — Il a mauvaise opinion de Vivonne et rend hommage à Du Quesne. — Campagne de 1676 (Du Quesne contre Ruyter) — Tourville est le matelot de Du Quesne au combat d'Alicur (8 janvier) et commande le *Sceptre*. — Il reçoit une lettre de Colbert qui le félicite au nom du Roi. — Combat d'Agosta (22 avril 1676). — Éloge de Tourville par Du Quesne. — Relation du combat de Tourville devant Palerme. — Liste des principaux capitaines des corsaires de Dunkerque. Commission de Tourville comme chef d'escadre (19 juillet 1677). — Tourville est souffrant et obtient un congé (1678).

Nous touchons à l'époque où les lettres de Tourville deviennent moins rares et en groupant celles que nous avons réunies, nous pourrons laisser souvent la parole à notre héros lui-même.

Un certain nombre de ces lettres sont des plus intéressantes et n'ont pas encore été publiées. On les lira *in extenso* plus loin, nous

---

[1] Cette lettre est placée à sa date aux Correspondances.

en tirons seulement ici les faits principaux pour continuer notre récit. C'est d'abord l'histoire d'un coup de main vigoureux (du 21 juillet 1675), et la prise par Tourville de trois bâtiments espagnols sous les forts de Barletta.

Tourville commandait alors l'*Excellent*, et il avait été détaché de l'escadre de Vivonne avec le *Téméraire* de 52 canons et la *Gracieuse* de 24 canons pour se rendre dans le golfe de Venise, afin d'empêcher des troupes allemandes de passer de Trieste dans la Pouille.

Vient ensuite une courte lettre du 1ᵉʳ août 1675, où Tourville rend compte de la prise par les Espagnols de la *Gracieuse*, commandée par Poussonnière. Puis, dix galères espagnoles, profitant d'un calme plat qui mettait Tourville dans l'impossibilité de faire obstacle à leur manœuvre, conduisirent leur prise dans la forteresse de Reggio, « de « manière qu'elle était deffendue de tirer le canon de cette place. Je « résolus (continue Tourville) de l'aller brusler en plein midi, à la « veue de tout Messine, *ce que nous exécutâmes avec assez de bon-* « *heur.* »

On verra dans la lettre du 1ᵉʳ août 1675 comment s'exécuta ce coup de main, qui amena l'incendie de quatorze navires ennemis dans ce port, et de trente maisons de la ville. On y remarquera un passage qui rend compte qu'un canon du *Téméraire*, commandé par de Lévy, éclata en tuant quatre hommes. Colbert met en marge de ce passage la note suivante : « *Important ; il faut savoir d'où vien-* *nent ces canons.* »

Un mois environ après, Tourville fait partie d'une expédition contre la Sicile, dirigée par Vivonne et Du Quesne, et dans une lettre du 19 août 1675, il rend compte à Colbert, avec sa modestie habituelle, de la prise d'Agosta [1]. « *On doit beaucoup*, dit-il, *au peu de* « *rigueur de ceux qui commandaient les forts*, qui n'ont fait aucune « résistance dans des lieux où des Français auraient tenu trois « mois. »

Tourville n'oublie pas de faire l'éloge de son second Coëtlogon,

---

[1] « ... Sans la conduite énergique et décidée de Tourville, qui, allant à bord du *Vice-Roi*, au moment du combat, le força, pour ainsi dire, de donner des ordres décisifs, Vivonne se fût encore contenté d'une vaine démonstration. » (Eugène Sue : *Histoire de la Marine*, tome 3, p. 250.) Voir aussi lettre de Tourville au ministre du 2 septembre 1675.

« qui a trouvé part à tout et à qui je donne quelquefois de rudes
« corvées. » Puis il ajoute : « J'espère qu'avec votre assistance et
« les petits succès que j'ai eus cette campagne, je pourrai sortir cet
« hiver de l'emploi de capitaine de vaisseau qui me devient assez
« insupportable. »

Il fut, en effet, élevé au grade de chef d'escadre le 30 octobre 1675, à la mort de Desardens.

Mais, auparavant, il allait encore payer de sa personne, et sa lettre du 2 septembre 1675 à Colbert rend compte d'un nouveau succès. Elle montre le peu de confiance qu'il a en son chef, Vivonne, lequel ne s'occupait que de ses plaisirs. « Il estoit fascheux (dit-il) à toute la « marine, que les officiers généraux fussent en droit de rejecter sur « M. de Vivonne le ridicule de la retraite de Melazzo, et il estoit de « nostre honneur à tous qu'on ne tinst pas plus longtemps les vais- « seaux dans le port. »

C'est encore de Vivonne que, lorsqu'il s'agit d'aller brûler les vaisseaux espagnols jusque dans le port de Naples — projet non exécuté — Tourville écrit : « M. de Vivonne alla à ce dessein avec une confiance admirable *et les difficultés ne lui parurent considérables qu'au moment de l'exécution.* »

Il raconte alors la prise d'un fort sur les Espagnols « qui y ont « (dit-il), plus contribué ny que moy ny que personne, et sans leur « négligence et leur lascheté, ils seraient encore les maîtres de ce « poste. »

On trouve dans cette lettre à Colbert un paragraphe tout à la louange de Du Quesne : « Je crois que ce ne sera pas un mal pour « les affaires du Roy que ce soit M. Du Quesne qui nous mesne « chercher les ennemis ; il me paroist aussi bien intentionné qu'il « est habile et capable. »

Mais voici venir l'année 1676 et la fameuse campagne maritime où Du Quesne et Ruyter doivent se mesurer :

Au combat du 8 janvier, Tourville a l'honneur d'être un des matelots de Du Quesne. Il commande le *Sceptre* de 84 canons, tandis que Valbelle commande le *Pompeux* de 72 canons; ce sont les vaisseaux entre les quels vient se placer le *St-Louis* de 72 canons, qui porte le pavillon carré blanc du vice-amiral français Du Quesne.

A cette belle journée, Tourville eut sa large part de dangers et de gloire. Les diverses relations qui y ont trait en font foi : « Une heure

« avant la nuit, dit Valbelle, les galères essayèrent leurs canons de
« coursier contre M Du Quesne, qui les méprisa. Tourville les fit taire
« en les saluant de deux coups de canon de deux pièces de trente-six.
« Ainsi finit la journée qu'on appellera la bataille d'Alicur, île à
« vingt-cinq lieues de Messine, du côté de l'ouest. »

Dans la relation des Hollandais (citée par Eugène Sue), « le général
« Du Quesne commande au chevalier de Tourville de conduire sous
« son canon et à la faveur de l'épaisse fumée qui régnait, le brûlot
« du capitaine Champagne au bord de Ruyter. Ce brûlot s'avança
« avec une hardiesse merveilleuse, sans craindre le feu que les
« matelots de l'amiral fesaient sur lui. Mais avant qu'il eût abordé,
« Ruyter lui abattit son mât d'hune et le mit hors d'état de plus na-
« viguer. »

Un rapport conservé aux *Archives de la Marine*, sur le combat du
8 janvier 1676, contient les deux passages suivants :

. . . .

. . . « Le sieur Du Quesne voyant que le sieur Rüyter, qui se
« laissait dériver, n'avait pas esté suivi de son arrière-garde qui se
« trouvait séparée de luy, commanda le chevalier de Tourville avec
« quatre vaisseaux de sa division, pour s'avancer et mettre l'arrière-
« garde des ennemis, entre le feu de ces quatre vaisseaux, et celuy
« de son arrière-garde : mais, dans ce moment, il survint un calme
« qui empescha l'exécution de cet ordre, et qui ralantit la chaleur
« du combat, qui dura depuis 9 heures du matin, jusques à 9 heures
« du soir. Il a esté sanglant et ospiniastré, et les vaisseaux du Roy,
« ont tiré plus de trente-cinq mille coups de canon. »

. . . .

« Mais comme nostre Invincible monarque doit, après la bénédic-
« tion divine, l'advantage de ce combat naval à la valeur et à la
« capacité de Monsieur Du Quesne son général, je suis obligé aussi
« de déclarer qu'elle le doit aussy à la bravoure des Messieurs que
« je nommeray cy après suivant le rang : . . . . Dans le corps de
« bataille Messieurs Du Quesne, de Valbelle, de Tourville, de Léry,
« de Langeron et de Coux. Et à l'arrière-garde Messieurs Gabaret,
« Septime, Granier et Frière, dont le dernier a esté tué. Monsieur
« Du Quesne a eu un esclat à la jambe, Monsieur le commandant de
« Valbelle au ventre et à la jambe, Messieurs de Gabaret et de Coux

« eurent leur espée emportée de coups de canon les tenant liées en
« leur main, outre plusieurs officiers, matelots et soldats tués et
« estropiés ; tous les vaisseaux ont receu force coups de canon tant
« à fleur d'eau à leurs hauts, que dans leurs mâts et vergues, le
« *St-Michel*, le *St-Esprit*, le *Pompeux* et le *Téméraire* estant princi-
« palement criblés de coups, sy bien qu'on peut dire que nous avons
« eu à faire avec des braves ennemis et des adroits canonniers. » . .
. . . .

Puis, Du Quesne lui-même écrit à Colbert et nous extrayons de cette lettre le passage suivant relatif à Tourville :

« Du vaisseau du Roy le *St-Esprit*, à veue de l'Isle de Lipary ce 12 janvier 1676 :

« Pour vous informer succinctement, Monseigneur, de ce qui s'est
« passé à l'armée du Roy depuis sa partance des Isles d'Hyères le
« 17 décembre jusques à ce jour . . . .
. . . .

« Le chevalier de Tourville est un bon sujet qui mérite du commandement.
. . . .

« 30 janvier 1676.   Du Quesne. »

Enfin Colbert adresse la lettre que voici : « au chevalier de Tourville, capitaine de vaisseau. (La copie porte : *de la main de Colbert*.)

« Saint-Germain, 27 février 1676.

« J'ai reçu la lettre que vous m'avez écrite après le combat qui a esté donné contre Ruyter. Le Roy a loué la conduite que vous avez tenue, et vous ne devez pas douter que je ne luy rende un compte exact de tout ce que vous continuerez de faire dans la suite pour son service et sa satisfaction. J'ay eu beaucoup de joye en mon parti- culier du mérite que vous vous estes acquis en cette occasion, et vous devez estre persuadé que je n'omettray rien de tout ce qui pourra contribuer à relever celuy que vous pourrez acquérir pendant la campagne prochaine. »

(*Arch. de la Mar.* Dépêches concernant la Marine, 1676, fol. 67.)

La campagne continue. Le 22 avril suivant a lieu le combat naval près d'Agosta. E. Sue a reproduit, à cet égard, la relation de Valvoire, dont le tour est assez piquant :

« Messine, 30 avril 1676.

«... Voilà ce qui s'est passé, dit-il, au sujet de la dernière vic-
« toire ; *la plume espagnole l'aurait mieux tracée que la française*, si
« la victoire avait tourné de leur côté ; mais il faut qu'elle se con-
« tente, pour cette fois ci, de réserver ses hyperboles pour couvrir
« leur honte et non pas pour enrichir la vérité. »

Dans son rapport, Du Quesne (Messine, 6 mai 1676) dit : « Ruyter
« tombe en travers du *l'Esprit*, qui était entre le *Sceptre*, commandé
« par Tourville, et le *St-Michel* desquels il essuya un si grand feu
« qu'il fut obligé de revirer de bord, et l'on entendra dire quel-
« quefois que jamais vaisseaux ne se sont retirés en si méchant
« état. »

« ... Nous approchâmes fort de Syracuse...; nous eûmes le loisir de voir leur armée réduite à rester dans ce port dans le temps que nous tenions la mer.

« ... J'estime que cette action plaira au Roy, qui aime la gloire de sa marine, et même si Sa Majesté regarde que trente de ses vaisseaux de guerre, dont un pavillon de vice-amiral, sont allés attaquer et ont combattu sous le vent et battu un plus grand nombre de vaisseaux espagnols et hollandais, dont deux pavillons amiraux et autres inférieurs, lesquels ont tout risqué le lendemain pour entrer dans une embouchure de port fort étroite et se tapir là dedans sans avoir osé en sortir à la vue de son armée qui n'avait pas encore pris le loisir de se reposer. »

Dans une lettre précédente, du 22 avril 1676, Du Quesne écrivait :

. . . .

« J'espère que dans peu de temps Sa Majesté aura la satisfaction de voir sa marine en réputation, si elle a agréable de la purger de quelques esprits brouillons et autres mercenaires qui causent de la division dans le corps ; au reste, il y a de très braves gens, qui commencent d'avoir de l'application et de qui on doit tout espérer. Il y en a quelques-uns accoutumés au libertinage quand ils sont dans les rades et dans les ports, et qui ne sont pas assez exacts à l'observation des signaux et ordres de marche pour éviter les abordages, à moins d'une sévérité extraordinaire, de laquelle je suis obligé de me servir avec regret, afin d'éviter d'être contraint de donner pour excuse un manquement à l'exécution de mes ordres dans une occasion importante. J'ai sujet de me louer beaucoup des conseils et des actions de MM. de Preuilly, de Valbelle, *de Tourville* et du marquis d'Infreville, qui mérite d'être avancé ; le chevalier de Lévy se distingue aussi en toutes occasions. »

Si Du Quesne se louait de Tourville, celui-ci lui rendait, de son côté, bonne justice ; on l'a déjà vu dans des correspondances que nous avons citées : on retrouvera ce sentiment d'estime pour son glorieux chef dans sa lettre du 7 mai 1676 à Colbert :

« Il ne se plaint de personne, écrit-il, mais il y a des pestes dans
« le corps qui bouleversent généralement toutes choses et qui sont
« si grands brouillons que, si on s'en lesse préoccuper, on trouvera
« que les meilleures actions de M. Du Quesne et celles de la plus part de
« la marine viendront à rien, dans un tems qu'il fait des choses
« extraordinaires pour le service du Roy. »

Il y a un passage analogue dans la lettre de Tourville au Ministre, en date du 26 août 1676 :...... « Nous avons esté si malheureux
« que quatorze navires hollandais se soient échappés de nos mains
« par leur fuite continuelle. M. Du Quesne apporta tous les soins
« imaginables et ne manqua à rien de ce qu'il falait faire pour les
« pouvoir joindre ; mais leur bonne fortune les fit sauver pendant la
« nuit, sans que nous puissions les approcher d'assez près. »

Voici, maintenant, une pièce assez curieuse : c'est le récit d'une expédition de Vivonne, monté sur le vaisseau de Tourville, récit fait par un *collaborateur* de Tourville dont nous aurons encore à parler plus tard, l'auteur du *Traité des évolutions navales* :

« Après le combat d'Agosta, dit le père Hoste [1], le maréchal duc de Vivonne ayant appris que les ennemis s'étaient retirés à la rade de Palerme, résolut de les y aller insulter. Il *s'embarqua* sur le *Sceptre, commandé par le chevalier de Tourville, chef d'escadre*, où il arbora le pavillon d'amiral et arriva le 2 juin 1676 à la vue de Palerme,

---

[1] Paul Hoste, de la Compagnie de Jésus, *Traité des Évolutions navales*, Lyon, 1738.

ayant 25 vaisseaux de ligne et 25 galères. Il fit reconnaître les ennemis et il apprit que les alliés avaient mouillé 27 vaisseaux de guerre et 29 galères sur une ligne qui fesait forme au fort de Castel-Mure sur ses canons et qui était défendue à droite par le feu d'une grosse tour et par l'artillerie qui était sur les remparts de la ville et à gauche par les batteries du môle. On détacha le marquis de Prulli, chef d'escadre, avec 9 vaisseaux et 5 brûlots, et les chevaliers de Breteuil et de Bethomas avec 7 galères pour donner sur l'ennemi à gauche ; et la chose fut exécutée avec tant de valeur et de succès que l'avant-garde ennemie ayant *coupé*[1], alla échouer sur les bastions de la ville, où nos brûlots réduisirent trois de ses vaisseaux en cendres. En même temps, les autres vaisseaux de l'armée française ayant mouillé sur les bouées des ennemis malgré leur feu et celui de leurs forteresses, les battirent avec tant de fureur qu'après avoir brûlé l'amiral et le contre-amiral d'Espagne, ils contraignirent le reste de couper pour se sauver dans le môle ; mais, on les y poursuivit si vivement avec des brûlots qu'on mit bientôt le feu à l'amiral de Hollande et à huit autres vaisseaux qui s'étaient échoués sous les murs de la ville ; ce qui fit le plus terrible spectacle qu'on ait jamais vu... La réale d'Espagne et cinq autres galères furent brûlées par le feu des vaisseaux ou écrasées sous leurs débris ; quantité d'édifices furent aussi renversés dans la ville et réduits en cendres et cette grande action ne coûta que quelques brûlots aux Français. »

Au commencement de la lutte avec la Hollande, Colbert avait fait rechercher dans les ports les marins qui, comme capitaines du commerce, avaient donné des preuves de leur courage et de leur aptitude à servir en guerre sur des bâtiments du roi. La note suivante, que nous empruntons aux *Archives de la Marine* a trait à cette préoccupation et nous a paru intéressante à reproduire comme un document de l'époque. Elle porte la date du 16 septembre 1676 ; la voici ; Jean Bart, qui entra plus tard dans la marine du Roy, y figure en tête :

---

[1] On coupe le câble, quand on n'a pas le temps de lever l'ancre pour mettre à la voile.

Liste des principaux capitaines cômandans les vaisseaux corsaires de Dunkerque.

Jean Bart. { Command^t une frégate de 24 pièces. } bons soldats
Keyser ..... { Command^t une frégate de 18 pièces. } et matelots.

Je mets ces deux capitaines ensemble parce qu'ils naviguent à conserve ordinairement. Ils sont originaires de Dunkerq, âgés de 30 à 35 ans et fils de deux fameux corsaires qui ont fait beaucoup parler d'eux durant la guerre qui estoit entre les Espagnols et les Holandois avant le traité de Munster. Ils sont sortis avec honneur de toutes les occasions qu'ils ont trouvées dans leurs courses. Ils n'ont point degeneré quoy que leur mauvaise fortune les ait obligés de servir d'officiers mariniers ou de matelots dans le commencement de la guerre d'aujourd'huy. Et s'étans rendus dignes de commander ils ont pris jusqu'à cinq frégates ennemies dont la moindre a toujours esté plus forte qu'eux. Entre plusieurs prises considérables qu'ils ont faites on compte celle d'une frégate de Holande chargée de poudre d'or pour 8,000 liv. et celles des Bellandes dont il sera parlé cy après au sujet de Pitre Lasep. Le dit Bart a encore enlevé depuis peu un vaisseau des États de 32 pièces, je ne say point le détail de cette action.

Pitre Vermulle, âgé de 40 ans ou environ. Celuy-ci a servy de maître d'équipage sur la frégate la *Mignonne*, et depuis s'étant mis dans la Caprerie a très bien fait son devoir. Il a fait quantité de prises très riches et a été un des plus heureux capitaines du Port : Mais comme il n'a commandé que des bâtimens de 4 et 6 pièces, sa bravoure n'a pas fait encore tant de bruit que celle des autres.

Pitre Lasep, âgé d'environ 40 ans.

Il a été de mesme au service du Roy sur la *Fidelle* en qualité de maître d'équipage. Ayant eu le commandement d'une frégate armée en cours, il a fait paroître qu'il la méritoit, car au premier voyage qu'il fit avec les s^{rs} Bart et Keyser il attaqua le premier 3 vaisseaux ennemis dont le moindre étoit plus fort que luy et ayant essuyé tout leur feu il donna moyen aux dits Keyser et Bart de les venir charger, ensuite de quoy ils prirent un des dits vaisseaux ennemis, mirent les

2 autres en fuite et prirent 9 bellandes chargées de toutes sortes de marchandises, qui étoient sous le convoy des dits ennemis.

Nicolas Noux âgé d'environ 40 ans.

C'est un bon capitaine qui a fait plusieurs courses dans la guerre de 1667. Et dans celle d'aprésent il a commandé des barques longues dans la Manche pour le service du Roy et a été entretenu quelques années dans le Port à 100 liv. par mois. M. le Vice-admiral l'estime beaucoup.

Josse Contant, âgé d'environ 28 à 30 ans.

Encore bon capitaine et qui a fait beaucoup de prises. Il y a quantité d'autres petits corsaires qui font aussi beaucoup de prises, mais dont la reputation n'est pas égale à celle des cy-dessus nommés.

Ce 16 septembre 1676.

« De la main de Colbert est écrit au dos : A garder et attendre. »

(*Arch. de la Marine.* — Service général. — Correspondance. — Tome I.)

Nous voyons par une lettre de Colbert, du 26 novembre 1677, que Tourville, à cette époque était souffrant et demandait un congé ; mais Colbert le lui refusa.

Voici sa lettre qui répond à celle de Tourville du 16 du même mois, que nous publions à sa date :

« Lettre de Colbert au chevalier de Tourville, capitaine de vaisseau. (Copie portant : *Dictée par Monseigneur*.)

« Saint-Germain, 26 novembre 1677.

« Je vois, par la lettre que mon fils a reçue de vous, que vous demandez vostre congé pour venir icy, mais je crois devoir vous dire qu'à moins que vous n'ayez une indisposition de telle nature qu'elle ne vous permette pas de retourner en mer, vous devez assurément passer par-dessus toutes autres considérations pour prendre le commandement de l'un des vaisseaux du Roy et vous mettre en estat de luy rendre quelques services considérables, parce que, assurément, il ne prendra pas plaisir à voir des principaux officiers de marine à la cour pendant le temps que les Hollandois et les Espagnols passeront dans la Méditerranée avec une puissante escadre de vaisseaux.

« C'est de quoy j'ai esté bien ayse de vous donner avis, souhaitant autant que je le fais vos avantages et votre satisfaction. »
Arch. de la Mar. — Dépêches concernant la Marine, 1676, fol. 399.)

Nous n'avons que ces deux lettres de Tourville pour 1677. Encore n'est-on pas sûr de la date de la dernière, où Tourville sollicite un congé pour maladie, après avoir remis son commandement à Coëtlogon.

Nous trouvons également aux archives, sous la date du 19 juillet 1677, la pièce ci-jointe :

Elle est intitulée : « *Certifficat pour M. le chevalier de Tourville* »; c'est une constatation de la qualité, en laquelle Tourville sert dans l'escadre du Levant.

Certifficat pour M. le Chlier de Touruille.

« Versailles, le 19 juillet 1677.

« Nous Jean-Baptiste Colbert, marquis de Seignelay, et Dalègre, conseiller du Roy en ses Conseils, grand trésorier de ses ordres, secrétaire d'Estat, et des commandemens de Sa Majesté ayant le département de la marine : Certiffions à tous qu'il appartiendra que M. le Chlier de Touruille, chef d'Escadre des armées[1] naualles de Sa Majesté, sert actuellement en cette qualité sur les vaisseaux de l'armée navale de Leuant ; En foy de quoy nous luy auons accordé le présent certificat que nous avons signé de nostre main, et fait contresigner par nostre secretaire auquel nous auons fait apposer le cachet de nos armes. »

[1] *Liste des officiers de la Marine choisis par le Roy pour seruir sur les cinq vaisseaux que Sa Majesté a résolu de faire armer au port de Toulon pour joindre aux vaisseaux restés à Messine.* Saint-Germain, le 23 janvier 1677.

. . . .

SUR LE *MONARQUE* :

Le sieur DE TOURUILLE, chef d'escadre ;
Le sieur CHEUALIER, capitaine ;
Le sieur CHEUIGNE, lieutenant ;
Le sieur DE LA MOTAGNE, autre lieutenant ;
Le sieur CH. DE ROUUROY, autre lieutenant ;
Le sieur DOROGNE, enseigne ;
Le sieur DE SERAUCOURT, enseigne en second.   (*Archives de la Marine.*)

En 1678, nous n'avons qu'une seule lettre de Tourville qui ne prend part d'ailleurs à aucune opération faite sur Messine, Barcelone, Gênes, etc , ni aux expéditions de Château-Renault contre les Hollandais et de d'Estrées ou de Forbin en Amérique. Il est remplacé et demande un congé, à ce que nous voyons par deux lettres de l'intendant général de Toulon à Colbert. Nous donnons la première *in extenso* et la seconde en extrait :

Lettre de M. Arnoul, intendant général de la marine à Toulon.

« Toulon, ce 7 janvier 1878.

« J'ay receu, Monseigneur, la lettre qu'il vous a plu me faire l'honneur de m'escrire du 23 décembre. Pour y respondre j'auray l'honneur de vous dire qu'il n'a pas tenu à moy que les quatre plus anciens officiers de vaisseaux de ceux qui sont revenus de Messine n'ayent pris le commandement des quatre que j'arme presentement, Je leur fis voir les ordres du Roy qu'il y auoit sur ce suiet, mais comme ce mesme ordre donnoit à ceux qui ne seroient pas en estat la permission de s'en excuser, cela donna lieu à M. de Preuilly, à M. Gabarret et à *M. de Tourville de demander leur congé* soubs le bon plaisir de Sa Majesté...»

Extrait d'une lettre en date du 18 janvier 1678 :

..... « Je crois que l'intention de Sa Majesté est que M. le marquis
« de Preuilly commande les six vaisseaux en l'absence de *M. Tour-*
« *ville qui est malade.* ».....

CHAPITRE VI.

(1679-1680.)

Premier commandement de Tourville comme chef d'escadre ; il monte le *Sans-Pareil*. — Perte de ce vaisseau. — Lettre du 24 octobre 1679. — Mécontentement extrême de Colbert et de Seignelay contre l'administration de Toulon. — L'intendant Arnoul est révoqué. — Véritable cause de la perte du *Sans-Pareil* et du *Conquérant*. — Tourville est invité par Colbert à l'accompagner à Bayonne et à Bordeaux. — Tourville s'adonne avec ardeur à l'étude des constructions navales. — Sa correspondance avec Colbert à ce sujet.

Nous retrouvons, en 1679, Tourville exerçant son premier commandement de chef d'escadre.

Il est à la tête d'une division et sert dans la Méditerranée sous les ordres de Vivonne, général des galères.

Voici, d'après d'Hamecourt, la composition de cette division et les noms de ceux qui y commandent :

Vaisseaux.

Le *Sans-Pareil*, 70 canons, 400 hommes, DE TOURVILLE.
L'*Invincible*, 56 canons, 350 hommes, D'AMFREVILLE.
Le *Fortuné*, 52 canons, 350 hommes, DE LA PORTE.
La *Syrenne*, 46 canons, 250 hommes, DE MONTREUIL.
L'*Arc-en-ciel*, 40 canons, 200 hommes, DE COETLOGON.
Le *Poly*, 32 canons, 150 hommes, DE NOUAILLES.

Frégate.

La *Bien-Aimée*, 20 canons, 150 hommes, DESGOUTTES.

Brûlots.

L'*Étourdy*, 6 canons, 30 hommes, HONORAT.
L'*Ameçon*, 12 canons, 30 hommes, DE LÉTOUSCAIRE.
L'*Arenant*, flûte de 16 canons, 28 hommes, PREPONT.

Tourville mouille devant Mayorque le 5 mai et se fait rendre les prises faites par les corsaires. Il se présente ensuite devant Alger et fait ratifier par le Dey les traités de paix conclus antérieurement.

Il arrive le 31 mai à Tunis, puis à Port-Farine dont il lève le plan. Il escorte ensuite des bâtiments marchands à Cadix et en repart le 20 septembre pour la France.

On trouvera dans ses lettres au Ministre des 10 et 20 août et 19 septembre des détails sur cette campagne, où Tourville eut la douleur de perdre le vaisseau le *Sans-Pareil* qu'il montait. Voici dans quelles circonstances :

Ce vaisseau et ceux rangés sous son commandement, le *Conquérant*, l'*Arc-en-ciel* et le *Content*, étaient partis (on le croyait, du moins) dans de bonnes conditions, car le 16 avril Colbert écrivait à Tourville : « J'ai été bien aise d'apprendre que les vaisseaux que vous commandez *ont été bien radoubés.* »

A la hauteur de Lisbonne [1], Tourville est obligé d'entrer dans le Tage, à cause des avaries survenues à une flûte chargée de poudre et qu'il s'était chargé de conduire à Rochefort. Il sort du Tage et à la hauteur de Belle-Isle, trouvant trop chargé dans ses hauts le vaisseau qu'il montait (le *Sans-Pareil*), il fait descendre dans la cale 18 pièces de canon, puis « lier le *Sans-Pareil* en huit endroits, de sorte qu'il ne fit aucune goutte d'eau. » (Voir sa lettre du 9 novembre 1679.) Le 21 octobre, les quatre vaisseaux sont atteints par une affreuse tempête. Le *Conquérant* sombre avec tout son équipage, moins quelques hommes jetés à terre avec les épaves du navire ; le *Content* réussit à entrer dans le Morbihan et à s'y échouer assez heureusement pour qu'on parvienne à le relever. L'*Arc-en-ciel* avait pu suivre le *Sans-Pareil* et échapper au sort de ce dernier vaisseau. Il faut lire, dans la lettre de Tourville du 9 novembre 1679 le récit de l'événement ; elle est empreinte d'un bout à l'autre d'un caractère de vérité et de fermeté remarquables. Le *Sans-Pareil*, démonté de tous ses mâts, fait eau de tous côtés ; il faut l'abandonner. Tourville donne l'ordre à 80 hommes, avec quelques officiers, de s'embarquer dans son canot et dans sa chaloupe pour gagner l'*Arc-en-ciel* qui ne l'a pas quitté, au milieu de la tourmente. Malgré une mer démontée, les deux embarcations atteignent le but. « Mais, dit Tourville, leur « ingratitude et leur infidélité fut si grande que, se voyant sauvés, « ils laissèrent aller la chaloupe et le canot à la dérive, *crainte d'être*

---

[1] Jal, *Du Quesne et son temps.*

« *obligés de faire un second voyage. Cette chaloupe était la seule res-*
« *source qui me restait.* »

Heureusement, Coëtlogon, commandant l'*Arc-en-ciel*, réussit à mettre à la mer un canot qui vient se placer à une portée de fusil à l'avant du *Sans-Pareil*. Tourville sollicite ses officiers de se jeter à la mer pour gagner le canot, mais « la vue d'une mer haute comme
« le navire leur parait une voie de se sauver aussi périlleuse que celle
« d'attendre qu'ils coulassent à fond, de manière, continue Tourville,
« que je fus seul à prendre ce parti qui fut funeste à quelques gardes
« de la marine et à quantité de matelots qui voulurent me suivre.
« Plus de vingt se noyèrent, quatre seulement purent parvenir d'aller
« jusqu'à moi.......

.... « Jamais aventure n'a esté si triste. Elle m'a jetté dans
« une douleur si vive que je n'ai pas encore commencé à ressentir la
« joie qu'on a ordinairement d'avoir évité une mort si affreuse... J'ai
« tout perdu et il ne m'est resté que la chemise et le pantalon avec
« quoi je me suis jetté à la mer. Enfin je suis aussi gueux que j'étais
« en naissant et j'ai perdu dans un moment tout ce que j'avais pu
« avoir dans quinze ans de service [1]. »

Tourville arrive à Belle-Isle le 24 octobre dans l'état le plus déplorable (d'Hamecourt), et il rend compte au Ministre de ce qui lui est advenu.

Le Ministre répond en ces termes à cette lettre, le 30 octobre 1679 :
« Sur l'avis que vous m'avez donné, par vostre lettre du 24 de ce
« mois, du prodigieux accident qui vous est arrivé, je ne puis vous
« dire autre chose que je vous plains beaucoup, n'y ayant aucune
« apparence qu'un aussy bon officier que vous n'ayt pas fait son
« devoir en aussi fâcheuse occasion, soit en prenant les précautions
« pour empescher un aussy grand malheur, soit en faisant tous efforts
« imaginables lorsqu'il est arrivé, pour y remédier. » (*Dép. conc. la marine*, fol. 545. *Pierre Clément*, tome III, page 170.)

Tourville demande un congé pour aller à Paris se faire faire un nouvel équipement et le 30 novembre Colbert le lui accorde en lui écrivant : « J'ai donné ordre au trésorier de la marine de vous faire

---

[1] Madame de Sévigné écrit à sa fille le 8 novembre : « Il y a bien des gens de noyés
« dans le navire du chevalier de Tourville, qui s'est sauvé à la nage ; je crois qu'un de
« nos chevaliers de Sévigné s'est noyé. » Il n'en était rien.

« donner par son commis jusques à 200 pistoles, si vous en avez
« besoin [1]. »

Mais, s'il ne s'en prend pas à Tourville de l'événement, le Ministre en ressent une vive impression, et tantôt lui, tantôt Seignelay adressent lettres sur lettres à Arnoul fils, intendant de la marine à Toulon, pour lui reprocher d'avoir laissé partir des navires en mauvais état. (Voir ces lettres dans *Pierre Clément*, tome III, p. 170 et suivantes.) On lui reproche « l'horrible négligence qu'il a apportée aux choses les plus essentielles de son employ. » Seignelay lui-même se rend en Provence pour faire une enquête.

Puis, on apprend que le *Conquérant* a eu le même sort que le *Sans-Pareil* et que l'*Arc-en-ciel* a failli aussi y rester. Alors, l'iritation de Colbert ne connaît plus de limites; il prescrit à Du Quesne de faire « faire une visite exacte de tous les masts qui vont à Toulon, pour « connaître s'ils sont en estat de servir, et travailler à remplacer ceux « qui ne se trouveront pas de bonne qualité. » Et, s'adressant à Arnoul, il lui écrit : « Vous estes cause (L. du 16 novembre 1679) du « décry dans lequel cet accident, qui est jamais arrivé aux autres « nations, mettra la marine parmy les estrangers. Ainsy, vous devez « compter, dès à présent, que le Roy ne peut plus se servir de vous, « ny dans l'employ que vous occupez. »

Arnoul est, en effet, révoqué le 11 décembre 1679; mais Seignelay, qui avait été élevé avec lui, le replaça l'année suivante comme intendant de la Marine au Havre, et en 1710, il revenait à Marseille comme intendant des galères (Pierre-Clément). Était il, d'ailleurs, vraiment coupable ? Il faudrait en douter d'après Brodart, intendant des galères à Marseille, chargé de procéder avec Du Quesne à une enquête sur les causes de la perte du *Sans-Pareil* et du *Conquérant* et qui écrit au Ministre le 20 novembre [2] :

« ..... Sans chercher bien loin la cause de la perte de ces navires, je crois pouvoir dire qu'elle vient de ce que, *dans cette saison*, ils ont passé en Ponant, après une campagne de 4 ou 5 mois, sans être entrés dans un port pour y être visités..... reconnus peut être faibles de bois, mal chevillés et fort tombés et que, cependant, on charge de 70 pièces de canon... qui passent dans une saison fort

---

[1] Jal, *Du Quesne*.
[2] Jal, *Du Quesne*.

venteuse, dans de grandes mers de Ponant, sont d'autant moins en état de souffrir que le bois neuf qui peut y avoir été mis emporte le vieux ; chargés avec cela de la pesanteur de leurs canons *il est humainement impossible et sans un miracle*, s'il arrive dans cet état une tempête qui les fasse démâter, ce qui ouvre un navire, qu'ils ne se perdent absolument, et cela est si vraisemblable que l'*Arc en ciel*, qui était un vaisseau neuf, bâti ici, a soutenu davantage la violence de la mer et s'est enfin sauvé. »

La révocation d'Arnoul n'empêcha pas Colbert de poursuivre la recherche des causes de la perte du *Sans-Pareil* et du *Conquérant*, et le 8 janvier 1680, le Ministre écrit de Saint-Germain à Du Quesne : « Comme on attribue la perte des derniers vaisseaux à trois choses principales : au démastement du *Sans-Pareil*, au peu de liaison qu'il y avait entre les membres du vaisseau le *Conquérant* et au trop grand nombre de pièces de canon qu'il estoit chargé, je crois nécessaire d'examiner à fond le remède à apporter, etc. » (*Archives de la Marine.*)

Duquesne est donc invité à réunir en conseil les officiers de Toulon et à les consulter notamment sur le moyen de lier davantage les fonds des vaisseaux. « Vous devez observer (même dépêche) que les Anglais se servent entre les pontilles de croix de St-André, qui traversent d'un bord à l'autre des vaisseaux et qui sont disposées d'espace en espace de l'avant à l'arrière, ce qui contribue beaucoup à rendre les vaisseaux assez forts et mieux liés et à leur faire mieux soutenir les coups de mer. »

La perte du *Sans-Pareil* [1] n'a d'ailleurs pas nui à Tourville dans l'esprit de Colbert, qui lui écrit le 6 avril 1680 pour l'inviter en ces termes à l'accompagner dans un voyage qu'il va faire à Bayonne et à Bordeaux :

« Le Roy m'ayant ordonné d'aller à Bayonne et deuant partir pour cet effect le XXe de ce mois, je seray bien aise que vous fassiés ce voyage auec moy, vostre presence estant nécessaire dans la visitte que je feray à Bourdeau et à Bayonne de ce qui pourra regarder la marine.

---

[1] Elle devait laisser un si vif souvenir à Colbert que, trois ans après, il écrivait à l'intendant de Rochefort (Arnoul) et lui disait « qu'il savoit bien quelle précaution l'on doit prendre dans les radoubs par l'expérience du malheureux accident arrivé au chevalier de Tourville. » (Lettre du 22 juin 1683.)

Ne manquez pas de vous trouuer à Pont en Xaintonge le XXIIII ou le XXVI° de ce mois et je vous meneray avec moy...»

Tourville répond affirmativement le 13 avril. On trouvera sa réponse à sa date. Elle contient sur les soins à prendre à l'avenir pour la construction des vaisseaux, des renseignements dont Colbert lui exprime sa satisfaction par une lettre de Fontainebleau, 5 juin 1680, ainsi conçue :

« J'ai rendu compte au Roy de la lettre que vous m'avez écrite le 26 du mois passé, concernant les constructions et de l'application que vous y donnez; je puis vous assurer que Sa Majesté a esté bien aise d'apprendre que vous entriez dans un détail aussy utile que celuy-là, et si par la suite de vostre trauail, vous pouuez régler les proportions que doibvent auoir les vaisseaux de Sa Majesté, et justiffier cette connoissance par la bonté dont se trouuera le vaisseau que vous faistes bastir à Rochefort, vous aurez l'honneur d'estre paruenu à la plus importante chose qui puisse estre entreprise dans la marine... »

Ce sujet intéresse autant Tourville que Colbert. Tourville écrit de nouveau à ce dernier le 30 mai suivant (voir cette lettre à sa date) et Colbert lui répond de Fontainebleau, le 11 juin 1680 :

« J'ay veu ce que vous m'avez escrit, et le résultat du Conseil de construction sur le deuis que je vous auois enuoyé des vaisseaux à faire à Brest. Je rendray compte au Roy des remarques que vous auez faites, et de l'application que vous continuez de donner à ce qui regarde les constructions. Continuez aussy à vous appliquer à bien regler le modèle qui se fait à Rochefort pour la théorie des constructions, et considérez qu'il n'y a rien qui vous puisse faire plus d'honneur dans l'esprit de Sa Majesté que de paruenir à cette connoissance qui est si nécessaire pour mettre la marine dans la perfection quelle désire. »

La correspondance continue et voici plusieurs lettres intéressantes du Ministre à Tourville :

« Calais, le XXII° juillet 1680.

« Pour responce à la lettre que vous m'auez escrit le 7° de ce mois, j'ay rendu compte au Roy de l'application que vous donnez aux constructions, et Sa Majesté en attend des effets par le modèle que vous deuez bientost faire acheuer; continuez tousjours de donner vos soins à ce qui regarde les radoubs et constructions qui se font à Rochefort, et faites en sorte qu'ils soient bien et solidement faits.

« J'escris au Sʳ de Seuil d'enuoyer à Rochefort les fils d'Hubac pour terminer auec vous et auec les principaux officiers qui sont en ce port, toutes les contestations qu'il y a pour la construction des deux vaisseaux qui doiuent estre bastis cette année à Brest.

« Je vous prie de tenir toujours la main à ce que la garde des vaisseaux du port soit faite en la manière quelle a esté establie.

« Faites-moy sçauoir s'il vous plaist vostre sentiment sur la machine dont le Sʳ Renaut se sert pour tracer les gabaris des vaisseaux. »

« Stenay, le 23 août 1680. »

« J'ay rendu compte au Roy de la continuation de vostre application à ce qui regarde les constructions qui se font à Rochefort, comme il est question de régler toutes les proportions de tous les vaisseaux par le modèle que l'on fait à present, jestimerois necessaire lorsque ce modèle passera à Brest par mer que vous vous y rendissiez pour conférer auec les officiers et leur persuader les proportions que vous auez donné à ce modèle; il seroit nécessaire que le charpentier napolitain y allast aussy et ensuite que vous vinssiez l'un et l'autre à Versailles où il faut trouuer moyen de porter ce vaisseau en fagot, et de le monter devant Sa Majesté. »

« Versailles, le 1ᵉʳ septembre 1680. »

« Lorsque le Roy a ordonné de faire le modèle du vaisseau auquel M. Blaise travaille, l'intention de Sa Majesté a esté de le faire apporter icy pour servir à l'examen qu'elle veut faire l'hyver prochain en vostre présence et celle des plus habiles officiers et des plus capables de donner leurs avis sur les constructions, afin de régler, une fois pour toutes, les proportions de tous les membres de chaque vaisseau.

« Par la proposition que vous faites de l'envoyer par mer, et par ce que vous m'écrivez qu'il est impossible de le démonter pour le porter icy, vous voyez bien que ce modèle seroit inutile à la fin pour laquelle Sa Majesté l'a fait faire; ainsy j'écris au sieur de Demuin qu'il faut qu'il l'envoye par terre, démonté, pour le faire monter icy, ou en le faisant passer par mer, qu'il le meste en estat que toutes les pièces puissent estre démontées lorsqu'il sera à Saint-Cloud, pour estre apportées icy, et le remonter sur le canal en présence de Sa Majesté. Il vaut bien mieux se servir des pièces de ce vaisseau qui sont entièrement achevées, pour pouvoir le faire remonter devant Sa Majesté, et attendre que les proportions que l'on a observées pour sa construction ayent esté approuvées pour en faire à Rochefort un autre pareil modèle, que l'on pourroit envoyer par mer dans les autres ports. A quoy j'ajouteray que ce sera un moyen fort favorable de faire vostre cour à Sa Majesté que de faire monter ce vaisseau sur le canal en sa présence.

« Elle approuve vostre proposition, de faire faire par le dit Blaise des gabarits en grand des vaisseaux de tous les rangs pour les envoyer dans tous les ports. Mais, pour ce qui est du dessin du vaisseau de second rang que vous avez envoyé, Sa Majesté ne veut pas se déterminer à l'envoyer à Brest, que vous n'ayez examiné avec les officiers et les charpentiers du port de Rochefort les raisons alléguées contre les proportions par le sieur de Seuil, dont vous trouverez cy-joint le mémoire. Il est bien important que vous l'examiniez et que vous y répondiez, parce qu'il y a des circonstances de telle nature qu'elles ont paru détruire en quelque sorte les raisons que vous avez eues de proposer les proportions qui ont esté envoyées à Brest.

« La première et la principale est qu'un vaisseau qui peut estre, suivant les proportions ordinaires, de 100 pièces de canon ne sera que de 80 ; et ainsy l'on perdra l'avantage de la force de ces vaisseaux, qui est une chose très essentielle dans les combats. La mesme chose arriveroit en ostant le troisième pont à des vaisseaux aussy grands que le *St-Philippe*, et ces raisons sont bien plus importantes que l'avantage de faire paroistre un vaisseau plus élongé. En quoy il faut que vous ayez outré la longueur du dit vaisseau au delà de ce qui se pratique en Angleterre, parce qu'il est certain que, à longueur égale, les vaisseaux anglois portent beaucoup plus de canons que les vaisseaux de France.

« Je vous prie de me faire sçavoir si la machine du sieur Renau a réussy, et si vous croyez qu'elle puisse servir dans les autres ports.» (*Arch. de la Marine.* Dépêches concernant la Marine, 1680, fol. 401.)

« Versailles, le 14 septembre 1680.

« J'escris par ordre du Roy au sieur de Demuin que l'intention de Sa Majesté est qu'il fasse charger sur le premier vaisseau qui ira au Haure de Grâce toutes les pièces du modèle de celuy qui a esté construit à Rochefort. Il sera nécessaire que vous preniez vos mesures pour vous rendre icy enuiron le temps auquel ce vaisseau arriuera en ce port.

« J'espère que la fieburc vous aura quitté à présent et que vous serez en estat de faire ce voyage, prenez la peine de me faire sçauoir de vos nouuelles et soyez persuadé que je suis, etc. »

« Versailles, le 30 septembre 1680.

« J'ay esté bien aise d'apprendre par vostre lettre du 17 de ce mois que la fieure vous ayt quitté ; il sera nécessaire que vous vous rendiez icy dans le temps que le model y pourra arriuer afin de le pouuoir faire monter deuant le Roy. Tout ce que vous m'escriuez par vostre lettre ne respond point à la principale difficulté que je vous ay faite sur les gabarits que vous auez proposez ; qui est qu'un vaisseau qui porte à présent 100 pièces de canon n'en portera plus que 80 et qu'un de 80 ne sera plus que de 66, en sorte que l'on fera la mesme despense pour la construction des vaisseaux et que l'on n'en aura pas le mesme aduantage pour le combat, ce qui me paroist d'autant plus surprenant que dans les mesures que vous proposez on s'esloigne autant de celles que les Anglois ont accoustumé d'obseruer, qui cependant ont esté estimées jusques à présent les meilleures, et si les vostres estoient suiuies nous serions plus esloignez que nous ne sommes à présent de la manière de bastir des dits Anglois, puisqu'il est constant qu'ils mettent beaucoup plus de canons que nous sur les vaisseaux et de la mesme grandeur, et que suiuant les dessins de M. Blaise, on en placeroit encore beaucoup moins qu'on ne fait à présent ; je vous advoüe que cette grande différence me rend fort suspect de ces proportions et je suis bien aise de vous expliquer sur cela les difficultez que je trouue à les suiure afin que vous me fassiez sçauoir vostre avis. »

« Versailles, le 12 octobre 1680.

« Je vous suis obligé de la part que vous auez pris en la maladie de mon père, et comme je suis persuadé que vous vous intéressez beaucoup en ce qui me touche, je suis bien aise de vous donner auis qu'il est présentement en parfaite santé.

Je vous prie de presser le départ des pièces du modèle et de vous rendre icy cinq ou six jours auant son arriuée affin que je puisse vous entretenir sur ce qu'il y aura à faire sur ce sujet. »

« Versailles, le 20 octobre 1680.

« Je ne fais point de response sur tous les points contenus en la lettre que vous avez pris la peine de m'escrire le XIIIe de ce mois parce que j'ay estimé nécessaire de vous en entretenir à fonds lorsque vous serez icy; ne manquez pas de vous y rendre cinq ou six jours avant l'arrivée du modèle du vaisseau ainsy que je vous l'ay desjà escrit, et pressez-en le départ autant qu'il vous sera possible, estant important qu'il puisse arriuer icy à la fin de ce mois. »

On remarquera dans ces lettres (notamment dans celles du 1er, du 14 et du 30 septembre) l'intérêt que Colbert attache à l'envoi qu'il a demandé d'un modèle de vaisseau « que Sa Majesté veut faire servir à l'examen qu'elle veut faire en vostre présence (celle de Tourville) et celle des plus habiles officiers et des plus capables de donner leurs avis sur les constructions, afin de régler une fois pour toutes, les proportions de tous les membres de chaque vaisseau ».

Colbert ne négligeait aucun moyen d'appeler l'attention du Roy sur la Marine et de faire, en quelque sorte, l'éducation navale de Louis XIV. Dès 1670, le Roy ayant dû aller en Provence[1], Colbert s'était adressé à Arnoul, à Marseille, et à Matharel, à Toulon, pour faire construire, pendant le séjour de Sa Majesté, par le premier, une galère en 24 heures, et par le second un vaisseau en 10 ou 12 jours. Et la *Gazette de France*, du 11 novembre 1679, raconte que le sieur Brodart, intendant des galères à Marseille, y a fait bâtir, devant Seignelay, une galère en dix heures et demie par 800 ouvriers, qui travaillaient de 6 heures 1/2 du matin à 5 heures du soir. C'était une sorte de répétition de ce qu'on pouvait faire devant le Roy.

Puis, l'année suivante, Seignelay fait entrer dans Dunkerque le

---

[1] Pierre Clément, tome III.

vaisseau l'*Entreprenant* [1], commandé par Lhéry, malgré l'avis des pilotes et des ingénieurs. On fait visiter le vaisseau au Roy qui écrit à Colbert le 29 juillet 1680 : « J'ai esté très content du vaisseau que j'ai examiné de toutes manières. *J'entendray bien mieux présentement les lettres de marine que je ne faisois, car j'ai vu le vaisseau de toutes manières et faire toutes les manœuvres, tant pour faire le combat que pour faire route.* Je n'ay jamais vu d'hommes si bien faits que le sont les soldats et les matelots. »

Le but de Colbert était atteint puisque le Roi prenait goût aux choses de la Marine.

CHAPITRE VII.

(1681-1682.)

La faveur de Tourville grandit. — Il est chargé de l'instruction des jeunes officiers. — Son mémoire sur les manœuvres navales, une fois terminé, il le mettra en pratique et viendra rejoindre le Ministre à la Rochelle. — Il obtient d'embarquer une escouade de canonniers sur l'*Éveillé*. — Il est chargé d'examiner des projets nouveaux de navires, — de lever le plan d'Ouessant, — de faire des expériences de canons et d'essayer des pompes anglaises. — Il est mandé en poste à Saint-Germain par le Roy. — Instruction Royale sur la guerre à faire aux corsaires d'Alger. — Tourville se rend à Alger avec 3 vaisseaux et attend Du Quesne. — Lettre du Roy du 9 juillet 1682 pour donner à Tourville le commandement de l'*Entreprise* sur Alger, en l'absence de Du Quesne et de Preuilly. — Bombardement d'Alger. — Au retour de cette expédition, il est chargé par Colbert de l'inspection des bâtiments, de l'essai de l'artillerie, de l'étude de la création d'une école de bombardiers à Toulon.

Les *Archives de la Marine* contiennent pour 1681 de nombreuses lettres de Colbert à Tourville. La faveur de ce dernier augmente ; on lui sait gré de son bon caractère, qui fait contraste avec celui de certains grands hommes de mer (Château-Renault, Du Quesne, par exemple) de cette époque, qui donnaient tant de mal à Colbert.

Tourville est d'un caractère facile ; il reçoit bien, par-ci par-là, un reproche sur un détail, mais on le consulte sur toutes choses.

---

[1] Cette affaire (dit Pierre Clément, tome III, p. 198) préoccupe beaucoup le ministre, qui envoya un commis au chevalier Lhéry pour lui prescrire, au cas où il ne pourrait entrer à Dunkerque, de retourner à Brest en prenant la précaution d'éviter les Anglais. « Si par impossible, disait-il, vous rencontrez les Anglais, nonobstant toutes les précautions prises pour les éviter, S. M. connaît assez votre courage pour estre assurée que vous en viendrez plutôt aux dernières extrémités que de rendre le salut. » (*Dép. conc. la Marine*, fol. 326.)

Au mois de juin 1681, une frégate est armée « pour l'instruction des officiers du département de Brest ». Colbert en informe Tourville (L. de Versailles du 7 juin), « à quoy j'adjousteray (dit-il), que S. M. veut qu'après que vous aurez esté un mois sur cette frégate, le sieur comte de Sourdis prenne vostre place, et serue le mois suiuant, et que le sieur du Magnou luy succède ensuite. » Puis, dans la même lettre, Colbert passe à un autre sujet : « J'attends avec impatience le procès d'exercice de manœuvre, auquel je ne doute pas que vous n'ayez trauaillé, et je puis vous asseurer que vous ne sçauriez mieux faire vostre cour au Roy ny luy rendre un seruice plus agréable qu'en vous appliquant à faire réussir en cela les intentions de Sa Majesté. Sur tout vous deuez m'informer bien précisément à vostre retour, des bonnes et mauuaises qualitez des officiers qui auront esté sous vostre commandement, et de ceux qui auront tesmoigné plus d'application et plus d'enuie d'apprendre. »

Et, revenant à ce sujet qui le préoccupe, Colbert fait envoyer une « lettre du Roy à M. le cheualier de Tourville sur l'instruction des officiers dans les exercices des manœuvres par commandemens réglez. »

Voici cette lettre :

« Versailles, le 7 juin 1681.

« Monsieur le cheualier de Touruille, vous auez desjà esté informé des ordres que j'ay donné sur l'armement d'une frégate à Brest, que j'ay destinée pour seruir en mesme temps à la garde des costes de Bretagne, et à l'instruction des officiers de marine dudit port, surquoy désirant de vous faire sçauoir mes intentions, je vous escris cette lettre pour vous dire que j'estime au bien de mon seruice que vous fassiez travailler auec diligence à l'armement de cette frégate, et qu'aussy tost qu'elle sera en estat vous partiez du dit port de Brest auec les officiers, dont vous trouuerez une liste cy-joint pour nauiguer suiuant les vents du costé de Bellisle, ou du costé de l'entrée de la Manche, et jusques aux Sorlingues, mon intention estant que vous demeuriez dans ladite frégate pendant un mois entier, durant lequel vous trauaillerez continuellement à l'instruction des officiers qui seront sous vos ordres, dans l'exercice des manœuures par commandements réglez, auquel je ne doute point que vous n'ayez trauaillé suiuant les ordres que je vous ay cy-deuant donné, et dont vous ne deuez pas manquer de m'enuoyer incessamment le projet, et suis bien aise de vous dire que je regarde le seruice que vous me rendrez en cela comme le plus important auquel vous puissiez vous appliquer à présent, estant certain que c'est le meilleur et le plus utile moyen qui puisse estre mis en usage pour paruenir à perfectionner la marine et à rendre les officiers subalternes capables de tout ce qu'ils doiuent sçauoir pour le commandement de mes vaisseaux. Sur ce je prie Dieu, etc. »

Le lendemain, nouvelle lettre de Colbert :

« Versailles, le 8 juin 1681.

« Le Roy, ayant esté informé que les matelots gardiens entretenus au port de Brest se sont plaincts du payement qui leur a esté fait en dernier lieu et qu'ils se sont mutinez étant abandonné le trauail à faire aux vaisseaux du dit port, Sa Majesté donne ordre au sieur de Seuil d'en faire arrester trois ou quatre de ceux qui se trouueront les plus coupables, et de les faire conduire en prison où Sa Majesté veut qu'ils soient détenus jusqu'à nouvel ordre et nourris au pain et à l'eau. Je vous prie de tenir la main à ce que les intentions de Sa Majesté soient ponctuellement suivies, et d'empescher ces matelots par cet exemple de retomber dans un pareil désordre. »

Tourville envoie son mémoire sur les manœuvres, et aussitôt Colbert le presse de partir sur le vaisseau l'*Éreillé* pour y appliquer les théories qui y sont exposées : « Lorsque vous mettrez à la voile, vous pourrez aller vers l'entrée de la Manche éviter les Anglois [1] et rendre utile la nauigation de cette frégate estant continuellement en mer et ne faisant que le moins de séjour qu'il vous sera possible dans les rades, mais surtout considérez bien que vous ne pouuez rien faire qui plaise dauantage au Roy que de vous appliquer à instruire les officiers, qui seront embarquez auec vous, de l'exercice des manœuures, et de les faire faire aux matelots de cette frégate, en sorte que quand ils viendront icy au mois d'octobre prochain, ils puissent faire les mesmes fonctions sur le canal de Versailles.

« Sa Majesté trouue bon que le sieur de Serigny serue auprès de vous en la place du sieur de Chalais. » (Versailles 23 juin 1681.)

[1] Voir ci-dessus la note relative à l'entrée de l'*Entreprenant* à Dunkerque.

Six jours après, Colbert écrit de nouveau à Tourville; il ne doute pas qu'il ne soit parti et ajoute :

« Comme je seray dans le quinzième du mois prochain à Rochefort et qu'il seroit bien important que je visse l'estat auquel est la frégate que vous commandez, et ce que vous aurez fait pour commencer à exécuter vostre projet pour l'exercice des manœuvres, prenez vos mesures s'il vous plaist pour vous rendre dans les rades de la Rochelle au dit jour 15e du mois prochain.

« La proposition que vous faites d'embarquer sur ladite frégate une escoüade de canonniers entretenus dans le port, est bonne, je donne ordre au sieur Begon de choisir quinze des dits canonniers et de les faire embarquer promptement auec vous.

« Le *Cheval marin* estant un des meilleurs vaisseaux qui ayent esté bastis à Toulon, et des plus estimez tant pour la nauigation que pour estre léger à la voile, Sa Majesté en a demandé les proportions que vous trouuerez cy joint. Examinez auec les maistres charpentiers de Brest ce que l'on pourroit prendre de ce vaisseau et faites-moy sçauoir vostre aduis sur ces proportions. » (Versailles, 29 juin 1681.)

Après l'étude sur le *Cheval marin*, Tourville, par une autre lettre de Colbert (Fontainebleau le 11 août 1681), reçoit « le plan et le mémoire des proportions du vaisseau le *Prudent* qui a esté construit par Colomb. » Il est prié « de l'examiner auec soin et de voir si l'on pouuoit en tirer quelque connoissance pour les nouuelles constructions. »

Puis, on embarque sur son bâtiment « le sieur de la Voye pour leuer le plan de l'île d'Ouessant. Continuez, dit Colbert, d'instruire soigneusement les officiers subalternes de l'exercice des manœuures, et ne manquez pas de me faire sçauoir vostre sentiment sur leurs bonnes et mauuaises qualitez. »

Colbert voudrait établir à Ouessant un abri pour 8 ou 10 vaisseaux, et il recommande à Tourville de vérifier par lui-même les cartes de ces parages. Tourville envoie le plan d'Ouessant avec un mémoire. Colbert lui fait savoir le 7 septembre 1681 qu'il l'a remis au Roy, et le 22 septembre que le Roy l'a approuvé. Dans la lettre du 7 septembre, se trouve une preuve de plus du soin que prend Colbert de consulter Tourville sur tous les détails des constructions et des armements. On y lit :

« J'escris au sieur Begon qu'il faut bien se donner de garde à l'aduenir de faire eschouër les vaisseaux, n'y ayant rien de plus contraire à leur durée.

« A l'esgard du lest de sel, le Roy a donné les ordres nécessaires pour en enuoyer à Brest, et Sa Majesté fera examiner, s'il importe au bien de son seruice, que tous les vaisseaux de ce port en soient chargez jusques à la ligne de l'eau, ainsy que vous l'estimez à propos.

« Je suis surpris que le vaisseau qui a esté mis à l'eau en dernier lieu à Brest n'ayt pas une courbe endentée auec les baux, j'escris audit sieur Begon pour sçauoir quelles sont les raisons d'Hubac sur ce sujet; et pour ce qui est des estriers de fer, je les crois moins nécessaires que les endentures.

« J'escris audit sieur Begon de me faire sçauoir pourquoy ledit Hubac n'a pas exécuté l'ordre qui luy auoit esté donné de mettre du bray sur les membres dudit vaisseau, puisque cela se pratique dans tous les ports sans difficulté. »

Tourville s'occupe aussi de l'artillerie et Colbert l'interroge à ce sujet par une lettre de Rambouillet du 10 octobre 1681 :

« Il y a beaucoup d'apparence que les espreuues des canons de la nouuelle fabrique n'ont pas esté bien faites puisqu'ils ne vous ont pas paru porter aussy loin que les autres, veu que par celles qui ont esté faites sur terre, il s'est trouué qu'ils portoient mesme plus loin.

« La résolution que vous auez prise de les faire mettre sur un ponton hors du port, afin de les tirer plusieurs coups à boulets, est fort bonne, et il est bien important de sçauoir si lorsqu'ils sont eschauffez, ils ne sautent point sur leurs affusts, je vous prie de me faire sçauoir ce que vous aurez trouué de bon et de mauuais auxdits canons.

« Il me paroist bien difficile de pouuoir trouuer le moyen de charger ces canons à gargousse; mais je trouve qu'ils pourroient tousjours estre fort utiles dans les descentes, et autres occasions de terre. Cependant il seroit bon de trouuer quelque inuention qui les rendist propres à seruir sur les vaisseaux de Sa Majesté. »

Il lui fait envoyer « les pompes angloises qui ont esté faites à

Versailles et que vous demandez pour esprouuer sur les vaisseaux de Brest. »

Cette correspondance, si active qu'elle soit, ne suffit pas à Colbert qui semble trouver dans Tourville un collaborateur à ses souhaits et il lui mande ceci de Saint-Germain, le 23 novembre 1601 :

« Je vous escris ce mot seulement pour vous dire qu'il est nécessaire que vous partiez en poste pour vous rendre icy aussy tost que vous l'aurez receue, ayant quelque chose à vous communiquer de la part du Roy. »

On verra tout à l'heure l'objet de cette communication.

C'était l'époque où les Algériens avaient repris avec une grande activité leur course sur le commerce français. Ils avaient même eu la hardiesse [1] de déclarer au Père Le Vacher, missionnaire apostolique, qui exerçait dans la ville d'Alger le consulat de la nation française, qu'ils jugeaient à propos de rompre avec la France, et qu'ils faisaient partir 12 vaisseaux armés en guerre pour s'emparer des bâtiments marchands français.

Louis XIV répondit à cette insolence en faisant équiper une escadre de 15 vaisseaux, 6 frégates, 15 galères, 5 galiotes à bombes et plusieurs brûlots dont il donna le commandement à Du Quesne.

Dans cette escadre, Tourville monte le *Vigilant* de 54 canons et 350 hommes et le Roi lui remet à Saint-Germain, où il l'avait fait mander, l'instruction suivante adressée « au sieur chevalier de Tourville, lieutenant général de ses armées nauales, commandant trois vaisseaux que Sa Majesté fait armer à Toulon pour faire la guerre aux corsaires d'Alger. »

Cette instruction est intéressante à reproduire comme un type de celles que Colbert faisait parvenir aux commandants d'une expédition maritime :

« Saint-Germain-en-Laye, le XVIIe januier 1682.

« Sa Majesté ayant donné au sieur de Vauuré, intendant de la marine audit port tous les ordres nécessaires pour la préparation des dits vaisseaux, et ne doutant pas qu'ils ne soient prests de mettre à la voile dans la fin du présent mois de januier, Elle veut que ledit sieur

---

[1] D'Hamecourt, Manuscrit déposé aux Archives de la Marine.

cheualier de Tourville parte aussy tost qu'il sera arriué pour cherche partout lesdits corsaires et leur faire la guerre pendant tout le temps qu'il sera en mer, Sa Majesté se promettant du zèle qu'il a pour le bien de son seruice et de l'extrême ennie qu'il a de contribuer à la gloire de ses armes, qu'il cherchera partout les occasions de combattre lesdits corsaires et de les faire repentir de la témérité qu'ils ont eue de déclarer la guerre à ses sujets.

« Il doit estre informé qu'il sera embarqué seulement sur lesdits vaisseaux pour quatre mois de vivres pour estre d'autant plus en estat de rendre le seruice auquel il est destiné contre lesdits corsaires, et à l'égard des autres viures qui luy seront nécessaires, ils luy seront enuoyez dans la fin du mois d'auril deuant Alger sous l'escorte du sieur Du Quesne, lieutenant général des armées navales. Il doit, en partant dudit port, dresser sa route vers les costes de Corse et de Sardaigne, soit en dedans des costes d'Italie, en cas que le vent le puisse permettre, soit en dehors desdites isles s'il est impossible de faire autrement, mais il doit obseruer qu'il vaut beaucoup mieux qu'il passe entre les costes d'Italie et lesdites isles, et comme Sa Majesté a esté informée que les galères de Naples et de Sicile ont paru à Ciuitta-Vecchia et vers Ligourne et qu'elles sont allées pour changer les garnisons des places de Toscane, et mesmes qu'elles pourroient venir à final (?) où les galères commandées par le duc de Tursy les doiuent joindre et que d'ailleurs elle continue tousjours dans la résolution qu'elle a prise d'obliger lesdites galères à saluer les pauillons et estendars inférieurs de France, Elle veut qu'il les cherche en passant le long desdites costes d'Italie pour les contraindre à rendre ce salut et qu'il publie qu'il a ordre de les chercher partout pour cet effet. En cas qu'il ne les rencontre point sur les dites costes, l'intention de Sa Majesté est qu'il dresse sa route vers le cap Bon et qu'il nauigue entre Malte et ledit cap, et s'en aille suiuant les auis qu'il aura dans les lieux où pourront être lesdits corsaires d'Alger pour les attaquer partout où il les rencontrera et les prendre ou couler à fonds.

« Pour cet effet, il doit s'informer avec grand soin de tous les bastimens qu'il trouuera en mer, des lieux où il pourroit trouuer lesdits corsaires, et après avoir demeuré jusques à la fin de mars dans ces parages, Sa Majesté veut qu'il se rende deuant Alger pour y joindre les vaisseaux commandez par ledit sieur Du Quesne, et y seruir sous ses ordres jusques à ce que Sa Majesté luy ayt fait sçauoir ses intentions sur la séparation de son escadre et sur les lieux qu'elle doit occuper pendant la campagne prochaine.

« Il doit estre informé que Sa Majesté a donné ordre audit sieur Du Quesne de choisir trois vaisseaux de l'escadre qu'il commande à présent et de les faire partir à son retour à Toulon sous le commandement du sieur marquis d'Amfreuille, chef d'escadre de ses armées navalles, qui a ordre de s'en aller vers Majorque et de nauiguer le long des costes de Valence et de Murcie jusques au cap de Palos, et de passer à la coste de Barbarie vers le commencement d'auril pour demeurer deuant Alger, et y joindre ledit sieur cheualier de Tourville, l'intention de Sa Majesté estant qu'ils nauiguent ensemble ou séparez pour attaquer les dits corsaires dans les lieux, où ilz auront aduis qu'ils se retirent, soit vers le destroit, en cas que le vent les y porte, soit vers les costes du royaume de Valence et en tel autre lieu où ils pourront apprendre que seront lesdits corsaires, Sa Majesté ayant donné ordre audit sieur marquis d'Amfreuille de luy obéir jusques à ce que l'un et l'autre ayent rejoint le dit sieur Du Quesne deuant Alger, où ils ne manqueront pas de se rendre pour cet effet dans la fin dudit mois d'auril. Sa Majesté a esté informée que les Hollandois portent plusieurs marchandises de contrebande aux dits corsaires d'Alger qui les mettent en estat d'équipper leurs vaisseaux et de les armer mesmes de canons ; et comme il est important de l'empescher, elle veut qu'il visite tous les vaisseaux hollandois qu'il rencontrera en mer, et en cas qu'il en trouue quelqu'un chargé de marchandises de contrebande pour Alger, il s'en saisisse et l'enuoye dans les ports du royaume.

« Sa Majesté ayant appris que lesdits corsaires ont enuoyé chercher des poudres et autres munitions de guerre en Hollande par un nauire de Saint-Malo qu'ils ont pris, nommé la *Règle*, et qu'ils se seruent du nom de deux juifs, l'un nommé Jacob de Pas, et l'autre Benjamin de Léon, qui demeurent ordinairement à Alger, et qui ont une maison à Ligourne, prétendant le faire passer auec pauillon de Hollande, elle veut qu'il prenne ses mesures pour s'en saisir à son retour, et il connoist assez de quelle importance il est pour le bien de son seruice d'empescher qu'ils ne reçoiuent les marchandises et munitions dont ilz ont besoin pour leurs armemens pour croire qu'il n'obmetra rien de ce qui pourra dépendre de luy pour y paruenir. Il ne doibt pas manquer de donner des nouuelles de tout ce qu'il fera pendant qu'il sera en mer.

« Il visitera tous les vaisseaux estrangers qu'il rencontrera en mer, à l'exception des vaisseaux anglois, et en retirera tous les François qui se trouueront sur leurs bords, pour estre punis suiuant la rigueur des ordonnances.

« Sa Majesté veut qu'il visite exactement tous les vaisseaux gênois, soit de guerre, soit marchands et retire tous les François qui seront sur leurs bords.

« A l'esgard des saluts, Sa Majesté veut que le règlement de 1665 soit exécuté, et pour cet effet, ledit sieur cheualier de Tourville se le fasse rendre par tous les vaisseaux qu'il rencontrera en mer à l'exception des anglois auxquels il ne demandera ny ne rendra aucun salut. Et comme pour l'intérest du commerce que ses sujets font à Cadès, elle veut bien qu'il ne soit demandé aucun salut aux vaisseaux espagnols dans le destroit, il ne demandera ny ne rendra aucun salut aux dits vaisseaux espagnols.

« Elle veut que, pendant qu'il sera en mer, il tienne les vaisseaux qu'il commande en bon estat et propres n'y ayant rien de si nécessaire pour y conseruer la santé.

« Il fera faire souuent l'exercice du canon sur son bord et excitera les capitaines des dits vaisseaux à suiure son exemple, afin de rendre les canonniers experts et diligens à la manœuure du canon et d'en multiplier le nombre.

« Il est pareillement très important qu'il oblige les capitaines à faire faire très souuent l'exercice aux soldats pendant la campagne, pour apprendre le maniement des armes et l'exercice à ceux de nouvelles levées, et pour les mettre en estat de bien servir dans les occasions qui se présenteront pendant le cours de la campagne.

« Il sçait combien Sa Majesté désire d'establir sur ses vaisseaux l'exercice de la manœuure, en sorte que tout le service se fasse avec l'ordre et le silence nécessaire, et comme elle a approuué le projet qu'il en fait, Elle ne doute pas qu'il ne s'applique de tout son pouoir à luy donner cette satisfaction, et qu'il ne fasse faire la mesme chose par les capitaines des vaisseaux qu'il commande. »

Huit jours après cette instruction, lettre de Colbert à Tourville.

« Sa Majesté, apprenant tous les jours que les corsaires d'Alger font de nouuelles prises sur ses sujets, et sçachant qu'il y a longtemps qu'elle a donné ordre pour l'armement des trois vaisseaux que vous commandez, il est bien important que vous partiez promptement pour l'exécution des ordres que vous auez receus ; autrement Elle ne pourroit s'empescher de se prendre au peu de diligence que vous feriez de la continuation des désordres que causent les dits corsaires si vous retardiez plus longtemps vostre départ. C'est sur quoy elle attendra de vos nouuelles auec impatience. » (26 janvier 1662.)

Tourville est arrivé à Marseille le 31 janvier, il l'écrit aussitôt à Colbert, qui en profite pour le presser d'appareiller :

« Saint-Germain, le 9 février 1682.

« Vous sçavez assez de quelle importance il est pour le seruice du Roy que vous vous mettiez promptement en mer pour l'exécution des ordres que vous auez receus, ainsy je ne doute point que les premiers ordinaires ne m'apprennent la nouvelle de vostre départ, et que vous ne vous employez de tout vostre pouvoir à faire parler de vous dans le commencement de cette guerre, et à faire connoistre à Sa Majesté que vous cherchez à vous rendre digne du choix qu'elle a fait de vous pour remplir une des plus importantes places de la marine. »

Il veut le croire parti, cependant il le sait encore au port, car tout en continuant ainsi : « Je ne puis pas croire que vous ayez attendu la response de cette lettre pour partir », il ajoute : « Je donne ordre au Trésorier de la Marine de payer un quatriesme mois de vos appointemens et j'en feray payer encore deux lorsque les vaisseaux *partiront au mois d'auril prochain*. »

Deux jours après, nouvelle dépêche :

« Saint-Germain, le XI février 1682.

« Je suis obligé de vous dire qu'il a paru au Roy que vous commencez fort mal les fonctions d'un principal officier comme vous estes dans la marine, n'estant pas à croire que si vous auiez esté aussy persuadé de la diligence que vous deuez faire, vous eussiez esté depuis le 15 januier jusques au 3e féurier à vous rendre à Toulon.

« Je vous aduoue mesme que la résolution que vous auez prise de demeurer quinze jours de plus à Toulon pour attendre le vaisseau le *Vigilant* n'a pas plu à Sa Majesté, et je vous donneray pour un aduis certain pour vostre conduite qu'il faut plus précisément suiure à l'aduenir les ordres que vous receurez sans vous donner la permission de les interpréter ou de les changer suiuant ce que vous estimerez vous conuenir, et je ne sçay comment un homme aussy remply que vous l'estes de l'enuie d'acquérir par de nouvelles actions l'estime et les bonnes grâces de Sa Majesté a voulu coure *(sic)* le risque, par un changement d'ordre, de voir enleuer quelque corsaire au sieur de Cogolin dans un temps où contre les intentions de Sa Majesté ou contre vostre deuoir vous estes demeuré à Toulon.

« Quoy que je n'estime pas que cet aduis vous puisse estre d'aucune utilité pour cette fois, puisque vraisemblablement vous serez party auant que cette lettre arriue à Toulon, je n'ai pas laissé que d'estimer à propos de vous escrire parce qu'il seroit difficile que Sa Majesté vous excusast une autre fois si pareille chose vous arriuoit. Profitez de cet aduis et me croyez, etc. »

Mais, Tourville n'est pas parti et les reproches de Colbert s'accentuent :

« Saint-Germain, le 9 mars 1682.

« Le Roy m'ordonne de vous dire que le retardement que vous auez apporté à vostre départ par des raisons que je ne connois point et que personne ne sçauroit comprendre est si préjudiciable à son seruice et si fort contre ses intentions qui vous ont esté si souuent expliquées qu'en cas que vous n'ayez pas encore mis à la voile lorsque vous receurez cette lettre, Sa Majesté enuerra incessamment les ordres à M. le cheualier de l'Héry pour sortir auec le vaisseau que vous deuiez commander, et je puis vous asseurer que la conduite que vous auez tenue depuis que vous estes parti de Paris ne vous a pas fait de bien dans l'esprit de Sa Majesté, et je ne répondrois pas qu'il ne vous arriuast des choses fascheuses si vous retombiez à l'aduenir dans les mesmes fautes ; c'est ce que Sa Majesté m'a ordonné de vous dire de sa part et j'adjousteray seulement que je suis, etc. »

Cependant, Tourville ne pouvait rien de sérieux sur Alger avant l'arrivée de Du Quesne, et Du Quesne ne partit de Toulon pour cette destination que le 12 juillet. Il trouva, entre Alger et Marseille, Tourville et L'Héry qui croisaient contre les pirates, conformément aux instructons de la lettre suivante :

Lettre du Roy à Monsieur le chevalier de Tourville sur l'employ des vaisseaux qu'il commande, en attendant l'arriuée de M. Du Quesne.

Versailles, le 1er juin 1682.

« Ne doutant pas que vous ne soyez à présent deuant Alger suiuant les ordres que vous auez receus, j'estime nécessaire que vous soyez informé que le sieur Du Quesne n'estant pas encore arriué à Toulon il ne pourra se rendre vraysemblablement deuant Alger auant la fin du présent mois, ou le commencement de juillet, et comme il est important d'employer utilement les vaisseaux qui sont à présent sous vos ordres, je me remets à vous de les faire nauiguer dans les endroits qui conuiendront dauantage suiuant les aduis que vous aurez des corsaires en obseruant sur toutes choses que vous laissiez tousjours quelques-uns des dits vaisseaux deuant Alger pour estre informé à point nommé de l'arriuée dudit sieur Du Quesne, estant bien nécessaire que vous vous rendiez en mesme temps que luy auec tous les vaisseaux deuant Alger, pour ne pas retarder le succez de l'entreprise dont vous estes informé qui n'a esté que trop différée par le long séjour du dit sieur Du Quesne dans l'Archipel.

« Vous deuez donc obseruer de ne pas vous esloigner beaucoup de la dite ville d'Alger, et d'y tenir continuellement quelques vaisseaux, tant pour empescher les corsaires de sortir que pour estre aduerty dans les rendez-vous que vous leur aurez donné en cas que ledit sieur Du Quesne arriuast auant la fin de ce mois dans la dite rade, auquel temps il ne faut pas manquer de vous y rendre, toute chose cessante.

« Vous deuez pareillement estre informé que les galiottes destinées pour les batteries de mortiers sont parties de Brest dans les derniers jours du mois de may et qu'elles doiuent se rendre à Alger; ainsy, il faut que vous examiniez s'il est à propos de faire demeurer ces bastimens dans la rade d'Alger, ou de les faire mouiller aux Fromentières ou à Yuice, en attendant l'arrivée du dit sieur Du Quesne. »

Puis, dans une dépêche du 23 juin 1682, Colbert écrit à Tourville :

« J'ay rendu compte au Roy de tout ce qui s'est passé dans vostre navigation depuis vostre départ de Toulon. M. Du Quesne sera aussy tost à Alger que cette lettre vous sera renduc ; ainsy j'attendray auec impatience des nouuelles du succez de l'entreprise qui doit estre faite sur cette ville. Sa Majesté ayant appris qu'il y a encore 343 esclaues françois à Tripoly, Elle escrit au dit sieur Du Quesne de vous donner ordre d'aller à la rade de cette ville dans les temps fauorables que vous pourrez rencontrer, pendant que vous serez à la croisière de Malte, afin de demander au Day la liberté desdits esclaves françois, à quoy je ne doute point que vous ne vous conformiez auec exactitude. »

Mais Du Quesne est malade et il faut songer à lui assurer un successeur pour mener à bien *l'entreprise*, c'est-à-dire l'expédition d'Alger, et voici en quels termes cette éventualité est réglée par une lettre du Roi :

Lettre du Roy à Monsieur le cheualier de Touruille pour luy donner le commandement de l'entreprise en l'absence de Messieurs Du Quesne et de Preuilly.

« A Versailles, le IX juillet 1682.

« Monsieur le cheualier de Touruille, les indispositions du sieur marquis Du Quesne, lieutenant général de mes armées ne luy ayant pas permis d'exécuter les ordres que je lui ay donnez pour l'entreprise que j'ay résolu de tenter sur la ville d'Alger, vous trouuerez cy-joint la copie de l'instruction, lettres et mémoires que je luy ay enuoyez pour luy expliquer mes intentions sur cette entreprise. Et comme le sieur marquis de Preuilly sera vraysemblablement retenu à Cadix pour l'exécution des ordres qu'il a receus, je suis bien aise de vous dire que je vous ay choisi pour commander en son absence les vaisseaux que j'auois confiez au sieur marquis Du Quesne ; mais, en cas que ledit sieur marquis de Preuilly arriue à la rade d'Alger assez tost pour l'exécution de ladite entreprise, je veux que vous luy remettiez la lettre cy-jointe et la copie desdites instructions, lettres et mémoires, et que vous ayez à luy obéir en tout ce qu'il vous ordonnera pour le bien de mon seruice. J'escris aussy au cheualier de Noailles, lieutenant général de mes galères, la lettre que vous trouuerez cy-jointe pour luy donner ordre d'obéir audit sieur marquis de Preuilly ou à vous, pendant le temps que durera l'entreprise sur ladite ville d'Alger, voulant qu'aussy tost qu'elle sera finie, il exécute ponctuellement ce qui est contenu aux instructions qu'il a receues de ma part, et m'asseurant qu'en une occasion si importante vous me donnerez de nouuelles preuues de vostre valeur, et du zèle que vous auez pour le bien de mon seruice, je prie Dieu qu'il vous ayt, Monsieur le cheualier de Touruille, en sa sainte garde. »

Cependant c'est à Du Quesne qu'était réservé l'honneur de procéder à l'attaque d'Alger et à l'essai des galiottes à bombes inventées par Petit-Renau [1]. Il avait fixé au 28 juillet cette attaque; mais le gros temps la lui fit différer jusqu'au 21 août. Des chaloupes allèrent mouiller alors des ancres devant Alger. Pendant que 5 vaisseaux tenaient le bout des câbles de ces ancres, les galiotes devaient se haler dessus, à l'aller comme au retour. Le *Vigilant*, commandé par Tourville, avait l'amarre de la *Cruelle*, bâtiment sur lequel se trouvait Petit-Renau. Au jour dit, le bombardement eut lieu d'abord avec divers incidents, qui tenaient à l'état de la mer et à l'inexpérience des bombardiers. On le reprit le 30 août, et ce fut encore Tourville qui fut chargé d'aller mouiller la *Cruelle* devant le fort d'Alger, à l'endroit qu'il avait proposé. Cette fois et les jours suivants, le bombardement eut des effets terribles pour Alger; malheureusement le mauvais temps et la mauvaise saison forcèrent Du Quesne à remettre les opérations définitives à une autre époque, et le 12 septembre, jugeant que bientôt la place ne serait plus tenable pour les galiotes, il les renvoya à Toulon, sous l'escorte de Tourville et de Cogolin. Il partit lui-même pour les Formentières, laissant Lhéry devant Alger avec 4 bâtiments. Le 11 octobre, le Roi lui écrivait, à la réception de ses rapports, *qu'il avait eu lieu d'espérer un plus grand succès*. Il fallait donc se préparer à une seconde attaque contre Alger l'année suivante; mais la marine, grâce à Petit-Renau, possédait un nouvel engin de guerre qui lui permettait de bombarder une ville par mer avec des mortiers ins-

---

[1] Bernard Renau, élevé par Colbert de Terron, inventeur des galiotes à bombes pour le bombardement d'Alger ; successivement capitaine de vaisseau, ingénieur de la marine et membre du Conseil de marine (1652-1719).
[2] Jal.

tallés sur un petit navire où l'on aurait à peine mis deux canons de 36.

Aussi, Colbert met au premier rang de ses préoccupations la formation de bombardiers et les expériences de bombes de mortiers. Il écrit à ce sujet, le 2 octobre, à Tourville, qui lui avait envoyé un mémoire sur les moyens à employer contre Alger :

« J'ay receu auec vos lettres des 7, 18 et 19 du mois passé le mémoire de ce que vous estimez nécessaire pour réussir dans l'entreprise d'Alger. Il faut que vous examiniez avec M. Du Quesne, le sieur de Vauvré et le commissaire Landouillette [1], de quelle manière on pourroit establir à Toulon *une escole de bombardiers* et tout ce qui seroit à faire pour la rendre utile, que vous assistiez à la visite des vaisseaux que le Roy fait désarmer, et que vous donniez vostre aduis sur ce qui doit estre réformé ou adjousté aux galiotes qui ont porté les mortiers, après quoy vous pouuez venir à Paris, suiuant la permission que Sa Majesté vous en donne par sa lettre cy-jointe; mais vous deuez vous attendre qu'elle ne vous y laissera pas long temps, son intention estant que vous retournicz à Toulon, et que vous y demeuriez tout l'hiuer pour y disposer toutes choses en sorte que rien ne puisse retarder une nouuelle entreprise sur Alger, si Sa Majesté prenoit la résolution d'y renuoyer ses vaisseaux. »

Lors de l'expédition d'Alger, les bombardiers formaient une compagnie dont les hommes étaient répartis sur les cinq galiotes; mais, de l'avis de Landouillette, qui demandait 10 hommes pour chaque mortier, le Roi ordonna que la compagnie des bombardiers serait portée au complet de 80 hommes, et le commandement en fut donné au chevalier des Gouttes. (Lettres de Seignelay à de Vauvré, 29 octobre et 8 décembre 1682 (*Archives de la Marine*). En même temps, Landouillette était chargé de faire fondre un mortier nouveau, ainsi que des bombes, et Tourville receuait de Colbert (Lettre du 24 décembre 1682) l'ordre de procéder à l'épreuve de ce mortier et de ces bombes.

« Ces espreuves estant d'une extrême conséquence vous ne pouuez, disait le ministre, y apporter trop de soin, et vous ne deuez pas vous contenter de m'enuoyer une lettre succinte (*sic*) par laquelle

---

[1] Pierre Landouillette, commissaire de l'artillerie à Toulon.

vous me marquez ce qui s'est passé dans ces espreuves; il faut que vous dressiez un mémoire exact de ce qui s'y est fait, et que vous le fassiez signer par tous les officiers qui y auront assisté. »

Puis, il appelait l'attention de Tourville sur l'armement des vaisseaux l'*Excellent* et le *Hazardeux*; il lui écrivait : « Prenez la peine de les visiter soigneusement et d'examiner ce qu'il y auroit à faire pour les rendre encore plus légers de voile et plus en estat de faire la guerre aux corsaires d'Alger ».

Dans la pensée de Colbert, ce sont là de précieux jalons plantés avec soin pour la prochaine campagne, à laquelle Tourville doit prendre une part des plus actives.

Nous en verrons les détails au chapitre suivant.

CHAPITRE VIII.
(1683-1684.)

Nouvelle expédition sur Alger. — Tourville chargé de visiter les bâtiments qui doivent y prendre part. — Départ de Toulon. — Tourville monte le *Prudent* et a deux autres vaisseaux sous ses ordres. — Il est en correspondance particulière avec le Ministre. — Il doit prendre le commandement des vaisseaux et des galères si Du Quesne vient à manquer. — Lettre du Roy, 16 juin 1683. — Bombardement d'Alger. — L'avis de Tourville prévaut sur celui de Du Quesne. — Attaque de l'estacade d'Alger. — Bombardement de jour. — Mort de Colbert. — Son fils Seignelay lui succède. — Du Quesne reçoit l'ordre de rentrer en France et de laisser Tourville devant Alger. — Guerre avec l'Espagne. — Il faut en finir avec Alger. — Ordre de lever le plan de Gênes. — Tourville est chargé de commander comme chef d'escadre les vaisseaux devant Gênes. — Il y devance Du Quesne qui a quatre chefs d'escadre sous ses ordres, Tourville compris. — Bombardement de Gênes. — Tourville opère à terre un vigoureux débarquement. — Il vient rejoindre Du Quesne devant Rosas. — Il reçoit du Roy l'ordre de combattre l'escadre de Papachim. — Poursuite des galions d'Espagne. — Paix avec l'Espagne. — Tourville rentre à Toulon.

Une nouvelle expédition sur Alger : tel est le programme des opérations de la Marine, dès le début de l'année 1683, sous la direction de Du Quesne ; l'escadre placée sous ses ordres devait être composée de 17 vaisseaux, 3 frégates, 7 galiotes à bombes, 4 flûtes, 2 brûlots et 6 galères.

Du Quesne avait son pavillon sur le *Saint-Esprit*, de 76 canons et de 500 hommes. Tourville, qui y commandait le *Ferme*, de 60 canons obtint que l'équipage de ce dernier vaisseau fût porté de 330 hommes à 380 ; cela résulte d'une lettre de Colbert à Tourville, du 25 mars 1683, ainsi conçue :

« J'ay appris vostre arrivée à Toulon et je ne doute point que vous n'ayez visité exactement les vaisseaux que le Roy y fait armer et que vous ne rendiez un compte exact à Sa Majesté de l'estat auquel vous les aurez trouué.

« A l'esgard de celuy que vous commanderez, Sa Majesté a donné les ordres nécessaires pour augmenter son équipage de 30 hommes, ainsy elle s'asseure qu'il sera suffisamment armé. »

En attendant le départ, rien n'était négligé pour amener l'efficacité du tir des bombes. Colbert écrit à M. de Vauvré [1] le 4 février 1683 (*Archives de la Marine*) :

..... « Sa Majesté approuve la proposition que le cheualier de l'Héry a fait de faire tirer des bombes une fois chaque semaine pendant la nuict afin d'accoustumer les bombardiers à cet exercice ; et il pourra faire mettre un fanal au but auquel ils viseront et Elle sera bien aise d'estre informée du succès de cet exercice et du progrez que feront les officiers et bombardiers... » (*Archives de la Marine.*)

Puis, il écrit au même, le 17 du même mois :

..... « Sa Majesté estimant nécessaire pour le bien de son seruice de faire instruire une partie des soldats entretenus dans les ports à jetter des grenades afin d'auoir un bon nombre de grenadiers en cas de descente ou d'autres actions de guerre, Sa Majesté a fait choix du sieur marquis de la Porte et du sieur Pousin pour commander la compagnie des grenadiers qui doiuent estre instruits dans cet exercice à Toulon. » (*Archives de la Marine.*)

Et à Arnoul, intendant :

..... « Sa Majesté a esté informée du succez des espreuues du canon de 100 liv. de balles et des boulets creux de la fabrique de Landouillette. Il faut encore s'appliquer à perfectionner ces deux inventions, en empeschant le trop grand recul du canon, qui, sans cela, seroit inutile sur les hauts des vaisseaux, et en cherchant les expédiens de porter le feu des boulets creux jusques à l'endroit où ils doiuent estre poussez, et de les empescher de creuer en chemin, c'est à quoy il faut s'appliquer et exciter Landouillette de faire en sorte d'y paruenir... »

[1] Intendant à Toulon.

L'escadre sort de Toulon le 6 mai ; mais, à huit lieues au large, elle est obligée de mettre en panne [1] pour attendre les chaloupes et les bâtiments de Marseille qui ne la rallient que le lendemain.

On verra, dans la lettre de Tourville du 11 mai, le récit de ce départ et des incidents de mer qui le suivirent. Du Quesne vira de bord et vint mouiller seul aux îles d'Hyères avec le *Saint-Louis*, et Tourville l'y rejoignit avec le *Prudent*, la *Syrène* et le *Fleuron*.

On remarquera le passage suivant dans la lettre du 12 mai de Tourville au Ministre :

« Vous m'avez fait l'honneur de me permettre de vous mander ce qui se passera dans cette campagne ; je vous informe fidèlement de ce qui s'est passé jusqu'à présent et continuerai de le faire dans toutes les occasions. *Je vous supplie, Monseigneur, d'avoir soin des lettres que je me donnerai l'honneur de vous écrire.* »

Tourville était donc en correspondance particulière avec le Ministre.

C'est, du reste, à Tourville que le commandement des vaisseaux et galères était réservé « en cas que M. Du Quesne vinst à manquer. » C'est ce que nous apprend une lettre du Roy à Tourville du 10 juin 1683, ainsi conçue :

« Monsieur le chevalier de Tourville, estant nécessaire au bien de mon service que mes vaisseaux et mes galères demeurent joints ensemble sous un mesme commandant, je vous fais cette lettre pour vous dire que, *si le sieur marquis Du Quesne estoit hors d'estat de servir par maladie ou qu'il vinst à manquer par mort,* mon intention est qu'en ce cas, vous commandiez mes vaisseaux et galères en sa place et que vous exécutiez ce que vous trouverez expliqué par l'instruction donnée au dit sieur Du Quesne dont vous trouverez ci-joint copie [2].

« Vous trouverez pareillement ci-joint, les ordres que j'envoye au sieur chevalier de Noailles pour vous obéir en ce cas pendant le cours de la campagne, et la présente n'estant à autre fin, je prie Dieu, etc. » (*Archives de la Marine.*)

[1] Jal, *Histoire de Du Quesne*.
[2] Lettres à Du Quesne des 14 et 23 may 1683.

Jal, dans son *Histoire de Du Quesne*, après avoir cité ce fait, ajoute en manière de réflexion : « Disons une chose que nous croyons vraie : Du Quesne, vieilli, perdait dans l'esprit du ministre, ce que gagnait chaque jour M. de Tourville, officier brillant et solide, dans la force de l'âge (il n'avait pas encore 44 ans), homme mûr pour le conseil, vigoureux pour l'action, général, que sa naissance, ses services, sa bravoure et sa faveur à la Cour désignaient comme le remplaçant du grand homme dont la carrière s'achevait, mais qu'on ne pouvait point, sans faire injure à tout son passé, si honorable, si glorieux, ne pas employer tant qu'il voudrait servir. »

Quoi qu'il en soit, le 18 juin 1683, Du Quesne arrivait devant Alger, où se trouvait déjà d'Amfreville avec 5 vaisseaux. Il prescrivit aussitôt à Tourville et à Lhéry de faire prendre à 7 vaisseaux et à 7 galiotes des positions analogues à celles de l'année précédente. Les 4 vaisseaux que Tourville avait ramenés d'Hyères avec le sien (le *Ferme*) formaient une sorte d'avant-garde. Le *Saint-Esprit* et les autres vaisseaux de guerre étaient mouillés sur une ligne courbe en arrière de celle des vaisseaux porte-amarres des galiotes.

Le 26 juin, le bombardement, d'abord contrarié par le vent, commence sérieusement ; pendant deux heures un feu terrible, envoie sur le môle et sur le port 90 bombes. Les Algériens répondent par des coups de canon sans effet. Pendant cette action, « Tourville (dit Jal) allait du centre aux extrémités de la ligne, donnant partout des ordres. Il avait dans son canot le duc de Mortemart et MM. de la Porte, de Blénac, de Mimeux et de Moltheux. » L'alarme fut vive à Alger et l'effet tel que deux navires qui étaient sur la rade près du port, se mirent sous voile pour échapper au danger (Relation Hayet). Le 27 juin, de 11 heures du soir à une heure du matin, on envoie 110 boulets à l'ennemi, malgré une tempête qui oblige les galiotes à se réfugier auprès des vaisseaux et à y mouiller une ou deux ancres. Renaud, l'inventeur des nouveaux engins de guerre, est resté toute la soirée dans un canot, afin de tout voir pour rendre compte à Colbert, pendant que Tourville, de Lhéry et d'Amfreville sont présents partout où leur présence est utile, avec leurs nobles passagers de la veille (Relation de Petit-Renau).

Mais les Algériens résistent encore, et Louis XIV est pressé de

---

[1] Du Quesne, t. II.

« finir l'affaire d'Alger, soit en obligeant les corsaires à accepter la paix aux conditions marquées, soit en se rendant maître de leur môle, brûlant leurs vaisseaux et les mettant par ce moyen hors d'état de nuire à la chrétienté. » (*Archives de la Marine, Ordres du Roy*, fol. 259.)

Attaquer le môle et l'estacade, Du Quesne n'en était pas partisan : il préférait réduire Alger par les bombes.

Tourville, au contraire, était très ardent pour le premier projet, et ce fut son avis qui prévalut. Il fut chargé de l'exécution de cette attaque. Voici la lettre par laquelle le Roi l'en informe :

« Fontainebleau, le 14ᵉ aoust 1683.

« Monsieur le cheualier de Tourville ayant donné ordre au sieur marquis Du Quesne [1] de faire un détachement de mes vaisseaux et galères pour attaquer l'estacade du port d'Alger, je vous fais cette lettre pour vous dire que j'ay fait choix de vous pour le commander, et que mon intention est que les sieurs Cheualier de l'Héry et de Bethomas [2], commandent sous vos ordres les chaloupes des vaisseaux et des galères qui seront employés à cette entreprise, et ne doutant pas que dans une occasion de cette importance vous ne me donniez de nouuelles preuues de vostre zèle et de vostre affection au bien de mon seruice, je prie Dieu, etc. » (*Archives de la Marine*.)

Tourville répond à cette désignation par sa lettre au ministre du 29 août 1683 que l'on verra à sa date.

Elle contient plus d'un détail intéressant : En premier lieu, Tourville expose comment il combinerait l'attaque. Il donne son appréciation sur la manière dont la campagne est menée depuis le début, et cette appréciation n'est pas favorable à Du Quesne. « Tout ce que je peux vous dire à présent est que j'ai remarqué beaucoup de lenteur dans tous les desseins qu'on avait projetés. » Il ajoute : « Je vous supplie d'être persuadé que je ne perds aucune occasion de dire à M. Du Quesne ce que je pense ; mais lorsque je le lui dis avec fermeté et cependant avec le respect qu'on doit à un commandant, il *se met*

---

[1] Lettre du Roy à Du Quesne, en date du 14 août 1683, exposant le plan à suivre pour l'attaque du môle d'Alger.
[2] Chef d'escadre des galères près M. de Noailles.

en colère, et si on ne plie pas avec lui et qu'on n'ait pas une soumission aveugle, on devient son cruel ennemi. »

Jal, l'historien de Du Quesne, reconnaît que Du Quesne, dont le caractère n'a guère été modifié par l'âge, n'a jamais été bien endurant pour les observations : s'il s'incline par force devant celles qui lui viennent d'en haut, il se redresse devant celles qui lui viennent d'un inférieur en grade, en âge, en expérience. Il se plaint alors qu'on n'épargne rien à sa vieillesse et à son amour-propre ; on l'emploie toujours, et on lui rend l'emploi pénible (Jal).

Néanmoins, Du Quesne, qui connaît la valeur de Tourville, accepte, parfois, de lui une idée. Ainsi, sur ses instances, il consent à faire tirer des bombes *de jour* (*comme de nuit*) sur Alger.

« Il ne songeoit point à tirer des bombes de jour, si je ne lui en eusse parlé (Lettre de Tourville à Seignelay du 9 septembre 1683, citée par Jal); je lui représentai qu'après les épreuves que j'en avois vu faire en vostre présence, je ne voyois pas par quelles raisons, on n'en tireroit point. Il fut deux à trois jours sans me répondre ; après quoi, il me permit de laisser 3 galiotes, un peu plus retirées qu'elles n'étoient de nuit ; je les fis tirer le jour avec tout le succès qu'on en pouvoit attendre et depuis on a toujours continué avec les sept. »

Colbert meurt le 6 septembre 1683, à 74 ans. Il avait pris le département de la marine en 1661 avec 30 bâtiments de guerre; il en laissait 276 à sa mort, savoir 142 vaisseaux de 6 à 120 canons, 7 brûlots, 20 flûtes, 17 barques longues, plus 68 bâtiments en construction et 32 galères. Le matériel d'artillerie se composait, grâce aux fonderies qu'il avait établies, de 7,625 pièces, dont 2,004 de fonte et 4,619 de fer. Malgré cela, les impôts ne s'étaient accrus que de 2 millions et étaient moins lourds qu'avant, car ils avaient été habilement remaniés. En 1661, ils s'élevaient à 84 millions et en 1683 à 83 millions. La taille avait été réduite de 53 millions à 35; la dette de 52 à 32 millions et le revenu disponible avait monté de 31 millions en 1661, à 83 millions en 1683. On devait à Colbert la belle ordonnance maritime de 1665, l'ordonnance judiciaire de 1669, le code marchand, le code noir, la création de l'Académie des sciences, celle des inscriptions et belles-lettres ; il avait restauré la marine, les finances; développé notre commerce et notre industrie. Ces succès, il les devait à une ardeur au travail que rien ne lassait, à une prodigieuse habileté d'homme d'affaires et à une préoccupation des devoirs poussée à l'extrême et dont sa correspondance donne la preuve à chaque ligne. Il avait, d'ailleurs, eu cette rare bonne fortune d'être arrivé au pouvoir au moment le plus propice pour concevoir un ensemble de grandes choses et d'y rester assez longtemps pour les réaliser. Suivant les heureuses expressions du grand historien [1] de ce grand homme d'État, on peut dire que chez Colbert : « Le don de la volonté tenait du génie; la marine française, si longtemps inférieure à celle des nations voisines, s'était subitement élevée par la force de cette volonté à un degré de splendeur qu'elle n'a pas dépassé depuis et qui rappelait cette fière allégorie antique de la belliqueuse Minerve sortant tout armée du cerveau de Jupiter. »

Seignelay succédait, à 33 ans, à son père, comme chargé de la marine.

Mais revenons à notre héros :

Le 11 septembre, Du Quesne [2] reçoit l'ordre de rentrer en France : il part d'Alger en octobre et arrive le 15 du dit mois aux îles d'Hyères avec le *Saint-Esprit*, 7 autres vaisseaux, les 7 galiotes, les brûlots et les bâtiments de charge. Le 11 septembre, le Roi écrivait à Tourville pour le charger du commandement des 6 vaisseaux laissés devant Alger :

« Fontainebleau, le 11 septembre 1683.

« Monsieur le chevalier de Tourville, vous serez informé par le sieur marquis Du Quesne du choix que j'ay fait de vous pour com-

---

[1] Pierre Clément.
[2] Voici un extrait de la lettre du Roi à Du Quesne du 11 septembre 1683.
« Si ceux d'Alger consentoient à la paix et que vous trouvassiez moyen de la faire suivant mes intentions qui vous sont connuës, il faudroit que vous partissiez de la rade aussy tost après l'auoir conclue, auec tous les vaisseaux et bastimens qui sont à présent soubz vostre commandement à Toulon; mais si ces corsaires continuent à demander la restitution des esclaves de leur nation, je veus en ce cas continuer l'armement des six vaisseaux dont vous trouuerez cy-joint la liste *pour leur faire la guerre pendant tout l'hiuer soubz le commandement du comte chevalier de Tourville*, et occuper les croisières que vous estimerez les plus conuenables. Et, affin que cet armement soit utilement employé, je désire que vous assembliez tous les officiers généraux qui seront soubz vous et que vous fassiez tous ensemble un mémoire exact de la conduite que ledit comte chevalier de Tourville aura à tenir pendant tout l'hyuer.

« Vous deuez observer que si vous auiez renuoyé à Toulon quelques-uns des vaisseaux contenus en la liste cy-jointe pour y estre carennez, *il faudra les remplacer par les vaisseaux commandez par le sieur de Forant, qui demeureront devant Alger soubz le commandement du sieur chevalier de Tourville, jusques à ce que les vaisseaux que j'ay destinez ayent esté carennez à Toulon et qu'ils l'ayent rejoint.* ... »

mander les six vaisseaux que je destine pour continuer la guerre aux corsaires d'Alger pendant cet hiuer, et je ne doute point que par la connaissance que vous auez de la manière dont il faut la faire à ces corsaires et par l'application que vous apporterez vous ne trouuiez moyen de prendre leurs vaisseaux s'ils osent les faire sortir. Cependant comme je suis bien aise que le dit sieur Du Quesne, et tous les officiers généraux qui seruent à présent sous luy concertent auec vous les moyens de réussir en cette guerre afin que chacun y apportant ses lumières vous puissiez prendre des mesures plus certaines pour paruenir à ce qui est en cela de mon seruice et de ma satisfaction, Je veux que vous assistiez au Conseil qui sera tenu à bord (*sic*) dudit sieur Du Quesne pour cet effect, et qu'en attendant mes ordres, vous exécutiez ce dont vous aurez conuenu auec les dits officiers et m'assenrant, etc. » (*Archives de la Marine.*)

Sur ces entrefaites, la guerre a éclaté entre la France et l'Espagne, et Tourville, par une lettre du Roi du 25 octobre 1683, est informé de la ligne de conduite à suivre :

« J'ay esté informé que les Espagnols ont commencé plusieurs actes d'hostilité en Flandres (*sic*) et qu'ils ont mesme enuoyé des ordres dans leurs ports d'arrester tous les vaisseaux françois, et comme vous sçaurez qu'ils ont une armée naualle en mer composée de 19 vaisseaux, je désire que vous vous teniez sur vos gardes pour les esuiter s'il est possible, et pour vous deffendre en cas que vous soyez attaqué, en obseruant en cas de rencontre auec la dite armée naualle de ne point attaquer le premier et de faire vostre route sans rendre ny demander aucun salut. Je veux aussy que vous esuitiez sur toutes choses d'entrer dans aucun port d'Espagne ; et comme il est important au bien de mon seruice de commencer à faire arrester tous leurs vaisseaux, mon intention est qu'après vous estre rendu certain qu'il n'y a aucun de ceux de mes subjets dans les ports d'Alicant, Malgue et Cadis sur lesquels ils puissent user de représailles, vous arrestiez les vaisseaux marchands appartenant aux Espagnols, en laissant passer les barques et autres petits bastimens peu considérables [1].

---

[1] Mêmes recommandations à Du Quesne contenues dans une lettre du Roi, en date du 25 octobre 1683.

« Je suis bien aise de vous dire que les dernières nouuelles que j'ay receües de l'armée naualle d'Espagne portent qu'estant de la hauteur de Portolongon le 6ᵉ de ce mois, elle fut surprise d'un coup de vent si furieux que les vaisseaux dont elle estoit composée ont tous esté dispersez sans que depuis on en ayt eu aucune nouuelle. Sur ce, etc... » (*Archives de la Marine*.)

Mais cela ne doit pas détourner Tourville des affaires d'Alger, et le Roi lui écrit à ce sujet le 9 novembre et le 24 décembre les deux lettres suiuantes *sur la paix à faire auec Alger*.

« Versailles, le 9 nouembre 1683.

« Je vous ay fait sçauoir par ma lettre du XI septembre dernier que je vous ay destiné pour le commandement de six vaisseaux qui doiuent demeurer en mer pendant cet hiuer, et je ne doute point que suiuant la connaissance particulière que vous auez des moyens de continuer aduantageusement la guerre contre les corsaires d'Alger, que (*sic*) vous ne preniez les mesures nécessaires pour les joindre à la mer, et les enleuer soit en faisant demeurer quelques vaisseaux dans leurs rades, soit en les disposant dans les croisières en la manière que vous jugerez la plus conuenable, et dont je me remets entièrement à vous.

« Vous sçauez de quelle expresse importance il est de faire quelques prises sur ces corsaires pendant cet hiuer, afin que connoissant ce qu'ils ont à craindre de la continuation de la guerre si elle duroit jusques au printemps de l'année prochaine et voyant que mesme pendant l'hiver mes vaisseaux les chassent partout et se trouuent en estat de les prendre à la voile, ils se persuadent qu'il n'y a point d'autre party à prendre pour eux que de faire la paix.

« C'est à cette paix que je désire que vous trauaillerez (*sic*) pendant le cours de cet hyuer, et je veux bien vous dire que vous me rendrez un seruice très considérable si vous pouuez la conclure, rien n'estant plus nécessaire pour le commerce de mes sujets que l'exemple de (*sic*) cette paix va asseurer pour tousjours contre les entreprises de tous les corsaires de la coste de Barbarie, et principalement de ceux de Tripoly, estant informé qu'ils ont desjà pris la résolution d'accepter la paix aux conditions qui leur sont proposées.

« Vous trouuerez ci-joint copie du projet de traité que le sieur Du Quesne deuoit conclure auec ceux d'Alger, à quoy j'adjousteray seulement que je veux bien consentir à ne leur rien demander des effets qu'ils ont déprédez sur mes sujets; mais à l'esgard des esclaues qui sont sur mes galères, je ne veux pas que vous entendiez à aucune proposition pour leur restitution sur quoy vous deuez obseruer qu'il ne faut pas vous déclarer d'abord de la facilité que je veux bien apporter à la paix, en me départant de la demande de la restitution des effets, vous réseruant à vous déclarer sur ce sujet dans la suite de la négociation, afin qu'en mesme temps que vous abandonnerez cette prétention vous les obligiez, de leur part, à abandonner celle de la restitution des esclaues.

« Si la soldatesque estant la maîtresse, ils ayment mieux retirer leurs camarades en payant la somme qui sera réglée pour la restitution qui leur a esté cy-devant demandée des effets pris sur mes sujets, je vous donne pouuoir de consentir à cette proposition et je vous enuoye cy joint le mémoire de ce à quoy monte les dits effets que je permets de diminuer et de réduire à la somme de 300 mille liures en cas qu'ils consentent de la donner en retirant tous leurs esclaues.

« S'ils insistoient de telle sorte qu'ils ne voulussent point de paix qu'en conuenant de retirer les esclaues pour un prix, vous pourriez en ce cas consentir qu'ils enuoyassent des gens à Marseille pour rachepter leurs esclaues aux prix dont ils conuiendroient avec les officiers des galères, ne voulant pas que vous conueniez d'aucun prix avec eux.

« Vous deuez surtout observer que, comme vous auez à faire à des gens aduantageux, il ne faut pas tesmoigner aucun empressement pour la conclusion de la paix, et bien obseruer mesme de quelle manière vous entrerez en négociation auec eux, estant fort à souhaiter que les premières propositions viennent de leur part, ou que vous vous seruiez d'une occasion qui paroisse naistre d'elle-mesme sans que vous l'ayez recherchée, et je n'en trouue point de plus naturelle que celle d'obliger des intéressez du bastion à aller faire quelques propositions de leur part pour le restablissement de leur commerce et pour vous en donner les moyens, je feray mesme, s'il est nécessaire, passer le sieur Dusault sur les premiers vaisseaux qui viendront carenner à Toulon.

« Comme il est absolument nécessaire que les vaisseaux que vous commandez soient toujours carennez de frais pour pouuoir joindre les corsaires que vous trouuerez en mer, j'estime de mon seruice que vous en enuoyiez deux tous les trois mois pour carenner à Toulon, et que vous y veniez vous-mesme quand vous l'estimerez conuenable en obseruant de laisser l'escadre sous le commandement d'un officier général et de lui donner tous les ordres dont il aura besoin pour la continuation de cette guerre. » (*Archives de la Marine*.)

« Versailles, le 24 décembre 1683.

« Monsieur le cheualier de Touruille, je vous ay escrit par ma lettre du 9 octobre dernier sur tout ce qui regarde les conditions de la paix à conclure avec ceux d'Alger et je vous ay fait sçauoir amplement mes intentions sur ce sujet.

« J'ay fait venir icy le sieur Dusault que j'estime à propos de renuoyer à Alger soubs prétexte du restablissement du bastion, afin qu'il puisse vous porter les parolles de paix de la part du gouuernement de la dite ville, sans que la négociation commence de vostre part.

« Mon intention est donc que vous attendiez son arriuée à Toulon et que vous teniez dans un grand secret ce que je vous escris à cet égard.

« Aussy tost qu'il y sera arriué vous concerterez auec luy le temps de son départ, et vous l'exciterez à faire préparer promptement la barque qui le doit porter audit lieu d'Alger, n'estimant pas à propos qu'il s'embarque sur aucun des vaisseaux de l'escadre que vous commandez.

« Je veux que vous mettiez à la voile aussy tost que vous serez conuenu du temps auquel vous aurez à vous rendre deuant la rade d'Alger, et qu'en attendant vous teniez la mer et fassiez voile pour vous rendre sur les croisières dans lesquelles vous pourrez espérer de trouuer quelque corsaire de ladite ville d'Alger.

« Aussy tost que vous paroistrez devant la rade d'Alger, le sieur Dusault, qui y sera arriué auparauant, viendra à vostre bord et vous informera des dispositions de ceux qui gouuernent dans ladite ville et de ce qu'il aura à vous dire de leur part, et mon intention est qu'après vous estre fait presser quelque temps pour vous résoudre à entrer en négociation vous escoutiez les propositions qui vous seront faites de leur part.

« Il ne peut y auoir aucune difficulté dans les articles du traité dont le projet est cy-joinct, que pour ce qui regarde la restitution des effects et la restitution des esclaues françois sans leur accorder ceux de leur nation qui sont sur les galères.

« A l'esgard du premier article, je vous ay desjà fait sçauoir que je consens que vous vous en départiez, mais pour ce qui est de la manière dont vous debuez vous en départir, il faut que vous observiez que vous ne debvez vous relascher sur ce point qu'après avoir entièrement perdu l'espérance de pouuoir l'obtenir, et après avoir mesnagé sur le sujet de cette restitution tout ce que vostre industrie et les dispositions fauorables que vous trouuerez dans la suite de l'affaire vous pourront fournir.

« Si mesme après avoir perdu l'espérance d'obtenir cet article vous pouuez le laisser indécis et obliger le Diuan d'envoyer une députation vers moy pour me demander comme une grâce la remise de cette restitution, cet expédient me sera très agréable; mais si vous y trouuez de la difficulté, je vous donne pouuoir de vous relascher absolument de toute demande pour cette restitution.

« A l'esgard de celle des esclaues, il faut absolument que vous les obligiez à rendre le nombre de François qui leur reste, et en cas, comme il n'y a pas lieu d'en douter, qu'ils vous demandent la mesme chose pour les esclaues de leur nation qui sont sur les galères, je veux que vous leur déclariez que vous n'auez aucun pouuoir de leur rien accorder sur ce sujet, et cependant j'ay permis au sieur Dusault de s'engager auec eux en son propre nom de rachepter des galères les capitaines, lieutenans et escriuains des vaisseaux qui ont esté pris sur ceux d'Alger sans qu'il en paroisse rien dans le traité.

« Je ne doute pas que toutes ces facilitez ne vous fassent paruenir à la paix auec ces corsaires, principalement si vous sçauez bien mettre en œuure toutes les raisons que vous pouuez leur alléguer pour les obliger à la conclure, et si vous leur faistes bien connoistre ce qu'il ont à craindre des grands préparatifs que je fais faire à Toulon, par lesquels et par le nombre de trente mille bombes qui seront embarquées, mon armée nauale sera en estat d'acheuer la destruction entière de la ville et de mettre à terre la quantité de troupes nécessaire pour les en chasser.

« Sur toutes choses je vous recommande de faire en sorte qu'il ne paroisse aucun concert entre vous et le dit Dusault, et que personne sans exception ne soit informé des ordres que je vous donne sur ce sujet. A quoy m'asseurant que vous satisferez à ce qui est en cela de mes intentions, je prie Dieu, etc. » *(Archives de la Marine.)*

Une troisième lettre du Roi autorise Tourville, en les termes suivants, à restituer aux Algériens les prisonniers de la milice qui leur ont été faits :

« 26 décembre 1683.

« Je vous ai fait sçauoir par ma lettre du 24° de ce mois mes intentions sur la paix que vous debuez conclure avec Alger, et comme il est de la dernière importance pour le commerce de mes sujets que cette paix ne soit pas plus longtemps différée, je veux bien encore vous dire que si contre toute apparence vous ne trouuiez pas moyen d'obliger ceux d'Alger à accepter la paix aux conditions qui vous ont été expliquées, je vous donne pouuoir de consentir à la restitution des esclaves qui sont sur mes galères qui se trouueront estre du corps de la milice d'Alger, et je vous recommande sur toutes choses de ne consentir à cette facilité qu'à la dernière extrémité, et la présente n'estant à aucune autre fin, etc. »
(Archives de la Marine.)

Tourville répond à ces différents ordres par une lettre du 8 décembre 1683, qu'on trouvera à sa date, et où il rend compte des circonstances dans lesquelles il a réussi à faire rentrer sain et sauf sur les côtes de Provence un convoi de bâtiments de commerce français, que menaçait une division espagnole.

Suivant son habitude, Seignelay, comme son père, n'aime pas les « retardements » ; il a hâte d'en finir avec Alger et il relance Tourville à ce sujet, dans une lettre du 5 janvier 1684 :

« Estant absolument nécessaire dans la conjoncture présente de la guerre auec l'Espagne de terminer promptement ce traicté qui seruira de règle pour tous les autres à faire auec les corsaires de Barbarie,

« Sa Majesté approuue que vous vous présentiez auec quatre vaissceaux deuant Alger, mais Elle veut que vous partiez incessamment n'y ayant pas un moment de temps à perdre.

« *Comme Elle espère que vous aurez bien tost conclu ce traicté de paix, et que vous pourrez avant que de retourner à Toulon passer à Tunis pour en renouueller un pareil* auec le gouuernement de cette ville, je vous enuoye le projet des conditions ausquelles vous debuez conclurre ce traicté, et le mémoire donné par M. Du Quesne par ceux de cette ville portant les conditions ausquelles ilz consentent de conclure ce traicté et vous verrez par les apostils que Sa Majesté a mis à costé de ce mémoire ce qu'Elle veut qu'il soit adjousté pour la conclusion de celuy qui a esté fait.

« Vous debuez obseruer à l'égard de ce traicté à faire auec Tunis que le gouuernement de cette ville est fort embarassé par des guerres intestines qui le mettent hors d'estat d'armer plusieurs vaisseaux, et par conséquent d'apporter beaucoup de dommage au commerce, ainsy il faut que vous proffitiez de l'estat auquel sont les corsaires de cette ville pour les obliger par menaces de recommencer contre eux les actes d'hostilité à accepter les conditions qui leur sont proposées, et à la pluspart desquelles ils ont desjà consenty.

« Je donne ordre au sieur de Vauuré de faire donner des chaisnes pour charger les canons, ainsy que vous en demandez.

« Sa Majesté ayant desjà reconnu ce que vous m'escriuez sur les inconuéniens qui arriuent dans les combats de mer par les bandoulières et les baudriers, Elle a résolu de changer sur mer, ainsy qu'elle a fait sur terre, la manière de l'habillement des soldats et de leur donner seulement des ceinturons et des portes *(sic)* gargousses, et j'enuoyeray incessamment à Toulon des modèles de cet habillement, qu'il faudra suivre à l'aduenir.

« Je suis, etc. »   (*Archives de la Marine.*)

Puis, sans même attendre de réponse, et passant aux affaires de Gênes, le ministre écrit à Tourville cinq jours après (10 janvier 1684) pour lui demander d'*urgence* de lever le plan du port de Gênes. Voici cette lettre :

« Je vous enuoye cette lettre par un courrier exprès pour vous dire une chose qui *est de la dernière importance* pour le seruice du Roy et qu'il faut que vous teniez fort secrète.

« Sa Majesté ayant lieu d'estre mal satisfaite de la conduite des Génois, a résolu d'enuoyer dans la fin du mois d'auril prochain une escadre de vaisseaux et les galiottes pour bombarder Gènes, et quoy que j'aye déjà fait sonder toute la rade, et que le sieur Pétré en ayt mesme leué une carte dont la copie vous pourra estre remise par le sieur de Vauuré, cependant, pour plus grande seureté, Elle a approuvé la proposition que M. Du Quesne vous a fait de vous faire passer dans la dite rade de Gènes lorsque vous sortirez de Toulon pour l'exécution des ordres que vous auez receus; et, comme il n'y a rien de plus important que de garder un grand secret sur cela, il seroit bien nécessaire que vous cherchassiez auec soin un prétexte pour vous en aller à la dite rade, et le plus naturel qui me paroistroit seroit de feindre que vous auez appris qu'il y a des corsaires d'Alger vers Ligourne et mesmes d'enuoyer chercher le sieur Aubert, consul à Gènes, quand vous serez en rade, pour luy demander s'il n'en a aucun admis. Surtout il ne faut pas que vous demeuriez plus d'un jour ou deux deuant la dite ville afin de ne donner aucun ombrage aux Génois, et il suffira que vous y alliez auec deux vaisseaux au plus en laissant le reste de ceux qui vous doiuent suiure en tel rendez-vous que vous trouuerez conuenable.

« Il faudra que vous employez utilement le temps que vous serez deuant cette ville pour sonder l'estendue de la rade, bien examiner combien il y a de brasses d'eau dans toute cette estendue, et les postes qui pourroient tenir les vaisseaux pendant qu'ils seront deuant ladite ville, et après que vous en aurez fait leuer une espèce de carte des sondes, vous remettrez des lettres en chiffre à M. de Saint-Olon par lesquelles vous expliquerez le tout, l'une pour M. Du Quesne auec lequel vous deuez auoir un chiffre, et l'autre pour moy, et vous trouuerez cy-joint une lettre que j'escris au dit sieur de Saint-Olon [1] auec ordre d'enuoyer seurement la lettre au dit sieur Du Quesne à Toulon, et de m'enuoyer pareillement auec diligence celle que vous m'escrirez. »

Seignelay a l'habitude de parler en toute confiance à Tourville; aussi, il ajoute ceci :

« Vous devbuez obseruer à cet égard que j'ay lieu de croire *que*

---

[1] Agent de l'ambassade française à Rome.

cette entreprise n'est point du goust de M. Du Quesne, mais qu'il n'y a rien au monde qui tienne tant à cœur au Roy, et que je souhaitte en mon particulier plus ardemment par les raisons que je vous expliqueray quelque jour; ainsy loin d'y chercher des difficultez dans vostre rapport, je vous prie de vous appliquer à les leuer toutes en m'escriuant véritablement vostre sentiment sur cela [1].

« Vous debuez aussy obseruer que M. Du Quesne voudroit bien différer cette entreprise jusques au mois de juin ou de juillet par ce qu'il espère qu'elle deviendroit impraticable en ce temps, estant vraysemblable que l'on aura à chercher la flotte d'Espagne pour la combattre en cas qu'elle se mette en mer, ainsy il faut que vous apportiez toute vostre application à faire en sorte que cette entreprise puisse estre tentée dans la fin d'auril.

« Je ne sçaurois assez vous recommander de tenir cette lettre extrèmement secrète, et lorsque vous me ferez response, prenez la peine de m'escrire une lettre particulière sur ce sujet.

(*Archives de la Marine.*)

Nous n'avons pas trouvé aux Archives la réponse que Tourville avait faite le 18 janvier à cette lettre, et qui motive la suivante dépêche de Seignelay :

« 26 janvier 1684.

« J'ay veu ce que vous m'auez escrit le 18ᵉ de ce mois au sujet de la sonde du mouillage de Gênes. Je m'estonne qu'une chose qui doit estre aussy connue que celle-là reçoiue autant de difficulté et paraisse aussy incertaine. Vous deuez auoir esté informé par le sieur Deuauvré que le Roy y a envoyé Petré qui a sondé dans la rade, et par les sondes qu'il a fait il paroist qu'il y a trente brasses à douze cens toises du bout du môle et de la ville, et vingt brasses à huict cens toises où les vaisseaux peuvent moüiller sans difficulté. Je ne doute point que vous n'ayez pris une copie de la carte des dites sondes auant que de partir pour aller deuant cette ville; et comme je suis persuadé qu'elles sont exactes, le dit sieur Petré y ayant esté envoyé exprès, je ne vois rien qui puisse empescher l'exécution de ce qui est en cela des intentions de Sa Majesté. Je suis bien aise de vous

---

[1] C'est Seignelay qui, de longue main, avait préparé le siège de Gênes, et qui en dirigea l'exécution.

auertir encore que vous deuez tascher de vous oster de l'imagination toute sorte de difficulté sur ce sujet, *et vous esleuer au-dessus de l'esprit de la marine* qui est de chercher tousjours des raisons pour ne point faire ce qui est résolu, les occasions de rendre des seruices utiles à Sa Majesté dans la marine estant si préticuses qu'il faut passer par dessus les petites difficultez qui pourroient s'y rencontrer.

« Il est de la dernière importance de sonder cette rade, *mais il ne faut pas que cela vous empesche d'exécuter les ordres que vous auez receus pour ce qui regarde la paix d'Alger et de Tunis;* ainsy en cas que vous ne puissiez sonder la dite rade dans trois ou quatre jours, Sa Majesté approuue que vous y laissiez M. le marquis d'Amfreuille auec ordre d'exécuter la mesme chose qui vous a esté prescrite. Et elle veut que vous luy recommandiez de ne pas perdre un moment de temps pour se rendre ensuite à la rade d'Alger.

« J'escris au sieur de Vauuré de vous donner la tartanne que vous demandez. Faites la plus grande diligence qu'il vous sera possible pour mettre à la voile, et soyez persuadé que je suis, etc. »

(Archives de la Marine).

C'est à Toulon que Tourville reçoit ces ordres [1] et Seignelay, dont la patience n'est pas la principale qualité, commence à trouver que les préparatifs de départ sont bien longs. Il écrit de nouueau le 22 janvier 1684 :

« Monsieur,

« Le Roy est surpris du long séjour que vous faites dans les rades de Toulon, et Sa Majesté auoit lieu de croire que vous feriez une

---

[1] Il reçoit en même temps la lettre suivante du ministre au sujet *d'un coup de prise à faire sur des bâtiments chargés de blé par les Espagnols.*

« A Versailles, le 16e janvier 1684.

« Monsieur,

« Le sieur Robert Paris, cy-deuant consul en Sardaigne, estant à présent à Toulon, et ayant fait sçauoir que l'on pourroit faire plusieurs prises chargées des bleds que les Espagnols font passer de cette isle en Espagne, sur des vaisseaux anglois et génois, le Roy m'ordonne de vous escrire que vous examiniez auec le sieur de Vauuré si en enuoyant un des vaisseaux que vous commandez avec l'un des bâstimens destinez pour la garde des costes sur celles de Sardaigne, on pourroit enleuer quelques-uns desdits bastimens ; j'attendray auec impatience de vos nouuelles sur ce sujet pour en rendre compte à Sa Majesté.

« Je suis, etc. »

plus grande diligence, non seulement par la nécessité qu'il y a d'exécuter promptement les ordres que vous avez receus de vous en aller à Alger, mais aussy parce que le retardement que vous apportez à présent à l'exécution desdits ordres peut retarder les desseins de Sa Majesté pour la campagne prochaine. Je vous prie donc de mettre promptement à la voile et de me faire sçavoir le plus tôt que vous pourrez des nouuelles de ce que vous aurez fait.

« Sa Majesté a veu ce que vous m'escriuez sur le sujet des agas et des principaux soldats de paye qui peuuent estre sur les galères, et pourveu qu'il n'y en ayt pas un nombre considérable, Elle consentira non seulement à la restitution, mais mesmes à celle des principaux soldats de paye, obseruez surtout qu'il faut que cette restitution passe sous le nom du sieur du Sault, et qu'il n'en soit pas fait mention dans le traicté, auquel j'espère beaucoup de facilité par la nouuelle perte que les corsaires ont fait de l'un des deux vaisseaux que le cheualier de Lhéry a attaqué. Et comme elle ne vous a donné pouvoir de consentir à cette restitution que pour contribuer à faire la paix, vous debuez estre extrêmement réserué sur ce poinct. Et si vous pouuez le conclure sans accorder cette condition, il sera beaucoup mieux pour le bien de son seruice.

« J'ay donné ordre au sieur De la Croix de se rendre incessamment à Toulon, et quoy que je ne doute point qu'il n'y arriue bientost, vous ne debuez point l'attendre, estant certain que vous trouuerez quelqu'un à Marseille qui seruira en sa place.

« Sa Majesté veut que vous partiez auec les sieurs marquis d'Amfreville et Forant. Appliquez-vous à l'exécution des ordres que vous auez receu, entre cy et la fin de mars, estant important au seruice de Sa Majesté que vous soyez de retour en ce temps.

« Vous auez bien fait de donner rendez-vous dans la rade d'Alger au sieur de Belislerard. J'attends avec impatience des nouuelles des sieurs comte de Sebeuille et Ch. Dumené.

« Je suis, etc. » (*Archives de la Marine.*)

Nouvelles et plus vives dépêches le 28 février et le 21 avril (cette dernière du Roi) :

« Pendant que le Roy apprend de toutes parts que les corsaires d'Alger et autres font des prises sur ses sujets, non seulement vous demeurez dans le port de Toulon depuis plus de deux mois, mais mesmes vous ne faites point partir aucun des vaisseaux qui deburoient estre en mer pendant que vous carennez. Je vous aduoüe que cette négligence fait extrêmement de peine à Sa Majesté, et je ne sçay comment palier auprès d'Elle un si long séjour. Je veux croire que vous serez party lorsque vous recourez cette lettre ; mais si vous estes encore aux rades de Toulon lorsqu'elle vous sera renduë, il est bien important que vous mettiez à la voile, et j'en attends la nouuelle avec beaucoup d'impatience.

« Je suis, etc. »   (*Archives de la Marine.*)

« J'ay esté tout à fait surpris de vostre long tardement ; et comme il est nécessaire que, sans entrer dans Toulon, vous alliez incessamment avec les vaisseaux que vous commandez à la rade de Gênes où vous trouuerez mon armée nouuelle, je vous fais cette lettre pour vous dire que je veux que vous fassiez voile de ce costé aussy tost qu'elle vous aura esté renduë, me remettant à ce que M. le marquis de Seignelay qui est à présent embarqué sur mes vaisseaux vous fera sçauoir de mes intentions lorsque vous aurez joint mon armée nouuelle. Sur ce, etc. »   (*Archives de la Marine.*)

Les « *retardements* » de Tourville étaient cependant faciles à expliquer ; il était parti de Toulon dans les derniers jours de mars pour obéir aux instructions qui lui prescrivaient, comme on l'a vu plus haut, d'en finir par un traité avec Alger, où il était arrivé le 2 avril sur le *Ferme*; il y reçut immédiatement la visite de notre agent, M. de Sault. Le Dey, le divan et la milice envoyèrent le lendemain dix Réis pour lui rendre visite. Tourville les salua de 7 coups de canon et envoya, le 5 avril, deux officiers du *Ferme* complimenter le Dey, qui fit, alors, demander quelles conditions le Roi mettait à la paix. On les discuta pendant six jours et on fit un traité pour cent ans. Des ambassadeurs algériens furent envoyés à Versailles pour y protester du dévouement du Dey.

Tourville revint aussitôt ; il n'avait donc pas perdu son temps. L'affaire était réglée et Louis XIV, débarrassé comme il le souhaitait de tout embarras de ce côté, pouvait se livrer tout entier à l'expédition sur Gênes, que Du Quesne devait commander en chef, en la présence de Seignelay. Tourville, lui aussi, est désigné pour cette entreprise, et voici l'instruction que « le Roy veut et ordonne estre mise ez mains du sieur cheualier de Tourville, lieutenant général des armées nauales de Sa Majesté qu'elle a choisy pour commander les vaisseaux destinez pour demeurer deuant Gênes. »

« Condé, le 3 may 1684.

« Il verra par la liste cy-jointe, les vaisseaux et autres bastimens qu'elle a choisy pour continuer à faire la guerre aux Génois pendant le reste de cette campagne, et comme Sa Majesté l'a destiné pour ce service, il doit particulièrement s'appliquer à interdire le commerce que les estrangers pourroient faire dans leur ville, et celuy qu'ils ont accoustumé de faire de port en port, garder toute la coste depuis le cap de Melle jusques à Portellenere, et empescher autant qu'il luy sera possible, le passage des troupes espagnolles, du royaume de Naples et du Milanois en Catalogne.

« Comme dans cette saison il y aura des calmes fréquens qui pourront empescher les vaisseaux de Sa Majesté de nauiguer, Elle a bien voulu donner les ordres nécessaires pour l'armement à Toulon de quatre galiotes à rames qui seront jointes à son escadre, et qui pourront nauiguer le long des costes de Gênes, tant du costé de Ponant que de Levant pour empescher le passage des bastimens légers dont les Génois se seruent, et pour les prendre et enleuer lorsquelles en rencontreront en mer.

« Il doibt obseruer qu'il est fort à craindre qu'elles ne soient poursuiuies par les galères qui sont à Gênes, et qu'ainsy il ne faut pas qu'elles s'escartent de telle sorte des vaisseaux qu'elles puissent estre prises, estant difficile qu'elles pussent eschapper si elles auoient une longue course à faire pour se joindre ausdits vaisseaux. et Sa Majesté veut bien se remettre à luy pour l'employ de ces bastimens ne doutant point qu'il n'en tire toute l'utilité possible, ce qu'Elle espère qu'il pourra aisément faire, puisque d'un costé ils pourront auoir Oneille pour retraite, de l'autre Ligourne, et que d'ailleurs ils seront protégez par les vaisseaux sous le canon desquels ils pourront se retirer en cas qu'ils soient poursuiuis par des forces supérieures.

« Il se tiendra presque tousjours auec les vaisseaux qu'il commande deuant Gênes et détachera suiuant les vents qui régneront ceux de son escadre qui seront les plus légers pour courre la coste et exécuter les ordres cy-dessus expliquez.

« Pour l'informer de la conduite qu'il doit tenir à l'esgard des vaisseaux estrangers qui voudroient faire commerce en ladite ville de Gênes. Il doit sçauoir que l'intention de Sa Majesté est qu'il empesche absolument toutes sortes de vaisseaux et bastimens de quelque nation qu'ils soient d'entrer dans le dit port de Gênes, et si des vaisseaux hollandois ou de ceux des autres nations vouloient, nonobstant ce qu'il leur déclarera des ordres qu'il a receus, passer outre pour y entrer, il doit s'en saisir et leur déclarer qu'il les enuoyera en France s'ils ne prennent une autre route.

« Il obseruera de visiter exactement tous les dits vaisseaux, et en cas que par les connoissemens il trouue que leur chargement appartienne aux Génois, Sa Majesté veut qu'il les enuoye à Toulon auec les pièces justiflicatiues pour estre le tout remis à l'intendant de la Marine qui réside au dit port.

« L'un des principaux seruices qu'il ayt à rendre est d'empescher le transport des troupes espagnolles, et il doit pour cela arrester tous les vaisseaux qu'il rencontrera pour les visiter, et s'il estoit informé que des vaisseaux anglois eussent de ces troupes, il doit les retenir sans difficulté, se saisir ensuite de tous les soldats et renuoyer les dits vaisseaux, ce qu'il doit faire à plus forte raison à l'esgard des autres nations.

« Il obseruera de donner un certificat au capitaine de chacun des dits vaisseaux anglois du nombre de soldats dont ils se trouueront chargez, afin que si par les polices de chargement qu'ils auront, l'on peut connoistre le nolis qui leur aura esté promis, Sa Majesté puisse les faire payer de ce qui leur sera deub, et pour cet effet leur dira d'aller à Toulon où l'intendant aura ordre de leur payer le fret.

« Dans la visite qu'il fera de tous les dits vaisseaux il en retirera tous les François qui se trouueront dessus pour estre punis suiuant la rigueur des ordonnances, et à l'esgard des vaisseaux anglois sur lesquels il ne sçaura pas y auoir de troupes espagnoles, il ne les visitera point.

« A l'esgard des saluts, Sa Majesté veut que le règlement de 1665 soit exécuté, et pour cet effet, que le sieur cheualier de Touruille se les fasse rendre par tous les vaisseaux des autres nations à l'exception des seuls anglois auxquels il ne demandera ny ne rendra aucun salut.

« S'il arriuoit que quelqu'un des capitaines des vaisseaux qu'il commande se séparast de son escadre sans son ordre, Sa Majesté désire qu'il luy en donne aduis, afin de l'interdire.

« Elle veut aussy que pendant tout le temps qu'il sera en mer, il visite le plus souuent qu'il pourra les dits vaisseaux et remarque les capitaines qui les tiendront en bon estat et la propreté dans leurs bords n'y ayant de si nécessaire pour y conseruer la santé, de quoy Sa Majesté désire qu'il luy donne aduis.

« Le sieur cheualier de Touruille s'appliquera aussy à faire soigneusement obseruer les règlemens et ordonnances de marine et particulièrement celle qui deffend aux officiers de coucher hors leurs bords.

« Il fera souuent faire l'exercice du canon sur son bord et excitera les capitaines des autres vaisseaux à suiure son exemple afin de rendre les canonniers experts et diligens à la manœuure du canon et d'en multiplier le nombre.

« Il tiendra aussy la main à ce que les escriuains de chaque vaisseau prennent garde à la conseruation de leurs agrez, aparaux et rechanges, munitions, armes et ustanciles et qu'il ne s'en fasse aucune consommation superficielle.

« Sa Majesté veut que le dit sieur cheualier de Touruille l'informe par toutes les occasions qui s'offriront de ce qu'il aura fait en exécution de ses ordres.

« Elle veut qu'il s'applique soigneusement à maintenir la discipline entre les soldats qui seruiront sur les dits vaisseaux et à bannir les différends et les démeslez qu'il y a eu jusqu'à présent entre les officiers qui y ont esté embarquez. »

(*Archives de la Marine.*)

C'était une grave affaire que le bombardement de Gênes.

Suivant d'Hamecourt, dans le manuscrit que possède le département de la Marine et auquel nous avons fait de fréquents emprunts, « c'est une des actions les plus éclatantes du règne de Louis XIV. »

Notre historien énumère les griefs du Roi contre Gênes et dont le principal était puisé dans les relations qui attachaient cette ville à l'Espagne. Dans la récente guerre de la France avec cette dernière

puissance, le Roi « avait eu des preuves convaincantes des desseins
« que cette république avait concertés avec la cour d'Espagne pour
« brûler ses galères et ses vaisseaux dans les ports de Marseille et
« de Toulon, par des machines que les Génois avaient inventées et
« qu'on découvrit heureusement au fond de la mer, par l'aveu des
« complices, qui furent arrêtés et qui déclarèrent tous le com-
« plot. » (D'Hamecourt). En prévision de l'entreprise, le Roi avait
fait équiper à Toulon une escadre[1] de 14 vaisseaux, 2 frégates,
10 galiotes à bombes, 20 galères, 2 brûlots, 8 flûtes, 40 chaloupes
extraordinaires, 24 tartanes et 9 felouques, dont il donna le commandement à Du Quesne, ayant sous ses ordres quatre chefs d'escadre : Tourville, sur le *Ferme*; d'Amfreville, sur le *Fougueux*; de
Béthune, sur l'*Entreprenant*, et de Lhéry, sur le *Vigilant*. Comme
nous l'avons dit plus haut, Seignelay était sur la flotte.

L'armée navale part le 6 mai de Toulon et mouille devant Gênes
le 17. En voyant arriver cette flotte si nombreuse, le doge et le Sénat
envoyèrent le 18 au matin des députés à Seignelay, qui les reçut sur
l'*Ardent* et leur fit connaître les deux conditions auxquelles leur
soumission serait acceptée, faute de quoi le sort de Gênes serait
celui d'Alger, et le bombardement commencerait le jour même à
5 heures. On sait le reste : la ville subit un bombardement de six
jours [2] et des dommages évalués à 60 millions d'écus, monnaie de
France. Les Français débarquèrent dans les faubourgs où Espagnols
et Génois opposèrent une résistance énergique. Tourville, qui, suivi
de Bethomas, opérait du côté du phare, y montra « l'habileté et le
« brillant courage dont il avait déjà donné des preuves éclatantes

---

[1] D'Hamecourt.

[2] En écrivant au maréchal de Créqui qu'on avait jeté dans Gênes 15,000 bombes, que le palais du doge, la banque de Saint-Georges, et les grands magasins de l'arsenal étaient en flammes, qu'il en était de même de 3,000 maisons, et que tout ce qui était encore debout avait été envahi par les pillards, Louvois ajoutait froidement : « Il y a bien de l'apparence qu'un si rude châtiment apprendra aux Génois à devenir sages et donnera une grande terreur à tous les princes qui ont des villes considérables au bord de la mer [3]. « Et Pierre Clément écrit : « Erreur funeste que la France paya cher En réalité, si l'expédition dirigée par Seignelay avec tant de hauteur et de dureté, anéantit pour jamais le prestige et la puissance de Gênes, elle inspira aux États du nord des sentiments de méfiance, qui, joints à d'anciens ressentiments, aboutirent, en 1687, à une coalition formidable ». (*Seignelay, Études historiques*, P. Clément.

[3] *Histoire de Louvois*, par Rousset, t. III. p. 276

« en tant d'occasions, depuis le commencement de sa carrière » (Jal, *Hist. de Du Quesne*).

Il recevait le 15 mai 1684 une lettre du Roi portant ce qui suit :

« Ayant résolu de faire demeurer en mer l'escadre de mes vaisseaux que vous commandez jusques à la fin d'octobre prochain, je vous fais cette lettre pour vous dire que mon intention est qu'aussy tost que les viures qui ont esté fournis seront prests d'estre consommés, je veux que vous partiez de deuant Gênes, auec le vaisseau le *Ferme* et le *Bizarre* pour reuenir à Toulon en prendre de nouveaux, et qu'aussy tost que vous y serez arriué, vous fassiez verser l'équipage du *Ferme* sur le vaisseau le *Prudent* que je désire que vous montiez pendant le reste de la campagne, voulant cependant que vous donniez des ordres au sieur chevalier du Mène de continuer de croiser deuant la dite ville sur le vaisseau l'*Hirondelle* et les galiottes aramés (*sic*) jusques à ce que vous soyez de retour pour l'exécution de ce qui est contenu en vostre instruction [1]. Et la présente n'estant, etc... » (*Archives de la Marine*).

Puis, nouvelle lettre du Roi (17 juin 1684), commentée par une autre de Seignelay. Sa Majesté n'a rien plus à cœur que de continuer à interdire le commerce aux Génois. Il faudra donc que Tourville s'arrange afin de laisser devant Gênes les vaisseaux nécessaires pour empêcher une sortie de l'ennemi ; cela fait, il ralliera Toulon, y changera de vaisseau et retournera à Gênes dans le moindre délai possible.

Voici la lettre royale :

« 17 juin 1684.

« Dans la résolution où vous sçauez que je suis de continuer une forte guerre aux Génois, je vous ay particulièrement recommandé d'empescher qu'ils n'ayent aucun commerce avec les vaisseaux estrangers ; mais comme je ne vous ay pas assez particulièrement informé de mes intentions sur ce qui regarde les Anglois, je suis bien aise de vous dire que s'il venoit quelques vaisseaux de cette nation qui voulussent entrer dans Gênes, je veux que vous fassiez tout ce que vous

[1] Instruction du 3 may 1684.

pourrez par la douceur pour les en empescher, et s'ils vouloient passer outre nonobstant tout ce que vous leur représenterez que ce n'est pas la coustume d'auoir aucun commerce par mer avec une ville bloquée par des vaisseaux de guerre, je veux que vous les reteniez et que vous les obligiez de changer de route, que si leur opiniastreté alloit jusques à vouloir entrer dans le port, je veux que vous les en empeschiez mesme par la force, ce qu'il faut pourtant que vous éuitiez autant qu'il vous sera possible.

« Vous auez veu par vostre instruction et par les lettres qui vous ont esté écrites depuis, combien il est nécessaire qu'il y ayt toujours une forte escadre de mes vaisseaux deuant ladite ville de Gênes; et comme il est absolument nécessaire que vous veniez à Toulon à la fin de juillet pour prendre de nouueaux viures, je veux que vous examiniez bien auant que de partir si le nombre de mes vaisseaux de guerre, que vous pouuez laisser pendant vostre absence, sera suffisant pour résister aux vaisseaux que les Génois pourroient faire sortir, et que vous examiniez mesme, par les nouuelles que vous aurez des galères d'Espagne, s'il n'y auroit point à craindre qu'elles se pussent joindre avec les galères de Gênes pour attaquer lesdits vaisseaux avec advantage, que si vous estimiez qu'il y eust du danger à courre et qu'ils ne fussent pas en estat de résister aux forces que les ennemis pourroient mettre ensemble, je vous permets en ce cas d'emmener tous mes vaisseaux avec vous, ne doutant point que vous ne fassiez l'impossible pour vous remettre promptement en mer, et que la connoissance que vous avez de la nécessité qu'il y a de ne laisser pas longtemps la liberté aux Génois de continuer leur commerce ne vous soit un puissant motif pour surmonter toutes les difficultez qui s'opposeroient à vostre prompte expédition. »

(Archives de la Marine.)

Mais, entre temps, Tourville ayant reçu (voir plus haut) les ordres du 15 mai qui lui ordonnaient de revenir à Toulon, avait mouillé aux îles d'Hyères. Seignelay l'apprend et lui enjoint d'en repartir pour Gênes, aussitôt qu'il aura changé de vaisseau, en prenant le *Prudent* au lieu du *Ferme*.

« Il est d'autant plus important que vous mettiez à la voile, lui écrit-il le 23 juin, que, pendant que vous serez à Toulon, les Génois croiront que Sa Majesté ne pense plus à eux et qu'ils auront une entière liberté de faire leur commerce, ce qui peut leur faire prendre la résolution de donner leurs galères aux Espagnols pour aller sur les costes de Catalogne. Ainsy je ne doute point que cette raison ne soit assez forte pour vous porter à partir sur-le-champ, en cas que vous soyez encore à Toulon lorsque vous receurez cette lettre. »

(Archives de la Marine.)

Tourville était déjà rendu devant Gênes, s'appliquant à interdire le commerce ennemi et à empêcher le passage des troupes espagnoles du royaume de Naples et de Milan en Catalogne. Quatre galiotes à rames lui avaient été laissées avec ses trois vaisseaux et il les employait à surveiller de près la côte et à prendre les petits navires marchands.

Le 30 juin, le Roy lui écrit de demeurer à l'ancre devant Gênes « autant que le temps et les vents le pourront permettre » ; il ajoute : et quoy que j'estime que c'est là le principal seruice que vous puissiez rendre et le lieu où vous pouuez employer plus utilement l'escadre de mes vaisseaux que vous commandez, cependant je me remets à vous de profiter des occasions qui se pourront présenter d'entreprendre quelque chose de considérable sur les ennemis, mesme en quittant vostre croisière, s'il est nécessaire, vous recommandant surtout de ne l'abandonner que pour de très fortes raisons.

« Je vous ay desjà fait sçauoir que le sieur marquis de la Porte, commandant mon vaisseau le *Fleuron*, a eu ordre de se joindre incessamment aux vaisseaux que vous commandez, et je ne doute point que les ordres que vous donnerez à ceux qui commandent mes galiottes à rames ne rendent ces bastimens utiles pour la guerre à faire aux Génois le long de leur coste. A l'esgard de la polacre qui est dans vostre escadre, si vous estimez qu'elle soit inutile, je vous permets de la renuoyer à Toulon et je donne ordre au sieur de Vauuré de vous enuoyer un bruslot en la place auec le mesme équipage qui est sur cette polacre.

« Le sieur Moraut m'a fait sçauoir que les députez du commerce de Marseille ont eu advis que les Génois vouloient attaquer le conuoy de Smirne. Et quoy qu'il n'y ayt guères d'apparence qu'ils soient en estat de faire une telle entreprise, comme vous estes sur les costes de Gênes et que vous serez seurement informé du nombre de vaisseaux que lesdits Génois mettront en mer, je veux que vous pouruoyez à la seureté du passage de ce conuoy et que vous alliez mesme au devant, s'il est nécessaire.

« Le dit sieur Moraut vous informera des ordres que les députez dudit commerce de Marseille ont donné aux capitaines de leurs vaisseaux par des tartanes qu'ils ont expédiées et vous fera sçauoir l'endroit où ce conuoy doit attendre. » (*Archives de la Marine*.)

Mais l'on apprend à Versailles (lettre du Roy à Tourville du 5 juillet) « que les Espagnols et les Génois joints ensemble veulent faire passer leurs galères en Catalogne pour, auec le nombre de 12 ou 15 vaisseaux de guerre qu'ils prétendent pouuoir mettre en mer, attaquer mon armée nauale. » Et, continue la lettre royale, « comme vous estes à présent sur les costes d'Italie et que vous pouuez estre précisément informé du temps auquel les galères ennemies quitteront les dites costes, je vous fais cette lettre pour vous dire que mon intention est que vous partiez en ce cas pour joindre ledit sieur marquis Du Quesne, afin d'estre en estat d'attaquer et de combattre ladite armée nauale, ne doutant point que dans une occasion si considérable et dans laquelle vous pouuez auoir lieu de vous distinguer par des seruices nouueaux uous ne fassiez toute diligence possible pour joindre ma dite armée nauale auec tous les vaisseaux que vous commandez, et me remettant à vous de mener auec vous les galiottes ou brigantins que vous auez ou de les laisser sur lesdites costes. »
(*Archives de la Marine*.)

Tourville quitte Gênes le 15 juillet et rallie Du Quesne devant Rosas.

« Lorsqu'il arriva, Du Quesne qui jusque-là [1] avait porté le pavillon de vice-amiral le fit amener et hisser, en même temps, à la tête du grand mât la cornette. Le roi fut averti de ce changement et le 30 juillet, il lui ordonnait de désarborer la cornette pour reprendre le pavillon du mât de misaine. »
(*Archives de la Marine*. Ordres du Roy 1684.)

Tourville ne se voyait pas sans doute avec grand plaisir appelé à

[1] Jal, *Histoire de Du Quesne*. La cornette était, au XVIIe siècle, le signe de commandement particulier aux chefs d'escadre (*Glossaire nautique*).

servir sous Du Quesne, et il faut que sa correspondance avec Seignelay l'ait montré, car ce dernier lui écrivait le 5 juillet 1684 :

« Vous serez informé par la lettre du Roy cy-jointe des intentions de Sa Majesté au sujet des nouuelles qu'elle a receu des desseins des Espagnols, *à quoy j'adjousteray seulement que, dans une occasion de cette importance, il faut que vous passiez par dessus la peine que vous pourriez auoir de vous rejoindre auec M. Du Quesne* et que vous vous souueniez de quel préjudice il vous pourroist estre que l'on eust à vous reprocher d'auoir commis l'armée nauale de Sa Majesté en n'obéissant pas auec toute la diligence nécessaire aux ordres que vous receuez ; obseruez seulement qu'il faut que vous vous mettiez en estat d'estre bien informé lorsque les galères ennemies quitteront la coste d'Italie, afin que vous puissiez les suiure de près et joindre le dit sieur Du Quesne.

« Je suis, etc. » (*Archives de la Marine.*)

Le Roi est informé qu'on arme à Cadix 10 vaisseaux sous le commandement de Papachim ; il en fait avertir Du Quesne, et lui ordonne de rester sur les côtes d'Espagne avec ses 6 vaisseaux, auxquels s'ajouteront 4 autres qui vont être expédiés de Toulon. Tourville reçoit un ordre analogue à ceux de Du Quesne. Déjà, il avait été averti par une lettre du Roi, le 25 août 1684 :

« Que les Espagnols ont consenty à la trêue qui leur a esté proposée et qu'ils en doiuent enuoyer incessamment la ratification. Cependant, continuait la lettre royale, comme elle n'est pas encore arriuée, *vous deuez tousjours vous tenir sur vos gardes auec les vaisseaux que vous commandez. Et si vous pouuiez rencontrer en mer l'escadre de Papachim, je ne doute point que vous ne proffitiez de cette occasion de le combattre à moins que vous ne fussiez bien certainement informé de la publication de la paix, auquel cas il faudrait que vous l'obligiez à saluer le premier, et vous debuez obseruer que mon intention est que vous désarboriez toute sorte de marque de commandement en cas de rencontre des dits vaisseaux espagnols afin de les faire saluer en cet estat ou de les combattre en cas de refus.*

« Je veux que vous demeuriez à Cadis pendant tout le temps que vous pourrez y estre nécessaire pour la protection du commerce de mes sujets, et que vous agissiez en cela de concert auec celui qui fera les fonctions de consul en la place du sieur Catalan.

« Aussy tost que vostre présence ne sera plus nécessaire à Cadis, mon intention est que vous renuoyez le sieur comte de Béthune auec les trois vaisseaux qu'il commande pour venir désarmer en Ponant et exécuter les ordres que je luy donne par la lettre cy-jointe, et que vous rentriez dans la Méditerranée auec les autres vaisseaux que vous commandez pour reuenir à Toulon où je me réserue à vous donner les ordres de ce que vous aurez à faire pour mon seruice. Et la présente, etc. »

(Archives de la Marine.)

On remarquera le passage où il est question du salut. Dans une lettre du ministre du 4 janvier 1683, on lit à ce sujet :

« M. de Villette-Mursay, capitaine de marine, visitera tous les vaisseaux estrangers qu'il rencontrera en mer et en retirera tous les François qui se trouueront sur leurs bords pour estre punis suiuant la rigueur des ordonnances.

« Sa Majesté estant informée que les Génois prétendent s'exempter sous diuers prétextes de la visite qu'elle veut estre faite de leurs vaisseaux et galères, et ne voulant pas souffrir cette conduite qui est contraire au respect avec lequel ilz doiuent exécuter ce qui est de ses instructions, Elle veut que le dit sieur de Villette prenne tous les vaisseaux et galères de Gênes qu'il rencontrera en mer et qu'il les enuoye dans les ports du royaume en tenant la main à ce qu'il ne soit fait aucun mauuais traitement à l'équipage, et qu'il ne soit diuerty aucun des effets chargez sur lesdits vaisseaux.

« <i>A l'esgard du salut</i>, Sa Majesté veut que le règlement de 1665 soit exécuté, et pour cet effet le dit sieur de Villette-Mursay se le fasse rendre par tous les vaisseaux qu'il rencontrera en mer à l'exception des vaisseaux anglois ausquels il ne demandera ny ne rendra aucun salut.

« A l'esgard des Espagnols, Sa Majesté veut bien pour l'intérêt du commerce que ses sujets font à Cadis, qu'il ne demande aucun salut des vaisseaux espagnols qu'il pourra rencontrer aux enuirons de Cadis, ou dans le destroit.

« Elle veut que pendant qu'il sera en mer il tienne les deux vaisseaux qu'il commande en bon estat et propres n'y ayant rien de si nécessaire pour y conseruer la santé.

« Il fera faire souvent l'exercice du canon sur son bord, excitera le sieur Colbert Saint-Mar à suiure son exemple afin de rendre les canonniers experts et diligens à la manœuure du canon, et d'en multiplier le nombre. »

(Extrait d'une instruction en date du 4 janvier 1683 adressée au sieur de Villette-Mursay, capitaine de marine, commandant les vaisseaux l'*Excellent* et le *Hazardeux*, que Sa Majesté a fait armer à Rochefort.)

A la même époque et sur le même sujet, le ministre écrit à de Preuilly :

… « Il est informé à l'esgard desdits Anglois de la prétention qu'ils ont d'estre saluez les premiers dans la Manche, et Sa Majesté veut qu'il esuite auec soin toute sorte de rencontre auec eux ; mais en cas qu'il ne pust s'empescher d'en rencontrer dans sa route, Sa Majesté veut qu'il ne leur rende, ny ne leur demande aucun salut qu'en cas seulement qu'il y eust un vaisseau anglois portant pavillon, et quoyque Sa Majesté soit persuadée qu'en cas de rencontre les Anglois n'en exigeront pas de luy, elle est bien aise de luy expliquer qu'elle pourroit consentir à saluer s'il estoit rencontré par un vaisseau anglois portant pauillon, mais il doit refuser auec fermeté si des vaisseaux particuliers se mettoient en estat de luy demander, que s'ils tiroient de loin quelque coup de canon à bale pour l'obliger à saluer, en cette occasion au bien de son seruice sans commettre ses vaisseaux à un combat avec les Anglois, elle ueut qu'il fasse route sans respondre… »

(Instruction au marquis de Preuilly, lieutenant général des armées du Roy, en date du 25 mai 1683.)

(*Archives de la Marine*, page 179.)

Quoi qu'il en soit, si la paix n'est pas faite avec l'Espagne, Tourville doit exiger le salut.

Le 20 septembre, lettre du Roy au chevalier de Tourville :

« La ratification que les Espagnols ont faite de la trêue debuant arriver incessamment, y est-il dit, je vous fais cette lettre pour vous dire qu'après auoir demeuré à Cadis tout le temps nécessaire pour donner protection au commerce de mes sujets et que vous jugerez que vostre présence ne leur sera plus d'aucune utilité, mon intention

est que vous détaschiez le sieur comte de Béthune avec les trois vaisseaux qu'il commande pour venir désarmer en Ponant, suiuant ce que je vous ay escrit le 27 du mois passé, et qu'ensuite vous reueniez à Toulon auec les autres vaisseaux qui sont sous vostre commandement où vous receurez de nouveaux ordres de ma part. »
(*Archives de la Marine.*)

Mais la trêve [1] a beau être sur le point d'arriuer, si Tourville rencontre Papachim il doit le combattre et l'obliger à saluer son pavillon. Seignelay le répète à Tourville en lui envoyant la lettre suivante du Roy :

« Sa Majesté m'ordonne encore de vous répéter que si vous rencontrez en mer l'escadre de Papachim, Elle ne doute point que vous ne profitiez de cette occasion de le combattre, à moins que vous ne fussiez bien certainement informé de la publication de la paix auquel cas il faudra que vous l'obligiez de saluer le premier. Et vous debuez observer que Sa Majesté veut que vous désarboriez toute sorte de marque de commandement si vous rencontrez lesdits vaisseaux afin de les faire saluer en cet estat ou les combattre en cas de refus. »
(*Archives de la Marine.*)

Enfin, le 26 septembre, deuxième lettre du Roy à Tourville; l'échange des ratifications de la trêve conclue à Ratisbonne avec le Roi d'Espagne est accompli.

Tourville est donc autorisé à quitter Cadix, dès que sa présence n'y sera plus nécessaire et à revenir désarmer à Toulon en tenant la main « à ce que les capitaines y soient présents et signent les inventaires des consommations qui ont esté faites dessus, suiuant mes ordonnances et réglemens. »

---

[1] Citons le passage suivant des *Mémoires de Dangeau* comme un bruit de la cour, relatif à une prétendue mission donnée à Tourville, et dont nous n'avons pas trouvé trace officielle :

« 8 novembre 1684. »

« Je sus que le Roy était assez en colère contre le chevalier de Tourville qui avait eu ordre, après la signature de la trêve, d'aller devant Cadix pour empêcher les gallions d'Espagne de sortir avant que les vaisseaux des marchands de Saint-Malo fussent arrivés ; il n'avait pu exécuter ses ordres à temps, et n'était arrivé que quatre jours après le départ des gallions, qui n'avaient pas attendu les Malouins ; c'est une perte considérable pour les marchands. » (*Journal de Dangeau*, t. I, p. 68.)

Revient encore la recommandation au sujet de Papachim et du salut.

« Les Espagnols ne s'estant pas encore sousmis à saluer comme ilz doibvent, les marques de commandement arborées sur mes vaisseaux, je désire qu'au cas que vous rencontriez à vostre retour l'escadre de Papachim, vous l'obligiez de le faire, nonobstant la ratification de la trêve ou que vous la combattiez en cas de refus, ne voulant pas cependant que ce projet vous esloigne de la route que vous deuez tenir pour reuenir. »   (*Archives de la Marine*.)

Mais Papachim ne sortit point de Cadix, et Tourville n'eut pas à le combattre cette fois; il ne devait le faire que quatre ans plus tard, en 1688.

CHAPITRE IX.
(1685-1689).

Armements contre les Tripolitains. — Tourville y prend part et monte l'*Agréable*. — Il est ensuite envoyé à Alger. — Il y obtient satisfaction et revient à Toulon. — Il est félicité par Seignelay — Armements contre l'Espagne. — Tourville, comme lieutenant général, monte le *Pompeux*. — Préparatifs à Toulon. — Tourville s'occupe de l'instruction des officiers et des constructions navales. — Comparaison des constructions du Ponant et du Levant. — Il prélude ainsi au traité composé sur son ordre par le père Hoste. — Théorie sur la construction des vaisseaux. — Envoi à Toulon d'un bâtiment construit suivant ses idées. — Armements contre les Algériens. — Tourville, sur l'*Emporté*, commande 5 vaisseaux.— Prise d'une caravelle de 12 canons. — Révolution en Angleterre. — Guerre contre l'Angleterre et la Hollande. — Tourville commande 5 vaisseaux dans la Manche. — Il attaque et défait 5 vaisseaux hollandais. — Il combat Papachim qui est battu et forcé de saluer le pavillon de France. — Question du salut. — Tourville reçoit l'ordre de partir de Toulon avec l'escadre qu'il commande et d'opérer sa jonction avec l'escadre de Brest. — Son habile manœuvre pour entrer dans l'Iroise sans combattre. — Encore une relation technique du père Hoste. — Tourville commande une armée navale de 70 vaisseaux et 100 brûlots, à la tête de laquelle il se met à la recherche de l'ennemi qui réussit à l'éviter. — Seignelay était à bord du *Conquérant*. — La flotte rentre à Brest et y désarme. — Tourville est nommé vice-amiral du Levant.

Nous sommes en 1685 : les Tripolitains continuent à courir sur nos bâtiments de commerce, malgré le traité de 1683. Le Roi est décidé à venir à bout, cette fois, de ce brigandage maritime. Il fait équiper [1] une escadre de 8 vaisseaux, 8 galiotes à bombes et 2 brûlots, sous le commandement du maréchal d'Estrées, qui a son pavillon sur

[1] D'Hamecourt.

le *Ferme*. Tourville monte l'*Agréable*, de 54 canons et 350 hommes. D'Estrées, avec ses bâtiments, part de Toulon, le 19 juin, et rejoint, le 29, d'Amfreville, qui bloquait, depuis un mois, Tripoli avec 3 vaisseaux et un brûlot. On mouille à environ 2 lieues au large, par un fond si mauvais, qu'il faut en trouver un autre [1].

Toujours entreprenant, Tourville s'embarque de nuit sur une chaloupe, sonde jusque sous les murs de Tripoli et revient après avoir trouvé un mouillage favorable. Pour le récompenser de cet acte de hardiesse, on le charge du commandement de l'attaque ; il place lui-même ses galiotes à bombes et, le 23 juin, le bombardement commence. Le 28, les Tripolitains capitulent et consentent à payer une rançon de 500,000 livres, et à rendre 246 esclaves, ainsi qu'un petit bateau capturé sur les Marseillais.

Les lettres de Tourville au ministre, que nous publions à leur date des 14 et 26 avril, ont trait à des préparatifs d'embarquement et au choix de ses officiers.

De Tripoli, d'Estrées se rend à Tunis et rentre à Toulon, laissant à Tourville l'ordre de se rendre à Alger pour y adresser des représentations au Dey, au sujet de la course que les Algériens recommençaient à faire sur les bâtiments français. Tourville réussit dans sa mission et obtient satisfaction ; il reprend alors la route de Toulon, où il arrive le 30 septembre. Il rend compte au ministre de son arrivée par une lettre (la voir à sa date) du 1er octobre, que Seignelay annote ainsi de sa main : « Accuser la réception de sa lettre, luy té-
« moigner la satisfaction que le Roy a receue de son voyage et de
« l'adresse et de la fermeté qu'il a montrée dans ce qu'il a eu à trait-
« ter avec le Dey. »

Vers la fin de l'année 1685, on fait des préparatifs pour obtenir, par la force, restitution, de la part des Espagnols, des marchandises françaises saisies par eux. Deux escadres, l'une de 6 vaisseaux et 2 frégates, et l'autre de 5 vaisseaux et 2 frégates devaient être armées à Brest, une troisième de 6 vaisseaux à Rochefort et au Havre, et deux autres, enfin, l'une de 7 vaisseaux, l'autre de 8, devaient l'être à Toulon.

Dans l'une de ces deux dernières, commandée par le duc de

---

[1] Guérin, *Histoire maritime*.

Mortemart, Tourville figure comme lieutenant général et monte le *Pompeux*, de 70 canons et 450 hommes.

Pendant son séjour à Toulon, Tourville donne surtout ses soins à deux questions spéciales : l'instruction des officiers, la construction des vaisseaux. (Voir ses lettres au ministre des 15 novembre, 4, 16, 20 et 22 décembre 1685.) Il a approfondi ce sujet, et Seignelay annote ces lettres pour en approuver les propositions : « Il faut (dit Tourville, lettre du 25 novembre), que les commandans soient appliqués à l'examen des officiers et la principale affaire à laquelle les nouveaux gardes doivent s'employer est la manœuvre. »

Sous la direction énergique de Tourville, les jeunes officiers « travaillent nuit et jour, et il y en a mesme qui payent des maîtres pour leur montrer. » Un maître d'hydrographie les interroge, mais Tourville les interroge aussi lui-même. « Il est constant (écrit-il le 20 décembre), que la plupart respondent fort bien, mais il leur manque de la pratique. » Il surveille aussi les canonniers et fait donner leur direction à un ancien capitaine nommé de Pallas, qui a sa confiance. Quand les officiers, ainsi entraînés (comme on dirait aujourd'hui), auront fait preuve de connaissance de leur métier, ils seront exempts de l'école, mais ils n'en seront pas moins interrogés tous les 3 mois, « afin de connaître s'ils ne négligent point ce qu'ils ont appris. (Lettre du 20 décembre 1685). Puis il s'occupe de faire « le plan de tous les endroits de la Méditerranée. » « Il est essentiel pour la navigation (écrit-il) de faire une carte exacte pour naviguer dans cette mer, par les hauteurs, n'en ayant pas trouvé de juste, ni anglaise, ni hollandaise » (Lettre du 22 décembre 1685), et Seignelay met l'annotation suivante de sa main en regard de ces propositions : « Le Roy pensera à mettre en pratique ce qu'il propose. »

Quant aux constructions, Tourville vit avec les constructeurs, maître Blaise, maître Coulon, et surtout avec Petit-Renau, l'inventeur des galiotes à bombes. Il veut se mettre au courant de leur métier. « Il donne (Lettre du 25 novembre 1685) plus d'application que jamais aux constructions ». Il a appris de Renau toutes les lignes qui peuvent convenir à un navire ; il fait lui-même des plans de navires ; il voudrait faire construire sur ces plans un petit vaisseau de 50 à 60 pieds pour servir d'école flottante aux jeunes officiers. Suivant lui, « lorsqu'on veut faire bastir un grand navire, il convient d'en faire un modèle de 15 ou 20 pieds, afin de voir la tonure du navire et de corriger ce qu'on y trouvera de mal; cela ne coûtera pas 20 pistoles. » Il propose de faire venir maître Blaise du Ponant en Provence « parce qu'il lui connoist du génie et qu'il verroit mieux qu'un autre la différence des fonds des navires du Levant à ceux du Ponant. *Il faut accommoder les fonds des vaisseaux du Levant avec les œuvres mortes qu'on fait en Ponant, et l'on verra de bons navires.* » (Lettre du 20 décembre 1685.)

Il revient sur ce sujet volontiers (Lettre du 27 décembre 1685). — Suivant lui (et les maîtres sont de son avis), les bâtiments de Ponant ont des « fonds plus nourris », c'est-à-dire qu'ils ont plus de plat de varangue et cela nuit à leur marche. Maître Coulon profite des observations de Tourville pour la construction d'un vaisseau de 140 pieds dont il est chargé.

Dans cette même lettre du 27 décembre au Ministre, il dit qu'il travaille trois heures par jour avec Renau et « qu'il n'ignore aucune ligne qui puisse convenir à un navire ». Quand il sera dans un port, il ne croit pas (même lettre) qu'il y ait besoin d'inspecteurs lorsqu'on y fera bâtir quelque vaisseau. Il s'y appliquera si le Roi veut bien lui donner l'inspection des constructions. Il ne demande pas à aller de port en port, mais d'avoir, préférablement à tout autre, l'inspection des constructions dans le port où il sera. Seignelay a noté ces passages de sa main en ces termes : « Il pourra estre très « utile au service du Roi avec les connaissances qu'il acquiert par « l'application qu'il apporte à tous les détails de constructions [1]. »

Enfin, il a pu faire construire un petit vaisseau sur ses plans et il rend compte des essais de ce navire dans une lettre au Ministre, du 3 mars 1686 (la voir à sa date); c'est un succès complet. Tourville, suivant ses habitudes de se rendre compte par lui-même des choses, suivait son petit vaisseau dans un gros bateau pêcheur. Tous les maîtres charpentiers du port de Toulon et bon nombre d'officiers assistaient anxieusement à l'opération.

---

[1] Ces connaissances en matière de constructions navales, Tourville devait s'en rendre maître à un tel point qu'il faisait plus tard publier par le père Hoste, un jésuite dont nous avons déjà parlé, un *Traité sur la théorie de la construction des vaisseaux*, Lyon, Anisson, 1697, in-4º. Dans la préface de ce livre, le père Hoste s'exprime ainsi :

« J'ai senti toute la difficulté de mon entreprise; mais les grands avantages qu'on en peut tirer, et les ordres exprès de M. le maréchal de Tourville m'ont encouragé; je laisse à mon lecteur le jugement du succès dont je me suis flatté. »

Nous ne savons si c'est à cette construction que se rapporte le curieux passage suivant que nous empruntons à Guérin (*Histoire de la Marine*) :

Hoste (Paul), né à Pont-de-Vesle, dans la Bresse, au diocèse de Lyon, le 19 mai 1652, entra chez les jésuites en 1669, au mois de septembre, et, environ vingt ans après, fut professeur royal pour les mathématiques à Toulon, où il est mort le 23 février 1701, dans la quarante-neuvième année de son âge. Il avait fait plusieurs voyages sur mer avec MM. d'Estrées et de Tourville, et avec M. le duc de Mortemart. Il les accompagna durant douze ans dans toutes les expéditions navales. Le maréchal de Tourville surtout le goûtait beaucoup, et ce fut en conséquence de quelques conversations qu'il eut avec ce maréchal, qu'il composa son ouvrage.

On lit, à ce sujet, dans une lettre de M. Deslandes, imprimée dans les *Mémoires de Trévoux*, mars 1748, et réimprimée depuis en un in-12 : « L'ouvrage du père Hoste parut trop savant pour le temps où il était fait. On contesta d'ailleurs quelques principes à l'auteur, et son plus grand adversaire fut le maréchal de Tourville lui-même. Comme il n'y avait personne en état de les juger, ils tombèrent d'accord l'un et l'autre de se battre à armes égales, c'est-à-dire de travailler chacun de son côté à la construction d'une frégate qui eût même longueur, même largeur et même creux. Les autres proportions devaient dépendre de leur industrie et des règles qu'ils s'étaient faites. Quoique le maréchal eût promis au père Hoste que tout serait égal entre eux, cependant les meilleurs ouvriers, les meilleurs bois, les conseils donnés et reçus à propos furent le partage de M. de Tourville ; tandis que le géomètre, laissé à lui-même, souffrait des retardements et des contradictions inévitables. Les deux navires étant enfin achevés, on les mit le même jour à l'eau. Toute la marine était accourue à ce spectacle. Le vaisseau bâti par les ordres et sous les yeux du maréchal obtint la préférence au premier coup d'œil. Il la méritait par le fini de l'ouvrage, et une certaine élégance dont les bois mis en œuvre sont susceptibles. On convint ensuite (et le père Hoste ne s'éloignait pas de cette pensée) que ce vaisseau méritait encore la préférence par la bonté de sa construction. Ce qui avait jeté dans l'erreur l'habile géomètre, c'est qu'il avait donné les mêmes façons à l'arrière et à l'avant de son vaisseau. Son navire était presque rond; ses deux côtés ressemblaient à deux segments de cercles que l'on aurait joints ensemble. Il croyait par là que son navire diviserait mieux le liquide où il était plongé; ce navire ne faisait que tournoyer, comme ferait une navette de tisserand dans une baille d'eau, à laquelle on aurait imprimé un mouvement de tourbillon. Mais ayant depuis remanié ses premières idées, il proposa une construction plus parfaite, que les guerres qui survinrent empêchèrent d'exécuter [1].

L'exemplaire de l'*Art des armées navales* du père Hoste, que l'on trouve à la Bibliothèque de l'Arsenal, sous la rubrique : *Sciences*, n° 9086, porte en tête *la note manuscrite* suivante, qui semble assez curieuse pour être reproduite, et à laquelle nous conservons son orthographe :

« Il est singulier que le seul traité que nous ayons des évolutions navales et de l'art de faire manœuvrer les vaisseaux de guerre soit d'un jésuite et encore plus que ce livre soit bon; mais il faut savoir : 1° que le père Hoste a passé la plus grande partie de sa vie avec des marins, ayant montré pendant bien des années les mathématiques aux gardes de Toulon; 2° qu'il a fait douze campagnes sur les vaisseaux du Roy avec MM. le duc de Mortemar, maréchaux d'Estrées et de Tourville, et, 3° enfin, qu'on prétend que le maréchal de Tourville même l'a aydé à composer ce livre-cy. Si ce dernier fait est vray, le scrupule de messieurs les marins doit être bien levé.

« Il n'y a que cette édition de ce livre. Louis XIV en fut si content, qu'il accorda une pension à l'auteur qui était né à Pont-de-Vesle en Bresse, en 1652, et est mort à Toulon en 1701. Le traité de la construction des vaisseaux (du même auteur) est inférieur à celuy des évolutions navales; du moins est-il bien moins utile à présent, la théorie et la pratique de cette science estant bien perfectionnées. »

En 1687, pour mettre ordre aux pirateries des Algériens, le Roi fait armer à Toulon deux escadres, l'une de 7 vaisseaux, sous les ordres du duc de Mortemart, général des galères, l'autre de 5 vaisseaux, sous le commandement de Tourville, qui monte l'*Emporté*, de 44 canons et 230 hommes. Tourville rejoint le duc de Mortemart à Cadix, le 4 août 1687, et en repart le 5 en détachant 3 de ses vaisseaux

---

[1] *Le père Hoste.*

pour croiser sur les côtes d'Espagne, et deux autres sur les côtes de Barbarie. Il rencontre près de Malaga une caravelle algérienne[1], lui donne la chasse, la rejoint avec l'*Emporté*, qu'il commande, et la *Mutine*, de 28 canons et 130 hommes, commandée par Coëtlogon ; il coupe à l'algérien son grand mât par une bordée chargée à chaînes, Coëtlogon saute à bord de l'algérien, l'épée à la main, s'en empare et fait 100 Turcs prisonniers ; mais il est forcé d'abandonner sa prise qui coule bas malgré tous ses efforts. C'était une caravelle de 42 canons et 160 hommes d'équipage.

L'année 1688 (rapporte d'Hamecourt) « fournit un événement à jamais remarquable. Ce fut l'étonnante révolution arrivée en Angleterre, dont toute l'Europe fut surprise ; car, depuis les siècles de barbarie, on ne trouve point d'exemple dans l'histoire qu'un gendre ait détrôné son beau-père et l'ait obligé à sortir de son royaume ; c'est cependant ce que fit le prince d'Orange, qui était en Hollande. Louis XIV, touché d'une ingratitude et d'une perfidie aussi monstrueuses, fit, à plusieurs reprises, des efforts extraordinaires pour le faire remonter sur le trône. »

Cette même année, Tourville, qui commandait dans la Manche une escadre de 5 vaisseaux, y rencontre 5 vaisseaux hollandais (la guerre avec la Hollande était déclarée) et les attaque.

« Le combat[2] fut opiniâtre et long, mais Tourville les chauffa si vivement, ainsi que les autres vaisseaux de son escadre, qu'ils furent obligés de se rendre. Ils venaient d'Alexandrette et portaient pour 600,000 livres de marchandises. »

Tourville détacha deux de ses bâtiments pour conduire ses prises en France et continua sa route sur Alger avec 3 vaisseaux.

Le 2 juin, à sept lieues d'Alicante, il découvre 2 gros vaisseaux sous le vent et se dirige sur eux. Une fois à portée de canon, il met son pavillon ; les 2 vaisseaux, l'un de 66 canons, l'autre de 54, hissent celui d'Espagne. Tourville se doute qu'il a devant lui l'amiral Papachim, qu'il avait infructueusement cherché quatre ans auparavant.

Immédiatement, il fait signal à Château-Renault, qui commande le *Solide*, de 44 canons et 230 hommes, et à d'Estrées, qui commande

---

[1] D'Hamecourt.
[2] D'Hamecourt.

l'*Emporté*, de 44 canons et 320 hommes, de se préparer au combat. Puis, il envoie une tartane signifier à l'amiral espagnol qu'il ait à saluer le pavillon de France. Papachim refuse. Tourville arrive à petite voilure sur lui, jusqu'à portée de pistolet et sans tirer un coup de canon. Là, les deux vaisseaux, le français et l'espagnol, s'envoient leurs bordées de si près que Château-Renault « n'a pas de place pour envoyer la sienne à Papachim et s'attaque à l'autre vaisseau ». Tourville aborde le vaisseau de Papachim par l'avant. « Il se fit pendant une demi-heure un carnage effroyable sur les deux bords et les deux vaisseaux furent entièrement désagréés. Papachim étant venu à bout de couper les amarres, la canonnade recommença avec beaucoup de vigueur. Château-Renault, qui combattait l'autre vaisseau, à portée de mousquet, s'étant aperçu que le vaisseau de Tourville avait passé de l'avant de celui de Papachim, fit aussitôt porter sur lui, dans la crainte que Papachim, qui avait déjà amené sa grande voile, pour mieux tenir le vent, ne pût s'échapper ; il gagna effectivement le travers du vaisseau du vice-amiral espagnol, laissant d'Estrées combattre le second, et s'étant approché à portée de pistolet, il donna l'ordre à M. Desblotières, qui commandait la batterie basse, de tirer toutes les chaînes pour démâter l'ennemi ; ce que cet officier exécuta si à propos qu'il abattit le grand mât et celui d'artimon des Espagnols et la mousqueterie fut si bien servie que le pont du vaisseau de Papachim fut entièrement abandonné et qu'on le vit seul avec un autre homme auprès de son artimon. Pendant ce temps-là, d'Estrées, qui était resté auprès de l'autre vaisseau, le maltraita très fort et força le capitaine à venir à son bord avec ses officiers. Alors, Tourville, s'étant rapproché de Château-Renault, recommence le combat qui durait déjà depuis plus de 4 heures et en peu de temps achève de s'emparer du vaisseau de Papachim, qui fut forcé d'amener son pavillon. Tourville lui envoya sa chaloupe pour lui dire de saluer ou de se préparer à un nouveau combat ; il fit réponse qu'il saluerait, mais il protesta qu'il ne le ferait que comme contraint ; en effet, il salua de 9 coups de canons sans balles, qui lui furent rendus coup pour coup et chacun continua sa route. »

D'Hamecourt, au manuscrit duquel nous empruntons le récit qui précède, le termine par la réflexion suivante :

« Cette action fit d'autant plus d'honneur à Tourville, qu'on n'avait jamais vu un vaisseau de 54 canons et 350 hommes d'équipage en aller aborder un autre de 68, défendu par 500 hommes, sans tirer un coup de canon que bord à bord et les canons croisés les uns dans les autres, et ce qu'il y eut de surprenant c'est que Tourville n'eut que 30 hommes tués et 40 de blessés, tandis que les Espagnols perdirent plus de 200 des leurs. »

Ce combat heureux pour Tourville ne tranchait pas la question du salut, et cela revenait à dire que la loi du plus fort la réglait seule. Nous approchons, d'ailleurs, de l'époque où Guillaume d'Orange, en montant sur le trône d'Angleterre et déclarant la guerre à la France, signait un manifeste où il disait « *que le droit de pavillon, qui appar-*
« *tient à la couronne d'Angleterre, a été disputé par l'ordre de*
« *Louis XIV, ce qui tendait à la violation de notre souveraineté sur*
« *la mer, laquelle a été maintenue de tout temps par nos prédécesseurs*
« *et que nous sommes aussi résolu de maintenir pour l'honneur de*
« *notre couronne et de la nation anglaise.* »

C'était une réponse à l'ordonnance du 15 avril 1689, par laquelle Louis XIV non seulement défendait à tous officiers, commandant des vaisseaux, de saluer les premiers les vaisseaux des autres puissances, portant des pavillons égaux aux leurs, mais encore leur enjoignait d'exiger le salut et de les y contraindre par la force, s'ils en faisaient difficulté, sur quelques mers ou côtes que se fît la rencontre (Livre 3, articles 5 et 6).

« En général (dit l'auteur des *Principes sur la marine*), la France a toujours prétendu exiger le salut des autres nations à pavillon égal et l'a souvent obtenu par la force, mais cette possession n'a jamais été bien constante ni avouée des autres nations. » Jal [1], auquel nous empruntons cette citation, la complète comme il suit :

On lit dans l'*Extrait des ordres du Roy* (de 1691 à 1699, Ms. in-fol., *Arch. de la Mar.*), p. 694 : « 31 mars 1698. L'article du salut a souvent été un sujet de discussions entre la France et l'Angleterre. Cette couronne a toujours prétendu la supériorité dans la Manche, par la seule raison que cette mer lui appartenoit, en vertu des ports qu'elle y possède, quoique cette raison pût tourner à l'avantage de la France, dont les ports ne sont pas moins considérables dans cette mer, et dont les côtes y sont bien plus étendues que celles d'Angle-

---

[1] *Glossaire nautique.*

terre. Cependant le salut qu'elle exigeoit, dans la Manche, à pavillon égal, en vertu de cette supériorité imaginaire, elle le refusoit aux François dans d'autres mers, sous prétexte d'égalité. Le Roy, voulant prévenir les incidents qui pouvoient naître pendant la paix, du peu d'accord qu'il y avoit à cet égard entre les deux nations, donna ordre à M. de Tallard, son ambassadeur, de consentir de sa part que les vaisseaux de l'un et de l'autre État ne se saluassent pas dans la Manche lorsqu'ils s'y rencontreroient, mais de déclarer qu'à l'égard des autres mers, S. M. ne se relâcheroit en rien de ce qui estoit dû légitimement à la couronne de France, et qu'il étoit extraordinaire que l'ambassadeur d'Angleterre, cédant le pas à celui de France, les vaisseaux anglois disputassent le salut aux vaisseaux françois, à pavillon égal; de convenir que le salut seroit rendu par les vaisseaux coup pour coup, entre pavillons égaux et entre les simples vaisseaux de guerre, et que les vaisseaux françois salueroient les premiers les vaisseaux anglois qui auroient une marque de commandement supérieure, en fixant réciproquement le nombre de coups que ces vaisseaux rendroient aux vaisseaux inférieurs qui les auroient salués. »

A la page 604 du même volume, on lit cet extrait d'une circulaire adressée aux capitaines des vaisseaux armés : « Qu'à l'égard des vaisseaux de guerre particuliers de Hollande, de Venise, de Gênes et des villes d'Alger, Tunis et Tripoly, S. M. veut qu'ils leur demandent le salut et qu'ils y forcent ceux qui le refuseront, *s'ils croient pouvoir le faire avec avantage.* » Louis XIV et ses ministres, comprenant que troubler la paix de deux nations, à propos d'une question de vanité, était une folie, donna ordre, le 3 juin 1699, à M. de Relingues, lieutenant général des armées navales, « de ne porter qu'une flamme » (au lieu du pavillon carré au mât de misaine) « devant Cadix, pour n'être point obligé d'exiger le salut. » Cette question délicate avait, en 1688, amené, on l'a vu plus haut, un combat entre M. de Tourville et l'amiral espagnol Papachim. Le 9 juin 1700, M. de Nesmond, chef d'escadre, commandant une escadre de quatorze vaisseaux, reçut ordre de prendre le même pavillon que celui du commandant espagnol lorsqu'il le rencontrerait, « observant de le prendre *bleu,* cette couleur n'étant pas celle de la nation, ce qui ne tiroit point à conséquence, pour ne point exiger de salut, le Roy voulant prévenir en ce moment tout sujet de discussion autre que celui du passage de l'archiduc en Espagne. »

Le 20 avril 1701, le chevalier d'Hautefort, capitaine de vaisseau, envoyé pour rejoindre M. de Coëtlogon à la Martinique, eut pour instruction de n'exiger et de ne rendre aucun salut; les Anglais étaient exceptés. M. d'Hautefort, s'il rencontrait des vaisseaux anglais portant une simple flamme ne devait pas saluer; si les Anglais voulaient l'y contraindre, il devait forcer de voile pour ne pas obéir. Si les Anglais portaient pavillon ou cornette, il pouvait les saluer et continuer sa route (II° vol. manuscrit cité. p. 847-851). On saluait le pavillon étranger, qu'il fût porté par des navires de commerce ou par des vaisseaux de guerre. Une lettre de Pontchartrain à Du Quesne (28 mars 1703; c'est Du Quesne le fils, chef d'escadre) nous apprend que celui-ci entrant à Livourne, salua de sept coups de canon les bâtiments marchands qui y étaient. Le ministre le lui reprocha, parce qu'à ces bâtiments il n'était dû que trois coups. (P. 854.) Voici de nouveaux exemples du désir que Louis XIV avait de ne pas troubler la paix : le 19 octobre 1712, il fit écrire à M. de Bellefontaine, commandant de la marine à Toulon, qu'il lui recommandait de ne point *chicaner les vaisseaux de guerre anglais sur le salut*, et qu'il l'approuvait de *n'avoir pas fait semblant* de s'apercevoir que les deux vaisseaux entrés à Toulon pour y prendre le duc d'Argyle n'avaient fait aucun salut. Le 7 juin 1714, il écrivait au capitaine de vaisseau Du Quesne « d'éviter avec soin la rencontre des vaisseaux anglois; » le 11 septembre, il prescrivait à M. de Marolles qui se rendait dans la Baltique, portant l'ambassadeur de Perse, de prendre « toutes les précautions possibles pour ne point blesser l'Angleterre; d'être bien circonspect avec les Anglois sur le salut, et d'éviter autant qu'il le pourroit la rencontre de leurs vaisseaux, comme aussi d'entrer dans les ports ou rades étrangères où ils se trouveroient. » (P. 861.) — « Sa Majesté veut qu'il (le comte de Vivonne, général des galères) fasse rendre par tous vaisseaux et galères le respect et les saluts deubs à son estandard, à l'exception des vaisseaux de guerre anglois seulement, Sa Majesté estant conuenue, ainsi qu'il est cy-dessus dit, auec le Roy d'Angleterre que les vaisseaux et galères réciproquement ne se salueroient point. » *Colbert à Vivonne*, 18 avril 1670; *Ordres du Roy* (Galères), vol. II, fol. 43; *Arch. de la Mar.* — « C'estoit un vaisseau de Tunis; il nous a salué de cinq coups de canon, et nous en avons rendu trois coups. Il nous a remercié d'un coup. » *Journal de la route du vaisseau le More* (14 février 1689), Ms. *Arch. de la Mar.* — « A trois heures le senaut [1] du roy d'Espagne est entré dans cette baye (de Cadix) ; j'ai envoyé un officier offrir mes services au capitaine. Le bâtiment a salué de treize coups de canon : quelque temps après, mon canot est revenu, et l'officier m'a dit que c'était le cutter du Roy (le *Lurchers*, commandé par le chevalier de la Baume-Pluvinel) que ce salut regardoit : j'ai eu d'autant plus de peine à croire ce qu'il me disoit, que le senaut ayant salué avec ses voiles serrées, cet honneur, selon l'usage universellement reçu, s'adressoit à la place de guerre. » (*Le chevalier de la Baume-Pluvinel, au ministre de la marine*, de Vigo, 14 novembre 1780 ; Ms. *Arch. de la Marine*.)

La France déclare, le 15 avril 1689, la guerre à l'Espagne et le 25 mai à l'Angleterre. Louis XIV fait armer deux escadres, l'une à Brest, de 42 vaisseaux, sous les ordres de Château-Renault, et l'autre à Toulon, de 8 bâtiments dont 2 vaisseaux et 4 frégates, sous les ordres de Tourville.

Les Anglais, avec 70 vaisseaux, prirent aussitôt la détermination d'empêcher la jonction de l'escadre de Toulon et de celle de Brest.

On va voir comment Tourville sut déjouer leurs calculs :

En mai 1689, Tourville reçoit l'ordre d'armer à Toulon et d'emmener à Brest les 20 vaisseaux, 4 frégates, 8 brûlots et des bâtiments de charge qu'il commande, afin de les réunir aux forces navales rassemblées dans le Ponant. Il fallait passer le détroit de Gibraltar, côtoyer toute l'Espagne, dont on risquait de rencontrer les vaisseaux, et déjouer le plan formé par les flottes combinées pour empêcher la jonction des flottes françaises.

Tourville surmonte tous les obstacles et arrive le 29 juillet à la hauteur d'Ouessant. Il y apprend que la flotte ennemie, de 70 voiles, croisait à l'embouchure du passage de l'Iroise, pour lui barrer l'entrée dans la rade de Brest.

Depuis deux mois qu'elle tenait la mer, l'escadre de Tourville manquait d'eau et ses vivres tiraient à leur fin. Elle avait essuyé un furieux coup de vent dans le golfe de Gascogne et plusieurs de ses

---

[1] Sorte de brick ayant derrière son grand mât un mâtereau qui portait la corne d'artimon.

vaisseaux avaient besoin de réparations urgentes. Un plus long séjour à la mer lui était donc impossible. Fallait-il forcer le passage de l'Iroise avec ses 20 bâtiments dans l'état qu'on vient de dire contre les 70 de l'ennemi ? Mais ses instructions lui recommandaient de ne pas risquer d'action avant d'avoir opéré sa jonction avec les escadres de Ponant.

Tourville prit un autre parti :

Il avait besoin [1], pour entrer dans l'Iroise, des vents de N.-O ou de S.-E. qui sont très fréquents dans ces parages. Il calcula que la brise d'E-N.-O., qui durait depuis quelque temps déjà, allait cesser, que d'un vent de S.-O ou de N.-O l'ennemi ne pouvant tenir Ouessant, serait obligé de donner dans la Manche et de lui laisser libre l'entrée de l'Iroise. Il fit, néanmoins, tous les préparatifs d'un combat désespéré et attendit patiemment, en louvoyant dans l'ouest d'Ouessant, que la brise se fît au S.-O. Après six jours d'attente, le 4 août, le changement de temps qu'il espérait se produisit. Il était alors à 14 lieues d'Ouessant. Il fait route sur l'Iroise et y entre vent arrière, à la vue de la flotte ennemie qui croisait à 10 lieues sous le vent.

Donnons ici une relation intéressante de cette belle manœuvre de Tourville. Nous croyons que cette relation est peu connue. Nous l'avons trouvée dans l'ouvrage du père Hoste [2] (*Traité des évolutions navales*), dont nous avons déjà parlé. Le père Hoste traite *ex professo*, comme un vieux navigateur qu'il était (il avait navigué plusieurs années avec Tourville) le problème de tactique maritime suivant :

« Le point essentiel d'un général qui veut forcer un passage est de savoir profiter des vents qui peuvent favoriser son dessein, comme fit le chevalier de Tourville l'an 1689. Le Roi l'avait nommé pour commander son armée navale contre les alliés ; mais il fallait faire la jonction de nos vaisseaux de Provence avec ceux du Ponant et la

---

[1] Eugène Sue.

[2] Dans la préface de ce volume sur l'*Art des armées navales ou Traité des évolutions navales*, par le père Hoste, *Lyon*, Bruyset, 1727, in-4°, on lit ce qui suit :

. . . .

« Au reste on ne trouvera pas étrange qu'un homme de ma profession ait travaillé sur ces matières, si on sait que, depuis douze ans, j'ai eu l'honneur d'être auprès de M. le maréchal d'Estrées, de M. le duc de Mortemart et de M. le maréchal de Tourville, dans toutes les expéditions qu'ils ont faites quand ils commandaient nos armées navales ; et que M. le maréchal de Tourville a bien voulu me communiquer ses lumières, en m'ordonnant de composer sur une matière que je pense n'avoir pas encore été traitée. »

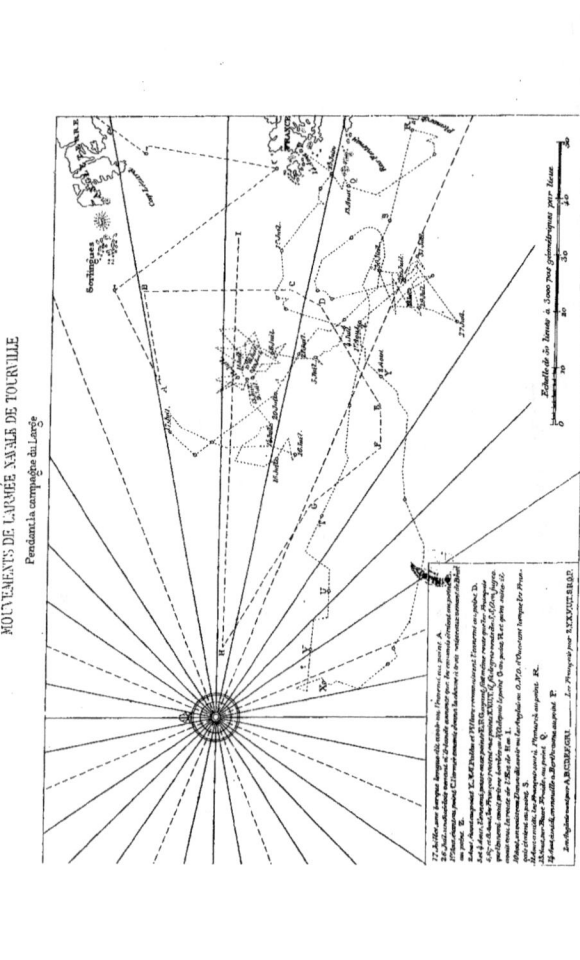

chose n'était pas aisée, puisque les alliés pouvaient venir croiser avec toutes leurs forces à l'entrée de Brest, où la jonction devait se faire. En effet, Tourville ayant armé 20 vaisseaux de guerre à Toulon et les ayant conduits à la hauteur d'Ouessant, apprit que les alliés étaient à l'entrée de l'Iroise avec environ 70 vaisseaux de ligne et qu'ils tenaient bloqués 40 de nos vaisseaux dans la rade de Brest. Les conjonctures étaient fâcheuses, puisque l'escadre de Tourville était trop petite pour risquer un combat et que, d'autre part, étant depuis deux mois à la mer, elle manquait de beaucoup de choses nécessaires : ainsi, on ne pouvait pas penser à repasser en Provence, outre que c'était faire échouer les desseins du Roi et mettre nos Ponantais en danger d'être insultés à Brest, qui n'était pas encore hors d'insulte comme il est à présent. Tourville s'était attendu à la manœuvre des ennemis et il avait déjà pris son parti. Il savait que le vent de S. O. règne fort dans ce parage et il était résolu de l'attendre, sachant bien que, d'un vent de S.-O. forcé, les ennemis ne pourraient pas tenir sur Ouessant et qu'ils seraient obligés de donner dans la Manche en même temps que nous donnerions dans l'Iroise. Nous demeurâmes six jours à attendre le vent de S.-O., environ 30 lieues au large d'Ouessant, où notre général avait pris toutes les précautions nécessaires en cas que les ennemis nous y vinssent chercher. Ce fut le 29 de juillet qu'un vent de S.-O. forcé nous fit prendre la route de Brest et nous fit espérer de finir une navigation qui commençait de nous beaucoup fatiguer. On détacha 2 frégates pour forcer de voiles et tâcher de reconnaître la terre, afin de prendre des mesures plus justes. Sur le midi, nous crûmes être à 12 lieues à l'ouest d'Ouessant ; mais, comme nous n'avions pas vu la terre depuis longtemps, il y avait presque danger que nous n'en fussions plus près et qu'à travers une brume épaisse nous n'allassions donner contre quelques roches. C'est pourquoi Tourville, qui ne voulait rien précipiter, fit mettre côté en travers à toute l'escadre en attendant le retour des deux frégates. Ces sages précautions ne furent pas du goût de tout le monde. L'impatience où on était d'entrer à Brest, l'inconstance du vent, la crainte de ne recouvrer de longtemps une si belle occasion de finir nos maux, tout cela faisait trouver étrange à quelques-uns qu'on perdît à la cape un temps si précieux, et je conviens que nous attendions nos frégates avec beaucoup d'impatience. Elles nous rejoignirent sur le soir et nous apprîmes qu'elles avaient vu Ouessant et que nous en étions à environ 14 lieues à l'ouest. Une si heureuse nouvelle nous remplit de joie et donna lieu à Tourville de prendre si bien ses mesures que, le lendemain au point du jour, nous nous trouvâmes à l'entrée de l'Iroise. Le vent était venu du N.-O. et les ennemis, qui étaient à 8 ou 10 lieues au vent, eurent le déplaisir de nous voir entrer à Brest, où nous fûmes reçus avec les applaudissements que méritait une jonction si heureuse. Les alliés ne se croyant plus en sûreté sur Ouessant allèrent passer le reste de la campagne aux Sorlingues. »

Aussitôt entré à Brest, Tourville prend le commandement d'une magnifique flotte de 70 vaisseaux et de 100 brûlots ; donnons la liste des vaisseaux :

Le *Conquérant*, 76 canons et 500 hommes, sur lequel Tourville a son pavillon.
Le *Souverain*, 84 canons et 500 hommes, commandé par Château-Renault.
Le *Magnifique*, 72 canons et 480 hommes, commandé par Damfreville.
La *Couronne*, 74 canons et 450 hommes, commandé par d'Estrées.
Le *Grand*, 86 canons et 550 hommes, commandé par Gabaret.
Le *Terrible*, 76 canons et 400 hommes, commandé par de Béthune.
L'*Éclatant*, 70 canons et 420 hommes, commandé par de Villette-Mursay.
Le *Tonnant*, 76 canons et 400 hommes, commandé par Forant.
Le *Content*, 66 canons et 350 hommes, commandé par de Nesmond.
Le *Triomphant*, 76 canons et 400 hommes, commandé par de Flacourt.
Le *Sérieux*, 64 canons et 350 hommes, commandé par de Beaulieu.
Le *Bourbon*, 62 canons et 400 hommes, commandé par Pannetier.
L'*Ardent*, 66 canons et 350 hommes, commandé par Saint-Aubin d'Infreville.
Le *Parfait*, 60 canons et 350 hommes, commandé par de Cogolin.
Le *Courageux*, 56 canons et 300 hommes, commandé par du Magnon.
L'*Apollon*, 58 canons et 300 hommes, commandé par de Montortier.

Le *Fougueux*, 60 canons et 350 hommes, commandé par de la Bretesche.
Le *Furieux*, 60 canons et 350 hommes, commandé par Denos.
Le *Glorieux*, 62 canons et 350 hommes, commandé par de Langeron.
Le *Fort*, 56 canons et 300 hommes, commandé par de Rosmadec.
Le *Prince*, 58 canons et 350 hommes, commandé par de Relingues.
L'*Entreprenant*, 56 canons et 300 hommes, commandé par de Beaujeu.
Le *Ferme*, 60 canons et 350 hommes, commandé par de Septèmes.
Le *Vermandois*, 60 canons et 330 hommes, commandé par de Machault.
L'*Agréable*, 60 canons et 350 hommes, commandé par de Belle-Isle-Esrard.
Le *Gaillard*, 48 canons et 250 hommes, commandé par de Méricourt.
Le *Fier*, 80 canons et 500 hommes, commandé par de Bellefontaine.
Le *Fendant*, 52 canons et 300 hommes, commandé par de Réals.
Le *Sage*, 52 canons et 300 hommes, commandé par de Vaudricourt.
Le *Marquis*, 58 canons et 330 hommes, commandé par Dumené.
Le *Courtisan*, 64 canons et 400 hommes, commandé par le marquis de la Porte.
L'*Écueil*, 44 canons et 250 hommes, commandé par de Combes.
Le *Téméraire*, 56 canons et 300 hommes, commandé par de Montbron.
L'*Arrogant*, 58 canons et 300 hommes, commandé par de la Harteline.
Le *Vaillant*, 54 canons et 300 hommes, commandé par de Sebeville.
Le *Diamant*, 54 canons et 300 hommes, commandé par de Coëtlogon.
L'*Aquilon*, 52 canons et 300 hommes, commandé par Bidant.
Le *Fidèle*, 48 canons et 250 hommes, commandé par Duchalard.
Le *Capable*, 48 canons et 250 hommes, commandé par de Grandfontaine.
Le *Cheval-Marin*, 46 canons et 250 hommes, commandé par d'Aligre.

Le *Belliqueux*, 80 canons et 500 hommes, commandé par de Sainte-Hermine.

L'*Eole*, 44 canons et 250 hommes, commandé par Digoine.

Le *Précieux*, 56 canons et 300 hommes, commandé par de Salampare.

Le *Maure*, 44 canons et 250 hommes, commandé par La Gallissonnière.

Le *Neptune*, 46 canons et 250 hommes, commandé par des Pallières.

Le *Saint-Michel*, 56 canons et 300 hommes, commandé par d'Hervault.

L'*Illustre*, 74 canons et 450 hommes, commandé par de Saint-Marc.

L'*Oiseau*, 40 canons et 250 hommes, commandé par Duquesne-Guitton.

Le *Brave*, 58 canons et 350 hommes, commandé par Chabert.

L'*Emporté*, 42 canons et 230 hommes, commandé par Roussel.

Le *Trident*, 44 canons et 270 hommes, commandé par des Francs.

Le *Solide*, 44 canons et 230 hommes, commandé par de Champigny.

Le *Comte*, 40 canons et 200 hommes, commandé par de Blenac.

L'*Arc-en-Ciel*, 44 canons et 250 hommes, commandé par de Perinet.

Le *Duc*, 54 canons et 300 hommes, commandé par de Forbin.

L'*Indien*, 44 canons et 250 hommes, commandé par de Chalois.

Le *Léger*, 41 canons et 200 hommes, commandé par de Villars.

Le *Bizarre*, 42 canons et 250 hommes, commandé par de Sainte-Maure.

L'*Excellent*, 60 canons et 350 hommes, commandé par de la Vigerie-Treilbois.

Le *Sans-Pareil*, 60 canons et 350 hommes, commandé par Desaugiers.

Le *Modéré*, 50 canons et 300 hommes, commandé par Desnots-Chammelin.

Le *Français*, 48 canons et 250 hommes, commandé par de la Rongère.

Tourville (dit d'Hamecourt) pensait trouver les flottes ennemies devant Ouessant; il fit voile de ce côté, « mais telles manœuvres et

« tels moyens qu'il pût employer pour les engager au combat, il ne
« lui fut pas possible d'y parvenir, par le soin extrême qu'ils prirent
« de l'éviter. »

Tourville, qui avait à son bord, pendant cette sortie, le Ministre Seignelay, rentra donc à Brest avec sa flotte et, après son désarmement, il fut appelé à la Cour.

Le 1er novembre 1689, il était nommé vice-amiral du Levant, charge confondue auparavant avec celle de général des galères.

CHAPITRE X.
(1690-1691.)

Préparatifs pour la campagne de 1690. — Tourville a 47 ans — Ses services depuis l'âge de seize ans. — Il est nommé au commandement en chef de la flotte destinée à agir contre l'Angleterre, l'Espagne et la Hollande. — Mariage de Tourville. — La flotte de Brest (118 bâtiments). — Victoire navale de Bévéziers. — Appréciation raisonnée du père Hoste sur les manœuvres de Tourville. — Poursuite de la flotte ennemie. — Croisière dans la Manche. — Descente à Tingmouth. — Mort de Seignelay, remplacé par Pontchartrain. — Campagne du Ponant. — Son double objet : prendre le convoi de Smyrne ; préserver les côtes de France de toute attaque. — Inexpérience du nouveau Ministre de la Marine. — Lettres de Tourville. — « Les officiers qui font de si beaux plans à Paris, sont différents de sentiment une fois à la mer. » — Résultats de la campagne du Ponant. — Mémoire justificatif de Tourville.

Nous approchons de l'époque où, dans la mémorable campagne de 1690, Tourville va donner toute la mesure de sa valeur maritime. Il avait alors 47 ans et, depuis l'âge de 16 ans, il servait presque sans interruption, naviguant tantôt seul, tantôt en division, dans l'Océan et dans la Méditerranée ; il avait assisté à toutes les grandes batailles navales de son temps, se montrant partout aussi prudent à prévoir, à combiner une expédition, qu'entreprenant et audacieux à la poursuivre, intrépide dans un abordage, ou dans une descente, aussi profondément tacticien dans un engagement à l'ancre que dans une action à la voile, dans une mêlée d'escadre que dans une affaire partielle et, comme l'écrit Eugène Sue, « ses beaux et rudes combats de Scio, de Gênes, de Messine, d'Agosta, de Palerme, d'Alger, de Tripoli, de Tunis offraient le resplendissant et glorieux spécimen de toutes les sortes de renommées que peut rêver un marin, depuis celle de capitaine de corsaire jusqu'à celle de général en chef. »

« Il faut dire, ajoute E. Sue [et la remarque est absolument juste], que Tourville doit ces résultats, non seulement à sa bravoure, qui était extrême, non seulement à ses connaissances pratiques et spéculatives qui embrassaient toutes les parties de la marine, depuis celle de charpentier jusqu'à celle d'amiral (comme l'a dit Saint-Simon), mais encore et surtout à l'imposante et presque religieuse idée qu'il s'était faite de l'immense responsabilité et des devoirs d'un homme qui, chargé d'entreprendre des entreprises toujours périlleuses, dispose de la vie d'autres hommes comme de simples moyens d'action. Aussi, qu'il commande une frégate ou 100 vaisseaux de guerre, voyez s'il confiera à d'autres qu'à lui-même le soin (le premier à ses yeux), d'explorer la position d'une redoute, d'un fort ou d'un mouillage ennemis. Il disait très spirituellement qu'un général, qui baserait ses projets d'attaque ou de défense sur le rapport d'un tiers, lui paraissait agir comme un peintre qui voudrait faire un portrait ressemblant d'après une narration. Suivant lui, rien ne devait être négligé pour qu'un succès sur mer coûtât toujours le *moins de sang, de chanvre et de bois possible.* »

Nous allons le voir mettre ces principes en pratique :

Vers la fin de 1689, Tourville avait été nommé, comme nous l'avons dit plus haut, vice-amiral du Levant, et il fut chargé du commandement en chef de la flotte destinée à agir contre l'Angleterre, l'Espagne et la Hollande [1].

Les *Archives de la Marine* possèdent de lui un mémoire de cette époque sur la jonction des escadres de Toulon et de Brest (nous le publions à sa date avec sa correspondance), où il prévoit et discute les opérations que l'ennemi pourra tenter en 1690.

On a vu plus haut comment Tourville avait réussi à opérer sa jonction avec l'escadre de Brest en évitant, comme le portaient ses instructions, de s'engager dans un combat, même à nombre égal.

---

[1] La nomination de Tourville au commandement en chef de la flotte destinée à agir contre les alliés excita, paraît-il, quelques jalousies si l'on en croit ce passage d'une publication du temps :

« Le commandement des forces de mer, à défaut du maréchal d'Estrées, regarde le chevalier de Tourville, qui n'a commandé jusques ici que des escadres de vaisseaux et des convois et ne paraît élevé au poste où on le destine que par la faveur particulière de M. de Seignelay ; et ce qui ne sera pas même sans quelque jalousie ou émulation d'autres officiers généraux dans la marine, qui ne sont pas accoutumés d'obéir audit de Tourville ou se croient ses égaux, et ce qui donna lieu, dès l'an passé, à M. de Seignelay, de vouloir monter sur la flotte pour les accorder par sa présence et par sa direction. »

(*Relation de la Cour de France, par Spanheim, envoyé extraordinaire de Brandebourg, 1690.*)

Cette fois il va reprendre la mer dans d'autres conditions.

Mais, interrompons un instant la relation des faits maritimes relatifs à notre héros pour donner place à un événement de famille qui le concerne directement.

Le 16 janvier 1690, Tourville, après s'être fait relever par le Pape de ses obligations comme chevalier de Malte, se mariait avec Louise-Françoise Langeois, veuve du marquis de la Popelinière, premier cornette des chevau-légers de la garde du Roi, et fille d'un fermier général. « Elle était assez riche (rapporte Saint-Simon) pour que Tourville eût envie de l'épouser. — Cela ne dura guère, le mariage ne fut pas heureux. »

Disons tout de suite que Tourville eut deux enfants de son mariage : un fils né en 1691 et une fille née en 1693 (Luce-Françoise) qui épousa, le 20 juillet 1714, Guillaume-Alexandre de Calard de Béarn, marquis de Brassac [1].

Revenons maintenant à la campagne de 1690 :

La flotte française, rassemblée à Brest sous le commandement de Tourville, était composée de 70 vaisseaux de ligne, 5 frégates légères, 18 brûlots et 25 galères. Elle sortit de Brest le 23 juin 1690, dans l'ordre de bataille suivant :

Brûlots.

L'*Hameçon*, capitaine Deslauriers.
Le *Fanfaron*, capitaine La Serre.
La *Branche-d'Olivier*, capitaine Moreau.
L'*Impudent*, capitaine Origenne.
Le *Déguisé*, capitaine de Lalande.

---

[1] Voici sur le mariage de Tourville un extrait du *Journal de Dangeau* :

« 10 janvier 1690. — Le Roi a signé le contrat de mariage de M. de Tourville avec madame de la Popelinière, et a recommandé à M. de Langeois, son père, d'avoir bien soin de son gendre.

. . . .

« 15 janvier 1690. — M. le comte de Tourville a épousé ce soir madame de la Popelinière, qui, outre ce qu'elle avait eu à son premier mariage, a encore eu 200,000 livres de M. de Langeois, son père ; elle a outre cela 50,000 écus qu'elle a épargnés sur ses revenus ; on assure ces 350,000 livres-là aux enfants qui viendront de ce mariage-ci. »

(*Journal de Dangeau*, tome III, pages 51 et 53.)

Le *Dur*, capitaine de Longchamps.
Le *Périlleux*, capitaine Monnier.
L'*Espion*, capitaine Terras.
L'*Insensé*, capitaine Cadeneau.
La *Jolie*, capitaine Naudy.
La *Bouffonne*, capitaine Descourtis.
Le *Fâcheux*, capitaine Verguin.
L'*Impertinent*, capitaine Fremicourt
La *Diligente*, capitaine Rolland.
Le *Boute-Feu*, capitaine d'Estienne.
Le *Royal-Jacques*, capitaine Perron.
La *Maligne*, capitaine Russy.
L'*Extravagant*, capitaine Longchamp-Montandre.

Vaisseaux hors ligne.

Le *Solide*, capitaine de Ferville.
L'*Alcion*, capitaine Jean-Bart.
L'*Éole*, capitaine du Tast.
Le *Faucon*, capitaine Mombault.
Le *Léger*, capitaine de Rouvroy.

Vaisseaux en ligne.

AVANT-GARDE.

Le *Fier*, M. de Relingues, chef d'escadre.
Le *Fort*, capitaine de la Harteloire.
Le *Maure*, capitaine chevalier de La Galissonnière.
L'*Éclatant*, capitaine de Septèmes.
Le *Conquérant*, M. le marquis de Villette, lieutenant général.
Le *Courtisan*, capitaine de Pointis.
L'*Indien*, capitaine de Roussel.
Le *Trident*, capitaine de Riberet.
Le *Hardy*, comte Desgout, répétiteur.
Le *Saint-Louis*, capitaine de la Roguepercin.
L'*Excellent*, capitaine chevalier de Montbron.
Le *Pompeux*, capitaine d'Aligre.
Le *Dauphin-Royal*, M. de Château-Renault, lieutenant général.

L'*Ardent*, capitaine d'Infreville.
Le *Bon*, capitaine chevalier de Digoine.
Le *Précieux*, capitaine de Périnet.
L'*Aquilon*, capitaine de Beauvais, répétiteur.
Le *Fendant*, capitaine La Vigérie.
Le *Courageux*, capitaine de Sévigny.
La *Couronne*, M. le marquis de Langeron, chef d'escadre.
Le *Ferme*, capitaine de Vaudricourt.
Le *Téméraire*, capitaine du Rivault-Huet.

CORPS DE BATAILLE.

Le *Brusque*, capitaine de Ricour, répétiteur.
L'*Arrogant*, capitaine chevalier des Adrets.
L'*Arc-en-Ciel*, capitaine chevalier de Saint-Maure.
Le *Henry*, capitaine d'Amblimont.
Le *Souverain*, M. de Nesmond, chef d'escadre.
Le *Brillant*, capitaine de Beaujeu.
Le *Neptune*, capitaine de Fourbin.
Le *Sans-Pareil*, capitaine chevalier de La Rongère, répétiteur.
Le *Fidèle*, capitaine chevalier de Fourbin.
Le *Diamant*, capitaine de Serquigny.
Le *Sérieux*, capitaine chevalier de Bellefontaine.
Le *Tonnant*, M. le marquis de Laporte, chef d'escadre.
Le *Soleil-Royal* [1], M. le comte de Tourville, vice-amiral.
Le *Saint-Philippe*, M. le chevalier de Coëtlogon, chef d'escadre.
Le *Marquis*, capitaine chevalier de Château-Morand.

---

[1] *Soleil-Royal*, 1ᵉʳ rang, 1ᵉʳ ordre, 112 canons répartis comme suit : 1ʳᵉ batterie : 8 de 48 ᶜ/ᵐ, le reste de 36 ; 2ᵉ batterie en 24 ; 3ᵉ batterie en 18. Dunette et gaillards, 12 et 18 ; longueur, 56 ᵐ 04 ; quille, 51 ᵐ 54 ; largeur, 15 ᵐ 64 ; creux, 7 ᵐ 64 ; trois batteries couvertes, dunette et château avant.
Lorsqu'un navire portait un amiral, son artillerie était en bronze, tandis que les pièces des autres bâtiments étaient en fonte de fer. Le *Soleil-Royal* lançait environ 1350 livres en une bordée, son équipage était de 1200 hommes. L'amiral Pâris, auquel nous empruntons ces détails (*Musée de la marine du Louvre*), ajoute :
« Le *Soleil-Royal*, s'il avait paru sur la mer de notre temps, aurait été assez fort pour se mesurer avec l'*Océan* et les autres trois-ponts de l'Empire ; il lançait autant de fer dans une bordée. On a modifié depuis beaucoup les détails, rendu les vaisseaux plus marins et surtout plus solides ; mais on les a faits beaucoup plus forts et jamais ils n'ont été aussi beaux ; à ce point de vue, la décroissance ne s'est plus arrêtée et elle est descendue aux hideux cuirassés. »

Le *Furieux*, capitaine Desnots.
La *Fortune*, capitaine Pallas, répétiteur.
L'*Apollon*, capitaine Bidemelt.
Le *Saint-Michel*, capitaine de Villars.
L'*Entreprenant*, capitaine de Sepeville.
Le *Magnifique*, M. le marquis d'Amfreville, lieutenant général.
Le *Content*, capitaine comte de Saint-Pierre.
Le *Vermandois*, capitaine Duchallard.
Le *Cheval-Marin*, capitaine chevalier d'Amfreville.
Le *Fougueux*, capitaine de Saint-Marc, répétiteur.

ARRIÈRE-GARDE.

Le *Comte*, capitaine marquis de Blenac.
Le *Vigilant*, capitaine chevalier de Chalais.
Le *Parfait*, capitaine Machault.
Le *Triomphant*, M. le chevalier de Flacourt, chef d'escadre.
Le *Bourbon*, capitaine Dhervault.
Le *Duc*, capitaine Paillière.
Le *Vaillant*, capitaine Feuquières.
Le *Capable*, capitaine La Boissière, répétiteur.
Le *Brave*, capitaine de Champigny.
Le *Français*, capitaine chevalier d'Ailly.
L'*Agréable*, capitaine La Motte.
Le *Florissant*, capitaine de Cogolin.
Le *Grand*, M. le comte d'Estrées, vice-amiral.
Le *Belliqueux*, capitaine Desfrancs.
Le *Prince*, capitaine baron des Adrets.
Le *Prudent*, capitaine Des Herbiers.
Le *Modéré*, capitaine Desaugers, répétiteur.
Le *Fleuron*, capitaine Chabert.
L'*Aimable*, capitaine du Magnon.
L'*Intrépide*, M. de Gabaret lieutenant général.
Le *Glorieux*, capitaine Belle-Ile Érard.
L'*Illustre*, capitaine chevalier de Rosmadek.
Le *Terrible*, M. Pannetié, chef d'escadre.

Le 2 juillet Tourville reconnaît l'île de Wight[1] et les vaisseaux, par lui envoyés à la découverte, aperçoivent plusieurs navires de l'armée ennemie mouillés près de la pointe de Sainte-Hélène.

L'avant-garde anglo-hollandaise était commandée par l'amiral Evertzen, Hollandais; le corps de bataille anglais et hollandais, par l'amiral hollandais Vander-Kulm et l'arrière-garde par l'amiral anglais Herbert.

Les flottes combinées d'Angleterre et de Hollande comprenaient 59 vaisseaux et 53 bâtiments inférieurs.

C'est devant le cap de Bévéziers, sur la côte d'Angleterre, qu'eut lieu le combat qui porte le nom de ce cap.

Tourville en rend compte avec sa modestie habituelle, dans une lettre du 11 juillet (la voir plus loin à sa date), c'est-à-dire du lendemain du combat. Il dit simplement ceci : « Les ennemis avaient le vent sur nous. J'ai formé notre ligne... Herbert ne voulut pas me combattre et même ne combattit avec aucun de nos pavillons[2]. Je combattis avec son vice-amiral et deux seconds aussi gros que lui; M. le comte d'Estrées avec pavillon bleu (arrière-garde anglaise). Nous tînmes le vent et heureusement que les Hollandais s'étant un peu trop abandonnés, ne purent se rallier au vent avec facilité, ce qui fut cause qu'ils furent entièrement désemparés ; *il y eut, comptant les Anglais, douze de leurs navires rasés, sans aucun mât. Je ne crois pas que, pour un combat donné sous le vent, on ait eu un pareil avantage.* Le calme vint ; c'est ce qui fit qu'il n'y eut qu'un de leurs vaisseaux qui tomba entre nos mains, qui était un hollandais de 68 pièces de canon. *Il est sûr que, si nous avions eu nos galères, nous prenions tous ces navires démâtés, qui mouillèrent au jusant.* »

[1] « Les deux armées, dit le père Hoste (*Traité des évolutions navales*), se rencontrèrent sur les côtes de l'île de Wight ; mais les alliés avaient le vent et quelque effort que fit le comte de Tourville pour les engager au combat, ils s'opiniâtrèrent à le refuser. Le comte de Tourville, qui était résolu de les combattre à quelque prix que ce fût, se contenta de les garder à vue, étalant les marées et courant les bordées qui lui faisaient élonger l'ennemi, en attendant que le vent vînt à changer en sa faveur et qu'il lui donnât les moyens de forcer les alliés au combat. Ceux-ci, de leur côté, firent tous leurs efforts pour se tirer hors de la vue des Français et ils espéraient d'autant plus en venir à bout, qu'ils se flattaient d'être plus habiles dans la connaissance de la Manche et de ses marées ; mais, tous leurs efforts furent inutiles : après avoir été poursuivis durant près de quinze jours, ils furent, enfin, obligés d'accepter le combat, qui ne leur fut pas plus heureux que leur retraite quoi qu'ils eussent l'avantage du vent. »

[2] Vaisseaux montés par un lieutenant général.

Cette dernière phrase est une allusion à ce fait que Seignelay, comprenant l'utilité que les galères pouvaient avoir, en cas de calme, dans l'Océan, avait fait venir de Toulon à Brest la division de ces bâtiments, commandée par le bailli de Noailles. Mais, à l'entrée de la Manche, les vents et les courants obligèrent les galères à relâcher à Camaret. Si elles avaient assisté au combat de Bévéziers, elles auraient pu aller, avec leurs rames, brûler ou amariner les vaisseaux désemparés.

Tourville termine sa lettre du 11 juillet, en disant à Seignelay : « Si nous avions eu le vent, l'affaire aurait été plus complète ; mais vous pouvez assurer au Roy qu'elle ne le peut avoir été davantage, les ennemis ayant le vent sur nous. »

Donnons tout de suite la version anglaise :

Récit traduit de l'anglais [1] *de l'engagement du comte de Torrington avec la flotte française, sous le cap Beachy.*

L'engagement des deux flottes aux ordres du comte de Torrington (l'amiral Herbert) et de M. de Tourville, ayant eu lieu sous le cap Beachy (Bévéziers), dans le Sussex, le 10 juin 1690, plusieurs jours avant l'arrivée de M. Killegrews à Plymouth, je suis naturellement amené à en donner ici le récit.

Le comte de Torrington étant avec sa flotte à Sainte-Hélène, reçut avec une extrême surprise de Weymouth l'avis que les Français entraient dans la Manche. Il était si loin de se douter, d'après ses informations antérieures, de l'approche de l'ennemi, qu'il n'avait en ce moment aucun bâtiment en observation à l'ouest. Cet avis lui ayant été confirmé de plusieurs autres points de la côte, il jugea qu'il était plus que temps de réunir tous les bâtiments à sa portée, anglais et hollandais, et de les disposer le mieux possible à la défense. Il mit ensuite à la voile, le 24 au point du jour, par un vent d'est-nord-est, et se dirigea au sud-est sur les Français qui avaient été aperçus, la veille, derrière l'île de Wight, par les mouches envoyées à la découverte. Le lendemain la flotte anglaise, renforcée par le vaisseau à trois ponts le *Lion* et plusieurs bâtiments de guerre hollandais, arriva par un vent de nord-est en vue de l'ennemi.

[1] Guérin, *Histoire maritime.*

Le lendemain à quatre heures et demie du matin, l'amiral arriva en dépendant sur la flotte française qui était à trois lieues à peu près. Les Français embarquèrent plusieurs habitants de la côte; et, après les avoir punis d'exagérer notre force, il les renvoyèrent avec une lettre pour l'amiral. Cette lettre, m'a-t-on dit, était de sir William Jennings, qui commandait un bâtiment de guerre anglais pendant la révolution et servait maintenant comme capitaine en troisième sous les ordres de M. de Tourville : il osait promettre le pardon à tous les capitaines qui embrasseraient la cause du roi Jacques.

Un second renfort de sept bâtiments hollandais arriva sous les ordres de l'amiral Evertzen et d'un autre officier général. Les deux flottes continuèrent à s'observer jusqu'au 10, le comte de Torrington ne voulant pas engager le combat avant la jonction des bâtiments qu'il attendait de l'est ; mais il reçut de sa cour l'ordre positif de combattre malgré la force bien supérieure de l'ennemi. Les Français comptaient 70 voiles contre 50, et leurs bâtiments étaient généralement plus grands que les nôtres.

Au point du jour le signal de se mettre en ligne fut donné à la flotte anglaise, et elle se porta sur les Français qui étaient sous voile le cap au nord.

A huit heures du matin, le signal de combat fut donné au moment où les Français brassant leurs voiles d'avant sur le mât (hail sails to the mast) mirent en panne. Environ une heure après l'escadre hollandaise, qui formait l'avant-garde, attaqua une partie de l'avant-garde française, et une demi-heure après l'escadre bleue rencontra leur arrière-garde. Mais la plus grande partie de l'escadre rouge se trouvant au centre, ne put prendre part au combat qu'à environ dix heures : elle se trouvait alors à une grande distance de l'ennemi et séparée des Hollandais.

On remarqua qu'à mesure que nos bâtiments laissaient arriver sur les Français, ils larguaient aussi, quoique probablement ce ne fût que pour serrer leurs lignes ; et ensuite plusieurs de leurs bâtiments se firent remorquer par leurs embarcations jusqu'à ce qu'ils fussent hors de portée, de telle sorte qu'on espérait que l'avantage nous resterait. Mais nous ne fûmes pas longtemps à nous apercevoir que les Hollandais avaient beaucoup souffert. Ils se trouvaient doublés au vent et entourés par les vaisseaux français qu'ils avaient laissés sur leur avant lorsqu'ils commencèrent le combat.

Aussitôt que l'amiral s'aperçut de leur détresse, il leur envoya l'ordre de se porter vers un mouillage ; et, profitant du courant, car il faisait alors calme, il vint jeter l'ancre au milieu de ces vaisseaux et de l'ennemi. Mais il ne jugea pas prudent de recommencer le combat avec tant de désavantage ; il appareilla à neuf heures et se retira à l'est avec la marée.

Le 1er juillet au soir, il réunit un conseil de guerre où il fut résolu de sauver la flotte par la retraite, et de détruire les bâtiments désemparés, s'ils étaient poursuivis par l'ennemi, plutôt que de risquer un autre engagement en cherchant à les protéger.

Les Français donnèrent chasse en ligne de bataille ; s'ils eussent laissé à leurs bâtiments la liberté de faire chacun de son mieux, les nôtres et particulièrement ceux qui étaient désemparés, auraient été beaucoup plus maltraités. Nos bâtiments usant chacun de ses propres ressources, comme il est d'usage en pareil cas, et ayant eu la précaution, négligée par les Français, de mouiller de manière à profiter le plus possible des marées, les dépassèrent de très loin. Ils nous poursuivirent cependant jusqu'à la baie de Rye. Un de nos vaisseaux nommé l'*Anne*, de 70 canons, qui avait perdu ses mâts, fut échoué près de Winchelsea ; là deux bâtiments français ayant cherché à le brûler, le capitaine leur épargna cette peine en l'incendiant lui-même.

La plus grande partie de la flotte française resta en croisière devant Bourne et Pemsey, dans le Sussex, tandis qu'environ quatorze de ses bâtiments allèrent mouiller près de terre et tentèrent de détruire un vaisseau hollandais d'environ 54 canons, qui se trouvait à sec à marée basse dans la baie de Pemsey ; mais son commandant le défendit si bien contre les attaques renouvelées par les Français à chaque reflux, qu'ils l'abandonnèrent, et le vaisseau, remis à flot, fut heureusement ramené en Hollande. Trois autres vaisseaux de cette nation qui étaient échoués sur la même côte n'eurent pas le même bonheur ; leurs équipages n'ayant pu suffire à les défendre ils les incendièrent. Ainsi, en comptant les trois vaisseaux détruits par les Français dans le combat, la Hollande perdit six vaisseaux dans cet engagement.

Le 18 la flotte française se dirigea sur ses propres côtes ; mais elle fut aperçue le 28, longeant le cap Berry, un peu à l'est de Darmouth, et le vent ayant refusé, elle entra dans la baie de Torbay. Elle n'y resta pas longtemps, car on la découvrit, le 29, près de Plymouth où toutes les dispositions furent prises pour la bien recevoir. Le 5 août on la vit encore sous le cap Ram au nombre de soixante à soixante-dix voiles, faisant route à l'est pour ne plus reparaître dans la Manche de toute l'année.

Notre flotte se retira vers la Tamise. L'amiral en descendant à terre remit le commandement en chef à sir John Ashby, après avoir ordonné au capitaine Monck, du *Phénix*, d'aller mouiller avec quatre autres vaisseaux et quatre brûlots au delà du détroit du *Banc du milieu* (middle grounds); d'enlever toutes les bouées et de se retirer en faisant des signaux si l'ennemi se montrait.

La retraite des Français dissipa bientôt toute inquiétude, et l'on ne s'occupa plus que de mettre la flotte à même de reprendre la mer. Cette malheureuse affaire ayant été l'objet de divers rapports et conjectures, et les Hollandais se plaignant beaucoup du dommage qu'ils avaient souffert, plusieurs personnes de qualité furent envoyées à Sheerness pour la soumettre à une enquête solennelle. Après avoir été détenu dans la Tour de Londres pendant plusieurs mois, le comte de Torrington fut enfin jugé et acquitté à l'unanimité par une cour martiale réunie à Sheerness le 10 décembre, et présidée par sir Ralph Delawal, qui avait commandé, comme vice-amiral, l'escadre bleue dans le combat. *Si je ne me trompe fort, c'est la première fois qu'un amiral anglais a été appelé à rendre compte de sa conduite de cette manière.* »

Seignelay répond à Tourville le 12 juillet [1] : « Je vous fais compli-

---

[1] Le même jour Seignelay écrit ce qui suit à Begon, intendant de Rochefort :

« Je vous envoye ce courrier pour vous donner avis du combat que M. de Tourville a donné contre les flottes d'Angleterre et de Hollande *où il a remporté tout l'avantage qui pouvoit se prendre sur des ennemis* qui estoient au vent et qui ne combattoient qu'autant qu'ils y estoient forcés, et comme le combat a duré longtemps, qu'il a consommé une grande quantité de munitions et surtout de la poudre, je vous envoye ce courrier pour vous dire qu'il faut que vous envoyiez incessamment à Brest toute celle qui est à présent dans les magasins de Rochefort et que vous fassiez passer ce courrier à Bordeaux pour porter le même ordre au sieur Lombard.

Outre la poudre qu'il faut que vous envoyiez, il est nécessaire que vous fassiez passer incessamment audit port de Brest tout ce que vous avez de boulets depuis 36 jusqu'à 4 livres de balles, tout le parchemin et tout le menu cordage, les câbles et les ancres que vous avez. Il faut aussi que vous puissiez envoyer encore une cargaison de mastz et vous pouvez vous servir des flûtes la *Bretonne* et la *Bourgogne* si elles sont encore à Rochefort et si vous n'en avez pas d'autres. Comme l'armée a un très pressant besoin de

ment de tout cœur du succès que vous venez d'avoir dans le combat que vous avez donné. Il n'est pas aussi complet que si vous aviez eu le vent, mais de la manière dont Pimont [1] m'a parlé, j'ai lieu d'espérer que la persévérance avec laquelle vous poursuivez les ennemis, vous donnera un avantage plus grand que celui de la première journée. Dieu le veuille et pour vous et pour le bien de l'État ! »

Il lui écrit encore le 22 juillet : « Sa Majesté continue d'approuver toute la conduite que vous avez eue depuis le combat qui a été donné le 10, n'y ayant rien à ajouter à la fermeté avec laquelle vous avez continué de poursuivre les ennemis. C'est cette fermeté et cette envie de profiter de l'avantage que vous avez remporté sur eux qui leur a fait perdre le nombre considérable de vaisseaux qu'ils auraient sauvés autrement et qui ont rendu tous les peuples de la côte témoins de la victoire de l'armée du Roy, et c'est aussi de la conduite que vous avez tenue en cette occasion si importante et glorieuse que je vous fais un compliment d'autant plus véritable que, outre la part que j'y prends par la place où je suis, on ne peut être plus sensible que je le serai toujours à ces avantages et à votre gloire. »

Petit-Renau fit vaillamment son devoir dans cette bataille ; Tourville rapporte qu'un boulet ennemi passa entre les jambes du vaillant ingénieur et lui enleva une basque de son justaucorps, pendant que, sur la dunette, il relevait les positions de la flotte anglo-hollandaise.

Les *Archives de la Marine* ont, de Petit-Renau, une relation du combat. Il y montre la part personnelle que Tourville prit à l'affaire. On lit dans ce document qu'à un moment donné le *Soleil-Royal* (monté par Tourville), faisant force de voiles, arrive sur trois ou quatre vaisseaux hollandais. « Il en rasa deux comme des pontons, un vice-

---

ce secours, il faut que vous laissiez partir ces flûtes ou les autres bastiments dont vous vous servirez avec toute la diligence possible. Je me remets à vous des moyens de l'exécution de cette affaire, mais je vous prie de faire en sorte que rien ne manque de vostre costé et de la regarder comme la plus importante que vous puissiez jamais avoir en main, s'agissant du salut de l'armée et peut estre de celuy de l'Estat. Comme vous pouvez n'avoir point de convoy pour escorter ces flûtes et que vous perdriez trop de temps à l'attendre, il faut que vous les mettiez en estat de se deffendre elles-mesmes en y faisant embarquer les matelots que je vous donne ordre de faire passer à Brest.

« Ne manquez pas de m'envoyer en response de cette lettre le mémoire de tout ce que vous pourrez envoyer à l'armée et de m'informer du jour que le tout pourra partir pour me tirer de l'extrême inquiétude où je suis sur ce sujet. »

(*Archives de la Charente-Inférieure.*)

[1] Enseigne de vaisseau en 1690.

amiral et son matelot, et, passant seulement par leur travers, il en mit deux ou trois autres sur le côté. » « *Sans le calme et le jusant, jamais il n'y aurait eu une victoire plus complète...* Je crois qu'il est inouï que l'on ait eu huit jours de temps si contraires dans toutes les circonstances que ceux que nous avons eus, *depuis que nous talonnons les ennemis...* Nous les poursuivons toujours ayant le vent contraire. Ils ont brûlé cette nuit un fort gros vaisseau qui a sauté en l'air par notre travers et ils en ont envoyé tantôt sept ou huit à la côte que l'on espère prendre ou brûler... Depuis cette relation écrite, on les a obligés de brûler les vaisseaux qu'ils avaient envoyés du depuis et deux autres qu'ils viennent encore de faire échouer, que l'on devait aller brûler. Ils ont aussi coulé deux vaisseaux à fond, *de sorte que voilà 17 vaisseaux perdus de 70 à 80 pièces de canon chacun, sans compter ceux qui périront encore ou que l'armée fera périr dans sa poursuite.* »

Voici maintenant la relation, par M. de Château-Renault, du combat donné par l'armée navale du Roi, commandée par le comte de Tourville, vice-amiral de France, contre les flottes d'Angleterre et de Hollande.

11 juillet 1690.

« La nuit du 9 au 10 juillet, M. le comte de Tourville m'envoya des ordres et me fit dire par l'aide-major qu'il était résolu d'engager le combat à quelque prix que ce fût, même au vent des ennemis. Il parut ensuite aux officiers de mon bord qu'il aurait fait les signaux de forcer de voiles. J'y répondis des feux et du canon, et je fis force de voiles avec toute mon escadre. Je mouillai sur les deux heures après minuit, ayant ouï moi-même les signaux de mouillage que j'attendais avec impatience, l'heure de la marée étant venue et tout étant prêt pour cela. Quelque temps après, le jour paraissant, je fus assez surpris de me voir à pareille distance de M. de Tourville et des ennemis ; ils étaient encore sous voile ; ils avaient le vent, et me voyant mouillé et éloigné du reste de l'armée avec mon escadre, je ne sais si cela ne leur aurait point fait croire qu'ils pourraient profiter de cet avantage; aussi ne tardèrent-ils pas d'arriver sur moi. Je ne m'en embarrassai pas : je me mis d'abord sous voile avec toute mon escadre, et je vins regagner en bon ordre la tête de la ligne où je me mis en panne pour les attendre, ainsi que fit M. de Tourville avec le reste de l'armée.

Les ennemis continuèrent d'arriver et vinrent aussi en bon ordre attaquer notre ligne presque de front, et en même temps les Hollandais me tombèrent en partage et arrivèrent un peu plus tôt que le reste de la ligne. Ils firent une faute bien considérable pour des gens du métier. Je vis bien d'abord que j'en profiterais ; mais je les laissai engager le combat, et lorsque je vis qu'ils allaient commencer et qu'ils n'avaient pas assez prolongé leur ligne pour combattre les vaisseaux de la tête, je fis le signal ordonné pour que la division de M. de Villette fît force de voiles pour être en état de revirer sur les ennemis et les mettre entre deux feux. Les ennemis, presque en même temps, présentèrent le côté et commencèrent à tirer à la petite portée du canon. La division de M. de Langeron répondit la première, et je le fis ensuite quand je les vis bien engagés et ayant vu qu'on avait répondu à mes signaux. Le feu de la tête des ennemis ne fut guère bien établi que par le travers du chevalier de Monbron et du sieur d'Aligre, qui était mon matelot de l'avant. Le vice-amiral et contre-amiral des ennemis, avec deux autres vaisseaux bien serrés, se mirent par mon travers et celui de l'*Ardent*, commandé par le sieur d'Infreville ; nous fîmes très grand feu de part et d'autre fort longtemps ; le *Pompeux*, commandé par le sieur d'Aligre, qui fit toujours beau feu et bien son devoir dans toute l'occasion, laissa tomber sa misaine, croyant devoir forcer de voiles comme la division de M. de Villette à qui j'en avais fait le signal, se trouva un peu loin de moi, et je fus obligé de laisser tomber la mienne pour m'en rapprocher. L'*Ardent*, mon matelot de l'arrière, fut si maltraité qu'il fut obligé d'arriver sous le vent de la première ligne pour se raccommoder. Ce contre-temps m'exposa seul quelque temps au feu de ces quatre vaisseaux, sur lequel il fallut partager le mien. Je mis dans ce temps-là le signal à la division de M. de Villette de revirer, ayant forcé de voiles pour cet effet. Je n'aurais pas été en peine que M. de Villette n'eût reviré de même aussitôt qu'il l'aurait jugé à propos, puisque lui, M. de Relingues et moi en étions convenus en pareille occasion, et plus encore en celle-ci que j'avais fait le premier signal de forcer de voiles qui ne pouvait être qu'à cette intention, que je jugeai aussi devoir être celle du général qui m'avait donné cet ordre par les signaux généraux ; mais je fus bien aise de le faire entendre à tous les vaisseaux de l'avant-garde, afin que chacun revirât à son tour et suivît bien M. de Relingues.

M. de Relingues, à ce que j'ai appris depuis, avait déjà eu la même intention, puisqu'il avait déjà reviré; mais ne se trouvant pas assez au vent des ennemis, il avait été obligé de courre son premier bord pour être plus au vent. Je crois que cela aurait été en intention de me soulager plus tôt du grand feu qu'il voyait tomber sur moi. Étant ensuite reviré à la tête de sa division, M. de Villette vint envelopper avec elle les ennemis et achever de les mettre en désordre, se trouvant entre deux feux. Après que MM. de Relingues, de la Harteloire, de la Galissonnière, de Villette, de Pointis et de Septèmes eurent reviré, je revirai tout court, sans attendre que le sieur de Riberé, le comte des Gouttes, le sieur du Persain, le chevalier de Monbron et le sieur d'Aligre les eussent suivis, afin de suivre mieux les ennemis, mais je le fis avec beaucoup de peine à cause du calme, en étant autant incommodé qu'un navire qui pouvait encore se mouvoir un peu le pouvait être; et, pour ne point perdre de temps, j'envoyai M. le chevalier de Beaujeu, major, qui voulut aller lui-même pour avertir ces vaisseaux qui n'avaient point reviré de revirer en même temps derrière moi et de faire force de voiles autant qu'ils le pourraient. Par ce moyen-là, je joignis promptement ces premiers vaisseaux qui avaient reviré avec M. de Villette, de Relingues et de la Harteloire, et les ci-devant nommés de la division qui avait reviré.

Le sieur de Perrinet, qui suivait le sieur d'Infreville qui avait été obligé de se tirer de la ligne, avait été aussi incommodé de ses mâts et un peu largué; quelques vaisseaux des ennemis passèrent par cet intervalle de la ligne et arrivèrent sous le vent pour éviter notre feu. Nous eussions infailliblement fait périr toute cette escadre, qui se trouvait engagée dans la nôtre et dans une partie de celle de M. de Tourville; mais le calme qui survint m'ôta et à tous nos vaisseaux tout mouvement, hors celui que nous pouvions avoir par nos chaloupes.

Vous saurez l'état où nous avons mis les Hollandais par la perte qu'ils ont faite de leurs vaisseaux; mais sans le calme nous les aurions eus presque tous, n'ayant plus de moyens de se rejoindre aux Anglais qui les avaient abandonnés.

Le sieur de Perrinet soutint fort bien le feu, aussi bien que les sieurs de Beaujeu, de la Vigerie, de Sevigny, de Vaudricourt et du Rivau, que je retrouvai avec M. de Langeron dans une bonne situation pour nous assurer une victoire plus complète de tous les Hollandais. Je ne vous dirai rien des Anglais, que je ne vis plus au retour que je fis du côté de M. de Tourville. J'ai su seulement que M. Herbert n'avait osé se trouver par son travers, ni d'aucun vaisseau considérable, et qu'il avait préféré de se trouver par celui du *Modéré*, du *Comte* et du *Cheval-Marin*, ce qui vous confirmera ce que je vous ai dit de ce général à l'occasion du combat de Bantry.

Je ne vous parlerai point de ce qui s'est passé ailleurs que dans mon escadre. Vous saurez seulement, en général, que la marée qui suivit le calme nous éloigna peu à peu des ennemis, parce qu'ils avaient mouillé avec toutes leurs voiles; nous nous aperçûmes quelque temps après que M. le comte de Tourville fit mouiller.

A dix heures du soir, il leva l'ancre pour poursuivre avec quelques vaisseaux les ennemis qui avaient fait la même chose, et n'en ayant aucune connaissance par les signaux, non plus que vingt capitaines de toute l'escadre et quelques officiers généraux qui se trouvèrent près de moi, j'eus le chagrin de le voir mouillé éloigné de moi, à la pointe du jour, avec un petit nombre de vaisseaux, auxquels je me rejoignis aussitôt que je le pus. J'ai reçu de M. le comte de Tourville et de M. l'intendant dans la suite tout le secours dont je pouvais avoir besoin pour les hommes dont j'avais eu morts et blessés près de cent hors de service.

J'ai travaillé à remettre en état toutes mes manœuvres, qui avaient généralement été toutes coupées, et présentement je suis bien mieux en état de combattre que la première fois, mon équipage ayant fait une épreuve dont il avait besoin, n'y ayant pas six hommes qui l'eussent faite.

Pour le vaisseau, il n'a point largué du tout, et il est heureux que le bois n'en éclate point. Personne presque n'a été blessé que de balles: le marquis de Fretoir l'a été légèrement à la jambe, et le sieur Baudoin, garde marine, à la tête, faisant fonction d'enseigne, dont je suis obligé de vous recommander le mérite et l'application. Le sieur Delampe, capitaine, qui a bien fait tout ce qui dépendait de son zèle et de son courage; les sieurs de Champagnet, de Geofroy et de Boisfort, lieutenans, y ont bien commandé leurs batteries; le chevalier de Noret, enseigne, a servi à tout, étant destiné pour attaquer les brûlots dans l'occasion avec les chaloupes; quand il vous plaira, ce sera un des meilleurs lieutenans du corps. Le chevalier de

Gourdon et le marquis de Freloy se font bons officiers; le sieur Baudoin, blessé légèrement, et qui fait les fonctions d'enseigne et de garçon major, est aussi propre pour le service que je n'en ai encore vu. J'ai déjà pris la liberté de vous intéresser sur le sujet du sieur Boistenard, que j'ai trouvé faisant les fonctions d'aide-major, n'étant qu'enseigne; il a été mousquetaire; il a fort bien discipliné nos soldats qui étaient tous nouveaux. Je vous dois un témoignage sincère du mérite du chevalier de Beaujeu, qu'on ne peut avoir un meilleur esprit pour tout le service, ni être, en effet, un meilleur officier, tant pour tout ce qui regarde un vaisseau, que pour son emploi de major qu'il fait très-bien. Le sieur de Sartou, capitaine commandant les gardes marines, s'applique également au soin des gardes et à tout ce qui regarde le soin de la marine avec beaucoup de distinction de ceux qui ont eu le même emploi; il a commandé fort bien la batterie et les gens du château d'avant, ayant sous lui le sieur de Saint-Paul, ancien lieutenant de galères, qui commandait les mille soldats des galères embarqués à Toulon avec moi; il a aussi fort bien fait son devoir: c'est un garçon de cœur et de bon esprit. J'oubliais de vous dire que le chevalier de Clermont, officier des galères, a été tué sur le *Pompeux*, mon matelot d'avant, et le sieur de la Piaudière, capitaine en second sur l'*Ardent*, mon matelot de l'arrière, a été blessé considérablement au bras, qu'il est en danger de perdre. Voilà, monseigneur, le compte que j'ai cru être obligé de vous rendre de ce qui a été sous ma charge et à ma connaissance pendant le combat, à quoi j'ajouterai que le sieur de Salantin, commissaire de l'escadre, a témoigné plus de valeur qu'il n'est permis d'en avoir à un homme de sa profession. Je réserve à vous dire ce qui regarde son application à son emploi, dont je suis très-satisfait. »

Signé : Chateaurenault.

A côté des relations faites sur le lieu même du combat, il est curieux de placer la suivante, faite quelques années après et que nous empruntons au *Traité du P. Paul Hoste,* comme nous l'avons déjà fait à propos de l'entrée de Tourville dans l'Iroise, à la vue de l'escadre ennemie; c'est donc, on le voit, une appréciation qu'on pourrait appeler *technique*, puisque le père Hoste était à bord du vaisseau amiral et qu'il avait Tourville pour inspirateur et pour guide, quand il cherchait à retracer les règles des évolutions navales.

« ... Il y avait plus de 15 jours (écrit-il) que le vice-amiral de Tourville poursuivait l'armée des alliés, étalant les marées après eux, en attendant que le vent lui devînt favorable. Mais le 10 juillet, au point du jour, ayant vu que les ennemis, qui étaient au vent, se disposaient à lui donner bataille, il mit son pavillon de combat. Son armée était de 70 vaisseaux de ligne, divisés en trois escadres : le comte d'Estrées, vice-amiral de France, commandait l'escadre blanche et bleue et se trouvait sous le vent ; le comte de Châteaurenault, vieux général, commandait l'escadre bleue et était au vent ; le comte de Tourville était au milieu de l'escadre blanche. Cette disposition obligea le comte de Tourville de donner l'avant-garde au comte de Châteaurenault et l'arrière-garde au comte d'Estrées. L'escadre blanche et bleue mit donc en panne et les deux autres ayant arrivé se rangèrent sur la même ligne avec tant de vitesse, d'ordre et de régularité, qu'on commença de bien augurer de la victoire. Nous attendîmes trois heures les ennemis en cet ordre ; ils arrivèrent fort lentement sur nous et la plus grande partie des Anglais tomba sur notre arrière-garde, où le comte d'Estrées les reçut avec tant de valeur, qu'après leur avoir désemparé plusieurs vaisseaux, il les contraignit de pincer le vent pour se tirer de devant son feu qu'ils ne pouvaient plus soutenir, le vice-amiral Rouge anglais s'était mis avec sa division par le travers du *Soleil-Royal* monté par le comte de Tourville ; mais l'anglais, ayant été démâté avec un de ses matelots et coulant bas, se fit bientôt remorquer par toutes les chaloupes de sa division, pour se mettre au large d'un ennemi, dont il n'avait pu essuyer les coups durant une heure.

« Le comte de Tourville, n'ayant plus d'ennemi par son travers, força de voiles pour donner sur la queue des Hollandais, qui combattaient notre avant-garde avec beaucoup d'opiniâtreté.

« Leur tête avait donné sur le *Dauphin-Royal*, monté par le comte de Châteaurenault, qui les reçut avec sa valeur ordinaire, foudroyant et désemparant tout ce qui se trouvait sous son canon. Le marquis de Villette, lieutenant général, augmenta beaucoup leur désordre, car ayant forcé de voiles avec sa division pour gagner le vent, il revira sur eux et les obligea de revirer vent arrière. Comme le vent commençait de manquer, ils ne purent pas se soutenir et ils tombèrent sur notre corps de bataille, qui acheva de les défaire et couvrit toute la mer de leurs débris. Le marquis de Nesmon, à présent lieutenant général, prit un vaisseau après l'avoir rasé. *Le comte de Tourville en désempare trois et il en allait couper onze, en se faisant remorquer par 15 chaloupes, si la marée ne se fût opposée à son glorieux dessein.*

« Les deux armées mouillèrent et les alliés profitant les jours suivants d'un brouillard fort épais, jettèrent 16 de leurs vaisseaux désemparés sur les côtes d'Angleterre et les y brûlèrent à la vue de notre armée qui les poursuivit jusqu'aux dunes, sans avoir perdu une chaloupe dans une action si glorieuse. *Car je ne pense pas qu'on ait jamais remporté sur mer une victoire si complète.* »

Après ce beau succès, la flotte française *talonnait*, suivant les expressions de Petit-Renau, la flotte anglo-hollandaise sans relâche, bien qu'elle manquât de munitions et eût besoin de réparations importantes.

Tourville poursuivit ainsi l'ennemi avec acharnement pendant 15 jours, de mouillage en mouillage et lui brûla ou lui fit échouer 13 vaisseaux de premier rang. Eh bien ! (remarque Eugène Sue [1]), ce magnifique fait d'armes, qui eut des suites si funestes pour l'ennemi, ne satisfit point encore Seignelay, car on trouve dans une dépêche de Tourville, du 15 juillet, ces mots adressés à l'impatient et exigeant Ministre : « Je vous suis entièrement obligé de la part que vous avez prise à ce qui m'est arrivé dans ce combat, par la lettre que vous m'avez fait l'honneur de m'écrire de votre main ; *mais votre lettre du 4, que j'ai reçue en même temps, a beaucoup diminué le plaisir que je venais de recevoir, puisque vous avez pu douter de mon zèle et de mon ardeur pour l'exécution des ordres du Roi* [2]. »

---

[1] *Histoire de la Marine.*

[2] Il faut dire, à la décharge de Seignelay, qu'à cette date du 4 juillet, le Ministre était tout entier à son impatience de voir Tourville aux prises avec l'ennemi... Voici un extrait de cette lettre :

« ...Je ne puis m'empêcher de remarquer que je n'ai pas encore reçu un mot de vous qui ne soit d'un homme qui veut éviter l'exécution des ordres de Sa Majesté et se préparer des excuses. Dieu veuille que je me trompe et que nous n'ayons pas, vous et moi, la honte d'avoir passé la campagne entière sans tirer aucun avantage de la faiblesse des ennemis dans le temps que le Roi a de si heureux succès du côté de Lens. »

Le même Seignelay, tout à son ardeur, escomptait, dans une lettre suivante (du 6 juillet) à Tourville le succès qu'il attendait et il écrivait ; « L'espérance certaine que j'ai du gain de la bataille me donne lieu de vous féliciter par avance de la gloire que vous aurez acquise dans cette occasion ; *mais, comme il ne faut pas en demeurer là, je serais bien aise que, aussitôt après le combat, vous me fassiez savoir ce que vous pensez de l'emploi de la flotte pendant le reste de la campagne et que vous fassiez un projet de ce qui pourrait être exécuté, en cas que nous ayons tout l'avantage qu'il y a lieu d'espérer.* »

Tourville revient dans ses lettres des 13, 15 et 16 juillet 1690 (on les trouvera à leur date), sur les détails du combat de Bévéziers et sur sa croisière. Dans celle du 13 juillet il prie Seignelay d'être persuadé qu'il tirera tout l'avantage qui se pourra de l'état des deux flottes et ajoute : « La passion que j'ai pour votre satisfaction me fera toujours plus entreprendre que je devrais, dans l'état où est l'armée, *vous suppliant d'avoir plus de confiance en moi que vous ne m'en avez témoigné depuis le commencement de cette campagne.* » Eugène Sue [1] remarque à ce sujet que jamais peut être la bravoure calme et raisonnée de Tourville ne brilla plus que dans cette campagne de 1690 puisqu'il eut continuellement à lutter contre les inspirations et même contre les ordres réitérés de Seignelay. Ce ministre, bien qu'ami fort intime de Tourville [2], et faisant de lui tout le cas qu'un ambitieux peut et doit faire de l'homme qu'il regarde comme le principal instrument de sa propre gloire, lui reprochait, souvent même avec emportement, d'agir avec trop de lenteur et de tempéraments. Il l'accusait *d'être brave de cœur et poltron d'esprit*. Seignelay eût été (dit Eugène Sue) plus juste en l'accusant *d'être brave de sa personne et poltron pour ses matelots*.

Mais, ces appréciations sans fondement ne pouvaient atteindre un marin aussi longuement et aussi vaillamment éprouvé que l'était Tourville ; car, il y a dans les hommes de cette trempe une conscience si naïve et si vraie de leur propre puissance, que, lors de certaines attaques, ils ne font que sourire, sans cesser de suivre d'un œil ardent cette voie mystérieuse que le génie leur trace.

Seignelay, lui aussi, poursuit son idée et il écrit à Tourville (lettre déjà citée du 22 juillet) :

« ... Il faut que vous vous mettiez au-dessus de la manière de penser, naturelle à un homme qui commande une armée navale, qui, voyant plusieurs de ses vaisseaux incommodés, veut les avoir tous

---

[1] *Histoire de la Marine.*
[2] Sur l'origine de cette intimité, Pierre Clément (*Étude historique sur Seignelay*) rapporte, d'après les *Mémoires du duc de Luynes*, que, Colbert ayant appris que Seignelay avait formé à Paris des liaisons peu convenables, résolut de l'éloigner et il l'envoya à Toulon. Seignelay voulut, une fois à Toulon, faire remettre sûrement une lettre à sa maîtresse, sans que Colbert en fût instruit. Un jeune enseigne de vaisseau nommé Tourville s'en chargea. « Seignelay conserva une grande reconnaissance pour M. de Tourville et lui en donna des marques quand il fut secrétaire d'État de la Marine. » (*Mémoires du duc de Luynes*, tome X, p. 382.)

en état avant de se mettre en mer et se laisse même quelquefois un peu tenter par la commodité plus grande qu'il trouverait dans les rades du royaume tant pour lui que pour ceux qui sont sous son commandement. »

Le reproche ne portait pas; car, en ce moment même, Tourville poursuit sa croisière après son glorieux combat, et ses lettres en rendent compte ainsi que de sa descente à Tyngmouth (embouchure de la Tyne).

A ce sujet, rappelons que, comme nous l'avons dit plus haut dans une lettre du 6 juillet, Seignelay conviait Tourville à étudier avec lui ce qu'on devait faire sur mer (après le gain de la bataille du 10 juillet). Il revient sur ce sujet, dans une lettre à Tourville du 1er août 1690 (*Pierre Clément*). Suivant lui, l'état des flottes anglaise et hollandaise ne leur permettait pas de remettre en mer une armée navale capable, avant le 8 ou le 10 septembre, de se présenter devant celle que Tourville commande. Il faut donc en profiter et aller attaquer Plymouth et brûler à l'aide des galères les bâtiments marchands qui s'y trouvent. Mais Tourville fait des objections et Seignelay lui reproche d'avoir jugé l'entreprise possible quand on en a discuté le plan devant lui, l'hiver précédent : « aussi (ajoute Seignelay), Sa Majesté n'a jamais pu prévoir les difficultés que vous apportez à présent pour l'exécution de ce projet et elles sont d'autant plus fâcheuses que jamais on n'a pu espérer rien de plus favorable que ce qui arrive à l'heure qu'il est. »

« Killegrew est, avec 9 ou 10 vaisseaux de guerre, dans un des côtés du port ; 150 ou 200 bâtiments marchands sont retirés dans le Catwater (port marchand de Plymouth) et vous pouvez, après avoir battu l'armée ennemie, aller brûler ces vaisseaux de guerre, si vous trouvez l'entreprise possible, ou, au moins, si vous pouvez vous rendre maître des vaisseaux marchands, vous pourrez terminer par là et par la descente que vous proposez, une campagne dont les commencements ont été si glorieux et dans laquelle Sa Majesté ne pourrait s'empêcher de voir qu'on a manqué de faire une partie de ce qui était praticable. »

Le 2 août suivant, Seignelay écrit de nouveau à Tourville : l'arrivée des galères, sous le commandement de Tourville, doit « lui faire un point d'honneur et de nécessité d'entreprendre quelque chose qui convienne à la puissance formidable de l'armée que vous commandez. » Le Roi tient à l'attaque de Plymouth, on peut l'envisager de deux manières : ou attaquer les vaisseaux de guerre dans le port d'Hamoaze (partie militaire du port de Plymouth) ou attaquer et brûler les bâtiments marchands dans Catwater. « ... Je conviens avec vous (dit Seignelay) que la première partie de l'expédition est plus difficile que l'autre : que la possibilité ou la difficulté de l'entreprise doit être par vous examinée sur les lieux, *pourvu que vous y apportiez une véritable envie de faire quelque chose d'extraordinaire et que votre esprit soit un peu moins fertile en raisons, lorsqu'il s'agit de trouver des difficultés*. Mais, pour la seconde partie du projet, tout le monde convient, et le Roi d'Angleterre comme les autres, que rien n'est plus aisé que de brûler tous les vaisseaux dans le Catwater, et je vous déclare que vous ne persuaderez pas au Roi que rien puisse vous en empêcher, que le peu d'envie que vous avez eu d'exécuter une entreprise que Sa Majesté regarde comme la plus glorieuse qui puisse être faite le long de la côte d'Angleterre. »

Mais Tourville n'est pas d'avis que l'entreprise sur Plymouth puisse être tentée et il faut, suivant lui, se rabattre sur la descente à Tyngmouth, où les galères appuieront le corps de débarquement de d'Estrées.

Dans sa dépêche de la rade de Torbay (5 août 1690, la voir à sa date), Tourville rend compte comment, fidèle à son habitude de tout examiner par lui-même, et après être resté quelque temps sur la rade de Torbay, sans pouvoir rien entreprendre avec les galères à cause du mauvais temps, *il s'embarque dans son canot pour visiter lui-même la côte*. Il n'a pas voulu perdre « un moment de temps pour *entreprendre quelque chose*. » Il ne trouve pas de meilleur point que Tingmouth pour tirer parti de ses galères et opérer un débarquement. Son plan est aussi vite formé qu'exécuté et il réussit à brûler ainsi 12 vaisseaux ennemis. Puis, il remet à la mer, rencontre et brûle encore 5 vaisseaux ennemis et rentre, à la fin d'avril, dans la baie de Bertheaume (Brest).

En apprenant le retour de la flotte, Seignelay s'emporte, blâme Tourville, et le menace même de donner son commandement à d'Estrées. Mais, mieux renseigné, il reconnaît un peu plus tard, quand la fatale issue des affaires de Jacques II en Irlande lui est connue, combien Tourville avait été heureusement inspiré, aux approches de l'équinoxe et eu égard aux vivres et aux réparations dont ses vaisseaux avaient besoin, d'opérer sa rentrée à Brest pour remettre sa flotte à même de tenir de nouveau la mer. Ce fut, en effet, grâce à cette précaution que cette flotte put protéger et couvrir le rapatriement des troupes d'Irlande, en croisant dans ces parages.

En somme, Tourville avait le droit d'écrire comme il le faisait dans une lettre du 13 avril 1691 : « Il me serait beaucoup plus agréable d'avoir à combattre les ennemis que de les éviter. »

Quelques mois après (le 2 novembre), Seignelay mourait à 39 ans, à Versailles.

« Quelle jeunesse ! Quelle fortune ! Quels établissements ! Rien ne manquait à son bonheur ; il nous semble que c'est la splendeur qui est morte ! » (écrit à cette nouvelle madame de Sévigné).

Pierre Clément (*Étude historique sur le marquis de Seignelay*), a tracé de main de maître le portrait de Seignelay ; nous lui empruntons les lignes qui suivent :

« Voltaire, dont le tact historique était des plus fins, malgré des erreurs de détail systématiquement exagérées, a dit de Seignelay « qu'il avait un génie plus vaste encore que celui de son père..... » Ses plus grands défauts (et ils étaient poussés à l'extrême), venaient de sa fierté, de sa hauteur, de son emportement incorrigibles. Inférieur à son père comme organisateur, il le dépassait par la hardiesse des vues et la grandeur des projets. Gênes, l'Espagne, Alger, les États barbaresques, l'Angleterre, la Hollande sont là pour le prouver. Plus de préoccupations du commerce et de l'industrie auraient mieux servi les véritables intérêts du Roi et du Royaume ; l'élan en sens contraire était malheureusement donné par Louvois ; Seignelay eut tort de le copier, on peut dire aveuglément, et la gloire de réussir. La marine française, née de la veille, n'a jamais été plus brillante et plus heureuse que sous son ministère ; après lui, elle ne fit que décroître ; jamais tant de marins célèbres ne soutinrent à la fois le pavillon. C'est l'époque de Du Quesne, de Château-Renault[1], de Tourville ; le commencement de Forbin, de Duguay-Trouin, de Jean-Bart. Le siècle des grands prosateurs, des grands poètes, des grands pré-

---

[1] On écrit indifféremment le nom de ce marin *Château-Renault* ou *Chateaurenault*.

dicateurs, des grands capitaines, a été aussi celui des grands marins... Si je ne me trompe, la figure de Seignelay ne déparera pas, mais elle sera mieux éclairée par l'histoire, la vraie toile où se groupe la foule des illustrations contemporaines. La France (a dit le comte de Forbin), a eu peu de ministres si actifs, si laborieux, si vigilants que lui... Si Seignelay sacrifia aux plaisirs, au point d'y trouver la mort, du moins les affaires de l'État passèrent toujours devant. Déjà atteint et condamné, ses dépêches à Tourville, à Lauzun, aux intendants de la flotte ont une ardeur, une flamme singulière. Ses jours sont comptés et l'amour des grandes choses le dévore : il voudrait brûler Plymouth et apprendre que les escadres anglaises ont été anéanties ; impatience généreuse, patriotique, bien digne du fils de Colbert, mais qui le consume et précipite sa fin ! »

Reproduisons encore les lignes suivantes, où le même historien trace le tableau de la situation de la Marine sous Seignelay :

« ... Après le reproche très mérité qu'on lui a adressé d'avoir, par jalousie des brillants succès de Louvois, trop négligé le commerce, le plus grave est de n'avoir pas été assez économe des fonds de la Marine, à une époque où, pour soutenir la guerre contre toute l'Europe, il eût fallu exagérer l'économie. Sur ce point important, Colbert avait pourtant laissé des exemples toujours bons à imiter. Sous le rapport des armements, des esclaves, des galères, Seignelay continua le système en vigueur. On a blâmé sa sévérité, quelquefois excessive, surtout dans la forme ; mais les punitions avaient été bien plus fréquentes sous son père par suite du discrédit de la Marine et du relâchement de la discipline depuis la Fronde. Sa sévérité, d'ailleurs, n'épargnait pas les forts et ménageait les faibles. On lui reprocherait avec plus de raison d'avoir armé des navires et fait faire la course pour son compte ; il est vrai que les ministres des affaires étrangères et de la guerre partageaient les profits. Dix ans auparavant, Madame de Montespan elle-même avait obtenu de Louis XIV que deux bâtiments de l'État feraient la course à son bénéfice, et la tradition se continuait : « Les prises que nos vaisseaux ont faites sur les Hollan« dais, dit Dangeau le 17 avril 1689, montent déjà à plus de 4 mil« lions depuis la déclaration de guerre. M. de Seignelay est très « content : il nous a dit aujourd'hui qu'il avait eu plus de 20,000 pis« toles (près d'un million de nos jours) pour sa part.... » Mentionnons, à un point de vue tout différent, une instruction (celle du 15 avril 1689) demeurée célèbre, qui réunit en 23 lignes dans un ordre logique toutes les dispositions concernant le service de la marine sur mer et dans les ports. »

Le successeur de Seignelay, à la Marine, fut de Pontchartrain, qui « fit bien voir qu'un excellent esprit, joint à de bonnes intentions, ne peut suppléer à l'expérience qu'on n'a pas et aux connaissances qu'on n'a pas acquises. » (Avertissement des Mémoires de Villette.) Eugène Sue exprime l'avis que, demeurant chargé des finances, Pontchartrain, bien au courant de la triste situation financière du pays, ne voyait, dans la réunion entre les mêmes mains de la Marine et du Trésor, qu'un moyen de faire la course sur une immense échelle : c'est en obéissant à cette préoccupation qu'il faisait donner l'ordre par le Roi à Tourville de se mettre à la poursuite d'un convoi revenant de Smyrne et estimé 30 millions, lui prescrivant de tout hasarder pour en faire la capture.

Le 26 mai 1691, une instruction est adressée à Tourville, vice-amiral de France, commandant l'armée navale du Roi : nous la reproduisons à sa date et au milieu des lettres de Tourville parce qu'elle est annotée par lui. Ce sont les préliminaires de la campagne que Tourville va faire en Ponant, et qui a été appelée campagne *du Large*.

Ces annotations, Tourville en annonce l'envoi au ministre par une lettre du 7 juin 1691, qu'on trouvera aussi à sa date. Dans les lettres qui suivent et qui vont jusqu'au 27 août, Tourville cherche à amener le ministre à modifier plusieurs points de ses instructions et à reconnaître que, s'il doit poursuivre la réalisation d'un plan en deux parties : 1° prendre le convoi de Smyrne et ses 30 millions ; 2° préserver les côtes de France de toute attaque, il lui est impossible d'obtenir les deux résultats à la fois et qu'il faut opter entre les deux projets. Pour lui, le second lui paraît le plus important. Pontchartrain évite de faire connaître son option et laisse agir Tourville, qui se décide à chercher à poursuivre le convoi, tout en subordonnant cette entreprise à la défense des côtes. Les lettres de Tourville montrent à quelles difficultés l'inexpérience maritime de Pontchartrain l'expose à chaque instant. On veut l'obliger à opérer la jonction des deux parties de sa flotte à Belle-Isle, au lieu de la faire à Brest et Tourville écrit au Ministre le 7 juin 1694 :

« Vous avez vu les inconvénients qu'il y a de tenir l'armée à « Belle Isle, où elle peut être insultée lorsque les ennemis auront le « vent sur nous, sans que nous puissions nous élever de la côte. »

Puis, le 13 août : « ... Personne n'a plus d'envie que moi de faire « quelque chose, mais la connaissance que j'ai du métier m'oblige à « prendre des précautions, et *j'ai toujours vu les officiers à Paris* « *faire les plus belles entreprises du monde et fort différents de ce* « *sentiment quand ils sont ici; et* MOI JE SUIS TOUJOURS DE MÊME *parce* « *que je connais tous les inconvénients et les impossibilités, et il me* « *semble que j'ai fait assez connaître ma bonne volonté au Roi, quand* « *j'ai offert de combattre les ennemis avec 8 vaisseaux de moins* « *qu'eux.* »

Quatre jours après (17 août), pour prouver l'inanité des plans qu'on lui envoie, il écrit encore au Ministre : « *Il n'y a que les gens* « *qui n'ont point de teinture du métier*, qui peuvent croire que deux « armées puissent être, pendant une campagne à vue sans s'engager, « si ce n'est volontairement, *et s'il y en a qui osent le proposer je les* « *trouve bien hardis* et ils compromettent beaucoup le service du « Roi. »

Dans la même lettre, il résume sa campagne en quelques lignes empreintes d'une véritable dignité : « Je ne sais pas, Monseigneur, « de quelle manière vous avez regardé notre sortie et ce qui s'est « passé en mer..., *mais les gens de marine comptent pour beaucoup* « *la conduite qu'il a fallu avoir, pour être 50 jours en mer dans tous les* « *parages où les ennemis pouvaient me trouver et peut-être sans avoir* « *bien véritablement connu que je les ai voulu éviter...*; quand les « ennemis étaient si proches que si le temps n'eût pas été obscur, ils « auraient pu me voir et, l'armée étant alors en panne, *ils m'auraient* « *approché la nuit à ne pouvoir éviter le combat n'ayant que* « 67 *vaisseaux de guerre et 20 ou 22 vaisseaux de moins qu'eux.* »

Enfin, il ramène au vrai (même lettre) les prétendus succès de l'ennemi dans cette campagne : « *Cette grande armée n'a eu d'autre* « *avantage que d'envoyer 16 vaisseaux* dans les rades de Bertheaume[1]

---

[1] A l'est de la pointe Saint-Mathieu.

« et de Camaret, *brûler deux méchantes barques*, ce qu'un corsaire
« peut faire tous les jours, ET ILS SAVAIENT BIEN OU J'ÉTAIS et que,
« du vent qu'il fesait, je ne pouvais venir à eux; cette armée s'est
« consumée et deux flottes d'Irlande sont arrivées et le convoi, con-
« voyé par le *Neptune*, l'*Orgueilleux* et tous les autres bâtiments,
« m'ont rejoint sans qu'ils en aient pris un, et l'armée du Roi leur a
« pris 2 vaisseaux de guerre et 10 marchands. »

Nous intercalerons à sa date, dans les correspondances de Tourville, le texte même de l'instruction du Roi, datée de Marly le 26 mai 1691, avec les notes de Tourville mises au crayon sur l'original renvoyé au Ministre, ainsi que cela est annoncé par sa lettre du 7 juin 1691 (la voir à sa date).

Mais les appréciations de Pontchartrain sur cette campagne devaient amener Tourville à rentrer en France et à présenter au Ministre un mémoire *sur sa navigation en Ponant pendant les mois de mai, juin, juillet et août* 1691.

On trouvera plus loin ce mémoire à sa date au milieu de sa correspondance et nous plaçons en marge des observations dont certains passages ont été l'objet, — observations qui étaient destinées à Pontchartrain, — et dont l'auteur n'est pas connu.

On remarquera le début de ce mémoire : Tourville exprime la conviction que les bruits qui ont couru à Paris au désavantage de l'armée navale et « les avis donnés par quelques officiers sur les actions que l'on eût pu tenter » n'ont fait aucune impression sur l'esprit du Ministre. Néanmoins, il se donne pour tâche de reprendre le détail des faits et d'établir que les vues que S. M. avait eues pour faire sortir son armée navale « auraient eu tout le succès qu'Elle en pou-
« vait souhaiter, *si l'on avait pris la flotte de Smyrne* », et il ajoute :
« CE QUE JE JUSTIFIERAI N'AVOIR PU EXÉCUTER. »

Effectivement, comme il l'a déjà indiqué dans les lettres de juin à août 1691, que nous avons signalées, Tourville montre qu'après avoir tout fait pour atteindre le convoi de Smyrne il dut renoncer à cette poursuite, parce qu'il s'exposait à rencontrer devant lui une flotte ennemie de 90 vaisseaux de ligne, quand il ne disposait que de 55 vaisseaux de guerre.

Et il ajoute avec fermeté : « Il n'y a pas lieu de douter qu'une
« armée qui combattra l'autre et qui sera supérieure de 25 vais-
« seaux, comme celle des ennemis l'eût été, et plus nombreuse d'un

« tiers de vaisseaux d'égale force aux nôtres, ne soit en état, se trou-
« vant en pleine mer, de la mettre entièrement en déroute; et j'au-
« rais mérité d'être puni, ayant mon instruction et vos lettres qui
« me prescriraient ensuite de m'y conformer, si j'avais exposé l'ar-
« mée à un combat aussi inégal. Je ne vous informe point de ce
« danger, Monseigneur, pour m'empêcher de combattre avec des
« forces aussi inférieures, quand le Roi le jugera nécessaire, mais
« pour faire connaître à Sa Majesté et à vous les risques où son
« armée serait exposée. »

Cette dernière phrase semble avoir été écrite en prévision de l'ordre du Roi qui, à la Hougue, le 29 mai 1692, l'obligeait, avec 44 vaisseaux et 13 brûlots, à combattre la flotte anglo-hollandaise, forte de 99 vaisseaux de ligne et de 38 frégates ou brûlots.

Au résumé (comme le remarque Eugène Sue [1]), qui eut l'avantage dans la campagne de 1691? L'amiral anglais ou Tourville? Le premier est plus fort d'un tiers que le second, qui a *ordre exprès* de ne rien hasarder. Malgré cette inégalité, Tourville tient la mer pendant 50 jours et réussit, par des prodiges d'habileté de manœuvre, à éviter la rencontre de l'ennemi dans un bassin aussi resserré que celui de la Manche, et il préserve nos côtes de toute insulte. Il avait donc exécuté le programme qu'on lui avait tracé, sauf sur un point, la capture du convoi de Smyrne. Mais, dès le début, il avait démontré qu'il fallait choisir entre cette entreprise, qui le forçait à s'éloigner de notre littoral, et la défense des côtes de France.

Certes, dans la première hypothèse, on aurait pris ces galions, mais il aurait fallu, alors, affaiblir nos équipages par le grand nombre de prisonniers qu'ils auraient eu à garder et perdre quantité de matelots qu'il aurait fallu employer sur les bâtiments amarinés. Dans de pareilles conditions, la flotte de Tourville ne pouvait plus s'exposer à se mesurer avec une flotte anglaise trois fois plus forte, sans aller au devant d'une défaite qui livrait nos côtes à l'ennemi.

Tourville avait donc pris le parti le plus sage. Sans livrer de bataille, il avait réussi à rendre inutile le formidable armement des alliés, arrêtant leurs bâtiments isolés, croisant jusqu'aux Sorlingues pour inquiéter les convois de l'Inde attendus en Irlande, détruisant une flotte marchande qui se rendait de la Jamaïque en Angleterre et

---

[1] *Histoire de la Marine*.

quand l'amiral anglais Russel, attiré par ses exploits, cherche Tourville avec des forces supérieures pour l'engager à une bataille, Tourville, par des prodiges de manœuvre, conserve l'avantage du vent et, attirant son adversaire sur les côtes d'Irlande, l'y laisse assaillir par une tempête qui coûte 4 bâtiments et 15 vaisseaux à l'Angleterre, pendant que la flotte française s'est mise à l'abri sur les côtes de France qu'elle n'a cessé de protéger. Merveilleuse campagne que celle du *Large* et merveilleux capitaines que ceux qui y servaient sous les ordres de Tourville, Forant, Châteaurenault, d'Amfreville, de Relingues, de Langeron, de Nesmond, de Coëtlogon, Jean Bart, Falière, d'Amblimont, Cogolin, etc.

CHAPITRE XI.
(1692-1701.)

Préparatifs pour une nouvelle expédition sur l'Irlande. — Triste état de l'administration de la Marine sous Pontchartrain ; il en arrive à proposer de supprimer la Marine et de la remplacer, en organisant un corps de troupes pour la garde des côtes. — Le Roi consulté à cet égard Bonrepaus. — Réponse de cet intendant. — Armements à Brest. — Instructions du Roi à Tourville (26 mars 1692). — Triumvirat à la Hougue chargé des opérations. — Tourville appareille avec 39 vaisseaux. — De Villette le rallie avec 5 vaisseaux. — C'est avec ces 44 bâtiments qu'il reçoit l'ordre d'attaquer l'ennemi qui a 88 bâtiments dont 36 à trois ponts. — Il attaque à la Hougue. — Appréciations diverses sur ce combat. — Lettre de Tourville. — Relation existant à la Bibliothèque nationale. — Document emprunté aux archives anglaises. — Le père Hoste. — D'Hamecourt. — Saint-Simon. — Jal. — Crisenoy. — Héroïque conduite de Tourville. — Dévouement de Coëtlogon. — Comment la nouvelle du combat arriva à Versailles. — Tourville est nommé maréchal de France (27 mars 1693). — Ses lettres de *Provisions*. — Réunion à Brest d'une flotte sous le commandement de Tourville. — Prise du convoi de Smyrne. — La perte des Anglais et des Hollandais est évaluée à 30 millions. — Siège de Palamos. — Dispositions prises par Tourville pour mettre les côtes de la Méditerranée à l'abri des attaques de l'ennemi. — Tourville investi du commandement des côtes de l'Aunis. — Curieuse lettre au sujet de l'évêque de la Rochelle. — Mort de Tourville le 28 mai 1701 à 59 ans.

Au commencement de 1692, Louis XIV décide qu'une nouvelle expédition sera faite sur l'Irlande pour faciliter en Angleterre un soulèvement des partisans de Jacques II.

Divers plans avaient été formés à cet égard. Dans une très intéressante étude [1], un ancien officier de marine, un écrivain de mérite, M. de Crisenoy, les a exposés avec autant de science que de talent;

---

[1] La *Campagne maritime de 1692.* (*Revue maritime et coloniale* de 1865).

il s'est attaché à faire la lumière dans le chaos des documents et des relations sur la campagne de 1692. Il montre, d'abord, l'influence néfaste des Pontchartrain sur la Marine, la désorganisation des services après Seignelay, l'ingérence, malheureuse parfois, de Petit-Renau dans les affaires maritimes, l'autorité divisée et affaiblie dans la Marine, Tourville suspect et taxé de pusillanimité, le désordre et la défiance partout.

De son côté, dans une savante publication, M. de Boislisle jette un jour particulier sur ce que les successeurs de Seignelay avaient fait de la Marine [1].

En 1690, la Marine n'avait dépensé que 27 millions, dont 7 pour la construction de 16 vaisseaux et de 15 galères, et la fonte de 16 canons. Elle avait sauvé l'Irlande, battu dans la Manche les escadres anglo-hollandaises, fait une descente jusqu'en Angleterre et parcouru victorieusement les mers.

En 1691, Pontchartrain dépensa environ 17 millions de plus que le chiffre ordinaire et 7 de plus qu'en 1690, pour obtenir de si tristes résultats que lui-même en vint à demander au Roi la suppression de la Marine.

Dans les premiers jours de 1691, en effet, MM. de la Feuillade, de Louvois et de Pontchartrain proposent au Roi de remplacer la Marine, « *qui coûtait trop cher et ne servait qu'à garder les côtes* », en employant à cette garde un corps de 4,000 chevaux et de 25,000 hommes d'infanterie !

Le Roi consulta Bonrepaus [2] qui, dans un mémoire du 20 juin 1691, combattait la proposition sans craindre de dévoiler les motifs auxquels obéissaient ceux qui en étaient les auteurs. Il y démasquait l'ambition de Louvois, cherchant à faire disparaître le sous-secrétaire d'État de la Marine, afin d'augmenter sa propre importance. Quant à Pontchartrain, son intérêt était d'obtenir la survivance de sa charge pour son fils et de diminuer l'importance de cette charge pour l'obtenir plus aisément. « Votre Majesté (disait Bonrepaus dans

---

[1] Le *Désastre de la Hougue*. (*Bulletin de la Société de l'histoire de France* 1877.)

[2] De Bonrepaus (François-d'Asson) débuta comme sous-lieutenant dans les galères en 1671 ; commissaire général de la marine en 1676 ; chargé par Colbert de la direction générale des classes ; intendant général de justice, police et finances de la Marine et des armées navales avec rang de chef d'escadre (juin 1683) ; il signa, à Windsor, le 13 septembre 1688, le traité d'alliance et d'union des flottes anglo-françaises.

ce mémoire) pourra juger que le fils ne sera pas capable d'un si grand emploi et que, au contraire, si la Marine se trouve anéantie, V. M. accordera plus facilement à son fils la survivance de la charge de secrétaire d'État. »

C'est à la suite de ce mémoire que le Roi donna à Bonrepaus les pouvoirs les plus étendus pour préparer et diriger les mouvements de la campagne qu'on voulait entreprendre contre l'Angleterre. Malheureusement, l'intendant chargé, à Brest, de ces armements, Arnoul, dont les lenteurs avaient déjà fait manquer, l'année précédente, l'expédition contre le convoi de Smyrne, ne montrait pas plus d'activité, cette fois, qu'auparavant.

On allait encore voir à l'œuvre cette administration improductive et coûteuse des Pontchartrain, que M. de Boislisle (*le Désastre de La Hougue*) a si exactement dépeinte par le rapprochement de quelques chiffres quand il a dit : « Colbert et Seignelay n'avaient dépensé que 216 millions en 19 ans (1672-1690) pour mettre la Marine à l'apogée de sa splendeur ; les 19 premières années des deux Pontchartrain (1691-1709) coûtèrent près de 485 millions, et l'on aboutit à une complète désorganisation. »

C'était sous cette influence désastreuse que l'on préludait à la campagne de 1692.

Quoi qu'il en soit, le 20 février, un projet de descente en Angleterre est arrêté ; on décida qu'une flotte serait armée dans le Ponant, mettrait en mer le 20 avril, et que 20 vaisseaux de Toulon, commandés par d'Estrées, porteraient l'armée de débarquement commandée par le maréchal de Bellefond. C'est à La Hougue que devait avoir lieu l'embarquement des troupes. En deux mois[1], il fallait rassembler en pleine côte, et dans une mauvaise saison, 300 bâtiments de charge, 70 vaisseaux de ligne, 18,000 hommes d'infanterie, 4,000 chevaux, de l'artillerie, des munitions, des vivres, et tout cela sans que l'ennemi nous dérobât le secret de cette opération.

Les marins manquent, les levées ne réussissent pas ; pendant que Bonrepaus cherche à réunir à Saint-Malo des matelots pour Brest, l'intendant Duguay, de Saint-Malo, qui était chargé de l'armement des transports destinés aux troupes, mettait des archers sur les routes pour saisir et lui amener les matelots normands que Brest

[1] Crisenoy, *la Campagne de 1692*.

attendait. Bref, au commencement de mai, on n'avait pu armer à Brest que 29 vaisseaux avec lesquels Tourville appareilla de la rade de Bertheaume pour la Manche. A ce moment [1], il manquait à Brest 2,100 matelots pour armer la seconde escadre ; les soldats faisaient également défaut ; les 12 vaisseaux de d'Estrées devaient en amener, mais ils n'arrivaient pas ; de telle sorte que, faute d'équipages, 20 vaisseaux étaient retenus à Brest, pendant que Tourville allait, avec 44 bâtiments, attaquer une armée navale double de la sienne.

Tourville avait, entre temps, reçu ses instructions : datées du 26 mars, elles étaient ainsi conçues :

« Sa Majesté ayant expliqué de bouche au sieur de Tourville ses intentions sur le service auquel elle destine son armée navale pendant cette campagne, elle se contentera de luy dire *qu'elle veut qu'il mette à la voile le 25 avril prochain, en quelque état que soit le « Soleil-Royal » qu'il doit monter, avec le nombre de vaisseaux de guerre, les brûlots et les bâtiments de charge qui seront en estat de le suivre...*

« Après estre sorti de Brest, Sa Majesté veut qu'il entre sans perdre de temps dans la Manche, qu'il détache aussytost de son armée les plus fins de voile pour aller au-devant jusqu'à la rade du Havre, et donner avis au sieur de Bonrepaus de sa venue. Sa Majesté veut qu'il mouille à la rade de La Hougue, où il embarquera, tant sur les vaisseaux de guerre que sur les bastiments qui seront à sa suite, toute l'infanterie, en attendant les bastiments chargés de cavalerie et de munitions nécessaires pour la descente, qui devront sortir du port du Havre ; et aussytost qu'ils l'auront joint, Sa Majesté veut qu'il aille aux costes d'Angleterre pour y faire le débarquement.

« Sa Majesté se remet du choix du lieu où il faudra faire la descente *au Roy d'Angleterre, duquel Sa Majesté désire qu'il suive en cela les ordres, et les avis du sieur maréchal de Belfonds,* qui commandera l'armée de terre.

« Après que la descente sera achevée, Sa Majesté veut qu'il renvoye dans les ports de Normandie les bastiments de charge, dont les équipages ne seront composés que d'invalides, et les autres à Brest, sous l'escorte de quelques frégates, qu'il reste dans la Manche avec

---

[1] Crisenoy, *la Campagne de 1692.*

les vaisseaux de guerre, brûlots, corvettes et autres bastiments nécessaires pour le service de l'armée.

« *Sa Majesté veut absolument qu'il parte de Brest ledit jour 25 avril, quand mesme il aurait avis que les ennemis seraient dehors avec un nombre de vaisseaux supérieur* à ceux qui seront en estat de le suivre. Il observera cependant, dans ce cas, de ne point détacher les vaisseaux fins de voile, comme il luy est ordonné cy-dessus.

« *En cas qu'il les rencontre à La Hougue, Sa Majesté veut qu'il les combatte en quelque nombre qu'ils soient*, qu'il les poursuive jusque dans leurs ports, s'il les bat, après avoir envoyé au Havre un détachement de l'armée pour prendre les bastiments de charge, et les mener ensuite au lieu où se devra faire la descente; *et s'il a du désavantage, Sa Majesté se remet à luy de sauver l'armée le mieux qu'il pourra.*

« Mais, en cas qu'en entrant dans la Manche il apprenne, soit par les avis qu'il recevra du Havre, soit par les vaisseaux qu'il trouvera à la mer, que les ennemis sont à la rade de Sainte-Hélène (île de Wight), Sa Majesté veut qu'il fasse en sorte de les y surprendre avant que d'aller à La Hougue, qu'il les y attaque, et qu'il trouve le moyen de les y faire périr. Il lui recommande d'éviter en cette occasion les accidents qui luy firent perdre le moyen de les y attaquer en 1690.

« *Si*, lorsqu'il mènera les bastiments de charge au lieu de la descente ou lorsqu'elle sera commencée, *les ennemis viennent l'attaquer avec un nombre de vaisseaux supérieur à celuy qu'il aura sous son commandement, Sa Majesté veut qu'il les combatte et qu'il opiniastre le combat*, de sorte que, quand même il aurait du désavantage, les ennemis ne puissent empescher que la descente s'achève.

« Mais si, lorsqu'elle sera achevée et qu'il aura renvoyé les bastiments de charge, les ennemis viennent l'attaquer, Sa Majesté ne lui permet de n'engager le combat qu'en cas qu'ils n'ayent pas plus de 10 vaisseaux plus que luy; mais elle veut qu'il s'approche d'assez près pour les reconnaître luy-mesme, quand cela devrait l'obliger à combattre [1].

« Fait à Versailles, le 16 mars 1692.

---

[1] Cette dernière phrase fait allusion au reproche adressé à Tourville, l'année précédente, d'avoir ajouté foi trop légèrement aux rapports de ses éclaireurs, qui auraient pris des navires marchands pour des vaisseaux de guerre.

« J'ajouste ce mot de ma main à cette instruction pour vous dire que ce qu'elle contient est ma volonté, et que je veux qu'on l'observe ponctuellement.

« Signé : Louis, et, plus bas : PHÉLYPPEAUX. »

Le 23 avril [1], une dépêche du Ministre ordonne à Tourville d'attendre, pour appareiller, d'avoir été rallié par Villette. Le 12 mai, il appareille; le 19, Pontchartrain écrit au maréchal de Bellefond : « S. M. se remet complètement au Roy d'Angleterre, à vous et à M. de Bonrepaus du *party qu'il y aura à faire prendre à M. de Tourville.* » Il y avait, à ce moment déjà, 50 vaisseaux ennemis dans la Manche et 8 hollandais aux Dunes. Tourville n'en a que 39, mais, à La Hougue, comme à Versailles, on calcule qu'il sera rallié par les vaisseaux de Villette, de La Porte et de Châteaurenault.

Au milieu de cet aveuglement général de ceux qui dirigent[2], deux hommes voient clair et juste : l'un, est le commissaire du Havre, de Louvigny d'Orgemont, qui écrit le 17 mai au Ministre :

« Si les escadres qu'on a vues dans la Manche réussissent à se joindre, il y aura 65 vaisseaux ennemis ensemble. Si, par malheur, cela arrive, je ne crois pas que le Roy veuille qu'on fasse l'embarquement général, estant indubitable que l'armée de Sa Majesté serait battue, si celle des ennemis l'attaquait aussy embarrassée de vaisseaux de charge et les ponts des vaisseaux de guerre surchargés d'hommes, M. de Tourville n'ayant que 38 vaisseaux avec luy, et M. de Villette ne l'ayant pas joint. D'ailleurs, il faudrait que M. de Tourville vînt en cette rade avec toute son armée pour recevoir nos vaisseaux de charge et les conduire tous ensemble à La Hougue, où s'embarquerait ensuite l'infanterie et le Roy d'Angleterre, n'y ayant pas d'apparence que M. de Tourville fasse des destachements pour venir de La Hougue icy et sépare son armée lorsqu'il aura les ennemys si près de luy qu'ils le sont ; et quand ils n'y seraient pas, ils peuvent y estre à tous moments. »

De même, Petit-Renau écrit de La Hougue le 21 mai :

« Jusqu'à présent, il m'avait paru qu'on avait assez de temps

---

[1] Crisenoy, *la Campagne de 1692.*
[2] Crisenoy, *la Campagne de 1692.*

pour exécuter l'entreprise pour laquelle nous sommes icy, pour peu que les vents eussent cessé de nous contrarier. Mais, je commence à craindre que, quelque chose qui arrive présentement, nous ne soyons bien à court, et il est à craindre que les ordres que M. de Tourville aura eus, qui convenaient jusqu'à présent, ne conviennent plus pour l'avenir. Aussi, il paraît présentement que le seul bon party qu'il nous reste, ce sera de tascher de faire seurement nos jonctions et d'entrer forts dans la Manche pour estre en estat de donner une bataille assez décisive pour faire ensuite seurement le passage des troupes. »

Tourville, toujours à l'entrée de la Manche avec 39 vaisseaux, demeurait sans instructions : *on l'attendait à La Hougue*, et on ne lui faisait pas connaître les changements successivement apportés aux plans primitifs. Cependant, le 9 mai, Louis XIV lui envoie l'autorisation de retourner en croisière par le travers d'Ouessant pour y attendre d'Estrées, Villette et Châteaurenault, et le 12 (le jour même où il appareillait), le Roi lui fait écrire :

« ... S. M. veut qu'aussitôt que le chevalier d'Estrées sera arrivé et qu'il aura 70 vaisseaux avec lui, le sieur de Tourville parte pour aller chercher les ennemis... pour les combattre *en quelque nombre qu'ils soient. S. M. sait certainement que les ennemis n'auront pas dans leur armée un plus grand nombre de forts vaisseaux qu'il n'y en aura dans la sienne; elle sait aussi qu'ils ne sont pas si bien armés, qu'il n'y a pas d'aussi forte artillerie ni d'aussi bons officiers, et, d'ailleurs, la méfiance qui est entre les Anglais et les Hollandais peut seule fournir l'occasion d'une victoire.* »

Le triumvirat de La Hougue décide que, si Tourville arrive dans ce port avec 52 vaisseaux, et si les ennemis sont à Sainte-Hélène avec 62 vaisseaux, on lui donnera l'ordre de les y aller attaquer ; si, au contraire, l'ennemi se trouve aux Dunes, on embarquera les troupes et on tentera le passage de la Manche.

Pontchartrain approuve ce plan, le communique au Roi qui, occupé au siège de Namur, répond en envoyant à Bonrepaus une lettre dont celui-ci était libre de faire usage suivant les circonstances et dans laquelle il était prescrit à Tourville d'aller attaquer[1] les enne-

---

[1] Crisenoy, *la Campagne de 1692.*

mis, en quelque nombre qu'ils fussent, « *ne lui paraissant pas, par la connaissance qu'il avait de leurs forces, qu'ils lui fussent supérieurs.* » Toujours la même fatale illusion !

Cette dernière lettre, arrivée à La Hougue le 27, ne parvint pas à Tourville, pas plus que celles des 7 et 12 mars, pas plus que la décision du conseil de guerre.

Tourville, rejoint par de Villette et ses 5 vaisseaux, entrait dans la Manche le 27 mai, en mouillant chaque fois que le jusant l'entraînait au large. Mais les vents contraires retenaient Châteaurenault à Brest, et Pontchartrain, sans prendre aucune résolution, se borne à écrire lettres sur lettres à Bonrepaus pour lui communiquer ses inquiétudes, espérant ainsi, sans doute, dégager sa responsabilité.

Malheureusement le sort en était jeté :

Tourville rallié par Villette, prenait le large, à la hauteur de Cherbourg et marchait au devant de l'ennemi :

« Chacun sait (écrit de Bonrepaus dans ses Mémoires), et M. de Tourville l'a dit lui-même, que, sans faire réflexion qu'il n'avait que 44 vaisseaux et que les ennemis qu'il voyait rangés devant lui en avaient le double; sans assembler son conseil de guerre, comme cela se pratique en semblables occasions, ni sans avertir aucun des officiers généraux, *il engagea le combat comme un furieux*, en mettant son vaisseau côté en travers de celui de l'amiral d'Angleterre. *Les raisons qui le jetèrent dans ce désespoir ne sont pas moins connues que l'a été la témérité de son action. Il avait été informé que M. de Pontchartrain avait fait entendre au Roi qu'il manquait de courage,* quoique certainement il n'en ait jamais manqué, *et son instruction portant un ordre précis, mais* INOUI JUSQU'ALORS, *de combattre les ennemis en quelque nombre qu'ils fussent, lorsqu'il les trouverait, il crut qu'il serait déshonoré pour toujours, s'il manquait l'occasion qui s'en présentait.* »

De son côté, Valincour [1] rapporte aussi que Pontchartrain « était fort indisposé contre Tourville, et l'avait même fait passer pour un homme timide et qui craignait d'entreprendre. M. de Tourville, en homme du métier, répétait sans cesse qu'il n'était pas possible de

---

[1] Voir Fragment de mémoire publié par Monmerqué.

tenir la mer en présence de la flotte des ennemis trois fois plus forte que celle du Roi. Le secrétaire Thou, impatienté de ces représentations, engagea le Roi à donner un ordre écrit de sa main à M. de Tourville d'attaquer les ennemis, fort ou faible. On sait ce qui s'en suivit. »

C'est dans ces conditions que le combat de La Hougue devait s'engager.

La flotte anglo-hollandaise, composée de 89 vaisseaux de guerre, dont 36 à 3 ponts, et commandée par l'amiral Russel, était réunie le 25 mai sur la rade de Sainte-Hélène. De là, elle faisait voile vers les côtes de France et allait croiser entre La Hougue et Barfleur.

Tourville, contrarié pour son entrée en Manche par les vents qui favorisaient la jonction des flottes ennemies et privé du renfort que devait lui amener d'Estrées, dont un coup de vent avait empêché l'arrivée en temps utile, arrivait à la hauteur de Plymouth, où il fut rallié, de Toulon, comme nous l'avons déjà indiqué, par le marquis de Villette avec 5 vaisseaux et 4 brûlots. Le 29 mai, sur les 4 heures du matin, les deux armées étaient en présence, en face du cap de La Hougue.

Voici quelle était leur composition à toutes deux.

ESCADRE ROUGE. (*Anglais*)	ESCADRE BLEUE. (*Anglais.*)	ESCADRE BLANCHE. (*Hollandais.*)
M. Édouard Russel, écuyer-amiral.	Le chevalier Jean Asby, amiral.	M. Van Almonde, amiral.
Le chev. Ralph de Laval, vice-amiral.	M. George Rook, vice-amiral.	M. Schoutbynact, vice-amiral.
Le ch. Claudesly Sowhel, contre-amiral.	M Richard Coster, contre-amiral.	
Le Royal-Guillaume.	La Victoire.	Le Zéelande.
Le Londres.	L'Albemarle.	Le Koningwilhem.
La Grande-Bretagne.	Le château de Windsor.	Le Brandebourg.
Le Saint-André.	Le Neptune.	Le West-Frise.
Le Royal-Souverain.	L'avant-Garde.	Le Prince.
Le Saint-Michel.	La Duchesse.	La Princesse.
Le Sandwich.	L'Ossory.	Le Castel-Medenblick.
Le Royal-Catherine.	Le Duc.	Le Beschirmer.
Le Cambridge.	La Résolution.	Le Capitaine-Général.
Le Plymouth.	Le Moine.	Le North-Hollande.
Le Breda.	L'Expédition.	Le Erste-Edele.

ESCADRE ROUGE.	ESCADRE BLEUE.	ESCADRE BLANCHE.
(Anglais.)	*(Anglais.)*	*(Hollandais.)*
Le Kent.	Le Serment-Royal.	Le Munikendam.
Le Swiftsure.	Le Northumberland.	Le Gueldre, A.
Le Hamptoncourt.	Le Lion.	Le Stadt-Mayden.
Le Grafton.	Le Berwick.	Le Estwont.
Le Rétablissement.	La Défiance.	Le Prince-Casimir.
L'Aigle.	Le Mountagne.	La Frise.
Le Rupert.	Le Warspight.	Le Ridderhape.
L'Élisabeth.	Le Montmouth.	Les Sept-Provinces.
Le Bedford.	L'Edgard.	Le Zurick-Zée.
Le Capitaine.	Le Château-Sterling.	Le Gueldre, R.
Le Devonsure.	Le Sans-Peur.	Le Harlem.
L'Yorck.	Le Suffolk.	Le Vere.
Le Leuoc.	Le Cornouailles.	Le Zéelam, A.
Le Rubis.	L'Essex.	Le Leyden.
L'Oxford.	L'Espérance.	L'Amsterdam.
Le Saint-Albans.	Le Chatam.	Le Wcleu.
Le Greenwich.	L'Avis.	Le Macgdvandort.
Le Chester.	L'Aventure.	Le Tergoes.
Le Centurion.	La Couronne.	Le Medenblick.
Le Bonaventure.	Le Deptford.	Le Gaesterland.
	Le Woolwich.	Le Ripperda.
		Le Schattershoff.
		Le Staddenland.
		Le Houra.
		Le Delf.

ESCADRE FRANÇAISE.

Le *Soleil-Royal*, comte DE TOURVILLE.
L'*Ambitieux*, marquis de Villette.
Le *Souverain*, marquis de Langeron.
Le *Formidable*, marquis d'Amfreville.
Le *Monarque*, marquis de Nesmond.
Le *Foudroyant*, de Relingues.
Le *Merveilleux*, de Gabaret.
Le *Grand*, marquis de Coëtlogon.
Le *Magnifique*, de Pannelier.
Le *Fulminant*, marquis de la Porte.
Le *Victorieux*, d'Amblimont.
L'*Admirable*, de Beaujeu.
L'*Intrépide*, de Saint-Hermine.
Le *Saint-Philippe*, d'Infreville.

L'*Aimable*, chevalier de Reals.
Le *Gaillard*, chevalier d'Amfreville.
Le *Content*, marquis de Saint-Maure.
Le *Sérieux*, marquis de B'enac.
Le *Brillant*, commandant de Combes.
Le *Henry*, de la Roche-Emard.
Le *Courtisan*, de Colbert, Saint Mare.
Le *Bourbon*, de Perinet.
Le *Courageux*, de la Luzerne.
L'*Apollon*, marquis de Rouvroy.
Le *Saint-Louis*, de la Rogue Persin.
L'*Excellent*, de la Vigerie.
Le *Prince*, de Bagneux.
Le *Vermandois*, de Lévy.

ESCADRE ROUGE	ESCADRE BLEUE	ESCADRE BLANCHE
Anglais	Anglais	Hollandaise
Le Kent.	Le Serpent Royal.	Le Maëstrandam.
Le Swiftsure.	Le Northumberland.	Le Gueldres.
Le Hampton-court.	Le Lion.	Le Staat-Mayck.
Le Grafton.	Le Berwick.	Le Estavan.
Le Rétablissement.	Le Défiance.	Le Prince ...
L'Aigle.	Le Monmouth.	La ...
Le Rupert.	Le Warspite.	Le R ...
L'Elisabeth.	Le Montague.	Le Sept-Provinces.
Le Bedford.	L'Exeter.	Le Zeven Zon.
Le Capitaine.	Le Chichester.	Le ... R ...
Le Devonshire.	Le Sans Pareil.	Le H ...
L'York.	Le Suffolk.	L'A ...
Le Leunox.	Le Cambridge.	Le Z ... V ...
Le Ruby.	L'Essex.	Le L ...
L'Oxford.	L'Espérance.	L'A ...
Le Saint-Albans.	Le Coronation.	L'W ...
Le Greenwich.	L'York.	Le M ...
Le Chester.	L'Aventure.	Le T ...
Le Centurion.	Le Deptford.	Le M ...
Le Bonaventure.	Le Deptford.	Le Groesvenor.
	Le Woolwich.	L'R ...
		Le S ...
		Le S ...
		Le H ...
		Le D ...

ESCADRE FRANÇAISE

Le Soleil Royal, corte de TOURVILLE	L'Invincible, ... de Rieux.
L'Ambitieux, marquis de V...	Le Courtisan, comte d'Amfreville.
Le Souverain, marquis de Langeron.	Le Conte ... gis de Saint-Maure.
Le Formidable, marquis d'Am...	Le Serieux, marquis de Béarn.
Le Monarque, marquis de Nesmont.	Le Brillant, ... urenne, ... de Gombes.
Le Foudroyant, de Reliuges.	Le Bourg, de S. Roch ... Larret.
Le Merveilleux, de Gabaret.	Le Content, ... de ... Saint-M...
Le Grand, marquis de Costre...	Le Bourbon, ... Pinvget.
Le Magnifique, de Panne...	Le Courageux, ... Lacorne.
Le Fulminant, marquis de ... P...	Le Leçonnière, de Rouvrou.
Le Vilorieux, d'Amblimont.	Le Saint-Louis, ... la Roque-Persin.
L'Admirable, de Beaujeu.	L'Excellent, de ... Villette.
L'Intrepide, de Saint-Hermine.	Le Prince, de Bagneux.
Le Saint-Philippe, d'Infreville.	Le Vermandois, de Levy.

Le *Conquérant*, du Magnon.
Le *Fier*, de la Harteloire.
Le *Tonnant*, de Septèmes.
Le *Terrible*, de Seppeville.
Le *Triomphant*, chevalier de Château-
 morand.
La *Couronne*, de Machaut.
Le *Saint-Esprit*, de la Galissonnière.
L'*Illustre*, de Combes.
Le *Fort*, chevalier de la Rongère.
Le *Saint-Michel*, chevalier de Villars
Le *Diamant*, chevalier de Feuquières.
L'*Etendu*, de Ricoux.
Le *More*, des Augers.
La *Perle*, de Forbin.
Le *Ferme*, Duquesne-Mounier.
Le *Fleuron*, de Magon.

Le combat s'engage le 29 mai à 10 heures du matin.

Nous n'avons pas à refaire un récit de cette grande journée. Nous préférons grouper ici les principales relations, les plus importants témoignages qui s'y rapportent et qui sont arrivés jusqu'à nous :

Commençons par la lettre du 3 juin 1692, dans laquelle Tourville rend compte de l'affaire au Ministre :

On la trouvera *in extenso*, plus loin, à sa date. Mais, nous en extrayons ici tout de suite les divers passages où, avec une concision et une dignité remarquables, notre héros résume ce qui s'est passé ; il évite, d'ailleurs, d'accuser qui que ce soit, et se borne à montrer *qu'il a exécuté les ordres donnés* :

« Après avoir été assez heureux, écrit-il, *dans la nécessité où je me
« suis trouvé de combattre les ennemis avec des forces aussi iné-
« gales, qui avaient 88 vaisseaux, et moi n'en ayant que 44*, de n'en
perdre aucun, après un combat opiniâtre de douze heures, je fus
assez malheureux, le lendemain, qu'ayant pris le parti de passer par
le raz Blanchart, qui était le seul qu'il y eût à prendre, pour m'éloigner des ennemis, et qui avait réussi à la plus grande partie de
mes vaisseaux, quoique le jusant me manquât... »

Puis, rendant compte « du brûlement du corps des vaisseaux », il termine en disant : « *Je n'ai manqué en cela que par une trop grande ponctualité des ordres contenus dans mes instructions* et par le malheur des vents qui m'ayant retardé de mon côté, ont facilité, en même temps, « la jonction des ennemis. »

Telle est la seule version officielle que nous ayons du mémorable combat de La Hougue.

Cependant, la Bibliothèque nationale contient (*Mélanges de Colbert*, tome XV, n° 606) la relation suivante dont l'auteur n'est pas connu, et qui nous semble retracer fidèlement les faits :

Relation du combat naval donné le 29 mai 1692, entre l'armée du Roi et les Anglais et Hollandais joints ensemble [1].

Le 29, à la pointe du jour, le vent étant sud-ouest nous découvrîmes l'armée des ennemis à sept lieues au large, entre le cap de la Hogue et la pointe de Barfleur ; la brume qu'il faisait nous empêcha de reconnaître le nombre de leurs vaisseaux, et M. de Tourville n'ayant point d'avis de leurs forces, d'autant qu'il n'avait été rencontré par aucune des dix corvettes qu'on lui avait dépêchées de La Hogue et de Cherbourg pour l'avertir que les ennemis avaient rassemblé presque tous leurs vaisseaux à l'île de Whigt, et qu'ainsi il ne devait point s'avancer de ce côté-là, mais se tenir à l'entrée de la Manche, au sud d'Ouessant, pour y attendre M. le comte d'Estrées et les autres vaisseaux qui devaient se joindre à lui ; M. de Tourville, dis-je, n'ayant reçu aucun de ces avis, fit le signal d'ordre de bataille. Chacun songea alors à prendre son poste et força de voiles selon qu'il était plus ou moins éloigné. Cependant nous arrivions toujours sur les ennemis, et lorsque nous en fûmes assez près pour pouvoir les reconnaître plus distinctement, nous comptâmes dans leur armée jusqu'à quatre-vingt-huit vaisseaux de ligne, plus de trente-six desquels étaient vaisseaux à trois ponts. Malgré cette supériorité de forces, et quoique M. de Tourville, étant au vent des ennemis, eût peut-être pu éviter le combat, il ne jugea pas devoir le

---

[1] Eugène Sue (*Histoire de la marine*), qui a publié ce document, donne également la relation suivante de l'amiral Russel :

« Du cap de Harfleur, à 7 lieues au sud-ouest, le 20 mai 1692.

« Hier à trois heures du matin, ayant le cap Harfleur à sept lieues au sud-ouest quart « sud, mes corvettes m'apprirent par leurs signaux qu'elles voyaient les ennemis. Les « Français portèrent droit à moi par un vent d'occident, et à onze heures me combat- « tirent à quelque distance. Nous continuâmes à combattre jusqu'à cinq heures et demie « du soir ; alors l'ennemi se fit touer avec toutes ses chaloupes, et nous le suivîmes ; il « fit calme tout le jour. A six heures il y eut une escarmouche que je supposai venir de « l'escadre bleue. Le calme continua toute la nuit. Je ne saurais donner un détail bien « circonstancié de ce qui s'est passé, si ce n'est que les Français sont battus, et que je « prends la route de la rade de Cherbourg par un vent frais d'orient, mais avec beaucoup « de brouillard. Je suppose que c'est le lieu où ils ont envie de se retirer ; s'il plaît à « Dieu de nous envoyer un temps plus clair, je ne doute pas que nous ne détruisions « leur flotte ; j'ai vu pendant la nuit trois ou quatre vaisseaux sauter en l'air, mais je « ne sais qui ils sont ; sitôt que je serai en état de vous donner une relation plus cir- « constanciée, je ne manquerai pas de le faire. » (*Hist. navale d'Angleterre.*)

faire, parce que s'étant approché si près, il crut que s'il faisait cette démarche et qu'il fût dans la suite contraint de combattre, ce qui pouvait arriver par cent accidents, la terreur que cette fuite n'aurait pas manqué de jeter parmi les équipages aurait donné aux ennemis plus d'avantages sur son armée que le nombre même de leurs vaisseaux : ainsi, il prit le parti d'arriver toujours sur eux.

Voici l'ordre du combat : M. de Tourville, commandant le corps de bataille ou l'escadre blanche composée de 16 vaisseaux ; M. le marquis d'Amfreville, commandant l'avant garde ou l'escadre blanche-bleue, composée de 14 vaisseaux, et M. Gabaret, commant l'arrière-garde ou l'escadre bleue, composée de 14 vaisseaux. Du côté des ennemis, le corps de bataille, ou l'escadre rouge, était commandé par l'amiral Russel ; l'avant-garde, composée de Hollandais, était commandée par l'amiral Almonde, et l'arrière garde, ou escadre bleue, était commandée par l'amiral Rook.

M. de Tourville ayant, ainsi que je l'ai déjà marqué, pris le parti de combattre, et voyant que quelques vaisseaux n'avaient pas encore pris le poste qu'ils devaient avoir, fit un second signal pour les avertir de le prendre ; ensuite, il arriva vent arrière sur les ennemis, faisant gouverner directement sur l'amiral d'Angleterre, duquel il observait tous les mouvemens, afin de ne pas perdre l'occasion de le combattre ; M. le vice-amiral de l'escadre blanche, s'attachant de son côté au vice amiral rouge anglais, fit la même manœuvre sur lui, et M. de Langeron, qui commandait la troisième division de notre corps de bataille, entra aussi en ligne et y prit son poste.

D'un autre côté, M. le marquis d'Amfreville, avec l'avant-garde, s'approchait de celle des ennemis, et comme le vent était calme et qu'il ne pouvait plus gouverner, il se fit remorquer par des chaloupes. MM. de Nesmond et de Relingues, qui commandaient la première et la troisième division de l'avant-garde, en firent autant.

Mais, M. de Nesmond étant plus de l'avant que MM. d'Amfreville et de Relingues, approcha plus vite et plus près qu'eux et se porta directement à la tête des ennemis, en sorte que le *Bourbon*, premier vaisseau de sa division, et commandé par le sieur Périnet, se trouva par le travers du premier vaisseau des Hollandais ; cela fit que, comme la ligne des ennemis était beaucoup plus étendue que la nôtre, et que M. de Nesmond, en se portant vis-à-vis des premiers vaisseaux de leur tête, empêchait qu'elle n'excédât la nôtre de ce côté-là, il se trouva un grand espace de la ligne des ennemis dont les vaisseaux n'étaient point occupés entre la dernière division de notre avant-garde, qui était celle de M. de Relingues, et la première du corps de bataille, qui était celle de M. de Villette. C'est pourquoi M. d'Amfreville appréhendant que ces vaisseaux des ennemis, n'étant point occupés, ne vinssent à le couper et ne revirassent sur nous, nous n'aurions pas d'avantage, il se tint, aussi bien que M. de Relingues, à la grande portée de canon des ennemis, pour être toujours au vent d'eux, et fit en cela une manœuvre très utile.

Dans notre arrière-garde. MM. de Gabaret et de Coëtlogon, avec leurs divisions, se portèrent dans la ligne et arrivèrent sur les ennemis qui leur étaient opposés ; mais M. Pannetier et sa division, qui était la dernière de l'arrière-garde, s'étant trouvé le plus éloigné de toute l'armée lorsqu'on commença à se mettre en ordre de bataille, ne put arriver aussitôt que les autres, bien qu'elle fit force de voiles pour se mettre dans son poste.

De leur côté, les ennemis avaient mis en panne pour nous attendre et étaient rangés sur une ligne qui n'était pas aussi droite qu'elle eût dû l'être ; mais ce défaut, aussi bien que ceux qu'il pouvait y avoir dans notre ordre, venait du manque de vent.

Toutes choses étaient dans cet état, et MM. de Tourville, de Villette, de Langeron, de Coëtlogon et Gabaret étaient avec leurs divisions à la portée du mousquet des ennemis, sans que nous eussions encore commencé de tirer, lorsqu'un des vaisseaux hollandais de l'avant-garde ennemie ayant tiré deux ou trois coups de canon sur le vaisseau le *Saint-Louis* de notre avant-garde, commandé par M. de la Roque-Persin, un de ses canonniers, impatient, tira un coup de canon, et ce coup fut le signal pour les deux armées ; car, dans l'instant (et ceci arriva sur les dix heures du matin), on vit un feu terrible dans toute la ligne, mais surtout dans le corps de bataille. Il n'y eût aucun vaisseau de cette escadre qui n'eût affaire à deux ou trois de ceux des ennemis, principalement dans les divisions de M. de Tourville et de M. de Villette ; et cela est aisé à comprendre, d'autant qu'entre l'amiral d'Angleterre, qu'attaquait M. de Tourville, et le vice-amiral rouge, qu'attaquait M. de Villette, il y avait seize des plus grands vaisseaux de leur armée, et que de notre côté, entre M. de Tourville et de Villette, il n'y en avait que six. M. de Tourville soutenait tout le feu de l'amiral rouge et de ses deux matelots, qui étaient des vaisseaux de cent pièces de canon : chacun y répondit si bien qu'il fit arriver deux fois le premier.

Notre avant-garde, quoique occupée à tenir le vent, ne laissait pas de combattre : M. de Nesmond et sa division, plus avancée que les deux autres, fit un si grand feu sur la tête des Hollandais, qu'il les obligea d'arriver ; mais s'apercevant que plusieurs de leurs vaisseaux, qui n'en avaient aucun des nôtres par leurs travers, s'efforçaient à nous couper, il fit dire au sieur Périnet, qui combattait avec chaleur, de tenir le vent pour les en empêcher ; cette précaution, néanmoins, aurait été inutile si MM. d'Amfreville et de Relingues n'avaient observé de près les mouvemens des ennemis pour s'y opposer.

A l'égard de notre arrière-garde, MM. Gabaret et de Coëtlogon, avec leurs divisions, se trouvèrent en ligne lorsque le combat commença. Ils soutinrent longtemps un grand feu des ennemis, et répondirent vigoureusement ; mais M. Pannetier et sa division n'ayant pu, ainsi que je l'ai déjà marqué, arriver aussitôt que les autres, bien qu'ils forçassent de voiles, l'escadre bleue des ennemis, composée de vingt-cinq vaisseaux anglais, profita de ce retardement et du changement de vent, qui était alors au nord-ouest : elle tint le vent en passant dans l'intervalle que M. Pannetier laissait entre sa division et celle de M. Gabaret ; elle le coupa et le sépara de notre arrière-garde. Cette manœuvre pouvait produire deux effets très-dangereux : le premier, que M. Pannetier, ainsi séparé et ayant vingt-cinq vaisseaux ennemis entre lui et nous, tomberait vraisemblablement entre leurs mains ; le second, que ces vingt-cinq vaisseaux ennemis, nous ayant doublés, nous mettraient entre deux feux. M. Pannetier évita le premier inconvénient en prenant le parti de forcer de voiles et de tenir toujours le vent pour s'aller joindre à notre avant-garde, et M. Gabaret remédia au second en envoyant dire à tous les vaisseaux de son escadre de tenir le vent pour empêcher les ennemis de mettre notre corps de bataille entre deux feux. Mais cette dernière précaution n'eut son effet que pour quelques heures seulement, et n'en aurait eu aucun sans la faute que firent ces vingt-cinq vaisseaux ennemis ; car, après nous avoir doublés, ce qui arriva sur les deux heures, ils s'attachèrent à suivre M. Pannetier dans ses eaux, au lieu de venir d'abord sur notre corps de bataille, où le courant les porta après qu'ils se furent amusés dans cette poursuite jusqu'à sept heures du soir.

Ils vinrent donc alors mouiller au vent de notre corps de bataille et le mirent entre deux feux : ce fut là le rude du combat, et il y eut tel de nos vaisseaux qui eut à soutenir, tant d'un bord que de l'autre, le feu de quatre ou cinq de ceux des ennemis. MM. de Tourville et de Villette, en soutinrent plusieurs et en furent entièrement désemparés.

M. de Coëtlogon, voyant le danger imminent où était M. de Tourville, quitta avec M. de Bagneux son poste de l'arrière garde pour venir à son secours, et ne quitta plus l'amiral et en partagea tous les périls jusqu'à la fin. D'ailleurs, M. Gabaret, qui avait jusqu'alors fait tous ses efforts pour tenir le vent contre les ennemis, entraîné par une force si supérieure, prit le parti de venir se joindre à notre corps de bataille avec M. de la Harteloire; mais, à peine y furent-ils mouillés, que l'escadre bleue des ennemis, qui était au vent à eux, se laissa dériver sur eux avec des brûlots qu'ils ne purent éviter qu'en coupant.

Pendant que toutes ces choses se passaient dans notre corps de bataille et dans notre arrière-garde, notre avant-garde mouilla en s'éloignant un peu plus des ennemis, et sans presque combattre faisait la sûreté de toute l'armée en empêchant la tête des ennemis de nous doubler.

Nous fûmes dans cet état jusqu'à environ huit heures et demie, qu'une brume fort épaisse survint et fit cesser de tirer de part et d'autre, n'y ayant pendant ce temps que M. de la Harteloire qui combattit un vaisseau ennemi qui était par son travers à la portée de la voix. La brume dura une demi-heure, et étant passée, on recommença le combat au clair de la lune plus fort qu'auparavant. C'est ici que M. de Tourville se vit dans un danger plus grand qu'il n'avait encore été : il se trouva mouillé et environné de plusieurs vaisseaux ennemis. Le contre-amiral rouge et ses deux matelots qui l'avaient doublé étaient mouillés au vent à lui avec cinq brûlots derrière eux. Ce contre-amiral détacha d'abord un de ces brûlots, qui vint avec le flot sur la proue de M. de Tourville. Il fut détourné par les sieurs de Clérac, d'Hautefort et Vatey, lieutenans, qui dans deux chaloupes, allèrent avec des grappins saisir ce brûlot tout en feu et le remorquèrent plus loin. Un second fut détaché et fut détourné par les mêmes officiers et de la même manière. Le troisième obligea M. de Tourville à couper pour l'éviter; un quatrième mal adressé passa par les intervalles de MM. de Tourville et d'Infreville, et le cinquième, plus mal adressé encore, passa à une portée de fusil des vaisseaux. Tous ces brûlots étaient accompagnés d'un feu de canon épouvantable que les ennemis faisaient de tous côtés pour les favoriser.

Enfin, tous les vaisseaux ennemis que nous avions doublés, tant de l'escadre rouge que de l'escadre bleue, voyant leurs brûlots manqués, et lassés du feu que nous faisions sur eux, prirent la résolution de profiter du reste de flot pour aller rejoindre leur armée. Ils coupèrent et vinrent passer en dérivant dans les intervalles de nos vaisseaux. Ils firent en cela une faute considérable; car il est certain que s'ils se fussent tenus dans ce poste, notre armée, inférieure comme elle était, aurait eu de la peine à s'en tirer ; mais cette faute, que firent ces vaisseaux qui nous avaient doublés, ne fut que la suite d'une autre qu'avaient faite ceux qui étaient sous le vent à nous, lesquels n'ayant pas aussitôt que nous mouillé au flot, avaient dérivé et s'étaient écartés de notre ligne ; cet éloignement fit craindre aux vaisseaux ennemis qui nous avaient doublés que lorsque le vent viendrait nous n'en profitassions pour tomber sur eux comme ils avaient fait sur nous. C'est pourquoi ils prirent le parti d'aller rejoindre leur corps d'armée : ils coupèrent donc et revinrent passer dans nos intervalles ; mais ce passage fut terrible pour eux et leur rendit avec usure le mal qu'ils nous avaient fait, parce que, comme nous étions mouillés, nous leur présentions le côté pendant qu'ils ne nous présentaient que la proue ; ainsi, passant auprès de nous à bout portant, ils reçurent généralement tout notre canon sans pouvoir nous nuire ; le contre-amiral rouge surtout, qui passa par le travers du chevalier d'Infreville à la longueur d'une demi-pique, n'en perdit pas un boulet. Cette dernière action finit le combat, et il était alors dix heures du soir.

Voilà l'action en général. A l'égard des actions particulières, voici celles que nous savons, et que je ne toucherai que légèrement, pour ne point trop étendre un récit qui n'est déjà que trop long par lui-même.

MM. d'Infreville, du Magnon et Beaujeu, matelots de M. de Tourville, ne quittèrent jamais d'un instant; cependant le danger était très-grand en cet endroit, et il n'y avait qu'une extrême valeur qui pût inspirer cette exactitude.

M. de la Rochalard eut la même attention pour M. de Villette dont il était matelot : il soutint longtemps le feu de plusieurs vaisseaux; il était entièrement désemparé et avait la vergue de son petit hunier coupée, lorsque le chevalier de la Rongère s'apercevant du mauvais état où il était, s'en approcha pour partager le feu qu'on faisait sur lui, bien que lui-même ne fût guère en meilleure posture, ayant été exposé aux efforts de quatre vaisseaux ennemis ; aussi pensa-t-il y rester, et il ne s'en tira qu'au moyen de grands avirons avec lesquels il se fit nager.

Les sieurs de Montgon, de Saint-Maure, de la Luzerne, de Feuquières, d'Hervault, du Rivault, de Chalais, Bagneux et chevalier de Château-Morant, se trouvèrent en place à se faire distinguer ; le dernier surtout fut fort remarqué par les ennemis, qui étaient ce jour-là des juges compétents, et qui s'informèrent soigneusement, de quelques prisonniers qu'ils ont renvoyés depuis, qui était le commandant d'un vaisseau qui portait une croix noire à son petit hunier, et avouèrent qu'il les avait fort incommodés. M. de la Harteloire, matelot de M. Gabaret, le suivit toujours de près, soutint le feu de plusieurs vaisseaux ennemis, fut des premiers à combattre et combattit tout le dernier.

Il y eut plusieurs autres actions particulières, dont l'absence de MM. Gabaret, Pannetier, de Nesmond et de Langeron nous dérobent la connaissance, et que la fumée et la nuit ne nous permirent pas de découvrir ; mais on peut dire que chacun y fit bien son devoir, et que si quelques-uns n'y firent pas des choses distinguées, c'est que la fortune ne leur en présenta pas l'occasion, et que la prudence et le soin de l'affaire générale les empêchèrent de la chercher.

Quant aux avantages du combat, nous n'y perdîmes aucun vaisseau, nous n'en avions même aucun qui ne fût en état de naviguer : les ennemis, de l'aveu de nos officiers, en perdirent deux : l'un qui fut coulé à fond et l'autre qui sauta ; le reste de leurs vaisseaux furent autant et plus incommodés que les nôtres ; ils perdirent plusieurs brûlots qu'ils nous envoyèrent sans aucun effet. Ainsi, malgré l'inégalité prodigieuse des deux armées, les avantages furent pour le moins égaux dans cette première journée.

Je voudrais qu'il me fût permis de finir là mon récit, et pouvoir couvrir d'un voile les jours qui ont suivi, non pas qu'il s'y soit rien passé dont notre marine puisse rougir, puisque nous nous sommes soutenus et même fait craindre tant que le combat a eu lieu, mais seulement pour cacher des malheurs qu'une destinée insurmontable semble avoir attirés sur nous.

Le combat étant fini, ainsi que je l'ai expliqué, chacun se rangea sans ordre auprès du premier pavillon qu'il rencontra, et le vent étant venu à une heure après minuit, M. de Tourville qui en voulut profiter pour s'éloigner des ennemis, tira le coup de canon pour signal d'appareiller, et mit à la voile avec huit vaisseaux qui s'étaient joints à lui. MM. d'Amfreville et de Villette en firent autant chacun de leur côté, l'un avec douze vaisseaux et l'autre avec quinze. Le grand éloignement qu'il y avait entre notre avant-garde et notre corps de bataille, joint à une brume qui était survenue, empêcha M. d'Amfreville de se rallier dès la même nuit à M. de Tourville, et la brume seule en empêcha M. de Villette; mais comme M. d'Amfreville avait résolu avec M. de Relingues de rejoindre l'amiral, quoi qu'il pût arriver, et qu'ils en avaient concerté ensemble tous les moyens, leur jonction n'alla pas loin et fut faite dès le lendemain à sept heure du matin. M. de Villette, qui avait la même intention et qui sans cela aurait pu aisément faire sa route à Brest, se rejoignit presque aussi à la même heure. Ainsi M. de Tourville se trouva alors avec trente-cinq vaisseaux, et il ne lui en manquait plus que neuf, savoir six qui avaient pris, avec M. de Nesmond, la route de La Hogue, et trois autres, qui étaient ceux de MM. Gabaret, de Langeron et de Combes, qui avaient gagné les côtes d'Angleterre pour se rendre à Brest.

Comme nous avions navigué toute la nuit du 29, le 30, à huit heures du matin, nous nous trouvâmes à une lieue au vent des ennemis. Cette avance aurait dû suffire pour nous tirer d'affaire ; mais le *Soleil-Royal*, qui avait été fort mal traité, naviguant mal, retarda toute l'armée, et à six heures du soir nous fûmes obligés pour étaler le flot de mouiller par le travers de Cherbourg, à une demi-lieue des ennemis.

Cela fit prendre deux partis à M. de Tourville : le premier fut de changer de vaisseau, ce qu'il n'avait pas voulu faire jusqu'alors, de crainte que le *Soleil-Royal*, s'il le quittait, ne tombât entre les mains des ennemis ; mais enfin il s'y résolut, et passa sur l'*Ambitieux* avec M. de Villette. L'autre parti fut de prendre la route du raz de Blanchard [1], qu'il espérait passer du jusant, pour pouvoir, par le

---

[1] On lit à ce sujet dans un mémoire inédit de 1707 :

« L'ignorance de nos pilotes fut cause que l'on mouilla à l'ouest du raz de Blanchard

moyen des courants, devancer les ennemis qui prirent celle des Casquets.

Le raz de Blanchard est un canal qui est formé d'un côté par la côte de Costantin, depuis le cap de La Hougue jusqu'à Flamenville, et de l'autre, par les îles d'Aurigny et de Guernesey ; il a environ cinq lieues de long et une lieue et demie de large : les courans y sont très violens et le fond mauvais. Nous levâmes l'ancre de devant Cherbourg à onze heures du soir, la nuit du 30 au 31, et entrâmes dans le raz. Cette route nous avait presque réussi ; à cinq heures du matin nous nous voyions déjà à quatre lieues des ennemis, et de nos trente-cinq vaisseaux, vingt avaient passé le raz ; les treize autres, desquels celui de M. de Tourville était un, s'en voyaient dehors à une portée de canon près, lorsque le jusant venant à leur manquer, ils furent obligés d'y mouiller ; mais comme le fond y était très mauvais, les ancres chassèrent et les courants nous firent tellement dériver que nous nous trouvâmes sous le vent des ennemis et séparés de nos vingt autres vaisseaux.

De ces treize vaisseaux qui se trouvaient en cette extrémité, trois, savoir : le *Soleil-Royal*, l'*Admirable* et le *Triomphant*, étant les plus incommodés, restèrent à Cherbourg de crainte de tomber entre les mains des ennemis : le premier entra dans la fosse du galet, et les deux autres dans la petite rade de ce port. M. de Tourville, suivi des dix autres, vint se réfugier à La Hougue, et prit cette résolution parce que n'ayant plus d'ancre il ne pouvait pas naviguer.

Il arriva le 31 au soir et fut joint en cette rade par deux vaisseaux des six qui s'y étaient rendus avec M. de Nesmond, lequel, avec les quatre autres, prit pendant la même nuit la route du nord d'Écosse pour de là se rendre à Brest. Ainsi, M. de Tourville se trouva à La Hougue avec douze vaisseaux, qui étaient l'*Ambitieux*, le *Merveilleux*, le *Foudroyant*, le *Magnifique*, le *Saint-Philippe*, le *Fier*, le *Fort*, le *Tonnant*, le *Terrible*, le *Gaillard*, le *Bourbon* et le *Saint-Louis*. D'un autre côté la flotte ennemie se partagea en trois divisions pour pour-

---

« ensuite du combat si glorieux à la nation que venoit de donner M. de Tourville avec
« des forces très-inégales, en sorte que, les ancres n'ayant pu tenir à cause de la grande
« rapidité des courants en cet endroit, qu'il falloit prévenir en mouillant plus tost et à
« mer estale, hors du couvert de ce passage au long de la coste de France, il s'ensuivit
« la perte des vaisseaux qui furent contraints de mouiller à la Hougue. » (Didier-Neuville, *les Établissements scientifiques de l'ancienne marine*, 1882.)

suivre ces trois débris de la nôtre ; une partie s'attacha aux vingt vaisseaux qui avaient passé le raz, mais inutilement ; car ces vaisseaux ayant de beaucoup devancé, elle ne put les atteindre, et ils se rendirent à Saint-Malo le premier du mois de juin ; une autre partie composée de dix-sept vaisseaux et de huit brûlots, resta à Cherbourg pour y enlever nos trois vaisseaux, et n'ayant pu les prendre, elle les brûla le 1er juin, après leur avoir livré plusieurs assauts qui furent soutenus avec une extrême valeur par les sieurs Desmotes, Champmelin, Machault et Beaujeu, qui les commandaient, et ces capitaines furent secondés vigoureusement dans cette défense par leurs officiers subalternes ; la troisième partie de la flotte ennemie, composée de quarante vaisseaux et de plusieurs brûlots, auxquels les deux autres détachements vinrent se joindre deux jours après, suivit beaupré sur poupe les vaisseaux de M. de Tourville à La Hougue et les y renferma.

Dès que M. de Tourville y fut arrivé, le roi d'Angleterre, M. le maréchal de Bellefonds et M. de Bonrepaus examinèrent avec MM. les officiers généraux de la marine quel parti il convenait de prendre ; et après avoir reconnu qu'on ne pouvait sauver ces vaisseaux, et que, même en les défendant, ils couraient risque d'être enlevés par les ennemis, il fut résolu que, pour en sauver au Roi les équipages et les agrès, on les ferait échouer, et que, par le moyen des chaloupes qu'on armerait, on tâcherait d'empêcher les ennemis de les brûler. Cela ayant été arrêté, on échoua six de ces vaisseaux à côté du fort de l'Ilet et les six autres derrière le fort de La Hougue ; ensuite l'on en retira le plus d'agrès que l'on put, et l'on prépara les chaloupes que l'on destinait à leur défense ; mais ces chaloupes s'étant trouvées au nombre de douze seulement, et les bateaux qu'on y joignit étant mal propres à nager, et d'ailleurs armés d'équipages abattus et effrayés, on ne put empêcher les ennemis, qui firent un détachement de deux cents chaloupes légères et bien armées, de brûler, le soir du 2 juin, les six vaisseaux échoués à l'Ilet, bien que MM. de Tourville, de Villette et de Coëtlogon, avec plusieurs officiers subalternes de marine, fussent eux-mêmes dans nos chaloupes pour les animer. M. de Sebbeville, capitaine de vaisseau, fut blessé en cette occasion, et le chevalier Aubré y fut tué.

Le lendemain 3 juin, au flot du matin qui commença à dix heures, les ennemis étant entrés dans la petite rade de La Hougue avec un nombre de chaloupes et de canots plus grand encore que le jour précédent, et soutenus d'une frégate armée de trente pièces de canon, d'une demi-galère aussi armée de canons et de deux brûlots, on ne put non plus les empêcher de brûler les six vaisseaux qui étaient échoués en ce lieu-là. Ils mirent aussi le feu à quelques-uns des bâtiments marchands qui en étaient les plus proches [1].

[1] Kennet dit qu'il y eut trois vaisseaux brûlés à Cherbourg, savoir : le *Soleil-Royal* de 104 canons, commandé par l'amiral Tourville; l'*Admirable*, de 102 canons, et le *Conquérant*, de 80, avec trois autres plus petits, en quoi il se rapporte avec l'histoire du roi Guillaume.
Voici les propres termes du chevalier Ralph Delaval :

« *Lettre du chevalier Ralph Delaval au comte de Nottingam.*

« A bord du *Royal-Souverain*, proche Cherbourg, le 22 mai.

« Je crois qu'il est de mon devoir de vous avertir que le 21 du courant, l'amiral
« Russel ayant donné à la flotte le signal de couper leurs câbles, je remarquai que les
« Français étaient poussés de la rade d'Alderney où ils étaient à l'ancre à l'est, et voyant
« que quelques-uns tâchaient de gagner la baie de Cherbourg, je relâchai dans cette
« place où je trouvai trois vaisseaux ennemis à trois ponts, mais si serrés contre la côte
« et si voisins de quelques rochers, qu'il n'était pas sûr pour moi de les y attaquer jus-
« qu'à ce que j'eusse des informations de l'état de la rade, parce qu'ils étaient sur
« des bas fonds. Aussitôt je mis mes chaloupes à l'eau et je sondai la mer à une portée
« de canon de distance d'eux, ce qu'ils tâchèrent d'empêcher en faisant feu sur nous. Et
« afin de ne point perdre de temps, je passai aussitôt à bord du *Saint-Albans* où j'ar-
« borai mon pavillon pour encourager les gens de mer, et ayant ordonné au *Rubis* et à
« deux brûlots de m'accompagner, j'avançai vers eux laissant les gros vaisseaux hors de
« distance parce qu'ils tiraient trop d'eau; mais quand je m'en fus approché, ils nous
« reçurent vivement; alors trouvant que nos brûlots ne pouvaient pas aller jusqu'à eux,
« je pris le parti de me retirer hors de portée et de jeter l'ancre; je fis assembler tous
« les capitaines, et il fut résolu dans ce conseil d'attaquer le lendemain matin les ennemis
« avec tous les vaisseaux de troisième et quatrième rang et les brûlots. Mais après les
« avoir menés jusqu'à quatre brasses et demie d'eau, je trouvai que l'eau était trop
« basse pour pouvoir exécuter notre projet, sur quoi jordonnai à trois brûlots de se
« préparer, et je m'y transportai moi-même avec toutes les berges et les allèges pour
« les prendre en cas que le feu de l'ennemi leur fît manquer leur coup. En vérité je
« puis dire sans vanité que l'action fut chaude; cependant, grâce à Dieu, tout fut si
« bien exécuté, que malgré leur artillerie qui tirait de leurs batteries et des forts, deux
« de nos brûlots réussirent et brûlèrent deux de leurs vaisseaux; le troisième prit feu
« malheureusement lorsqu'il était sur le point d'aborder l'ennemi. En effet, l'attaque
« fut si vigoureuse que je pense qu'il est difficile de la récompenser dignement, et je ne
« fais point de doute que LL. MM. n'y aient égard. Le troisième vaisseau français ayant
« échoué, j'aperçus ceux qui étaient à bord qui en sortaient à pleins bateaux ; j'ordonnai
« au *Saint-Albans*, à la *Réserve* et autres de tirer dessus, croyant que cela pourrait
« les obliger à l'abandonner ; et après les avoir battus quelque temps, je remarquai
« qu'ils ne faisaient plus de résistance; je pris avec moi toutes les chaloupes armées, et
« j'allai l'aborder. J'y trouvai quantité de gens à bord, la plupart blessés, *mais point
« d'officiers;* et ayant fait sortir tout le monde, tant les blessés que les autres, j'y fis
« mettre le feu, et si mes corvettes ne m'eussent averti que trente vaisseaux venaient à

Telles ont été les suites d'une action dont les commencemens avaient été si beaux, et que j'oserais dire être l'action la plus glorieuse qui se soit jamais passée en mer, si les événemens, qui se sont attribué, parmi les hommes, le droit de décider du mérite des choses, n'en avaient été si malheureux. Mais j'espère que le Roi, qui a un discernement toujours sûr et toujours juste, voudra bien démêler ce qui est en cela de notre faute ou de celle du hasard et de la fortune,

« nous, j'aurais envoyé à terre tous les Français qui me sont maintenant à charge. Les
« vaisseaux que nous apercevions se trouvèrent être le chevalier Jean Asby et les Hol-
« landais qui venaient de l'ouest. Nous voguâmes avec eux à l'est vers La Hogue, où je
« suis informé qu'il y a trois ou quatre vaisseaux ennemis, et je l'ai laissé cette nuit
« occupé à les poursuivre du côté de l'est, et fort près d'eux, autant que j'en puis juger.
« J'espère, milord, que vous excuserez la liberté que je prends de vous prier d'employer
« votre crédit auprès de la reine pour faire donner une récompense aux trois capitaines
« des brûlots, et à plusieurs autres ; car je n'ai jamais vu plus de bravoure et de zèle.
« Je vous supplie de m'excuser si je vous ai amusé de ce détail, je prie Dieu qu'il
« conserve LL. MM. et qu'il fasse prospérer leurs armes par mer et par terre ; ce sont
« les prières et les souhaits de... etc. »

« P. S. « Le capitaine Heath a brûlé le vaisseau de M. de Tourville, qui était le plus
« fort ; le capitaine Greenway en a brûlé un autre appelé le *Conquérant* ; l'*Admirable*
« fut brûlé par nos chaloupes ; le capitaine Fowlis attaqua le *Soleil-Royal*, mais il fut
« mis en feu par l'artillerie de l'ennemi ; cependant il mérite aussi bien récompense que
« les autres. »   (*Histoire navale d'Angleterre*, déjà citée.)

Pour ne rien omettre de ce qui peut donner une idée juste de cette action, on joindra à ce qui a été déjà dit, une traduction d'une lettre que l'amiral hollandais écrivit aux États-Généraux.

« A bord du *Prince*, près du cap de Harfleur, le 3 de juin (le 24 mai) 1692.

« Hauts et puissants Seigneurs,

« Depuis mes deux dernières lettres du 31 du mois passé, et 1er du mois courant
« (nouveau style), par lesquelles j'ai donné avis à Vos Hautesses de ce qui s'est passé
« à la défaite de la flotte française, j'ai jeté l'ancre sous ce cap, où j'ai été depuis hier
« avec l'escadre de Vos Hautesses, et celle du chevalier Jean Asby, amiral de l'escadre
« bleue anglaise et quelques autres vaisseaux anglais. A mon arrivée, j'ai été informé
« par le capitaine d'un brûlot français qu'on a fait prisonnier, qu'environ douze des
« vaisseaux qui avaient combattu sous l'escadre de Vos Hautesses, et à qui nous avons
« donné la chasse, s'étaient retirés au milieu de quelques rochers, sur quoi je me suis
« préparé à les aller détruire où à les brûler ; mais lorsque j'étais prêt à exécuter mon
« dessein, j'ai trouvé que l'amiral Russel donnait ses ordres pour le même projet : je lui
« ai offert sur-le-champ les frégates légères et les brûlots de Vos Hautesses pour aider
« ses vaisseaux ; mais je ne sais pas si ces frégates et ces brûlots ont été employés ou
« non. Tout ce que je puis assurer à Vos Hautesses, c'est que le même jour qu'on prit
« la résolution de détruire ces vaisseaux on en a brûlé six très-gros et à trois ponts, et
« qu'aujourd'hui ceux qui restaient, et dont les moindres étaient de soixante pièces de
« canon, ont eu le même sort ; ils ont été brûlés avec toutes leurs munitions et provi-
« sions, et six autres plus petits qu'on avait allégés de leurs canons pour essayer s'il
« n'y aurait pas moyen de les sauver en les touant un peu plus haut, de sorte que cette
« expédition a achevé la ruine de la flotte ennemie. Je viens d'apprendre aujourd'hui au

et qu'aimant la gloire autant qu'il fait, celle que sa marine s'est acquise en cette occasion le consolera des pertes qu'elle a essuyées. »
(*Bibl. roy. Mélanges de Colbert, t.* xv, *n.* 606.)

Un jeune érudit, M. Wyatt-Thibaudeau, a copié pour nous dans les archives d'Angleterre le document suivant qui n'a pas encore été publié.

Il contient des détails curieux. Il émane probablement d'un officier d'un des vingt vaisseaux qui avaient pu gagner St-Malo le 1er juin :

AD. — 1692. — *Bataille de la Hougue.*

« Très intéressant document officiel transmis par le commandant en chef des forces navales françaises au Ministre de la Marine détaillant la conduite des Anglais et des Hollandais, et le terrible échec subi par la France. Cette pièce mérite d'être recueillie par l'histoire d'Angleterre. »

De Saint-Malo, ce 4e juin 1692.

« Il n'est pas, Monsieur, que vous ne sachiez les malheurs dont l'armée du Roy se vient de voir accablée ; vous ne vous seriez jamais attendu à d'aussi tristes nouvelles, non plus que moy à vous faire le récit d'une retraite si désavantageuse. Vous sçaurez donc que nous sommes sortis de Brest avec 44 vaisseaux, avec lesquels nous sommes entrés dans la Manche jusques à environ 7 ou 8 lieues de l'isle de Oühüit, je ne sçay pas quel était le dessein de la Cour puisqu'il n'y avait rien de plus caché, mais il paraît cependant qu'elle avait été mal informée des forces des ennemis, puisque le sieur Renaut avait été envoyé dans une corvette pour nous chercher et nous apporter

---

« bord de l'amiral Russel que les ordres sont donnés de brûler les vaisseaux de trans-
« port qui sont dans la baie de La Hougue jusqu'au nombre de trois cents, si on le peut
« faire sûrement ; mais je crains que ce projet ne soit difficile, parce que l'eau est fort
« basse à l'endroit où sont ces vaisseaux, et qu'on ne trouve beaucoup de résistance du
« côté de terre. Ainsi j'en laisse le succès à la Providence. D'un autre côté, on a résolu
« dans un grand conseil de guerre de réduire la flotte à cinquante ou soixante gros
« vaisseaux, de faire voile vers l'île d'Ouessant, et de tâcher d'y prendre tous les vais-
« seaux ennemis qui iront à Brest, ou qui en viendront ; et d'envoyer le reste des vais-
« seaux de guerre et quelques brûlots croiser sur les côtes de France, jusqu'à Dunkerque,
« pour chercher et détruire, s'il est possible, les restes de la flotte française, qui se sont
« retirés du côté de l'est.
      « Je suis,   « Très-hauts et très-puissans Seigneurs,
                                    » P. ALLEMONDE. »
                              (*Histoire navale de Hollande.*)

des ordres de sortir de la Manche, mais ne nous ayant peu trouver, nous tombâmes la nuit du 28 au 29 dans l'armée des ennemis, qui était la plus belle et la plus nombreuse que l'on ait jamais vue par mer. 28 hollandais faisaient leur avant-garde, 37 anglais le corps de bataille, et l'escadre bleue des Anglais composée de 29 faisaient leur arrière-garde; tout cela n'empêcha pas M. le comte de Tourville d'exécuter les ordres qu'il avait reçus, puisqu'étant au vent des ennemis, et pouvant par conséquent différer le combat, il arriva dessus et les attaqua à portée de pistolet avec toute la bravoure et la fermeté possibles, mais il ne vous sera pas difficile de vous imaginer qu'une ligne de 44 vaisseaux ne pouvait pas assez s'étendre pour faire tête à une autre de 94, et surtout ayant affaire à de très habiles gens qui s'éloignaient dans le corps de bataille à mesure que M. de Tourville s'avançait, et qui serraient leur avant-garde et leur arrière-garde, afin que par la longueur de leurs lignes ils pussent nous doubler et nous environner de toutes parts ; après avoir donc rendu un combat fort inégal depuis dix heures du matin jusques à sept heures du soir, nous mouillâmes auparavant les ennemis, afin que tenant sur nos ancres, ils pussent s'éloigner de nous par la force du courant qui les dérivait, mais l'escadre bleue arrière-garde, qui n'avait rien faict pendant tout le combat n'ayant point eu de nos navires par leur travers à cause de la brièveté de notre ligne, se mit au vent à nous à la faveur de la fumée du canon, si bien que quelque temps après avoir mouillé, nous nous vîmes environnés de tous côtés, les vaisseaux hollandais et le corps de bataille ayant mouillé fort peu de temps après nous et derrière nous ; il ne fut donc pas difficile à l'escadre bleue, qui n'avait pas mouillé et ayant l'avant-garde du courant sur nous, de se laisser dériver sur nos vaisseaux, ce qu'ils firent avec un feu continuel pour faire approcher de nous leurs brûlots à la faveur de la fumée de leurs canons, tellement que ceux de nos vaisseaux qui se trouvèrent les plus pressés par les brûlots, dont celui de M. de Gabaret en était un, avec toute sa division, furent contraints de couper pour éviter d'être brûlés et ainsi dériver dans l'armée des ennemis; nous n'en avons aucune nouvelle depuis, non plus que de M. de Nesmond avec toute sa division, dont M. de Perinet menait la tête. La nuit étant venue et le descendant qui était pour nous, nous levâmes l'ancre et appareillâmes pour nous approcher de la côte de Normandie; il s'éleva en ce temps-là une grosse brume avec un vent favorable, qui nous donna espérance de faire une belle retraite, parce que la brume empêchait les ennemis de nous voir, mais, sur le soir, qui était le 30e, nous fûmes contraincts de mouiller à cause du calme, afin que le courant qui montait ne nous dérivast pas sur les ennemis, que la clarté du temps venait de nous faire paraître tout proche de nous. Nous nous trouvâmes ce soir-là 33 de reste, qui étaient l'amiral, tous les généraux et les navires à 3 ponts, hors ceux que je vous ay nommés qui pendant le combat étaient tombés entre les mains des ennemis; la nuit étant venue, qui était donc du 30 au 31, M. de Tourville et tous les autres vaisseaux appareillèrent pour étaler les marées comme à l'ordinaire, et, comme l'obscurité de la nuit nous empêchait de voir, M. de Tourville fit une route différente de la nôtre, et résolut de passer par le raz Blanchard qui est proche de Cherbourg ; c'est, proprement parlant, le détroit qui est entre la terre ferme et l'isle de Chausey, qui est proche de Jersey et de Guernesey, et, comme il n'avait fait aucun signal, nous nous trouvâmes mouillés fort au large au nombre de onze vaisseaux, sans savoir ce que pourrait être devenu le reste de notre armée; c'est ce matin-là du 31e, où la force du courant fit dérader tous les gros vaisseaux, parce que les courants avaient plus de prise sur eux que sur les moindres, et leurs ancres ne pouvant tenir au fond, ils se virent cruellement contraincts de dériver tout au travers de l'armée des ennemis, sans être en état de soutenir un second combat. Nous n'avons eu aucune nouvelle depuis, sinon que M. de Tourville, avant que de dérader du raz Blanchard avait abandonné son vaisseau entre les mains de M. des Neaux, son capitaine, afin de l'aller échouer à la côte, de manière qu'on pût sauver le monde et le canon, parce qu'il était si criblé de coups et si maltraité, qu'il était hors d'état de suivre, et qu'il s'était embarqué avec M. de Villette.

« Voilà à peu près le récit en général d'une entreprise fort hardie et suivie d'une retraite assez malheureuse pour être appelée déroute. Je ne vous parle point du détail particulier des affaires, car je ne veux faire le procès à personne. Je vous dirai seulement qu'il y a eu une quantité extraordinaire d'officiers tués ; pour ce qui est de nous, nous sommes ce qui s'appelle échignés et criblés de coups, étant désemparés de tous mâts et la plus grande partie de notre équipage tué ou blessé. C'est tout vous dire que nous avons chauffé de si près, qu'on a été obligé de nous envoyer des chaloupes des autres vaisseaux pour nous retirer d'entre les ennemis, parce que la nôtre fut coulée bas dès le commencement du combat, et qu'il n'y avait que cela qui pût nous sauver, étant désemparés de tous mâts et de voiles : pour ce qui est de moi, je crois que je n'en suis réchappé que pour une plus grande peine qui était de voir l'armée du Roy en si pitoyable état. On ne peut pas plus souffrir de fatigue que nous en avons enduré, tant du corps que de l'esprit, car il ne se peut jamais voir de spectacle plus terrible ; le soleil qui venait de se coucher avait laissé l'horizon tout rouge, et la fumée du canon s'y mêlant faisait paraître l'air tout enflammé, de manière que nous ne voyions au travers de cet embrasement que de gros vaisseaux qui étaient tous en feu par la quantité de canons qu'ils tiraient pour faire approcher leurs brûlots à la faveur de la fumée ; ils venaient directement sur nous à la portée du pistolet, et nous aurions été criblés sans ressource, ou nous aurions coupé le câble et par conséquent dérivé dans l'armée des ennemis, si par nos soins nous n'avions coulé bas celui qui venait à nous, malgré le feu du vaisseau qui le soutenait, qui acheva de tuer presque tout notre monde, mais, comme je vous ai déjà dit, M. de Gabaret, ne put éviter celui qui venait à lui, non plus que sa division, qui furent contraints de couper leurs câbles et tomber sur les ennemis.

« Je ne vous ai pas dit que nous avions brûlé à coups de canon le vaisseau contre lequel nous nous sommes battus au commencement, qui était directement matelot de l'avant-garde du vice-amiral rouge, comme nous l'étions de M. de Villette, vice-amiral blanc. Leur vaisseau était supérieur au nôtre de 40 pièces de canon, le nôtre n'étant que de 60 et le leur de 100, et, si nous n'en avions pas eu trois à la fois de cette force sur le corps pendant tout le jour, nous ne serions pas si maltraités ; *il faut que ces gens-là ayent bien peu de feu et de rigueur pour ne nous avoir pas mis tous en canelle avec une armée aussi nombreuse.* Assurez-vous que personne n'aura une relation aussi juste que celle-ci, car comptez que mon sang-froid ne m'a pas assez abandonné pour ne pas remarquer tout ce qui s'est passé, et au besoin j'en dirais davantage. Le service n'a point pâti de mes observations, car il serait impossible de se donner plus de mouvement que je m'en suis donné. Les brûlots renouvelèrent mes applications dans mon bord, car, après avoir vu tant de boulets rouler autour de moi et entre mes jambes, et même en avoir eu mon habit brûlé, j'étais fort fâché de me voir courir risque d'être jeté en l'air pour récompense de mes peines; c'est là où je fus contraint de sabrer et d'charper plusieurs de nos gens qui quittaient le canon. Je vous avoue que j'étais si piqué au jeu que je croyais qu'une jambe emportée ne m'aurait pas fait cesser mes efforts pour tirer le vaisseau du Roy de la presse, et plût à Dieu que nos soins et la vie qu'il en a coûté à mes camarades eussent apporté plus de profit au Roy, mais c'est toujours quelque chose de lui avoir sauvé notre vaisseau. Nous sommes fort en peine de M. de Tourville et des autres; on vient de nous dire cependant que M. d'Enaux avait échoué le *Soleil-Royal* à Cherbourg, et qu'on avait entendu un long combat hier à la Hougue. *J'espère que M. de Tourville,* QUI N'A PAS SON PAREIL AU MONDE POUR LA CAPACITÉ DU MÉTIER ET POUR TOUTES LES RESSOURCES QU'ON Y PEUT TROUVER retirera quelques vaisseaux de son escadre. »

67.	Le *Bourbon*.	N'a pas paru depuis le combat.	Le sieur de Perinet
96.	Le *Monarque*.	N'a pas paru non plus.	M. de Nesmond.
70.	L'*Aimable*.	N'a pas paru.	M. de Keat.
58.	Le *Saint-Louis*	N'a pas paru.	Le sieur de la Roquepersin.
58.	Le *Diamant*.	N'a pas paru.	M. de Fouquières.
68.	Le *Gaillard*.	N'a pu tenir dans le raz Blanchard.	Le chevalier d'Amfreville.
88.	Le *Terrible*.	N'a pu tenir.	M. de Seppeville.
100.	Le *Merveilleux*.	N'a pas paru.	M. le marquis d'Amfreville.
86.	Le *Tonnant*.	N'a pas paru.	M. de Septèmes.
58.	Le *Saint-Michel*.	A Saint-Malo.	Le chevalier de Villars.
60.	Le *Sans-Pareil*	A Saint-Malo.	M. de Ferville.
62.	Le *Sérieux*.	A Saint-Malo.	Le marquis de Blenac.
96.	Le *Foudroyant*.	N'a pu tenir.	M. de Relingues.
62.	Le *Brillant*.	A Saint-Malo.	Le chevalier de Combes.
60.	Le *Fort*.	N'a pu tenir.	M. de la Rongère.
64.	Le *Henry*.	A Saint-Malo.	M. de la Roche-Emard.
100.	L'*Ambitieux*	N'a pu tenir.	M. de Villette.
86	La *Couronne*.	A Saint-Malo.	Le chevalier de Monbroy.
56.	Le *Maur*.	A Saint-Malo.	M. des Augers.
62.	Le *Courageux*.	A Saint-Malo.	M. de la Luzerne.
62.	La *Perle*.	A Saint-Malo.	M. de Forbin.
64.	Le *Glorieux*.	A Saint-Malo.	Le chevalier de Château-Morand.
84.	Le *Conquérant*.	A Saint-Malo.	M. du Magnon.
104.	Le *Soleil-Royal*.	N'a pu tenir.	M. de Tourville.
90.	Le *Saint-Philippe*.	N'a pu tenir.	M. de Saint-Aubin.
100.	L'*Admirable*.	N'a pu tenir.	M. de Beaujeu.
60.	Le *Content*.	A Saint-Malo.	Le chevalier de Saint-Maure.
94.	Le *Souverain*.	N'a pas paru.	M. de Langeron.
84.	L'*Illustre*.	N'a pas paru.	M. de Combes.
56.	Le *Modéré*.	A Saint-Malo.	M. Dinvy.

60.	L'*Excellent*.	A Saint-Malo.	M. du Vinant-Huet.
60.	Le *Prince*.	N'a pas paru.	M. de Bagneux.
92.	Le *Magnifique*.	N'a pu tenir.	M. de Coëtlogon.
62.	Le *Lorier*.	A Saint-Malo.	Le chevalier d'Erneaux.
60.	Le *Brave*.	A Saint-Malo.	M. de Chalais.
64.	L'*Entendu*.	N'a pas paru.	M. de Ricoux.
86.	Le *Triomphant*	N'a pu tenir.	M. de Machaut.
100.	L'*Orgueilleux*	N'a pas paru.	M. de Gabaret.
86.	Le *Fier*.	N'a pas paru.	M. de la Hartcloire.
58.	Le *Fleuron* et le *Courtisan*.	A Saint-Malo.	Le chev. de Magon et M. de St-Marc.
92.	Le *Grand*.	A Saint-Malo.	M. de Pannetier.
76.	Le *Saint-Esprit*.	A Saint-Malo.	M. de la Galissonière.
62.	La *Sirène*.	A Saint-Malo.	M. Du Quesne.

L'incertitude qu'on avait à Saint-Malo sur le sort de Tourville, d'après la lettre qui précède, régnait aussi, à terre, à La Hougue.

Voici, à cet égard, de curieuses lettres du maréchal de camp de Tessé au Ministre de la guerre, écrites du camp de La Hougue, la première est du 31 mai 1692, c'est-à-dire deux jours après le combat : elles ont été relevées aux archives du ministère de la guerre par un de nos amis et collaborateurs, le vicomte de Resbecq.

Lettre du maréchal de camp de Tessé
à M. le marquis de Barbezieux, Ministre de la guerre.

Du camp près la Hougue, ce 31 may 1692,
entre onze heures et midy.

« *Nous aurions tous bien besoin de nous faire saigner, car depuis les dix heures du matin du 29, nous avons fait de mauvais sang, et nous en faisons encor.* Voicy ce que confusément nous rapporte un armateur de Cherbourg qui vit hier M. de Tourville, lequel prist l'équipage de sa barque et le renvoya à terre sans avoir voulu escrire :

« Que M. de Tourville faisant routte le 29 des travers de Portland pour venir à La Hougue avec 42 vaisseaux de guerre, trouva, sur les dix heures du matin, au moins 76 vaisseaux ennemis; le vent le portoit sur eux, et la teste de l'amiral de Holande plia au commencement du combat, mais, deux heures après, le vent estant tout à fait changé, les ennemis, qui se trouvoient infiniment plus forts, se portèrent sur les nostres, en sorte qu'ils estoient presque partout deux contre un; nostre amiral coula à fond 5 bruslots que l'on luy vouloit

attacher, et jusques à onze heures du soir que dura le combat nous n'avions perdu aucun vaisseau, et nostre flotte avoit très vaillamment combattu. Cet homme dit que M. de Tourville estoit inquiet de M. Guabaret, dont l'escadre s'estoit séparée de lui, soit dans le désordre du combat ou dans la brume qui dura la nuit et une partie du matin du 30me. Cet homme dit que l'on disoit au bord de l'amiral que plusieurs vaisseaux des ennemis estoient endommagés, et qu'aucun de ceux du Roy ne l'estoit des choses principales.

« Nous vismes hier 30me les ennemis mouillés sur les six heures du soir vers les travers de Barfleur. Ils ont appareillé à minuit pour proffiter des marées qu'ils estaloient, et M. de Tourville estoit pareillement mouillé par les travers de Cherbourg, estallant pareillement les marées et ayant une lieue ou une lieue et demie en avant des ennemis ; nous avons mesme cru entendre le coup du signal de partance de nostre flotte, trois quards d'heure avant le coup du signal de partance des ennemis, nous vismes aussi hier cinq vaisseaux des ennemis qui paroissoient visiblement endommagés.

« Voilà jusques à l'heure qu'il est que jay l'honneur de vous escrire et qu'il est onze heures ce que je puis vous dire, au désespoir de n'avoir pas de meilleures nouvelles. Le combat a esté inégual, mais il peut n'en avoir pas esté moins glorieux.

« L'on voit six vaisseaux par les travers de Resville, c'est-à-dire à trois lieues de nos terres, l'on croit qu'ils sont ennemis. Parmi tout cela, si M. le comte d'Estrée joint et que MM. de Chasteaurenaud et de la Porte joignent, tout cela ne seroit rien, mais je suis très en peine de M. Guabaret. J'espère que les nouvelles du lieu où vous estes seront tout d'une autre sorte que celle-cy.

« Tessé. »

« En fermant ma lettre, une chaloupe des six vaisseaux que nous voyons à la mer arrive ; ce sont six vaisseaux du Roy commandés par M. de Nesmond. Il escrit à Bonrepaus et lui demande des nouvelles, n'en sachant point de M. de Tourville depuis le combat ; comme nous ne sommes inquiets de M. Guabaret que sur ce qu'en dit un armateur de Cherbourg, il peut fort bien arriver qu'il a confondu les noms et que c'est de M. de Nesmond, dont M. de Tourville étoit en peine. Je ne sçay pas trop comment cette escadre rejoindra la nostre qui chasse du costé de Brest. Les marins disent qu'en se servant des marées et rasant les terres, il poura rejoindre M. de Tourville. M. de Nesmond mande qu'il a perdu 50 hommes tués ou blessés sur son bord, que son escadre est en bon estat à quelques agrests prest dont il peut se restablir dans l'instant[1]. »

C'était, en effet, comme le constate la relation précédente tirée des *Mélanges* de Colbert, M. de Nesmond qui se présentait devant La Hougue avec 6 vaisseaux et qui, après avoir laissé 2 vaisseaux à La Hougue, en était reparti de nuit avec les 4 autres pour Brest.

Le lendemain et le surlendemain, nouvelles lettres de M. de Tessé :

*Lettre du maréchal de camp de Tessé[2]
à M. le marquis de Barbezieux, Ministre de la guerre.*

Du camp près la Hougue, ce 1ᵉʳ juin 1692, à midy.

« Il est bien triste de n'avoir que de mauvaises nouvelles à donner. Je suis dans un estat de douleur qui ne se peut dire.

« Hier, sur les deux heures après midy, et trois après le départ de la lettre que j'eus l'honneur de vous escrire, il parut une escadre à pavillon françois que l'on reconnut bientost estre la nostre. Le premier mouvement fut de croire que peut-estre M. le comte d'Estrée, M. de la Porte et M. de Chasteaurenaud avoient joint M. de Tourville, mais l'on distingua bientost que ce n'estoit que douze de nos vaisseaux auxquels l'armée ennemie donnoit chasse, et ces douze vaisseaux, auxquels se joignirent deux de l'escadre de Nesmond, mouillèrent à La Hougue razant les terres. Le Roy d'Angleterre me permist de prendre une chaloupe et j'allay au bord de M. de Tourville, que je trouvay sur celuy de M. de Villette, ayant esté obligé de quitter le *Soleil-Royal*, qui n'alloit point, qui retardoit la flotte, qui estoit très endommagé, et qu'il avoit laissé à Cherbourg avec deux autres vaisseaux. Ces messieurs me contèrent qu'après le combat du 29 mai, qui fut de 42 vaisseaux contre plus de 80, dont les gros vaisseaux d'Angleterre et de Holande, que nous croyions encore dans leurs ports, estoient, ils se retiroient du costé de Brest sans avoir rien perdu, qu'assez de morts et de blessés de leurs équipages.

---

[1] Dépôt général de la guerre. De 1676 à 1693. — Marine. Défense des côtes, combats de mer.
[2] Jean-Baptiste René de Froulay, comte de Tessé, devint maréchal de France en 1703.

Ils avoient mesme guagné une marée sur l'ennemi et le tout estoit triomphant, mais les marées se trouvèrent si fortes et le mouillage si mauvais au ras Blanchard, c'est-à-dire par le travers de Jersey et Grenesay, qu'ils perdirent toutes leurs aucres, et les marées les reportèrent à nous, les ennemis ayant le vent sur eux, de sorte qu'il n'y avoit de parti à prendre, n'ayant plus d'ancres, que celuy de venir icy ou pour s'eschoüer ou pour, razant les terres, se tenir entre l'isle et La Hougue, où ils sont, et combattre jusques à la dernière extrémité si les ennemis viennent les attaquer. Ils ont pris ce dernier parti.

« M. le maréchal de Bellefond a passé la nuit comme nous à ordonner des batteries à terre, à envoyer des chaloupes armées et à ayder la flotte de tout ce que l'on peut.

« Les ennemis sont, à l'heure qu'il est, mouillés à deux lieues de nous au nombre de plus de trente vaisseaux sans conter ceux qui sont au loin et qui arrivent ; nous verrons ce soir si les marées, les pouvant porter plus près, ils voudront entreprendre quelque chose. En vérité, cette situation me serre le cœur, au point que ce n'est pas vivre que d'estre comme nous sommes, et si vous ne m'aviez positivement ordonné de vous escrire, je m'abstiendrois aujourduy de cet honneur-là.

« Signé : Tessé. »

« Dans ce moment, nous aprenons que l'on espère sauver le *Soleil-Royal* et les deux vaisseaux qui sont restés à Cherbourg. Les ennemis voulurent hier les brusler et vinrent avec des bruslots qui ne firent aucun effect ; ceux qui sont restés dedans se deffendirent à merveille, c'est un nommé Desnos. Ce matin, le vaisseau que montoit Sepville, a malheureusement eschoué sur la pointe de l'Islette ; l'on a sauvé l'équipage. L'on croit M. de Nesmond avec quatre vaisseaux au Havre, et l'on espère que le reste de la flotte aura peu d'un autre costé guagner Brest. Il est triste qu'après un si glorieux combat, dans lequel il y avoit tant d'inégalité, les bizarreries et les malédictions du hazard ayent esté touttes contre nous. car M. de Tourville ne pouvoit combattre plus vaillamment, ni s'empescher de combattre ni prendre un autre parti [1]. »

[1] Dépôt général de la Guerre. De 1676 à 1693. — Marine. Défense des côtes, combats de mer.

Lettre du maréchal de camp de Tessé
à M. le marquis de Barbezieux, Ministre de la guerre.

Au camp de la Hougue, ce 2 juin 1692, à midy.

« Touttes les circonstances du vent et tous les hazards de la fortune nous persécuttent. Hier à midy, les trois navires restés à Cherbourg se deffendirent encore, et l'on espéroit les sauver, les bruslots dont les ennemis s'estoient servis n'avoient fait aucun effet ; enfin, le vent, bon pour les ennemis, vint avec la marée, et ils bruslèrent le *Soleil-Royal* et les deux auttres, les vaisseaux tiroient encore à un bout que le feu estoit à l'autre, partie des domestiques de M. de Tourville ont sauté et quelques officiers, partie de l'équipage et les capitaines se sont sauvés par la quantité de chaloupes dont on les a secourus de Cherbourg.

« Nous ne sommes icy guerres plus heureux ; les trente vaisseaux de l'escadre bleüe des ennemis, qui estoient restés pour cette expédition, viennent joindre ceux-cy qui n'ont pas profité des trois marées qui pouvoient les porter à nos navires. L'on conjecture qu'ils n'ont pas de bruslots et qu'ils attendent l'escadre bleüe qui leur en amène. Que faire dans tout cela ? Il n'y a que deux partis à prendre, se deffendre jusques à l'extrémité, se faire sauter soy-mesme ou se voir faire sauter par les ennemis, ou bien s'eschouer, proffitant de la grande marée d'aujourduy et par là sauver les équipages, les canons, les agrests, et quelque chose des corps des vaisseaux ; l'on trouve même que la vase est excellente pour ceste funeste extrémité. Les marins croyent que c'est le seul salut qu'il y ait à espérer, et l'on travaille à prendre ce dernier parti. Hier, l'on estoit résolu au contraire. Je voudrois estre à Siam, plustost que d'estre tesmoin de ce cruel spectacle.

« Je n'ay ni la force ni le courage de vous parler de ma destination, qui va changer par la forme nouvelle que tout cecy va prendre. Je n'ay de volonté que celle du Roy et celle où la protection que vous me donnez me destinera.

« Signé : Tessé. »

---

[1] Dépôt général de la Guerre. De 1676 à 1693. — Marine. Défense des côtes, combats de mer.

On voit, par ces intéressantes correspondances que, dès les premières nouvelles, la valeur de notre flotte, la bravoure de son chef étaient hautement reconnues ; mais Tourville n'avait pas seulement fait preuve à La Hougue de son intrépidité habituelle, il avait aussi déployé d'éminentes qualités de manœuvrier. Sous ce rapport, il est intéressant de reproduire ici un extrait du *Traité des évolutions navales* du père Hoste, auquel nous avons déjà fait plusieurs emprunts. Son livre est un ouvrage didactique. Ainsi, le père Hoste examine le théorème suivant (5e partie, p. 381) : *Comment faut-il doubler les ennemis ? Par la tête ou par la queue ?* D'après lui, c'est par la queue, et il s'exprime ainsi :

« Rien ne peut mieux confirmer tout ceci que le combat qui se donna par le travers de la Hougue l'an 1692. L'armée de France était de 44 vaisseaux de guerre, sous le commandement du comte de Tourville, vice-amiral, et à présent maréchal de France, qui portait pavillon d'amiral : les alliés avaient plus de 90 vaisseaux de ligne sous le commandement de l'amiral Russel. Les Français, ayant le vent, arrivèrent en bon ordre sur l'ennemi ; mais étant inférieurs en nombre, il leur fut impossible de l'élonger si bien qu'ils ne laissassent de l'arrière plusieurs de ses vaisseaux, qui firent une queue assez longue. Le vent, qui était d'abord sud-ouest ayant tourné au nord-ouest donna lieu à la queue des alliés de se replier sur celle de France, de sorte que le comte de Tourville se vit bientôt avec sa division au milieu des ennemis. *La postérité ne pourra pas croire ce qui se passa dans cette occasion ; 8 ou 9 vaisseaux français combattirent des deux bords durant sept heures cette foule d'ennemis qui les entouraient. L'amiral anglais plia deux fois ; plusieurs de ses vaisseaux furent désemparés ; on dit même qu'il en périt deux, sans que les Français perdissent un mât ni une chaloupe.* Le calme étant survenu et la marée portant au nord-est, le reste de l'armée française allait tomber au milieu des ennemis, *si le comte de Tourville, qui aimait mieux essuyer, lui seul, tout le péril, n'eût envoyé partout l'ordre de mouiller ; il mouilla lui-même au milieu des Anglais*, dont 6 vaisseaux qui étaient mouillés à demi-portée, faisaient pleuvoir sur lui une grêle de boulets. Leurs brûlots étaient beaucoup plus à craindre, ils en avaient une quantité de mouillés au-dessus de nous, et à la faveur de la marée ils en amenèrent 5 jusque sous notre beaupré, où, paraissant tous en feu, ils auraient effrayé les plus intrépides. Mais le comte de Tourville, malgré la vue de tant de périls, et malgré l'horreur d'une journée si affreuse, *mit si bien en usage les manœuvres les plus fines de son art, qu'il rendit ces 5 brûlots inutiles; il évita les uns d'un coup de gouvernail; il fit saisir les autres avec des crocs de fer par les chaloupes qui les remorquèrent à l'écart, il coupa et mouilla une autre ancre pour faire place aux plus inévitables des 5, il les évita tous les uns après les autres.* Il continua ainsi de soutenir les ennemis et de les combattre avec tant de vigueur, qu'ils furent, enfin, contraints eux-mêmes de couper et de s'abandonner à la marée, *laissant le champ de bataille aux Français, qu'ils avaient combattus avec tant d'avantages* et si peu de succès. *Une juste reconnaissance m'oblige de ne pas oublier le chevalier de Coëtlogon, chef d'escadre, qui par une valeur incomparable, vint partager le péril et la gloire de cette action.* Il était contre-amiral bleu et son poste naturel l'avait mis hors de la portée des ennemis; mais, voyant l'amiral de France au milieu des Anglais où on le croyait perdu, il obtint la permission de quitter son poste, et s'étant fait jour à travers les ennemis qui entouraient son général, il vint mouiller près de lui, pour le sauver (disait-il à ses officiers), ou pour périr avec lui. »

Autre témoignage d'un contemporain : c'est celui de d'Hamecourt, garde général des archives de la Marine et qui, dans un manuscrit déjà cité et conservé aux archives de la Marine, se fait l'historien, au jour le jour, des choses de la marine de son temps. Il est certainement l'écho de l'opinion générale, quand il écrit :

« Le comte de Tourville se couvrit à la Hougue d'une gloire immortelle, ayant fait à la fois les fonctions de général et de soldat, il ordonnait et combattait tout ensemble, et fut parfaitement secondé de tous les officiers. Aussi, on ne vit jamais une si noble émulation; en un mot, tous les officiers et les soldats donnèrent les plus grandes marques de valeur. L'Europe vit avec admiration une flotte de 44 vaisseaux en attaquer une de 88, et, après un combat opiniâtre de 12 heures, se retirer sans en avoir perdu un seul. La gloire des armes du Roi fut conservée dans son entier : M. de Tourville ne démentit point la haute réputation qu'il s'était déjà acquise et mérita, au contraire, les éloges les plus flatteurs et le bâton de maréchal dont Sa Majesté l'honora comme la juste récompense de ses services. »
(D'Hamecourt, Manuscrit déposé aux archives de la Marine.)

Il convient aussi de rappeler le passage suivant des *Mémoires de Saint-Simon* [1] :

« Tourville, malgré les représentations qu'il fait faire au Roi, est obligé de livrer le combat de la Hougue où il est battu. »

« Le Roi essuya pendant le cours du siège de Namur un cruel tirelette (désappointement). Il avait en mer une armée navale commandée par le célèbre Tourville, vice-amiral ; et les Anglais une autre jointe aux Hollandais, presque du double supérieure. Elles étaient dans la Manche, et le roi d'Angleterre sur les côtes de Normandie, prêt à passer en Angleterre suivant le succès. Il compta si parfaitement sur ses intelligences avec la plupart des chefs anglais, qu'il persuada au Roi de faire donner bataille, qu'il ne crut pouvoir être douteuse par la défection certaine de plus de la moitié des vaisseaux anglais pendant le combat. Tourville, si renommé par sa valeur et sa capacité, représenta par deux courriers au Roi l'extrême danger de se fier aux intelligences du roi d'Angleterre, si souvent trompées, la prodigieuse supériorité des ennemis, et le défaut des ports et de tout lieu de retraite si la victoire demeurait aux Anglais, qui brûleraient sa flotte et perdraient le reste de la marine du Roi.

« Ses représentations furent inutiles : il eut ordre *de combattre, fort ou faible, où que ce fût*. Il obéit, il fit des prodiges que ses seconds et ses subalternes imitèrent, mais pas un vaisseau ennemi ne mollit et ne tourna. Tourville fut accablé du nombre, et quoiqu'il sauvât plus de navires qu'on ne pouvait espérer, tous presque furent perdus ou brûlés après le combat dans la Hougue. Le roi d'Angleterre, de dessus le bord de la mer, voyait le combat, et il fut accusé d'avoir laissé échapper de la partialité en faveur de sa nation, quoique aucun d'elle ne lui eût tenu les paroles sur lesquelles il avait emporté de faire donner le combat. »

C'est à la même source que nous emprunterons l'anecdote suivante sur la manière dont la nouvelle du combat de la Hougue parvint à Versailles :

« Pontchartrain était lors secrétaire d'État, ayant le département de la Marine, ministre d'État, et en même temps contrôleur général

---

[1] *Mémoires de Saint-Simon*. t. 1er, p. 13.

des finances. Ce dernier emploi l'avait fait demeurer à Paris, et il adressait ses courriers et ses lettres pour le Roi à Châteauneuf, à son cousin, Phélypeaux, comme lui et aussi secrétaire d'État, qui en rendait compte au Roi. Pontchartrain dépêcha un courrier avec la triste nouvelle, mais tenue en ces premiers moments dans le dernier secret. Un courrier de retour à Barbezieux, secrétaire d'État ayant le département de la Guerre, l'allait de hasard retrouver en ce même moment devant Namur. Il joignit bientôt celui de Pontchartrain, moins bon courrier et moins bien servi sur la route. Ils lièrent conversation, et celui de terre fit tout ce qu'il put pour tirer des nouvelles de celui de la mer. Pour en venir à bout, il courut quelques heures avec lui. Ce dernier, fatigué de tant de questions et se doutant bien qu'il en serait gagné de vitesse, lui dit, enfin, qu'il contenterait sa curiosité, s'il lui voulait donner parole d'aller de conserve et de ne le point devancer, parce qu'il avait un grand intérêt de porter le premier une si bonne nouvelle, et tout de suite lui dit que Tourville a battu la flotte ennemie, et lui raconte je ne sais combien de vaisseaux pris ou coulés à fond. L'autre, ravi d'avoir su tirer ce secret, redoubla de questions pour se bien mettre au fait du détail, qu'il voulait bien se mettre dans la tête ; et, dès la première poste, donne des deux, s'échappe et arrive le premier, d'autant plus aisément que l'autre avait peu de hâte, et lui voulait donner tout le loisir de triompher. Le premier courrier arrive, raconte son aventure à Barbezieux, qui sur-le-champ le mène au Roi. Voilà une grande joie, mais une grande surprise de la recevoir ainsi de traverse. Le Roi envoie chercher Châteauneuf, qui dit n'avoir ni lettres, ni courrier, et qui ne sait ce que cela veut dire. 4 ou 5 heures après arrive l'autre courrier, qui s'empresse de lui demander des nouvelles de la victoire qu'il apporte ; l'autre lui dit modestement d'ouvrir ses lettres ; il les ouvre et trouve la défaite. L'embarras fut de l'aller apprendre au Roi, qui manda Barbezieux et lui lava la tête. Ce contraste l'affligea fort et la Cour parut consternée. Toutefois le Roi sut se posséder, et je vis, pour la première fois, que les Cours ne sont pas longtemps dans l'affliction, ni occupées de tristesse. »

Telle fut la glorieuse journée de La Hougue[1], et M. de Crisenoy,

[1] Quand le Roi reçut la nouvelle de la perte de ses vaisseaux à La Hougue, il demanda : « Tourville est-il sauvé ? car, pour des vaisseaux, on peut en trouver ; mais on ne trouve-

dans son étude déjà citée, en a trop bien résumé, à notre avis, l'histoire, pour que nous ne lui empruntions pas encore les quelques lignes suivantes :

« Sur nos vaisseaux, chacun fit des prodiges de valeur, de sang-froid et d'habileté ; pas une fausse manœuvre ne fut commise, et lorsqu'on étudie les détails de cette action dans les rapports émanés des officiers anglais et hollandais, aussi bien que dans nos propres annales, on ne peut méconnaître que ce ne soit la plus glorieuse journée de nos fastes maritimes. Pendant douze heures consécutives, nos 44 vaisseaux tinrent en échec toute la flotte ennemie ; ils firent sauter deux de ses vaisseaux et restèrent maîtres du champ de bataille à 10 heures du soir.

« Tourville avec ses 900 hommes d'élite s'était battu tout le temps comme un lion. Mis entre deux feux, à la tombée de la nuit, par une escadre anglaise qui était parvenue à doubler la ligne à la faveur d'une saute de vent, il évita, grâce à la rapidité et à la précision de ses manœuvres, cinq brûlots dirigés successivement contre le *Soleil-Royal*. Le dernier épisode de la lutte fut écrasant pour les 25 vaisseaux qui composaient cette escadre. S'apercevant que le gros de leur flotte avait négligé de mouiller au moment du renversement de la marée, et se trouvait entraîné par le flot loin du théâtre du combat, et se voyant sur le point d'être entourés à leur tour, ils se décidèrent à couper leurs câbles et essuyèrent, en dérivant lentement entre les intervalles de la ligne française, le feu de toute son artillerie.

« Ce qui arriva ensuite est connu : malgré les exploits de cette journée, notre flotte n'était plus en état d'affronter une seconde fois le choc des ennemis ; il fallait à tout prix se retirer. Plusieurs divisions séparées de l'armée réussirent à gagner leurs ports, pendant que Tourville, avec 35 vaisseaux, se dirigeait, aussi vite que leur état le permettait, vers le raz Blanchard pour se réfugier à Saint-Malo. Le 31 mai à cinq heures du matin, les 20 premiers se trou-

---

rait pas aisément un officier comme lui. » Un jour, étant sur son balcon à Versailles et le voyant passer dans la cour, il dit au maréchal de Villars : « Voilà un homme qui m'a obéi à La Hougue. » Il se souvint toujours que M. de Tourville n'avait donné cette bataille que pour lui obéir. (*Les hommes illustres de la Marine française*, par Graincour, peintre et premier pensionnaire du cardinal de Luynes, 1780.)

vaient en sûreté; mais les 15 autres étaient encore à une portée de canon de la passe, lorsque la marée leur manqua. Leurs dernières ancres, mouillées par un fond de roche, ayant chassé, ils s'efforcèrent de gagner un autre abri. Trois d'entre eux, sur le point d'être atteints par les ennemis, s'échouèrent à Cherbourg et furent incendiés le lendemain après s'être vaillamment défendus; le reste parvint heureusement à La Hougue, où cette fatale erreur qui, enlevant les destinées de notre flotte à son véritable chef, les avait fait confier à un prince étranger, à un maréchal de France et à un intendant, consomma la destruction de nos vaisseaux. L'avis de Tourville était de les échouer immédiatement pour mieux les défendre; Jacques II et le maréchal de Bellefonds s'y opposèrent; et, lorsque le surlendemain ils revinrent sur leur décision, il était trop tard. La mer était basse, les Anglais purent s'approcher des navires, les envelopper et les brûler. »

Enfin, Louis XIV, lui-même, se chargeait 10 mois après La Hougue de récompenser le vaillant commandant en chef de la flotte française; il le faisait maréchal de France, et rehaussait encore l'éclat de cette récompense par les termes des *provisions* qu'il lui adressait, et qu'on va lire :

*Provisions de la dignité de mareschal de France
pour M. le comte de Tourville*[1].

« Louis, etc., à tous ceux, etc., salut,

« Le soin que nous avons pris depuis plusieurs années d'augmenter les forces navalles de nostre Royaume a si bien réussy, que non seulement nous nous sommes trouvez en estat de résister par mer aux efforts que deux puissances dont les flottes avoient toujours paru formidables, ont vainement tenté contre nous, mais encore de remporter sur elles des avantages considérables, aussi bien dans les occasions générales que dans toutes les particulières, où nos vaisseaux se sont rencontrés avec ceux de nos ennemis, et comme nous sommes persuadés que rien n'est plus capable d'exciter le zèle et la valeur de ceux qui nous servent dans le corps de nostre marine, que

---

[1] Le maréchal Tourville portait « de gueules au bras armé d'argent, mouvant du côté senestre, tenant une épée de même senestre, surmonté d'un casque à visière, au profil aussi d'argent. (Jal.)

de faire connoistre que les services qu'ils nous y rendent nous sont aussy agréables que ceux que nous recevons des officiers de nos troupes de terre, nous ne pouvons en donner des marques plus éclatantes qu'en élevant aux plus hautes dignités de nostre Royaume ceux qui se sont distingués dans les commandemens différens que nous leur avons confiés de nos escadres et de nos armées navales. C'est dans cette veüe que nous avons jetté les yeux sur nostre cher et bien amé Anne-Hilarion de Cotantin comte de Tourville, vice-amiral de France, pour l'honorer de l'estat et office de mareschal de France, après avoir veu par la conduite qu'il a tenue dans toutes les occasions où il s'est trouvé, combien il estoit digne de la juste idée que nous avions conceüe de son mérite, lorsqu'en l'année 1667 nous luy donnasmes le commandement d'un de nos navires de guerre sur la réputation que luy avoient acquis les combats où il s'estoit trouvé avant que d'entrer dans nostre service. Premièrement, en sautant le premier dans un vaisseau turc qui fut abordé et pris lorsque le dit comte de Tourville faisoit ses caravannes en qualité de chevalier de Malthe. Secondement, dans un combat de galère à galère d'autant plus singulier que ces occasions se rencontrèrent très rarement, que dans celle-cy il y eut trois cens hommes tuez de part et d'autre, et que la galère turque, armée de cinq cens janissaires, tomba au pouvoir de celle de la religion de Malthe, dans laquelle il combattoit. Troisièmement, dans les différents combats qu'il donna en Levant, et particulièrement dans celuy où il soutint pendant huit heures, avec un seul navire, tout l'effort de six vaisseaux d'Alger, et sortit à son honneur de cette occasion. Enfin, lorsque, se trouvant engagé à combattre dans le port Dauphin contre trente-six galères, il les obligea de se retirer avec perte de cinq cens hommes de leur équipage. Il confirma, depuis qu'il fust dans nostre service, la bonne opinion que nous avions de luy, et il nous donna des marques de sa fermeté, lorsque le navire qu'il commandoit dans la flotte que nous avions fait joindre à celle d'Angleterre, ayant esté percé à l'eau de plusieurs coups de canon dans le combat qui fut donné à Soltsbaye contre la flotte des Estats-Généraux, il le fit radouber sans sortir de la ligne. Nous ne fusmes pas moins content de sa valeur et de sa bonne conduite dans les autres combats qui se donnèrent alors dans la Manche, et l'ayant fait passer ensuite dans la mer Adriatique, il y brusla un vaisseau ragusois sous la ville de Barlette et s'empara d'un autre vaisseau monté de cinquante pièces de canon et chargé de bled, qu'il mena fort à propos au secours de la ville de Messine ; le port de Reggio ne put garentir les vaisseaux que nos ennemis croyoient y avoir mis en seureté, il en brusla quinze dans ce port, et ne bornant pas à cette expédition les services qu'il nous rendoit, il entra dans le port d'Agouste, à la teste de nostre armée, contraignit le fort d'Avolas d'arborer nostre pavillon et obligea les autres forts de suivre cet exemple et de se rendre aussitost. La présence de quinze bastimens algériens, que nous regardions alors comme ennemis, ne l'empescha pas de brusler une polacre dans le port de Suze, sur la coste d'Afrique, et pas un d'eux n'osa s'y opposer, non plus que Mezzomorto, qui commandoit un navire monté de quatre cens hommes d'équipage. Après des preuves aussy signalées de son courage, nous ne pouvions choisir personne qui s'acquitast mieux que luy des fonctions de chef d'escadre, dont nous lui donnasmes la qualité en l'année 1677, et l'ayant envoyé sous les ordres du feu mareschal de Vivonne, il se trouva au fameux combat donné devant Palerme, où le navire admiral d'Espagne, monté de douze cens hommes d'équipage, et huit autres navires de guerre furent bruslez. Mais si sa valeur a paru en tant de différentes occasions, il ne donna pas de moindres marques de son intrépidité et du désir qu'il avoit de remplir ses devoirs jusqu'à la dernière extrémité, lorsque, repassant de la mer Méditerranée dans l'Océan en 1679, il essuya une tempeste si rude à la hauteur du cap du Finistère, que son vaisseau s'ouvrit et, ne pouvant avoir de secours dans ce pressant danger, il ne voulut point l'abandonner qu'il n'eut fait mettre dans sa chaloupe et dans son canot tous ceux de l'équipage que ces deux bastimens purent contenir, et voyant alors qu'il n'y avoit plus d'espérance de sauver ce navire, que la mer abisma peu de temps après, il se jetta à la nage et fut assez heureux pour gagner un canot qui venoit à son secours. Les services qu'il continuoit de nous rendre, méritant aussy des récompenses de nostre part, nous luy donnasmes, au mois de janvier de l'année 1682, la charge de lieutenant général de nos armées navales, et s'estant trouvé en cette qualité sur nostre flotte lorsqu'elle alla bombarder la ville de Gennes, en l'année 1684, il descendit le premier à terre suivy des troupes commandées pour le débarquement, et malgré le grand feu des ennemis, il força, à la teste des grenadiers, leurs retranchemens, l'espée à la main. Le peu d'effet que les bombes tirées pendant la nuit faisoient contre Alger luy inspira le dessein de faire avancer les galiottes pour en tirer pendant le jour, et en ayant luy-mesme posté trois malgré la nombreuse artillerie dont les ennemis faisoient des décharges continuelles, il les intimida tellement par cette hardiesse et par le succès qu'elle eut, qu'enfin, lassez des pertes qu'ils souffroient, ils se soumirent aux conditions que nous leur voulumes imposer, et rendirent un nombre très considérable d'esclaves chrestiens de toutes les nations. Il acquit une nouvelle gloire par le refus que le vice-admiral d'Espagne, qu'il rencontra en mer, fit, en l'année 1688, de rendre les honneurs deus à nostre pavillon, et quoyque le vaisseau que montoit le comte de Tourville ne fust armé que de cinquante-quatre pièces de canon et de trois cens soixante hommes d'équipage, il attaqua néantmoins celuy que commandoit Papachim en qualité de vice-amiral d'Espagne, monté de cinq cens hommes d'équipage et de soixante-dix pièces de canon, et avec des forces aussy inégales, l'ayant abordé par son beaupré, il l'obligea de rendre à nostre pavillon le salut qu'il avoit refusé. La jonction des flottes angloise et holandoise ne pust l'empescher d'entrer, en leur présence, dans le port de Brest avec une escadre composée de vingt de nos vaisseaux en l'année 1689, et luy ayant donné, à la fin de cette mesme année, la charge de vice-amiral des mers de Levant, il fit voir combien il estoit digne des grâces qu'il recevoit de nous par la gloire qu'il s'acquit et à tout le corps de nostre marine dans la fameuse bataille donnée dans la Manche et appelée de Beveziers, où les Anglois et les Holandois, joints ensemble, furent défaits par nostre armée navale avec perte de seize de leurs plus gros vaisseaux, dont ils furent obligez d'en brusler eux-mesmes quelques-uns, et de plusieurs bruslots. *Enfin, le combat qu'il donna l'année dernière contre les flottes de ces deux nations a fait voir à toute l'Europe le fondement certain que nous devons faire sur nos forces navales, puisque quarante-quatre de nos vaisseaux soutinrent pendant onze heures l'effort de quatre-vingt-dix navires ennemis et se seroient retirez sans perte, après une résistance qui n'a point d'exemple, si les vents n'eussent esté aussy contraires qu'ils le devinrent;* mais cet accident ne pouvant diminuer le mérite que le comte de Tourville s'est acquis dans ceste occasion par la valeur et l'intrépidité qu'il y a fait paroistre, nous avons aussy estimé que nous ne pouvions nous dispenser de faire connoistre la satisfaction que nous avons des services importans qu'il nous a rendu pendant le cours de sa vie ; pour ces causes, etc. »

(Bibl. N^e M^{ts}, — vol. int^é :
(Marine, affaires personnelles — 16-S. T.).

On lit, à ce sujet, dans les *Mémoires de Saint-Simon* :

« 1693. — J'étais à Versailles lorsque, le vendredi 27 mars, le Roi fit maréchaux de France le comte de Choiseul, le duc de Villeroy, le marquis de Joyeuse, Tourville, le duc de Noailles, le marquis de Boufflers et Catinat : le comte de Tourville et Catinat n'étaient point chevaliers de l'ordre. Tourville fut d'autant plus transporté que sa véritable modestie lui cachait sa propre réputation et qu'il n'imaginait pas même d'être maréchal de France, si on en fesait, quoiqu'il le méritât autant qu'aucun d'eux, pour le moins, de l'aveu général [1]. »

En résumé, aujourd'hui, deux cents ans après la bataille de la Hougue, pour nous qui jugeons les choses sur les documents parvenus jusqu'à nous, si l'on se demande à qui revient la responsabilité des résultats, la réponse ne nous paraît pas douteuse.

L'opinion de Foucault [2], qui accusait Tourville, Bellefonds et Bonrepaus pour disculper Ponchartrain, ne trouverait plus créance de nos jours. Elle ne tenait pas, d'ailleurs, devant les témoignages de Villette et de Valincourt. On a vu, par les pièces que nous avons produites, au milieu de quel désarroi administratif

---

[1] Voici certainement l'une des dernières quittances que Tourville ait données comme vice-amiral. Le document nous a paru curieux à reproduire.

18.000 livres { 12000
{ 6000   (Quittance de ses appointements de vice-amiral
               pour l'année 1693. — 3 mars 1694.)

Nous Vice admiral de France en Levant, confessons avoir receu de M. Louis Delubert, conseiller du Roy, trésorier général de la marine, la somme de *Dix-huit mille livres* à nous ordonnée, sçavoir XII mille livres pour nos appointemens ordinaires et DI mille livres pour nos appointemens extraordinaires en la dite qualité pendant l'année dernière mil six cens quatre-vingt-treize de laquelle somme de XGIII mille livres nous quittons le d. s. Delubert et tous autres. Fait ce troisième mars mil six cens quatre-vingt-quatorze.

Signé : Anne-Hilarion DE COTANTIN DE TOURVILLE.
(*Bibliothèque nationale*. Cabinet des Titres.)

[2] *Mémoires de Nicolas-Joseph Foucault* publiés par M. Daudy.

avait été fait l'armement pour la campagne de 1692; c'est avec des équipages incomplets, avec un nombre de vaisseaux inférieur de moitié à celui de la flotte ennemie que Tourville était envoyé au combat *par ordre du Roi.* On sait comment il s'y est conduit.

Tourville, à la Hougue, était bien encore le vainqueur de Bévéziers. Le grand Roi lui-même le reconnut en le nommant maréchal de France, par les provisions qu'on vient de lire et où l'on aura remarqué ce passage, que nous avons souligné : « Le combat de la Hougue
« a fait voir à toute l'Europe le fondement certain que nous devons
« faire sur nos forces navales, puisque 44 de nos vaisseaux sou-
« tinrent pendant onze heures, l'effort de 90 navires ennemis, et se
« seroient retirés sans perte, *après une résistance qui n'a point*
« *d'exemple,* si les vents n'eussent été aussi contraires qu'ils le
« devinrent. »

Quelle était la situation de la Marine française après la Hougue?

Voici ce que dit, à ce sujet, Jal (*Abraham Du Quesne et la marine de son temps*) : « On a tant dit et répété : La Marine de Louis XIV fut anéantie à la Hougue, que nous avons le devoir de protester contre une opinion si faussement établie. Nous le ferons en produisant les chiffres puisés aux sources les meilleures. Au commencement de l'année 1692, la France possédait 120 vaisseaux de combat, du 1ᵉʳ au 5ᵉ rang, et 190 brûlots, flûtes et petits navires de différentes sortes, sans compter une bonne escadre de galères. 15 vaisseaux perdus n'affaiblissaient guère une flotte que les constructions hâtées dans les trois grands chantiers augmentaient de mois en mois, si bien que M. de Tourville se trouva à la tête de 71 vaisseaux et 29 brûlots en 1693, à l'affaire heureuse de Lagos, et que le jeune comte d'Estrées (il avait alors 33 ans) courait la Méditerranée avec une escadre de 30 bâtiments de guerre, tous d'une force respectable. Il y avait donc à la mer 101 vaisseaux de guerre, sans compter les escadres garde-côtes. Il restait encore un certain nombre de bons navires dans les ports, et le travail des charpentiers ne se ralentissait pas. Voilà la vérité sur le désastre de la Hougue. »

Dès les premiers jours de 1693[1], le Roi faisait réunir, dans le port

---

[1] En avril 1693 (dit d'Hamecourt), le Roi constitue l'ordre militaire de Saint-Louis. Ne pouvaient en être membres que ceux qui auraient servi dix ans en qualité d'officier. Pour les matelots, le Roi fit distribuer des médailles à ceux qui s'étaient le plus distin-

de Brest, une armée navale de 71 vaisseaux, non compris les bâtiments de transport, et il en donnait le commandement au maréchal de Tourville. Il ordonnait, en même temps, d'en équiper une autre de 17 vaisseaux dans la Méditerranée, sous les ordres du comte d'Estrées, pour seconder les opérations du maréchal de Noailles en Catalogne.

Puis, le bruit se répand en France qu'une flotte anglaise et hollandaise, richement chargée, doit prochainement partir d'Angleterre pour Cadix, l'Italie, Smyrne, sous l'escorte de 27 vaisseaux de ligne.

Tourville reçoit l'ordre de se mettre à sa poursuite. Il appareille le 27 mai avec ses 71 vaisseaux, 2 frégates, 2 galiotes et 35 brûlots. « Cette flotte[1] était composée de 3 divisions ; chaque division de 3 escadres, commandées par les vice-amiraux et contre-amiraux. Chaque escadre de 8 vaisseaux avait 3 brûlots qui devaient toujours se tenir par leur travers à la portée du canon, afin d'observer quand on leur ferait signal d'abordage ; il y avait, de plus, 20 bâtiments de charge pour servir d'hôpitaux et de magasins. »

En arrivant dans la baie de Lagos, Tourville détacha 2 divisions, composées des meilleurs voiliers, l'une pour croiser au nord-ouest, et l'autre au nord et au sud du cap Saint-Vincent, afin de reconnaître tous les bâtiments qui voudraient ranger la côte de Portugal et le cap, ou qui prendraient le large pour venir chercher soit le détroit, soit les hauteurs de Cadix. Avec le gros de sa flotte, il marche sur Lagos. Le 27 juin, on découvre le convoi marchand anglo-hollandais escorté par 25 vaisseaux de guerre. Tourville fait signal à Gabaret de prendre la chasse avec ses 22 vaisseaux, les meilleurs marcheurs de l'escadre. « Plusieurs vaisseaux étaient déjà très

---

gnés. Elles représentaient le Roi assis sur une poupe de vaisseau ; un pilote s'avançait respectueusement pour recevoir une médaille. Les mots de la légende étaient : *Virtuti nauticæ præmia data* ; à l'exergue : *Anno* 1693.

On trouve à la Bibliothèque nationale (Mélanges Clairambault, ordre de Saint-Louis. — 1306) la note ci-jointe :

« 10 décembre 1693.

M. le maréchal de Tourville, vice-admiral de France, estant chevalier né de l'ordre militaire de Saint-Louis, par sa charge de maréchal de France, a presté le serment de chevalier entre les mains de Sa Majesté, à Versailles, le 10 décembre 1692, sans qu'il luy ait été expédié de provisions ny d'acte de serment.

[1] D'Hamecourt.

avancés et prêts à gagner l'avant-garde des ennemis, et les ordres si bien donnés qu'il ne devait échapper aucun bâtiment de cette flotte; *mais M. Gabaret, au lieu de suivre le signal du général qui lui ordonnait de chasser, mit le pavillon d'ordre de bataille. Cette mauvaise manœuvre fut cause que les vaisseaux les plus avancés revinrent sur leurs pas et que les autres ne purent pas les distinguer; ce dont les alliés ne se furent pas plutôt aperçus qu'ils mirent toutes voiles au vent et gagnèrent le large.* » On put, néanmoins, atteindre et brûler plus de 40 bâtiments; ce qui causa à l'ennemi une perte évaluée à 30 millions [1].

Le 18 juillet 1693, D'Estrées rallie, près de Malaga, Tourville, qui réunit ainsi sous son commandement 94 vaisseaux de guerre, 28 frégates ou corvettes, 4 galiotes à bombe, 30 brûlots, 3 hôpitaux et 31 bâtiments de charge, en tout 190 voiles, 7,654 canons et 44,711 hommes d'équipage. Il apprend que des bâtiments anglais, richement chargés, sont réfugiés dans la rade, sous la protection des canons et des batteries de la ville. Il se décide à les y aller prendre ou brûler.

Suivant son habitude, une fois rendu, il va reconnaître lui-même le môle et les batteries à portée de mousquet, sonde les endroits où il veut mouiller et fait alors avancer sa flotte; puis il ordonne à M. de Champmeslin de prendre le commandement de 47 chaloupes et d'attaquer. L'opération réussit. 1 vaisseau de 32 canons est pris, 2 autres brûlés, ainsi que 3 frégates de Flessingue de 30 à 40 canons, 1 caravelle d'Alger, 1 bâtiment anglais et 2 barques espagnoles chargées d'eau-de-vie. « Quoique cette action ait été très périlleuse, dit d'Hamecourt, il n'y eut que 90 hommes tant tués que blessés, au moyen de la précaution que M. le maréchal avait prise

---

[1] Voici, à ce sujet, un extrait des *Mémoires de Saint-Simon* :

« 1693. — Tourville prit ou détît et dissipa presque toute la flotte marchande de Smyrne dont il battit le convoi, et fit encore plusieurs moindres expéditions, cette même campagne, qui coûtèrent fort cher aux Anglais et aux Hollandais. Rock, qui commandait cette flotte, eut près de cinquante vaisseaux brûlés ou coulés à fond, et vingt-sept pris, tous marchands et richement chargés. Sur un seul de ceux qu'on prit la charge fut estimée cent mille écus, et on croit la perte des ennemis de plus de trente millions. On prit aussi deux gros vaisseaux de guerre et on leur en coula bas deux autres. Coëtlogon brûla les vaisseaux anglais qui s'étaient retirés à Gibraltar. »

(*Mémoires de Saint-Simon*, tome 1er, p. 103.)

de faire matelasser les chaloupes pour les protéger contre la mitraille des batteries de terre. »

Après ce succès, la flotte rentre dans le Ponant.

Au commencement de 1694 (rapporte d'Hamecourt), on vit éclore dans les conseils du Roi un nouveau système et suivre une nouvelle politique. Au lieu de continuer la guerre, on prit le parti de se tenir sur la défensive; le Roi n'avait plus pour la guerre la même ardeur que dans sa jeunesse. La mort de Louvois en 1691, celle de Seignelay en 1690, « l'un de ces génies supérieurs que l'on a toujours peine à remplacer », contribuèrent peut-être à ce changement de la face des affaires. Louis XIV affecta d'user de modération envers ses ennemis et se contenta de garnir les ports et les côtes de son royaume et de les mettre hors d'insulte; il prit la résolution de cesser les armements formidables qui avaient toujours fait trembler ses ennemis. Il crut, en agissant ainsi, leur prouver la sincérité de ses sentiments et les engager à se prêter à ses propositions; mais, loin de produire l'effet qu'il en attendait, sa modération fut prise pour terreur et leur releva le courage au point que le moindre de leurs projets était de brûler la majeure partie des villes maritimes de la France, et l'on fut obligé, dans la suite, de recommencer la guerre avec plus de vigueur qu'auparavant. Il fallut, en effet, bientôt envoyer une armée en Flandre, une autre en Allemagne, une troisième en Catalogne.

Là, Tourville devait, avec une flotte de 15 vaisseaux et 16 autres bâtiments de tous rangs, concourir par mer aux opérations, en bombardant Palamos, que le maréchal de Noailles assiégeait par terre. Ensuite, il se porte sur Givonne et rentre à Toulon le 4 juillet. Nous publions à leurs dates, dans les correspondances de cette année, des lettres intéressantes sur tous ces mouvements. Mais, en même temps, le Roi poursuivait l'idée de mettre nos côtes à l'abri de toute attaque et, pendant que le maréchal d'Estrées (1696) était investi du commandement des côtes de Bretagne et le maréchal de Joyeuse de celui des côtes de Normandie, Tourville était chargé du commandement de La Rochelle et du pays d'Aunis. Il avait déjà très habilement réglé les choses à cet égard dans la Méditerrannée. (Voir ses lettres de juillet et août 1694.) Aussi pouvait-il écrire au Ministre de la marine le 12 septembre 1694 (Voir la correspondance à cette date) :

« ... Tous les plans des rades de la ville sont achevés et je les ai remis à M. de Vauvré. J'y ai marqué à chacun les endroits où l'on peut établir des mortiers, afin d'empêcher que la flotte des ennemis, tant vaisseaux que galères, ne puisse mouiller dans les rades de Brusc*q*, de La Ciotat et de Marseille. »

Dans la même lettre, il parle d'un nouveau mortier qui porte plus loin que les anciens : il propose d'en faire l'épreuve et il indique comment les galères doivent être associées à la défense des côtes.

On voit, par une autre lettre de Tourville du 16 septembre 1694, que, d'après des dépêches du prince d'Orange à l'amiral Russel, dépêches fausses ou vraies, et interceptées sur un bâtiment de commerce, l'ennemi comptait passer l'hiver à Cadix pour surveiller, de là, nos mouvements. Le sentiment de Tourville (il le déclare au Ministre dans cette lettre), c'est de ne point exposer les vaisseaux de l'escadre de Ponant à passer le détroit pour retourner hiverner dans leurs ports. Suivant lui, il serait trop facile à une flotte, même inférieure en nombre, de leur barrer le passage au détroit de Gibraltar. Il en conclut que, suivant une expression qui revient souvent sous sa plume, « *il serait de service* » de faire hiverner les bâtiments ponantais à Toulon en tenant 12 bons vaisseaux armés pendant l'hiver pour garder les croisières et inquiéter l'ennemi.

En novembre 1694, il demande et obtient son congé.

A partir de cette date, sa correspondance nous manque. Elle ne reprend qu'en 1696.

Le 2 juin de ladite année, il écrit de La Rochelle au Ministre de la guerre. Il est tout entier à l'organisation de la défense des côtes de l'Aunis; on l'avise qu'une flotte anglaise a paru devant Belle-Isle. Il travaille à mettre en état les batteries de la côte et il a pris toutes les dispositions pour que les troupes et les milices de la province se trouvent aux postes qu'elles doivent occuper à la première apparition de l'ennemi.

Le 12 du même mois, c'est au Ministre de la marine que s'adresse Tourville pour le même sujet : il se préoccupe surtout de la situation de La Rochelle en cas de bombardement, etc. Il voudrait utiliser, pour la défense de la ville, dans ce cas, deux galères ne tirant que 5 pieds d'eau et qui pourraient s'échouer à toutes marées.

Puis, en marin qu'il est, il se préoccupe du rôle des galères dans la Manche, en temps de guerre contre les Anglais : « Elles y seront parfaitement bonnes pendant l'été avec une armée à peu près égale à celle des ennemis. Pour lors, pouvant soutenir nos galères sans les abandonner, elles seraient d'une grande utilité ; mais si l'armée du Roi était faible et qu'elle fût obligé de se retirer devant les ennemis en étalant des marées et que les galères ne pussent suivre les vaisseaux par des vents contraires, ce seraient des galères perdues. »

Les 15 et 17 juillet de la même année (1696), Tourville rend compte au Ministre de la guerre (marquis de Barbezieux) qu'une flotte anglaise de 50 voiles a bombardé Saint-Martin (île de Rhé). Elle y a jeté 4,000 bombes et brûlé 100 maisons. On signale, se dirigeant vers La Rochelle, 80 vaisseaux ennemis.

C'est à cette double attaque que se rapporte l'extrait suivant de l'*Histoire des Rochelais*, par S. Delayant :

« 15 juillet 1696. — Un marin célèbre, le maréchal de Tourville, fut envoyé pour prendre le commandement, et arriva à La Rochelle le 10 mai 1696. Cependant, lorsque, le 15 juillet suivant, des vaisseaux anglais et hollandais se présentèrent devant Saint-Martin-de-Ré, qu'ils bombardèrent, l'alarme fut vive ; tous ceux qui avaient des connaissances militaires les employèrent alors, *et l'évêque, M. Frezeau de la Frezelière, qui, avant de prendre les ordres, avait été colonel de cavalerie, encouragea et dirigea les milices. Ses efforts furent vantés, probablement avec exagération, au Ministère de la marine, et Tourville, qui le sut, en écrivit au fils du Ministre avec une ironie qui n'est pas sans aigreur.* Il reproche à l'évêque d'avoir proposé alors des mesures rigoureuses contre trente-six nouveaux convertis des plus honnêtes gens de la ville, ce qui, assure-t-il, aurait occasionné une sédition. Du reste, les ennemis ne tentèrent point une attaque plus directe. Un bombardement de trois jours fit un mal sans résultats. Ce délai avait suffi pour mettre La Rochelle et les pointes dans un état plus respectable. L'autorité militaire avait prescrit aux Rochelais ce qu'ils avaient à faire en cas d'attaque. L'autorité municipale, passive maintenant, s'était bornée à prendre les mesures de police qu'avait ordonnées le gouverneur. »

Nous avons souligné, dans l'extrait qui précède, ce qui est relatif à l'évêque de La Rochelle, avec lequel Tourville ne paraît pas avoir vécu en très bonne intelligence. Sous la date du 19 juillet 1696, on trouvera, à la correspondance de Tourville, une lettre à Jérôme de Pontchartrain où il est dit que, l'évêque ayant interdit de jouer à des comédiens en représentation à Saint-Martin (île de Ré), au moment de l'attaque des Anglais, Tourville avait cru devoir ordonner de continuer les représentations théâtrales « afin de ne pas augmenter la consternation publique ». Puis, dans une seconde lettre, du 26 août, Tourville revient sur le rôle qu'on a prêté à l'évêque de La Rochelle dans la défense de cette ville contre les Anglais. On avait dit que l'évêque avait rétabli l'ordre en ville et aux batteries. « Si cela était (écrit Tourville), ce serait pour le Roi une épargne considérable, car il n'aurait qu'à laisser le commandement de ses provinces à messieurs les évêques; ils ne manqueraient pas d'être bien secondés par tout le clergé. »

Puis, « afin de rendre justice à qui il appartient », il raconte que le rôle de l'évêque s'est borné à lui proposer de faire arrêter trente-six nouveaux convertis, des principaux et des plus honnêtes gens de la ville, « ce qui aurait causé une sédition ». On lira cette lettre, écrite avec une verve qui n'est pas exempte de malice.

Les Anglais ne renouvelèrent pas leur attaque.

La pièce suivante est relative aux mêmes événements. Nous la devons, comme la précédente, à l'obligeance de M. l'archiviste de la Charente-Inférieure (M. L. de Richemont) :

Extrait du Registre des délibérations de l'hôtel de ville de La Rochelle, n° 3, folios 36 et 75.

« Aujourd'huy lundy seiziesme juillet 1696, M. le Maire a fait assembler la Maison de ville pour recevoir les ordres de M. le mareschal sur la crainte du bombardement des ennemis, et a dit que les ennemis arrivèrent le jour d'hier sur les quatre heures après midy devant l'isle de Ré, que despuis la dite heure jusques au matin six heures, ils n'ont cessé de bombarder la citadelle et la ville de Saint-Martin, et comme il y a nouvelle que les galliottes qui ont fait le bombardement avoient mis à la voille et s'estoient approchées des gros vaisseaux qui les soutenoient dans la crainte qu'on a qu'ils ne viennent à la marrée du soir devant ceste ville pour la bombarder, ledit sieur maire a jugé à propos d'aller en corps par devant M. le Mareschal pour prendre ses ordres affin de prévenir au tant qu'il sera possible les accidens que les ennemis pouroient causer en ceste ville.

« Sur quoy, l'affaire mise en dellibération, la Compagnie a arresté qu'on y iroit en corps chez M. le Mareschal, et ayant apris qu'il estoit chez M. l'intendant, la Compagnie se seroit transportée où estant mondit sieur le Mareschal, l'auroit exortée de faire trouver à toute heure du jour une partie de ladite Compagnie pour recevoir ses ordres et les faire exécuter, et la Compagnie estant retournée à la maison commune, il a aussi esté arresté que, à compter de l'heure présente, il se trouvera toujours deux personnes de ladite Compagnie pour recevoir les ordres de M. le Mareschal et les faire exécuter. »

Nous empruntons encore à la même source l'extrait suivant :

Extrait des Annales de La Rochelle tirées en partie du livre de la Poterne, complété par des additions de Henry Colin et de MM. Maudet, copie du P. Jaillot, de l'Oratoire. (Manuscrit inédit de la bibliothèque de La Rochelle, n° 1593.)

« Le 10 may 1696, arriva à La Rochelle M. le maréchal de Tourville pour commander ; il fut reçu sous les armes et les habitans en haye et complimenté à la porte par M. de Marcognet, gouverneur de la ville, et à l'hôtel de ville par le maire et les Compagnies.

« Le jeudy 17 may... M. le maréchal de Tourville, M. d'Aubarède, lieutenant général gouverneur de Ré, et d'autres, furent à Rochefort.

« Le dimanche 15 juillet 1696, l'après-midy, les vaisseaux anglois et hollandois parurent devant l'isle de Ré et, dès le soir, les galiotes approchèrent de Saint-Martin et en continuèrent le bombardement pendant trois jours avec beaucoup de dommages.

« M. d'Aubarède, gouverneur de l'île de Ré et de la citadelle, étoit à La Rochelle ; il passa en Ré, où il n'y avoit ny poudre ny munitions, et l'isle auroit esté affamée si les ennemis avoient resté davantage. Il n'y avoit non plus rien de préparé à La Rochelle, où ils auroient tout désolé si d'abord ils s'y étoient présentés, tant il y avoit de terreur.

« Mais, pendant qu'ils bombardoient Saint-Martin, étant venu de Rochefort des chaloupes armées, deux galères et les batteries d'entre les pointes ayant été mises en estat, et les milices étant arrivées de la grande terre, on ne craignit plus, et le troisième jour après leur arrivée, les ennemis se retiroient et les troupes furent congédiées. Cela étant venu au plus fort des moissons retarda la récolte.

« 1697. — M. le maréchal de Tourville a commandé à La Rochelle, où il a été tout l'été. On a apréhendé le bombardement, et pour deffendre l'approche, il y avoit deux galères et nombre de chaloupes armées, quantité de canons et de mortiers entre les pointes.

« Le dimanche 8 décembre 1697, à huit heures du matin, la paix entre la France, l'Espagne, l'Angleterre et les Hollandois fut publiée en cette ville en présence de M. Mariocheau de Bonnemort, lieutenant général civil, et de M. Bouchereau, procureur du Roy, au son des trompettes et des tambours. Le même jour, à dix heures, le maire, qui n'avoit pas voulu accompagner M. le lieutenant général, fit aussi faire la publication de la paix, accompagné du procureur du Roy, scindic des échevins et gagers ou archers de la mairie avec les hallebardes et casques.

« Après vespres, fut chanté le *Te Deum* en l'église Saint-Barthélemi, qui sert de cathédrale, où estoit M. de la Frezilière, évêque de La Rochelle, MM. du Présidial en corps, les curés des paroisses et les religieux. »

On trouvera, dans la correspondance de Tourville, trois lettres de mai 1697 aux Ministres de la guerre et de la marine, rendant compte de son arrivée à la Rochelle avec la commission du Roi pour commander en Poitou. Des lettres du mois de juin indiquent les mesures qu'il avoit prises pour parer à une attaque des Anglais.

Ce fut le dernier commandement qu'il exerça. Il se retira à Paris et il y mourut le 28 mai 1701 à l'âge de 59 ans, laissant un fils qui fut tué comme colonel à Denain, et une fille mariée le 26 juillet 1714, à Alexandre de Galard de Béarn, marquis de Brassac. Il fut inhumé dans l'église de Saint-Eustache.

Par un brevet dont nous donnons ici la copie, le Roi accorda une pension de 4,000 livres au fils de Tourville et une de 2,000 à sa fille. Voici la teneur de ce brevet (juin 1701) :

A Versailles, du 1er dudit.

Brevet de 4,000 livres de pension sur le Trésor royal pour M. le comte de Tourville.

« Aujourdhuy premier juin 1701, le Roy estant à Versailles, voulant donner au sieur comte de Tourville des marques de la satisfaction qui luy reste des services importans que le feu sieur maréchal de Tourville son père vice-admiral de France luy a rendus, Sa Majesté luy a accordé et fait don de 4,000 livres de pension, etc., *id.* qu'au protocole.

« *Idem* de 2,000 livres de pension pour demoiselle Luce-Françoise de Cotentin de Tourville, fille dud. feu sieur maréchal de Tourville.

(*Marine. — Enregistrement des provisions, commissions, brevets et ordres du Roy.* — Années 1700 et 1701).

Puis, à la mort du comte de Tourville, tué à Denain comme nous l'avons dit, le Roi, par un nouveau brevet du 3 mars 1722, porta à 6,000 livres la pension de la fille de Tourville qui avait épousé, comme nous l'avons indiqué, le marquis de Brassac.

Ce brevet est ainsi conçu :

Brevet de 6,000 livres de pension sur le Trésor royal pour la dame marquise de Brassac.

« Aujourdhuy, etc.

« Voulant donner à la dame Luce-Françoise de Cotantin de Tourville, femme du sieur marquis de Brassac et fille du feu sieur maréchal de Tourville, des marques de la satisfaction deue aux services importans que ledit sieur maréchal de Tourville, vice-amiral de France, a rendus au feu Roy son bisayeul de glorieuse mémoire et faire revivre en la personne de la dite dame la pension de 4,000 livres dont jouissoit le feu sieur de Tourville son frère, tué au combat de Denain, Sa Majesté, de l'avis de Monsieur le duc d'Orléans son oncle Régent, a accordé et fait don à la dite dame de 4,000 livres de pension annuelle pour avec celle de 2,000 livres dont elle jouit par brevet du 1er juin 1701, faire la somme de 6,000 livres de pension, lequel brevet de 2,000 livres au moyen du présent demeurera éteint à commencer de ce jour, et les dites deux pensions de 4,000 livres et 2,000 livres seront réunies en une seule de 6,000 livres que Sa Majesté veut.

(*Marine. — Ordres du Roi*, 1721-1726.)

Tourville mourait à 59 ans, laissant après lui une trace lumineuse dans laquelle on n'aperçoit aucune ombre. Jal, l'historiographe de la Marine, que ses études ont fait vivre près d'un demi-siècle au milieu des souvenirs de nos gloires maritimes, et qui s'est passionnément dépensé à écrire l'histoire de Du Quesne, n'a pu cependant s'empêcher de reconnaître la supériorité de Tourville sur Du Quesne.

« Saint-Simon proclame (a-t-il écrit) que M. de Tourville fut, de l'avis des Anglais et des Hollandais, *le plus grand homme de guerre de son siècle*. Quant à nous, si grande que soit notre admiration pour Abraham Du Quesne, nous ne rabattrons rien de cet éloge. Brave comme les plus braves, capitaine toujours prêt aux entreprises difficiles et périlleuses, officier général qui mania avec une merveilleuse habileté des flottes de 80 à 100 navires de guerre (bonne fortune qui manqua à Du Quesne), prudent autant que courageux, Tourville eut, au plus haut degré, les qualités éminentes qui font le grand homme de mer. » (Jal, *Abraham Du Quesne*.)

Ce n'est pas nous qui contredirons à cette opinion, et il suffit de lire les lettres qu'il nous a laissées pour acquérir la conviction que ces éloges n'ont rien que de mérité.

Arrivons donc à sa correspondance et, avant d'en donner le texte même, indiquons-en rapidement l'esprit et le caractère.

CHAPITRE XII.

La correspondance de Tourville.

Cette correspondance commence seulement en 1668, c'est-à-dire à l'époque où Tourville est déjà depuis deux ans capitaine de vaisseau au service du Roi.

Au début de sa carrière, en effet, Tourville n'a pas dû pouvoir beaucoup écrire; il est tout à l'action. A 19 ans, on l'a vu plus haut, il est embarqué sur une galère de la Religion, et il y fait ses premières armes contre de rudes adversaires, les pirates de la Méditerranée, Turcs ou Tunisiens. Voici le portrait que traçait, à cette époque, de lui, un de ses contemporains :

« Tourville était blond, mais d'un blond à éblouir ; il avait les yeux bleus, et la douceur qu'ont ordinairement ceux de cette couleur était accompagnée d'un feu et d'un brillant qu'il était difficile de soutenir, lorsqu'il fixait ses regards sur quelqu'un ; il avait les traits du visage les plus fins, avec les plus vives couleurs et à une taille des plus grandes et des mieux faites, il joignait une adresse et une agilité surprenante ». (L'abbé de Magron.)

Il était donc fait pour ces combats, où l'on en arrive tout de suite à se battre corps à corps, et où le plus hardi, le plus habile enlève ses hommes et saute le premier à l'abordage de son adversaire. C'est dans ces circonstances que Tourville commande à 20 ans un bâtiment de 42 canons, sur lequel il fait trois prises aux Turcs. Avec ces 3 navires, il rencontre des pirates, plus forts que lui ; il les aborde après avoir chargé ses pièces à mitraille, mais il ne commande le feu qu'à bout portant, et réduit à merci ses adversaires.

26 ans plus tard, il répétera avec autant de succès cette audacieuse manœuvre, quand il forcera l'amiral espagnol Papachim à saluer le pavillon de France. A cette dernière époque, il appartiendra comme lieutenant général des armées navales à la Marine royale, où Louis XIV l'a appelé à servir en qualité de capitaine de vaisseau, depuis le 24 décembre 1666. Nous n'avons de lettres de notre héros que deux ans après cette date (1668).

Dès le début de sa carrière militaire, on remarque dans ses dépêches la chaleur avec laquelle il parle de ses officiers. « Avec Lhéry pour second, écrit-il le 24 juillet 1671 (à propos d'un combat devant Agosta), *il y a plaisir d'entreprendre quelque chose avec un homme d'aussi bonne volonté. Rien ne lui semble difficile, faisant toujours au delà de ce qu'on lui demande.* »

Ce n'est pas Tourville, d'ailleurs, qui pour rehausser ses succès, cherchera à surfaire la valeur de ses adversaires ou à passer l'estompe sur les actes de bravoure accomplis sous ses ordres. Le 2 septembre 1675, il rend compte de l'attaque d'un fort espagnol, et il la qualifie « *d'aventure dont la fortune mérite toute la gloire* », il ajoute : « Les Espagnols ont contribué à cette prise plus que moi, et plus que personne. Sans leur négligence et leur lâcheté, ils seraient encore les maîtres de ce poste plus important qu'on ne saurait se l'imaginer.... Si des Français avaient fait la même chose, ils seraient déshonorés et mériteraient d'être punis.... » Là encore il trouve à faire l'éloge de son état-major : « La plupart de nos capitaines (dit-il) montrèrent de la bonne volonté, et il n'y a pas jusqu'au petit

Villette[1] qui eût voulu que la canonnade eût duré plus longtemps. Je vous le cite, parce que c'est une chose extraordinaire à un enfant de 10 ans que d'avoir souhaité d'être blessé pour être mis dans la *Gazette.* »

En revanche, quand il s'agit de lui, Tourville n'est pas enclin à l'emphase. Ainsi (lettre du 1er août 1675), devant Messine, en plein jour, sous le feu des Espagnols, il reprend une frégate française par eux capturée, la brûle ainsi que 14 autres bâtiments et 30 maisons de la ville, et il écrit simplement : « ce que nous exécutâmes avec assez de bonheur. » — Cependant il a une légitime ambition d'avancer, et (lettre du 11 juillet 1675), il exprime simplement l'espoir que Colbert « verra quelque jour à le tirer du capitainat de vaisseau. » Le 30 octobre, il est fait chef d'escadre, après 11 ans dans le grade inférieur.

Et comme il juge bien tout de suite celui qu'avec raison on a appelé le grand Du Quesne. « Je crois (écrit-il à Colbert, lettre du 2 septembre 1675) que ce ne serait pas un mal pour les armées du Roy, que ce fût M. Du Quesne qui nous mène chercher les ennemis ; il me paraît aussi bien intentionné qu'il est habile et capable. »

Sur le même sujet (lettre du 7 mai 1676), il dit : « Il y a des pestes dans le corps et qui seront si grands brouillons que, si on s'en laisse préoccuper, on trouvera que les meilleures actions de M. Du Quesne viendront à rien dans un temps qu'il fait des choses extraordinaires pour le service du Roi. »

C'était à l'époque de l'apogée de la valeur de Du Quesne.

Plus tard, il est vrai, au siège d'Alger, Du Quesne a vieilli et Tourville, qui est en pleine maturité, est obligé de penser différemment que son chef ; il n'exprime pas moins son opinion en toute franchise, comme lorsqu'il n'avait qu'à louer (voir sa lettre du 29 août 1683). — « Je ne perds aucune occasion de dire à M. Du Quesne ce que je pense, mais lorsque je le lui dis avec fermeté, et cependant avec le respect qu'on doit à un commandant, il se met en colère. »

Néanmoins, l'irascible Du Quesne se rend quelquefois à l'opinion de Tourville qui peut écrire (le 30 juillet 1683), toujours à propos du

---

[1] Garde de la Marine. « Le désir manifesté par le *petit* Villette (le second Philippe de Valois) de voir son nom imprimé dans la *Gazette* ne fut point satisfait... probablement parce que la ville n'avait point à apprendre ce que toute la cour savait déjà. (Jal, *Histoire de Du Quesne*. »

siège d'Alger : « Nous continuons de tirer des bombes qui font de graves désordres dans la ville et *j'ai enfin obtenu de M. Du Quesne d'en tirer de jour comme de nuit .. Il y a 7 galiotes qui ont commencé à en tirer avec succès, et j'ai fait consentir M. Du Quesne à les faire approcher toutes sept.* »

La première épreuve douloureuse subie par Tourville dans sa carrière maritime fut la perte du vaisseau le *Sans-Pareil* qu'il commandait.

La lettre (24 octobre 1673) dans laquelle il rend compte au Ministre de l'événement est à lire d'un bout à l'autre. Rien de plus émouvant que le récit fait par lui des diverses circonstances qu'il a eu à traverser. Rien de plus naturellement rendu que les impressions qu'il a éprouvées : « Je vois encore, écrit-il, ce pauvre navire, depuis une heure jusqu'à la nuit, coulant insensiblement à fond, avec le mortel déplaisir de ne lui pouvoir donner aucune aide.... » Il parle de son vaisseau comme d'un vieil ami, il le personnifie en quelque sorte :

« ... Jamais aventure n'a été si triste (ajoute-t-il); elle m'a jeté dans une douleur si vive que je n'ai pas encore commencé à ressentir la joie qu'on a ordinairement d'avoir évité une mort si affreuse...

« ... Enfin, je suis aussi gueux que j'étais en naissant, et j'ai perdu, dans un moment, tout ce que j'avais pu avoir dans quinze ans de services. »

Mais, cette impression douloureuse ne dura pas, et nous verrons Tourville tirer parti de ce qu'il a observé dans ces moments critiques où le *Sans-Pareil* a failli l'entraîner avec lui par le fond, pour prendre l'initiative d'intelligentes modifications à introduire dans la construction, dans le gréement et dans l'arrimage des navires.

Il travaille l'art des constructions avec les « *maîtres de la hache* » de Rochefort, de Brest, de Toulon. Il compare entre eux les procédés des uns et des autres, et tire de cette comparaison des conclusions très nettes.

Sa correspondance est pleine de renseignements à ce sujet :

« ... Je ne perds (écrit-il le 13 avril 1680) aucun moment de temps pour m'instruire à fond sur les constructions... Je découvre tous les défauts de nos navires que nos maistres français ne corrigeront jamais, à moins qu'on ne leur montre et qu'ils fassent des dessins des vaisseaux qu'ils auront à faire.

« ... Si les fonds de leurs navires ne sont pas changés et que le trait de leur angle ne soit tracé d'une autre manière, ils ne feront jamais de vaisseau qui porte la voile.

« ... L'*Excellent* a le même défaut que les autres : il a sa batterie noyée et il n'a pas 2 pouces francs de dalot.

« ... Il est toujours nécessaire, écrit-il encore à Colbert (lettre du 30 mai 1680) de donner une certaine élévation entre les ponts et une certaine distance entre les sabords. Le vaisseau le *Grand*, que l'on bâtit dans ce port (Rochefort), a 155 pieds de l'étrave à l'étambot, et les deux qu'on veut faire bâtir à Brest, qui doivent être aussi à trois ponts, n'ont que 142 pieds de l'étrave à l'étambot. Ce sont 13 pieds de moins que le vaisseau le *Grand*. Vous jugez qu'ils paraîtront courts, puisqu'il faut qu'ils aient la même hauteur entre les ponts, quoique avec moins de canons. Ainsi, je ne vois pas qu'on puisse bâtir de navire à trois ponts, d'une longueur raisonnable, qui n'aient 15 sabords sur le côté, qui font 14 canons, qui montent à 80 pour tous les navires et à 86 si l'on veut faire la troisième batterie complète. »

C'est de Rochefort qu'il adresse ces observations au Ministre. Il passe à Toulon, puis à Alger : il est devenu lieutenant général des armées navales le 1er janvier 1682 ; il va concourir avec Du Quesne à deux sérieuses expéditions sur Alger. Aussi donne-t-il une attention particulière aux bâtiments de la Régence : il signale l'infériorité des nôtres :

« ... Les navires qu'on arme à Toulon ne sont pas extrêmement fins de voile. Les seuls que je crois qui puissent prendre des Algériens, c'est l'escadre qu'avait le maréchal d'Amfreville et le chevalier de Lhéry ; le *Prudent*, qu'il commande, est le meilleur navire de la voile qui soit à la mer. J'espère que le Roy ne voudra pas qu'on perde ce gabarit et que vous en ferez bâtir par M. Blaise, qui est le seul charpentier qui en puisse prendre avec justesse toutes les proportions. » (L. du 29 août 1683.)

Puis, il compare entre eux les fonds des différents constructeurs de nos ports. Il montre (L. du 27 décembre 1685) que les fonds de M. Blaise ont, à leur maîtresse varangue, 10 pouces d'acculement seulement, tandis que Coulon en donne 14. Il revient sur cette observation dans une lettre de Toulon au Ministre du 27 janvier 1686, où se trouve ce passage :

« ... Après avoir approfondi les fonds des vaisseaux de la plupart des charpentiers de Provence, je prendrai la liberté de vous dire qu'il y a une très grande différence entre ceux de M. Blaise et ceux de M. Coulon. Je vous avais mandé que les fonds des vaisseaux de Coulon étaient plus coupés, *parce qu'il fut pendant six jours à me le persuader.* Dans la crainte que j'eus qu'il ne me dît pas la vérité, je voulus le savoir par moi-même et lui faire tracer quelques varangues. Je trouvai que c'était tout le contraire ; que ceux de M. Blaise étaient beaucoup plus coupés et les siens beaucoup plus gros, et que pour ce qui regardait la ligne de l'eau de M. Blaise, elle était conduite de l'avant à l'arrière d'une manière qui ne diminuait pas tout à coup comme celle de M. Coulon. Voilà donc deux manières qui sont opposées les unes aux autres, quoiqu'ils aient la même largeur au maître-bau, la même longueur. »

Ce sujet lui tient au cœur : il y insiste de nouveau (28 février 1686) :

« ... Le véritable moyen de parvenir à la perfection des constructions est de faire des modèles.

« ... Je verrai par ce moyen combien un navire tire plus d'eau par l'arrière que par l'avant, et si je trouve qu'il ne tire pas autant d'eau par l'arrière que j'en souhaite pour rendre le navire bon, je me servirai d'autres réductions pour l'amaigrir au point que je veux et lui faire tirer l'eau en arrière qui lui convient, et ensuite je donnerai aussi à ses ponts et à son œuvre morte une hauteur convenable, parce que quand on relève les ponts plus qu'il ne faut, il faut mettre du lest en avant qui ôte aux navires l'assiette naturelle qu'ils doivent avoir, car il faut qu'un navire navigue de la même manière que lorsqu'on le met à la mer sans qu'on soit obligé de le charger de lest plus en avant qu'en arrière. »

A cette époque, il travaille avec Petit-Renaud, l'inventeur des galiotes à bombes qui avaient fait leur apparition avec tant de succès au siège d'Alger, et il écrit au Ministre le 19 janvier 1686, à la veille d'une nouvelle campagne contre les corsaires algériens :

« ... Il (Petit-Renaud) vous pourra dire comme j'ai continuellement travaillé avec lui sur les constructions, et j'ose vous assurer que je n'ignore en aucune manière la méthode de M. Renaud, qui est sans contredit la meilleure de toutes et que j'ai apprise à fond. »

De Toulon encore, après avoir fait une sortie avec son escadre, il écrit au Ministre (7 juillet 1686) :

« ... J'ai fort examiné tous les vaisseaux de Ponant : il est constant qu'ils ne sont pas si fins de voile que ceux du Levant. La première raison, c'est que leur mâture n'est pas si élevée à cause des grandes mers qu'il y a en Ponant.

« ... Les plus beaux vaisseaux de Ponant sont le *Vermandois* et le *Sérieux*. Il est constant qu'ils sont très beaux. Je trouve celui de Blaise plus fort et plus beau, mais point encore assez large pour des navires de ce rang.

« ... M. Gabaret[1] m'a dit que son vaisseau, on ne l'entendait crier de nul endroit, quelque roulis qu'il y eût ; on lui avait mis 60 tonneaux de lest plus qu'il ne fallait et son foc était dans l'eau. Depuis qu'on l'a allégé et qu'on lui a poussé son grand mât de 13 pouces, il va incomparablement mieux que le *Vermandois*.

« ... Celui de Blaise sera au moins aussi beau que celui qu'il a bâti et il sera encore meilleur. Celui de Coulon sera plus beau que tous ceux qu'il a bâtis, mais il ne sera pas un corps de navire par la queue comme celui de Blaise. Celui de Chapelle est fin de voile... D'une mer un peu grosse, il sera sujet à démonter ; il a sa batterie noyée. On pourra l'engraisser par l'arrière et lui ôter 4 pieds de mâture : il est vilain vaisseau ; mais d'une mer unie, il va comme une frégate d'Alger[2]. »

---

[1] Gabaret s'occupait aussi des constructions, à en juger par la lettre suivante adressée par Seignelay à de Seuil, intendant à Brest, le 7 novembre 1679 :
« ...A l'égard de la largeur des vaisseaux la prévention qu'il a paraît beaucoup *quand il met en parallèle l'avis de Gabaret avec celui d'Hubac. Le dit sieur de Seuil doit savoir que Sa Majesté veut qu'il suive l'avis des meilleurs et des plus anciens officiers de marine, qui naviguent eux-mêmes les vaisseaux et qui les font combattre ; et entre tous les officiers de la marine, il faut qu'il sache que Sa Majesté considérera toujours plus l'avis du dit sieur Gabaret que les autres, et comme les raisonnements que l'on peut faire sur les constructions sont fondés sur l'expérience de la navigation des vaisseaux, les officiers qui naviguent sont plus capables de juger de ce qui doit être observé que ni les intendants, ni les charpentiers.* »

[2] Question de vitesse. Nous lisons dans le *Père Fournier* :
« Le plus qu'on puisse raisonnablement espérer d'un gros vaisseau pour bon voilier qu'il soit, s'il est chargé et n'a été suifé de longtemps en 50 ou 54 lieues. Un, toutefois, qui sera léger et bien net, pourra de même en faire 80, et lorsque vous entendrez des personnes qui disent avoir fait 5 ou 6 lieues par heure, s'ils disent vrai, il faut qu'outre le vent ils aient été portés par quelque courant rapide. Par exemple, j'en sais qui, sur un récif d'eau et de flot, viendront en trois heures de La Hogue à Harfleur où il y a 24

Un mois plus tard, nous voyons par une autre lettre au Ministre (8 août 1686), qu'après avoir examiné à Marseille les fonds des galères, il est persuadé qu'on peut améliorer ces bâtiments, et il se prépare à en faire un petit modèle de 4 ou 5 pieds « pour le faire voir aux maîtres charpentiers. »

Dix ans après, le père Hoste, professeur royal à Toulon, publiait sa théorie de la construction des vaisseaux et critiquait les méthodes suivies jusqu'alors.

Il avait même voulu un jour faire construire un bâtiment d'après ses idées. Tourville différait d'opinion sur certains points avec lui. Il prit, lui aussi, le parti de faire construire un bâtiment sur ses propres plans, pendant que le père Hoste construisait le sien. Il paraît que Tourville réussit et que le père Hoste eut moins de succès. Voici, en effet, d'après un document du temps, le récit de cet incident (Bruguer. *Traité de navigation*, 1729) :

« Après ce que j'ai dit du père Hoste, on ne doit plus s'étonner si, malgré son habileté, *il réussit si peu dans la construction d'une frégate dont il se chargea* pour justifier, s'il se pouvait, ses nouvelles idées contre M. de Tourville qui, ne se contentant pas de se déclarer le protecteur des règles vulgaires, voulut lui-même les mettre en exécution. M. de Tourville, assez satisfait de sauver l'honneur des pratiques anciennes, et se bornant à un succès limité et ordinaire, était comme sûr de l'obtenir : il en avait pour garant ce nombre infini de navires qui sortent continuellement d'entre les mains des constructeurs. D'ailleurs, il pouvait compter qu'on ne lui refuserait aucune espèce de secours ; son entreprise était regardée comme une affaire générale, chacun y prenait intérêt. Le P. Hoste, au contraire, abandonné à lui seul, privé de tout conseil ou n'en recevant que de très suspects, ayant contre lui trop de gens qui craignaient, si on l'ose dire, de voir perfectionner leur art ; ce père, obligé, en même temps, de se frayer un chemin tout nouveau, sans être aidé par aucune tentative précédente et prévenu, enfin, comme nous en

---

bonnes lieues, qui en fait 7 lieues par heure. Mais, en pleine mer, c'est folie que de songer à cela. Une galère même bien suifée et en laquelle il ne manquera pas un seul homme de toute sa chiourme, ne fera jamais en une heure plus de 16 milles ou 4 lieues françaises et il est impossible qu'elle puisse continuer en cette vitesse. (*Hydrographie du père Fournier*, chap. du *Cinglage du vaisseau*.)

sommes convenus, de principes peu conformes à la vraie mécanique, ne pouvait produire qu'un ouvrage informe à tous égards. Qu'on considère la chose de tous les côtés, ce nouveau genre de dispute lui était désavantageux. *On fut comme offensé que son navire fut à plat par dessous et qu'il eût si peu de profondeur ; ce qui le rendait effectivement sujet à une grande dériation dans les routes obliques et l'exposait à plusieurs autres inconvénients ;* mais aussi, on ne se prêta à rien, on n'eut aucune indulgence pour le constructeur-géomètre; on lui refusa même impitoyablement les louanges les plus dues à son zèle et à la hardiesse de son dessein : *bien loin de reconnaître qu'il avait plus de vraie gloire à échouer comme il le faisait* qu'à réussir comme son concurrent, on célébra beaucoup trop la victoire de ce dernier; on la fit sonner très haut, quoiqu'elle fût d'autant plus faible que M. le maréchal de Tourville, fameux par des triomphes plus réels et d'un autre genre, ne pouvait rien s'attribuer du succès de celui-ci. »

Nous avons peut-être donné trop de détails sur cette partie des études de Tourville, mais nous tenions à prouver avec quelle passion il s'était adonné aux questions d'architecture navale, avec quelle persistance il préconise une idée qui, aujourd'hui, paraît élémentaire, à savoir qu'il ne faudrait procéder à aucune construction avant d'avoir fait un modèle en petit. De tous les temps, du reste, les instructions du Roi ou du Ministre de la Marine prescrivaient cette mesure[1]; seulement, elle n'était pas toujours pratiquée. Tourville y re-

---

[1] « L'intention du Roy est qu'il soit fait en chacun arsenal des Models en petit d'un vaisseau de chacun des cinq rangs, dans lesquels les mesures seront réduites au 12e ou au 20e de toutes leurs proportions et mesures, et il faudra que ces Models soient faits avec tant d'exactitude et de justesse, qu'ils seront perpétuellement pour les mesures et proportions de tous les vais-eaux qui seront construits à l'aduenir ; il sera nécessaire aussy de faire de pareils Models pour les frégates et pour tous les autres bastimens dont on se sert dans le port de Toulon. » *Colbert à Arnoul et à Demuyn*, 31 oct. 1678. *Ordres du Roy*, vol. XLIV, p. 546 v°; *Ms. Arch. de la Mar.* — « A l'esgard du Model d'vn vaisseau du premier rang que vous faites faire par le fils de Me Chapelle, l'intention de Sa Majesté a tousjours esté après que led. reglement seroit acheué de faire faire dans chacun port des Models réduits au petit pied d'vn vaisseau busty suiuant les proportions portées par led. reglement. Ainsy vous pouuez faire continuer ce Model, mais pour ce qui est des autres que vous proposez de faire faire, il faut attendre que ce reglement ayt esté approuvé par Sa Majesté et ensuite enuoyé dans les ports. » *Seignelay à Du Quesne*, 12 fév. 1680. *Ordres du Roy*, vol. n° XLIX, p. 94 ; *Arch. de la Mar.* — « Elle (Sa Maj.) lui recommande de faire acheuer promptement le Model du vaisseau qu'il doit enuoyer, et de faire faire les mâts, cordages, et tous les agrès suiuant les proportions

vient souvent dans sa correspondance, et quand il s'occupe de l'instruction des officiers, on le verra recommander de les familiariser avec ces petits modèles. C'est que tous les détails l'intéressent, quand il s'agit d'un armement. Aussi, comme il veille à la santé de ses hommes, quel soin il prend de ses équipages auxquels un trop long séjour en croisière « *a donné le mal de terre.* »

Ainsi, de Cadix il écrit au Ministre, le 10 novembre 1687. Il commande à ce moment une escadre qui fait campagne contre les corsaires algériens :

« Le pain qu'on a envoyé de Toulon est du pain *de retour*. Les équipages pourront s'en trouver incommodés, parce qu'ayant été cinq mois à la mer, la consommation des viandes salées qu'ils mangent fait que quelques-uns commencent à avoir le *mal de terre* et un surcroît de pain qui est sur le *retour* leur est préjudiciable. »

Et puis, le 29 novembre 1687 :

« Si vous n'avez la bonté de donner ordre au munitionnaire de donner de la viande fraîche aux équipages pendant leur carême, ils auront la plupart le *mal de terre*[1]. Il est impossible de demeurer un an à la mer sans que ce mal ne vienne, à moins de les rafraîchir comme je prends la liberté de vous le reporter. »

L'artillerie attire également son attention. Lisez comment, en quelques lignes, il précise bien ce que, suivant lui, le capitaine d'un navire doit savoir à ce sujet :

« ... A l'égard du canon, l'essentiel à la mer est de connaître bien

---

observées dans l'équipement d'un vaisseau qui serait fait sur le dit Model. « *Lett. à Demuyn*, intendant de la mar. à Rochefort; 30 juin 1680. *Ordres du Roy*, vol. n° XLVIII, p. 256 v°, *Arch. de la Mar.* — « Sa Majesté sera bien aise de voir le mémoire des proportions du Model de vaisseau qui doit servir à la théorie des constructions, auquel Colomb père et fils travaillent, et d'estre informé si ledit Colomb fils est capable d'enseigner cette théorie. » *Seignelay à de Vauvré* (4 juillet 1680). [*Glossaire nautique* de Jal.]

[1] Ce *mal de terre* c'était, sans aucun doute, le *scorbut*, au sujet duquel le père Fournier écrit :

« ... Ceux qui l'ont expérimenté disent qu'ils n'ont rien trouvé qui leur ait apporté plus de soulagement que les rafraîchissements de la terre, comme d'eau douce et fraîche et des fruits, spécialement d'oranges et de citrons dont le sirop est souverain, même pour s'en préserver. » (*Hydrographie du père Fournier*, chap. 23.)

Dans le même ouvrage, nous lisons : *Mal de mer.* « ... Le remède unique et souverain est de se coucher tout de son long et se tenir coi et bien couvert. » (*Hydrographie du père Fournier*, chap. 25.)

la pièce, la diminution de la poudre à propos, manier aisément une pièce avec peu de gens, la savoir bien amarrer par un mauvais temps, lorsqu'elle est sur le pont, la savoir mettre dans un fond de cale par une grande mer, ce que les gardes de marine et enseignes ne pratiquent pas. » (Lettre au Ministre du 22 décembre 1685.)

Puis, dês qu'il visite ses bâtiments, l'une de ses premières préoccupations est de connaître le nombre d'hommes qu'il aura pour le service des pièces. Ainsi, à propos du *Cheval-Marin* et du *Marquis*, il formulera en ces termes son opinion sur l'artillerie. (Lettre au Ministre, du 13 octobre 1687.) « ... Il leur faut, *à canon égal*, plus d'équipages qu'aux vaisseaux de Toulon. »

La même préoccupation le domine s'il approche d'un bâtiment de guerre étranger.

Pendant sa campagne d'Alger, il rencontre dans le détroit une division anglaise commandée par le duc de Grafton, et il écrit au Ministre :

« ... Nous passâmes bord à bord à la voix. *Il avait toute la batterie de son canon débouchée... Je me mis en état en cas qu'il me demandât le salut.* Son vaisseau est de 68 pièces de canon. »

Lui, Tourville, monte l'*Emporté*, de 44 canons seulement, mais il le tient dans sa main, et il a envisagé avec confiance la possibilité d'une rencontre avec l'Anglais, bien qu'il lui soit supérieur de 24 canons. Aussi, continue-t-il sa lettre par cette phrase qui peint bien le sentiment qui l'anime : « Je vous assure, monseigneur, qu'il y a plaisir à être sur un vaisseau où l'on puisse soutenir avec honneur la gloire des armes du Roi. »

Voilà bien le langage du vaillant et du marin.

Nous n'avons malheureusement pas de lettres de Tourville pour la période qui se rattache d'abord à son beau combat contre l'amiral espagnol Papachim, qu'il contraint à saluer le pavillon de France (1688), puis à sa croisière de Toulon à Brest (1689), quand il opère, malgré la flotte ennemie, sa jonction avec nos forces navales du Ponant. Il nous faut arriver à 1690 pour lire son mémoire au Roi (le voir à sa date), où il a prévu avec une perspicacité remarquable les opérations que les Anglais devaient tenter cette année même. Il y rappelle ce qui lui est arrivé lors de la précédente campagne. « Si on lui donne l'ordre de rester à la mer comme il y a deux ans, il faut se résoudre à combattre à la fin, car *il n'est pas possible de rester un si long temps à la mer à* pirouetter *autour d'une armée sans en venir aux mains.* »

Arrivons à la victoire de Bévéziers, remportée sur les flottes combinées de Hollande et d'Angleterre (juillet 1690).

Après huit heures d'un combat acharné, 17 vaisseaux ennemis sont rasés, coulés ou brûlés.

En Angleterre et en Hollande, c'est un cri suprême de détresse et d'angoisse, en France une explosion de joie triomphale. On verra avec quelle simplicité, Tourville, le héros de cette journée, en parle lui-même :

Il écrit au Ministre :

« Si nous avions eu le vent, l'affaire aurait été plus complète, mais vous pouvez assurer le Roi qu'elle ne peut pas l'avoir été d'avantage. »

De lui, de ses faits et gestes, pas un mot. En revanche, il s'étend sur le compte de ses officiers et c'est plaisir de voir comment, en quelques lignes, dans sa lettre du 11 juillet, il fait la part de chacun. Puis, il se remet à poursuivre, à « *talonner* l'ennemi », suivant son expression.

Et cependant, Seignelay, avec son tempérament fébrile, qui aurait voulu l'anéantissement complet des escadres d'Angleterre et de Hollande, marchande d'abord ses félicitations au vainqueur, pour les lui adresser ensuite tout à fait cordiales.

Tourville (Lettre du 15 juillet 1690), répond aux deux lettres à la fois en ces termes, également pleins de déférence et de dignité :

« ... Je vous suis extrêmement obligé de la part que vous avez prise à ce qui m'est arrivé dans le combat, par la lettre que vous m'avez écrite de votre main ; *mais, votre lettre du 4 que j'ay reçue en même temps, a beaucoup diminué le plaisir que je venais de recevoir puisqu'il paraît que vous aviez pu douter de mon zèle et de mon ardeur pour l'exécution des ordres du Roi.* »

Ici, il savait que c'était au Ministre même qu'il fallait s'adresser ; mais quand il croit reconnaître qu'on a cherché à tromper le Ministre, il fait une charge à fond sur les conseillers anonymes qui, dans son opinion, jettent un jour trompeur sur les faits :

« Il n'y a (dit-il nettement dans une lettre au Ministre du 17 août 1690) que les gens qui n'ont point de teinture du métier pour écrire que deux armées peuvent être en présence à vue sans s'engager. »

Et encore : « *J'ai toujours vu les officiers faire à Paris les plus belles entreprises du monde et fort différents de sentiments quand ils sont ici* (13 avril 1690). » Et il ajoute avec fierté : « *Moi, je suis toujours de même parce que je connais les inconvénients et les impossibilités, et il me semble que j'ai fait assez pour convaincre le Roi de ma bonne volonté, quand j'ai offert de combattre les ennemis avec 8 vaisseaux de moins qu'eux.* »

Tourville a le sentiment de sa valeur; aussi, avec quelle dignité, aux critiques dont sa belle campagne contre le convoi de Smyrne a été l'objet, il répond par un mémoire au Ministre (le voir à sa date) du 25 octobre 1691 ; citons-en ce passage : « *Je ne vous informe point, Monseigneur, de ce danger pour m'empêcher de combattre avec des forces aussi inférieures, quand le Roi le jugera nécessaire, mais pour faire connaître à Sa Majesté et à vous les risques où son armée serait exposée.* »

Ces lignes sont, en quelque sorte, la préface du combat de La Hougue.

Nous arrivons à cette mémorable journée.

Nous en avons raconté tous les détails (chapitre X). On verra là comment, pour obéir à l'ordre formel du Roi, Tourville a engagé l'action et comment aussi il a combattu pendant douze heures consécutives avec une valeur et une habileté sans égales contre des forces doubles des siennes ; puis, enfin, comment, après cette lutte si inégale, il se retire sans avoir perdu un seul vaisseau. Mais, le lendemain des accidents de mer dispersent sa flotte, pendant qu'elle opérait une glorieuse retraite, et 14 de ses vaisseaux sont incendiés par l'ennemi.

Il faut lire le rapport qu'adresse Tourville au Ministre (lettre du 3 juin 1692), et comme il y résume bien les faits. C'est un récit d'une exactitude, d'une énergie et d'une sobriété remarquables. Il expose « *qu'il a été d'abord assez heureux dans la nécessité où il s'est trouvé de combattre les ennemis* avec des forces aussi inégales (88 vaisseaux contre 44) de n'en perdre aucun après un combat opiniâtre de douze heures.* » Puis, quand il a dû opérer sa retraite, en passant par le raz Blanchard, le jusant lui a manqué et il a fallu mouiller à La Hougue pour sauver (et on y a réussi) les équipages et les canons, il ajoute : « Le brûlement du corps des vaisseaux était inévitable, la flotte entière des Hollandais et des Anglais était réunie ici ». Et il termine ainsi : ·

« *Je n'ai manqué que par une trop grande ponctualité des ordres contenus dans mes instructions et par le malheur des vents qui m'ayant retardé de mon côté, ont facilité en même temps la jonction des ennemis.* »

Pas un seul mot de récrimination.

La réponse du grand Roi ne se fit pas attendre. Ce fut l'élévation de Tourville au maréchalat (27 mai 1693).

Si Tourville savait supporter la mauvaise fortune avec sang-froid et fermeté, le succès le laissait digne et calme.

Un an à peine après La Hougue, il prend à Lagos une terrible revanche sur les flottes commerciales de la Hollande et de l'Angleterre, leur brûle 45 bâtiments, en capture 27 et cause au commerce des alliés une perte évaluée à 20 millions.

Il porta lui-même l'incendie parmi les bâtiments de la flotte dispersée et cela jusque sous le canon de Cadix et dans le môle de Malaga. En même temps, son fidèle lieutenant Coëtlogon brûle ou coule bas, sous le canon de Gibraltar, 5 bâtiments anglais de 36 à 50 canons et en capture 9 autres richement chargés.

On jugera de l'effet produit en Angleterre par cette série de pertes infligées à l'honneur et aux richesses du pays. Les *Communes* déclarent, le 17 novembre 1693, « qu'il y avait eu mauvaise conduite et trahison notoire dans l'événement arrivé à la flotte de commerce. »

Grande est l'émotion à Londres et dans tout le royaume.

Tourville, lui, expose les faits avec sa simplicité habituelle, et il écrit au Ministre (lettre du 6 juillet 1693) « ... M. de Vauvré vous fera savoir la perte des ennemis qui consiste en plus de 40 vaisseaux. Il vous envoie la liste de ceux qui ont été pris. Je crois bien que leur perte va à 20 millions pour le moins. »

A partir de cette époque, Tourville n'aura plus beaucoup d'occasions de payer de sa personne. Il concourt cependant, avec son escadre, au siège des villes de Palamos et de Livourne, prises par le maréchal de Mailly, en 1694; il organise la défense du littoral de la Méditerranée et des côtes de l'Aunis et de la Saintonge.

Ses lettres de 1694 à 1696 nous le montrent agissant comme un véritable homme de guerre qui, après avoir brillamment réussi à attaquer par mer les ports de l'ennemi, sait à merveille les dispositions à combiner pour préserver les nôtres d'une attaque analogue. Aussi, quand les Anglais se présentent devant La Rochelle, devant Saint-Martin (île de Ré), et sur quelques autres points de la côte de l'Aunis, leur démonstration est paralysée par la présence de Tourville comme par les mesures qu'il a prises, et ils renoncent bientôt à une attaque sérieuse, ainsi qu'aux descentes qu'ils avaient préparées.

Puisque nous cherchons à faire connaître Tourville par sa correspondance, citons un incident de cette dernière période où Tourville nous montre que, la plume à la main, il sait manier l'ironie avec succès : A La Rochelle, l'évêque Frezeau de la Frezelière, qui, avant de prendre les Ordres, servait comme colonel de cavalerie, avait été représenté au ministre de la marine comme ayant rendu de grands services à la défense de la capitale de l'Aunis, lors de l'apparition des Anglais.

Tourville l'apprend, et il écrit à Jérôme de Pontchartrain, fils du ministre, une lettre du 26 août 1696, qui nous vient des archives de la préfecture de la Charente-Inférieure.

Voici cette lettre..... « On dit que M. l'évêque de La Rochelle a rétabli le bon ordre dans cette ville et aux batteries, quand les ennemis ont paru en ce pays. Si cela était, ce serait pour le Roi une épargne considérable, car il n'aurait qu'à laisser le commandement de ses provinces à MM. les évêques ; ils ne manqueraient pas d'être bien secondés par tout le clergé. Cependant, il faut rendre justice à qui il appartient. Il est vrai que M. l'évêque nous fit, à la vue des ennemis, la proposition d'arrêter 36 nouveaux convertis, des principaux et des plus honnêtes gens de la ville ; ce qui aurait, comme vous le jugez bien, causé une sédition. Son zèle ne s'en tint pas là, il conseilla à Massiou, le commissaire de la marine, qui fesait son devoir, de se cacher pour mettre sa vie en sûreté ; mais ce commissaire ne voulut pas suivre ses avis, non plus que moi. »

Tourville ne permettait pas qu'on intervînt dans ses affaires militaires. Encore là, avec l'évêque, il le prend sur le ton de la raillerie ; mais, quand il s'agit de son honneur militaire, sa plume, comme une épée, bien trempée, fait jaillir des éclairs. Voyez comment il écrit au

Roi, à propos d'une contestation avec Gabaret. C'est comme un résumé de sa carrière écrit entièrement de sa main.

Cette pièce est ainsi titrée :

Mémoire des occasions où le chevalier de Tourville s'est trouvé plus que M. Gabaret.

« Il a été dans tous les combats où M. Gabaret s'est trouvé et il y a occupé les premiers postes en servant de second aux pavillons.

« Il a commandé sous M. de Vivonne à l'affaire de Palerme, où il y eut 9 navires ennemis brûlés.

« *Il a commencé le premier à brûler des vaisseaux sous des forteresses; il en a brûlé 2 sous la ville de Barlette, dans le golfe de Venise.*

« Il a pris 2 autres vaisseaux sous Barlette, et 1 sous la forteresse de Brundisy, dans le même golfe de Venise, après avoir canonné les forteresses pendant deux heures.

« Il a brûlé sous la ville de Reggio, en Calabre, 1 vaisseau de Votre Majesté que les galères d'Espagne avaient pris dans le phare de Messine et 4 bâtimens, gros ou petits, des ennemis qui étaient dans ce port, après avoir canonné la place pendant trois heures.

« Il entra le premier, à la tête de l'armée avec le vaisseau la *Syrène*, dans le port d'Agosta et fit rendre le fort d'Avolas, en s'embarquant dans sa chaloupe avec le chevalier de Coëtlogon, son lieutenant; il coupa les palissades, et, s'étant rendu maître de la porte, fit faire la composition, après avoir eu des gens blessés et tués auprès de lui.

« Il entra de nuit dans le port de Suza, en Afrique, où il y avait 17 bâtimens ; il mit le feu à 1 vaisseau de Tunis et eut 10 matelots et soldats de tués et estropiés dans sa chaloupe. Il prit des Turcs qui sont encore dans les galères de Votre Majesté.

« Il a été attaqué cependant dans un port de l'île de Chios, qu'on nomme *Port-Dauphin*, par 36 galères turques, chargées d'infanterie, étant dans un vaisseau de 40 pièces de canon avec feu le chevalier d'Hocquincourt, son camarade ; il y eut 500 Turcs de tués dans le combat et 80 hommes de son équipage.

« Il est le seul officier qui s'est trouvé dans un combat de galère contre galère, qui sont des plus sanglants qui se soient donnés à la mer, ayant été abordés deux heures à coups de mousquet, où il y eut 300 hommes de tués de part et d'autre.

« Il a combattu, avec un seul vaisseau, contre 7 navires d'Alger, pendant neuf heures, et eut 50 hommes de tués sur son pont.

« M. Du Quesne, dans le combat de Stromboli, ayant détaché un brûlot pour brûler le vaisseau de M. de Ruyter, le chevalier de Tourville, pour soutenir le sieur Champagne qui commandait le brûlot, se détacha de la ligne, essuya le feu des ennemis, et n'abandonna pas le brûlot qu'il ne fût coulé à fond, et sauva la chaloupe dudit Champagne avec le reste de son équipage.

« Entre toutes ces actions, étant en course en Levant et faisant ses caravanes, il a eu dix abordages de toutes sortes de bâtimens qu'il ne nomme point à Votre Majesté.

« Il s'est trouvé dans trois naufrages, et depuis ces malheurs il a eu une extrême application aux constructions de vaisseaux de Sa Majesté.

« Dans la guerre de Sicile, lorsque M. de Vivonne avait fait le projet de prendre Syracuse l'épée à la main, comme il avait fait à Agosta, il lui donna le commandement des troupes de la marine et de 100 officiers pour aller à la brèche l'épée à la main, préférablement à M. Gabaret.

« Le chevalier DE TOURVILLE. »

Mais, arrêtons-nous là : mieux vaut tout citer que de procéder par extrait, avec un pareil homme.

Laissons donc la parole à notre héros et ouvrons, enfin, sa correspondance. Elle évoque pour notre chère marine un passé glorieux, qui nous donne pleine confiance dans l'avenir, et nous répéterons, avec le nouvel élu de l'Académie française, l'amiral Jurien de la Gravière, « cet avenir nous ne le verrons pas ; mais, vous pour qui le ciel, dans ses mystérieux desseins, le prépare, prenez garde qu'il ne vous surprenne. N'imitez pas les vierges folles de l'Évangile, dont les lampes n'avaient plus d'huile quand l'époux arriva ; veillez, car qui sait le moment où l'on viendra vous dire : L'heure est proche ! veillez et conservez soigneusement vos grandes institutions. La marine de demain n'aura rien à envier à la marine d'aujourd'hui. »

LETTRES DE TOURVILLE

A Colbert.

Toulon, ce 28 mars 1668.

(*Lettre autographe.*)

Monseigneur,

J'ay appris par Monsieur l'évesque d'Angoulesme la bonté que vous avés eue de faire valoir mon armement auprès du Roy. Je dois à l'inclination généreuse que vous avés à faire du bien ces bons offices qu'il vous a plu de me rendre ; mais il me seroit bien glorieux, Monseigneur, si je pouvois en attribuer une partie à la passion que j'ay de vous rendre mon très humble service ; vous la trouverés toujours si fidelle, que j'espère que vous serés par là persuadé de ma reconnoissance et du désir que j'ay d'estre avec beaucoup de respect,

Monseigneur, votre très humble, très obéissant et très obligé serviteur.

Le ch^r DE TOURVILLE[1].

A Colbert.

Le cinquième mars 1669.

Monseigneur,

Vous agréerés s'il vous plaist que je prenne la liberté de vous tesmoigner la part que je prans à vostre satisfaction de la nouvelle dignité de secrétaire d'Estat dont il a pleu le Roy d'honorer vostre mérite. Je sçay, Monseigneur, que vous avés la bonté de me considérer comme une créature dévoüée entièrement à vos intérêts et que vous me ferés la grace d'estre persuadé que je

---

[1] *Lettres à M. Colbert.* Mélanges. 1668, 147 (Bibliothèque nationale).
Tourville était déjà en relations avec Colbert, avant que ce dernier eût pris la direction officielle des affaires de la marine ; on le verra par la lettre du 5 mars 1669. Dès 1662, Colbert était chargé des affaires de la marine sous M. de Lyonne, et, en 1665, Louis XIV, pour éviter des pertes de temps, avait autorisé Colbert à signer les dépêches de la marine, comme il est dit ci-dessous.

n'ay point de plus forte passion que de mériter par mes soings et mes respects la continuation de vos bontés et la qualité,

Monseigneur, de votre très humble, très obéissant et très affectionné serviteur.

Le chevallier DE TOURVILLE [1].

A M. D'OPPÈDE [2].

..... 1670 [3].

Monsieur,

Le Roy a esté bien aise d'apprendre que l'enrollement des matelots en Provence se montera à plus de sept mille deux cents ; et quoy que ce nombre soit considérable et que possit il approchera de neuf mille, Sa Majesté n'estime pas qu'il faille en faire quatre classes, mais seulement trois, veu que dans celle qui sera de service et qui montera à près de trois mille matelots, il se pourra faire qu'il y en aura d'absents, et qu'ainsi il n'en restera guères que ce qu'il en faudra pour équiper une escadre de 8 à 9 vaisseaux. Puisque vous estimez important pour cet établissement de ne pas publier les rolles que lors que le fonds aura esté remis sur le lieu, il faut, s'il vous plaist, me les envoyer au plus tost, afin que sur le compte que j'auray l'honneur d'en rendre au Roy, Sa Majesté ordonne les fonds nécessaires pour le payement de la demi-solde [4].

A M. D'OPPÈDE [5].

A Saint-Germain-en-Laye, le 11 avril 1670.

Monsieur,

J'ai receu la lettre que vous m'avez escrite d'Antibes le 29 du mois passé, où vous acheviez l'enrollement général des matelots de Provence. Le Roy a esté bien aise d'apprendre qu'il se montre jusqu'ici neuf mille six cents tant officiers mariniers que matelots ; mais comme, dans ce grand nombre, il ne se peut qu'il n'y en ayt d'invalides, Sa Majesté fait seulement estat de neuf

---

[1] *Lettres à M. Colbert.* Mélanges. Février-mars 1669, 150 *bis* (Bibliothèque nationale). Voir la note 1 au pied de la lettre de Tourville du 28 mars 1668.
A partir du 7 mars 1669, Colbert est chargé officiellement de la marine, des galères, des manufactures, du commerce, des consulats et des haras. En réalité, il avait eu ces affaires dans ses attributions dès 1662, mais c'est de Lyonne qui, en sa qualité de secrétaire d'État de la marine, contresignait les dépêches. En 1665, Louis XIV, pour éviter une perte de temps fâcheuse, avait même autorisé Colbert à signer les dépêches de la marine.

[2] Marquis d'Oppède, président à mortier au Parlement de Provence, intendant de la flotte en 1676.

[3] *Archives de la Marine.*

[4] A cette époque, Tourville était attaché au département de Toulon ; il figure comme capitaine de 1er rang sur la liste des capitaines promus par le Roi.

[5] *Archives de la Marine.*

mille, dont il faut composer trois classes. Il sera nécessaire que les rolles soient réglés sur ce pied-là. J'espère les recevoir bientôt pour les faire voir à Sa Majesté qui, je vous assure, est fort satisfaite de l'application avec laquelle vous avez suivy ce travail. J'ay fait remettre cinquante mile livres à Toulon afin qu'on commençast à payer la demi-solde à la première classe et de persuader de plus en plus les matelots et gens de mer de la résolution qu'elle a prise de maintenir cet établissement quoy que d'une grande dépense.

A M. DE SEUIL [1].

A Saint-Germain-en-Laye, le 18 avril 1670.

. . . .
Mandez-moi en quel estat est le *Soleil-Royal* et prenez garde que les vaisseaux qui sont dans le port de Brest soient si bien conservés et entretenus de prelats qu'ils puissent au moins servir trente ans, et faites en sorte, à l'advenir, d'en avoir tousjours dix ou douze pour composer les escadres qui doivent relever celles de La Rochelle.

AU SIEUR LÉGER [2].

A Paris, le 9 may 1670.

. . . .
Je vous repetray qu'il faut tousjours travailler à eslever de jeunes gens dans les commissions con[tes] et dans celles d'escrivains afin qu'ensuite l'on puisse élever aux employs de commissaires ceux qui se distingueront par leur bonne conduite et leur mérite, en sorte que ces officiers, estant bien instruits, puissent servir à retrancher les abus.

AU SIEUR BRODART [3].

A Paris, le 9 may 1670.

. . . .
Je ne doute point que la formation des équipages complets en peu de communautés contigues ne vous paroisse d'abord difficile. Mais je suis assuré qu'en s'y appliquant bien et en ne se rebutant point des difficultés insépa-

---

[1] *Archives de la Marine*.
D'abord commissaire général à Brest, en 1669, puis intendant de 1674 à 1684.
[2] Jean Léger, commissaire de marine, contrôleur général de l'arsenal à Toulon (*Archives de la Marine*).
[3] *Archives de la Marine*.
Commissaire général de la marine à Toulon (1666), à Marseille (1670), au Havre (1671), intendant général des galères à Marseille (1675), et à Toulon (1679).

rables du commencement des grands establissements, l'on peut y parvenir, et que si cette pensée ne réussit pas pour le premier armement, on pourra la faire réussir dans le deux ou troisième.

A M. COLBERT DE TERRON [1].

A Paris, le 16 may 1670.

. . . .
Puisque vous avez estimé que Bleor [2] servirait mieux sur la *Ville-de-Rouen* que Guabaret, je n'ay rien à dire. Mais je vous prie de me faire sçavoir si ce que vous m'avez escrit autrefois, que ce Bleor avait été apotiquaire de madame de Sully, est véritable.

A M. PELLISSARY [3].

A Saint-Germain-en-Laye, le 22 juin 1670.

. . . .
Le capitaine Gombaud m'escrit que l'*Escureuil*, qu'il commande, est le meilleur voilier de la mer et qu'il l'a esprouvé tel en donnant chasse à des

---

[1] Colbert de Terron, cousin germain de Colbert, qui l'avait fait intendant de Mazarin dans son gouvernement de Brouage, et qui devint plus tard intendant de marine à Rochefort. « Il était de la race des administrateurs actifs, habiles, pleins de ressources, et Colbert s'ouvrait pleinement à lui et l'initiait à ses vues. » (P. Clément. *Colbert*, tome Ier, introduction.)

[2] Bitaut de Bleor, capitaine, fut en effet nommé par ordre du Roi au commandement de la *Ville-de-Rouen*, en remplacement de Gabaret qui avait été *arrêté* et mis en prison en conformité de l'ordre suivant :

ORDRE DU ROY pour faire arrester le capitaine LOUIS GABARET [1].

De par le Roy,

S. M. estant informée que le capitaine Louis Gabaret néglige de prendre soin de son vaisseau la *Ville-de-Rouen*, dont elle lui a donné le commandement, prétendant se dispenser par cette conduite de l'ordre que S. M. a donné pour faire fournir les victuailles par un munitionnaire général, au lieu qu'ils avoient été fournis jusques à présent par les capitaines, Sa dite Majesté mande et ordonne au sieur Colbert de Terron, intendant général de la marine de Ponant, de faire arrester le dit Louis Gabaret, et le mettre en bonne et seure garde dans l'une des tours de la Rochelle et au commandant dans les dites tours de le recevoir et le garder jusques à nouvel ordre.

Faict à Saint-Germain-en-Laye, le 28 avril 1670.

[3] *Archives de la Marine.*
Pellissary ou Pellissari (Georges), écuyer, trésorier général des galères, de 1651 à

[1] Fils de Mathurin Gabaret, capitaine, du 5 septembre 1666, mort le 16 mars 1677.

vaisseaux corsaires d'Alger qu'il a joints ; lorsque ce vaisseau aura rendu le bord, il sera important que vous le fassiez visiter par les maîtres charpentiers du port et que vous en fassiez prendre les mesures pour faire bastir des frégates de mesme port et gabaris, n'y ayant rien de si important que d'avoir des vaisseaux qui puissent joindre des corsaires, et c'est après quoy nous devons nous appliquer sur toutes choses.

———

(*Lettre autographe.*)

12 août 1671.

(La lettre ci-dessous, ainsi d'ailleurs que quelques-unes des suivantes qui ne portent pas de suscription, nous paraissent avoir été adressées à Seignelay, pour lequel Colbert obtint, dès 1671, la survivance de sa charge de secrétaire d'État.

Monsieur,

S'il m'estoit arrivé quelque chose de considérable pendant ma campagne, vous ne doutez pas que je ne vous en eusses faict part, et je croy que vous estes assez de mes amis pour vous y intéresser. Vous trouverez bon s'il vous plaist, monsieur, que je vous informe au vray d'une avanture inopinée qui m'est arrivée en revenant de Malthe faire mon eau, le vent ne m'ayant pas permis de faire ma droite route pour revenir à Portfarine. Je me trouvay dans le goulphe de la Mahomete et donnai chasse à deux batimans qui me menèrent jusques devant la ville de Sousse, et n'ayant pas pu les arrimer, je me trouvay le soir en calme et fus contrains de mouiller. Je vis dix ou douze batimans dans le port. Je pris la résolution de les surprendre pour les brusler la nuit avec deux chaloupes. Je m'embarquay sur les dix heures du soir dedans une et, après avoir recommandé mon navire à tous mes officiers, que je laissay dans le bord, je m'en allay dans le port, dont l'entrée est assez difficile. Je fis nager tant que je peux droit aux batimans et aborde une polacre où il y avoit seize pierries, trante turqs et deux pièces de canon, et après m'en estre rendu le maistre et faict abandonner les turqs, je fis mettre le feu sous le gaillard de poupe. Il se rencontra, par malheur, que la polacre estoit abordée d'un navire de guerre d'Alger qui avoit combatu contre les galères de Malthe où il y avoit cent turqs dedans, et après avoir veu le feu bien allumé et avoir débordé de la polacre, tous les turqs du vesseau se sont jettés dedans pour l'esteindre. Sans ce secours, il y auroit eu quatorze batimens de bruslés, à sçavoir : six navires, une barque, une polacre, six sandales et deux londres, qui estoient tous les uns contre les autres. Voilà, monsieur, ce qui m'es arrivé. Je suis au désespoir de n'en avoir pu faire davantage. Je croy que vous le pourrez sçavoir par les lettres

1676, époque de sa mort. En dernier lieu commissaire général de la marine, intendant à Rochefort. Il avait en même temps l'intendance de justice, police et finances de la généralité de la Rochelle.

qui viendront de Thunis. J'y ay pris deux esclaves qui m'ont nommé tous les capitaines de vesseau qui y sont. Je vous envoye les noms. Je voudrois trouver quelque bonne occasion pour mériter vostre amitié et vostre estime. Soyez, s'il vous plaist, persuadé que personne ne vous honore plus que moy.

Monsieur, vostre très humble et très obéissant serviteur.

Le chevallier DE TOURVILLE [1].

A Portefarine, ce 12 aoust 1671.

(Archives de la Marine. — Campagnes.)

A SEIGNELAY [2].

Dans la rivière de la Tamise, 16 juillet 1673.

(Lettre autographe.)

Je vous remercie, Monsieur, de toutes les obligations et de toutes les bontés que vous avez eue pour moy de parler aussi avantageusement que vous avés faict au Roy, je vous puis assurer que je tascheray dans cette dernière occasion de faire quelque chose qui puisse mériter la cornette et qui ne tiendra pas à moy que je n'aborde quelque vesseau, j'ay tant de confiance à vous que j'espère que vous acheverés ce que vous avés commencé, et que lorsque vous me ferés l'honneur de me mettre en quelque charge de la marine, je la soutiendray du mieux qu'il me sera possible et ne vous feray poinct de deshonneur; je n'ose vous mander tout ce qui s'est passé dans ces deux derniers combats, dans l'apréhension que j'ay que mes lettres ne soient perdues; tout ce que je vous puis dire est que je vous parleray fort sincèrement de toutes choses, choses je ne doute pas que Saint-Amant ne vous ayt informé de la plus grande partie. J'ay cru de bonne foy qu'il reviendroit avec une commission de capitaine, et nous avons cru que le roy luy en donneroit une. Je vous prie de croire, de quelque manière que les choses tournent, je seray toute ma vie attaché à vostre personne plus que tous les hommes du monde ensemble. J'ay pris la liberté d'écrire à Monseigneur <i>vostre père</i>, et mesme j'ay sceu que vous lui aviés escrit sur mon subjet; enfin je ne reconnois au monde d'autre protecteur que Monsieur le marquis de Seignelay, que j'ayme plus que ma vie.

Le chevallier DE TOURVILLE.

(Bibliothèque nationale: manuscrits. — Volume intitulé: <i>Marine. Affaires personnelles.</i> — 16 — S.-T.).

---

[1] Le Roi fit parvenir par Colbert à Tourville le témoignage de sa satisfaction. (Lettre du 30 octobre 1671 ; la voir au chapitre IV.)

[2] Jean-Baptiste Colbert, marquis de Seignelay, fils de Colbert.

21 juillet 1675.
(Lettre autographe.)

Une barque qui va en France me donne occasion de vous assurer, Monsieur, de mes très humbles respects, et de vous rendre compte de ce qui s'est passé dans un détachement de deux vaisseaux qui m'a esté donné par Monsieur de Vivonne, pour aller dans le golphe de Venise empescher que quelques troupes allemandes ne passassent du port de Triest dans la Pouille. En entrant dans ce golphe, j'apris qu'elles estaient desjà débarquées à Pescare et qu'une partie des navires qui les avaient portés estaient devant la ville de Barlette appartenant aux Espagnols. Nous crumes, Lhéry[1] et moy, qu'il estait du service du Roy de les y aller insulter, en chemin faisant nous trouvasmes un navire qui se retira soubs Brunduse, nous l'envoyames prendre par les chaloupes à la faveur de nostre canon; ensuite, faisant route du costé de Barlette, on aperceut à l'entrée de la nuict trois vaisseaux soubs les forteresses de cette ville. Nous fusmes mouiller le lendemain matin à une portée de mousquet de ces murailles, à cinq brasses d'eau; nous canonames, Lhéry et moy, cette place pendant deux heures. Dans ce temps je detaché quatre chaloupes commandées par le chevallier de Cologon[2] pour aller enlever ces vesseaux amarés soubs les forteresses qui faisaient un feu continuel de leur artillerie et mousqueterie qui ne l'empescha poinct d'aborder le plus gros vesseau, qui se trouva estre de cinquante pièces de canon et venitien, il ne fist aucune résistance; on sceut du capitaine que les deux autres estaient espagnols, ce qui fist résoudre Cologon d'aller à bord d'un de ses vesseaux, essuyant le feu de la ville et d'une galliote armée dans le port. Après s'en estre rendu maistre, il en coupa les amares et nous vint rejoindre avec le vesseau, il retourna ensuite au venitien pour le faire mettre à la voile; ce second voyage ne fust pas moins périlleux que le premier, par la quantité de monde qui s'estaient jettés dans l'autre navire espagnol, qui incommoda extremement nos chaloupes. Il ne fut pas longtamps à s'en vanger, puisque nous convinsmes qui retournerait la nuict le brusler quoy qu'il fust deffendu de tous costés de la ville et par seize pièces de canon et vingt pierriés qu'il avait. Son esquipage l'étonna de de la résolution avec laquelle on y allait et sauta à la mer lorsqu'il vit qu'on l'abordait. *J'avais Lhéry pour second. Il y a plaisir d'entreprendre quelque chose avec un homme d'une aussi bonne volonté. Rien ne lui semble difficile, faisant toujours au delà de ce qu'on luy demande,* il vous est cognu par d'autres endroits. Je suis obligé de vous dire que les chevalliers de Gouttes[3] qui commandaient chacun une chaloupe, ont assurément acquis beaucoup

---

[1] Henri Cauchon, chevalier de L'Héry. — Reçu chevalier de Malte, le 31 mai 1665; — lieutenant de vaisseau, le 28 décembre 1671; — capitaine de vaisseau, le 27 juin 1673; — chef d'escadre, le 4 janvier 1682; — tué à la descente de Gênes, commandant le *Diligent*, le 24 mai 1684.

[2] Alain (Emmanuel), marquis de Coëtlogon. — Enseigne de vaisseau, le 4 août 1670; — lieutenant de vaisseau, le 28 février 1673; — capitaine de vaisseau, le 26 janvier 1675; — chef d'escadre, le 1er novembre 1689; — lieutenant général, le 1er juin 1704; — conseiller du Conseil de marine à la Cour en 1716; — vice-amiral de Levant, le 18 novembre 1716; — maréchal de France, le 1er juin 1730; — mort à Paris, le 7 juin 1730.

[3] Le Commandeur des Gouttes, de Moulins. — Volontaire, le 1er septembre 1673; —

d'honneur et méritent une meilleure destinée que celle d'estre enseigne. Du Chalard¹, mon lieutenant, a dignement secondé son capitaine en second, commandant aussi une chaloupe. Brecourt, frère de feu Sepville, le chevallier Do² et Sillery furent de cette partie et y firent très bien. Vous pouvés, Monsieur, s'il vous plaist, dans l'occasion, assurer Monsieur le marquis de Sillery qu'il doit estre contant de son fils. Je croy, Monsieur, devoir vous mander toutes ces particularités, afin que vous soyez instruit de ce qui se passe. Nous avons amené trois navires et bruslé deux. Vous me permettrés de vous dire que j'ay des disputes continuelles avec Conte et La Fayette³ sur nos anciennetés, ces Messieurs se trouvant avant moy sur l'estat du Roy, quoique leurs commissions ne soient que de l'année 1667 et la mienne que de 1666. C'est de la dernière conséquance pour moy que vous ayés la bonté de régler nos intérest. C'est quelqu'un de nos commis qui s'est trompé, ils en conviennent eux-mesmes. J'espère, Monsieur, que vous aurés la bonté de penser que cella me doit estre d'un très grand dégoust. *J'espère aussi que si vous voyés quelque jour de me tirer du capitanat de vesseau, que vous n'en perdrés poinct l'occasion.* J'espère aussi, Monsieur, que vous me retirerés auprès de vous cet hyver, c'est la grâce que je vous demande. Vous me trouverés tousjours prest à partir quand vous croirés que je pourray estre utile au service du Roy.

A Messine, le 21 juillet 1675.

Le chevallier DE TOURVILLE.

(*Archives de la Marine.* — Campagnes.)

1ᵉʳ aoust 1675.

(*Lettre autographe non signée.*)

Depuis la dernière lettre que je me suis donné l'honneur de vous escrire, il est arrivé un contre temps bien fascheux à la frégate de Gossonville⁴, qui

---

enseigne de vaisseau, le 28 décembre 1673; — lieutenant de vaisseau, le 5 octobre 1675, — capitaine de vaisseau, le 26 juin 1676; — absent, du 1ᵉʳ mai 1686; — rayé en 1687.

Antoine Charry, le cadet, comte des Gouttes, de Moulins. — Capitaine de flûte, le 20 mai 1638; — enseigne de vaisseau, le 1ᵉʳ juin 1669; — lieutenant de vaisseau, le 26 juin 1676; — capitaine de vaisseau, le 8 janvier 1682; — mort à Toulon, le 25 novembre 1690.

¹ Du Challard. — Garde de la marine, le 13 février 1670; — enseigne de vaisseau, le 30 décembre 1671; — lieutenant de vaisseau, le 17 décembre 1673; — capitaine de vaisseau, le 4 janvier 1676; — mort commandant le *Saint-Esprit*, le 30 avril 1696.

² Claude Gabriel, marquis d'O de Villers. — Volontaire, le 29 mars 1673; — enseigne de vaisseau, le 11 avril 1676; — lieutenant de vaisseau, le 1ᵉʳ janvier 1682; — major de Ponant, le 6 octobre 1686; — rang de capitaine de vaisseau, le 7 octobre 1686; — opté capitaine de vaisseau, le 5 avril 1687; — chef d'escadre, le 1ᵉʳ avril 1702; — lieutenant général, le 27 décembre 1707; — mort à Paris, le 17 mars 1728.

³ Le chevalier de la Fayette d'Auvergne. — Capitaine de vaisseau, le 11 décembre 1666; — capitaine des gardes de marine de Beaufort, en 1668; — resté capitaine de vaisseau, le 12 novembre 1669; — rayé en 1678.

⁴ Goussonville. — Capitaine de frégate en 1671; — de vaisseau, en 1673; — rayé des cadres par absence, le 1ᵉʳ décembre 1683.

m'avait accompagné dans le golphe de Venise. Comme nous entrions dans Messine, à la longueur d'un cable les uns des autres, il nous prit un calme si grand, qui fust cause que les courans séparèrent un peu la frégate de nous et la fit tomber du costé de Regio, pour nous ils nous conduisirent dans le port, le lendemain au matin à la pointe du jour il parut dix galères d'Espagne qui la prirent à nostre veue sans pouvoir luy donner aucun secours quelque diligence qu'on pust faire, le calme était grand et quoique nous eussions trois galères, Lhéry et moi pour nous remorquer, nous ne pusmes le secourir, je ne songé dans ce moment qu'à venger ce malheur par quelque action qui pust mériter votre estime. Ils allèrent amarer la frégate sous la forteresse de Regio qui est la ville capitalle de la Calabre, ils amenèrent la frégate et la mirent d'une manière quelle estait deffendue de tout le canon de cette place. Je résolus avec Lhéry de l'aller brusler en plein midy à la veue de tout Messine, ce que nous exécutasmes avec assés de bonheur. J'estais à la teste, Lhéry après moy, et le bruslot à la longueur d'un demy cable. Après avoir canoné à la longeur d'un demy fusil, les bastions et forteresses, je détaché le bruslot commandé par Serpot[2] qui l'alla brusler après que nous eusmes faict jetter à la mer tout ce qu'il y avait dans la frégate, le bruslot fit un si grand effet qu'il brusla quatorze bâtimens qu'il y avait. Il y eut un bastion qui sauta à demy et plus de trente maisons bruslées dans la ville, sans conter plus vingt-cinq qui estaient au bord de la mer remplis de soie, nous essuyames le feu de plus de septante pièces de canon. Serpot fust abandonné de sa chaloupe et sans le chevallier Degoutes que je commandé pour l'aller escorter, il y avait demeuré, il en fust quitte pour un coup de mousquet. Le chevalier de Goutes luy sauva la vie et luy servit de patron de chaloupe, nos vesseaux furent incommodés du canon et de la mousqueterie. Il y eut un canon de Lhéry qui luy tua quatre hommes, sans ceux qu'il perdit. Cella donne une timidité si grande à nos équipages qu'il n'ose faire le feu qu'on souhaitterait, il nous creva un à barbette. — C'est à vous, Monsieur, à y donner ordre. Serpot mérite que vous ayés la bonté de vous souvenir de luy; pour le chevallier des Goutes il mérite d'estre capitaine, c'est un garçon de cœur et qui a une aplication extrême au métier. Lhéry vous aurait, Monsieur, les dernières obligations de songer à luy pour le distinguer des autres capitaines et de le mettre à deux cent francs avec la pansion de mil livres, personne dans le corps ne la mérite comme luy. C'est de ce que je vous réponds.

1er aoust 1675.

(*Archives de la Marine.* — Campagnes).

19 août 1675.

Vous apprendrez, Monsieur, la prise d'Agosta. Je ne me chargerai point de vous en faire un détail; on doit beaucoup au peu de vigueur de ceux qui commandaient les forts qui n'ont fait aucune résistance dans des lieux où

---

[2] Serpault, le jeune, de la Tremblade. — Capitaine de brûlot, le 30 décembre 1671 ; — capitaine de frégate, le 1er janvier 1692; — mort le 13 janvier 1696.

des Français auraient tenu trois mois. J'obtins de M. de Vivonne d'entrer dans le port à la tête de l'armée, par la connaissance que j'avais du lieu ; il commanda six navires pour battre le fort qui est dans la mer, à l'entrée où je fus mouiller à une portée de fusil ; il distribua ensuite les autres vaisseaux pour battre les autres forts. Notre grand feu fit cesser celui du fort que nous attaquions, et ceux qui y commandaient prirent le parti d'attendre qu'on les vint attaquer à coup de main ; quoiqu'on n'eût point d'ordre d'aller aux forts, je crus qu'il était à propos d'envoyer une chaloupe pour voir ce que voudraient dire les ennemis : je détachai le chevalier de Coëtlogon, avec quelques mousquetaires. *Lui, par son peu de connaissance du métier de terre* [1], alla s'attacher à la première barrière qu'il fit couper à coups de hache, malgré une grêle de boulets de canon et de pierres et quelques coups de mousquets : ce que voyant de mon bord, j'eus peur qu'il n'y demeurât : je m'embarquai dans mon canot avec tous les soldats que je pus prendre pour le secourir ; je le trouvai à la seconde barrière ; ils mirent pavillon blanc, et comme nous en étions à la porte pour parler, ils commencèrent de nouveau à coups de mousquets et à coups de pierres sur nous ; cela dura bien une heure ; ils nous firent une seconde bandière blanche, et nous manquèrent une seconde fois de parole ; ils ne se rendirent que lorsque j'allais faire brûler la porte : le gouverneur vint en bas et demanda à capituler, ce que je fis dans les formes. Cette affaire nous coûte quelques gens, mais qui aurait coûté beaucoup davantage à des gens qui les auraient voulu prendre par les formes. Notre grande confiance fut heureuse, et ce fut le seul fort qui se défendit ; il y avait quatre-vingts hommes dedans qui sortirent avec armes et bagages. Je prends la liberté de vous dire au vrai ce qu'il en est, parce que je suis persuadé que vous en ferez ma cour au Roi, et que vous n'oublierez pas de faire celle de Coëtlogon qui a bonne part à tout et à qui je donne quelquefois de rudes corvées. J'espère qu'avec votre assistance et les petits succès que j'ai en cette campagne, je pourrai sortir cet hiver de l'emploi de capitaine de vaisseau qui me devient assez insupportable. Je compte, Monsieur, que vous me permettrez de vous aller voir cet hiver.

Le chevalier DE TOURVILLE.

---

2 septembre 1675.

(*Lettre autographe.*)

Bien que je ne me sois pas fort estendu sur les circonstances du voyage que j'ay fait au golphe de Venise, je craindroy que ma lettre ne vous eust ennuyé, si je ne sçavais pas que Monsieur de *Vivonne* [2] a pris toutes les

---

[1] Ces mots sont effacés dans l'original, mais il est encore possible de les déchiffrer.

[2] On connaît le portrait que Camille Rousset a tracé de Vivonne : « Le premier malheur du duc de Vivonne, c'est d'avoir été frère de Madame de Montespan... On peut affirmer qu'il avait plus d'esprit, d'intelligence et de bon sens que ses contradicteurs. Mais, peut-être, parce qu'il raisonnait davantage, il décidait moins. Nul ne pouvait douter de son courage, mais il n'avait pas, sans doute, au même point, l'audace dans le commandement, l'énergie de vouloir, d'ordonner, d'être obéi. » (*Hist. de Louvois*, t. II, p. 367.)

précautions possibles pour empescher que vous ne soyez importuné des lettres de l'armée navale, et s'il n'avait pas jugé à propos d'envoyer en France à l'insceu de tout le monde, afin que vous ne sceussiés que par luy tout ce que nous faisons et tout ce que nous ne faisons pas ; mais comme il est important que vous sachiés exactement les choses que j'ay à vous escrire aujourd'huy, je prendray à mon tour mes précautions afin que ma lettre parvienne jusques à vous, et peu s'en est fallu que je n'aye fretté une barque à mes dépens afin de la charger de mon paquet. Cette pensée, qui m'est venue, n'est pas sans quelques difficultés, et, tout bien considéré, je croy qu'il vaut mieux que je tienne cecy prest en attendant une occasion favorable et asseurée. Ainsy vous serés averty tost ou tard de la manière dont les choses se passent, estant persuadé que je ne cours aucun risque à vous parler à cœur ouvert, comme j'ay tousjours faict, et que vous aurés la bonté de brusler ma lettre. Il estait fascheux à toute la marine que les officiers généraux fussent en droit de rejetter sur Monsieur de Vivonne le ridicule de la rettraite de Melasse [1], et il estait de nostre honneur à tous qu'on ne tinst pas plus longtemps les vaisseaux dans le port. C'est pour cella que l'on me détascha du costé du golphe, et qu'en suite M. Dalmeras [2], estant arrivé avec six gros navires, l'on forma l'entreprise d'aller brusler les vesseaux espagnols jusques dans le port de Naples. M. de Vivonne alla à ce grand dessein avec une confiance admirable, et les difficultés ne luy parurent considérables que sur le poinct de l'exécution. Il exclut tous les capitaines du conseil où l'on prit la résolution de ne pas exposer les vaisseaux du Roy et de retourner à Messine comme il en estait venu. Je croy qu'il vous aura faict sçavoir le bonheur qu'il eut de trouver, pendant un calme, plusieurs barques chargées de blé, sans quoy les murmures des Messinois auraient esté grands. Monsieur de Theron, qui est plein de zèle, estait malade, et sa maladie fust cause qu'on demeura plus de quinze jours sans rien faire et qu'on n'eust guères d'esgard aux plaintes que tout le monde faisait de ce que nos vivres se consumaient pour rien. Enfin, ce que j'avais faict à Barlette et à Regge estant suffisant pour convaincre que les propositions d'aller chercher du blé soubs le canon des places ennemies nestaient pas des propositions extravagantes, et la nouvelle du passage des Hollandais en cette mer estant venue, et la crainte de retomber dans la dizette des vivres se renouvellant à l'entrée de l'hiver, le conseil de M. de Vivonne conclut qu'il fallait tenter le pillage d'Agoste, et l'on partit exprès pour cella sans ordres, sans signaux et sans randez-vous, le jeudy 15 aoust, avec 29 vaisseaux, 24 galères et 12 bruslots, et l'on creut qu'avec cella nous pourrions entrer dans ce port, malgré les cinq forteresses qui en font la seureté : cettait là tout le dessein, et mesmes on laissait entrevoir qu'une avanture comme celle du retour de Naples satisferait l'ambition de ceux qui nous conduisent et que deux ou trois barques chargées de blé, si on les pouvait

---

[1] Allusion à la déconvenue éprouvée par Valbelle et Vallavine qui se portaient au secours de Melazzo et qui furent obligés de se retirer sur l'ordre de Vivonne, les Allemands ayant déjà pris pied au nord du Phare, quand les Français arrivèrent.

[2] D'Almeras, originaire de Montpellier. — Capitaine de vaisseau en 1644 ; — chef d'escadre, le 9 octobre 1662 ; — lieutenant général, le 12 décembre 1673 ; — tué au combat d'Agosta (côtes de Sicile), le 22 avril 1676.

trouver, estait tout ce qu'il fallait selon eux pour oster le ridicule de ce petit voyage; nous arrivasmes le 17 à la veue d'Angouste. Comme je vis qu'on ne nous avait donné aucun ordre, j'allay à bord de Monsieur de Vivonne pour sçavoir de quoy il estait question, et je m'offris d'entrer le premier dans ce port, comme en ayant plus de connaissance que personne; voilà ce qui fust la cause que j'eus la teste de tout le détachement. Je ne vous conteray poinct les particularités d'une avanture dont la fortune mérite toute la gloire. J'aurois intérest que cella ne fust pas ainsi, puisque personne ne partage avec moy l'honneur d'avoir pris le fort d'Avolas, qui est la première, la plus forte et la plus importante des cinq forteresses, et que c'est cette prise qui a donné le bransle à tout le reste. Mais les Espagnols y ont plus contribué ny que moy, ni que personne, et sans leur négligence et leur lascheté ils seraient encore les maistres de ce poste, qui est plus important qu'on ne sçauroit se l'imaginer. J'avoüe que la manière brusque dont on les attaqua mérite des louanges, et que ce fust en partie ce qui estonna les ennemis; mais enfin si des François avaient faict la même chose, ils seraient dshonorés et qu'ils meriteraient destre punis. La pluspart des capitaines monstrèrent de la bonne volonté, et il n'y a pas jusques au petit Villete [1] qui eust voulu que la canonade eust duré plus longtemps. Je vous le cite, parce que c'est une chose extraordinaire à un enfant de dix ans que d'avoir souhaitté destre blessé pour estre mis dans la gazette. Son père n'estoit pas du détachement, cependant il reçeut et tira les premiers coups. Monsieur le général luy envoya un ordre pour carguer ses voiles, afin de lesser passer le détachement. Mais, pour revenir à des choses plus importantes, je croy que ce ne sera pas un mal pour les affaires du roy que ce soit Monsieur Du Quesne qui nous mesme chercher les ennemis : il me paroist aussi bien intentionné qu'il est habile et capable. Je vous demande en grâce, Monsieur, si on désarme quelque vesseau, que j'en sois du nombre, afin d'aller à Paris pour vous faire ma cour et de me tirer, avec votre protection, de l'estat de capitaine de vesseau à un plus grand. Je feray tousjours mon devoir et je vous regarderay uniquement comme la personne du monde pour qui j'ay le plus de respect, le 2 settembre 1675.

Le chevalier DE TOURVILLE [2].

(*Archives de la Marine.* — Campagnes.)

[1] Marmande Villette fils. — Garde de la marine, le 8 mars 1678; — quitté, le 1er juin 1681.

[2] C'est à ces correspondances que répond la lettre suivante de Colbert :

A Monsieur de Tourville.

A Versailles, le 20 octobre 1675.

Monsieur,

J'ay rendu un compte exact au Roy de ce qui s'est passé à Barlette et à Brunduse, et ensuite à Regio, et vous ne deuez pas douter que je n'aye eu beaucoup de joye de rendre tesmoignage à Sa Majesté de toutes les actions de valeur et de bonne conduite que vous auez faites en ce lieu là. Sa Majesté m'a paru en estre satisfaite et vous deuez estre

A Colbert.

Messine, le 7 mai 1676.

(Lettre autographe.)

Monseigneur,

Je suy persuadé que vous me connoissés assés pour croire que je sois capable de rendre aucun méchant office à personne, mais je suis obligé de vous dire, quoy que en mon particulier je ne me plaigne de personne, qu'il y a des pestes dans ce corps qui bouleversent généralement toutes choses et qui sont si grands brouillons, que si on s'en lesse préoccuper, on trouvera que les meilleures actions de Monsieur Du Quesne et celles de la plus part de la marine viendront à rien dans un temps qu'il faict des choses extraordinaires pour le service du Roy [1]. Je vous supplie, Monseigneur, de brusler ma lettre et de croire que je ne vous escris cecy que par l'intérest que je prand pour le service du Roy qui nous regarde.

Je suis avec tout le respect, Monseigneur, vostre très humble et très obéissant serviteur.

Le chevalier DE TOURVILLE.

(Bibliothèque nationale. — Volume intitulé : Marine, Affaires personnelles.)
16. — S.-T.

Messine, le 26 août 1676.

Je suis assés malheureux d'estre incommodé à un poinct qui m'oblige de retourner en France pour tascher de me mestre en estat de servir, en cas que les Hollandois passent dans ces mers; tous mes amis me le conseillent, et Monsieur le Mareschal mesme [2] me l'a ordonné ; je n'ay pu m'empescher d'y consentir, par la continuation d'un crachement de sang qui ne me quitte pas

asseuré qu'elle vous en donnera des marques dans les occasions qui se pourront offrir. Je vous prie de continuer tousjours à vous distinguer, et soyez persuadé que je proffiteray auec plaisir de tout ce qui pourra contribuer à vostre aduancement.

A l'esgard des officiers qui ont seruy sous vos ordres, lorsque les vaisseaux seront de retour, Sa Majesté verra ce qui se pourra faire pour eux. Cependant je proposeray au Roy de donner quelque gratiffication au sieur Serpaut et je vous feray scauoir la résolution que Sa Majesté prendra sur son sujet.

[1] A rapprocher de la lettre suivante de Colbert à Valbelle, qui avait fait à sa manière et répandu une relation de la journée de Palerme : « Monsieur, la relation que vous « m'avez envoyée était publique à Messine, auparavant qu'elle en fût partie, *et je savais* « *les traits de malignité qui y sont répandus contre tout ce qu'a fait de beau et de grand* « *Monsieur Du Quesne*, plus de quatre jours auparavant que de l'avoir reçue... *Vous* « *ne trouverez jamais de disposition, ni en moi, ni en mon fils, de recevoir ces traits* « *de malignité contre qui que ce soit, et beaucoup moins contre un homme qui a fait* « *deux aussi belles actions que celles que M. Du Quesne a fait cette campagne.* »

[2] M. de Vivonne.

depuis trois semaines... J'espère que mes maux ne seront rien... Je veux tascher de ne poinct mourir chef d'esquadre [1].

Monsieur le Mareschal m'a ordonné de revenir sur son vesseau, lorsque je me porterois mieux. — Vous aurés appris que nous avons esté malheureux, que 14 navires hollandois se sont échapés de nos mains par leur fuite continuelle. Monsieur Du Quesne apporta tous les soins imaginables et ne manqua à rien de ce qu'il faloit faire pour les pouvoir joindre, mais leur bonne fortune les fit sauver pendant la nuict, sans que nous puissions les aprocher d'assez près pour les observer, quoyque M. Du Quesne fist tousjours force de voile sur eux. Si nous n'avions pas esté chargez de troupes et la pluspart des vaisseaux sans eau, M. Du Quesne les auroit esté chercher partout.

(*Bibliothèque nationale.* M.-S. — *Boîtes du Saint-Esprit.*)

A Toulon, le 30 may 1677 [2].

Monsieur,

Je prands la liberté de vous faire souvenir d'un garson que vous avés faict babtisé qui est celui qui *vous rend ma lettre;* il a faict neuf campagnes sur les galères ou sur les vaisseaux du Roy et s'est toujours fort bien acquité de son devoir; il a esté aussi deux ans dans les gardes de la marine; il espère que vous aurés la bonté de luy accorder vostre protection pour quelque employ dans les galères; il s'en rendra assurément digne, et je vous promets, monsieur, que vous ne vous repentirés poinct de lui avoir procuré les graces qu'il vous demande. Je vous en auray en mon particulier une obligation très particulière. Je suis bien fasché de n'avoir pas trouvé les occasions de vous rendre mes devoirs aussi souvant que je l'aurois souhetté : vous devés estre persuadé que personne en France ne l'auroit désiré avec plus de passion que moy et de vous tesmoigner que je seray toute ma vie avec beaucoup de respect,

Monsieur, votre très humble et très obéissant serviteur.

Le ch^r DE TOURVILLE.

A COLBERT.

16 novembre 1677.

(*Lettre autographe.*)

Monseigneur,

Je suis arrivé à Toulon en assés méchante santé [3]. J'espère que je seray en estat la campagne qui vient d'aller à la mer. Vous avés envoyé des ordres

---

[1] Du Quesne le présentait, à ce moment, pour la 1re place de chef d'escadre qui viendrait à vaquer, en disant de lui : « *C'est un bon sujet qui mérite du commandement.* » (A. Jal. *Abraham Du Quesne,* tome II.)

[2] Lettre autographe. Mélanges. *Colbert.* Janvier-avril 1677, t. 174.

[3] « ... Je crois que l'intention de S. M. est que le marquis de Preuilly commande les

que le plus ancien chef d'escadre commandast les quatre vaisseaux qui vont à Messine. Monsieur Gabaret est à Toulon, arrive avec nous. Je vous supplie que ce commandement ne tombe poinct cet hyver sur moy et de vouloir bien me donner le temps de me restablir. J'espère cette bonté de vous. Je ne prends poinct la liberté de mander aucune nouvelle, lorsque j'auray l'honneur de vous voir, je vous diray comme toutes les affaires de Messine se sont passées pendant le temps que j'y estois. Je seray toute ma vie, avec un très grand respect,

Monseigneur, votre très humble et très obéissant serviteur.

Le ch^r DE TOURVILLE.

Lettre autographe (1675 ou 1677).

Je ne vous parleray plus[1], monsieur, de mes affaires. Vous m'avez trop donné de marques de vos bontés pour n'estre pas persuadé que vous songez à moy dans cette occasion ; je vous avoue que je serois dans le dernier désespoir si le Roy m'oublioit. J'ay assez de confiance à ma bonne fortune et au zèle que j'ay pour son service pour croire que cela n'arrivera pas. Langeron ne va poinct à Paris. J'ay remis mon vesseau au chevallier de Cologon ; c'est à vous à m'ordonner ce que vous voulés que je fasse. J'ay faict espérer au chevallier Degoutes[2] que vous ne l'oublirés pas ; il sert d'enseigne au chevallier de Lhéry depuis longtemps, et il a vingt huict ans et prest d'estre commandeur. Je suis persuadé qu'il est trop digne subject pour que vous le veuilliés perdre dans la marine ; si vous n'en faictes poinct entrer d'autres, je vous réponds que les règlements du Roy ne seront poinct nécessaires pour leur faire faire de belles actions.

On faict le plus de diligeance qu'on peut aux vesseaux. Je souhette que les affaires de la marine ayent une bonne issue cette campagne. J'aurois bien voulu y contribuer en faisant quelque chose qui plust au Roy. Si ce n'estoit une occasion pressante comme celle-cy, je vous aurois supplié de me faire avoir mon congé à cause des incommodités que j'ay, qui seront peu de chose si je suis en lieu pour me les faire guérir, et qui peuvent devenir considérables pour le reste de mes jours si je les négligeois.

Le ch^{er} DE TOURVILLE.

A Toulon, le 5 novembre.

J'ay faict réflexion, monsieur, que je suis ancien de Chabost qui commande le *Sceptre* ; si le Roy me mettoit là-dessus, je vous réponds, monsieur, que

---

6 vaisseaux *en l'absence de M. de Tourville qui est malade.* » (Lettre de l'intendant général de Toulon à Colbert, du 18 janvier 1678.) (*Archives de la Marine.*)

[1] En marge il est écrit : *Je ne sais à qui le chevalier de Tourville a écrit cette lettre.*

[2] Voir note 1. Lettre du 21 juillet 1675. Il s'agit du commandeur des Gouttes.

j'y ferois mon devoir, à l'égard de M. de Vivonne. S'il y a quelque chose à faire, ce sera avant que nous l'ayons joincts, et pour lors je serois bien ayse de me retirer à la première occasion à cause de mes petites incommodités. Je prens la liberté de vous mander ce que je croy qui, assurément, ne disconviendroit pas au service du Roy.

A COLBERT.

Le 9 janvier 1678.

Il ne m'estoit pas souvenu, lorsque j'allay à Saint-Germain, de vous parler de deux officiers que Monsieur Duquesne vous suplie de considérer les services : il y a Truillet, qui est enseigne sur le *Royal-Louis*, et qui sert en cette qualité depuis dix ans ; il n'a jamais voulu permettre qui vient à Paris vous représenter ses services *luy assurant qu'en servant assidument il auroit plus tost satisfaction qu'en allant se montrer à Paris*[1] ; il m'a recommandé aussi de vous faire souvenir du capitaine Honorat : c'est celuy qui brusla l'admiral d'Espagne ; il a la paye de capitaine de bruslot, mais vous n'avés poinct ordonné qu'on luy envoyast son brevet. Pour celuy qui *vous rend ma lettre*, Monseigneur, est le cousin germain de Monsieur de Gasion, qui sert depuis sept ans dans la marine ; il y en a cinq qui sert en la qualité d'enseigne ; il demande une lieutenance. Monsieur de Gasion vous en parla chés Monsieur de Théron. Voylà, Monseigneur, ce que Monsieur Duquesne m'a prié de vous dire. Je tasche de restablir ma santé, mais, ma foy, j'y ay beaucoup de peine. Je suis avec beaucoup de respect

Votre très humble et très obéissant serviteur.

Le ch^{er} DE TOURVILLE[2].

A COLBERT.

A Toulon, le 30 avril 1678.

(Lettre autographe.)

Monseigneur,

J'ay receu tant de marques de vos bontés depuis que j'ay l'honeur de servir dans la marine, que je ne peux pas douter que vous ne me fassiés tousjours la grace de m'accorder vostre protection dans les occasions qui se présenteront pour mon advancement. Je viens de voir Monsieur de Preuilly[3], qui est

---

[1] On reconnaît bien à ce trait le rigide Du Quesne, qui ne faisait, d'ailleurs, qu'appliquer aux autres la règle de sa propre conduite.

[2] Lettre autographe. *Lettres à M. Colbert.* Mélanges. 1678-1683-135 (Bibliothèque nationale).

[3] De Preuilly (marquis) d'Humières. — Capitaine de vaisseau, le 30 novembre 1676 ; — mort le 19 juin 1688, lieutenant général.

dans un très meschant estat. Je vous supplie, Monseigneur, de vous souvenir de moy dans cette occasion ; soyés persuadé que je redoublerois mes soings et mon application à la marine si le Roy me jugeoit digne de remplir sa place en cas qu'il arrivast à manquer ; il m'a envoyé la lettre que vous lui avés faict l'honeur de luy escrire. Je ne manqueray poinct de faire observer avec la dernière exactitude qu'on fasse la garde pour la conservation des vaisseaux du Roy qui sont dans le port. Je vous supplie de croire que je ne manqueray à rien de ce que je dois pour le service du Roy et pour vous faire cognoistre que personne n'est avec plus de respect que moy,

Monseigneur, votre très humble et très obéissant serviteur.

Le ch^r DE TOURVILLE.

A COLBERT.

A bord du *Sans-Pareil*, le 28 mars 1679.

(*Lettre autographe.*)

Monseigneur,

Monsieur de Villers[1], qui est capitaine sur le vaisseau le *Sans-Pareil*, m'a prié de vous représenter qu'estant payé à terre à deux cents livres par mois et que tous les capitaines en second qui servent, il n'y a que luy qui soit payé à deux cents francs ; il vous supplie de vouloir ordoner qu'on le paye à cent escus pour ses apointemens servant à la mer. J'atands, Monseigneur, vos ordres sur tout ce que vous souhaitez que nous fassions, et suis avec beaucoup de respect,

Monseigneur, votre très humble et très obéissant serviteur.

Le ch^r DE TOURVILLE.

A COLBERT.

10 août 1679.

(*Lettre autographe.*)

Monseigneur,

Je suis bien fasché de ne vous mander jamais que les procédés que nous avons dans les endroits où nous allons. Estant arrivé à Caillery, j'apris par le marquis du Thor qu'un nommé Grion, de la ville de Toulon, qui a esté accusé d'avoir assasiné le sieur de Fresné, lieutenant de marine, estoit arrivé à Caillery depuis douze heures. Il me pria de lui donner la permission de le prendre, parce qu'il y avoit eu des gens de Toulon qui avoient malicieusement et fort injustement faict courir le bruit que le marquis du Thor

---

[1] Voir note 2. Lettre du 1er août 1675.

trempoit dans cette affaire. Il creût qu'il alloit de son honneur de chercher les moyens de s'en justifier, quoyque dix officiers de la marine estoient avec luy à souper lorsque ce malheur arriva. Je dis au marquis du Thor que je serois bien aise qu'on le prist pour veu la chose se fist sans aucune violance; qu'il n'estoit pas mesme nécessaire d'y aller avec beaucoup de gens, que quatre personnes suffiroient; que s'il crioit au secours, et qu'on vint pour empescher de le mener, qu'on le lessast aller sur l'heure mesme. Le marquis du Thor me promit que s'il y avoit la moindre résistance, il le lesseroit aller. Il s'embarqua dans une chaloupe avec trois de ses amys et trouvèrent ledit Grion dans une maison. Ils le prirent par la main et luy dirent qu'ils vouloient luy donner à souper. Ils passèrent par tous les corps de garde sans que personne s'en aperceut et sans qu'on fist aucune violance pour les vouloir arrester. Lorsqu'ils passoient auprès des corps de garde, ils se mettoient à danser comme des gens qui avoient un peu beû. Enfin, Monseigneur, on l'emmena à bord sans que personne, dans la ville, le sceust. Il est à remarquer que le dict Grion n'avoit demandé aucune protection au gouverneur de Caillery.

Il y eut un de ses camarades avec qui il estoit arrivé de France qui sceust qu'on l'avoit pris et qu'il estoit à bord des vesseaux du Roy. Il s'en alla dans le moment se plaindre au gouverneur, qui n'est poinct homme de guerre et qui est un homme qu'on a mis jusques à ce que le viceroy de l'isle soit arrivé. Il luy dict qu'il estoit honteux pour la ville de Caillery qu'on eust lessé prendre son camarade et qu'on l'eust emmené de force. Le gouverneur, fort surpris de cette nouvelle, fist assembler son conseil et fist appeler tous les officiers qui commandoient aux corps de garde de la ville pour sçavoir s'ils s'estoient aperceus qu'on eust emmené quelque homme prisonnier. Ils respondirent tous qu'ils ne s'estoient aperceus de rien, qu'il y avoit bien eu quelques François qui chantoient et dansoient par les rües se tenant tous par la main.

Le gouverneur creut que c'estoit un affront pour la ville de Caillery. Il résolut d'arrester des officiers françois qui estoient dans la ville. Ce fust le marquis de Lore et Chavigny, garde de la marine. Il m'envoya ensuite me faire un complimant et me fist dire qu'il retenoit deux officiers jusques à ce qu'il eust eu réponse de la cour d'Espagne de ce qu'il auroit à faire, que cependant, si je voulois luy rendre l'homme qu'on avoit pris, qu'il me rendroit les officiers. Je luy fis response que je ne croyois en aucune manière du monde l'avoir choqué et que c'estoit un François qu'on avoit emmené dans nos vesseaux sans qu'on luy eust faist aucune violance. Les choses demeurèrent dans cet estat. Je ne voulus poinct faire aucun acte d'hostilité parce qu'il y avoit plusieurs barques françoises sous la ville et que j'atandois Monsieur le duc de Vivonne, qui pouvoit avoir affaire de la ville de Caillery pour des rafraichissements. Le gouverneur nous osta la pratique et permist seulement qu'il entrast dans la ville un homme de chaque vesseau. Voilà, Monseigneur, comme la chose s'est passée.

J'atands Monsieur le duc de Vivonne avec impatience. Une fluste, commandée par le sieur de Gratien [1], et chargée pour les galères, m'a assuré

---

[1] De Gratien. — Sous-lieutenant de galère, le 1er avril 1666; — lieutenant, le

qu'elles seroient, pour le plus tard, le 15 de ce mois dans cette rade. J'aurois bien souhetté qu'elles eussent trouvé de beau temps et que nous allassions faire un tour à Thunis. Ils ne sont pas dans un estat de rien refuser s'ils voyoient les galères. Je suis avec beaucoup de respect,

Monseigneur, votre très humble et très obéissant serviteur.

Le ch^r DE TOURVILLE.

A la rade de Caillery, le 10 août 1679.

(*Archives de la Marine.* — Campagnes.)

A COLBERT.

20 août 1679.

(*Lettre signée.*)

Monseigneur,

Je viens présentement de recevoir un ordre de M. le duc de Vivonne pour passer dans les mers de Ponant pour me rendre à Rochefort, lorsque je me seray faict voir à Cadix. J'ay attendu les gallères dans la rade de Caillery jusques au 20e de ce mois. Je suis bien fasché que le temps ne leur ayt peut permettre de passer en Barbarie pour demander raison de ce qui a esté faict par le passé au consul de la nation françoise. Ce sont des gens pour qui il ne faut aucun menagement. Et lorsqu'on veut exiger quelque chose d'eux, il faut aussy, dans le moment, leur déclarer la guerre, s'ils n'accordent pas ce qu'on leur demande. C'est le seul moyen d'en venir à bout. Ils ne se mettront jamais à la raison pour de simples propositions qu'on leur fera, à moins qu'ils ne voyent qu'on veut rompre avec eux, s'ils n'exécutent les demandes qu'on leur faict. Si je n'avois demandé avec un peu de hauteur les deux officiers qu'ils avoyent retenus à cause de leur maistre charpentier, et que je ne me fusse pas mis en estat de brusler leurs bastimens qui estoient soubs la Goulette, ils ne les auroient jamais rendus. Je vous diray cependant que le Dei est très bien intentionné pour la nation françoise. Il n'y eut que Mahemet Lapsy bascha qui s'emporta d'une telle manière qu'il n'y eut point d'extravagances où il ne se portast.

J'ai destaché les vaisseaux qui doivent croiser dans ces mers. Je vous diray, Monseigneur, qu'ils ne trouveront aucune occasion contre les vaisseaux de Tripolly, car ils ont estés si espouvantez de la nouvelle de l'arivée des galères, qu'ils s'en sont allez dans le fonds du Levant, se retirer soubs les forteresses du grand Seigneur. Il n'y a que les galères qui puissent mettre à la raison tous les corsaires de Barbarie, pourveu qu'on les destache escadre par escadre et qu'on les envoye, avec d'autres petites escadres de trois vais-

---

1er mars 1684; — capitaine-lieutenant, le 15 janvier 1693; — capitaine de galère, le 1er janvier 1698; — réformé, le 27 juillet 1701; — rétabli en pied, en 1704; — mort à Marseille, le 27 décembre 1709.

seaux, dans des endroits différents pour leur faire la guerre. C'est le seul moyen d'en venir à bout.

Je vous diray aussy, Monseigneur, fort sincèrement, que les vaisseaux le *Bienaymé*, le *Bizarre* l'*Arc anciel*, n'ont point d'esquipages suffisans pour faire la guerre contre les Turqs. Je sçay bien qu'estant ensemble, s'ils en trouvoient ils les feroyent fuir; mais aussy s'ils les arrivoient et qu'ils fussent obligez d'en aborder quelqu'un ils ne seroient en aucune manière en estat de les prendre. Je suis assuré qu'ils y recevroyent quelque affront. Nos vaisseaux sont dans la plus grande réputation du monde parmy ces barbares; mais si par malheur on venoit à avoir quelque écheeq avecq quelqu'un de leurs vaisseaux et qu'on ne les pris point les ayant abordés, cela feroit un très mauvais effet dans la suitte.

Je prends la liberté, Monseigneur, de vous dire les choses comme je les pense, et qu'asseurement, pour faire la guerre à tous les corsaires, il faut de nécessité estre forts d'équipages. Je ne vous parle point pour les grands navires, mais seulement des plus médiocres, qui peuvent se trouver en estat de les aborder.

Dans l'ordre que j'ay receu de M. le duc de Vivonne il n'y a que quatres vaisseaux nommez pour passer en Ponant qui sont : le *Sanspareil*, le *Contant*, le *Conquerant*, l'*Arcanciel*. Je n'ay point faict de difficulté de mener la flutte chargée des poudres avecq moi, parceque vous m'aviez faict l'honneur de m'escrire que j'aurois ordre de Monsieur de Vivonne de joindre la flutte à nos vaisseaux.

Comme je sçay qu'il n'y a rien à faire sur les vaisseaux de Tripolly, j'ay destaché un de nos brullots pour l'envoyer en *France porter tous les gens qui ont le mal de terre*. Vous sçavez ce que j'ay pris la liberté de vous escrire dans les commencements de la campagne sur nos vivres. J'ay esté contrainct de prendre cent quintaux de pain sur les vaisseaux qui restent dans ces mers, affin de remplacer celuy qui s'est gasté. Je ne sçay pas mesme s'il ny en aura point encor dans le fond de nos souttes.

J'ay donné ordre à Monsieur de Sebeville, qui commande les vaisseaux, de ne retourner à Thoulon que lors qu'ils auroient comsommé leurs vivres et qu'il ne leur en resteroit que pour s'en retourner.

Il y a des patrons de barques qui m'ont faict des plaintes que les Gennois les maltraittoient lorsqu'ils estoient soubs des forteresses d'Espagne. Je n'ay pas manquer de signifier à tous les Genois que j'ay trouvé à la mer que si j'entendois jamais la moindre plainte de nos patrons de barques contre eux, j'arresterois leur barques et que je les mettrois en gallère. Les Espagnols les protègent contre nos François.

Je crois que vous aurez receu la lettre où je vous donne advis comme on a retenu le marquis de Fore, enseigne de navire, et le sieur de Chavigny, garde de marine. Ils n'ont aucune raison de le faire, comme ils en ont donné advis à la cour d'Espagne. Ils ne les rendront point que la réponse ne soit venue.

J'aurois bien souhaitté, Monseigneur, avant de m'en aller de Rochefort, d'avoir appris l'estat de vostre santé. Je vous assure que j'en ay esté extrêmement en peine cette campagne. On m'a asseuré que vous aviez esté aux eaux. Je souhaitte qu'elle vous ayent plus profité que l'année passée Personne asseurement ne s'intéresse à votre santé plus que moy et n'est, avec plus de passion ny avec plus de respect que je le suis, Monseigneur, votre très humble et très obéissant serviteur.

Le chevallier DE TOURVILLE.

A la rade de Caillery, ce 20 aoust 1679.

(*Archives de la Marine.* — Campagnes.)

A COLBERT.

A Lisbonne, le 19 septembre 1679.

(*Lettre autographe.*)

Monseigneur,

Aussitost que j'eus receu mes ordres de Monsieur de Vivonne pour passer à Rochefort, je me mits à la voile et fis ma route au destroit. Je demeuré pendant cinq à six jours à la cape, devant la rade de Cadix, où je me fis voir, et j'accompagné des vesseaux marchands. Je ne pûs jamais y entrer par la contrariété des vents forcés, qui m'obligèrent à relascher à Lisbonne. La flusté l'*Advenant*, qui est jointe à l'esquadre, avoit une voix d'eau considérable à son estrave. C'est ce qui m'obligea aussi d'entrer dans la rivière pour y remédier, et afin que les poudres dont elle est chargée ne se mouillassent poinct. Je n'ay pu m'empescher de mettre une partie de nos équipages à terre, afin de les rafraischir et de tascher à leur faire passer le mal de terre qu'ils ont. Sans les rafraissemans qui leur ont esté fournis à Lisbonne par le munitionnaire, le Roy auroit perdu beaucoup de matelots, la qualité des vivres que nous avons eûe pendant cette campagne n'ayant pas esté bonne.

Pour ce qui est des navires, on ne peut y aporter plus de soin pour les tenir propre. Vous verrez aussi par les consommations, à la fin de la campagne, l'exactitude que j'ay eûe afin que on conservast les agrès. J'espère que nous rendrons les navires dans un aussi bon estat que lorsque nous les avons pris, et à moins qu'il ne nous arrive quelque accident extraordinaire. Je ne croy pas qu'il y ait autre chose à faire que de carener ces navires lorsqu'on les voudra faire sortir en mer.

Je partiray incessament pour me rendre à Rochefort, où j'attendray vos ordres. Si vous vouliez avoir la bonté de me donner un logement dans le château de Rochefort, lorsque j'y seroy arrivé, je vous auroy bien de l'obligation. Je seray toute ma vie, avec beaucoup de respect, Monseigneur, votre très humble et très obéissant serviteur.

Le chevallier DE TOURVILLE.

(*Archives de la Marine.* — Campagnes.)

A COLBERT.

A Belisle, ce 24 octobre 1679.

(Lettre autographe.)

Monseigneur [1],

Je suis dans une si grande affliction que je laisserois le soin à un autre de vous informer de la perte du vesseau le *Sans-Pareil*, si je ne croyois absolument nécessaire que vous l'apreniez par moy mesme. Elle est arrivée à cent lieüs de Belisle par dématement de tous ses mats. Le beaupré demata le 21 de ce mois et attira comme il arrive ordinairement le mat de misaine. Ce désordre fist ouvrir le devant du navire et faisoit faire beaucoup d'eau. Le soin que je prenois à faire pomper incessamment et à faire tout ce qui se peut en pareille occasion, me donnoit espérance de me pouvoir sauver, mais la chute du grand mat qui arriva le lendemain au matin, fist une si grande ouverture que l'eau monta de dix pieds en moins de trois heures, ce qui fist abandonner le travail aux matelots qui se noyoient dans le fonds de calle. Croyant qu'il n'y avoit plus d'espoir de sauver le vesseau, je me mis en devoir de sauver l'équipage. Je fis embarquer quatre-vingt hommes dans mon canot et ma chaloupe et convié plusieurs officiers de s'embarquer. Mais ils trouvèrent la mer si grande qu'ils crurent devoir remettre à une autre occasion de se sauver. Tout ce monde, à quelques gens près, arriva heureusement à l'*Arcanciel*. Mais leur infidélité et leur ingratitude fust si grande, que se croyant sauvés, ils lessèrent aller la chaloupe et le canot à la dérive, crainte d'estre obligé de faire un second voyage. Cette chaloupe estoit le seul espoir qui me restoit; le temps estant si mauvais que le chevalier de Cologon ne me pouvoit approcher et auroit démâté s'il avoit entrepris de mettre sa chaloupe à la mer. Enfin, voyant qu'il ne pouvoit nous rendre aucun secours, il hasarda son canot avec six hommes qu'il fist embarquer à force de menaces et de prières. Mais beaucoup plus par la force de l'argent qu'il leur promit. Un officier les accompagna et vint se mettre à une portée de fusil derrière la poupe du *Sans-Pareil*. Voyant que c'estoit la seule resource que je pouvois espérer, je sollicitay tous les officiers de s'en servir et de se jetter à la mer pour gagner le canot comme j'allois tascher de faire. La veue d'une mer haute comme le navire leur parut une voye de se sauver aussi périlleuse que celle d'attandre qu'ils coulassent à fond. De manière que je fus seul à prendre ce party qui fust funeste à quelques gardes de la marine et à quantité de matelots qui voulurent me suivre. Plus de vingt se noyèrent, quatre seulement purent parvenir d'aller jusques à moy. Ce ne fust pas le seul danger que je couru, car

---

[1] On trouvera au chapitre VI tous les détails sur le naufrage du *Sans-Pareil*. Quand Colbert apprit cet événement, et qu'il sut que le *Conquérant* avait aussi sombré, et que l'*Arc-en-Ciel* avait failli avoir le même sort, il témoigna l'irritation la plus vive contre l'administration du port de Toulon. (Voir sa lettre à Arnoul, du 16 novembre 1679), qu'il accuse d'avoir mis en mer des bâtiments en mauvais état. On lira (chapitre VI), le résultat des enquêtes prescrites à ce sujet par Colbert.

auparavant d'arriver à l'*Arcantiel* les coups de mer pensèrent abismer vingt fois le canot qui n'arriva à bord qu'entre deux eaux. Je fus obligé avec quelques matelos de nous serrer, faisant le dos de tortue pour rompre les coups de mer. Je vis encore ce pauvre navire depuis une heure jusques à la nuict, coulant insensiblement à fonds, avec le mortel desplaisir de ne luy pouvoir donner aucun ayde. Aparament il périt à l'entrée de la nuict n'ayant poinct respondu aux signaux qui luy estoient faicts de l'*Arcantiel;* il ne parut plus le lendemain.

Jamais avanture n'a esté si triste. Elle m'a jetté dans une douleur si vive, que je n'ay pas encore commancé à ressentir la joye qu'on a ordinairement d'avoir évité une mort si affreuse. J'ose me flatter, Monseigneur, si vous avez encore quelque bonté pour moy, vous prendrez quelque part au désespoir où je suis et que vous me plaindrez. Il ne s'est sauvé d'officier que Chateaumoran[1] et Ignardon, que j'envoyay conduire les chaloupes à l'*Arcantiel*. Je ne croy pas que le Roy me soubsonne d'aucune négligence; quand j'en aurois partout ailleurs, je cesserois d'en avoir s'agissant de son service et lorsqu'il y ira de la vie que je puis dire avoir assez négligée dans cette malheureuse occasion. M'estant risqué d'attandre le hasard d'un canot qui devoit plustot périr par le temps qu'il faisoit que d'approcher le *Sans-Pareil*. Peutestre, Monseigneur, que peu de gens eussent attendu une extrémité aussy incertaine. Je ne permits jamais qu'on sauvast mes hardes ny ma vesselle par les chaloupes de monde que j'envoyay. Ne voulant pas qu'il s'embarquast la moindre chose qui fust à moy, que tout le monde ne fust en seureté. Aussi ay-je tout perdu et il ne m'est resté que la chemise et le pantalon avec quoy je me jetté à la mer. Enfin je suis aussi gueux que l'estois en naissant et j'ay perdu dans un moment tout ce que j'avois peu avoir dans quinze ans de service. J'espère, Monseigneur, que par vostre moyen je ne resteray pas longtemps dans cette misère. J'ay trouvé en arrivant icy le marquis d'Anfreville[2], dans un pitoyable estat, s'yl avoit esté une demy heure de plus à gagner Belisle il estoit noyé. Il m'a dict qu'il vous avoit escrit l'estat où il est. Je ne puis vous assurer de celuy où est Chabert, s'estant séparé de moy réduit à quatre pompes. Je croy qu'il aura pu gagner Brest. Permettez moy, Monseigneur, de ne vous plus parler de choses si fascheuses et de vous assurer seulement que je serai toute ma vie avec beaucoup de respect, Monseigneur, votre très humble et très obéissant serviteur.

Le chevallier DE TOURVILLE.

(*Archives de la Marine.* — Campagnes.)

---

[1] Le marquis de Chateaumorant, originaire d'Angoumois. — Enseigne de vaisseau, le 7 février 1678; — lieutenant de vaisseau, le 1er janvier 1684; — capitaine de vaisseau, le 15 juillet 1690; — mort à la Havane, commandant le *Hasardeux*, le 20 juin 1702.

[2] Le marquis d'Amfreville, originaire d'Honfleur. — Enseigne de vaisseau, le 18 septembre 1665; — capitaine de vaisseau, le 1er mars 1666; — chef d'escadre, le 13 janvier 1677; — lieutenant général, le 1er juillet 1688; — mort à Brest, le 2 novembre 1692.

A COLBERT.

A Belisle, ce 24 octobre 1679.

(*Lettre autographe.*)

Monseigneur [1],

Je suis dans une si grande affliction que je laisserois le soin à un autre de vous informer de la perte du vesseau le *Sans-Pareil*, si je ne croyois absolument nécessaire que vous l'apreniez par moy mesme. Elle est arrivée à cent lieüs de Belisle par dématement de tous ses mats. Le beaupré demata le 21 de ce mois et attira comme il arrive ordinairement le mat de misaine. Ce désordre fist ouvrir le devant du navire et faisoit faire beaucoup d'eau. Le soin que je prenois à faire pomper incessament et à faire tout ce qui se peut en pareille occasion, me donnoit espérance de me pouvoir sauver, mais la chute du grand mat qui arriva le lendemain au matin, fist une si grande ouverture que l'eau monta de dix pieds en moins de trois heures, ce qui fist abandonner le travail aux matelots qui se noyoient dans le fonds de calle. Croyant qu'il n'y avoit plus d'espoir de sauver le vesseau, je me mis en devoir de sauver l'équipage. Je fis embarquer quatre-vingt hommes dans mon canot et ma chaloupe et convié plusieurs officiers de s'embarquer. Mais ils trouvèrent la mer si grande qu'ils crurent devoir remettre à une autre occasion de se sauver. Tout ce monde, à quelques gens près, arriva heureusement à l'*Arcanciel*. Mais leur infidélité et ingratitude fust si grande, que se croyants sauvés, ils lessèrent aller la chaloupe et le canot à la dérive, crainte d'estre obligé de faire un second voyage. Cette chaloupe estoit le seul espoir qui me restoit; le temps estant si mauvais que le chevalier de Cologon ne me pouvoit approcher et auroit dématé s'il avoit entrepris de mettre sa chaloupe à la mer. Enfin, voyant qu'il ne pouvoit nous rendre aucun secours, il hasarda son canot avec six hommes qu'il fist embarquer à force de menaces et de prières. Mais beaucoup plus par la force de l'argent qu'il leur promit. Un officier les accompagna et vint se mettre à une portée de fusil derrière la poupe du *Sans-Pareil*. Voyant que c'estoit la seule resource que je pouvois espérer, je sollicitay tous les officiers de s'en servir et de se jetter à la mer pour gagner le canot comme j'allois tascher de faire. La veue d'une mer haute comme le navire leur parut une voye de se sauver aussi périlleuse que celle d'attendre qu'ils coulassent à fond. De manière que je fus seul à prendre ce party qui fust funeste à quelques gardes de la marine et à quantité de matelots qui voulurent me suivre. Plus de vingt se noyèrent, quatre seulement purent parvenir d'aller jusques à moy. Ce ne fust pas le seul danger que je couru, car

---

[1] On trouvera au chapitre VI tous les détails sur le naufrage du *Sans-Pareil*. Quand Colbert apprit cet événement, et qu'il sut que le *Conquérant* avait aussi sombré, et que l'*Arc-en-Ciel* avait failli avoir le même sort, il témoigna l'irritation la plus vive contre l'administration du port de Toulon. (Voir sa lettre à Arnoul, du 16 novembre 1679), qu'il accuse d'avoir mis en mer des bâtiments en mauvais état. On lira (chapitre VI), le résultat des enquêtes prescrites à ce sujet par Colbert.

A COLBERT.

13 avril 1680.

(*Lettre autographe.*)

Monseigneur,

J'ay receu la lettre que vous m'avez faict l'honneur de m'escrire. Je ne manqueray pas de me trouver à Pont, comme vous me l'ordonnez dans le vingt-quatrièsme de ce mois. Je ne perds aucun moment de temps pour m'instruire à fonds sur les constructions, afin que je puisse vous respondre à toutes les questions que vous me pouriez faire. Je découvre tous les défauts de nos navires que nos maistres françois ne corrigeront jamais, à moins qu'on ne leur monstre et qu'ils ne fassent des desseins des vesseaux qu'ils auront à faire. J'ay apris que M. Du Quesne vous avoit envoyé des mémoires sur la manière que devoit être construits les vesseaux de chaque rang. Quoy que je ne doute pas qu'on puisse adjouter rien à sa théorie, cependant si les fonds de leurs navires ne sont point changé et que le trait de leur angle ne soit tracé d'une autre manière, ils ne feront jamais de vesseaux qui portent la voile. L'*Excellent* que maistre Honorat a faict a le mesme défaut que tous les autres; il a sa batterie noyée et il n'a pas deux pouces franc du dalot. Chabert[1] dict que pource qu'il en a desjà veu il ne portera poinct bien la voile. Je suis assuré que nous pourons corriger ces défauts. Je ne croy pas, Monseigneur, que vous fassiez commencer un vesseau du premier ny du second rang en Provance qu'on ait bien examiné auparavant s'il aura les mesmes défaus que ceux qu'on a faict par le passé. J'ay bien de la joye, Monseigneur, de l'espérance que vous me faites l'honneur de me donner de vous voir bientost. Je souhaicte de tout mon cœur que vostre santé soit parfaicte et que vous croyez tousjours que jamais personne n'aura plus d'atachement ny de respect que moy.

Monseigneur, vostre très humble et très obéissant serviteur.

Le chevallier DE TOURVILLE.

(*Archives de la Marine.* — Service général.)

A COLBERT.

26 mai 1682.

(*Lettre autographe.*)

Monseigneur,

Je ne me suis poinct donné l'honeur de vous escrire depuis vostre départ parce qu'il ne s'est rien passé dans le port qui méritast de vous estre mandé. Je n'ay pas manqué de faire examiner aux maistres charpantiers la machine

---

[1] Constructeur de navires, professeur de construction navale à Marseille.

du sieur Renauld [1] et luy ai donné les proportions qu'il m'a demandé pour construire le petit navire que nous faisons présentement. On a trouvé qu'il n'avoit pas réussi et qu'il n'avoit pas tracé les gabaris qui convenoient à ce vaisseau. Avant que de le faire commencer, j'ay faict observer au sieur Feri les lignes qui sont les aculements et donné les diminutions des varangles du charpantier napolitain et du sieur Renault. Il les a trouvé semblables avec cette seule différance que celle de maistre Blaise [2] estoit plus facile à faire comprendre aux charpantiers que celle du sieur Renauld, qui ne se font que par un calcul difficile. Je n'aye pas voulu m'encroire sur le subjet de ce charpantier. J'ay faict voir sa manière de travailler à tous les charpantiers et mesme au sieur Renauld, qui conviennent qu'elle est bonne et seure. Je ne désespère pas, néanmoins, qu'on ne puisse faire servir la machine du sieur Renauld en luy donnant des lignes convenables au vesseau et avec lesquelles il puisse trouver quelques ouvertures pour tracer ensuite tous les gabaris. Nous travaillons incessamant au petit navire dont j'espère que vous serez satisfaict, et afin de vous donner bonne opinion de nostre travail et de nos liaisons, c'est que devant M. l'intendant j'ay faict porter sur le chantier la quile avec son estrave sans estre cloüée et soutenue de ces seules liaisons. Je respondray article pour article au mémoire que vous m'avez laissé et auray une explication particulière à remarquer tout ce qui peut contribuer à rendre les vesseaux du Roy bons et forts et à vous faire cognoistre l'envie que j'aurois de mériter vostre approbation. Je suis avec beaucoup de respect,

Monseigneur, votre très humble et très obéissant serviteur.

Le ch^r DE TOURVILLE.

A Rochefort, le 26 mai 1680.

(Archives de la Marine. — Service général.)

A COLBERT.

30 mai 1680.

(Lettre autographe.)

Monseigneur,

Je me suis trouvé au conseil de construction où on a délibéré de la manière que devoient être construits les vesseaux que le Roy veut faire bastir à Brest. Nous avons jugé que ce ne pouvoit estre que des vesseaux à trois ponts et que n'ayant que quatorze sabords sur le costé, qui font treize canons, paroistraient indubitablement courts, parce qu'il est nécessaire de donner toujours une certaine élévation entre les ponts et une certaine distance entre les sabords. Le vesseau le *Grand*, que l'on bastit dans ce port, a 155 pieds de

---

[1] Renau, du Béarn *dit* le Petit-Renau. — Ingénieur général de la marine, le 1er mars 1691; — capitaine de vaisseau, le 1er mars 1691; — mort aux eaux de Pougues, le 29 septembre 1719.

[2] Blaise, constructeur de navires.

l'estrave à l'estambot, et les deux qu'on veut faire bastir à Brest, qui doivent estre aussi à trois ponts, n'ont que 142 pieds de l'estrave à l'estambot. Ce sont treize pieds qu'ils auroient moins que le vesseau le *Grand*. Vous jugez bien, Monseigneur, qu'ils paroistroient courts, puisqu'il faut qu'ils ayent la mesme auteur entre les ponts quoyqu'avec moins de canon. Ainsi, je ne vois pas qu'on puisse bastir de navire à trois ponts d'une longueur raisonable qui n'ayent quinze sabords sur le costé qui font quatorze canons, qui montent à 80 pour tout le navire, et à 86 si on veut faire la troisième batterie complette. Il ne me paroist pas, Monseigneur, de proportion qui puisse donner 72 pièces de canon ny aux vesseaux à trois ponts ny à ceux de deux. De sorte que, ne voulant poinct faire de navire de 80 pièces, il seroit à propos de se contanter d'en faire à deux ponts de 66 ou 68. L'artillerie seroit aussi forte et ce seroit des navires d'un grand combat et qui resisteroient à la mer en toutes sortes de saisons. Ils ne peuvent avoir moins de 147 pieds de l'estrave à l'estambot, qui font 5 pieds de plus que ne donne M. Du Quesne aux vesseaux de la mesme force. Je crains bien, quoyque nous vous ayons envoyé les principales proportions du navire de 66 pièces que nous batissons en petit, que Hubac ne réussisse pas si vous luy ordonnez d'en faire un semblable sur les mesmes proportions, n'ayant pas la mesme conduite pour les fonds que nous observons. Je n'ay poinct veu jusques ici de ces vesseaux qui fussent bouliniers et bons de voile. Le *Téméraire* et le *Vaillant*, que commandoient en Provance Théry et Setternes, avoient ces défauts et celuy de ne point porter la voile. Le chevalier de Théry m'a dict que la frégate qu'il avoit armée l'année passée pour faire voir au Roy carguait jusque à ses sabords. Ainsi, Monseigneur, afin de vous assurer d'une bonne et parfaicte construction, je crois qu'il seroit bon que vous ordonnassiez à Hubac [1] de bastir un navire en petit de la mesme longueur et du mesme eschantilon de bois que celuy que nous batissons icy, afin que, les esprouvant ensemble, celuy qui se trouveroit le meilleur de toutes manières donneroit des règles pour les autres ou, si cet expédiant ne vous agrée point, vous pouriez, Monseigneur, envoyer icy le fils d'Hubac [1], qui examineroit la manière de bastir de maistre Blaise qui, selon toutes les aparances, doit estre bonne, et en feroit son profit pourveu que la vanité ne l'empeschat point de la suivre, ce qui est extrêmement à craindre parmi nos maistres charpantiers, qui ne croyent pas qu'on leur puisse rien montrer, quoyque jusques icy ils ayent faict des fautes considérables et desquelles ils n'ont encore pu se corriger. Je vous rendroy compte de temps en temps de ce qui se passera dans ce port et seray avec beaucoup de respect,

Monseigneur, vostre très humble et très obéissant serviteur.

Le ch^r DE TOURVILLE.

A Rochefort, le 30 may 1680.

(*Archives de la Marine.* — Service général.)

---

[1] Laurent Hubac et son fils Étienne, constructeurs de vaisseaux.

A COLBERT.

Rochefort, le 7 juillet 1680.

Je ne me suis point donné l'honneur de vous écrire sur les constructions depuis quelque temps, étant bien aise de vous en parler avec plus de certitude. Après avoir vu la manière de bâtir de maître Blaise, charpentier, je peux vous assurer, Monseigneur, qu'on n'a jamais vu en France de fonds de vaisseaux si beaux que ceux que l'on a faits au modèle que vous m'avez ordonné de faire construire, et je ne crois pas qu'on puisse ajouter à la manière dont il bâtit. Nos maîtres même sont forcés d'en convenir..... Je suis persuadé que ce modèle vous plaira et que vous trouverez que les vaisseaux du troisième rang ont une juste proportion tant pour la bonté que pour la beauté. Je ne leur donne, de plus que M. Du Quesne, *que cinq pieds de l'étrave à l'étambot, qui en font tout l'agrément.* Nous répondîmes hier au devis de Brest qui ne me parut en aucune manière raisonnable. Vous en jugerez, Monseigneur, lorsque vous considérerez que *Hubac ne donne à ses vaisseaux du premier rang que cent cinquante pieds de l'étrave à l'étambot, qui sont seize pieds de moins que n'a le vaisseau « le Victorieux, » auquel il manque huit pieds pour être d'une longueur parfaite.* Il semble encore d'un inconvénient plus grand que les charpentiers de Provence qui donnent à leurs vaisseaux du deuxième rang *cent soixante-deux pieds.* Vous verrez, dans le modèle que vous en faites faire à Toulon, qu'*il lui manquera deux pieds pour le rendre d'une longueur convenable...* On travaille depuis quelque temps au radoub du vaisseau *l'Admirable* qui s'est trouvé arqué de deux pieds. *Cela vient de ce que nos vaisseaux jusqu'ici n'ont point eu assez de soulier de l'avant et de l'arrière.* C'est à quoi nous remédierons sûrement. Il m'a paru aussi que les navires travaillent extrêmement dans leur radoub, d'autant qu'on est obligé de les mettre tous les jours sur le côté pour les raccommoder, outre qu'il est bien difficile de pouvoir faire de bons radoubs. *Des formes épargneraient beaucoup de journées de travail et les vaisseaux seraient beaucoup mieux radoubés,* etc.

Le chevalier DE TOURVILLE.

A COLBERT.

Rochefort, le 6 août 1680.

J'ai reçu la lettre que vous m'avez fait l'honneur de m'écrire, le 22 juillet, par laquelle vous m'ordonnez de donner mes soins pour ce qui regarde le radoub des vaisseaux; je vous assure qu'on ne peut s'y appliquer davantage et que nous les radoubons d'une manière à ne plus craindre des accidents aussi fâcheux que ceux qui nous sont arrivés par le passé. *J'ai eu bien de la joie que vous ayez retardé la construction des deux vaisseaux qui se doivent bâtir à Brest, et que le fils d'Hubac vienne à Rochefort pour lui faire connaître les erreurs dans lesquelles il était.* Le modèle que vous avez ordonné de faire sera achevé à la fin de ce mois. Le maître charpentier napolitain l'a bâti d'une manière extraordinaire ; *il a fait tous ses gabaris à terre, et ils se sont rencontrés d'une si grande justesse qu'il n'y a eu rien à redire. On n'a jamais vu vaisseau mieux conduit et avec de plus belles liaisons.* Tous les étrangers l'ont admiré et tous nos maîtres en sont étonnés. Je vous peux assurer présentement qu'il n'y a non-seulement de maître charpentier en France si habile, mais que je ne crois pas qu'il y en ait en Europe. Les longueurs que nous avons données au vaisseau sont très proportionnées, et à l'œil même elles nous paraissent convenable. *Il s'entend aussi parfaitement à donner un air à nos poupes et à nos galeries que nous n'avions point encore eu en France. Il ménage son bois autant que vous le pouvez souhaiter.* M. l'intendant nous a écrit pour savoir la résolution que vous prendriez de l'envoyer par terre et par mer. Pour moi, je trouverai qu'il serait plus à propos de l'envoyer par mer pour en connaître la bonté et le faire voir aux officiers de port de Brest et du Havre. Cela ne m'empêchera pas que je ne vous en fasse voir les liaisons en levant ses ponts ; *et le maître s'offre à en bâtir à Versailles du premier et du second rang, avec les mêmes proportions du modèle. Il n'y a que trente-cinq pieds de long, et ce sera une chose extraordinaire de voir arriver un navire de cette longueur monté de 60 pièces de canons, et traverser la mer.*

J'ai examiné la machine du sieur Renau. Son grand gabari est bon et convient avec celui du maître charpentier ; il a tiré les gabaris du fond avec sa machine ; mais il ne nous a point encore fait voir de démonstration juste pour ce qui regarde les gabaris de l'avant et de l'arrière, et il faut faire autant de gabaris de planche qu'il en fait en bois, parce que sa machine ne peut opérer que dans un lieu uni et ne peut se porter sur une pièce de bois pour la gabarier.

Lorsque le fils d'Hubac sera arrivé, ce ne sera pas assez de convenir des longueurs et de la largeur, s'il ne donne une conduite dans son fond pour corriger le défaut de ne pas porter la voile et de mal placer son fort, ce qu'on n'a jamais connu en France.

Je fais aller tous les officiers aux carènes, aux radoubs et aux constructions, et leur fais faire moi-même l'exercice du canon aussi bien qu'aux canonniers qui sont destinés pour apprendre le métier. J'ai dit aux officiers que lorsqu'ils auraient vu mettre quelque vaisseau sur le côté ils m'en rendraient compte, et que je les interrogerais pour voir le profit qu'ils y auraient fait et vous le faire savoir, je suis, etc.

Tourville.

A Colbert.

Rochefort, le 15 août 1680 [1].

J'ai appris, par une lettre, que vous avez fait l'honneur d'écrire à M. l'intendant, que si l'on pouvait démonter le petit vaisseau lorsqu'il serait arrivé

---

[1] Colbert répond le 1ᵉʳ septembre 1680 (*Navires et galères*, tome III, P. Clément)

à Paris, vous consentiriez qu'il allât par mer. Vous me permettrez de vous dire qu'il est impossible de le démonter entièrement sans le rompre. On pourrait démonter les ponts pour vous faire voir toutes les liaisons, car, pour ce qui est du bordage, il ne serait pas nécessaire de le lever. Si vous voulez bien, Monseigneur, que je vous dise mes sentiments sur ce qu'il serait nécessaire de faire pour donner une parfaite connaissance à nos maîtres charpentiers dans tous les ports, de la manière dont maître Blaise bâtit ses vaisseaux, et pour en construire toujours de semblables, il serait à propos que, *dans le port de Rochefort, il fît des gabaris en grand des vaisseaux de tous les rangs, comme si on les voulait bâtir et les laisser dans les magasins du Roi. Il en ferait trois de l'avant et quatre de l'arrière, qui donneraient la forme à tout le vaisseau, afin que nos maîtres ne se pussent tromper, et on leur apprendrait l'usage de ces règles.* Je trouve que nous avons trois ou quatre maîtres en France capables de les apprendre, qui sont le fils d'Hubac, le fils d'Honorat, le maître charpentier du Havre, et le fils de Coulomb qui est en Provence. Il donnerait aussi des gabaris de toutes sortes de rang au fils d'Hubac pour les faire porter à Brest : et, par ce moyen, on pourrait être assuré qu'il n'y aurait aucune différence dans tous les vaisseaux de ces deux ports. Il est, à mon avis, de la dernière importance, que le modèle aille par mer pour en connaître les perfections ; car, pour les liaisons, nous sommes assurés qu'elles sont admirables... Maître Blaise se rendrait à Paris environ dans le temps que le modèle y arriverait, pour montrer sa manière de bâtir aux maîtres du Havre et de Dunkerque... Ils emporteraient avec eux des gabaris de tous les rangs, comme ceux qu'on laisserait à Rochefort et qu'on donnerait à Hubac. Ensuite maître Blaise irait en Provence où je l'accompagnerais si vous le jugiez à propos, pour convaincre nos maîtres charpentiers de Provence, là où il s'établirait avec votre permission. C'est la grâce qu'il vous demande ; il est accoutumé aux pays chauds et il est toujours malade à Rochefort. Il nous serait donc d'une grande utilité dans la mer Méditerranée pour tous les bâtiments de rang qu'il fait en perfection... Je vous peux assurer, par ce que j'en peux connaître, que c'est le plus habile homme qu'il y ait encore en France. Je fais faire un dessin d'un vaisseau de second rang pour vous l'envoyer l'ordinaire qui vient. *Il raccommode la « Favorite », il l'allonge de six pieds et ôte son soufflage ; cela ne l'empêchera pas qu'il ne lui fasse porter la voile ; il ne peut l'allonger davantage à cause de son peu de largeur.* Nous attendons les ordres que vous nous enverrez sur le modèle. Faites-moi l'honneur de croire, etc.

TOURVILLE.

A COLBERT.
...... 17 septembre.

Je vous demande pardon si je me sers d'une autre main que de la mienne pour me donner l'honneur de vous écrire. J'ai eu neuf ou dix accès de fièvre

---

pour approuver ces idées. Le Roi a ordonné de faire le modèle du vaisseau auquel Blaise travaille.

double tierce dont je suis maintenant quitte, qui m'ont tellement affaibli que je n'en ai pas la force. J'espère d'être le vingt-cinquième du mois à Rochefort. Je ne manquerai pas d'exécuter ponctuellement ce que vous ordonnez que l'on fasse sur ce qui regarde le modèle. Nous le démonterons le mieux qu'il sera possible pour l'envoyer à Saint-Cloud, afin de le pouvoir remonter en présence du Roi, et lui faire voir toutes les liaisons, que vous approuverez assurément. Je ferai faire à maître Blaise des gabaris en grand des vaisseaux de tous les rangs, pour les envoyer dans tous les ports. Pour ce qui est du navire du second rang dont je vous ai envoyé un dessin, je prendrai la liberté de vous dire qu'aussitôt que j'ai représenté mes raisons au fils d'Hubac, en présence de tous les officiers, il n'a pas hésité à s'y rendre; il est convenu qu'un navire du second rang devait avoir cent cinquante-huit pieds de l'étrave à l'étambot; il nous a avoué qu'il s'était trompé d'un rang, et que lorsque nous avions entendu parler d'un navire de premier rang, il avait cru que ce n'était qu'un navire à trois ponts sans gaillards, et que les navires qui avaient trois ponts et deux gaillards étaient des navires hors de rang. Je lui ai fait entendre que lorsque nous parlions des navires du premier rang, c'étaient des navires à trois ponts et deux gaillards. *Il est convenu qu'à ces navires-là il fallait donner, de l'étrave à l'étambot, cent soixante-huit à dix pieds*, et que pour les navires qu'ils entendaient du premier rang à trois ponts seulement et que nous entendions du second, il fallait *leur donner cent cinquante-cinq à cent cinquante-huit pieds*, comme est le vaisseau le *Grand*, qu'on construit à Rochefort. Hubac même *a signé pour cent cinquante-huit pieds*, par la raison que je lui ai dite des deux pièces, en tant que je faisais battre en ligne droite sur le côté du vaisseau, qu'il était vrai qu'ils avaient voulu faire des navires plus courts, d'un autre rang et à trois ponts; mais, lorsque je lui ai fait connaître qu'il fallait donner la même élévation aux uns qu'aux autres, il fallait aussi donner la même longueur, et que par ainsi on pouvait conclure qu'il ne pouvait y avoir que des navires du second rang à trois ponts sans gaillards, et des navires du troisième rang à deux ponts et deux gaillards; et afin de le persuader entièrement sur la longueur des navires du second rang à trois ponts, *nous avons rapporté toutes les mesures que nous avions prises en Angleterre sur le « Royal-Charles. » Je lui ai fait voir que ce navire n'avait que cent soixante pieds de l'étrave à l'étambot, qu'il portait cent pièces de canon, et que cependant il était moins acastillé que le navire dont je vous ai envoyé le dessin*, et par conséquent qu'un même maître ayant bâti ces deux navires, il fallait de nécessité que le *vaisseau de cent soixante pieds marchât mieux que celui de cent cinquante-huit, parce qu'il avait deux pieds davantage de longueur et qu'il avait moins de hauteur.* Mais, comme nous avons connu par expérience que les Anglais *avaient les ponts trop bas et qu'ils étaient étouffés dans leurs batteries, il a fallu les hausser afin d'être d'un plus beau combat.* Il a été nécessaire aussi de proportionner une longueur à la hauteur que nous donnons entre nos ponts; autrement nous ne pourrions jamais parvenir à les perfectionner pour aller à la voile comme les Anglais. Je lui ai fait encore remarquer que le *Royal-Charles*, bâti en Angleterre, n'avait que quatorze sabords sur le côté dans sa première batterie, et que cependant il avait cent pièces de canon, mais que j'estimais plus deux pièces de canon en avant de ma première batterie, dont je me servais, que huit pièces de canon dans ces hauts qui ne servaient à rien que pour parade. *Il ne m'a pu répondre à toutes ces raisons et est convenu qu'il fallait tenir nos ponts extrêmement bas si nous voulions tenir nos vaisseaux courts*, et que si nous voulions hausser les ponts, il fallait allonger nos navires. Je lui ai fait voir que le navire du premier rang dont M. de Vauvré m'avait envoyé un dessin de Provence avec cinq pieds et demi d'élévation de plus que le *Royal-Charles* bâti en Angleterre, et qu'il jugeât par là celui qui devait être le meilleur à la mer. J'ai mille raisons à vous alléguer, Monseigneur, lorsque j'aurai l'honneur de vous voir, pour vous persuader une longueur proportionnée aux hauteurs que nous donnons; je n'entends pas seulement pour la beauté, j'entends pour la bonté, pour la durée, pour moins tourmenter à la mer et pour aller mieux à la voile et à la bouline, sans augmenter leurs creux et leurs baux, ce qui est la grande affaire dans les constructions. Hubac est convenu que notre gabari avait plus de force que le sien, quoiqu'il l'eût condamné à Brest sans avoir bien examiné ce que nous lui avions envoyé. Il a avoué qu'il fallait placer la ligne du *Fort* comme nous la plaçons, et non pas à l'uni du pont, comme ils nous l'avaient mandé par leur mémoire. Lorsque maître Blaise sera arrivé à Paris, il fera devant vous tous les gabaris en planche de tous les rangs dans toute leur hauteur et leur longueur. Vous connaîtrez par là l'assurance de son travail. Comme j'ai été malade, aussi bien que maître Blaise, je n'ai pu examiner à fond la machine de M. Renau, nous le ferons présentement avec exactitude pour vous en mander des nouvelles.

Faites-moi l'honneur de me croire, etc.

Le chevalier DE TOURVILLE.

A ces lettres de Tourville, ajoutons-en quatre de Renau à Colbert sur le même sujet:

Brest, le 6 juin 1681.

Maître Salicon, charpentier du Hâvre, partit d'ici avant-hier pour s'en retourner, après avoir appris la méthode nouvelle de construire les vaisseaux, suivant l'ordre que Monseigneur nous donna en partant d'ici, et je vais travailler à faire la même chose avec maître Hubac et son fils, à qui j'ai fait voir les modèles que j'ai fait faire au maître du Hâvre, pour l'affermir dans l'usage de cette méthode. Quoique je ne doute pas qu'il ne mette sûrement en pratique les règles qui la composent dans la conduite du vaisseau qu'il va commencer au Hâvre, je ne laisserai pas de prendre la liberté de proposer à Monseigneur que j'y aille pour mesurer exactement, dans la construction des vaisseaux, les points de position qui assujettissent la machine afin de retourner à faire la même chose, pour savoir toujours avec exactitude sa façon et tous ses points, et pouvoir en refaire d'autres semblables dans la suite, en cas qu'il se trouve bon, ou de corriger ce qu'il s'y trouvera de défectueux dans les commencements, à quoi on n'aurait pas prévu, que je résoudrais promptement étant sur les lieux, et où un homme qui ne sait point toutes les raisons de ce qu'il met en pratique se trouve embarrassé; quoique celui-ci ait beaucoup de conception et de génie pour les choses de son métier, ces raisons dépendant de beaucoup de principes de géométrie, il lui est impossible de les pouvoir savoir si tôt. Je l'ai prié de me mander quand son bois sera prêt et quand il sera en état de commencer, pour m'y rendre en ce temps-là en cas que Monseigneur me l'ordonne, sur quoi j'attendrai l'honneur de ses ordres, et j'espère que cependant je satisferai à ce qu'il me reste à faire ici en attendant qu'on y bâtisse; et même, si je n'avais pas encore achevé, mon retour ne serait pas long, n'ayant pas besoin d'être plus de quinze jours au Hâvre pour faire les choses que j'ai dites.

RENAU.

Brest, le 30 juin 1681.

Je continue le plus promptement qu'il m'est possible à montrer la nouvelle méthode de construire les vaisseaux à M. Hubac, afin qu'il puisse aussi le plus tôt qu'il se pourra faire par cette méthode l'une des deux chaloupes que le Roi a ordonné qu'on fasse ici pour épreuve; et la principale chose que j'observe en enseignant cette méthode est d'en rendre l'usage si général qu'on puisse faire des vaisseaux dans toutes les proportions qui seront prescrites; mon dessein n'a jamais été de restreindre cette méthode à une manière particulière, ce qui la rendrait défectueuse, ni de donner aucunes proportions aux maîtres charpentiers pour qu'ils les suivent, n'étant pas persuadé même que les gens les plus expérimentés en puissent donner sûrement de certaines, leur ayant été presque impossible jusqu'à cette heure de savoir assez juste la différence des façons des vaisseaux, pour savoir la cause de leurs différents effets à la mer; à quoi j'espère que cette méthode que j'ai jusqu'ici reconnue générale pourra beaucoup servir, et que si elle ne l'était pas, elle serait peut-être utile.

Je serai présent à la construction des deux chaloupes comme vous me l'ordonnez, Monseigneur; mais le peu de rapport qu'il y a, à ce qu'il me semble, d'une chaloupe à un vaisseau, m'a fait représenter à M. de Tourville la différence que j'y trouvais, et il juge à propos présentement de faire des œuvres mortes à ces chaloupes; c'est-à-dire que ce seront de petits vaisseaux de trente pieds semblables aux grands sur lesquels ils seront réduits; et quoique de cette manière-là ces petits bâtiments doivent avoir beaucoup plus de rapports avec les vaisseaux, il me paraît qu'il y aura encore beaucoup à craindre qu'on n'en tire pas toute l'utilité que l'on s'est proposée, par les raisons que j'ai mises dans le mémoire que je prends la liberté d'envoyer ci-joint et qu'on peut aisément voir, par expérience, si vous avez la bonté d'ordonner qu'on appareille le petit vaisseau de Versailles par un vent un peu frais et qu'on le fasse aller au plus près du vent, en lui faisant porter ses huniers s'il se peut. Je représentai sur son sujet la même chose plusieurs fois l'année passée à Rochefort; c'est pourquoi je m'en serais éclairci par expérience avant de partir de Versailles, s'il avait été en état de cela.

RENAU.

Hâvre-de-Grâce, 13 septembre 1681.

J'ai trouvé à mon arrivée ici les plans de deux vaisseaux que l'on y fait tout tracés, et une très grande partie de leurs membres en place. Pour lisser le plus grand on a fait d'abord à terre trente-deux coupes qui ont leur hauteur depuis la quille jusqu'au plat-bord, lesquelles étant mises en place se sont trouvées très justes, et assez proches les unes des autres pour n'y pouvoir mettre qu'un membre entre leurs intervalles qui sont presque pleines déjà. On a pareillement mis vingt coupes à la petite frégate que l'on a achevé de lisser sans que l'on ait été obligé de retoucher à aucun de ses membres pour les faire convenir entre eux.

Depuis le commencement de cette semaine que je suis ici, j'ai travaillé à mesurer le plus exactement qu'il m'a été possible, tout ce qui a servi à tracer ces vaisseaux, pour en retracer d'autres semblables dans la suite s'il est nécessaire. Aussitôt que j'aurai achevé ces mesures, je ferai voir au maître charpentier d'ici les modèles que j'ai faits avec celui de Brest, pour qu'il puisse profiter de ce qu'il y pourra trouver de bon; et j'emploierai incessamment le temps que Monseigneur voudra que je sois ici, à donner au charpentier les plus amples connaissances que je pourrai de la nouvelle méthode de construire les vaisseaux que le peu de temps que nous avions été ensemble jusqu'à cette heure ne m'avait pas permis de lui donner.

RENAU.

Dunkerque, le 6 février 1682.

J'ai achevé de satisfaire par ma méthode à toutes les proportions et les manières du maître charpentier d'ici; je lui ai fait un modèle dont il est très content, et lui ai donné, par des réductions aisées, la conduite de toutes ses lisses, particulièrement de celle qu'il appelle son poisson, qui n'est autre chose que les entreponts. Ce maître entre fort aisément dans toutes ces nouvelles manières, et comprend facilement ce qu'on lui montre et avec beaucoup de docilité. Je vais travailler sans relâche présentement à lui donner la connaissance la plus parfaite que je pourrai de toutes ces choses, ce que j'aurais déjà fait si ce maître n'avait pas été détourné par la mort de sa femme qui l'a mis hors d'état de pouvoir travailler pendant quelque temps.

Ses façons pour les petits vaisseaux paraissent fort belles; et voulant bâtir cette année plusieurs frégates pour tâcher de trouver de bonnes proportions et de bonnes manières qu'on peut suivre à l'avenir, il serait à souhaiter qu'on fît l'expérience d'une bâtie par ce maître, comme vous le lui avez fait espérer.

RENAU.

À COLBERT [1].

A la rade de Toulon, le 14 may 1683.

Monseigneur,

Le jeudy sixiesme de may, qui fut le jour de nostre départ de Toulon, nous sortismes environ huict lieüs au large, où Monsieur Du Quesne mit en panne pour attendre les chaloupes et les batimens de Marseille qui, le lendemain, joignirent l'armée ; deux jours se passèrent sans que Monsieur Du Quesne donnast l'ordre de signaux ni de rendés-vous à personne, après quoy nous fusmes surpris d'un vant forcé qui mit nos chaloupes et nos vaisseaux en désordre ; le grand mats du *Prudant* s'est rompu en deux endroits, celuy de la *Sirenne* à la troisième lieue et celui du comte d'Estré s'est trouvé poury au-dessus de ses jotreaux et hors d'estat de servir ; les chaloupes ont pansé périr, les vaisseaux en ont pris chacun deux à la remorque, les autres ont suivy à la voile, et il s'en est perdu deux, à ce que l'on m'a mandé de terre, dont la plus part des esquipages sont sauvés ; celles que je remorquois ont esté plusieurs fois remplies par les coups de mer, je les ay secourües le mieux qu'il m'a esté possible, ma vergue du grand hunier s'est cassée et une chesne du haubant. Monsieur Du Quesne, dans le fort du mauvais, a viré le bord et a couru à terre avec ses deux basses voiles sans attendre les vaisseaux et chaloupes qui estoient dispersées, et a esté mouiller aux isles d'Hyères, où il est à présent tout seul, le *Prudant*, la *Sirenne* et le *Fleuron*, que je n'ay point quités, sont arrivés avec moy dans cette rade dans l'estat que je viens de vous dire, et les autres y arrivent successivement ; pour les batimens de Marseille, je croy qu'ils ont relasché à La Sioutat. L'on travaille à faire des mats pour le *Prudant*, la *Sirenne* et le *Fleuron* ; pour moy, qui ay changé ma vergue d'hune et fait racomoder ma chesne de aubant, je vas lever l'ancre pour aller mouiller aux isles d'Hyères, auprès de Monsieur Du Quesne ; la pluspart des chaloupes sont en désordre, j'aurois esté d'avis que les chaloupes eussent esté terre à terre, et elles auroient arrivé aux fromantières aussy tost que les galères. Vous m'avez fait l'honneur de me permettre de vous mander ce qui se passera dans cette campagne, je vous informe fidèlement de ce qui nous est arrivé jusques à présent et continueray de le faire dans toutes les occasions qui se présenteront. Je vous supplie, Monseigneur, d'avoir soin des lettres que je me donneray l'honneur de vous escrire. Je suis avec beaucoup de respect,

Monseigneur, votre très humble et très obéissant serviteur.

Le ch^r DE TOURVILLE.

(*Archives de la Marine.* — Campagnes.)

---

[1] C'est la copie d'une lettre autographe de Tourville, qui fut vendue en vente publique le 24 avril 1862.

A COLBERT.

30 juillet 1683.

Monseigneur,

Depuis la mort de Babassan, le conseil a esté assemblé sur le bord de Monsieur Du Quesne, où les généraux des vesseaux et des galères se sont trouvés. Nous y avons délibéré sur les moyens de faire réussir l'entreprise du mosle d'Alger, et d'une commune voix nous avons opiné que la chose n'est pas possible. Le sieur De Combes, qui a esté à Alger en ostage, a remarqué que les parapés ont esté relevés et qu'il y a des pierres jettées au large du mosle, qui en rendent les aproches inaccessibles aux chaloupes. J'ay demeuré autrefois à Alger pendant un mois et j'ay veu briser les flots de la mer à une grande distance du mosle. Il n'y avoit, en ce temps, que le canal d'eslevé, et je n'y ay reconnu aucun endroit où l'on pust débarquer. J'ay bien du déplaisir, Monseigneur, que les projets du Roy ne puissent pas réussir en cette occasion ; il n'y a rien au monde que je ne fisse en mon particulier pour vous donner cette satisfaction, mais d'exposer la gloire du Roy dans une entreprise si désavantageuse, c'est à quoy je ne peux consentir ; les mémoires que l'on nous a donnés ne se trouvent pas justes ; le sieur De Combes vous en a envoyé un plan avec des remarques sur tout ce qu'il y a veu, auxquelles vous devez vous fier plus qu'à ce que vous en a escrit Monsieur de Beaulieu, qui n'en a rien sceu, par son propre adveu, que de quelques réuiés et des esclaves, qui ne luy en ont rien dit de positif. *Nous continuons de tirer des bombes, qui font de grands désordres dans la ville, et j'ay enfin obtenu de Monsieur Du Quesne d'en tirer de jour.* Il y a trois galiotes qui ont commencé à en tirer avec succès, et j'ay faict consentir Monsieur Du Quesne à les faire aprocher toutes sept, les trois qui y ont desjà esté deux fois n'ont receu aucun coup de canon dangereux ; ils coupent seulement quelques cordages, et comme elles ne présentent que la proue, qui est bien fortifiée, il est difficile qu'ils en puissent couler bas, d'autant plus qu'ils manquent de boulets de calibres et que nous nous apercevons qu'ils ont des pièces démontées parce qu'ils ne font pas tant de feux que dans les commencements. Il y a des vaisseaux coulés bas, et j'espère que, comme nous allons tirer de jour avec les sept galiotes, il n'y aura guère de leurs vaisseaux en estat de naviguer. Pour ce qui est des grosses bombes, je ne croy pas qu'elles puissent estre menées autrement qu'à la voile ; nous n'en avons point encore parlé, mais je suis bien ayse de vous en dire mon sentiment ; il est fort rare de trouver un vant favorable qui les puisse conduire à l'entrée du mosle ; cependant, c'est le seul moyen d'y réussir. Je crois, Monseigneur, que, dans la suite, le Roy ne se relaschera point de faire une vive guerre à ces corsaires et qu'il tiendra six bons vaisseaux espalmés de trois pendant l'hyver pour croiser sur leurs costes. Il ne nous reste plus que quinze cents bombes, et l'expérience nous a faict voir que les sept galiotes, en commençant à neuf heures du soir, en peuvent tirer six cents jusques au jour. Pour ce qui est de la poudre, nous avons remarqué que l'humidité du fonds de calle l'avoit beaucoup afoiblie. Nous avons esté obligé de la faire seccher au soleil ; elle a augmenté de trois degrés. Il est important, pour le bien du service, de la mettre, à l'avenir, dans des soutes sèches et bien chaufées, afin qu'elles reçoivent moins d'humidité. Nous sauvasmes, il y a quelques jours, un esclave maltois qui nous a dict que les bombes ont faict de grands désordres dans la ville d'Alger et qu'il y a deux de leurs meilleurs vaisseaux coulés bas, dix barques avec la galère qui estoit preste à sortir ; il nous a dict, de plus, que le père Levacher avoit été mis dans un canon et jetté au vant, et que le mesme canon a crevé. C'est la dernière barbarie qui mériteroit bien qu'on leur fist une cruelle guerre. Cette nouvelle a esté confirmée par un autre esclave espagnol, qui s'est sauvé depuis, et qui dit la mesme chose. Le bruslot de Serpot a esté bruslé par deux turqs de la caravelle, qui estoient embarqués ; ma chaloupe en a pris un, et l'autre s'est sauvé. On en devroit faire un exemple. Il seroit à souhaiter, Monseigneur, que nous eussions encore quatre mille bombes de celles d'Engoumois, que nous tirerions de jour, et il ne leur resteroit aucun navire en estat de naviguer. Nous remarquons que, depuis l'arrivée du Maltois et de l'esclave espagnol, un de leurs grands vaisseaux est sur le costé, ce qui paroit clairement par la pante de ses mats. Outre les deux vaisseaux que ces deux esclaves disent avoir esté coulés bas par nos bombes, ils nous assurent qu'il y en a deux qui pompent continuellement et qu'il y a une galère neuve, qui estoit sur les atteliers, qui a esté ouverte par une bombe qui a tombé dedans. Nous remarquons continuellement de nouveaux désordres dans ce port, et j'espère qu'à l'arivée d'un camp qui n'est qu'à trois journées d'Alger, il y aura quelque changement dans leur conduite. Ce sont des gens au désespoir à qui la teste a tourné ; l'action cruelle qu'ils ont exercée en la personne du père Levacher en est une marque ; il n'y a rien qui les ayt si fort irités que de voir les galiotes bombarder de jour. Les chaloupes carcassières se sont aprochés sous le feu de leur mosle avec beaucoup de valeur et celles qui les escortoient. Les carcasses n'ont faict aucun effect dans leurs vaisseaux parce qu'ils sont couverts de sable et de cuirs verds. Monsieur le duc de Mortmart s'embarqua sur la galère patrone lorsqu'elle remorqua une des galiotes ; la première fois qui eut des gens de tirés, il fust tout couvert de leur sang, et on eust une fort grande peur qu'il ne fust blessé. Il n'y eust que luy qui n'en fust point estonné. Voylà, Monseigneur, ce que je puis vous mander. Je continueray de vous informer de tout ce qui se passera. Je suis avec beaucoup de respect,

J'oubliais de vous dire que celuy qui commande le camp, qui est prest d'arriver, est une créature de Babasson, et on croit qui vengera la mort de son bienfaiteur.

Monseigneur, votre très humble et très obéissant serviteur.

Le ch^r DE TOURVILLE.

A la rade d'Alger, le 30 juillet 1683.

(*Archives du British Museum.*)

A COLBERT.

A la rade d'Alger, le 29 aoust 1683.

(*Lettre autographe.*)

Monseigneur,

J'ay mille remerciemans à vous faire de vous estre souvenu de moy pour exécuter l'entreprise que le Roy a dessein de faire sur l'estacade du port d'Alger et d'y conduire les deux mines de cuivres qui ont esté faictes pour ce subjet. Je croy, Monseigneur, que vous pouvez assurer Sa Majesté que je feray humainement tout ce qui sera possible dans cette occasion pour faire réussir cette action. Vous voulés bien que je vous informe de quelle manière je la prétands faire en cas que les galères qui sont à Poüillance, dans l'isle de Majorque, retournent dans la rade d'Alger. Je donneray des ordres pour le jour et pour la nuict ; de jour, en cas que nous trouvions un vent favorable, et de nuict en cas que nous ne puissions exécuter nostre entreprise de jour, afin d'estre paré pour l'un et pour l'autre et n'y aporter aucun retardement de mon costé. Je vous diray donc, Monseigneur, que pour entreprendre cette action de jour, il faut avoir un vent de sud-sud-ouest qui porte la première mine qui est dans le vaisseau sur la chesne du mosle, et que, par l'air du navire dont il ira, il puisse non seulement faire exécution par la mine, mais encore de tascher de rompre la chesne ; le vent de sud-sud-ouest est plus propre que tous les autres par la raison que les quatre galères que je destine pour escorter ce vesseau, qui seront armées la pluspart de mariniers de rames, ne courent point de risque, par ce vant, d'aprocher la terre, ny que les Turqs puissent faire aucune révolte parce qu'il n'y en aura aucun ; il n'y aura que le danger du canon et de la mousqueterie qu'il faudra essuyer. Le vaisseau marchera à la teste, et deux galères de chaque coste l'escorteront avec quatre des meilleures chaloupes de l'armée à son arrière, afin d'en avoir de rechange en cas que quelques-unes vinssent à estre coulées à fond pour retirer celuy qui mettra feu à la mine. Toutes nos chaloupes seront armées, tant des galères que des vesseaux, et seront distribuées à chacun des officiers généraux pour donner sur l'estacade en cas que la mine aye faict quelque effaict si le vent continue. J'y envoiray la tartane dans laquelle est la grosse bombe pour faire son effect, accompagnée de deux galères seulement et ensuite nous jetterons par dessus le tout un bruslot plain de toutes sortes de feux d'artifices dont la flame poura aller dessus les vaisseaux qui sont à l'entrée du port ; mais, pour cette action, il faut le vent du sud, dont je vous ay parlé. Si c'est la nuict qui m'oblige de conduire les mines, je commenceray par la tartane par la raison qu'il faut un petit vant pour pouvoir trouver l'entrée avec plus de facilité. Avec l'escorte des galères dont je vous ay parlé cy-dessus et des chaloupes armées, je feray faire une fausse attaque au nord pour occuper les ennemis de quatre galères. Pour ce qui est de la remorque que Monsieur de Bethomas[1] prétendoit faire, elle me paroist inutile, d'autant

---

[1] Bailli de Bethomas. — Capitaine de galère, le 14 mars 1664 ; — chef d'escadre, le 26 janvier 1680 ; — retiré avec 6,000 livres, le 1er avril 1697 ; — mort à Marseille, le…

qu'il n'est pas possible ; quand mesme les chaloupes qui remorqueroient la tartane toucheroient la chesne, il s'en manqueroit un demy-cable que la tartane ne fust où elle doit estre pour faire quelque effect ; ce n'est pas que s'il n'y a que cette difficulté pour contenter le Roy, nous la remorquerons si l'on m'en veut croire quelque chose qu'il en puisse arriver. La quantité d'officiers généraux est bonne, dans ces occasions, parce qu'il y a de l'occupation pour tous, et je vous assure, Monseigneur, que j'aurois bien trouvé un lieu pour placer le marquis d'Anfreville. Je ne prands poinct la liberté de vous informer des particularités qui se sont passées dans cette campagne ; tout ce que je peux vous dire à présent est que j'ay remarqué beaucoup de lenteur dans tous les desseins qu'on avoit projettés et que, dans le conseil qui s'est assemblé, on ne parla pas des grosses bombes, ce qui me fist croire que Monsieur Du Quesne avoit quelque ordre particulier sur ce subjet dont il ne vouloit pas nous faire part. Je sçay bien que le chevallier De Bethomas luy en a parlé deux ou trois fois, à quoy il ne répondit rien. Si vous me faictes l'honneur de me donner quelque jour quelque attention, je prendray la liberté de vous dire tout ce que j'ay veu et ce que je panse sur Alger. Si j'avois sceu à Paris le dessein des grosses bombes, je n'aurois pas manqué de vous en donner un pour faire des vaisseaux pour les porter qui n'eussent pu estre coulés bas, il est extrêmement à craindre qu'ils ne soyent dans l'estat qu'ils sont. *Je vous supplie, Monseigneur, d'estre persuadé que je ne perds aucune occasion de dire à Monsieur Du Quesne ce que je panse, mais lorsque je luy dis avec fermeté, et cependant avec le respect qu'on doit à un commandant, il se met en colère, et si on ne plie avec luy et qu'on aye pas une soumission aveugle, on devient son cruel ennemy.* C'est dont je souhaitterois que le Roy fust informé afin qu'il ne croye pas que je néglige rien de mon costé pour son service.

Comme je finis ma lettre, il vient d'arriver une tartane par laquelle j'ay receu le duplicata de celles que vous m'aviés faict l'honneur de m'escrire. Monsieur Du Quesne nous a montré celles qu'il a receues et l'intention que le Roy a de tirer des bombes dans le mois de novembre et décembre. Je ne crois pas qu'il soit de cet advis par les mauvois temps qui sont dans ces costes. Je ne crois pas mesme qu'il demeure passé le vingt de settembre dans la rade dans la crainte qu'il aura du coup de vant de l'équinoxe. Je vous dirai, Monseigneur, que pour croiser utilement contre ces corsaires l'hyver, il faut estre soubs voile, parce que quand mesme une escadre de vesseaux considérable seroit mouillée dans la rade, on seroit obligé de mouiller au large et on auroit le déplaisir qu'ils passeroient avec un vant d'ouest sans que nous les en puissions empescher, mais estant à la voile, ils sont beaucoup plus embarassés, parce qu'ils ne sçavent où nous sommes. Six ou sept navires suffisent pour leur faire la guerre l'hyver, mais il faut que ce soit les meilleurs de voiles, et il auroit esté nécessaire que, dès à présent, on en eust envoyé une escadre pour caréner ; si on avoit pansé à avoir des flustes masonnées pour jetter à l'entrée de leur port, aucun de leur navire n'auroit pu sortir, et l'année qu'il vient on auroit achevé de les abismer entièrement sans aucune espérance d'en relever aucun de leurs vaisseaux.

Les navires qu'on arme à Toulon ne sont pas extrêmement fins de voile. Les seuls que je crois qui puissent prendre des algériens, c'est l'escadre qu'avait le marquis d'Amfreville [1] et le chevallier de Lhéry ; le *Prudant*, qui commande, est le meilleur navire de la voile qui soit à la mer. J'espère que le Roy ne voudra pas qu'on perde ce gabary et que vous en ferez bastir par maistre Blaise, qui est le seul charpentier qui en puisse prendre avec justesse toutes les proportions. Je voudrois qui fust en Provance pour luy donner cette occupation. Je m'assure que vous en seriés contant. Permettes-moy de vous assurer que personne n'est si respectueusement que moy,

Monseigneur, vostre très humble et très obéissant serviteur.

Le ch^r DE TOURVILLE.

(*Archives de la Marine.* — Campagnes.)

A SEIGNELAY [2].

8 décembre 1683.

(*Lettre signée.*)

Depuis la dernière lettre que je me suis donné l'honneur de vous écrire de la rade d'Alican, j'ay parcouru les costes d'Almeria, le cap de Gatte jusqu'au cap Martin avec le marquis d'Amfreville sans trouver aucun Algérien, et comme je m'en retournois sur le cap de Pale pour joindre quatre vaisseaux malouins à qui j'avois donné rendés vous pour les escorder jusqu'au d'estroit, je trouvay trois autres vaisseaux françois sur le mesme cap qui s'en alloient à Alican et de là en Provence, un des capitaines malouins me donna une lettre du consul françois, qui est en Alican, qui me donnoit advis d'une lettre du Roy qu'il avoit receu pour le ch^{er} de L'héry. Je jugeay que ce pouvoit estre quelques nouvelles qui me pourroyent estre utiles. Je destachay le marquis d'Amfreville pour accompagner les quatre Maloüins du costé du destroit; je repassay dans la rade d'Alican avec les trois vaisseaux françois, où je trouvay trois Genois ; je les visitay : il y en avait un qui avoit esté visité par le ch^{er} de Lery, auxquels il avoit pris sept François qui estoient condamnés aux galleres d'Espagne; je leus ses ordres qui me furent d'un grand secours et qui empeschèrent que dix-sept bastimens françois ne fussent pris par les Espagnols; je donnay ordre incontinent à tous les capitaines marchands de mettre à la voille; ils eurent le temps de retirer tous les effets des marchands françois qui estoient en Alican, et comme je me mestois en estat d'appareiller, qui fut le second décembre, je vis combattre deux vaisseaux qui estoient à ma veüe, je cru que c'estoit un Algérien; je fis force de voille pour le joindre, et dans le temps que j'allois sur luy, je vis un des deux vaisseaux à qui le feu prit aux poudres et qui sautast en l'air, et l'autre

[1] D'Amfreville (marquis), né en 1628. — Capitaine de vaisseau en 1666 ; — lieutenant général en 1690 ; — mort en novembre 1692.
[2] Colbert, mort le 6 septembre 1683, est remplacé par son fils, le marquis de Seignelay.

ma parust assés incommodé ayant resté quelque temps avec la vergue de son grand hunier à bas ; je fis ce que je pus pour le joindre, mais je me trouvay en calme et luy avec le vent de la mer ; je revins la nuict dans la rade d'Alican pour faire appareiller tous les vaisseaux françois qui y estoient : j'y appris à mon arivé que la guerre estoit déclarée entre les deux couronnes ; je m'informay de tous les vaisseaux anglois qui arrivèrent ce mesme soir, et qui estoient assés proches des deux vaisseaux qui avoyent combattus pour m'en donner quelque nouvelle. Ils m'apprirent que cestoient un vaisseau françois de trente-six à quarante pièces de canon que je croy, de la manière dont il m'a esté dépeint, estre le ch^{er} Dumené qui combatit fort vigoureusement contre un vaisseau de guerre espagnol ; je m'informay comme ils pouvoient sçavoir cette nouvelle, ils me dirent qu'ils avoient parlé à l'un et à l'autre. Je me doutay bien que ce vaisseau estoit quelque avancoureur de l'armée d'Espagne ; je redoublay ma diligence *et allay moi-mesme dans tous les bastimens pour les faire mettre à la voille, ce que je fis exécuter le trois au matin*. J'avais appareillé vers le milieu de la nuit, mais le mauvais temps nous fit remouiller : nous fismes nostre routte tous ensemble vers la coste du cap Martin, et comme j'avois dessein de les accompagner le long des costes de Catalogne, je leur avois donné des ordres qu'en cas que la nuict ils vissent quelques bastimens étrangers, ils mettroient un feu à leur arrière, et que s'ils jugeoient que ce fut un corsaire turc, ils tireroient un coup de canon. La nuict du jour de mon départ, je reconnus les signaux que j'avais donné, et croyant que ce fut un Algérien, j'arrivay sur un feu que je vis, et comme j'en fus assés proche, je reconnus que c'estoit l'amiral d'Espagne, avec dix-neuf navires de guerre qui le suivoient ; je fis incontinent rallier au vent tous les vaisseaux de mon escorte, et le matin, quatrième du mois, nous nous trouvasmes, à la pointe du jour, à la portée et demye d'un canon des ennemis. Je ne voulus jamais mettre de pavillon, quoy qu'ils nous en fissent le signal par quelques coups de canon ; je me tiray d'affaire le mieux qu'il me fut possible : les Espagnols demeurèrent dans une tranquillité la plus grande du monde sans me venir reconnoistre. J'avais fait mettre des grapins à un vaisseau marchand, pour me servir de brulot. J'ay accompagné tous les bastimens le long de la coste de Catalogne et sont arrivés heureusement aux costes de Provence. Je n'ay pas cru, dans lestat où jestois, pouvoir rendre un service plus considérable au Roy que de les escorter. J'ay envoyé une coppie de lordre du Roy au marquis d'Amfreville et au chevalier de Léry et ay cacheté l'original que j'ay remis entre les mains du consul pour donner au ch^{ler} de Léry, en cas qu'il passa à Alican ; je vas apprendre aux isles d'Hyères s'il y a quelques nouvelles, et si je n'en trouve point, j'yray faire un tour à la mer, pour voir si je ne trouveray point de corsaire affin de finir mes vivres.

Je suis avec un très grand respect, Monseigneur, vostre très humble et très obéissant serviteur.

Le ch^r DE TOURVILLE.

A bord du *Ferme*, proche les isles d'Hyères, le 8 décembre.

(*Archives de la Marine.* — Campagnes.)

A SEIGNELAY.

A Lion, le 14 avril 1685.

(*Résumé de la lettre originale.*)[1]

De la main de Seignelay :

Luy donner part des ordres donnez ;
Le presser de faire diligence, et qu'il prenne garde qu'on ne puisse luy imputer d'avoir manqué en cela au service du Roy dans un temps où de la diligence de son départ dépend absolument le succès de la campagne.

A apris qu'on luy a donné le commandement du *Fleuron*.
Ce vaisseau n'est pas en estat de souffrir un coup de vent.
Lorsque M. le comte d'Estrées le montoit, il fut obligé de relascher d'Alger par la quantité d'eau qu'il faisoit.
Il ne fit pas de l'eau la campagne dernière, mais on fut tousjours en calme.
La crainte du mauvais temps obligea le marquis de la Porte de mettre 14 pièces de canon au fonds de calle.
Il ne pompe qu'en arrière, estant extraordinairement tombé.
Cela n'empeschera pas qu'il ne le commande, si on le juge à propos.
Le vaisseau *le Ferme* est le seul qui puisse luy convenir.
Il passera à Grenoble, où il sera 2 jours.
Arrivera à Toulon à peu prez en mesme temps que M. le maréchal d'Estrées.
Il prie de faire servir le ch. de Chasteaumorant.
Il mandera exactement ce qui se passera dans le voyage.
Il prie de souvenir des lettres de recommandation et des lettres d'Estat.

(*Archives de la Marine.* — Service général.)

A SEIGNELAY.

A Toulon, le 26 avril 1685.

(*Résumé de la lettre originale.*)[1]

La carène de l'*Agréable* devoit estre finie le 1ᵉʳ de may.
Il devoit s'embarquer aussy tost et se tenir prest à partir à l'arrivée de l'envoyé d'Alger.
Il ne perdra point de temps pour se rendre à Tripoly.
Il seroit fasché que Monsieur le mareschal d'Estrées y arrivast avant luy.

---

[1] Ces résumés, comme ceux qu'on trouvera plus loin, tiennent dans la correspondance du ministre, conservée aux Archives de la marine, la place des lettres originales, et nous les reproduisons tels quels.

Il souhaitteroit que ledist mareschal luy donnast un rendes-vous fixe pour s'y trouver en mesme temps.

Il trouve que la caravelle seroit mieux en bruslot qu'armée en guerre.

Il en tireroit plus de service dans une occasion.

Le chevallier de Genlis [1] demande d'estre dispensé de faire la campagne pour se mettre dans les remèdes.

Demande un ordre pour faire servir le chevallier de Chasteaumorant à sa place.

Prie aussy de faire servir le gouverneur de Serquigny [2].

(*Archives de la Marine.* — Service général.)

A SEIGNELAY.

1er octobre 1685.

(*Lettre autographe.*)

Sur le résumé de cette lettre, il est écrit de la main de Seignelay :

« Accuser la réception de sa lettre ; luy témoigner la satisfaction que le Roy a receue de son voyage et de l'adresse et la fermeté qu'il a montrée dans ce qu'il a eu à traitter avec le Dey. »

Monseigneur,

Je viens présentement de descendre à terre, où j'ay eu une longue conversation sur ce qui regarde Hémery. Il n'a pas jugé à propos de le mettre à la tour jusques à ce que on ayct eu une response de vous ; il s'en est venu de sa bonne volonté, comme je vous le mande, mais il a esté nécessaire d'user de beaucoup d'adresse. Il peut servir utilement le Roy et croy mesme qu'il se fera catholique. Il me paroist qu'il est bien intentionné pour servir le Roy et qu'il est au désespoir d'avoir esté contraint d'aller chercher à vivre dans un pays aussi misérable que celuy où il estoit. Monsieur le mareschal vous en escrit plus amplement que je ne fais. J'exécuteray tousjours tout ce que vous m'ordonnerez avec beaucoup de zèle, personne au monde n'estant avec plus de respect que moy,

Monseigneur, vostre très humble et très obéissant serviteur.

Le chr DE TOURVILLE.

A Toulon, le 1er octobre 1685.

(*Archives de la Marine.* — Service général.)

---

[1] Michel Brulart, chevalier de Genlis. — Reçu à Malte, le 6 décembre 1660 ; — lieutenant de vaisseau, le 7 février 1678 ; — capitaine de vaisseau, le 14 janvier 1682 ; — mort à Embrun, en 1701, chez son frère l'archevêque.

[2] Le comte de Serquigny d'Achey, de Bretagne. — Volontaire, le 22 mars 1671 ; — Enseigne de vaisseau, le 28 mars 1672 ; — lieutenant de vaisseau, le 8 décembre 1675 ; — capitaine de vaisseau, le 6 janvier 1682 ; — chef d'escadre, le 27 décembre 1707 ; — mort le 7 décembre 1713.

A SEIGNELAY.

A Toulon, le 25 novembre 1685.

(Résumé de la lettre originale.)

On a fait sortir le maistre fondeur de la tour, qui a fait abjuration, et qui a promis de chercher tous les moyens pour faire venir sa famille à Toulon.

Monsieur de Vauvré dira ceux qu'il croit les plus convenables pour le retenir ; c'est un homme qui se contentera de peu de chose.

Il a fait sçavoir à tous les officiers les intentions du Roy sur ce qui regarde les escoles.

Ce qui a esté projetté sur cela est le véritable moyen de les rendre les plus habiles gens du monde.

Il faut que les commandans soient appliquez à leur examen, et la principalle affaire à laquelle les nouveaux gardes doivent s'employer est la manœuvre.

Pour les rendre parfaits, il croit qu'il seroit nécessaire de faire batir un petit vaisseau de 50 à 60 pieds, dans lequel ces nouveaux gardes s'embarqueroient une fois la semaine pour y apprendre la manœuvre.

Ce petit vaisseau demeureroit toujours en rade et seroit commandé tour à tour par de différents capitaines, et à mesure qu'ils se rendroient habiles, on diminueroit le nombre de matelots afin qu'ils devinssent manœuvriers et qu'ils manœuvrassent le navire sans le secours d'aucun matelot que d'un maitre et de deux contremaitres.

Lorsqu'on propose quelque chose de pénible, il est juste d'y attacher les récompenses pour ceux qui se rendroient bons matelots, estant le plus seur moyen pour les rendre habiles.

A l'esgard du pilotage, c'est une chose qui s'apprend aisément, et rien ne leur est plus utile que la manœuvre.

La dépense de ce petit bâtiment ne seroit pas grande, en prenant huict ou dix gardiens du ports qui suffiroient pour le naviguer.

Il a donné toutes les proportions pour 3 navires du 3ᵉ rang que l'on veut faire batir, dont Beaulieu est convenu et tous les maitres charpentiers le sont des navires qui porteront 60 canons.

L'homme le plus seur que le Roy ayt à Toulon pour la construction, c'est Mᵉ Coulon ; cependant, selon les plans qui ont esté envoyez de Brest à luy de Tourville du vaisseau de Blaise, il est impossible qu'il ne soit très bon ; ainsy il seroit à propos de l'envoyer au dit port pour en batir, et l'on verroit la différence des constructions de Ponant, qui sont assurément bien grandes.

Il a toujours veu que lorsque les vaisseaux de Brest ont esté avec ceux de Toulon, ces derniers alloient le mieux, et l'*Apollon*, qui a passé dans la Méditerranée, n'alloit point.

Le chevallier Coetlogon lui a mandé, cependant, que le *Vermandois* estoit un bon vaisseau, mais on ne l'a point veu naviguer avec ceux de Toulon. Il a donné des proportions pour des esperons de vaisseaux, et l'on n'en verra plus de cent manières différentes, pourveu qu'on suive exactement leurs proportions.

Il en fait dessigner pour les vaisseaux de tous les rangs, qui ont esté approuvez de tout ce qu'il y a d'officiers et de charpentiers.

Il a aussy dit son advis sur les poupes et il en sera envoyé des modèles.

Il donne plus d'application que jamais aux constructions, et il a appris de Renaud à tracer toutes les lignes qui peuvent convenir à un navire, ce qui se fait avec la marsine, qui est d'une plus grande étendue que le compas ; mais, pour s'en servir, il faut beaucoup plus de mesures que les charpentiers n'en donnoient.

Il espère que quelque jour on luy donnera la conduite de la construction d'un vaisseau.

La charpente de celuy de Monsieur Du Quesne est la plus belle et la plus forte qui se soit faite en France.

Il le trouve maigre de son arrière et il croit d'une mer unie qu'il sera bon voilier ; mais d'une tourmente il souffrira beaucoup.

Il l'a fort examiné afin qu'après qu'il aura navigué, il puisse en connoitre les bonnes et mauvaises qualitez.

L'on a réglé tous les rechanges des vaisseaux et l'on a osté tout ce qui pouvoit estre superflus.

Les officiers de terre qui gardent la chaisne font difficulté de l'ouvrir lorsque le service de la marine le requiert, nonobstant la lettre du Roy envoyée à Monsieur de Grignan, par laquelle il est ordonné au gouverneur, et en son absence aux consuls de laisser la clef au corps de garde, afin que le capitaine de marine commandant la garde du port fasse ouvrir la chaisne toutes les fois que le général luy ordonnera.

(*Archives de la Marine.* — Service général.)

A SEIGNELAY.

A Toulon, le 4 décembre 1685.

(*Résumé de la lettre originale.*)

Il est arrivé le 2 décembre à Toulon et a receu les ordres qui luy ont esté envoyés.

Il prie de luy envoyer une instruction de ce qu'il a à faire.

Il commence à faire travailler à l'armement, et il a creu qu'on ne trouveroit pas mauvois qu'il jettat les yeux sur le *Magnifique*, qui est du second rang.

Il s'appliquera à en connoistre les bonnes et mauvaises qualitez, ce qui sera fort utile pour la construction des vaisseaux de ce rang.

Il ne négligera rien pour faire réussir les entreprises qui se pourront tenter pendant la campagne.

Il croit devoir représenter qu'un vaisseau du second rang doit estre armé de 500 hommes comme Monsieur Du Quesne les a eu.

Dans la liste des bastimens qu'on luy envoye, il y manque une tartanne qui luy est extrêmement nécessaire.

Il ne peut répondre, sur cette liste, qu'il ne sache le dessein qu'on a qu'il tiendra fort secret.

Il supplie de se souvenir des demandes qu'il a faites sur le passage de l'ambassadeur d'Alger, sur les deux mois de décembre et avril passé et sur 20 jours de table qui ont esté oubliés.

Il a esté obligé à beaucoup de dépense dans ces négociations et a fait mesme des présents asses considérables.

Le sieur De Loube, ancien garde de marine qui a servy sur le vaisseau qu'il commandoit, est extrêmement attaché à son devoir et sera bon officier.

(*Archives de la Marine.* — Service général.)

A SEIGNELAY.

A Toulon, le 16 décembre 1685.

(*Résumé de la lettre originale.*)

Il a appris par Monsieur de Vauvré qu'il y avoit ordre de suspendre l'armement des vaisseaux, ce qui n'empesche point qu'il ne visite soigneusement tous ceux qui devoient sortir, et particulièrement le *Magnifique*.

On a commencé à faire un examen des officiers pour voir ceux qui sont capables, et il est certain que depuis qu'on leur a déclaré les intentions du Roy en ce qui regarde les escoles, ils travaillent nuit et jour pour s'en exempter et il y en a mesme qui payent des maîtres pour leur montrer.

Leur examen est rude, et jusques à présent aucun n'a esté favorisé.

Le maistre d'hidrographie en a grand soin, et le mémoire qu'il luy a donné sur la capacité des officiers est très juste.

Il a veu tous les canonniers qui apprennent l'exercice du canon. Il luy paroist que si l'on en donnoit la direction à quelque capitaine, ils se rendroient plus habiles.

Le sieur De Pallas[1], ancien capitaine et bon officier, luy a témoigné que si on lui en donnoit le commandement, il en prendroit un très grand soin.

Il fait faire un modèle des vaisseaux que l'on veut faire bastir à Toulon, qui aura 15 pieds de longueur ; tous les gabaris en sont desjà faits et seront très bons.

Il supplie de considérer qu'il a fait des avances pour l'armement qui avoit esté ordonné.

(*Archives de la Marine.* — Service général.)

---

[1] De Pallas ou de Palles. — Lieutenant de vaisseau, le 5 avril 1666 ; — capitaine de vaisseau, le 13 janvier 1677 ; — interdit, le 29 mars 1683 ; — mort à la Havane, sur l'*Oriflamme*, le 9 juillet 1702.

A SEIGNELAY.

A Toulon, 20 décembre 1685.

(*Résumé de la lettre originale.*)

Il a commencé à interroger les officiers de marine en présence de Monsieur de Vauvré.

Il est constant que la pluspart respondent fort bien aux questions qu'on leur fait, mais il leur manque de la pratique.

Il est nécessaire d'obliger tous les officiers et les gardes d'embarquer avec eux les instruments nécessaires pour la mer, et leur faire escrire leur journal comme il a esté ordonné.

Il faut que les capitaines avec lesquels ils seront embarqués leur en fassent rendre compte tous les mois et que le capitaine fasse aussy le sien, afin qu'il voye si le journal des officiers s'y raportera.

Depuis que l'on a envoyé les ordres d'exempter ceux qui se trouveroient habiles, ils ont plus estudié depuis ce temps-là qu'ils n'avoient fait depuis qu'ils sont dans la marine.

Il y en a beaucoup qui en pourroient être exempts, mais il a creu les devoir laisser encore un mois à l'escole afin qu'ils se fortiffient sur tout ce qui regarde la navigation.

Il est nécessaire de faire sçavoir à tous les officiers qui sont capables que, quoy qu'on les exempte de l'escole, ils seront cependant interrogez tous les trois mois afin de connoistre s'ils ne négligent point ce qu'ils ont appris.

Lorsqu'il a proposé un navire de 50 pieds, c'est afin que les gardes de la marine pussent serrer les voiles avec plus de facilité et les accoustumer à faire la manœuvre.

Il ne voit rien de si utile et la dépense n'en sera pas grande, puisqu'un navire de 50 pieds, 6 hommes le naviguent.

Il n'y a rien aussy de si utile lorsqu'on veut faire bastir un grand navire, d'en faire un modèle de 15 ou 20 pieds afin de voir la tonture du navire et corriger ce qu'on y trouvera de mal.

Cela ne coustera pas 20 pistolles.

Il fait travailler aux poupes et aux esperons et on les envoyera au premier jour.

Il sera bon de bastir deux vaisseaux comme le *Prudent* du 3e rang du second ordre et un du 3e rang du premier ordre.

Si l'on avoit vingt vaisseaux comme ceux-là à la mer, il n'y en a point que l'on ne joigne.

L'œuvre morte de celuy que l'on a fait n'est pas belle, et cela vient de ce que l'on n'a pas fait de modèle; ceux en carton ne suffisent pas et il en faut faire de 20 pieds.

Il a proposé de faire passer Mᵉ Blaise en Provence parce qu'il luy connoist du génie et qu'il verroit mieux qu'un autre la différence des fonds des navires du Levant à ceux de Ponant.

Il faut accomoder les fonds des vaisseaux du Levant avec les œuvres mortes qu'on fait en Ponant et l'on verra de bons navires.

Il envoya incessamment la liste des officiers de marine qu'on luy demande.

Il demeurera à Toulon.

(*Archives de la Marine.* — Service général.)

A SEIGNELAY.

A Toulon, le 22 décembre 1685.

(*Résumé de la lettre originale.*)

Les nouveaux gardes, lieutenans et enseignes apprendront mieux leur mestier en Ponant qu'en Levant, et ils pratiqueront ce qu'ils apprennent.

Les anciens n'en apprendront pas plus qu'ils en sçavent, et la pluspart répondent à des choses auxquelles il pourroit à peine le faire ; mais lorsqu'il les interroge sur les choses essentielles de la navigation, ils ny répondent pas juste, faute de pratique.

Il espère que dans un mois il y aura peu d'officiers qui ne soient exempts de l'Escole.

De la main de Seignelay :

« Ce n'est pas l'intention de les exempter tous, expliquer ce qui a esté écrit sur ce sujet. »

A l'esgard du canon l'essentiel à la mer est de connoistre bien la pièce, la diminution de la poudre à propos, manier aisément une pièce avec peu de gens, la sçavoir bien amarer pour un mauvais temps, lorsqu'elle est sur le pont, la sçavoir mettre dans un fonds de calle par une grande mer, ce que les gardes de marine et enseignes ne pratiquent pas.

Comme ils apprennent des choses sur le canon qui sont bonnes à sçavoir, et qui ne sont point essentielles pour un officier, il seroit à propos de nommer un capitaine pour avoir soin de leur apprendre, et que les officiers et gardes de marine y mettent eux-mêmes la main, afin de le sçavoir à propos commander lorsqu'ils sont dans les batteries.

« Cela est bon, il faut nommer un capitaine, qu'il m'indique celuy qu'il croit le plus capable. »

Il n'y a rien qui puisse leur estre plus utile pour leur apprendre la manœuvre que le vaisseau de 50 pieds, dont il a escrit, ne pouvant le faire avec un plus grand.

« Le Roy y pourvoira. »

Il est très utile que le Roy aye le plan de tous les endroits de la Méditerranée, mais ce qui est essentiel pour la navigation, est de faire une carte exacte pour naviguer dans cette mer par les hauteurs, n'en ayant point trouvé de juste ny angloise, ny hollandoise.

Pour en faire une, il faut prendre toutes les hauteurs des isles de Sardaigne, Corse, Majorque, Évice et Minorque, c'est-à-dire les caps qui avancent le plus du costé du Nord et du Sud, et prendre la hauteur des Équerthy, qui sont des roches entre le cap Bon et le Maretimo, où plusieurs vaisseaux se perdent sans en pouvoir avoir de nouvelles, personne ne sçachant véritablement où sont ces roches.

Il faut ensuite prendre du costé de la Barbarie toutes les hauteurs des caps qui avancent le plus au Nord, afin de sçavoir parfaitement leur latitude, comme les caps des costes d'Espagne et de France qui avancent du costé du Sud.

Lorsqu'il se perdit à la mer, il avait depuis longtemps commencé une carte de la Méditerranée, où estaient marquées les hauteurs depuis la Sicile jusques au détroit, dont il a trouvé un brouillon auquel il a adjouté toutes les hauteurs qu'il avoit prises; en sorte qu'il navigue depuis la Sicile jusqu'au détroit plus sûrement que les autres.

De la main de Seignelay :
« Le Roy pensera à mettre en pratique ce qu'il propose. »

Il ne sert de rien pour la navigation de sçavoir la hauteur des isles de l'Archipel, parce que lorsque l'on en a découvert une on sçait toutes les autres.

Il a découvert du costé de Minorque un banc de roches très dangereux, et il faut sçavoir précisément où sont les dangers de cette isle.

Le golphe de Lion n'attire point de courans, comme on le prétend, mais ce sont les terres qui ne sont point bien situées sur les cartes, et où il faut aller pour le sçavoir véritablement, ce qui cause la perte de beaucoup de vaisseaux.

Les vaisseaux du Roy ne s'y perdent point parce que, par une longue pratique, on se méfie de ce golfe, et les pilotes provençaux sont dans l'erreur que ce sont les courans.

Il a veu les Mémoires de quelques hauteurs que des officiers généraux ont prises, qui se peuvent trouver bonnes estant à terre; mais lorsque l'on vient de la mer pour chercher la terre, et que l'on prend la hauteur avec les instrumens dont on se sert, on n'y trouve plus son compte, estant nécessaire de se servir des mesmes instrumens dont on se sert à la mer.

Il fait mettre une carte au net de ce qu'il a remarqué; il y a vingt-cinq lieues, moins de chemin d'Alger aux isles d'Hières, qu'il n'est marqué sur les cartes : ainsy, il est difficile que les pilotes ne se trompent.

Le sr de Palle, qu'il avoit proposé pour le canon, fera mieux cette charge qu'un autre.

Il y a quelques officiers matelots qui ont servy en Levant qui peuvent estre utiles au service.

(*Archives de la Marine.* — Service général.)

A SEIGNELAY.

27 décembre 1685.

(*Résumé de la lettre originale.*)

Pour rendre utile la frégate que l'on veut envoyer après les corsaires d'Alger, en cas qu'ils approchassent de Toulon ; il faut la tenir toute preste à mestre à la voile, faire son équipage complet, embarquer pour un mois de vivres, la sortir hors du port, et la mettre du costé de l'Aiguillette, avec 15 ou vingt hommes au plus.

Lors que l'on appercevra un Turc, il faudra faire embarquer les matelots et soldats, et que cela soit fait dans une heure.

Notes de la main de Seignelay :
« Luy écrire en conformité de ce que j'ay répondu à Hayet. »

Il voudrait mesme que la frégate, estant en rade, ne mit aucun pavillon, et que, lorsqu'elle verrait entrer quelque Turc, elle mit un pavillon anglais.

« Cet expédient est bon. »

Il a commencé à faire lever le lest aux meilleurs navires que Coulon a bastis, dont les fonds sont admirables, afin de connoistre la différence de ceux qu'on bastit en Provance à ceux que l'on bastit en Levant.

Ceux de Ponant ont des fonds plus nourris, c'est-à-dire plus de plat de varangue, et il est impossible qu'ils puissent être assy bons voiliers.

« Il ne peut trop s'appliquer à ce qui regarde les constructions, et ces observations sont toujours très utiles au service du Roy. »

La différence qu'il trouve des fonds de maistre Blaise à ceux de maistre Coulon est que la maîtresse varangue de Blaise n'a que 10 pouces d'aculement, et celle de Coulon 14.

L'observation qu'il a faite sera fort utile à la bonté des vaisseaux, et s'il n'avoit fait cette découverte, on auroit eu de la peine, dans la suite, pour les fonds des navires.

Coulon convient qu'il faut que l'œuvre morte et la ligne du fort soient comme en Ponant, ce qu'il observera dans la construction du vaisseau de 140 pieds qu'il doit bastir.

A l'esgard des deux autres vaisseaux, il faut les bastir de la mesme manière que le *Prudent*, c'est-à-dire avec les mesmes fonds, les œuvres mortes de Ponant.

Il a eslevé tous les gabaris du petit canot de 15 pieds et les a mis sur la quille sans que l'œil y aye aucune part, et de la mesme manière que Blaise les luy a envoyé.

Si l'on vient jamais à Toulon, l'on verra en petit le vaisseau de Blaise. Il a proposé d'en bastir un comme celuy-là en luy donnant seulement les 4 pouces d'aculement plus qu'il ne donne, et suivre les gabaris de Coulon sans toucher à l'œuvre morte.

Il travaille 3 heures par jour avec Regnault, et après il n'ignore aucune ligne qui puisse convenir à un navire qui ne scaye tracer, ce qui pouvoit lui manquer lorsqu'on l'avoit employé aux constructions.

« Il pourra estre très utile au service du Roy, avec les connaissances qu'il acquiert, par l'application qu'il apporte à tout le détail des constructions. »

Lorsqu'il sera dans un port, il ne croit pas qu'il ayt besoin d'inspecteurs lorsqu'on y fera bastir quelque vaisseau.

Il s'y appliquera, si le Roy veut bien luy donner l'inspection des constructions.

Il ne demande pas d'aller de port en port, mais d'avoir l'inspection lorsqu'il s'y trouvera préférablement à qui que ce soit.

On luy fera plaisir de parler au Roy de l'ambassadeur qu'il a passé à Alger et de le faire payer des mois de décembre et avril, en ayant un extrême besoin.

« Le Roy luy a donné 3,000 livres. »

Il dira au s^r de la Galissonnière de la manière qu'il faut enseigner l'exercice du canon.

« Il faudra aussy qu'il prenne soin des gardes pour les canons. »

(*Archives de la Marine.* — Service général.)

A SEIGNELAY.

19 janvier 1686.

(*Lettre autographe.*)

Monseigneur,

Je vous envoye les esperons[1] des vaisseaux de chaque rang, par Monsieur Renauld, qui s'en est bien voulu charger. Il vous expliquera toutes les raisons que je luy ay dittes, afin de vous faire cognoistre de la manière qu'ils sont construits et proportionnés. Il vous poura dire aussy comme j'ay continuellement travaillé avec luy sur les constructions, et j'ose vous asseurer que je n'ignore en aucune manière la méthode de M. Renault, qui est sans contredit la meilleure de toutes et que j'ay apris à fonds. J'ay remarqué que les plans de maistre Blaise sont faict sur cette méthode qu'il a parfaictement bien comprise et dont il se sert bien. Je vous avoueray mesme que ce charpantier ayant un génie merveilleux, conceut dans un instant la méthode de M. Renault, et lorqu'il la sceut, il se retira de M. Renault et dict que chacun travailloit à sa manière. Cependant il est constamant vray que c'est à luy à qui on a l'obligation de toutes les règles qu'on a dans la marine. Mais aussy il avait affaire à un homme penchant(?), comme M. Renault vous avouera luy mesme, qui n'a jamais cognu un homme qui en ayt eu davantage et je

---

[1] Après avoir été une arme d'attaque, l'éperon n'était plus qu'un armement ajouté à l'étrave des vaisseaux ronds (Jal, *Glossaire nautique*).

vous diray que tout ce que M. de Langeron[1] peut scavoir ne sont tirés que de cette méthode et qu'on ne fera jamais si bien que de s'en servir totalement de la manière que je l'ay aprofondi. Il vous entretiendra aussy, Monseigneur, de plusieurs autres choses dont je l'ay chargé. Je seray fort exact à faire exécuter tout ce que vous m'ordonez sur les examens qui seront faict aux écoles. Je me donneray l'honneur de vous escrire sur ce que vous me demandez touchant le poinct d'un vaisseau armé pour le mois de mars contre les corsaires d'Alger. Je vous supplie, Monseigneur, de vous souvenir que vous me mandastes que vous parleriez au Roy sur le passage de l'ambassadeur d'Alger et de mes deux mois d'avance oubliés.

Je suis avec beaucoup de respect, Monseigneur, vostre très humble et très obéissant serviteur.

Le chevallier DE TOURVILLE.

A Toulon, le 19 janvier 1686.

La machine nouvelle[2] dont M. Renault a à vous entretenir réussissant, comme on n'en peut douter après l'épreuve qu'il en a faicte, sera d'un usage merveilleux. La chaloupe n'ayant faict aucune goute d'eau, il n'a qu'à changer les mortiers comme il vous dira.

(*Archives de la Marine.* — Service général).

A SEIGNELAY.

Toulon, 27 janvier 1686.

(*Lettre autographe.*)

Monseigneur,

J'ay ordonné qu'on fist sortir hors du port le vaisseau l'*Avanturier*, afin de le mettre en estat de courir contre les corsaires selon vos ordres. Je croy qu'il sera nécessaire qu'avec les vingt hommes qu'on y laissera dedans, on y mette un enseigne de vaisseau pour en avoir soin, avec un mois de vivres auxquels on ne touchera point que lorsque le capitaine sera obligé de sortir à la mer. On vous a envoyé le roole de l'esquipage dont le vaisseau sera composé. J'ay choisy le sieur Palles pour le commander que je croy que vous aprouverez. A l'esgard des vingt hommes qui resteront dedans, M. de Maure (?) vous informera de quelle manière ils pouront estre nouris ou s'ils doivent payer leur nourriture sur leur solde. M. Hayet me l'a représenté, c'est pourquoi je vous en informe. J'ay faict scavoir les intentions du Roy sur ce qui regarde les anciens gardes de marine que vous me faites l'honneur de me mander. Après avoir aprofondy, Monseigneur, les fonds des vaisseaux de la

---

[1] Marquis de Langeron. — Enseigne de vaisseau, le 12 novembre 1670 ; — capitaine de vaisseau, le 2 novembre 1671 ; — chef d'escadre, le 1er novembre 1689 ; — lieutenant général, le 1er avril 1697 ; — mort à Sceaux, le 28 mai 1711.

[2] La galiote à bombe, qui devait être essayée au siège d'Alger.

pluspart des charpantiers de Provence, je prendray la liberté de vous dire qu'il y a une très grande différance entre ceux de maistre Blaise et ceux de maistre Coulon. Je vous avois mandé que les fonds des vaisseaux de Coulon estoient plus coupés parce qu'il fust pendant six jours à vouloir me le persuader, dans la crainte que j'eus qu'il ne me dist pas la vérité, je voulus le sçavoir par moy-mesme et luy faire trasser quelques varangles. Je trouvé que c'ettoit tout le contraire; que ceux de maistre Blaise estoient beaucoup plus coupés et les siens beaucoup plus gras et que pour ce qui regardoit la ligne de l'eau de maistre Blaise, elle estoit conduite de l'avant à l'arrière d'une largeur, qui ne diminuait pas tout à coup comme celle de maistre Coulon. Voylà donc, Monseigneur, deux manières qui sont oposées les unes aux autres quoyqu'ils ayent le mesme large au maistre beau, mesme longeur. Il est donc question de cognoistre qui est la meilleure. Je ne le peux sçavoir qu'en faisant bastir à maistre Coulon un vaisseau pareil à celui que je viens de faire construire, qui est le mesme que vous avez veu dans le port de Brest, de cent quarante pieds, qui me revient à cent escus. Je vous diray mesme qu'il est de la dernière utilité pour le service du Roy qu'il le bastisse auparavant de le bastir en grand, afin de cognoistre la conduite qu'il aura. Il faut bien mieux corriger les défauts et les voir en petit afin de les reformer lorsqu'il le batira en grand. Ce sera deux petits vaisseaux que nous éprouverons. Il y en aura l'un des deux qui aura de meilleures qualités et il n'en coutera que cent escus au Roy. Je vous diroy, Monseigneur, que vous ne viendrez jamais à bout des constructions si vous ne me lessez faire des espreuves telles que je vous les demande. J'auray mille bonnes raisons à vous dire pour vous le persuader. Si le vaisseau de maistre Coulon se trouvait meilleur, j'en feray faire des plans, mais non pas comme ceux qu'on a faiet, par le passé ce serait des plans justes qui peuvent estre suivis de point en point, comme j'ay suivy le plan de maistre Blaise qu'il m'a envoyé. J'ay faict faire le vaisseau le *Prudent* de six pieds de long; il a la plus belle œuvre morte qui se puisse voir. Je le fais faire dans ma maison; si on avoit faict un modèle du *Prudent* on n'auroit pas basti le *Marquis* avec de si vilaines œuvres mortes, et qui n'est poinct du tout conforme au *Prudent*, ayant sa batterie relevée de plus de deux pieds plus que l'autre. Ce n'est plus le mesme navire. Je vous assure, Monseigneur, qu'il est aysé aux hommes qui ont de l'aplication de mettre les constructions des vaisseaux du Roy sur un bon pied. Mais il faut laisser faire des espreuves de tous les rangs telles qu'on le trouvera à propos et ensuite vous les perfectionerez.

J'ay mille remerciments à vous faire, Monseigneur, des mille escus que vous m'avez faict donner. J'espère que vous me ferez payer mes deux mois de décembre et d'avril qui ont été oubliés et que vous me croyez, avec toute l'attache et le respect imaginable,

Monseigneur, vostre très humble et très obéissant serviteur.

Le chevallier DE TOURVILLE.

A Toulon, le 27 janvier 1686.

M. Renault vous dira la conséquence qu'il y a de faire des modèles. Il y a un petit garçon qui est icy, frère du constructeur, qui a un génie merveilleux pour les constructions que je fais travailler incessamment dont vous devez prendre soin.

(*Archives de la Marine.* — Service général).

A SEIGNELAY.

28 février 1686.

(*Lettre autographe.*)

Monseigneur,

J'ay receu la lettre que vous m'avez faict l'honneur de m'escrire du 14 de ce mois. Je croy que le véritable moyen de parvenir à la perfection des constructions est de faire des modèles comme vous m'ordonez d'en faire. On ne bastit poinct de navires en Angleterre qu'on en ayt auparavant fait le modèle pour cognoistre les défauts et les coriger facilement. La dépance sera de peu de conséquance et d'une grande utilité pour le service du Roy. Je verray par ce moyen combien un navire tire plus d'eau par l'arrière que par l'avant, et si je ne trouve qu'il ne tire pas autant d'eau par l'arrière que j'en souhette pour rendre le navire bon, je me serviray d'autres réductions pour l'amaigrir au point que je veux et luy faire tirer l'eau en arrière qui luy convient et, ensuite, je donneray aussy à ses ponts et à son œuvre morte une hauteur convenable, parce que, quand on relève les ponts plus qu'il ne faut, comme il est arrivé au *Marquis* et au *Magnifique*, il faut mettre du lest en avant qui oste aux navires l'assiette naturelle qu'ils doivent avoir. Car il faut, Monseigneur, qu'un navire navigue de la mesme manière que lorsqu'on le met à la mer, sans qu'on soit obligé de le charger de lest plus en avant qu'en arière.

M. le mareschal d'Estré avoit nommé pour garçons marins deux anciens gardes dont l'un, nommé Julien, ne sert plus, et l'autre, apelé La Pedière, est allé à Constantinople. J'avois nommé en leurs places deux autres anciens gardes dont l'un, apellé Marilac, a un frère de mesme nom qui a l'honneur d'estre cognu de vous. Mais je luy ay dict de n'en plus faire les fonctions. Je feroy observer ce que vous m'ordonez sur ce qui regarde les canoniers aprentis.

M. de Sertaux vous informe d'une affaire qui est arrivée entre deux gardes de marine dont l'un a désobéi à son officier qui le fist mettre dans leur prison. Ce sera à vous à en ordoner.

Je suis avec beaucoup de respect, Monseigneur, votre très humble et très obéissant serviteur.

Ce 28 février 1686.

Le ch^r DE TOURVILLE.

(*Archives de la Marine.* — Service général.)

A SEIGNELAY.

3 mars 1686.

(Lettre autographe.)

Monseigneur,

Je ne vous avois pas parlé du petit vaisseau que je fis mettre à la mer il y a quelques jours parce que je ne l'avois pas esprouvé. Je le fis sortir hier du port avec le maistre d'équipage. J'étois avec Beaulieu[1] dans un de ces gros bateaux pescheurs pour le voir naviguer. Ce petit batiment attira tous les maistres charpantiers et la pluspart de tous les officiers pour voir sa navigation. Je luy avois donné quatre pieds de masture plus que ses proportions contre le sentiment des charpantiers qui assuroient que ce petit bâtiment vireroit ; le vent estoit extrèmement frais et mesme par des rises qui pouvoient le faire coucher. Cependant, Monseigneur, on le met à la voile et, ayant les huniers tout haut, il les porta sans qu'on les amena. Pour tout le vent qu'il y pouvoit avoir gouvernant admirablement bien et ayant le costé plus beau et la ligne du fort mieux placée qu'aucun vaisseau qui soit dans le port. Vous pouvez vous en informer. Je n'ay point veu en France de navire qui soit mieux accompagné que celuy-là, et Beaulieu fust estonné de voir faire tant de force à un si petit batiment. Il n'a que vingt-trois pieds de long, et il y a des officiers et des pilotes qui s'offrent de le passer au Havre dans l'esté pourveu que nous eussions paix avec l'Espagne. J'ay faict un petit modèle de cinq pieds du *Prudent*, qui est le plus agréable navire qu'on puisse voir. Je vas le faire bastir de vingt-trois pieds comme l'autre et y ajouter encore tout ce que je croy qui peut le rendre bon. Il sera basti dans six jours parce que je donne à chaque charpantier une varangle à faire, en tout œuvre l'œil n'y ayant aucune part. Le petit modèle que j'ay faict du *Prudent* corigé, aucun charpantier n'y a mis la main. Je l'ay faict faire par un mesnuisier. Lorsque Monsieur de Vau..... (?) sera venu, il le peut faire examiner. Il ne faut plus qu'on se serve de la tablette comme faisoit Coulon. Ce sont des lignes qui ne valent rien, et on ne sçauroit accompagner la ligne du fort en se servant de la tablette. Vous pouvez le demander à M. Renauld ; il faut trasser les galères sur les fonds de Coulon, c'est-à-dire sur ces points, parce que sur ces points je luy donneray tout ce qu'il y a de meilleur. Les points de Coulon, pour les fonds, et ceux de maistre Blaise sont semblables. Je les ay examinés à fonds : il n'y a que un pouce et demy de différance à la varangle qui fait les façons de l'arière. Celle de Coulon est plus coupée d'un pouce et demy, qui n'est rien. Mais les lignes de Coulon sont irrégulières et toutes fausses. Salicon, qui a envoyé un plan à maistre Pomet, son oncle, d'un vaisseau de cent trante trois pieds, me l'a donné à examiner. Il ne se sert point de la tablete, parce qu'il en cognoist l'erreur. Toutes les réductions sont bonnes et régulières, mais les points de ces fonds sont diférans de ceux de Coulon et ces navires ne seront pas si bons. Si maistre Blaise avoit bati le vaisseau de M. Du Quesne, il luy auroit donné que quarante pieds de large

---

[1] De Beaulieu, capitaine de port à Toulon, après l'avoir été à Rochefort.

au lieu que celuy de Monsieur Du Quesne en a quarante-deux et luy auroit mieux faict porter la voile à quarante pieds, parce que la ligne de M. Du Quesne n'est point bien plassée, et vous pouvez estre assuré, Monseigneur, que le meilleur charpantier que vous ayez en France, c'est maistre Blaise, et qu'il n'y en a poinct qui méritast mieux d'estre inspecteur sur tous les charpantiers que luy. Je vous le dis avec plus d'assurance que je ne faisois autrefois : prenez la peine de le demander à M. Renauld. Vous sçaurez, Monseigneur, que M. de Langeron est son ennemy. On me l'a escrit de Brest. C'est Clarambault, le contrôleur, qui me l'a mandé. Il s'est fort apliqué aux constructions et m'envoye souvant des mémoires qui sont fort justes et explique toutes les pansées de maistre Blaise. Je ne sçay pas d'aujourd'huy que M. de Langeron est ennemy de M. Blaise. Je le sçay il y a longtemps : un homme de la cour qui estoit au soupé du Roy, me dict que Langeron avoit dit au Roy que ce maistre Blaise estoit un ignorant. Ces ouvrages parleront pour luy, vous le cognoistrez dans les suites. Plusieurs officiers m'ont parlé du vaisseau de Langeron qu'il a faict sur le canal de Versaille et m'ont dict qu'il estoit basti comme une galiote à bombe, mais que la chambre estoit fort belle. Je suis avec beaucoup de respect,

Monseigneur, vostre très humble et très obéissant serviteur.

Le ch^r DE TOURVILLE.

A Toulon, le 3 mars 1686.

(*Archives de la Marine.* — Service général.)

A SEIGNELAY.

10 mars 1686.

(*Lettre autographe.*)

Monseigneur,

Ayant veu, par l'estat d'armement, que vous avez envoyé que le sieur Pallas servoit sur le vaisseau que je dois comander, j'ay mis en la place, sur le vaisseau l'*Aventurier* le sieur Duchalast en cas que vous l'aprouvassiez. J'ay aussy considéré que l'esquipage des deux vaisseaux le *Magnifique* et le *Pompeux* n'est pas assez fort et qu'il est impossible qu'ils puissent estre armés à moins de cinq cents hommes, et surtout s'il y a des ennemis à combattre, on seroit obligé de désarmer quinze pièces de canon. Nous avions fait un estat au juste de la manière que les vesseaux devoient estre armés. A moins que vous n'y donniez ordre, les pavillons [1] qui ont un capitaine en chef le seront moins que les autres par la quantité de valets qui passent sur le nombre de l'esquipage. J'avois pris la liberté de vous demander Ignardon pour officier. C'est le seul officier qui m'est nécessaire dans toutes les costes d'Espagne, y ayant faict trante voyages en sa vie. Il ne faict rien à Toulon

---

[1] Navire commandé par un officier général.

et seroit d'une grande utilité sur un vaisseau. Je vas travailler à l'armement, Faictes moi l'honneur d'estre persuadé que personne en France n'est avec plus de respect que moy,

Monseigneur, vostre très humble et très obéissant serviteur.

A Toulon, le 10 mars 1686. Le ch^r de Tourville.

(*Archives de la Marine.* — Service général.)

A Seignelay.

9 avril 1686.

(*Lettre autographe.*)

Monseigneur,

On a aujourd'huy jugé le soldat qui avoit tiré l'espée contre l'officier. Le major vous en envoye la sentence. Il a été nécessaire de faire de certaines formalités qui ont retardé le jugement. On a pareillement jugé un soldat déserteur. M. le duc de Mortemart partit il y a deux jours pour aller à Marseille, il viendra demain au soir. On travaille avec beaucoup de dilligence à l'armement des vaisseaux. J'ay demandé à M. de Mortemart s'il aprouvoit le sieur Defrance pour comander le vaisseau qui est dans la rade pour garde coste. Il l'a aprouvé : mais Monseigneur, comme les vaisseaux seront partis et amèneront tous les soldats, il sera nécessaire de tenir dans ce vaisseau un plus grand nombre d'esquipage que celuy qui luy a esté destiné. Il seroit aussy nécessaire que les officiers demeurassent tour à tour dans le vaisseau, afin de tenir l'esquipage dans son devoir. On pourroit donner à l'officier qui seroit obligé d'y demeurer trante sols par jour ; le service s'en feroit beaucoup mieux.

J'ay parlé au sieur de Landouillet[1] pour esprouver le mortier qui a esté faict par le sieur Fournier.

Je suis avec beaucoup de respect, Monseigneur, vostre très humble et très obéissant serviteur.

Le ch^r de Tourville.

A Toulon, ce 9 avril 1686.

(*Archives de la Marine.* — Service général).

A Seignelay.

7 juillet 1686.

(*Lettre autographe.*)

Monseigneur,

Je suis arrivé à Toulon le 6 de ce mois avec toute l'escadre des vaisseaux du Roy. On travaille avec diligence au désarmement, mais on ne peut désar-

[1] Commissaire de l'artillerie, à Toulon.

mer que quatre navires à la fois, par le peu de chalans et gabares qu'il y a dans le port. Le désarmement se fera dans tout l'ordre que vous pouvez souhetter. On renvoye aujourd'huy les soldats que nous avions eu des galères. On les fera embarquer dans un bâtiment pour aller à Marseille.

J'ay fort examiné tous les vaisseaux de Ponant. Il est constant qui ne sont pas si fins de voiles que ceux de Levant. La première raison, c'est que leur mature n'est pas si eslevée à cause des grandes mers qu'il y a en Ponant. Le vaisseau que comande M. le mareschal d'Etré est court et estroit et n'est point établi pour la guerre, n'ayant pas assez d'espace entre les ponts pour son artillerie. Les vaisseaux de Messieurs de Real [1], Nehemadre, Derlinque, Denacel, Méricourt, sont tous méchans navires de voiles, aussi bien que celuy de Panelier, et il n'y en a pas un de ceux-là qui soit navires de ligne. Les moindres vaisseaux de ligne doivent estre comme le *Prudant*. Les deux plus beaux vaisseaux de Ponant sont le *Vermandois* et le *Sérieux*. Il est constant qu'ils sont très beaux. Je trouve celuy de Blaise plus fort et plus beau ; mais je ne les trouve point encore assez large pour des navires de ce rang. Lorsque je les ay veus, je n'ay pas manqué d'écrire une lettre à M. Blaise afin de leur donner un peu plus de large. M. Gabaret m'a dict que son vaisseau on ne l'entendoit crier de nul endroit quelque roulis qu'il y eust. On luy avoit mis soixante toneau de lest plus qu'il ne faloit et son fort estoit dans l'eau. Depuis qu'on l'a alégé, et qu'on luy a poussé son grand mats de treize pouce, il va incomparablement mieux que le *Vermandois*. Cependant si j'avois un navire à bastir je changerois quelque chose aux uns et aux autres. J'ay veu en arivant les deux vaisseaux que l'on bastit. Vous trouverez que celuy de Blaise sera au moins aussi beau que celuy qui l'a basti et il sera encore meilleur. Celuy de Coulon sera plus beau que tous ceux qui l'a basti, mais il ne sera pas un corps de navire pour la guerre comme celuy de Blaise. Celuy de Chapele est fin de voile comme je l'avois mandé, il ne porte pas bien la voile et d'une mer un peu grosse il sera subject a demater, il a sa baterie noyée. On poura l'engresser par l'arière et luy oster quatre pieds de mature. Il est vilain vaisseau, mais d'une mer unie il va comme une frégate d'Alger. Le vaisseau que comande Chateaurenault et Vilèle sont des vaisseaux de ligne mais poinct du tout fins de la voline [2]. Celuy de Chateaurenault est meilleur. Enfin, Monseigneur, il y a un milieu à prendre pour la bonté et pour la beauté que je croy aysé, et si j'en faict bastir un à ma fantaisie du troisième rang, je mettrois volontiers tout ce que j'ay au monde qui seroit plus beau et meilleur que tous ceux que j'ay veues, soit pour l'establissement, pour la guerre et pour toutes les choses qui conviennent à la navigation.

Je suis avec beaucoup de respect, Monseigneur, vostre très humble et très obéissant serviteur.

Le chevallier DE TOURVILLE.

A Toulon, le 7 juillet 1686.

Je suis obligé de vous dire qu'on ne peut avoir une plus grande aplication

---

[1] Charles, chevalier de Réals Mornal, de Saintonge. — Lieutenant de vaisseau en 1668 ; — capitaine de vaisseau, le 12 décembre 1673 ; — mort, le 18 janvier 1697.
[2] Pour *bouline*.

qu'a eu M. le chevallier Colbert[1]. Son navire estoit d'une propreté extraordinaire et je me cognois en gens apliqués.

(*Archives de la Marine.* — Service général).

A SEIGNELAY.

(Lettre autographe.) 4 août 1686.

Monseigneur,

Il est arrivé un desmeslé entre un officier de marine qui s'appelle Lanion[2] et le gouverneur de la ville. Le gouverneur de la ville me porta la plainte jeudy dernier, l'après-disnée, et sans entendre si l'officier avoit raison ou tort, je le fis mettre aux arrests. Je creus que je devois cette satisfaction au gouverneur. Je me suis, depuis ce temps-là, informé de la manière que cette affaire s'est passée pour vous la mander. Le chevallier d'Ornes, qui est un gentilhomme de la ville de Toulon, y estoit présent et me dit que Lanion et un petit laequais du gouverneur entrèrent dans sa chambre et que, sans donner de temps à Lanion de parler, le petit laequais dict qu'il l'avoit batu après luy avoir dict qu'il estoit au gouverneur. Lanion répondit qu'il n'estoit pas vray. Le gouverneur prit la parole et dit à Lanion : Il faut estre bien fou et bien emporté pour maltraité un petit garçon de cette manière. Sur cette response, Lanion dict au gouverneur : Vous pourriez, Monsieur, retrancher le mot de fou, et luy dit ensuite qu'il estoit fasché de ne l'avoir pas batu davantage. Vous pouvez, Monseigneur, vous en faire informer par M. de Vauuré. Lanion dit qu'il alloit chez le gouverneur pour lui faire des excuses et qu'il ne cognoissoit point son laquais, qui n'avoit poinct d'habits de couleurs ; que le laequais passant par la rue avec un chien devant luy qui portoit une corbeille, Lanion, avec une cane qui l'avoit, fit tomber la corbeille sans y panser, et le laequais luy dict en le tutoyant : Pourquoy fais-tu tomber cette corbeille ; que, pour lors, il frapa le laequais de sa cane. Voylà comme Lanion dict que l'affaire s'est passée ; mais, pour ce qui est de ce qui se passa chez le gouverneur, ça esté le chevallier d'Ornes qui me l'a dict devant cinq ou six personnes. Lanion sera toujours en arrêst jusques à ce que vous ayez mandé ce que vous trouvez bon qu'on en fasse. Je suis avec beaucoup de respect, Monseigneur, votre très humble et très obéissant serviteur.

A Toulon, le 4 du mois d'aoust 1686. Le chv. DE TOURVILLE.

(*Archives de la Marine.* — Service général.)

---

[1] Antoine-Martin Colbert, fils du ministre. Capitaine de galères en 1679, il commanda plus tard toutes les galères. En 1675, le Roi lui avait donné mission d'acheter des esclaves pour les bâtiments (Voir une lettre du Roi du 11 décembre 1675. — *Marine et galères*. P. Clément, t. III).

[2] Chevalier de Lannion, de Bretagne. — Ancien garde de la marine, le 4 février 1680 ; — Enseigne de vaisseau, le 1er janvier 1682 ; — lieutenant de vaisseau, le 1er janvier 1684 ; — capitaine de vaisseau, le 1er janvier 1689 ; — tué au combat de Malaga, commandant le *Mercure*, le 24 août 1704.

A SEIGNELAY.

8 août 1686.

(*Lettre autographe.*)

Monseigneur,

J'ai examiné plusieurs fois les flesches du sieur de Ressons ; elles peuvent estre utiles dans de certaines occasions, particulièrement lorsqu'un bruslot vient pour brusler un navire de guerre. On détache deux ou trois chaloupes pour aller à la rencontre d'un tel brulot et il est constant qu'ayant des soldats habitués à tirer ces sortes de flesches on peut en empescher l'exécution. Ces sortes de flesches sont encore bonnes à des navires marchands lorsqu'ils sont attaqués par plusieurs corsaires. Elles peuvent estre utiles en empeschant les navires d'aborder. Ce qu'il y a à dire là dessus, c'est que les ennemis s'en serviront tout comme nous, parce que c'est un secret qui ne peut estre caché lorsque l'on en voit de pareilles. Si des corsaires d'Alger attaquent un navire du Roy et qu'ils fussent plusieurs navires ensemble, ils pourroient par le moyen de ces flesches avoir avantage sur le vaisseau du Roy. Voylà tous les inconvéniens que je vous représente. Cependant il est bon d'en avoir, afin de s'en servir à propos, dans quelque occasion importante. Il faut que ces flesches soient faictes secrètement pour en donner aux navires qui sortent et ne les rendre pas publiques, ayant soin après les campagnes de les rendre soigneusement au garde-magasin.

Je travaille toujours aux constructions et je suis persuadé que vous...... que j'acomoderay les fonds de Provance avec les œuvres mortes de Ponant et qu'ils seront conduits plus régulièrement qu'ils ne sont. Vous ne trouverez pas mauvais que j'aille faire un tour à Marseille pour examiner les fonds des galères. Je suis persuadé qu'on peut les rendre meilleures qu'elles ne sont et je veux en faire un petit modèle de quatre ou cinq pieds pour le faire voir aux maistres charpantiers.

Je suis avec beaucoup de respect, Monseigneur, vostre très humble et très obéissant serviteur.

Le chevallier DE TOURVILLE.

A Toulon, le 3 aoust 1686.

A SEIGNELAY.

20 août 1686.

(*Lettre autographe.*)

Monseigneur,

Il est survenu une affaire entre le prevost de la marechaussée, la patrouille de la ville et un brigadié des gardes de Marine qui faisoient leur ronde la nuict. Estant tombé d'accord avec le gouverneur que pour plus de seureté il y en auroit un qui prendroit garde la nuict aux désordres que pouroient faire ces messieurs-là. Il y eut quelques gardes de marine qui ayant eu quelque demeslé, le prevost y acourut et voulut se saisir du garde qui avoit l'espée à la main à ce qu'il dit. Dans ce temps là, la patrouille de la ville et le brigadié qui faisoit leur ronde y acoururent et représentèrent au prevost que puisqu'il y avoit un de ses officiers qui devoit remettre ce garde entre ses mains; le prevost n'en voulut rien faire et s'opiniastra à le vouloir mener en prison. Il y eut quelques gardes de marine qui estoient dans le voisinage qui acoururent à ce bruit et le chevallier d'Heres qui si rencontra, le remit entre les mains du brigadié et empescha un fort grand désordre qui seroit indubitablement arrivé. Les gens de justice de Toulon disent que le prevost n'a nul droit de vouloir mener un garde de marine en prison, particulièrement lorsqu'il y a de ses officiers qui en répondent et qui ne sont comis que pour empescher le désordre. M. de Vauvré vous informera plus amplement de cette affaire. Je scay bien que le lieutenant de Soy de Toulon dict que le prevost a tort et qu'il n'a nul droit de mener en prison non seulement un garde de marine, mais mesme aucune personne de la ville de Toulon. Le prevost en a escrit à M. le Chancelier. J'examineray de la manière que cette affaire s'est passée pour vous en rendre un compte plus exact.

Je suis avec beaucoup de respect, Monseigneur, vostre très humble et très obéissant serviteur.

Le chevallier DE TOURVILLE.

A Toulon, ce 20 aoust 1686.

A SEIGNELAY.

28 août 1687.

(*Lettre signée.*)

Monseigneur,

Je n'ay pas eu le tems de vous mander par la lettre que j'ay envoié par le consul de Cadix, les particularités du vaisseau d'Alger que nous avons pris à la hauteur de Malgues. J'avois donné ordre à M. de Chateaurenault[1] de se tenir au milieu du détroit avec le sieur Delarteloire[2]. J'étois du côté du mont de Ciouta avec le chevalier de Coetlogon et trois vaisseaux holandais qui croisoient aussi contre les Algériens. Il y en avoit deux autres de la même nation qui étoient du côté du mont de Gibraltar. C'étoit le vice-amiral et un autre vaisseau qui ont aperceu les premiers le corsaire; ils y ont donné chasse, mais comme l'algérien a mis pavillon françois, les deux hollandais ont quitté la chasse. M. de Chateaurenault qui étoit assez proche d'eux voyant un pavillon françois a voulu reconnoître le vaisseau qui luy a tiré du canon à

---

[1] Louis Fr. Rousselet, maréchal de Châteaurenault, originaire de Touraine. — Lieutenant de vaisseau en 1664; — capitaine de vaisseau, le 5 mars 1666; — chef d'escadre, le 18 décembre 1673; — lieutenant général, le 6 février 1688; — vice-amiral de Levant, le 1er juin 1701; — maréchal de France, le 14 janvier 1703; — mort à Paris, le 15 novembre 1716.

[2] De la Harteloire, originaire de Touraine. — Enseigne de vaisseau, le 16 janvier 1668; — lieutenant de vaisseau, le 5 août 1672; — capitaine de vaisseau, le 20 janvier 1673; — chef d'escadre, le 1er avril 1697; — lieutenant général, le 1er novembre 1705; — mort à la Motte, le 19 mai 1726.

balle avec le pavillon blanc. Ils se sont tirés assez longtemps les uns et les autres. Le corsaire a amené son pavillon et en a mis un turc. Sur cela M. de Chateaurenault l'a toujours poursuivy. Le turc luy a passé de son arrière et ont été ensuitte quelque temps sans se tirer. Le sieur Darteloire qui étoit à la droitte de l'algérien l'a toujours tenu en bride et l'a empêché par sa bone maneuvre de luy passer de l'avant en luy tirant toujours de son canon et de sa mousqueterie. Le chevallier de Coetlogon et moy avons mis touttes voiles dehors pour poursuivre le turc. Le chevallier de Coetlogon en forçant de voile a rompu son grand mats de hune et a demeuré à l'arrière. J'alois si bien à la voile qu'après une chasse de deux heures j'ai passé de l'avant de M. de Chateaurenault et ay été à bord du turc pour l'aborder. Je luy ay donné toutte la bordée, chargée à chesne. Son grand mats a tombé et l'ay extremement degréé. L'algérien a demeuré tout d'un coup, et comme j'avois touttes voiles dehors et que j'avois un grand aire, mon navire a passé de son avant. M. de Chateaurenault qui avoit aussi touttes ses voiles dehors a passé contre luy de la mesme manière. Si bien que ce vaisseau étant entièrement fracassé, il ne laissoit pas de se défendre du mousquet et du canon. Le chevallier de Coetlogon qui ne pouvoit venir qu'à touttes voiles à cause de son grand mats de hune bas, voyant que le vaisseau faisoit de la résistance et étant au vent à luy, l'a été aborder et ne s'est rendu que l'épée à la main ; il n'a peu demeurer qu'une heure et demy sur l'eau. J'ay envoié tous les calfats pour voir si l'on ne pouvoit pas luy donner du secours, mais inutilement. J'y ay été moy mesme. J'ay trouvé que l'eau étoit sur le pont. J'ai fait embarquer cent Turcs ou Maurs ; il y en a eu vingt-quatre de tués ou blessés avec quelques chrétiens qui avoient demeuré sur le pont. Je vous diré, Monseigneur, qu'il est impossible de maneuvrer le vaisseau de M. de Chateaurenault et le mien sans avoir deux cent cinquante hommes d'équipages accause de leurs grande mature et envergure qui est aussi grande que celle d'un vaisseau de 60 canons. Le grand travail que nos matelots sont obligés de faire, les fait tomber malades et nous met hors d'état de pouvoir maneuvrer. Ce vaisseau corsaire étoit un des meilleurs navires d'Alger ; il étoit percé pour 42 pièces de canon. Nous l'avons arimé de bone guerre. Les vaisseaux du sieur de Larteloire et de Coetlogon sont trop faibles pour cette guerre. Le frère du canarien qui étoit sur le vaisseau a eu la cuisse emportée d'un coup de canon. Il a fait abjuration entre les mains du reverend père jésuite ; il a fait confession publiquement devant tout l'équipage et a voulu que tous les Turcs y fussent présent. Il a pris le crucifix à la main et l'a baizé en renonçant à Mahomet en leur présence ; il a édifié tout l'équipage par le repentir qu'il a témoigné. Je l'ay interrogé en particulier pour sçavoir des nouvelles des algériens. Il m'a dit qu'il en avoit trois de 40 pièces de canon qui devoient dans dix jours repasser le détroit pour aler à Alger. Aussi tost que j'auré expédié le sieur de Larteloire pour aller porter tous les Turcs à Toulon, je retournneré sur la même croisière où j'étois. Je n'aprehende pas que les vaisseaux passent présentement, parce que les vents sont contraires pour eux et qu'ils ne passent jamais le détroit que d'un vent forcé.

J'ay eu advis par M. le comte d'Estrés[1] qu'une barque marchande mouillée

---

[1] Victor Marie, comte d'Estrées de Cœuvres, de Paris. — Volontaire en 1678 ; —

devant Salé, luy avoit dit que quatre vaisseaux de Salé étoient prêts à sortir pour aler croiser. J'envoierai quelques vaisseaux contre eux. J'ay donné ordre au sieur de Larteloire de dire à Beaulieu qu'en cas qu'il trouve le chevallier Danfrevilles, que je croirois qu'il seroit à propos qu'il ala avec un autre vaisseau du côté des isles de Saint-Pierre, parce que je suis persuadé que les corsaires qui sont rentrés à Alger iront sur les croisières. Je donne ordre aussi au sieur de Beaulieu de croiser sur le cap de Gaite, le long des côtes avec un autre vaisseau selon vos intentions.

Les meilleurs navires à voile que vous puissiés avoir, ce sont le *Diamant* et le *Moderé*, s'ils sont batis sur les gabaris du *Solide* et de l'*Emporté*.

Les moindres vaisseaux que l'on puisse avoir pour la course contre les corsaires ce sont les vaisseaux que nous avons. Si le Roy en avoit encore deux faits de la mesme manière pour aler contre les Saletins, on n'en manqueroit pas un. Mais il faut observer de leur donner deux pieds de largeur par les hauts plus qu'ils n'ont; à cause du recul du canon, il crevent la chaloupe qui est en haut.

Les corsaires d'Alger ne manqueront pas d'aler en Levant. Les vaisseaux du Roy qui y sont pourroient donner escorte aux marchans qui y sont. J'avois oublié, Monseigneur, de vous dire de donner ordre de faire faire des chaines pour mettre dans le canon. Il n'y a rien de si bon pour mettre hors de combat un navire.

Quand je suis arrivé au détroit, j'ai trouvé le vice-amiral d'Holande qui a fait quelque dificulté de me saluer, parce que je n'avois aucune marque de commandement qu'une flame. Nous avons été le reconoitre avec touttes nos batteries. Il m'a salué de ii coups de canon. M. le comte de d'Estrées étant seul en alant trouver La Berteche a trouvé deux vaisseaux holandais sur Salé; ils ne l'ont jamais voulu saluer. Ce sont des capitaines du prince d'Orenge. Il a ensuitte joingt les sieurs de La Breteche et de Lestrille; il les a rencontré une seconde fois, il leur envoya demander le salut, ils firent mille dificultés, à la fin ils saluèrent. Tous leurs navires sont de 40 pièces de canon. J'espère avoir l'honneur de recevoir de vos lettres à Cadix. Je vous assure, Monseigneur, que j'ay toutte l'application imaginable à faire cette guerre contre les corsaires, affin que le Roy les oblige de faire la paix avec avantage.

Je suis avec beaucoup de respect, Monseigneur, vostre très humble et très obéissant serviteur.

           Le chevallier DE TOURVILLE.

Ce 28 aout devant Malgues.

J'ay remis entre les mains du consul holandais dix-huit matelots de sa nation qui étoient sur le corsaire que nous avons pris. Je luy ay fait donner un certificat comme les vaisseaux du Roy les avoit mis en liberté par la prise qu'ils avoient fait d'un vaisseau d'Alger.

        (*Archives de la Marine.* — Campagnes.)

---

capitaine de vaisseau, le 5 janvier 1679; — lieutenant général et vice-amiral en survivance, le 12 décembre 1684; — maréchal de France, le 14 janvier 1703; — vice-amiral en pied, le 19 mai 1707; — mort à Paris, le 27 décembre 1737.

A Seignelay.

4 septembre 1687.

(*Lettre autographe.*)

Monseigneur,

J'ay rencontré, à l'entrée du détroit, M. de Sepville, qui a ordre de retourner en France. Je me suis servy de cette commodité pour renvoyer la caravelle turque que j'ay laissée à Gibraltar. Il attand les vents d'ouest et j'atands trois vaisseaux d'Alger qui ne sont pas encore repassés dans le détroit. Il y a le *Canarien*, un autre vaisseau neuf de quarante-six pièces de canon, qui est commandé par le frère de Nesmonts. Je recognois de plus en plus la faiblesse de nos équipages que nous avons sur les deux vaisseaux de Dunkerque. Si je faisois une prise d'un algérien, je ne pourois pas donner un homme pour amariner la prise. Je me servirois de l'équipage de la Bertesche. Je rencontray, il y a deux jours, M. le duc de Grafton dans le détroit. Je recognus que c'estoit luy par trois batons de pavillon qu'il avoit à tous ses mâts ; il n'avoit que l'enseigne de poupe et lhiact en avant. Nous passames bort à bort à la voix. Il avoit toute la batterie de son canon débouchée. Aussitôt que je le recognus, je me mis en estat en cas qu'il m'eust demandé le salut. Son vaisseau est de soixante et huict pièces de canon. *Je vous avoue, Monseigneur, qu'il y a plaisir à estre sur un vaisseau où on puisse soutenir avec honneur la gloire des armes du Roy.* J'aperçus ensuite quatre autres navires. Il y en avoit un qui portoit pavillon d'Angleterre au grand mats. Je recognus, pour lors, que M. le duc de Grafton estoit allé diné chez quelqun des capitaines de son escadre. C'ettoit sur un vaisseau de cinquante pièces de canon. Nous passames vis à vis de luy, fort proche, luy avec son pavillon au grand mats et moy avec la flame. Je n'avois avec moy, pour lors, que la *Mutine* et l'*Hercule* ; le *Marquis* nous a joint présentement. Ne contez pas, Monseigneur, sur les deux navires le *Solide* et l'*Emporté* pour l'hyver, à moins que vous ne les fassiez fortifier. Ce sont des navires propres pour la Méditerranée, et ces deux navires, ensemble montés par de bons capitaines choisis avec deux cent cinquante hommes, seront propres pour les Algériens. Si j'avois le commandement du vaisseau quand vint M. le duc de Mortemart, je l'alégerois de soixante miliers par les hauts. J'en ay faict la suputation. Jugez Monseigneur, si ce fardeau diminué le rendra bon. La *Mutine*, l'*Hercule*, ny l'*Espion* ne sont nullement propres pour les Algériens. Ils ne sont pas bons de voiles pour le large outre qu'ils sont trop faibles. Il faudroit armer le *Diamant* et le *Modéré* en leur place. Si on n'avoit la guerre que contre les corsaires de Salé, ces navires seroient utiles, mais ils peuvent trouver des vaisseaux algériens. Je regarde que, pour bien faire la guerre à ces corsaires, il faut douze bons navires afin de pouvoir tenir toutes les croisières.

J'ay envoyé M. de Chateaurenault, et Lestrile sur le cap de la Roche, les Barlingues et Saint-Vincent ; en cas qu'ils trouvent quelques marchands à

Cadix, il les accompagnera en chemin faisant ; on a veu les Algériens dans ces mers. Je suis avec beaucoup de respect,

Monseigneur, votre très humble et très obéissant serviteur.

Le ch^r. DE TOURVILLE

(*Archives de la Marine.* — Campagnes.)

A SEIGNELAY.

13 octobre 1687.

(*Lettre autographe.*)

Monseigneur,

J'ay toujours croisé dans le détroit depuis le dernier vaisseau d'Alger que nous avons pris. Nous n'avons veu passer aucun bastiment algérien, quoyque nous ayons gardé la croisière avec beaucoup d'exactitude. J'avois détaché M. de Chateaurenault avec le sieur de Lestrille pour aller croiser contre les Sallins et les Algériens sur les caps Saint-Vincent et les Barlingues, mais ils n'en ont trouvé aucun à la mer. J'avois donné rendez-vous à M. de Chateaurenault à Cadix depuis le dix du mois d'octobre jusques au 13, où il s'est trouvé afin de renvoyer le *Marquis* et le *Cheval-Marin* croiser dans la Méditerranée et aller dans les endroits où ils apprendroient des nouvelles des corsaires. Je me suis toujours douté qu'ils passeroient en Levant aussitost qu'ils sçauroient que nous croisons dans le détroit. C'est ce qui m'avoit faict détascher M. le marquis d'Anfreville et Setternes pour aller sur les iles de Saint-Pierre. Comme je n'ay point trouvé à Cadix de vos nouvelles et que je n'ay point d'espérance de n'en recevoir que demain ou à la fin du mois d'octobre par l'ordinaire, je n'ay point jugé à propos de me tenir jusques à ce temps dans ces mers, estimant qu'il est du service que j'aille croiser sur les Sallins, dans leurs costes, et, en m'en retournant en France, sur les caps Saint-Vincent, la Rocque et Finistère. J'avois eu des advis par des patrons de barques françois qui venoient de Tetouan qu'il y avoit des Sallins dehors. Mais j'ay apris par des Anglois qu'il n'y en avoit aucun. S'il avoit esté indifférant au Roy que nous eussions esté à Toulon à la fin de nos vivres, j'aurois parcouru toute la Méditerranée depuis le 15 octobre jusques à la fin de novembre ; mais, comme je ne dois rien faire que vous ne me l'ordoniez, je vas finir mes vivres dans les endroits que je vous nomme.

Je détache présentement M. de la Bertesche et Lestrille pour repasser dans la Méditerranée, n'ayant à peu près de vivres que ce qu'il leur en faut pour retourner en France. J'ay donné ordre à M. de la Bertesche que, s'il trouve des vaisseaux de Terre-Neufve, de leur donner une escorte afin de les mettre en sureté ; il les accompagnera jusques sur la hauteur de Minorque et, si le vant le favorise, il ira jusques sur les isles de Saint-Pierre, afin de faire voir des navires du Roy dans tous les endroits de la Méditerranée.

J'ay eu tout le loisir d'esprouver les navires de maistre Henrix avec les meilleurs voiliers de Provance qui sont les vaisseaux le *Cheval-Marin* et le

Marquis. Leur construction est tout à faict différante, mais il est constant que les navires de maistre Henrix sont plus fins de voile vant largue et vant arrière. Mais ils ne sont pas si bons bouliniers que les navires de Coulon. Ce sont des véritables vaisseaux de course pour les Algériens, mais d'une manœuvre difficile et dangereuse à démater par la hauteur de leurs mats. *Il leur faut, à canon esgal, plus d'esquipages* qu'aux vaisseaux de Provance. Ils sont trop réservés par les hauts; les deux frégates que nous avons ont cette incommodité. Les navires de Provance résisteront d'avantage l'hiver à la mer que ceux de maistre Henrix, par la raison de leur grande masture; ils sont fort délicats pour les mettre en assiette. Mais, avec trois mois de vivres, il n'y a guère de navires algériens qu'ils n'arivent pourveu qu'on ayt de la mer à courir. Si on continue la guerre avec ces corsaires, il seroit utile d'armer le *Diamant* et le *Modéré;* mais il leur faut des équipages forts pour en pouvoir tirer l'utilité que l'on se propose.

Nous serons obligés de mettre dix pièces de canon dans le fonds de cale par la faiblesse de nos deux frégates. Il faut douze navires pour faire la guerre contre les Algériens, c'est-à-dire deux pour croiser contre les Sallins, sur les caps Saint-Vincent, la Rocque et Finistère, et qui soient assez forts pour prendre des Algériens; il en faudroit quatre pour demeurer dans le détroit en cas qu'il y ait nouvelle que les Algériens passent dans l'Océan et, en cas qu'ils n'y passent pas, il faudroit que ces quatre navires ayent la liberté de courir par toute la mer Méditerranée et mesme d'y consommer leurs vivres parce qu'il seroit fascheux que, sachant qu'il y a des corsaires dans la Méditerranée, on les abandonast pour rentrer dans le détroit et perdre un mois et demy de vivres qu'on réserve pour repasser dans le détroit et pour se rendre en France.

Pour les six autres vaisseaux, je pense qu'il seroit à propos de les envoyer dans la Méditerranée selon les nouvelles que l'on aprendra de ces corsaires.

Pour les deux navires des caps Saint-Vincent, La Rocque et les Barlingues, il faut qu'ils restent toujours dans l'Océan. Les deux frégates le *Solide* et l'*Emporté* sont propres pour cette croisière après leur avoir faict un radoub et une augmentation de cinquante hommes d'équipages, estant plus difficiles à manœuvrer incomparablement qu'un navire de cinquante-quatre pièces de canon de Provance.

J'ay veu à Gibraltar M. le duc de Graffton. Il m'est venu voir dans mon vaisseau, il m'a faict mille honnestetés et m'a aporté deux François dans son canot qui estoient esclaves sur le vaisseau du Boustangi qu'ils ont aresté et qu'ils ramènent en Alger en intaution de le rendre. Il m'a tesmoigné qu'il les payeroit plustost en Alger que d'avoir le chagrin de rendre ces esclaves. Je luy ay faict beaucoup de remerciements sur ces honnestetés. J'ay esté dans son vaisseau; toute la première batterie est de trante-six livres de bales. C'est un navire de la nouvelle fabrique. Il ne seroit pas inutile, pour le service du Roy, que j'allasse quelque jour en Angleterre voir ces vaisseaux.

J'ay eu beaucoup de conférance avec le beau-frère du Canarien; il m'a avoué de bonefoy qu'une des choses du monde que les Algériens apréhendent davantage, c'estoit les bombes; que le pays se perdoit entièrement et que c'estoit impossible qu'il n'arrivast des révoltes considérables parmy eux si on leur en tire. L'année qui vient, il ne faudroit pas cesser d'avoir douze vaisseaux à la mer pour les aller chercher partout où ils pourront estre, parce que souvent ils feront sortir tous leurs navires de leurs ports.

Je fais présentement mettre du lest dans nos navires pour les vivres que nous avons mangés et nous nous mettons en estat de sortir pour aller finir nos vivres. Il ne me reste plus qu'à vous assurer que je suis avec beaucoup de respect et d'attache,

Monseigneur, votre très humble et très obéissant serviteur.

Le ch^r DE TOURVILLE.

A la rade de Cadix, le 13 octobre 1687.

Si vous voulez bien, Monseigneur, vous en raporter à moy pour le radoub des deux frégates le *Solide* et l'*Emporté*, vous vous souviendrez, s'il vous plaist, de donner vos ordres pour l'exécution de ce que je proposeray à Brest à M. l'intendant.

(*Archives de la Marine.* — Campagnes.)

A SEIGNELAY.

27 octobre 1687.

(*Lettre autographe.*)

Monseigneur,

Je ne doute pas que la dernière lettre que je me suis donné l'honneur de vous escrire de Cadix, ne vous ayt donné beaucoup d'inquiétude sur ce que je vous marquais que j'allois croiser sur les costes de Salé et de là sur les caps Saint-Vincent, La Rocque et Finistère pour me rendre à Brest à la fin de mes vivres. J'ay demeuré à Cadix depuis le 13 octobre jusques au 22 pour faire du lest et de l'eau, pour nous mettre en estat de tenir la mer et de nous rendre à Brest.

Heureusement estant à la voile le 23, j'aperceus un bateau espagnol qui m'aporta une lettre de M. de Nesmon [1] par laquelle il me donnait advis qu'il étoit mouillé à Gibraltar avec le vaisseau le *Content* et qu'il étoit chargé de vivres pour l'escadre. Il n'y a que le vaisseau le *Marquis* et le *Cheval-Marin* qui n'ayant plus de vivres que pour le 18 de novembre s'en retourneront le 15 de ce mois dans le détroit, avec ordre d'escorter les marchands malouins qui devoient passer en grand nombre. Je me sers des frégates la *Mutine* et l'*Espion* pour convoyer les marchands qui sont icy en nombre considérable pour s'en retourner en Ponant, n'ayant eu jusques aujourd'hui aucun ordre de renvoyer ces deux frégates et n'ayant receu aucun advis que vous m'envoyez aucuns vivres. Je suis rentré dans la rade de Cadix et le vaisseau l'*Emporté* sera après demain sur le costé pour y estre carené. Le port de Gibraltar estant présentement occupé par les Anglois et n'y ayant poinct

---

[1] Marquis de Nesmond, de Bordeaux. — Lieutenant de vaisseau, le 15 novembre 1662; — capitaine de vaisseau, le 1er janvier 1667; — chef d'escadre, le 6 février 1688; — lieutenant général, le 1er janvier 1693; — mort à la Havane, commandant le *Ferme*, le 14 juin 1702.

d'espace pour y carener deux vaisseaux, M. le comte Daguilor m'a offert généralement tout ce qui dépandoit de luy. On trouve icy beaucoup plus de commodités qu'à Gibraltar et on y peut faire beaucoup plus de diligence. J'y ay trouvé un ponton sur quoy je careneray et sur lequel j'y ay déjà mis toute l'artillerie. Le vaisseau l'*Hercule* servira de magasin pour les vivres qui estoient destinés pour le *Cheval-Marin* et pour le *Marquis*. Ayez la bonté, s'il vous plaist, Monseigneur, de me faire sçavoir ce que vous voulez qu'on fasse de leurs vivres et si ces deux vaisseaux après avoir été carenés en Provance viendront les prendre à Cadix. Vous pourriez m'escrire par des duplicatas à Cadix, à Malgue et à Alican, parce qu'il est impossible que je ne rencontre quelque fois dans l'un de ces endroits ou que je n'y envoye la *Tartare*. Je suis persuadé que celle que comandoit le patron Lestrille m'aportoit des ordres qui m'auroient empesché de renvoyer le *Marquis*, et le *Cheval-Marin*, si elle n'avoit pas esté prise comme il y a aparance. Il ne me reste de vaisseau que le *Bizarre*, le *Contant*, le *Solide* et l'*Emporté*, ces deux derniers seront peut estre carenés avant que le *Contant* et le *Bizarre* soient venus icy de Gibraltar où ils sont retenus par les vants contraires. Vous voyez par là, Monseigneur, que l'on ne perd poinct de temps et que j'épargne autant que je puis l'argent du Roy. M. de Semigny, capitaine du vaisseau l'*Hercule* me demande son congé pour aller en France où il a des affaires qui luy sont de consideration. J'attends vos ordres là-dessus et si je puis donner congé à des officiers qui seroient inutiles au service par leur maladie.

Je ne sçaurois vous dire, Monseigneur, où j'iray croiser parce que je me regleray sur les advis seurs que j'aurois des corsaires. Il est inutile de demeurer dans une croisière lorsque l'on sçait qu'il n'y passe poinct d'ennemy.

J'ay pris la liberté de vous mander que l'esquipage du *Solide* et de l'*Emporté* n'estoient pas assez fort à deux cent hommes, il leur en faut cinquante d'augmentation à chacun. Ces navires sont faibles et ont grand besoin d'être fortifiés.

Le chevallier de Coetlogon et d'Arteloire après avoir désarmé je croy, Monseigneur, qu'on ne peut rien faire de plus utile que de donner au premier le *Diamant*. Je suis assuré qu'il n'y a poinct de navire plus propre pour les Turqs. On m'a dict aussy beaucoup de bien du *Modéré*. J'aymerois mieux ces deux vaisseaux que le *Bizarre* qui a déjà une voye d'eau, que l'*Avanturier*, et que le navire turq qu'on a armé à Toulon. Le vaisseau le *Fort* est aussy un très bon voilier et meilleur que le *Vigilant*, il est à Brest et a esté bien radoubé.

Si après que nos deux vaisseaux seront carenés les vants n'avoient pas permis au sieur de Nesmon de venir à Cadix ils iront à Gibraltar prendre leurs vivres et de là croiser.

Il ne me reste plus qu'à vous assurer de mes très humbles respects et que je suis avec tout l'attachement imaginable,

Monseigneur, votre très humble et très obéissant serviteur.

Le chevallier DE TOURVILLE.

A Cadix, le 27 octobre 1687.

(*Archives de la Marine*. — Campagnes.)

A SEIGNELAY.

10 novembre 1687.

(*Lettre signée*).

Monseigneur,

Dans la dernière lettre que je me suis donné l'honneur de vous escrire je vous ay fait sçavoir que M. de Nesmont m'envoya un homme de Gibraltar le 24 du passé, pour me dire qu'il y estoit arrivé avec le *Content*, qu'il avoit des vivres pour les vaisseaux de l'escadre et qu'il y avoit ordre de carener. Et comme il ne m'envoya point vos paquets je fus obligé de renvoyez ce mesme homme à Gibraltar pour me les apporter, je ne les receus que le 28 à cause qu'il n'y a point de poste. J'ay commancé à travailler à la carene le dernier jour du mois d'octobre, et le 12 du mois de novembre les deux navires le *Solide* et l'*Emporté* seront carenés. C'est une des plus grandes dilligences qui se soit jamais faite. Je me suis servi de nos calfas qui sont au nombre de vingt en tout, pour tout le travail qu'il y a eu à faire. Vous remarquerés, s'il vous plait, que nous n'avons peu carener les navires que les uns après les autres, n'ayant pas voulu employer les calfas espagnols, à qui il faut donner par jour au moins quatre livres et demy. Nous serons en estast de faire voile le 14 ou 15 de ce mois. Je fais débarquer les vivres du *Cheval-Marin* et du *Marquis* dans l'*Hercule*, qui servira de magasin. Le *Bizarre* a été obligé d'attendre que les deux navires le *Solide* et l'*Emporté* ayent esté carenés pour leur donner leurs vivres. Je n'ay pas voulu qu'on les ait débarqués à cause du dechet qu'il y auroit eu. Il est mesme impossible qu'il ni en ait beaucoup par les transports qui en ont esté faits.

Le vaisseau le *Bizarre* a une voye d'eau considérable. On sera contraint de le mettre sur le costé; je ne l'attandray point pour partir. Il escortera les deux flutes chargées de femmes et d'invalides jusqu'à la hauteur des isles de Canaries, M. de Vauvray[1] me l'ayant recommandé de votre part.

Le consul de Tetuan m'a donné avis qu'il y avoit trois saletins dehors. Je ne doute pas qu'il ni en ait quelqu'un aux Canaries, à cause des transports des vins qui se font presantement.

Sy en sortant de la rade de Cadix, les vents sont à l'Est j'iray sur la coste de Sallez, estant assuré que le canarien n'est pas encore entré, des esclaves nouvelement venus d'Alger me l'ont dit. Sy les vents tournent au costé du ouest, et qu'ils m'obligent de passer le détroit, j'iray sur le cap de Gatte, cap de Palos et cap Marin. Je me gouverneray selon les vents que je trouveray à la mer et selon les nouvelles que j'aprendray des corsaires.

Le pain qu'on a envoyé de Toulon, est du *pain de retour*. *Les esquipages pourront s'en trouver incommodés, parce qu'ayant esté cinq mois à la mer, la consommation des viandes salées qu'ils mangent fait que quelques uns commencent à avoir le mal de terre, et un surcroit de pain qui est sur le retour leur est préjudiciable.*

---

[1] Girardin de Vauvré, de Paris. — Enseigne de vaisseau, en 1665; — commissaire ordinaire de la marine en janvier 1670; — commissaire général de la marine; — conseiller du conseil de marine; — mort à Paris.

La dépense qu'on fera à Cadix pour la carene des deux vaisseaux et celle qu'il faudra faire en mettant le *Bizarre* sur le costé se montera à peu de chose. Elle consiste en deux tartanes qu'on a louées pour mettre les poudres, et deux barques qu'on apelle marteleres pour mettre le lest. On l'auroit bien mis à terre, mais on auroit demeuré huit jours pour le débarquer et le rembarquer, à cause des marées. On a aussy acheplé la *Brusque* pour chaufler [1] les vaisseaux. Il n'en coutera rien au Roy pour des magasins à cause de l'*Hercule* qui en pourra servir.

Sans le vaisseau le *Content* il auroit esté impossible qu'on eut peu se dispenser de prendre des calfas espagnols; le *Solide*, l'*Emporté* et l'*Hercule* n'en ayant que huit je leur en ay fourni quatorze du *Content*.

Lorsque l'on envoiera des vivres il faut bien se donner de garde de les débarquer dans des magasins, le déchet en seroit trop grand pour le transport que l'on en feroit, et particulièrement du vin qui se peut aigrir. Il faut laisser les vivres dans les flutes et les débarquer de la première main sur les vaisseaux. Je fais faire un mémoire au commissaire des choses qui sont absolument nécessaires, pour tenir la mer février, mars et avril. Ce que nous avons le plus besoin ce sont des voiles neufves qui seront nécessaires. Il est du service, Monseigneur, que vous vous souveniés d'une augmentation d'esquipage sur les vaisseaux le *Solide* et l'*Emporté*. Ils auront beaucoup de peine à naviguer cet hyver. Sy vous me faites l'honneur de me faire response, la voye la plus seure, est par l'ordinaire à Cadix, à Malaga et à Alicant par duplicata.

Je ne perdray pas un moment de temps pour tout ce qui sera nécessaire pour le service du Roy. Vous le devez assez considérer par les trois navires que nous carenons en quinze jours de temps. On sera contraint de lever un bordage au *Bizarre* à cause de la voye d'eau qu'il a.

Je suis obligé, Monseigneur, de vous dire que j'ai trouvé à Cadix beaucoup de facilité par le secours du consul. Il me paroit qu'il y a beaucoup de crédit, et je le trouve fort zellé et plain de bonne volonté. Soyez persuadé que personne n'est sy respectueusement ni avec plus d'attache que moy,

Monseigneur, vostre très humble et très obéissant serviteur.

Le chevallier DE TOURVILLE.

A Cadix, le 10 novembre 1687.

(*Archives de la Marine.* — Campagnes.)

A SEIGNELAY.

29 novembre 1687.

(*Lettre autographe.*)

Monseigneur,

Depuis que je suis party de Cadix avec Monsieur le conte d'Estré, j'ay esté sur le cap de St-Vincent croiser quatre ou cinq jours sur des nouvelles

---

[1] Placer sous la carène des fagots de copeaux, de paille, et les allumer et brûler ainsi l'enduit gras dont un bâtiment est couvert (Jal, *Glossaire nautique*).

que j'avois eüe de Tetouan que Benache, corsaire de Salé, étoit sorty; mais comme je n'ey rien trouvé sur le cap, je m'en suis retourné dans le détroit, où il n'a paru, depuis la prise que nous avons faite, aucun corsaire d'Alger. C'est ce qui m'a obligé de venir le long des terres de Malgue, le cap de Gathe, le cap de Palos et le cap Martin, pour voir si je ne trouverois rien. Je me suis jetté sur les isles d'Évisse et de Formentières. J'ay envoyé ma chaloupe pour aprendre des nouvelles de Monsieur de Beaulieu. Il y a quarante-cinq jours qu'il est dans Évisse avec le sieur de Palos, dont j'ay esté fort surpris. Le sieur de Palos a achevé de carener; je lui ay envoyé un ordre pour sortir promptement du port. Le sieur de Beaulieu ne peut estre prest à partir, quand il feroit le plus beau temps du monde, de plus de douze jours. Je n'ay pas jugé à propos de laisser tout le temps le sieur de Palos sans rien faire. Si les vents demeuroient où ils sont présentement, le sieur de Beaulieu ne pouroit pas carener. C'est endroit difficile où la mer y entre beaucoup, et lorsque les vents sont à l'est, on ne peut mettre les navires sur le costé. Lorsque le sieur de Beaulieu sera carené, le sieur de Palos ira le trouver dans sa croisière et je retourneray dans la miène après avoir esté devant Alger et sur la Cataloigne, où j'ay nouvelles qu'il y a des corsaires. J'ay laissé M. de Chateaurenault pour accompagner les flutes jusqu'à cinquante lieux à l'ouest du cap St-Vincent. Monsieur de Nesmon n'y ayant pu aller à cause de l'estat où s'est trouvé son navire, je lui ay donné ordre d'aller dans le détroit pour attendre M. de Chateaurenault, auquel j'ay donné aussy ordre de croiser depuis le détroit jusqu'au cap de Palos, où il est présentement, en m'attendant. Il est impossible une autre fois qu'on puisse carener des vaisseaux à Evisse par la longueur du temps qu'on y met. Minorque est le véritable endroit pour les carener; c'est le seul lieu le plus convenable de toutes ces mers. Je ne croy pas, Monseigneur, que vous deviez faire difficulté de faire carener quelques navires en........, comme Beaulieu et Palos, puisque asseurement c'est la meilleure croisière qu'il y ait. Deux navires bien carenés en sortant de Toulon, en cas que les vents fussent au nord-ouest, iroient sur le cap Roux, et de là sur le cap Corse et visiteroient jusqu'à Ligourne, et si les vents retournoient du costé de l'est, ils s'en retourneroient sur la Cathaloigne, qui sont les deux croisières qu'il est autant nécessaire de garder.

Monsieur de Chateaurenault et Monsieur le conte Destré pouroient une autre fois carener à Minorque, dans le port Mahon, et ils garderoient la croisière d'Evisse, du cap Martin jusqu'au cap de Palos, et je garderay celle du détroit avec trois navires, qui seroient le *Marquis*, le *Cheval-Marin* et le *Bizarre*, qui careneroient à Cadix avec moy. Et si je voyois qu'il n'y eust point de corsaires, je viendrois de temps en temps à Alger pour tascher à en rencontrer de ceux qui viennent de le croisière. Si vous n'avez la bonté de donner ordre au munitionaire de donner de la viande fraische aux équipages pendant leur carène, ils auront la plus part le *mal de terre*. *Il est impossible de demeurer un an à la mer sans que ce mal ne viène*, à moins de les rafraischir, comme je prens la liberté de vous la reporter. Monsieur de Chateaurenault et Monsieur le comte d'Estré en ont déjà considérablement. Il a esté fort à propos que je sois venu dans ces mers faire une passade, n'y ayant aucun vaisseau sur ces croisières. Enfin, Monseigneur, ce n'est pas ma faute si je ne fais pas de prises. Ayez la bonté d'ordonner à Monsieur de Vanuré de nous envoyer ce qui est porté par un mémoire que je lui ay envoyé de Cadix, afin que les vaisseaux puissent tenir la mer. Je ne sçaurois assez vous suplier de vous souvenir du *Diamant* et du *Moderé*, parce que je suis persuadé qu'ayant les fonds comme le *Solide* et l'*Emporté*, se seront les meilleurs navires que le Roy aye pour la course. J'ay examiné le vaisseau du sieur de Palos : il a la batterie noiée. Un vaisseau médiocre comme la frégatte de maistre Blois, qui bastit présentement, lui conviendroit, et je suis assuré qui la mettroit fort bien en assiette. Faitte-moy l'honneur d'estre persuadé qu'on ne peut avoir plus d'envie que j'en ay de trouver quelque occasion où je puisse mériter la continuation de vos bontés.

Personne n'est avec plus de respect et d'attache que je le suis, Monseigneur, vostre très humble et très obéissant serviteur.

Le chev^r DE TOURVILLE.

Devant Évisse, le 29 novembre 1687.

J'avois oublié de vous dire, dans la dernière lettre que je me suis donné l'honneur de vous escrire, que j'avois fait prendre à nos quatre vaisseaux le *Content*, le *Solide*, l'*Emporté* et le *Bizarre* des vivres jusqu'au quinzième de février, afin qu'en partant de Cadix, ils en eussent pour trois mois. Je l'avois cependant mandé à Monsieur de Vanuré, afin qu'il prist ses mesures là dessus.

Je fais servir le sieur du Cattelot en qualité d'ayde-major, Monsieur le duc de Mortemar l'ayant fait servir dans cette mesme fonction.

(*Archives de la Marine.* — Campagnes.)

A SEIGNELAY.

18 décembre 1687.

(*Lettre autographe.*)

Monseigneur,

Depuis la dernière lettre que je me suis donné l'honneur de vous escrire des Fromantières, j'ay esté devant Alger avec M. le conte Detré et le sieur de Palos. J'ay compté quinze vaisseaux dans leur port ; il me paroist qu'ils n'en ont pas beaucoup à la mer présentement. J'ay suivy la coste jusques à Bogie, et comme je n'ay veu aucun batiment, je m'en suis retourné sur les îles de Majorque et ensuite sur les costes de Valance et de Catalogne. J'ay parcouru toutes ces mers et n'ay trouvé que des barques françoises qui m'ont dict qu'il y avoit longtemps qu'on avoit entendu parlé d'aucun corsaire. Je m'en suis retourné du costé des Fromantières pour voir si le sieur de Beaulieu estoit en estat de se mettre à la voile. Il doit apareiller cette nuict pour me venir trouver. J'ay cru qu'il estoit à propos que j'allasse avec luy faire un tour sur les isles de Saint-Pierre et la coste d'Afrique pour voir si je ne trouverois poinct quelque corsaire. Je m'en reviendray, après cette course, dans le détroit rejoindre M. de Chateaurenault. Vous voyez, Monseigneur, que je parcours toutes les mers pour tascher de trouver quelque corsaire. Ils sont sans doute la pluspart en Levant. Peut-être aurois-je assez de bonheur pour en trouver quelqun. Ce qui me desplaist, c'est qu'il y a trois mois que mon navire est carené. Cela n'empesche pas que je ne suive de près les autres. J'espère estre le long des costes d'Espagne dans le dix ou le douze de janvier. Je croy que vous ne trouverez pas mauvois que je quitte moy seul quelquefois ma croisière, lorsque je suis persuadé qu'il n'y vient poinct de corsaires. Je ne scay si, à la fin de janvier, M. le conte Detré ne sera poinct contraint d'aller à Toulon à cause de la pluspart de ses gens qui sont attaqués du mal de terre dont il me fait des plaintes. Le vin, qui s'est entièrement aigry, qu'on nous a envoyé, y a contribué. Je ne scay pas en quel estat est M. de Chateaurenault, parce qu'il y a un mois que je ne l'ay veu, ny M. de Nesmon. Ils croisent depuis le destroit jusques au cap de Palos. J'ay bien de la joye des nouvelles que j'aprends des prises de M. le marquis d'Anfreville. Il n'est question que de les rencontrer. Je suis avec beaucoup de respect,

Monseigneur, vostre très humble et très obéissant serviteur.

Le ch^r DE TOURVILLE.

Aux Fromantières, le 18 décembre 1687.

(*Archives de la Marine.* — Campagnes.)

A SEIGNELAY.

28 décembre 1687.

(*Lettre autographe.*)

Monseigneur,

Estant à la veue des isles de Saint-Pierre, j'ai trouvé une barque qui vient de Caillery. Il m'a apris que M. de Septernes[1] avoit trouvé, sous la forteresse de Portefarine, un vaisseau d'Alger mouillé. Comme M. de Septernes alloit pour le brusler, il s'est mis feu luy-mesme. Il s'appelle le *Lion-d'Or*. M. de Septernes et le chevallier d'Anfreville ont aussy bruslé une barque d'Alger. Je vay cotoyer la Barbarie avec M. le comte d'Etre pour tascher à trouver quelque corsaire, comme il faict mauvois. Je n'ay pas le loisir de vous escrire une plus longue lettre. Beaulieu a joint M. de Septernes, que j'avois amené avec moy aux isles de Saint-Pierre. Palos s'est séparé de moy avec le mauvois temps. Je vas encore me faire voir à Alger et, de là, dans le détroit. Je suis avec beaucoup de respect,

Monseigneur, vostre très humble et très obéissant serviteur.

Le ch^r DE TOURVILLE.

A la veüe des isles de Saint-Pierre, le 28 décembre 1687.

(*Archives de la Marine.* — Campagnes.)

---

[1] De Septemes. — Capitaine de vaisseau, le 28 mars 1672; — chef d'escadre, le 1er avril 1697; — mort à Paris, le 16 juin 1697.

A SEIGNELAY.

14 juillet 1688.

(*Lettre autographe.*)

Monseigneur,

Si nous avions eu des temps aussy mauvois que les années précédentes, à la rade d'Alger, nous aurions esté deux mois à tirer nos bombes. Une galiote estoit cinq à six heures à se mettre en place parce qu'on ne faisoit poinct ce qu'il faloit faire pour faire diligance. Les ancres des galiotes estoient mal mouillées, et les vaisseaux qui les servoient estoient encore plus mal; c'est ce qui aportoit beaucoup de retardement. Je croyois qu'on vouloit estourdir les Algériens en faisant mettre en place les dix galiotes pour leur tirer dans une nuict deux mille bombes; mais il n'y a eu que neuf qui ont esté en place une fois et qui n'y ont pas duré une heure parce que les vaisseaux estoient mal mouillés. Il est vray que, sur les fins, les galiotes qui avoient esté fabriquées depuis longtemps se trouvèrent incommodées et l'estat du mortier les faisoit larguer si bien qu'on en a mis que cinq en place. Nous avons eu des temps comme à Gênes qui ont esté la cause qu'on les a tirés à la réserve des grosses bombes. Le haut de la ville n'a pas esté beaucoup incommodé parce que les boubes n'alloient pas jusques là. Je croy mesme que la poudre en a esté un peu la cause. Je ne vous fais pas un détail de ce qui s'est passé dans le commencement sur un escrit que M. le maréchal Detré envoya à terre pour signifier aux Turqs que s'ils mettoient des chrestiens à la bouche du canon, on mettroit aussy des Turqs de nostre costé. Vous avez veu les réponses ridicules qu'ils firent. Un nommé Mercadier, de Marseille, parant d'un nommé Asaru, vint à bord du *Magnifique*, qui dict à M. le maréchal que le consul l'avoit prié de luy porter une lettre et luy dire de la part du pacha que si on vouloit faire la paix aux mesmes conditions du traitté passé, qu'on le feroit. Mercadier luy dit encore qu'on disoit à Alger qu'on demandoit les frés de la guerre. M. le mareschal luy répondit que personne n'avoit veu ses ordres, qui se pouvoit faire qu'il avoit des choses plus considérables à leur demander et peut estre aussy de moindres. Mercadier lui répondit qu'on sçavoit qu'il demandoit le canon de Gigery. Monsieur le mareschal luy dict : Voylà une bagatelle et une belle niaiserie que le canon de Gigery. Ils devroient desjà avoir faict cella d'eux-mesmes. Sur cella, le sieur Mercadier prit congé de M. le mareschal et reporta aparamant au pacha ce qu'on luy avoit dict. On continua à jetter des bombes et le lendemain on mit le consul à la bouche du canon. Quelques jours après, un nommé Toucas [1], qui a esté capitaine de bruslot, m'escrivit une lettre par laquelle il me mandoit qu'en ma considération, on ne l'avoit pas mis à la bouche du canon, et que le seul remède qu'il y avoit pour empescher de mettre tous les chrétiens estoit que M. le mareschal mit son peroquet en bannière et qu'il fist partir une chaloupe avec pavillon blanc de son bord, que les Turqs en feroient de mesme, et qu'au milieu du chemin on parlementeroit. M. le mareschal m'envoya la

---

[1] Toucas, de Provence. — Capitaine de brûlot, le 13 janvier 1677; — révoqué, le 13 février 1681.

response que je devois faire, qui estoit que les Turqs pouvoient venir avec pavillon blanc sur ma parole et que je le ferois agréer à M. le mareschal, qu'on ne mettroit poinct de peroquet en banière et que, s'ils avoient à venir, que ce fust à la diane, afin de ne point perdre le temps de bombarder. Ce mot de bombarder leur déplust, à ce que je peux croire, car ils mirent, le lendemain, dix ou douze chrétiens à la bouche du canon. Voylà, Monseigneur, mot pour mot, ce qu'on m'a mandé et ce qui a esté respondu. Je ne vous parle poinct de la grosse bombe qu'on a poinct menée. J'auray l'honneur de vous en parler à Paris, aussy bien que des brulots qui devroient entrer dans le port. Je croy avoir autant de veüe qu'un autre sur ces sortes d'entreprises et je prendray la liberté de vous en dire mon sentiment. Prenez la peine, Monseigneur, de vous informer de tous les commissaires de quelle manière la bombarde a esté. Vous verrez ce qu'ils vous en diront. Il y a mille choses que l'on peut faire pour rendre les galiotes dans une grande perfection avec les manières de les mettre en place avec facilité, les mettre hors d'estat de pouvoir estre insulté et mettre le monde à couvert du canon. Je n'ay plus rien à vous mander sur cella. Je vous supplie très humblement de me faire donné mon congé afin d'aller à des eaux qui me peuvent convenir pour ma santé. J'ay une très forte impatience d'avoir l'honneur de vous faire la reverance et de vous asseurer que personne en France n'a plus d'attache et de respect que j'en ay pour vous. Je suis,

Monseigneur, vostre très humble et très obéissant serviteur.

Le ch^r DE TOURVILLE.

A la rade d'Alger, le 14 juillet.

(*Archives de la Marine.* — Campagnes.)

A SEIGNELAY.

16 juillet 1688.

(*Lettre autographe.*)

Monseigneur,

Je me suis toujours bien douté que M. le mareschal Detré ne me renvoyoit pas le premier après l'expédition d'Alger, quoyque je luy eusse représenté les raisons qui m'obligeoient de m'en aller en France. Je trouvois cependant que, sans esgard à ma santé, il estoit important pour le service qu'on renvoyast le vaisseau le *Contant* pour l'accommoder. Si M. le mareschal avoit voulu, nous aurions pu aller en France, avec M. le marquis d'Anfreville, quatre galiotes et les quatre vaisseaux de charge, sans passer aux Fromentières, ayant suffisamant de l'eau pour nous y rendre. Je suis assez clairvoyant sur les choses qui regardent la marine pour voir qu'on auroit pu, par cette diligence, espagner quelque chose au Roy. Il m'a envoyé demandé mon advis par M. de Ste-Ermine, si on pouvoit lesser aller un des capitaines algériens dans un canot avec pavillon blanc, pour demander des nouvelles de sa famille sans me faire sçavoir les intentions de la cour. Je luy ay respondu que je croyois qu'on ne le devoit poinct faire, après les spectacles que nous avions veûes et que cella feroit paroistre qu'on viendroit mandier la paix. Il a faict demander en particulier les advis des autres généraux qui, à ce que j'ay apris, ont respondu la mesme chose. On a mis deux ou trois fois le pavilon de conseil des généraux, qui n'a esté que pour délibérer sur l'exécution des Turcqs d'Alger, mais poinct du tout sur les choses qui regardent la guerre. Je croy estre obligé de vous informer de tout ce qui se passe, ayant autant d'attache que j'en ay pour vous.

Je vous supplie de me continuer l'honneur de vostre protection et d'estre persuadé que je ne m'en rendray jamais indigne, estant plus respectueusement que personne du monde, Monseigneur, vostre très humble et très obéissant serviteur.

Le chev^r DE TOURVILLE.

A la rade d'Alger, le 16 juillet 1688.

(*Archives de la Marine.* — Campagnes.)

Mémoire donné au Roi par M. de Tourville.

1690.

La diligence que les ennemis font pour armer leur flotte lui[1] persuade que leur premier dessein est d'empêcher la jonction des vaisseaux de Toulon à ceux de Brest, et il lui paraît qu'il ne leur est pas difficile d'y réussir en prenant les mesures qui conviennent, soit en envoyant vingt vaisseaux dans le détroit pour se joindre aux vaisseaux espagnols, ou en faisant sortir de la Manche leur flotte le 15 avril, pour la mettre à la hauteur de l'Iroise et empêcher, par ce moyen, l'entrée de M. le comte d'Estrées dans la rade de Brest.

L'affaire, qui lui paraît la plus importante, est de faire la jonction. Il faut, pour cet effet, une très grande diligence pour le départ des vaisseaux de Toulon ; et lorsqu'ils viendront pour attérir aux côtes de Bretagne, il est à propos qu'ils se mettent à la hauteur de Penmarck, afin de pouvoir éviter l'armée des ennemis, qui pourrait être sur Ouessant, et comme il y a près de douze lieues nord et sud de cet endroit à Penmarck, il est difficile que les ennemis puissent avoir connaissance de l'arrivée des vaisseaux de Sa Majesté. Il faudra tâcher d'entrer, s'il se peut, par le Raz, et, en cas qu'on ne le puisse, faire en sorte de doubler la Pointe-des-Saints et ranger le plus que l'on pourra la Basse-Jeane, afin de s'éloigner autant que l'on pourra d'Ouessant. Il est du service et de la sûreté des vaisseaux du Roi d'envoyer trois ou quatre petits bâtimens, distans les uns des autres de dix en dix lieues, à la hauteur de Penmarck, pour donner à M. le comte d'Estrées des nouvelles de l'armée ennemie, et aussi pour lui marquer l'endroit où les vaisseaux de Sa Majesté seront mouillés, afin qu'il puisse prendre des mesures justes pour son entrée.

Si on peut faire la jonction des vaisseaux, il est nécessaire que Sa Majesté fasse savoir : si elle veut s'opposer aux descentes que les ennemis pourraient

---

[1] On remarquera que les mots *il* et *lui* dans ce mémoire se rapportent à Tourville.

tenter sur les côtes du royaume, si elle veut que, quelques forces supérieures qu'ils aient, son armée les combatte plutôt que de souffrir de descente? En ce cas, il faudra se mettre en état de sortir de la rade de Brest, lorsqu'on apprendra que les ennemis embarqueront une assez grande quantité de troupes pour pouvoir donner de l'inquiétude à nos côtes. Il ne serait pas d'avis que l'on se pressât de sortir de la rade de Brest que les ennemis ne fussent du côté de Torbay, parce qu'en ce cas il serait en état d'exécuter ce qu'il plairait au Roi d'ordonner avant que les ennemis eussent rien entrepris. Il lui paraît que, si les ennemis voulaient faire une descente en Normandie, on ne pourrait l'empêcher, à moins que de s'aller poster tout d'un coup à La Hogue ou à la pointe de Ste-Hélène à l'île de Wigth, pour se mettre en parage de tomber dessus, en cas qu'ils voulussent faire cette descente, ce qui serait un parti extrême pour mille bonnes raisons. Si l'armée était hors de la rade de Brest et qu'elle demeurât au large, comme il serait nécessaire de le faire si on n'allait pas à La Hogue, ni à l'île de Wigth, les ennemis pourraient prendre leur temps, et avec des vents d'est-nord-est faire leur descente aux côtes de Normandie sans qu'on pût les en empêcher, à cause des vents qui seraient contraires pour aller à eux; d'ailleurs, s'ils ont trente vaisseaux de guerre de plus que l'armée de Sa Majesté, ils peuvent faire leur débarquement en laissant dix navires de guerre avec les vaisseaux de charge, et venir avec le reste de leur armée au-devant de celle de Sa Majesté pour la combattre.

Si Sa Majesté ne veut point hasarder un combat avec des forces inférieures à celles des ennemis, et qu'ils aient dessein d'envoyer vingt vaisseaux dans la Méditerranée pour se joindre aux Espagnols avec leurs galères, on pourrait, après la jonction de M. le comte d'Estrées, sortir avec toute l'armée, comme si on avait dessein de combattre les ennemis lorsqu'ils entreprendraient quelque descente sur les côtes; et il faudrait avoir deux corvettes, commandées par des officiers de confiance, avec ordre de se laisser prendre, sans que les équipages en eussent connaissance, et leur recommander de laisser les ordres qu'on leur enverrait attachés avec un boulet, comme on a accoutumé de faire, sans les jeter à la mer, afin que les ennemis puissent y ajouter créance. Il faudrait leur marquer par ces ordres d'aller en diligence en Irlande pour exécuter les desseins dont on supposerait qu'ils auraient connaissance, et après l'exécution de revenir entre les Sorlingues et Ouessant, pour se mettre en parage de tomber sur les ennemis en cas d'entreprise sur les côtes de France et les combattre, quelque supérieurs qu'ils fussent.

Lorsque l'armée serait sortie de la rade de Brest, il faudrait qu'il s'en allât avec toute la diligence possible, avec cinquante navires de guerre dans la Méditerranée, et les brûlots, pour combattre et détruire les vaisseaux que les ennemis pourraient y avoir.

On pourrait donner rendez-vous aux galères, selon qu'il conviendrait; et au reste des vaisseaux qui demeureraient dans l'Océan, on pourrait en détacher les plus fins de voiles par de petites escadres de trois en trois, pour se tenir sur diverses croisières pour tâcher d'interrompre le commerce des ennemis, avec ordre de venir joindre l'armée aux endroits qui leur seraient marqués. On en pourrait aussi détacher quelques-uns pour les îles de l'Amérique, le Canada; et ainsi, en prenant les précautions nécessaires pour tâcher de couvrir le détachement des cinquante vaisseaux qui seraient sous son commandement, il pourrait entrer dans le détroit en prenant le large, sans que les ennemis en eussent connaissance ; ils croiraient au contraire, par le moyen des ordres qu'ils auraient interceptés, qu'il aurait dessein de les combattre, ce qui leur ôterait un assez long temps l'envie de faire une descente en France, durant lequel il poursuivrait sa route ; et par le moyen des frégates fines de voiles qui seraient avec lui, il arrêterait tous les bâtiments qui le pourraient voir, qu'il emmènerait avec lui.

La raison qui l'engagerait à mettre dans les ordres qu'on laisserait tomber entre les mains des ennemis d'aller en Irlande, du côté de Galloway, est afin d'éloigner les ennemis de leurs côtes, et gagner du temps, parce qu'auparavant qu'ils aient fait le trajet d'Irlande pour l'aller chercher, et qu'ils aient donné avis au prince d'Orange à leur retour de leur voyage, il se passera un temps considérable, qui les mettra hors d'état de rien entreprendre.

Mais, si on lui donne ordre de rester à la mer, comme il y a deux ans, pour tâcher d'amuser les ennemis et leur faire connaître qu'on est en état de les attaquer au cas qu'ils entreprennent une descente, je crois devoir dire qu'en ce cas il faut se résoudre à les combattre à la fin, car s'ils avaient bien voulu le chercher en ce temps, ils l'auraient combattu, vu qu'il n'est pas possible de rester un si long temps à la mer à *pirouetter* à l'entour d'une armée sans en venir aux mains, comme il l'a amplement expliqué ; et toute la marine sait que les ennemis ne furent appliqués en ce temps qu'à couvrir le retour de la flotte de Smyrne, et que c'est ce qui les empêcha de s'attacher à le trouver.

Les cinquante vaisseaux qui passeraient dans la Méditerranée prendraient pour quatre mois de vivres, ou pour cinq s'ils le pouvaient ; ils pourraient partir vers le 15 du mois de mai et arriver dans la Méditerranée à la fin de juin. On chercherait les ennemis pendant le mois de juillet et août pour les combattre, et on serait en état, après cela, de faire repasser trente navires de guerre dans l'Océan et d'en laisser vingt dans la Méditerranée. On donnerait à Toulon pour trois mois de vivres à ces trente navires, et il faudrait que la plupart fussent du Département de Rochefort, afin qu'il n'y eût qu'un petit nombre qui fût obligé d'entrer à Brest. Tous ces vaisseaux viendraient atterrir à Belle-Isle, pour donner ensuite dans les rades de La Rochelle, en observant de faire tenir les bâtimens d'avis à quinze lieues au large, à la hauteur de Belle-Isle et de Penmark, pour avertir les commandans des vaisseaux ennemis qui pourraient être à la mer.

TOURVILLE.

(*Archives de la Marine.*)

A SEIGNELAY.

A six lieues du cap de Bevesier, le 11 juillet 1690.

(*Lettre signée* [1].)

Monseigneur,

Je n'ay pas le temps de vous faire le détaille du combat que nous venons de rendre contre la flotte ennemie, il est impossible que j'en puisse sçavoir les particularités. Les ennemis avoient le vent sur nous; j'ay formé nostre ligne. Les Hollandois ce sont trouvés à l'avant garde, Herbert faisoit le corps de bataille et le pavillon bleu anglois l'arière-garde. Monsieur de Chasteaurenault se trouva à l'avant-garde par la disposition de nostre armée et Monsieur le comte d'Estrées à l'arière-garde. Les Hollandois vinrent, avec toute la vigueur possible, sur nostre avant-garde. Herbert ne voulut pas me combattre et mesme ne combaty avec aucun de nos pavillons; je combatis avec son vice-admiral et deux seconds aussy gros que luy. Monsieur le comte d'Estrées avec le pavillon bleu ; nous tinsme le vent sy heureusement que les Hollandois, s'estant un peu trop abandonnés, ne purent se ralier au vent avec facilité : c'est ce qui fut cause qu'ils furent entièrement désemparés ; *il y eut, contant les Anglois, douze de leurs navires razés sans aucuns mats.*

Je ne crois pas que, pour un combat donné sous le vent, on ayt eû un pareil avantage; le calme vint, c'est ce qui fut cause qu'il n'y eut *qu'un de leurs vaisseaux qui tomba entre nos mains*, qui estoit un hollandois de soixante-huit pièces de canon ; il est seur que sy nous avions eû nos gallères, nous prenions tous ces navires dématez, qui moüillèrent au jusant; sur le soir, le vent tourna de nostre costé environ une demye-heure ; s'il eust continué, il y avoit dix vaisseaux hollandois de coupés; lorsque l'armée ennemie eut moüillé pour ne pas tomber sur nous et se conserver la marée, je m'aperceus de leur manœuvre, quoy qu'ils eussent touttes leurs voiles, et je moüillay avec quelques vaisseaux de mon escadre à la portée du canon de sept ou huit vaisseaux hollandois qui estoient près de moy. Après la marée finye, ils levèrent l'ancre et se firent remorquer avec leurs chaloupes : ce sont des bâtimens plats qui tirent peu d'eau, et par conséquent plus aisés à remorquer que les nostres ; ils s'esloignerent un peu de nous, nous sommes encore en présence, le vent est toujours de leur costé ; l'avant garde, commandée par M. de Chasteaurenault, soutint parfaitement bien les vaisseaux ennemis. Monsieur le comte d'Estrées, qui estoit de l'arière-garde, soutint de son costé parfaitement l'escadre bleüe, qui le vint attaquer ; il y eut deux vaisseaux anglois de l'arière-garde qui furent dématez; le reste des vaisseaux fut dématez par l'avant garde et nostre corps de bataille. Vous ne doutés pas qu'après *un combat de huit heures* nous ne soyons fort desemparés, la pluspart de nos vaisseaux n'ont plus de munitions; nous suivons cependant l'armée ennemie ; je sçauray plus de particularités dans la suite que je vous manderay. On ne peut estre plus satisfait

---

[1] Tourville prit le titre de comte en 1690, sans doute après la mort de son frère aîné, et, à partir de 1693, il signera ses lettres : *le maréchal de Tourville*.

que je le suis de tous les capitaines : Monsieur de Vilette, qui estoit le troisième ou le quatrième vaisseau de l'avant-garde, commandée par Mʳ de Chasteaurenault, a fort bien soutenu ; je suis fort contant de mes deux seconds, qui estoient le marquis de la Porte¹ et Coetlogon : le premier a esté entièrement désemparé ; il y a eü trois à quatre vaisseaux de l'arière-garde, commandée par Mʳ le comte d'Estrées, qui ont esté fort desemparés, particulièrement Panetier² ; il y a beaucoup de nos vaisseaux qui n'ont plus de poudre ; le vaisseau ennemy se rendit à Mʳ de Nesmond. Je trouve que les ennemis se sont parfaitement bien batus ; il n'y a eü que Herbert et les seconds qui n'ont pas assurément tirés de près et qui n'avoient choisy que des vaisseaux particuliers de l'escadre du marquis d'Amfreville ; *sy nous avions eü le vent, l'affaire auroit esté plus complette ; mais vous pouvés assurer le Roy quelle ne la peût pas avoir esté d'avantage*, les ennemis ayant le vent sur nous ; je suis fort contant des chevalliers de Boüillon³, d'Armagnac⁴ et de Luyne⁵. Pimon a parfaitement bien fait son devoir et ne ma pas esté inutil ; je peux aussy rendre tesmoignage que j'ay esté fort secouru de M. de Vauvré par sa présence et par ses conseils ; le major général ma fort bien secondé en tout, *Petit Renault a eü la baste de son just'aucorps emportée d'un coup de canon, qui lui a passé entre les jambes : il a de l'esprit, de la capacité et beaucoup de valeur et d'un bon conseil.*

Je suis obligé de vous dire que le sʳ *Troñillet a fait des merveilles* ; il commandoit les batteries : *c'est le meilleur officier de France* ; il y auroit de la justice à ce que vous luy envoyassiés une commission de capitaine. Dans une occasion comme celle-cy, cela donneroit de l'émulation aux autres officiers. M. de Colombe s'est parfaitement acquitté de son devoir avec les gardes qu'il commandoit.

Je suis avec beaucoup de respect, Monseigneur, vostre très humble et très obéissant serviteur.

Le comte de TOURVILLE.

(*Archives de la Marine.* — Campagnes.)

---

[1] Charles, marquis de la Porte. — Volontaire, le 26 mars 1672 ; — lieutenant de vaisseau, le 3 mars 1673 ; — capitaine de vaisseau, le 12 décembre 1673 ; — chef d'escadre, le 1ᵉʳ novembre 1689 ; — mort de la petite vérole, à Toulon, en 1693.

[2] Panetier, de Boulogne. — Capitaine de vaisseau, le 31 mars 1665 ; — sorti de prison, le 26 avril 1676 ; — chef d'escadre, le 1ᵉʳ novembre 1689 ; — mort à Brest, le 26 avril 1696.

[3] Chevalier de Bouillon, de Paris. — Garde de la marine, le 5 février 1689 ; — enseigne de vaisseau, le 16 août 1689 ; — lieutenant de vaisseau, le 1ᵉʳ janvier 1691 ; — capitaine de vaisseau, le 1ᵉʳ janvier 1693 ; — retiré, le 31 décembre 1702.

[4] Chevalier d'Armagnac, bailli de Lorraine, de Paris. — Garde de la marine, le 1ᵉʳ mai 1690 ; — enseigne de vaisseau, le 1ᵉʳ janvier 1691 ; — lieutenant de vaisseau, le 1ᵉʳ janvier 1692 ; — capitaine de vaisseau, le 1ᵉʳ janvier 1693 ; — chef d'escadre, le 1ᵉʳ janvier 1703 ; — mort de sa blessure, commandant le *Vainqueur*, au combat de Malaga, le 25 août 1704.

[5] Charles-Hercule d'Albert, chevalier de Luynes. — Nouveau garde de la marine, le 23 avril 1668 ; — enseigne de vaisseau, le 1ᵉʳ janvier 1689 ; — lieutenant de vaisseau, le 1ᵉʳ juillet 1690 ; — capitaine de vaisseau, le 1ᵉʳ janvier 1693 ; — commandant des gardes du pavillon, à Toulon, le 6 mai 1716 ; — le bureau des cartes et plans à Paris, brevet du 20 novembre 1720 ; — chef d'escadre, le 18 mai 1722 ; — mort à Paris, le 30 janvier 1734.

A SEIGNELAY.

(Lettre signée.)

13 juillet 1690.

Monseigneur,

J'ay receu le duplicata de vostre lettre du dix de ce mois par un bateau de Diepe.

Depuis nostre combat, nous n'avons pas perdu les ennemis de veüe, en appareillant touttes les marées : les calmes sont cause que nous n'avons pas eü douze ou quatorze vaisseaux hollandois ; comme la pluspart estoient sans mats, ils se sont tirés avec plus de facilité avec leurs chaloupes ; cependant la nuit du dix et du onze ils ont esté obligés de mettre *le feu à deux de leurs vaisseaux*, dont un est un vice-admiral d'Hollande *de quatre-vingts pièces de canon* et un autre *de soixante dix pièces*.

J'ay détaché des vaisseaux pour suivre un gros vaisseau hollandois à trois ponts qui, n'ayant que son mats d'avant, faisoit vent arière le long de la coste ; j'en ay encore détaché d'autres pour tâcher à joindre six vaisseaux qui sont demeurés sous le vent de l'armée ennemie ; *je continue à la poursuivre plus que les forces des équipages et les mâtures des vaisseaux ne peuvent me permettre*. Ils se servent comme nous des marées et du vent, qui leur a toujours esté favorable pour se retirer du costé des dunes ; je suis persuadez que sy, après ce combat, j'avois eü le vent sur eux, sçauroit esté une destruction entière. Il est constant que dans les combats qu'ils ont donnés, les Hollandois ne se sont jamais sy fort engagés ny avec tant de vigueur ; les Anglois en ont fait de mesme, à l'exception d'Herbert et de ses deux seconds, qui n'ont pas aprochés de sy près que les autres ; la pluspart de tous les navires anglois estoient les plus forts qu'ils eussent : il m'a paru douze navires du premier rang et les moindres de soixante pièces ; les Hollandois avoient la pluspart des navires à trois ponts ; je n'en n'ay veü que deux qui n'eussent que cinquante canons ; les uns et les autres nous ont parus parfaitement bien armés par le grand feu qu'ils ont faits ; heureusement, leurs bombes et leurs boulets artificiels n'ont pas eü tout l'effet qu'ils en espéroient ; cependant il y a eü une bombe qui a emporté la poupe du *Terrible*, commandé par le sieur Panetier, qui a esté obligé de sortir de la ligne pour se racommoder, et qui a tué beaucoup de monde ; l'*Arogant* a eü un boulet d'artifice qui avoit mis le feu dans sa poupe ; le *Tonnant*, un autre boulet dans sa poupe qui y mit le feu pendant plus d'une demye-heure sans sortir de sa ligne et cesser de combatre ; je luy envoyai une chaloupe dans la pensée que j'avois qu'il n'y prenoit pas garde.

Le travail que nos équipages ont eü depuis qu'ils sont entrés dans la Manche ne se peut imaginer ; sy les gallères estoient avec moy, je pourois tenter quelque descente, ce qui seroit un très bon effet dans cette conjoncture et feroit mieux conoistre aux peuples la défaite de leurs armées, quils tâcheront de leur cacher. Vous devés estre persuadez que je tireray tout l'aventage qui se poura de l'estat où sont nos deux flottes ; la passion que j'ay pour vostre satisfaction me fera toujours plus entreprendre que je ne devrois dans l'estat où est l'armée, *vous supliant d'avoir plus de confiance en moy que vous ne m'en*

avés tesmoignés *depuis le commencement de cette campagne* et d'estre persuadez
du parfait attachement et de la reconnoissance avec laquelle je suis,

Monseigneur, vostre très humble et très obéissant serviteur.

Le comte DE TOURVILLE.

Le chevalier Genins [1] s'est parfaitement bien acquitté de son devoir : il est homme de bon sens et du mestier et fort affectionné pour son Roy.

Au Sud 1/3 du N.-Est du cap de Fayerlay, éloigné de quatre lieües, le 13 juillet 1690.

(*Archives de la Marine.* — Campagnes.)

A SEIGNELAY.

15 juillet 1690.

(*Lettre signée.*)

Monseigneur,

J'ay receu les lettres que vous m'avés fait l'honneur de m'écrire des quatre et dix de ce mois. Et depuis la dernière lettre que je me suis donné l'honneur de vous écrire par le marquis de Chasteaumorant, les navires que j'avais détachez pour brusler les vaisseaux ennemis à la coste y ont réussi et les ont obligez d'en brusler deux avant-hier et deux hier ; il y en a encore quatre eschoués ou prest à eschouer auxquels j'ay encore envoyez et dont j'espère le mesme succès ; il y en a quatre autres incommodés de leurs mats qui n'ont encore pas pû doubler la pointe des pères et qui sont sous le vent de l'armée ennemie, où j'ay envoyé le marquis d'Amfreville avec les meilleurs voilliers, sy bien que, jusqu'icy, en voyla seurement sept de bruslés et quatre déchoués qui, suivant touttes les aparences, ne peuvent manquer de l'estre, et deux que M. d'Amblimont [2] et d'autres officiers assurent avoir esté coulez à fonds, j'ay lieu d'espérer que le marquis d'Amfreville poura joindre quelqu'uns des quatre qui sont à la pointe des pères ; je n'ay pas veü que, dans tous les combats de la Manche ni ceux de Messine, lorsque nous avons combatu en ligne, quoy qu'on ayt eü quelquefois l'aventage du vent, on ayt seulement pris ny bruslé aucun navire ; je suis persuadé que ces vaisseaux de guerre bruslés à la coste d'Angleterre et la persévérance avec laquelle je poursuis les ennemis fera de très bons effets ; je ne sçaurois vous dire précisément jusques où je les conduiray, puisque cela dépend des vents et des événemens ; mais s'ils rentrent dans la Tamise, comm'il me paroist que c'est leur dessein, j'yray à la rade de Sainte-Hélène attendre les munitions,

---

[1] Chevalier de Gennins, Anglais. — Capitaine de vaisseau, le..., jusqu'au 1er mai 1693.

[2] Thomas Claude Renard de Fuschamberg, marquis d'Amblimont, de Champagne. — Lieutenant de vaisseau, le 30 novembre 1663 ; — capitaine de vaisseau, en 1669 ; — chef d'escadre, le 1er janvier 1693 ; — chevalier de Saint-Louis, le 11 mai 1693 ; — gouverneur général aux Isles, le 1er septembre 1696 ; — mort à la Martinique, le 17 août 1700.

les mats et l'eau, il peut arriver qu'après un aussy long temps qu'il y a que les vents sont à l'est ils changeront à l'ouest et m'empescheront d'y ariver aussy tost qu'il seroit à souhaitter.

Je crois qu'il est à propos que les gallères attendent au Havre les ordres que je leur envoyray pour me venir trouver à Sainte-Hélène quand je feray route pour y aller ; je ne vous fais point le détail de tout ce qui s'est passé dans le combat, le major général vous en informera. *Je vous suis extrêmement obligé de la part que vous avés pris à ce qui m'est arivé dans ce combat par la lettre que vous m'avez fait l'honneur de m'écrire de vostre main ; mais vostre lettre du quatre, que j'ay receu en mesme temps, a baucoup diminué le plaisir que je venois de recevoir, puisqu'il paroist que vous avez pu douter de mon zèle et de mon ardeur pour l'exécution des ordres du Roy*, qui n'ont jamais esté moindre que le respect et l'attachement avec lesquels je suis,

Monseigneur, vostre très humble et très obéissant serviteur.

Le comte DE TOURVILLE.

Devant Larie, le 15 juillet 1690.

Je vous réitère la très humble prière que je vous ay faite pour le Sr Trüillet ; c'est une justice que vous luy rendrés de le faire capitaine ; il a servy toute sa vie avec distinction.

Le sieur Chapizeau [1] mérite aussy que vous le fassiés major et que vous donniés le commandement d'un vaisseau au sieur de Blenac quand loccasion s'en présentera.

(*Archives de la Marine*. — Campagnes.)

A SEIGNELAY.

16 juillet 1690.

(*Lettre autographe.*)

Monseigneur,

Depuis le départ du major général, les sieurs de Sepville et du Chalart ont obligé deux navires de se brusler, dont l'un est holandois, de soixante pièces de canon, et lautre anglois, à trois ponts, de quatre-vingt-dix pièces de canon ; l'on juge, par les trois fanaux qu'il portoit et de la manière dont il estoit dématé, que c'estoit celuy que comandoit le duc de Grafton ; on a conté, en brulant soixante et dix-neuf coups de canon, le visamiral d'Holande eschoué proche de Bevesier, s'est tiré à terre et s'est déchargé de tout ce qu'il avoit dans son bord ; on ne peut le brusler que par des détachements de chaloupe, ce qui est fort difficile, parce que aucun de nos navires de guerre n'en peut aprocher pour les soutenir ; il y a lieu de croire qu'ils se sont retranchés, ayant faict une tante proche du vaisseau sur lequel ils ont arboré le pavillon

---

[1] Chapizeaux. — Garde de la marine, le 24 février 1680 ; — enseigne de vaisseau, le 1er janvier 1682 ; — aide-major, le 19 avril 1686 ; — aide-major des armées navales, le 10 janvier 1687 ; — major, le 1er janvier 1691 ; — mort à Brest, le 4 septembre 1718.

de visamiral; comme ce vaisseau est à sept lieues d'icy, au vent de l'armée, et que cella m'empescheroit de suivre les ennemis, je vesray en repassant ce qui se poura faire; j'avois mouillé ce matin devant Lavie sur le raport qui me fust faict qu'il y avoit cinq vaisseaux de guerre anglois échoués qu'on pouroit encore brusler, mais les ayant envoyé recognoistre par le sieur Du Chalart, il m'a raporté qu'il n'y en avoit que deux de soixante pièces environ qui se sont ce matin retirés en dedans en manière qu'il est impossible de les insulter y ayant une baterie qui commande l'entrée et qui n'est pas plus large que la portée d'un mousqueton dont les vaisseaux ne peuvent poinct aprocher à la portée du canon à cause des bans qui la couvrent, le *Cheval-Marin* se trouvant détaché, j'envoye le *Faucon* au Havre et je fais passer le sieur Bart à Dunquerque avec la flotte chargée de canons. J'apareille pour suivre tousjours les ennemis. Je suis avec beaucoup de respect.

Je ne peux m'empescher de vous dire que nous ferions mille fois plus de diligence à la rade du Havre pour racomoder et remater nos navires, qui sont beaucoup plus incommodés que je ne croyois, et pour y prendre de l'eau et les autres besoins, et y débarquer, Monseigneur, les plus malades, dont le nombre est fort grand.

Vostre très humble et très obéissant serviteur.

Le comte DE TOURVILLE.

Devant Larie, le 16 juillet 1690.

(*Archives de la Marine.* — Campagnes.)

A SEIGNELAY.

A la rade de Torbay, 2 août 1690.

(*Lettre autographe.*)

Monseigneur,

Depuis la dernière lettre que je me suis donné l'honneur de vous écrire, nous sommes arrivés à Torbay; les galères y mouillèrent le soir; nous fûmes obligés de passer la nuit à la mer, et le lendemain nous vinmes mouiller à l'abri de la baie de Torbay; comme nous en étions éloignés, nous appareillâmes le lendemain pour nous approcher des galères. Les détachemens sont faits, comme je vous ai mandé, à vingt hommes par chaloupe. Comme je me suis approché du corps des galères, ce mouvement a fait que quelque cavalerie a paru sur la côte; il a paru aux capitaines des galères qu'ils ont fait quelques retranchemens. Le vent, qui est forcé au nord-ouest, empêche d'exécuter notre projet; nous attendons que le vent se soit calmé, afin qu'à l'entrée de la nuit les galères appareillent avec les chaloupes commandées pour aller à Bratport, qui est à neuf lieues d'où nous sommes mouillés; les galères remorquent trois chaloupes afin qu'elles y puissent arriver en même temps. Vous serez informé par MM. de Bonrepos et de Vauvré de l'état auquel nous sommes. J'ai fait mouiller notre armée en trois colonnes, afin d'avoir plus de communication les uns et les autres. Il ne peut venir aucun bâtiment de Cherbourg ni du Havre par le vent qu'il fait.

Je suis, avec beaucoup de respect, Monseigneur, votre très humble et très obéissant serviteur.

Le comte DE TOURVILLE.

(*Archives de la Marine.* — Dossier Tourville.)

A SEIGNELAY.

A la rade de Torbay, ce 5 août 1690.

(*Lettre autographe.*)

Monseigneur,

Après avoir demeuré quelque temps à la rade de Torbay sans pouvoir rien entreprendre avec les galères par la contrariété des vents qui nous ont toujours été contraires sur les vues que j'avais eues, je n'ai pas voulu perdre un moment de temps pour tâcher d'entreprendre quelque chose. *Je m'embarquai hier dans mon canot pour visiter moi-même la côte;* j'étais accompagné par le brigantin de M. le chevalier de Noailles. Je n'ai point trouvé d'endroit plus propre ni qui convint mieux aux galères pour faire un débarquement que Tinmouth, dans la vue que j'avais de faire brûler douze vaisseaux qui y étaient. J'en apportai un petit plan aux officiers généraux et je donnai les ordres pour exécuter ce dessein le lendemain à la pointe du jour. J'avais donné ce commandement à M. de Villette; mais M. le comte d'Estrées me l'a demandé. Je donnai ordre aux galères d'être à la pointe du jour devant Tinmouth. Tous les détachemens ont été faits selon le projet que je vous avais envoyé; les troupes débarquèrent le plus heureusement du monde sans qu'elles aient éprouvé aucune résistance, et elles se sont rembarquées de la même manière, après avoir brûlé les navires qui étaient dans cette rivière. Ladeneau a été commandé avec son canot pour exécuter ce dessein : il y a réussi parfaitement et a eu toute la bonne conduite que vous pouvez souhaiter. J'avais vu de la cavalerie dans le temps que je fus sonder cette rade ; j'avais ordonné à M. le comte d'Estrées de ne point s'y engager s'il trouvait de la résistance. Le major-général étant sur la galère de M. de Mailly avec lui, l'on a proposé de le laisser descendre avec les grenadiers, et qu'en cas qu'il trouvât une grande résistance, il n'engagerait pas davantage de troupes pour le faire soutenir, et que s'il se rendait maître des premières maisons, la descente était assurée, ce qui a très bien réussi ; et n'ayant point trouvé de résistance, il a fait prendre les retranchemens et la batterie des ennemis à revers, et dans ce temps-là toutes les troupes se sont débarquées. Par le détail que M. de Bonrepos vous fera de la conduite qu'il a eue dans cette affaire, vous serez convaincu qu'il était propre pour avoir ce détachement, comme je vous l'avais proposé. M. le comte d'Estrées s'est comporté, dans toute cette affaire, avec beaucoup de prudence, et les troupes se sont rembarquées en très bon ordre. Je mets à la voile pour aller du côté de Plymouth, où j'apprends qu'il y a quantité de vaisseaux. Soyez persuadé, s'il vous plaît, que je n'oublierai rien de ce qui peut aller à la gloire du Roi et à notre satisfaction. M. de Bonrepos vous informe de tout ce détail.

Je suis avec beaucoup de respect, Monseigneur, votre très humble et très obéissant serviteur.

Le comte DE TOURVILLE.

(*Archives de la Marine.* — Dossier Tourville.)

A PONTCHARTRAIN.

A la rade de Brest, ce 1er juin 1691 [1].

(*Lettre signée.*)

Monseigneur,

J'aurois mis à la voille hier, comme je m'estois donné l'honneur de vous le mander le dernier ordinaire, sy le vent avoit esté bon pour sortir. J'ay reçeu une lettre de M. Cogolin, par laquelle il me marque qu'on a toutes les peines du monde à faire de l'eau à Belisle et qu'on n'en peut faire qu'une barique dans une demye-heure; je sçavois cette difficulté par l'expérience que j'en eus il y a deux ans avec toutte l'armée; je fis connoistre à feu Monsieur de Seignelay l'importance qu'il y avoit de faire des fontaines. Monsieur de Vauvré m'a fait esperer qu'on y alloit travailler.

J'ay leu l'instruction que vous m'avés envoyée [2] pour la campagne sur laquelle je me donneray l'honneur de vous répondre incessamment. Comm'il se pouroit faire que les vents nous retiendroient quelque temps dans cette rade et que le plus grand nombre de vaisseaux se trouve présentement à Belisle; sy le Roy le trouvoit à propos, je m'y en yrois en poste pour me mettre sur le plus gros vaisseau qui y seroit, vous ne trouveray jamais en moy aucune difficulté pour ce qui regarde ma personne, et je seray toujours ravy de profiter des moindres occasions qui se présenteront, lorsqu'il s'agira du service. Il seroit à souhaitter que toutte l'armée fut dans cette rade; sy les vaisseaux qui sont venus d'Irlande y estoient entrés, ils seroient presentement en estat de sortir, sy les ennemis sont prest; ils peuvent estre en quarante heures sur Oüessant et empescher nostre jonction; non seulement ils l'empescheroient, mais ils pouroient aller combattre les vaisseaux qui sont à Belisle, qui n'ont aucune retraitte dans ces costes; je reccus des ordres du Roy lorsque je passay le détroit avec vingt vaisseaux pour aller à Belisle. Sy j'y avois esté dans le temps que j'apris que l'armée ennemie estoit sur Oüessant, nostre

---

[1] Louis Phélippeaux, comte de Pontchartrain, ministre de la marine, du 7 novembre 1690 au 6 septembre 1699.
[2] Instruction du Roi du 26 mai 1691.

jonction ne se seroit point faitte, et toutte nostre armée auroit esté en désordre.

Sy nostre armée estoit assemblée à Brest, les ennemis ne pouroient l'empescher de sortir le bout feu à la main (ayant le vent sur eux) pour les aller combattre sur Ouessant.

Je vous ai envoyé par le dernier ordinaire mes signaux de reconnoissance que vous m'aviés demandé et je les ay donnés à Monsieur de Bonrepaus, pour qu'il les envoye dans tous les endroits que vous me marqués. Monsieur de Vauvré doit vous rendre compte presentement de l'estat des vaisseaux, brulots et flûtes qui sont dans ce port et dans cette rade.

Je suis avec beaucoup de respect et d'attachement, Monseigneur, vostre très humble et très obéissant serviteur.

(*Archives de la Marine.* — Campagnes.) TOURVILLE.

A PONTCHARTRAIN.

A la rade de Brest, ce 6 juin 1691.

(*Lettre signée.*)

Monseigneur,

Je vous envoye le résultat du conseil des officiers généraux, de Monsieur de Bonrepaus et de M^{rs} les intendants, qui vous fera connoistre la pressante nécessité qu'il y a que nostre jonction se fasse de la manière dont je vous envoye ce résultat ; vous sçavés que je me suis donné l'honneur de vous écrire par mes précédantes mes sentimens sur nostre jonction ; vous croyés bien qu'après des ordres positifs du Roy de faire nostre jonction à Belisle, je n'ose pas envoyer un ordre à Monsieur de Villette pour venir dans cette rade en cas que les vents luy permettent ; c'est au Roy et à vous à examiner ce résultat, qui est le seul party qu'il y a à prendre dans cette conjoncture presante ; cela n'empeschera pas que je ne parle aussy tost que le vent me le permettra pour aller à Belisle ; j'envoyray à M. de Villette le résultat de nostre conseil afin qu'il se tiene prest à partir en cas que vous luy envoyés vos ordres ; je vois, par la lettre que vous m'avez envoyée par vostre courier du trois de juin, la nécessité qu'il y a de nous joindre ; voilà le seul qui est le plus convenable et que j'aurois pris sur moy sy vous m'en aviés donné la liberté ; je vous supplie d'estre persuadé que je n'ay aucune envie de demeurer à Brest que par raport au service, puisque j'ay offert au Roy de m'en aller par terre à Belisle pour me mettre à la teste des vaisseaux qui y sont et que je vous offre encore la mesme chose sy les vents continuent à me retenir dans ce port.

Je détache continuellement des courvettes pour aprendre des nouvelles des ennemis. Je suis avec beaucoup de respect,

Monseigneur, vostre très humble et très obéissant serviteur.

(*Archives de la Marine.* — Campagnes.) TOURVILLE.

A Pontchartrain.

A la rade de Brest, ce 7 juin 1691.

(Lettre signée.)

Monseigneur,

Je viens de recevoir la lettre que vous m'avés fait l'honneur de m'écrire par un courier exprès dattée du quatre de juin qui me tire de la plus cruelle inquiétude ou j'aye jamais esté de n'avoir pu faire il y a huit jours ce que le Roy trouve bon que nous fassions ; j'envoye dans ce moment un ordre à M. de Villette pour se rendre incessamment dans la rade de Brest en cas que les vents luy soient favorables pour se mettre à la voille. Cela n'empeschera pas que je ne parte de cette rade aussy tost que le vent poura me le permettre pour aller à sa rencontre ; vous voyés la pressante nécessité qu'il y a de nous joindre et ce que je me suis toujours donné l'honneur de vous écrire sur ce sujet ; je vous supplie de me faire la justice de croire que je n'ay pas perdu un moment pour sortir de cette rade, d'où je serois party il y a unze jours avec cinq vaisseaux, sy le vent me l'avait pu permettre. Par le résultat du conseil qui fut tenu hier, vous aurés veu les inconvénians qu'il y a de tenir l'armée à Belisle, où elle peut estre insultée lorsque les ennemis auront le vent sur nous sans que nous puissions nous eslever de la coste ; ce seroit un grand bonheur pour l'armée du Roy que les ennemis voulussent se tenir dans cette rade et que nous pussions aller sur eux avec un vent de sud-ouest. Je vous envoye la coppie de l'instruction que vous m'avés envoyée. *Il y a quelques articles que j'ay apostilez que vous prendrés la peine, s'il vous plaist, d'examiner.* Je suis avec beaucoup de respect,

Monseigneur, votre très humble et très obéissant serviteur.

TOURVILLE.

(Archives de la Marine. — Campagnes.)

Instruction pour le sieur comte de Tourville, vice-amiral de France, commandant l'armée navale du Roi.

A Marly, le 26 mai 1691.

(Lettre annotée par Tourville.)

1.

Ledit sieur de Tourville a été informé du nombre de vaisseaux que Sa Majesté a fait armer dans ses ports pour composer son armée navale, et il en verra encore plus particulièrement, par la liste ci-jointe, les noms et la force, et les officiers que Sa Majesté a choisis pour les commander.

II.

Les mesures que les ennemis ont prises pour avancer leur armement doivent obliger à faire tout ce qui peut dépendre de ses soins et de son application pour faire mettre en état, sans perte de temps, les vaisseaux auxquels il pourra y avoir quelque chose à faire lorsqu'il recevra cette instruction, et Sa Majesté lui commande de faire finir les difficultés qui pourraient venir de la part des capitaines et causer quelque retardement.

III.

Sa Majesté lui a donné ses ordres pour faire passer à Belle-Ile tous les vaisseaux qui se trouveront à Brest, et elle a donné les mêmes ordres dans les autres ports, de sorte qu'elle espère que son armée y sera rassemblée et en état d'agir à la fin de ce mois.

IV.

Sa Majesté veut qu'aussitôt que l'armée sera assemblée, elle mette à la voile, et qu'elle vienne se mettre à l'ouvert de la Manche, de sorte qu'il n'y puisse entrer ni sortir aucun bâtiment sans tomber au pouvoir des vaisseaux de Sa Majesté.

V.

Elle est bien aise de l'avertir, pour cet effet, que les flottes anglaises et hollandaises de Smyrne, qui sont parties de Livourne le septième du mois d'avril, et qui ont paru devant Alicante le septième de ce mois, pourront être à l'entrée de la Manche au commencement de juin; qu'il est de la dernière importance que ledit sieur de Tourville soit en état de l'attaquer; et Sa Majesté veut bien lui dire que le service qu'il lui rendrait s'il enlevait cette flotte, qui est riche de 30,000,000, serait plus important pour l'exécution des desseins de Sa Majesté que s'il remportait une seconde victoire sur l'armée navale des ennemis.

VI.

Outre cette flotte, dont la perte ruinerait sans ressource le plus considérable commerce des ennemis, il est certain qu'il s'en présentera plusieurs autres dans le cours de cet été, dont ledit sieur de Tourville peut se rendre maître sans que les vaisseaux de Sa Majesté courent aucun risque.

VII.

Quoique ces services soient très importants, et qu'ils demandent une grande application de la part du sieur de Tourville, cependant, comme ce n'est pas le principal objet que Sa Majesté a eu en mettant son armée navale à la mer, elle est bien aise de lui expliquer ses intentions sur ce qu'il doit faire pendant cette campagne.

VIII.

Sa Majesté est informée que ses ennemis ont armé tous les vaisseaux qu'ils ont pu mettre en mer, et elle ne doute pas que lorsque les Anglais et les Hollandais seront joints, ils ne soient supérieurs en nombre à ses vaisseaux ; mais elle est en même temps persuadée que ses vaisseaux sont supérieurs par la valeur et bonne contenance de ses officiers, par la qualité de leurs équipages et par la grosseur de leur artillerie. Cependant l'intention de Sa Majesté n'est pas que ledit sieur de Tourville aille chercher les vaisseaux ennemis dans la Manche ; elle veut seulement qu'il croise à l'ouvert de ladite Manche, afin d'y pouvoir entrer si son service le demandait.

IX.

Comme la principale vue de Sa Majesté est de garantir ses côtes des descentes des ennemis et de tâcher de rendre leurs armements inutiles, elle veut qu'il attende, dans la croisière qu'elle lui a marquée ci-dessus, des nouvelles des mouvements des ennemis.

X.

En cas qu'ils sortent de la Manche et qu'ils soient en nombre supérieur, Sa Majesté ne veut pas qu'il les attaque ; elle veut au contraire qu'il les évite, en ménageant cependant autant qu'il se pourra la réputation de son armée navale et profitant des occasions favorables que sa capacité et son expérience peuvent faire naître, étant certain qu'il peut y avoir des dispositions telles à la mer que le petit nombre peut devenir supérieur au grand.

Apostilles au crayon, de la main de Tourville : « Il serait nécessaire d'être informé du nombre et force des vaisseaux de guerre de l'armée ennemie ; il ne faudrait pas hésiter à les attaquer, si leurs forces n'étaient supérieures aux nôtres que d'un petit nombre de vaisseaux de six, sept, jusqu'à huit. Comme j'ai déjà eu l'honneur de le dire au Roi, dès le moment que deux armées sont en présence, en état de se pouvoir reconnaître, il est impossible d'éviter un combat. Quand une armée ennemie voudra engager l'autre et qu'elle aura le vent, dans une saison où la nuit n'est que de trois à quatre heures, et où les coups de vent ne peuvent pas faciliter une séparation, il n'y aurait d'autre expédient que d'abandonner tous les vaisseaux qui ne seront pas fins de voiles, ce qui ne se peut pas pratiquer, car ce serait une manœuvre qui intimiderait de telle manière les équipages, qu'il serait très difficile de les pouvoir rassurer lorsqu'il faudrait combattre ; tous les officiers généraux, et ceux qui ont de la pratique à la mer, conviendront de ce fait, et que le meilleur parti (quoique inférieur) est d'attendre l'ennemi en bon ordre et tenir une brave contenance. »

XI.

Mais en cas que les ennemis sortent de la Manche avec un nombre de vaisseaux inférieur ou égal à ceux de Sa Majesté, elle veut que ledit sieur de Tourville les attaque, qu'il les combatte, et qu'il tâche pour cela de les attirer autant qu'il se pourra sur les côtes de France.

XII.

Si les ennemis, étant sortis de la Manche, prenaient la route des côtes de France, comme la baie de Bourg-Neuf, La Rochelle, ou la rivière de Bordeaux, l'intention de Sa Majesté est que ledit sieur de Tourville les suive, qu'il les attaque sans marchander, et qu'il les combatte quoiqu'à nombre égal, se remettant à lui de prendre les précautions convenables en pareille occasion.

XIII.

Mais si les ennemis, étant sortis de la Manche, faisaient route en Irlande, Sa Majesté veut que ledit sieur de Tourville les suive ; et s'ils entraient dans la rivière de Galloway ou dans celle de Limerick, qu'il les y attaque de la même manière qu'il lui est ordonné sur les côtes de France dans l'article précédent.

XIV.

Il ne paraît pas à Sa Majesté que les ennemis puissent faire d'autres entreprises en sortant de la Manche que celles ci-dessus expliquées ; mais en cas que leur dessein fût de rester dans la Manche, d'y faire quelque descente et d'attaquer quelque ville, Sa Majesté veut que, si c'est à l'ouest du cap de La Hogue, c'est-à-dire entre ce cap et Brest, il y entre, *qu'il les attaque en quelque nombre qu'ils soient;* mais qu'il attende de nouveaux ordres de Sa Majesté si l'attaque se fait entre ce cap et Dunkerque. Il concevra aisément qu'il sera difficile que les ennemis puissent laisser les vaisseaux qu'il faudra pour soutenir leur attaque, et venir avec un assez grand nombre au devant de lui ; d'ailleurs, comme ils n'ont point de troupes surnuméraires embarquées sur leurs vaisseaux, et que les gens qui seront à terre feront des détachements des équipages, il sera difficile que les vaisseaux qui viendront au-devant de lui soient en état de rendre un combat bien opiniâtre. Ainsi, en quelque nombre que les ennemis puissent être, il est vraisemblable que les vaisseaux de Sa Majesté seront plus forts ; et en cas qu'il eût le bonheur de remporter un grand avantage sur les ennemis, Sa Majesté veut qu'il les pousse le plus loin qu'il se pourra, et que si les ennemis prenaient la fuite devant lui, il les poursuive jusque dans leurs ports.

Apostille au crayon de la main de Tourville :

« Je suis persuadé que n'y ayant point de troupes surnuméraires embarquées sur la flotte ennemie, elle ne peut faire de défense d'aucune considération, et qu'elle n'en entreprendrait que pour engager l'armée du Roi à entrer dans la Manche, et il est certain qu'une armée qui viendrait pour en combattre une autre ne serait pas en état de faire aucun détachement de ses équipages. La seule chose qu'il me paraît que les ennemis puissent exécuter, étant beaucoup supérieurs en nombre de vaisseaux, c'est d'en employer quelques-uns pour soutenir les galiotes à bombe qu'ils destineraient à bombarder Dieppe ; il me paraît, par le raisonnement des pilotes de Saint-Malo, que tout ce que peuvent faire les ennemis est d'y faire approcher deux ou trois galiotes, qui, cependant, seraient à plus de douze cents toises de la place, à moins qu'ils ne voulussent se servir de la marée pour approcher les galiotes, ce qui ne pourrait pas être de longue durée et très difficile à exécuter. »

XV.

En cas que les choses se passent de part et d'autre de manière qu'il n'y ait aucun combat jusqu'au mois d'août, Sa Majesté est persuadée que les ennemis seront en ce temps peu en état d'attaquer, par le nombre de malades qu'ils auront immanquablement, étant informée qu'ils en ont déjà plusieurs; en ce cas, elle s'attend que ses vaisseaux pourront en ce temps entreprendre quelque chose contre eux. Elle espère que la santé se conservera mieux parmi les équipages de ses vaisseaux que par le passé, par le soin qu'elle a pris qu'il ne fût embarqué que de bons vivres; et elle recommande encore audit sieur de Tourville d'examiner avec beaucoup d'attention les causes principales des maladies qui arrivent sur les vaisseaux, et de donner les ordres qu'il estimera nécessaires pour les éviter.

XVI.

Sa Majesté est bien aise de l'informer qu'elle fait état de faire passer à Brest ou à Rochefort, aussitôt que cela se pourra, les sept vaisseaux qui sont à Dunkerque; et, comme ces vaisseaux pourront le joindre à l'entrée de la Manche ou sur les côtes d'Irlande s'il était obligé d'y aller, Sa Majesté désire qu'il lui envoie les signaux de reconnaissance, afin qu'elle les fasse tenir au commandant de ces vaisseaux; il faut aussi qu'il en laisse une copie au sieur Desclouseaux, et qu'il en envoie aux sieurs Bregon, Gabaret, Louvigny et Patoulet, afin qu'ils s'en puissent servir pour les bâtiments qu'ils auront à lui envoyer pendant qu'il tiendra la mer.

XVII.

Sa Majesté veut absolument que ledit sieur de Tourville tienne la mer depuis le jour qu'il mettra à la voile jusqu'au premier du mois de septembre prochain. Cependant, en cas que, par quelque accident que Sa Majesté ne peut prévoir, il soit obligé de se rendre dans un port, elle veut que ce soit à la rade de Belle-Ile, à celle de Groye ou autre de la côte, à l'exception de celles de Bertheaume et de Brest, lui défendant d'y entrer, à moins que tous ses vaisseaux ne fussent incommodés après un combat à un point qu'ils fussent hors d'état de tenir la mer le reste de la campagne; mais, en cas qu'en ce temps, premier septembre, ledit sieur de Tourville n'ait point d'ordre contraire, Sa Majesté désire qu'il renvoie ses vaisseaux dans les ports, qu'il rentre avec trente-cinq à Brest, qu'il en envoie dix à Port-Louis, et vingt-cinq à Rochefort, et Sa Majesté désire qu'il lui fasse savoir son avis sur le choix des vaisseaux qu'il faudra envoyer en chacun de ces ports.

Apostille de Tourville :
« On relâchera à Belle-Ile, suivant l'intention du Roi, autant qu'on le pourra, le lieu des relâches dépendant des vents et des accidents qui arrivent à la mer; ainsi, je ne peux point déterminer l'endroit où l'armée pourrait relâcher, les uns pouvant être

obligés d'entrer dans la Manche, d'autres à Brest, d'autres à Belle-Ile et d'autres aux rades de La Rochelle; il est de la dernière importance que toute l'armée relâche en même lieu et ensemble par les inconvéniens qui pourraient résulter d'une séparation. »

Fait à Marly, le 26 mai 1691.

Signé : LOUIS

Et plus bas :

(*Archives de la Marine*). PHELIPEAUX

A PONTCHARTRAIN.

A la rade de Brest, ce 9 juin 1691.

(*Lettre signée.*)

Monseigneur,

Je viens de recevoir vostre lettre du six juin, par laquelle vous me marqués que le Roy désire que je prene la poste pour aller à Belisle suposé que les vaisseaux d'icy ne fussent pas prest à mettre à la voille, je l'aurois fait dans le moment s'ils ne l'estoient pas et sy je n'avois pas envoyé un courier à M. de Villette pour luy donner ordre de venir icy en cas que les vents soyent bons pour l'amener afin de faire nostre jonction. Sy je prenois la poste pour aller à Belisle il se trouveroit peut-estre que pendant que je serois sur les chemins M. de Villette appareilleroit de Belisle, et M. de Chasteaurenault de Brest et que je me trouverois hors d'estat de pouvoir rendre aucun service par le contretemps de ce voyage; ainsi je demeureray sur le *Soleil royal* pour profiter des premiers vents favorables pour nous joindre, soit en allant à eux, ou eux venant à nous suivant les mesures que nous avons prises et dont je vous ay informé. Monsieur de Bourepaus et Monsieur de Vauvré m'ont dit que le Roy n'avoit pas trouvé bon que j'eusse fait caréner le *Trident;* je ne lui ay fait donner cette carène que parce que j'estois assuré qu'il seroit plus tost prest à mettre à la voille que quelques brullots qui auroient esté obligés de rester dans ce port, et qu'il estoit necessaire de leur laisser un vaisseau de guerre d'escorte; il y a une autre raison qui est que dans une armée comme celle-cy, il faudroit qu'il y eust toujours quatre navires fins de voille, afin de les pouvoir détacher pour aprendre des nouvelles des ennemis : il arive souvent qu'on est obligé d'en envoyer qui ne marchent point, qui peuvent estre pris et qu'on a le chagrin de n'aprendre aucune nouvelle de l'armée enemie, ce qui est tres important. Le *Trident* qui a esté carené est prest à sortir et ne retardera rien et nous sera dans cet état de toutte une autre utilité qu'il ne l'auroist esté.

Je crains que la flotte qui vient de Smirne ne passe par le nord d'Ecosse, mais sy elle vouloit entrer dans la Manche il y a aparence qu'elle fera sa route pour se mettre à la hauteur du cap Lezard; c'est pourquoy quand l'armée sera jointe, si le Roy le trouvoit à propos, nous nous mettrions en estat de nous trouver à son passage, et pour cet effet il faudroit se mettre au oüest quart de sud'oüest à vingt-cinq lieues des Sorlingues, mais il faut remarquer que dans cette croisière nous serions un peu plus esloignés de pouvoir secourir les costes de France, en cas que les ennemis voulussent faire quelque entreprise que d'estre dans la croisière que je vous avois proposé qui est à vingt-cinq à trente lieües au oüest nord-ouest d'Oüessant. Je suis, avec beaucoup de respect,

Monseigneur, vostre très humble et très obéissant serviteur,

TOURVILLE.

(*Archives de la Marine.* — Campagnes.)

A PONTCHARTRAIN.

A la rade de Brest, ce 22 juin 1691.

(*Lettre signée.*)

Monseigneur,

Jay receu la lettre que vous m'avés fait l'honneur de m'écrire du seize juin, vous aurés veü par mes précédentes que Monsieur de Villette est entré dans cette rade le seize de ce mois, le dix-sept on commença à travailler à changer le canon, à charger les vivres et à changer l'eau qu'on avoit pris à Belisle; tout ce travail a esté fait en quatre jours ; on s'y est employé le jour et la nuit sans aucune discontinuation et on n'a eü dan cette rade, pour faire tout ce changement, que cinq gabares pour le canon qui ont esté employées à soixante navires ; hier, à six heures du matin, je fis tirer le coup de partance pour mettre à la voille, le calme nous prit et les vents qui changèrent à tout moment nous empeschèrent de sortir ; il ne nous manque plus de vaisseaux que l'*Orgueilleux*, l'*Entreprenant*, le *Brave* et la *Sirène*, les vaisseaux le *Saint-Esprit*, l'*Illustre* et le *Laurier* arrivèrent hier au soir avec la flutte chargée de canon dont nous ne nous servirons point, à moins que le vent ne soit tout à fait contraire quoy que seize pièces de trente-six nous seroient d'un très grand secours et beaucoup d'autres encore qui nous manquent qui sont aussy armés, je ne met point en peine des vaisseaux l'*Entreprenant*, le *Brave* et la *Sirène*, mais pour l'*Orgueilleux*, qui occupe un des postes de l'armée le plus considérable et qui commande une division entière, il est d'une grande importance qu'il soit avec nous auparavant de trouver les ennemis ; cest pourquoy s'y nous sortons de cette rade et que le vent nous le permette, je l'yray attendre est et oüest de Pennemarc à vingt lieües au large qui donne dans l'Iroise, je d'étacheray de petits bastimens qui passeront par les Rats afin de l'avertir du rendés-vous que je lui donneray et jen laisseray d'autres à l'entrée de l'Iroise pour luy donner le mesme avis quoy qu'il ne puisse passer dans cet endroit sans qu'il nous voye sy le temps est clair.

Je prendray la liberté de vous dire mon sentiment sur ce que vous me marqués d'examiner au sujet d'aller attaquer les ennemis dans les rades de Torbay et de Spitad.

Nous ne pouvons aller à la rade de Torbay qu'avec des vents d'oüest et d'oüest-sud-oüest que nous appellons vent d'aval, avec ces mesmes vents les ennemis ne peuvent estre surpris à l'ancre à la rade de Torbay pouvant se mettre à la voille et s'en aller vent arrière jusques à ce qu'ils soyent dans le lieu le plus avantageux de la Manche pour nous combattre qui est entre le pas de Calais et l'isle de With, parce que dans cet endroit s'y les vents d'oüest-sud-oüest continuoient à se renforcer nous n'aurions aucun moüillage que les dunes ou derrière le banc de Gedoüin, comme l'armée ennemie le fait counoistre, qui estoit mouillée à Lavic et qui a esté obligée de relacher aux dunes, qui sont des endroits où il ne convient point que l'armée du Roy aille par le désavantage qu'elle en pouroit recevoir, et il seroit honteux que nous parussions à la rade de Torbay sy en les voyant nous ne les poursuivions pas en cas qu'ils voulussent nous attirer plus avant dans la Manche ; je ne crois pas cependant que, sy les ennemis estoient mouillés à Torbay, ils voulussent éviter un combat dans cet endroit parce qu'en quelque lieu de la Manche qu'ils nous combattent, il est toujours plus avantageux pour eux par toutes les retraittes qu'ils y ont et nous n'y en ayant aucune.

Pour ce qui regarde la rade de Spitad, ce lieu nous est encore plus désavantageux, et l'armée ennemie ne s'y engagera assurément pas ; on nous avoit dit l'année passée que trente de leurs navires y estoient moüillés et j'avois donné ordre qu'une partye de l'armée du Roy y entrast avec moy, cependant nous les trouvasmes avec toutte leur armée à Saint-Héleine, qui est une pointe de l'isle de With, le long de la terre, en ordre de bataille, et, de quelque costé que le vent fut venu, ils évitoient le combat s'ils en avoient eu le dessein ; sy nous avions eû le vent sur eux, ils auroient pû passer le pas de Calais vent arrière et, s'ils avoient eû le vent sur nous comme ils l'eurent, ils auroient encore pu l'éviter en étalant les marées jusques au pas de Calais comme j'ay eû l'honneur de vous l'expliquer cet hiver, parce que les fonds viennent en diminuant et que la mer n'est jamais fort grosse d'un vent d'amont, parce que ces vents passant par dessus la Terre, ils ne causent jamais une grande mer ; ce nest pas la mesme chose quand on veut aller à l'oüest, les fonds viennent en augmentant, la mer y devient grande et il n'y a point de terre voisine qui empesche cette mer de s'élever comme du costé du pas de Calais ; le Roy m'a toujours veû dans ces sentimens et jay pris la liberté de vous l'expliquer. *Quoy que je vous représente touttes ces raisons, cela n'empesche pas que sy le Roy désire qu'on entre dans la Manche, vous ne trouverés en moy aucune difficulté ;* je vous ay toujours dit mon sentiment en homme d'honneur et ce sentiment sera toujours confirmé par tout ce qu'il y a de gens qui ont de l'expérience à la mer.

Il n'y a aucun endroit dans la Manche où nous puissions obliger les ennemis de combattre, quand ils ne le voudront pas, parce que leurs retraittes sont voisines et qu'ils peuvent étaler les marées, cest une vérité dont furent convaincus, la campagne passée, tout ce qu'il y a de gens qui n'en avoient eû aucune connoissance, quoy qu'on y eust remporté un très grand avantage et que les temps eussent toujours esté beaux ; ils ont aussy l'avantage de pouvoir faire couper nos cables s'ils ont le vent sur nous estant mouillés en présence les uns des autres comme l'année passée et, sy une pareille manœuvre arrivoit deux fois, on seroit obligé de se retirer à Brest.

Je vous réitère encore que ce que j'ay l'honneur de vous en dire n'est point pour éviter d'aller dans la Manche lorsque le Roy le souhaittera, mais la connoissance que j'ay des désavantages qu'on a dans ce lieu m'oblige, dans le poste où je suis, de vous représenter ce qui en est ; vous m'avez toujours veü parler de cette manière et tous ceux qui sçauront la mer et qui seront de bonne foy, vous en parleront de mesme. L'armée du Roy ne sçauroit entrer dans la Manche que la coste n'en soit avertie, parce qu'il est nécessaire de se tenir en veüe de celles d'Angleterre plustost qu'à celles de France qui sont dangereuses, outre que les ennemis ont toujours des frégates avancées pour leur donner avis de tout ce qui entre dans la Manche.

Jay exécuté l'ordre du Roy que vous m'avés envoyé au sujet de M. de Villette et de M. Forant [1] ; vous remarquerés s'il vous plaist que le *Foudroyant*, qui est à l'avant-garde, a six cents hommes d'équipages, M. de Villette sept cents et le *Grand*, qui est de la mesme division, en a six cens trente. M. Forant, qui porte le pavillon de vice-amiral blanc et qui est de la mienne, n'a que cinq cens cinquante hommes. M. de Flacourt [2], qui porte le pavillon de contr'-amiral blanc, n'en a que cinq cens cinquante : ainsy vous devés juger de la force de ces deux divisions et de la nécessité qu'il y avoit que les choses fussent demeurées dans l'estat que je les avois mises, le corps de battaille devant estre plus fortifié que les deux testes, je n'ay en veüe que de gagner une battaille pour la gloire du Roy et d'en trouver les moyens sans aucune complaisance pour personne.

Il me paroist que l'affaire la plus importante à quoy les ennemis doivent songer est de venir nous donner battaille pour couvrir leur flotte qui vient de Smirne, afin que par un combat ils nous fassent rentrer dans nos ports ; s'ils vont à sa rencontre, ils ne pourront sçavoir précisément le lieu où ils la trouveront quand mesme ils luy auroient marqué la hauteur à laquelle ils doivent la rencontrer, pouvant estre plus à l'oüest ou à l'est qui, aparamment, sera le cap Lezard ; c'est par cette raison qu'il leur convient de nous venir chercher en toutte diligence dans la crainte qu'ils doivent avoir que nous n'allions au devant d'elle plus ou moins à l'est ou à l'oüest de cette hauteur, à moins qu'ils ne la fassent passer par le nord d'Écosse. Je suis, avec beaucoup de respect,

Monseigneur, vostre très humble et très obéissant serviteur.

TOURVILLE.

(*Archives de la Marine.* — Campagnes.)

---

[1] Forant, de la Tremblade, amiral de Hollande. — Capitaine de vaisseau, le 11 mai 1653 ; — chef d'escadre, le 12 février 1686 ; — mort le 28 août 1692.

[2] Le chevalier Pierre Le Bret de Flacourt, de Paris. — Lieutenant de vaisseau, le 1er mars 1666 ; — capitaine de frégate, le 1er février 1671 ; — capitaine de vaisseau, le 12 octobre 1671 ; — commandant des anciens gardes de la marine, le 7 juin 1681 ; — commandant des anciens et nouveaux gardes de la marine, le 19 décembre 1683 : — chef d'escadre, le 1er juillet 1688 ; — mort le 19 août 1692.

A Pontchartrain.

7 juillet 1691.

(*Lettre signée.*)

Monseigneur,

Nous sommes arrivés à nostre croisière il y a trois jours, ne l'ayant pû faire plus tost, par ce que depuis le deux de ce mois nous avons toujours eü des brumes et des calmes qui nous ont transportés selon les courans qu'il y a eü à la mer. Il vient d'ariver une des corvettes que j'avois envoyé sur le cap Lezart, commandée par le s^r du Breüil, qui ma raporté qu'estant au nord d'Oüessant, à quatre à cinq lieües, il vit deux vaisseaux de guerre, dont l'un le découvrit dans la portée du fuzil et qui luy tira quelques coups de canon, et qu'un peu de temps après avoir quitté ce vaisseau, il en entendit tirer soixante du costé du nord-nord-est d'Oüessant, qui luy parurent estre des signaux pour la brume, ce qui luy fit juger que c'estoit l'armée ennemie, et je n'en doute nullement : je le renvoye incessamment pour tascher de les reconnoistre ; j'avois détaché une autre corvette sur les Sorlingues et la coste d'Irlande pour sçavoir sy les ennemis n'avoient point pris cette route pour aller au devant de leur flotte, à laquelle ils pouvoient luy avoir donné un rendés-vous, qui nest point encore de retour, sur ce que le s^r du Breüil ma raporté que les ennemis estoient au nord nord-est d'Oüessant, je juge qu'ils n'iront point au devant de cette flotte et qu'elle passe par le nord d'Écosse, par ce que sy elle entroit par la Manche, il est seur qu'ils auroient profité des vents de nord nord-est qu'il a fait pour se trouver au rendés-vous qu'ils pouroient luy avoir donné. M. de Vauvré vous envoye un mémoire des bastimens que nous avons trouvé à la mer, qui vous informera de la force des ennemis ; vous verrés aussy, par le plan que je vous envoye, l'endroit où est l'armée navalle.

Je suis avec beaucoup de respect, Monseigneur, vostre très humble et très obéissant serviteur.

TOURVILLE.

30 lieües entre le oüest 1/4 de nord-oüest et le oüest nord-oüest d'Oüessant, le 7e juillet 1691.

(*Archives de la Marine.* — Campagnes.)

A Pontchartrain.

16 juillet 1691.

(*Lettre signée.*)

Monseigneur,

Une petite barque de soixante tonneaux, venant de la Martinique, m'a donné avis qu'il avoit trouvé le huit de ce mois une flotte de plus de quatre-vingts voilles par la hauteur de 47 degrez 40 minuttes de latitude et 90 lieües du cap de Mesanses, qui est la terre la plus oüest d'Irlande, ce capitaine raporte que lorsqu'il découvrit cette flotte, les vents estoient au nord nor-dest et qu'elle faisoit route au nord-oüest pour se ralier à la coste d'Irlande, que deux heures après l'avoir découverte les vents changèrent et vinrent sud-ouest, qui est le vent favorable pour aller en Irlande, que ce mesme vent dura jusqu'au treize au soir; sy bien que l'on peut juger que cette flotte pouroit estre arrivée en Irlande. Aussy tost que ce bastiment nous a joint, sur cet avis je pris la résolution de me servir d'un vent d'est nor-dest qui se leva pour courir au nord, afin de les pouvoir couper; le vent d'est nord-est ne dura que deux heures, qui nous fit faire deux lieües au nord. Les vents se jettèrent ensuite du costé du nord, qui nous fit présenter au oüest nord-oüest environ dix lieües: la nuit que nous courusmes ces dix lieües, avec un temps fort obscur, fit escarter toutte l'escadre de M. de Chasteaurenault, ce qui m'obligea d'ariver sept lieües au sud sud-oüest pour le rejoindre, depuis lequel temps il n'y a eü que des calmes et des brumes avec une grosse mer jusqu'aujourd'huy neuf heures du matin, que les vents sont venus au sud et au sud-sud-est; je fais route présentement au nord nord-est, pour tascher de couper cette flotte sy elle veut passer d'Irlande dans la Manche, quoy que ce ne soit pas mon sentiment qu'elle sorte de ces ports qu'elle ne soit escortée de l'armée ennemie, sy on avoit voulu s'atacher uniquement à cette flotte sans avoir d'égard à l'éloignement des costes de France. Il eust falu se mettre à quinze lieües du cap de Clare, dans la hauteur qu'on a trouvé cette flotte; je ne doute point que ce ne soit celle de Smirne, j'ay détaché une corvette pour avertir le sieur de Mons [1] qui commande l'*Orgueilleux*, de se tenir dans les parages de nostre première croisière où je l'iray rejoindre après avoir croisé quelques temps pour cette flotte; j'ay envoyé aussy une corvette sur la route d'Oüessant, pour découvrir la flotte ennemie avec ordre, sy elle ne la trouve point sur le cap Lezart, d'aller sur les Sorlingues et à trente lieües au oüest de ces isles, pour venir ensuitte m'informer de ce quelle aura découvert, j'en avois détaché une autre pour aller dans cette croisière qui n'est point encore de retour, ce qui est une marque que la flotte de Smirne n'aura pas passé et qu'elle se sera arestée dans les ports d'Irlande; elle pouroit aussy avoir entré dans la Manche de Bristol pour y décharger leurs marchandises, n'y ayant de cet endroit que trente lieües pour aller à Londre.

Je vous envoye la liste des vaisseaux que vous m'avés demandé, je l'ay faite de concert avec Monsieur de Vauvré, selon les pieds d'eau que tirent les navires et selon la commodité que quelques équipages auront de se rendre chez eux.

Je ne crois pas qu'il y ait rien à adjouter à nos signaux généraux, j'en ay fait faire des plans expliqués avec la boussole, par M. Renault, que j'ay fait distribuer aux officiers généraux; il est bien important qu'il y ayt une escolle dans les ports de tous ces mouvemens pour les monstrer à tous les officiers de marine, je les montreray exactement aux officiers généraux pendant nostre

[1] Joseph de Mons, de Guyenne. — Volontaire, le 26 mars 1672; — ancien garde de la marine, le 20 avril 1673; — enseigne de vaisseau, le 28 décembre 1673; — lieutenant de vaisseau, le 26 janvier 1680; — à la Tour, le 17 novembre 1680; — élargi, le 16 mars 1681; — capitaine de vaisseau, le 1er novembre 1689; — chef d'escadre, le 10 décembre 1720; — mort le 2 octobre 1731.

désarmement, je le fais autant que je le peut lorsqu'il y a du calme, ma plus grande peine est de tenir l'armée du Roy ensemble, les séparations estant bien à craindre, j'aporte tous mes soins et toutte mon aplication pour qu'il n'en arive aucune. M. de Bonrepaus me dit qu'il vous porteroit un livre de mes signaux avec les ordres de bataille, c'est ce qui m'empescha de vous les envoyer.

Je suis avec beaucoup de respect, Monseigneur, vostre très humble et très obéissant serviteur.

TOURVILLE.

Ce 16 juillet 1691, à 48 degrés 7 minuttes nord et à 48 lieües d'Oüessant.

(*Archives de la Marine.* — Campagnes).

A PONTCHARTRAIN.

26 juillet 1691.

(*Lettre signée.*)

Monseigneur,

J'eus advis par le sieur de Saint-Pierre que des vaisseaux que nous découvrions estoient deux vaisseaux de guerre anglois, qui convoyoient quatorze bastimens chargés de vivres et munitions pour les vaisseaux de guerre d'Angleterre qui sont aux isles de l'Amérique ; quelques temps après la corvette la *Levrette* me confirma que c'estoit une flotte de vaisseaux marchands anglois accompagnés de deux vaisseaux de guerre, je les fis chasser par les meilleurs voilliers et je fis le signal afin que toutte l'armée chassast en ordre de marche pour suivre les vaisseaux de chasse, afin de ne nous point séparer, la brume qui survint devint sy épaisse que je désespérois de pouvoir prendre aucun de ces vaisseaux ; cependant comme elle se dissipoit dans de certains momens et que je voyois que les vaisseaux de chasse ne la discontinuoient point, je jugeay bien qu'ils estoient fort proches de ces vaisseaux ; comme je vis que la nuit aprochoit et que je craignois une grande séparation de nostre armée, je mis en panne et en fis le signal pour demeurer toutte la nuit dans cette situation, afin de donner occasion à tous les vaisseaux de se ralier au corps d'armée ; le lendemain j'aperceus qu'il manquoit beaucoup de vaisseaux dont on en voyoit quelques-uns sous le vent.

J'eus des nouvelles le soir par le sieur de la Rochealar qu'il avoit veü l'armée ennemie qui faisoit le sud sud-est, qui estoit la route pour venir nous chercher, ce qui me fut confirmé le lendemain par le sieur chevalier de Vilars [1] qui l'avoit observée de plus près, ce qui nous fist croire qu'une flotte

---

[1] Le chevalier de Villars, de Paris. — Volontaire, le 26 mars 1672 ; — enseigne de vaisseau, le 25 janvier 1675 ; — rayé, le... 1675 ; — lieutenant de vaisseau, le 20 janvier 1678 ; — capitaine de vaisseau, le 11 janvier 1684 ; — chef d'escadre, le 1er novembre 1705 ; — sert à terre, le 14 décembre 1707 ; — mort de maladie au camp, devant Douai, le 20 août 1712.

qui estoit au sud-est de nous, estoit véritablement l'armée ennemie. Je fis mettre en ordre de bataille ce que nous avions de vaisseaux de guerre au plus près du vent, les vaisseaux de dessous le vent qui se rapprocheront qui estoient commandés par les sieurs de Coetlogon et Belisle, me dirent qu'on n'avoit pu compter que quatre vingts voilles à cause de l'obscurité du temps, ce qui empescha de connoistre la manœuvre de cette flotte que j'apris hier estre celle de France qui revenoit d'Irlande ; je n'ay sceu jusqu'à présent *que quatre bastimens pris* de cette flotte angloise, *un de guerre de cinquante pièces de canon,* nommé *la Marie-Rose, un marchand de trois cens tonneaux, et de vingt-quatre pièces de canon*, et deux autres petits, chargés tous trois de vivres, le premier pour les vaisseaux de guerre anglois qui sont aux isles de l'Amérique et les deux autres pour des particuliers desdites isles. J'espère que le *Contant* et l'*Agréable* qui estoient fort près de l'autre vaisseau de guerre l'auront joint, *la prise* de ces vaisseaux et la séparation de ce convoy retardera le secours que le prince d'Orange envoyoit à ces vaisseaux de guerre et poura rompre ces mesures du costé des isles ; le sieur Desfrancs manœuvra parfaitement bien, il se trouva seul contre ces deux vaisseaux de guerre et contre le vaisseau marchand de vingt-quatre canons et une pinasse plus forte qui l'attendirent : le voyant seul, ces deux marchands après avoir combatu une heure se retirèrent, et la plus petite frégatte en guerre se retira aussy une heure avant la fin du combat qui dura trois heures, parce que le vaisseau de guerre anglois marchoit aussy bien que le vaisseau l'*Heureux* auquel il se rendit dans le temps qu'il le vouloit aborder et qui l'aborda effectivement, il y a eü cinquante hommes hors de combat dans le vaisseau anglois, on va renvoyer ces prises sous l'escorte du *Neptune*.

Je vous envoye une lettre que l'on a trouvée sur le vaisseau *la Marie-Rose qui vous aprendra que la flotte de Smirne estoit entrée dans le jour que j'apris par ce petit vaisseau françois qui venoit de la Martinique* qui l'avoit rencontrée par les 47 degrés quarante minuttes et que je fus pour la chercher, tous les prisonniers nous aprenent que l'armée ennemie est allée aux costes d'Irlande sur les avis qu'elle avoit eüe que nous y estions allés et ainsy je ne doûte pas de leur jonction.

L'armée manqua hier d'estre séparée par une brume et un changement de vent qui ariva la nuit, ce qui est à craindre qui n'arive plus fréquemment dans les suittes ; nous ne sommes plus que soixante-deux vaisseaux sans conter que je ne peux m'empescher de détacher le *Neptune* pour escorter les prises, je fus hier tout le jour en panne et j'y seray encore aujourd'huy pour donner le temps à nos vaisseaux de se ralier, et s'ils ne rejoignent pas l'armée, je consulteray avec les officiers généraux ce qu'il y a de plus expédiant à faire pour le service dans cette occasion.

Je ne vous fais point de détail de toute nostre route, il me seroit impossible de le faire estant occupé continuellement à la marche de nostre armée et à l'aplication qu'on doit avoir sur ce sujet. M. de Vauvré ne manquera pas de vous le faire sçavoir par son journal.

Les vents contraires ayant empesché de partir ce bastiment depuis deux jours, je me donneray l'honneur de vous dire que M. de Saint-Pierre joignit hier l'armée *avec la frégatte en guerre* nommée le *Constant Warich* qu'il avoit pris sans résistance, et l'*Agréable avec un petit vaisseau de la mesme flotte*, le

Sans-Pareil rejoignit aussy mais je n'ay point de nouvelles du *Fleuron* ny du *Trident*.

Le vent fut trop frais hier pour pouvoir amariner ces prises, et cette nuit un coup de vent du nord nous a fait mettre à la cape, et un de nos vaisseaux a esté démasté de son beaupré et de son mast d'avant et qui tire de temps en temps des coups de canon, ce qui me fait craindre qu'il ne soit fort incommodé; d'ailleurs j'ay envoyé voir ce que c'est, l'armée me paroist fort escartée, je ne sçay pas encore s'il n'y a point de vaisseaux séparés, le mauvais temps continuant.

Je suis avec beaucoup de respect, Monseigneur, vostre très humble et très obéissant serviteur.

TOURVILLE.

Le 26 juillet 1691, à la Cape, au sud-oüest d'Oüessant 29 lieües, les vents estant nord.

(*Archives de la Marine*. — Campagnes)

A PONTCHARTRAIN.

2 aoust 1691.

(*Lettre signée*.)

Monseigneur.

J'ay receu la lettre que vous m'avés fait l'honneur de m'écrire du vingt-six juillet, je n'ay pû avoir que deux fois des nouvelles de la flotte de Smirne : la première ce fut le quatorze juillet, qui est le mesme jour qu'on a eû advis qu'elle avoit paru aux costes d'Irlande, dont ma croisière estoit fort éloignée; la seconde, ce fut par la corvette la *Levrette*, qui vit une flotte qu'on ne peut pas sçavoir certainement sy c'est celle de Smirne qui estoit à vingt-deux lieües au vent de l'armée et à vingt-trois des Sorlingues, qui estoit tellement hors de portée, d'estre prise par une armée que la corvette que je renvoyay sur le champ pour la reconnoistre, avec ordre de faire le plus de force qu'elle pourroit, n'en pût avoir connoissance, et vous sçavés que ces corvettes sont les meilleurs bastimens de voile de la mer; ainsy vous me faites justice de croire, Monseigneur, qu'il n'a pas dépendu de moy de prendre cette flotte.

Le *Sans-Pareil* tire moins d'eau que l'*Ardent* et l'*Arrogant*, et je crois mesme qu'il y aura à travailler à l'*Ardent*, qui fait beaucoup d'eau, et qu'ainsy il vaudra mieux l'envoyer à Brest.

Je dépesche en France, pour vous informer que j'ay apris à six heures de ce matin, par une des corvettes que j'avois détachées pour avoir des nouvelles des ennemis, que leur armée ne pouvoit pas estre éloignée de dix lieües de la nostre et qu'elle l'avoit laissée faisant le sud et sud sud-oüest, qui estoit la droite route pour nous trouver, ce qui m'a obligé à me mettre en ordre de bataille en portant au sud-oüest, affin de tascher de l'éviter; vos lettres des sept et quatorze me marquant de ne rien hazarder, me persuadent que je ne peux pas faire une autre manœuvre, le sentiment que vous avés veu des officiers généraux et le mien estant qu'une fois que l'on seroit en présence, on ne pouroit plus éviter un combat dans lequel on risqueroit beaucoup, le nombre des vaisseaux ennemis estant aussy supérieur au nostre, et qu'il vaut mieux éviter les ennemis quand on ne les veoid point que lorsqu'on est en leur presence et leur laisser à douter sy on les veut éviter ou non et quand les armées pouroient demeurer en presence sans estre obligé de combattre. Je ne voys pas qu'on en pust tirer aucun avantage par ce que quand on auroit le vent sur eux et qu'on les combatteroit avec cet avantage, *ils auront vingt vaisseaux plus qu'il n'en faut* pour occuper nostre ligne qui gaigneroient le vent et mestroient nostre arrière garde entre deux feux, ce qu'ils peuvent aussy faire estant au vent en faisant arriver ceux qui ne combatroient pas sous le vent de nostre arrière-garde, et il ne faut pas espérer qu'on puisse avoir d'autre avantage, sy ce nest qu'estant hors de la presence de leur armée, on ne trouvast quelques-uns de leurs vaisseaux ou une de leurs escadres tout à fait séparée de leur armée, ce qu'il n'y a guère lieu d'esperer.

Il nous est arivé une tartane et un petit vaisseau venant de Port-Louis avec deux cens moutons et un peu d'eau, qui alloient donner dans l'armée ennemie sans cette corvette ; je la renvoye pour en observer la démarche et une autre à trente lieües au oüest-sud-oüest d'Oüessant pour avertir les bastimens qui pouroient estre envoyés de Brest. Je fais aller celle que j'envoye en France au port Louis pour informer le *Neptune* du lieu où il poura me joindre avec les bastimens qui pourront nous apporter des raffraichissements, de l'eau et du pain ; vous êtes informé de ce qu'il en manque ; sy les ennemis empeschent qu'ils ne nous joignent, *il faudra, avant la fin de ce mois, en aller chercher à Brest, quand mesme on devroit combattre*, y ayant plusieurs vaisseaux qui n'ont de l'eau et du bois que pour ce temps là ; je vous suplie de croire que je me conduiray avec prudence et que je mettray en usage toutte l'expérience que j'ay acquise pour ne point engager l'armée du Roy sans nécessité ; il seroit très nécessaire qu'il y eust des vivres à Belisle, en cas que nous fussions contraints dy aller.

Je suis avec beaucoup de respect, Monseigneur, vostre très humble et très obéissant serviteur.

TOURVILLE.

Le 2 août 1691, au oüest-sud-oüest d'Ouessant, 44 lieues et demye.

(*Archives de la Marine.* — Campagnes.)

A PONTCHARTRAIN.

13 aoust 1691.

(*Lettre signée.*)

J'ay receu les lettres que vous m'avés fait l'honneur de m'écrire des premier et quatre de ce mois, et comme vous me marqués par la première qu'il vous a paru par les termes dont elle estoit conceüe, que j'avois pensé à rentrer dans la rade de Brest, je ne vous dissimuleray point que par manière de conversation avec M. le marquis d'Amfreville, nous dismes qu'ayant avec une armée comme celle cy à éviter un combat avec les ennemis et empescher leurs entreprises sur les costes du royaume, le plus expédient auroit esté de tenir l'armée dans la rade de Brest, par les raisons que je vous ay expliquées par le mémoire que je vous ay envoyé, mais je n'ay jamais eü la pensée de le faire sans ordre, à moins d'une nécessité indispensable comme est celle qui nous oblige de nous en aprocher, vous aurés veü par le résultat du conseil des officiers généraux sur quoy elle estoit fondée, nous avons eü depuis ce temps-là un coup de vent qui a fait naistre de nouvelles nécessités. L'*Agréable* qui a eu son grand mast incommodé n'a pas rejoint, et j'en suis en peine aussy bien que de l'*Heureux* et du *Content*, le *Dauphin Royal* a eü sa vergue de misaine rompüe et le *Grand*, le *Terrible*, la *Couronne*, l'*Arrogant*, le *Furieux* qui a sa poulaine rompüe, le *Diamant* et le *Vigilant* font beaucoup d'eau et je ne sçais pas encore s'il n'y en a point d'autres, les maladies faute de raffraichissemens ont beaucoup augmenté *et le mal du pain est devenu beaucoup plus grand*, comme M. de Vauvré poura vous le mander, et nous n'avons receü aucun des derniers secours qui ont esté envoyés de Brest; c'est de l'avis unanime de tous les officiers généraux que cette première résolution avoit esté prise et les raisons n'en sont que trop importantes et trop véritables, j'en suis au désespoir et surtout depuis que vous me défendés sy positivement de la part du Roy d'aller à la rade de Brest, qu'il vaut mieux selon moy que l'armée en souffre que sy j'y manquois, je viens de rassembler les officiers généraux pour veoir quel autre party j'avois à prendre excluant absolument celuy qui m'est deffendu, j'avois proposé de nous tenir à la hauteur de Pennemarck et d'y attendre le retour du courier que je vous ay dépêché le dix, ne pouvant en l'estat où est l'armée m'éloigner de la coste affin que je puisse estre en estat de prendre Brest, ou Belisle à toute extrémité. Ils y ont trouvé trop d'inconvéniens dans la saison sans compter l'impossibilité d'y embarquer nos besoins. Ils ont encore envisagé Belisle comme un party d'extrémité et où les secours sont trop éloignés, mais enfin ils ont conclu qu'il falloit se mettre à portée de recevoir ces secours en avertissant Monsieur Desclouzeaux de nos besoins, on se tiendrait dans l'Iroise à la voille ou à l'ancre sy cela estoit praticable *et on se détermine à Bertheaume pour estre plus tost en estat de tenir la mer dès que le Roy le jugera à propos*, comme tout ce que nous fesons, Monseigneur, est en veüe du service et du sentiment des gens du mestier, nous espérons que vous l'approuverés, en mon particulier je ne peux m'empescher de vous dire que l'on ne prend le party de Berthaume qu'à cause de la nécessité pressante où l'on est d'estre dans un moüillage où l'on puisse promptement embarquer la quantité d'eau et de pain qui manque, ce qui se feroit avec plus de diligence à Brest et avec plus de seureté pour les cables et les ancres; je vous supplie d'estre persuadé que sy l'armée avoit des vivres et les autres besoins je n'aurois pas pensé à chercher des rades avant le temps que le Roy m'a ordonné, *et qu'il me seroit beaucoup plus agréable d'avoir à combattre les ennemis qu'à les éviter, ce qui ne laisse pas d'avoir ses difficultés*.

Permettés-moy de vous dire, Monseigneur, sur ce que vous me marqués de ne point rentrer qu'en cas d'un combat désavantageux, qu'il est impossible que deux armées qui ont combattu ne soyent obligées de chercher des moüillages propres à se racommoder, et l'année passée quoy que nous ayons eü de l'avantage, nous fusmes obligés de venir au Havre pour nous racommoder et fortifier un peu nos mats qui n'eussent pas esté en estat de soutenir un coup de vent sy on eust tenu la mer plus longtemps que nous ne fismes.

C'estoit à peu près dans le temps que les ennemis sont entrés avec un détachement de seize vaisseaux à Berthaume, que nous avons pris deux des leurs; il y avoit plusieurs jours que je n'estois pas éloigné de trente lieües d'Oüessant et j'estois dans cette situation et bien loin de croire qu'ils fussent dans le dessein de venir du costé de Brest, j'avois appris par un suédois qu'ils venoient à nous d'un vent de nord, mais quand j'aurois esté à leur veüe s'ils avoient esté au vent à moy, il m'auroit esté impossible de l'empescher et sy j'avois eü le vent sur eux je n'aurois pas eü occasion de profiter de cette séparation, parce qu'ils n'auroient pas fait ce détachement qu'ils ne feront jamais d'un vent d'aval qui est celuy qui m'eust esté propre pour venir à eux, il m'eust suffy pour empescher ce détachement d'avoir une escadre moüillée à Berthaume et les ennemis n'ont pas besoin de grandes forces pour entreprendre de bruler des barques à Camaret. Il n'eust fallu (sy les frégattes du Roy n'y eussent pas esté), qu'un corsaire ou deux pour y faire la mesme chose.

Quand je seray à vingt-cinq à trente lieües au large et que les ennemis auront le vent ils feront tout ce qu'ils voudront sur les costes de France sans que l'armée navalle les en puisse empescher, c'est un mal, Monseigneur, où il n'y a point de remède, mais quand ils feront quelqu'entreprise de considération qui sera de durée dont j'auray la connoissance, pour lors les vents venant bons pour aller sur eux je pouray en voulant risquer un combat m'y opposer; pour estre à portée d'empescher une armée ennemie, de faire quelqu'entreprise, il faut estre en estat de la suivre sans la perdre de veüe et de la combattre, parce que par exemple estant à la croisière ordonnée, sy les ennemis vont aux costes d'Irlande pour y entreprendre quelque chose et que je n'en sois pas averty, il faut nécessairement que j'envoye des bastimens pour sçavoir où est leur armée et que ces bastimens viennent m'en rendre compte, s'ils ont le vent contraire pour me venir joindre ils seront longtemps à le pouvoir faire et j'y arriveray trop tard, de mesme que s'ils ont le vent bon pour m'en venir informer je l'auray contraire pour aller à eux et il y a huit à dix jours que je n'ay pu avoir aucunes nouvelles des ennemis, *ils pouroient prendre la flotte revenüe d'Irlande comme j'ay pris de leurs vaisseaux sans qu'ils l'ayent empesché quoy qu'ils ayent une armée supérieure et beaucoup de frégattes et autres bastimens d'avis*, il seroit trop long de vous détailler icy tous les inconvéniens qui peuvent arriver et empescher une armée de faire à propos tout ce que l'on souhaitteroit, elle ne sera pas pour cela inutile puisque cela oblige les ennemis à faire la dépense d'un gros armement, et leur oste les veües d'entreprendre de faire des descentes considérables en France. Il m'a paru, Monseigneur, qu'il n'y a rien eu dans ma conduitte pendant cette campagne qui n'aist esté aprouvé des officiers généraux et conforme à mes instructions *et je vous prie d'estre persuadé que personne n'a plus d'envie que moy de faire quelque chose*, mais la connoissance que j'ay du mestier m'oblige à prendre des précautions et j'ay toujours veü les officiers à Paris faire les plus belles entreprises du monde et fort différents de ce sentiment quand ils sont icy, et moy je suis toujours de mesme parce que je connois tous les *inconvéniens et les impossibilités*, et il me semble que j'ay assés fait connoistre ma bonne volonté au Roy quand j'ay offert de combattre les ennemis avec *huit vaisseaux de moins qu'eux*. A l'égard d'une croisière il est impossible de la garder toujours à cause des chasses que l'on donne, des vents contraires, des mouvemens qu'il faut faire pour éviter une armée ennemie, et des saisons, et sy dans ce dernier coup de vent j'avois esté dans ma première croisière je serois dans la Manche avec nostre armée et j'aurois eû beaucoup d'avantage de vaisseaux incommodés en voulant faire force de voiles pour éviter d'y tomber, car vous sçavés comme on a esté obligé de racommoder à Brest tous les masts de la campagne dernière pour les faire reservir.

Je suis avec beaucoup de respect, Monseigneur, vostre très humble et très obéissant serviteur.

Le comte de TOURVILLE.

De la rade de Bertheaume, le 13 aoust 1691.

Depuis ma lettre écritte j'ay veü, Monseigneur, vostre lettre du huit, sur laquelle je me donneray l'honneur de vous dire qu'il n'y a nulle aparence qu'une armée qui a résolu de nous combattre et qui sçait que nous avons un corps de 68 à 70 vaisseaux, puisse prendre la résolution de s'affoiblir par un gros détachement et que l'ayant fait elle fust venue nous chercher comme elle l'a fait particulièrement au oüest-sud-oüest d'Oüessant, et j'ay aussy appris par le retour de la *Gaillarde* qu'un convoy de bastimens chargés de munitions qui estoit arrivé à Galoüay le six de ce mois, estoit escorté par les vaisseaux qui sont depuis plusieurs mois en Irlande et n'estoient pas du corps de leur armée; vous aurés veü par le plan que je vous ay envoyé comme quoy il n'a pas dépendu de moy de prendre la flotte de Smirne, le sieur chevalier du Pille qui a amené quatorze ou quinze bastimens d'Irlande, dit avoir passé à veüe de l'armée ennemie et qu'elle estoit au oüest-nord-oüest d'Oüessant six ou sept lieües.

J'ay cru qu'il estoit à propos pour vous mieux informer de l'estat dans lequel est l'armée, de vous envoyer M. de Remondis[1], qui poura en mesme temps vous rendre compte de ce qui s'est passé depuis nostre départ, il vous expliquera le peu de part que j'ay eu au changement d'officiers dont vous m'avés envoyé la liste.

(*Archives de la Marine*. — Campagnes).

---

[1] De Raymondis, de Provence. — Lieutenant de vaisseau, le 1er avril 1677; — major le 1er janvier 1682; — rang de capitaine de vaisseau, le 1er février 1682; — major général, le 1er novembre 1689; — mort de sa blessure à la Hougue, le 5 juin 1692.

A Pontchartrain.

17 aoust 1691.

(Lettre signée.)

Monseigneur,

J'ay receu les lettres que vous m'avés fait l'honneur de m'écrire des vingt-un juillet et dix aoust.

Je n'ay point veü deux sentimens contraires parmy les officiers généraux et les vieux capitaines du mestier que deux armées, une fois qu'elles seront à portée de se reconnoistre, celle qui sera inférieure puisse éviter un combat à moins d'une brume qui lui donne lieu de se séparer et de faire fausse route, une armée supérieure qui est au vent peut arriver avec plus de confusion que l'autre sans attendre ses plus méchans voilliers, qu'elle est bien assurée qu'ils la viendront joindre quand elle aura engagé le combat. Il n'en est pas de mesme de celle qui est inférieure, qui est obligée de marcher ensemble, en ordre de bataille et d'attendre les plus méchans voilliers que les meilleurs voilliers de l'autre combatteront et demasteront et qu'il faudra abandonner ou engager un combat, et pour lors les équipages qui auroient connu la fuite, qu'on auroit voulu prendre en presence des ennemis, se comporteroient comme une armée de terre qui est en déroute ; je ne suis pas assés expérimenté dans la guerre de terre pour sçavoir sy une armée qui voudroit se retirer devant l'autre le pouroit faire sy elle n'avoit d'autre terrain que des plaines sans défilé, bois ny places ou postes avantageux pour se couvrir et une armée de mer qui aura évité le premier jour, ne le pourra pas faire le deux ou le troisième : l'une peut estre en calme, l'autre avoir du vent et quelques fois chacune un vent différent qui empesche l'une de s'éloigner et donner lieu à l'autre de s'aprocher ; cela nest pas ordinaire, mais il y en a plusieurs exemples ; l'armée qui voudra éviter estant au vent, aura les mesmes inconvéniens. Elle a des vaisseaux qui dérivent plus que les autres qui engageront le combat, sy elle a un vent frais qui l'oblige à porter des voilles pour se soutenir et qu'il y ait des vaisseaux qui ayent un mast ou une vergue rompue ou une voille enfoncée avant que les vaisseaux se soyent racommodés, les bons voilliers de l'autre les peuvent engager ; enfin il n'y aucun honneur à acquérir d'estre un jour ou deux à veüe des ennemis et beaucoup à risquer, *et il n'y a que les gens qui n'ont point de teinture du mestier qui puissent croire que deux armées de mer puissent estre pendant une campagne à veüe sans s'engager, sy ce n'est volontairement, et s'il y en a qui osent le proposer je les trouve bien hardis et ils compromettent beaucoup le service du Roy.* Je ne sçais pas, Monseigneur, de quelle manière vous avés regardé nostre sortie et ce qui s'est passé en mer et comme quoy je suis venu icy presqu'à leur veüe, *mais les gens de marine comptent pour beaucoup la conduitte qu'il a fallu avoir pour estre cinquante jours en mer, dans tous les parages où les ennemis pouroient me trouver et peut estre sans avoir bien véritablement connu que je les ayt voulu éviter, et quelques précautions que j'aye prises cependant, sans une corvette qui me vint avertir que les ennemis estoient sy proches que sy le temps n'eust pas esté obscur, ils eussent pû me voir et l'armée estant pour lors en panne, ils m'auroient aproché la nuit à ne pouvoir éviter le combat* n'ayant que soixante-sept vaisseaux de guerre et vingt ou vingt-deux vaisseaux moins qu'eux. Cette grande armée n'a eû d'autre avantage cette campagne que d'envoyer seize vaisseaux dans les rades de Bertheaume et Camaret brusler deux meschantes barques ce qu'un corsaire peut faire tous les jours, et ils sçavoient bien où j'estois et que des vents qu'il fesoit, je ne pouvois venir à eux; cette armée s'est consumée et deux flottes d'Irlande sont arrivées et le convoy renvoyé par le Neptune, l'Orgueilleux et tous les autres bastimens m'ont joint sans qu'ils en ayent pris aucun, ny de ceux qui ont esté envoyés à l'armée qu'un traversier et une keche, où il y avoit cent cinquante moutons, et l'armée du Roy leur a pris deux vaisseaux de guerre et dix marchands; il est vray que six vaisseaux de cinquante canons bons voilliers et carenés de frais en auroient fait d'aventage par ce qu'ils auroient eû la liberté de suivre autant qu'ils eussent voulu sans estre obligés de se rallier, et le lendemain que l'armée eut pris ces deux vaisseaux de guerre, je me trouvay avec cinquante navires et les avis par deux de nos vaisseaux qu'ils avoient veû le jour d'auparavant l'armée ennemie qui venoit vers nous, qui estoit une conjoncture bien favorable pour eux, et je ne me serois pas abandonné à cette chasse (qui n'eut pas tout le succès qu'elle auroit eû à cause de la brume), s'il eust fallu la faire du costé du Nord, nous ne pouvions pas nous attendre à de pareilles conjonctures, avec les ennemis qui auront toujours vingt vaisseaux de guerre à faire ce qu'ils en voudront, en se réservant un corps de soixante-dix vaisseaux de guerre et nous ne pouvons pas mesme les chercher comme eux; *je suis assuré que les ennemis auront bonne opinion de nous et qu'ils compteront pour quelque chose d'avoir sorty avec vingt vaisseaux moins qu'eux*; vous verrés par la lettre du s^r du Breüil qu'ils estoient encore avant-hier à dix lieües au nord d'Oüessant au nombre de quatre-vingt-dix vaisseaux de ligne et cent quarante voiles, et ce mesme avis me fut encore confirmé hier par une corvette; je vous avoüe que j'ay bien conu, en moüillant icy, combien l'armée y estoit exposée, les officiers généraux et les capitaines me l'ont representé, et qu'il n'y a point d'autre party, sy les ennemis sçavoient que nous fussions en cette rade et qu'ils vinssent ayant le vent sur nous avec leur brullots que celuy d'entrer au plus tost à la rade de Brest et peut estre avec confusion, où il faudroit deux ou trois jours pour se moüiller bien en ordre pour les empescher de nous insulter et où estant en bon ordre, il n'y a pas la moindre chose à craindre, et nous pourions sortir le boute-feu à la main sy nous estions assés forts pour les combatre et ils n'oseroient mesme venir moüiller à Bertheaume ou Camaret, par ce que sortant avec le vent et la marée sur eux, avec des brulots et des chaloupes on les bruleroit, s'ils ne coupoient pas leurs câbles, et c'est la raison pour laquelle on ne peut pas estre bloqués dans la rade de Brest; de mesme aussy sortant ou rentrant à Brest, nous ne devons moüiller à Bertheaume que pour mettre le lendemain à la voile pour sortir ou pour rentrer. *Mais la crainte que j'ay eüe en recevant les deffenses du Roy d'entrer à la rade de Brest m'a obligé de prendre ce party contre mon sentiment et de crainte de déplaire à Sa Majesté*, et je n'y aurois pas moüillé sans un besoin aussy pressant que celuy auquel s'est trouvé l'armée, qui vous fera aisément comprendre que sy j'avois remis à la mer pour exécuter les ordres que j'ay receus de ne point rentrer sans de nouveaux ordres et que les bastimens qui en avoient esté chargés ne m'eussent point rencontré, comme cela auroit pû arriver facilement, *je me serois trouvé en estat de voir périr l'armée, à laquelle j'apprend avec beaucoup de déplaisir qu'il manque plus de sept mil quintaux de pain*, et qu'avec celuy qu'on peut nous fournir, on ne poura pas nous en donner pour aller au vingt du mois prochain, et comme nous n'aurions pas pour un mois de pain en resortant d'icy et qu'une armée comme celle-cy ne doit point mettre en mer avec sy peu de vivres dans la saison qui va entrer, puisqu'elle en doit avoir au moins pour vingt jours en venant chercher le port à cause des vents contraires et que des vents forcés, qui sont bons pour entrer dans la rade, on n'oze s'en aprocher les temps estant ordinairement obscurs et les terres basses et couvertes de dangers qu'il faut bien reconoistre le matin pour y entrer le jour ; je crois que dans l'estat où nous sommes, il n'y faudroit plus penser ; c'est une chose bien extraordinaire que l'accident du pain de cette campagne ; cependant la saison estant aussy avancée qu'elle l'est, il n'y a pas d'aparence que les ennemis puissent se mettre en estat de rien entreprendre, il faudroit seulement pouvoir tenir les vaisseaux armés dans la rade de Brest jusqu'à ce qu'on voye qu'ils soyent rentrés et laisser une petite escadre à Bertheaume pour empescher les ennemis d'y envoyer quelques vaisseaux y bruler encore quelque barque pendant que nous serions dans la rade de Brest.

A l'égard de ce que je vous ay mandé qu'on pouroit détacher une escadre pour prendre la flotte de Virginie et d'autres venant de l'Amérique ; celle de Virginie arive dans la fin d'aoust ou le commencement de septembre : elle est de quarante vaisseaux escortés ordinairement de deux vaisseaux de guerre, et elle est très importante au prince d'Orange à cause des grands droits qu'il lève sur le tabac, dont il retire cinq sols par livre ; celle de la Barbade, Barbende, Monsarrat, Antigues, Nieves et St-Christophe arive à peu près dans le mesme temps et est composée de trente vaisseaux ou environ chargés de sucre, indigo et jingenure, et celle de la Jamaïque est de dix ou douze vaisseaux chargés à peu près de la mesme marchandise et arrive dans le mesme temps ; mais j'ay appris que la flotte de Virginie estoit partie plus tost cette année et qu'un corsaire de St-Malo en avoit pris un bastiment ; ainsy cet armement ne seroit pas à présent d'une grande utilité.

Je suis avec beaucoup de respect, Monseigneur, vostre très humble et très obéissant serviteur.

Tourville.

A la rade de Bertheaume, le 17 aoust 1691.

(*Archives de la Marine.* — Campagnes.)

A Pontchartrain.

27 aoust 1694.

(*Lettre signée.*)

Monseigneur,

J'ay receu les lettres que vous m'avés fait l'honneur de m'écrire du vingt-deux de ce mois et les ordres pour faire arrester et conduire vers M. de Pommereu le sieur chevalier de Beroute[1] et pour détacher l'*Intrépide* et le *Saint-Michel*.

J'ay fait arrester le sieur chevalier de la Beroute sur le *Vermandois*, où il sera jusqu'à ce que Monsieur Desclouzeaux le fasse conduire à M. de Pommereu, et j'ay ordonné aux sieurs Damblimont et chevalier de Villars de se mettre en estat de partir.

Ç'a esté, Monseigneur, contre mon sentiment que j'ay fait moüiller l'armée à la rade de Berthaume et j'en connoissois le danger, cependant ayant représenté aux officiers généraux les ordres précis que j'avois receus de Sa Majesté pour ne pas la faire entrer dans la rade de Brest et pour l'en faire ressortir sy je l'y eusse fait entrer, et combien le Roy trouva mauvais que je l'y eusse fait rentrer l'année dernière, qu'elle en avoit encore de plus grands besoins, ils jugèrent qu'ayant à remettre en mer et y ayant à Brest des vivres prests à embarquer, on estoit plus paré à la rade de Bertheaume qui n'estoit point défendue qu'à celle de Brest et que les ordres estoient trop positifs pour pouvoir se dispenser de les exécuter, les chagrins que j'eus l'année passée et l'obéissance que je dois aux ordres du Roy, m'obligeront toujours à les suivre fort exactement, et sy je les avois receus pour combatre les ennemis ou pour hazarder d'estre en leur présence (ce qui n'eust pû se faire sans engager un combat), je n'eusse pas balancé à m'y conformer comme j'ay fait pour les éviter.

J'espère que le Roy sera content de l'exactitude avec laquelle je les ay suivis et que *son armée ait tenu la mer pendant cinquante jours sans que les ennemis qui ont toujours eû connoissance de ma marche l'ayent pu engager et sans qu'il leur ait paru aucune méchante manœuvre et que je l'aye fait rentrer en faisant ma route, en me mettant en lieu de le faire sans qu'ils pussent l'empescher comme je l'ay fait à leur veüe estant encore au nombre de quatre-vingt-dix vaisseaux de ligne, j'espère que vous aurés la satisfaction d'apprendre par les ennemis mesmes qu'ils auront trouvé nostre sortie hardie*, et qu'ils auront aprouvé ma manœuvre, et qu'on sera peu content d'eux en Angleterre de n'avoir pû nous engager à un combat avec une armée aussy supérieure, ils ont à la vérité fait passer leur flotte de Smirne, mais ayant pris le party de la faire aller à Kinsal et de l'escorter avec leur armée jusqu'à l'entrée de la Manche d'Angleterre. Je ne pouvois pas les en empescher, je ne prétends pas

---

[1] René Perochon, chevalier de Beroutte, de Poitiers. — Nouveau garde de la marine, le 8 janvier 1684 ; — enseigne de vaisseau, le 27 janvier 1686 ; — lieutenant de vaisseau, le 1er novembre 1689 ; — mort le 10 juillet 1696.

cependant que ce soit une excuse pour moy, ayant fait tout ce qui a dépendu de moy pour la joindre.

Je suis avec beaucoup de respect, Monseigneur, vostre très humble et très obéissant serviteur.

TOURVILLE.

A bord du *Soleil-Royal*, à la rade de Brest, le 27 aoust 1691.

(*Archives de la Marine.* — Campagnes.)

A PONTCHARTRAIN.

25 octobre 1691.

Monseigneur,

Quoique je sois persuadé que vous êtes informé que j'ai satisfait aux intentions du Roi pendant cette campagne en me conduisant suivant les instructions et les ordres de Sa Majesté, et que les bruits qui ont couru à Paris au désavantage de l'armée navale, et les avis qui vous ont été donnés par quelques officiers sur les actions que l'on eût pu tenter, n'ont fait aucune impression sur votre esprit, je ne laisserai pas de vous faire un détail de ce qui s'est passé, pour vous justifier ma conduite s'il vous restait quelque doute, et vous faire connaître que les vues que Sa Majesté a eues pour faire sortir son armée navale auraient eu tout le succès qu'elle en pouvait souhaiter si l'on avait pris la flotte de Smyrne, ce que je justifierai n'avoir pu être exécuté.

Il ne m'a pas paru que le Roi ait eu d'autres vues pour faire sortir son armée navale que de prendre les flottes anglaise et hollandaise de Smyrne et quelques autres pendant le cours de la campagne, de garantir les côtes du royaume des descentes des ennemis, et de tâcher de rendre leur armement utile;

De les combattre au cas qu'ils sortissent de la Manche, égaux ou inférieurs en nombre, en les attirant, autant qu'il se pourrait, sur les côtes de France, et de les attaquer, quoiqu'en nombre inégal, s'ils prenaient la route des côtes du royaume depuis Bourgneuf jusqu'à la rivière de Bordeaux, et dans la Manche jusqu'à la Hogue ; mais, au contraire, de les éviter[1] s'ils sortaient de la Manche supérieurs en nombre, en ménageant autant qu'il se pourrait la réputation de l'armée navale, et de tenir la mer jusqu'au 1er septembre.

Je répondrai au premier article que vous pouvez, Monseigneur, vous souvenir de ce que j'ai eu l'honneur de vous écrire le 9 de juin, que, pour se mettre à la rencontre de la flotte de Smyrne, il fallait que l'armée l'attendît à l'ouest-quart-sud-ouest, vingt-cinq lieues des Sorlingues[2] et que vous me

---

[1] Cette note et celles qui suivent entre guillemets, sont placées en renvoi de la lettre de Tourville ; on en ignore l'auteur. Elles avaient été faites évidemment pour Pontchartrain :

« Il devait les attaquer quoique supérieurs, s'ils venaient sur les côtes de France, ou s'ils allaient sur celles d'Irlande. »

[2] « On n'a point écrit qu'il suffirait qu'il fût un peu plus au milieu de la Manche, mais bien qu'il paraissait que, se tenant un peu plus à l'entrée de la Manche, il serait à portée

répondîtes qu'il suffisait que je fusse un peu plus au milieu de l'entrée de la Manche pour l'empêcher d'entrer dans le canal, où étant je vous ai fait voir par mes lettres que je n'étais pas à portée de l'empêcher d'y entrer, rasant les Sorlingues comme elle a fait. Cependant, quand j'eus avis par le vaisseau venant de la Martinique, qui l'avait rencontrée sur une hauteur qui me fit juger qu'elle était allée en Irlande, je ne laissai pas, sur les ordres que j'avais reçus depuis, de m'attacher à cette flotte, de quitter ma croisière pour tâcher de la rencontrer sur son passage par la Manche, et de suivre cette route jusque par les quarante-neuf degré quinze minutes, sur les avis que j'eus par la corvette qui l'avait rencontrée; et si je l'avais pour lors aperçue je n'eusse pu m'empêcher de l'aller reconnaître pour exécuter les ordres précis que j'avais eus de m'y attacher. N'ayant pas eu de nouvelles qu'elle fût jointe à l'armée ennemie, quoique toutes les apparences fussent qu'elle en devait être escortée, et la reconnaissant, je tombais dans la nécessité de combattre contre une armée qui se trouvait pour lors de près de cent vaisseaux de guerre[1], dans une croisière très avantageuse pour les ennemis et tout à fait désavantageuse pour nous, et où les officiers ont dit hautement dans le conseil qu'ils m'y avaient vu engagé avec peine.

Je ne sais pas sur quoi ont été fondés les bruits qui ont couru que j'avais pu prendre cette flotte, et qu'elle avait passé très proche de l'armée : on ne doit pas me supposer d'avoir été assez malintentionné pour ne vouloir pas rendre un service aussi important, et ma manœuvre a assez justifié le contraire ; et on ne peut avoir eu aucun avis qu'elle ait passé plus près de nous que celui que nous eûmes par la corvette la *Levrette*, que j'avais envoyée sur la croisière où je vous avais marqué que nous eussions dû l'aller attendre, qui nous apprit qu'elle était à vingt-deux lieues au nord-est quart-de-nord de l'armée, et qui, ayant été renvoyée sur-le-champ avec le *Saint-Michel* pour l'observer et en rapporter des nouvelles, quoique ce petit bâtiment soit un des meilleurs de voile de la mer pour l'été, elle ne put en avoir connaissance, non plus que le vaisseau le *Saint-Michel*[2] ; et comme elle était pour lors fort proche des Sorlingues, quand j'aurais eu le vent bon pour suivre et que j'eusse doublé son sillage, elle eût encore été plus tôt dans les ports d'Angleterre que je n'eusse pu la découvrir, ce qui obligea tous les officiers généraux

de secourir les côtes de France, et d'empêcher cette flotte d'entrer dans la Manche, et que de là il pourrait prendre son parti, par le moyen des bâtiments qu'il aurait dehors, pour être averti tant de la marche de cette flotte que de celle de l'armée ennemie. »

« Sur ce raisonnement, que personne ne prendra pour un ordre, M. de Tourville devait faire voir que cela le mettait absolument hors d'état de joindre l'armée ennemie; mais il n'en a plus parlé : il ne s'est pas tenu non plus un peu en deçà de 25 à 30 lieues ouest-quart-de-sud-ouest des Sorlingues qu'il avait proposé, ni n'a envoyé aucun bâtiment au-devant de cette flotte, suivant cet ordre prétendu, qu'après avoir su par un vaisseau qui revenait de l'Amérique qu'il l'avait laissée à environ cent lieues du cap de Clare. »

[1] « Tout le reste n'est qu'un raisonnement tiré. L'armée ennemie était de 64 vaisseaux de guerre; la flotte de Smyrne était escortée par 14 autres, la plupart petits. »

[2] « Il y a apparence qu'on n'aurait pas joint cette flotte, puisque le *Saint-Michel* et la corvette ne purent la joindre, mais on ne savait pas ce qui en était quand on revira, ce fut sur l'opinion que c'était l'armée ennemie, quoique le capitaine de la *Levrette* eût rapporté que c'était une flotte marchande, qui allait toutes voiles hors et sans ordre. »

à résoudre qu'il fallait retourner à la croisière ordonnée. Vous n'aurez pas lieu d'être surpris quand vous entendrez dire que des flottes marchandes auraient passé à trois et quatre lieues des escadres que le roi enverrait à la mer sans qu'elles les eussent prises, pouvant en être empêchées passant au vent à leur vue, comme celle du chevalier de Pilles, qui était au vent de l'armée ennemie, a passé à sa vue avec seize bâtimens venant d'Irlande, ou par des brumes ou mauvais temps.

A l'égard de prendre d'autres flottes marchandes, je n'ai eu connaissance que de celle des seize vaisseaux qui allaient à l'Amérique ; les brumes m'ont empêché d'en prendre davantage que les deux vaisseaux de guerre et quatre marchands, et huit autres vaisseaux pendant la campagne.

Je vous dirai, à cette occasion, que je suis surpris qu'on ait publié que j'ai songé à éviter cette flotte, la prenant pour l'armée ennemie[1], étant certain qu'ayant le cap au nord, quand je l'aperçus à la pointe du jour qu'elle courait au sud-ouest, je fis revirer sur elle et fis larguer les ris des huniers pour la chasser, que je sus presque en même temps, par une prise anglaise que m'amena le *Content*, ce que c'était que cette flotte, et que je fis le signal à tous les bons voiliers de l'armée pour lui donner chasse.

Pour ce qui est du second article, des vues que le Roi a eues en faisant sortir son armée navale, qui étaient de garantir les côtes du royaume des descentes des ennemis et de tâcher de rendre leur armement inutile ; cet armement leur a servi à faire passer leur flotte de Smyrne, parce que, s'ils n'avaient point eu d'armée, ils n'eussent pas osé l'exposer, dans la crainte qu'on n'eût fait des détachements pour la prendre ; mais étant une fois à Kinsale, il lui était aisé de prendre son temps pour se jeter dans Bristol, d'où il eût été facile de porter ses marchandises à Londres, comme il est arrivé autrefois, ou d'attendre, pour entrer dans la Manche d'Angleterre, que nous eussions été désarmés ; et, du reste, il n'a eu d'autre succès que de faire passer dans une marée une escadre de seize vaisseaux dans les rades de Bertheaume et de Camaret, ce qui aurait pu se faire à vue de notre armée, étant au vent d'elle, l'avantage du vent étant un obstacle qu'on ne surmonte pas[2], et de brûler une méchante barque à Camaret, et qui aurait pu réussir de même à la chaloupe d'un corsaire ; n'ayant d'ailleurs empêché de passer aucune de nos flottes, ni fait aucune prise que celle d'un petit bâtiment chargé de soixante-dix moutons et un traversier, pendant que nous leur avons pris deux vaisseaux de guerre et douze vaisseaux marchands, avec une armée inférieure qui n'ose détacher aucun vaisseau de crainte de se séparer et de s'affaiblir dans un temps qu'une armée ennemie fort supérieure peut tomber sur elle.

J'ai, suivant mes ordres, en partant de Brest, été chercher ma croisière[3] pour y attendre les ennemis et les combattre en cas qu'ils sortissent de la Manche en nombre égal ou inférieur, et même supérieur de quelques vais-

---

[1] « Il n'a pas été parlé de cela. »

[2] « On ne surmonte pas l'avantage du vent, mais il peut changer, et les ennemis n'auraient jamais osé faire cette entreprise si l'armée du Roi les avait observés, et il n'a tenu qu'à eux d'en faire autant sur toutes les côtes du royaume. »

[3] « La croisière était l'entrée de la Manche ouest-nord-ouest d'Ouessant ; l'armée est allée d'abord sur Pennemark, ensuite à l'ouest-sud-ouest d'Ouessant. »

seaux, comme je l'avais proposé. Les avis que j'avais de vous, Monseigneur, étaient que leur armée n'était que de soixante-six vaisseaux de guerre[1], et celle du Roi était pour lors de soixante-sept, et je vous ai marqué, en apostille d'un de mes articles de mon instruction, que s'ils n'avaient que huit vaisseaux de plus que nous, il ne fallait pas hésiter de les attaquer, et j'avais mis en mer dans ce dessein.

J'ai demeuré sur cette croisière jusqu'au 14 de juillet, quoique, par des bâtiments étrangers, j'eusse eu différents avis que l'armée ennemie était de quatre-vingt-dix vaisseaux de ligne, et je ne m'en éloignai que pour tâcher de me mettre au passage de la flotte de Smyrne, entre Kinsale et les Sorlingues, et jusqu'au 17, que je reçus, par l'*Orgueilleux*, une lettre d'un de nos capitaines de brûlots[2] qui m'écrivait avoir compté quatre-vingt-six vaisseaux de ligne dans l'armée ennemie, et la vôtre du 7, par laquelle vous me mandiez que je devais me conduire sur les avis que j'aurais et non sur les vôtres, ne rien hasarder sans nécessité, et suivre les intentions du Roi expliquées par mon instruction, je n'aurais pas cru devoir éviter les ennemis sur des nouvelles étrangères, ayant les vôtres contraires, sans les reconnaître de près, et que, les reconnaissant de près, je n'en vinsse à un combat. Je me donnai même l'honneur de vous écrire, aussitôt que je fus en croisière, que le Roi devait souhaiter que nous donnassions promptement bataille[3], pendant que nos équipages se portaient bien, vous ayant marqué précisément, en apostille de l'article 10 de mon instruction, que dès le moment que deux armées sont en présence en état de se reconnaître, il était impossible d'éviter un combat quand une armée ennemie voudra engager l'autre, et que le meilleur parti en ce cas-là, quoique inférieur, est celui d'attendre l'ennemi en bon ordre et de tenir bonne contenance; aussi, jusqu'audit jour 17, que je ne crus pas pouvoir m'empêcher de risquer d'engager un combat, je ne voulus point faire part de mes ordres aux officiers généraux, et ce ne fut que pour lors qu'ayant des avis certains[4] de la force des ennemis, je pris la résolution

---

[1] « Cet avis était bon; ils n'avaient que 74 vaisseaux. »

[2] « Ce brûlot, en sortant de Brest, trouva quelques vaisseaux de l'armée ennemie; il en fut chassé et se brûla. Il était impossible que ce capitaine ait pu distinguer 86 vaisseaux de ligne dans une forêt de vaisseaux qu'il vit dans un éloignement; il aurait pu dire au plus, si ces vaisseaux avaient été de file, le nombre qu'il y en avait, et sur cela on pouvait raisonner tant de vaisseaux de guerre, tant de brûlots, tant de bâtiments de charge, etc. Un Génois qui avait vu cette armée, et qui trouva quelque temps après M. le comte d'Estrées dans la Méditerranée, lui dit qu'il y avait 106 voiles; quelle apparence qu'il y eût 86 vaisseaux de guerre? »

[3] « Il lui a été écrit en ces termes : « *Sa Majesté n'a rien à ajouter aux ordres portés
« par votre instruction; je vous ai informé des nouvelles que j'avais des ennemis; vous
« pouvez à présent, par le moyen des bâtiments d'avis qui sont à votre suite, en avoir
« des nouvelles plus précises que nous*; *c'est à vous à prendre vos mesures, de sorte
« que vous puissiez en être informé, et exécuter les ordres de Sa Majesté, suivant ses
« intentions, c'est-à-dire, ne rien hasarder sans nécessité, et profiter des occasions
« avantageuses que vous aurez pendant la campagne.* »
« Cela ne signifie pas qu'il faille continuellement fuir au moindre bruit de l'approche des ennemis sans jamais les voir. »

[4] « Qu'est-ce que ces avis certains? »

de les leur communiquer, comme je le fis le lendemain 18, que le calme nous donna lieu de nous assembler, pour examiner avec eux si, deux armées étant en présence, on pouvait éviter un combat quand une armée supérieure voulait l'engager. Vous aurez vu, Monseigneur, par le résultat de ce conseil[1], comme quoi on y jugea qu'étant presque impossible de l'éviter, il fallait que l'armée se mît à l'ouest-sud-ouest d'Ouessant, pour, en cas de nécessité, combattre dans un parage plus avantageux pour la retraite des vaisseaux qui seraient incommodés.

Mais je ne laisserai pas de vous expliquer si deux armées en présence se peuvent séparer, une armée supérieure voulant combattre; je vous expliquerai aussi les occasions où il m'a paru qu'il y avait nécessité de donner un combat, et, ce qui convient le mieux, en voulant l'éviter, pour ne rien hasarder et ménager la réputation de l'armée navale.

Tous les officiers du métier conviennent que, deux armées de mer étant une fois à portée de se reconnaître, il est comme impossible que celle qui sera inférieure puisse dérober sa marche à l'autre lorsqu'elles seront en pleine mer hors de la Manche pendant les mois de juin, juillet, et jusqu'au 15 août, que les nuits sont courtes et que la saison n'est pas sujette à des coups de vent et à des brumes de longue durée, qui sont les seuls accidents qui pourraient donner lieu à une séparation des deux armées; mais la nécessité où l'on est pendant une brume de faire des signaux de coups de canon, pour faire une fausse route et marcher ensemble et ne point se séparer les uns des autres, qui peuvent être connus des ennemis, et le danger qu'il y a que partie de nos vaisseaux, n'ayant pas bien observé l'air de vent que j'avais voulu leur indiquer, ne s'écartent du corps d'armée, me fera toujours préférer de hasarder de donner un combat avec vingt vaisseaux moins qu'eux, que de faire une pareille manœuvre par le danger qu'il y aurait d'être joints par les ennemis après une séparation d'une partie de nos vaisseaux, si le hasard voulait qu'ils nous eussent suivis[2].

S'il n'y a point d'autre moyen à une armée inférieure de pouvoir cacher sa marche, il est encore plus assuré qu'une armée supérieure obligera l'autre à combattre si une fois elles sont en présence; cette armée étant au vent elle peut arriver avec moins d'ordre que l'autre, sans attendre ses plus méchants voiliers, qu'elle est bien assurée qu'ils la viendront joindre quand elle aura engagé le combat, et n'en étant pas de même de celle qui est inférieure, qui est obligée de marcher ensemble en ordre de bataille pour attendre ses plus

---

[1] « Il serait nécessaire de demander à tous les officiers généraux en particulier un mémoire sur ce sujet, pour juger de leurs raisons; si cela était, il serait inutile et même très dangereux de se mettre à la mer lorsque les ennemis auraient plus de vaisseaux. M. de Tourville fut cependant plusieurs jours l'année dernière après l'armée ennemie sans pouvoir l'engager à combattre, et il n'y aurait point eu de combat si elle ne l'eût attaqué. »

« Il y eut même une conjoncture où, de l'avis de tout le monde, les ennemis, quoique inférieurs, faisaient périr l'armée du Roi s'ils eussent pu profiter de leur avantage. M. le comte d'Estrées et M. Renau pourront en dire le détail et les circonstances. »

[2] « Tout ce raisonnement est fondé sur la brume, pendant laquelle les ennemis peuvent se séparer de même et plus aisément s'ils sont en plus grand nombre. »

méchants voiliers et ne rien perdre de ses forces ; il faut qu'elle les abandonne en fuyant vent arrière, ou qu'elle combatte en bon ordre ; car il ne faut pas croire qu'une armée inférieure puisse éviter un combat en larguant un peu pour gagner du temps ; et quand cela lui réussirait un jour, cela ne lui réussirait pas le lendemain, ne pouvant lui cacher sa marche ; mais cela ne lui [1] réussira pas dès le premier jour si on se reconnaît le matin, étant certain et très facile à démontrer que l'armée de dessous le vent larguant d'un vent, et celle qui est au vent, à une lieue, larguant trois quarts de vent davantage, elle coupera cinquante navires de celle qui est sous le vent à voilure égale, quoique celle qui largue davantage fasse beaucoup plus de chemin que l'autre ; et si elles sont éloignées de deux lieues, elle en coupera trente, et par conséquent l'armée inférieure sera réduite indispensablement à combattre, parce qu'elle ne pourrait l'éviter en se mettant vent arrière, à moins que tous ses vaisseaux ne soient meilleurs voiliers que ceux des ennemis ; ne voulant pas perdre les méchants voiliers, comme je l'ai dit ; et ce serait donner lieu à une déroute entière de tenter une fuite pour être obligé de donner ensuite un combat avec des équipages autant intimidés par une pareille manœuvre qu'elle aurait relevé le courage de ceux des ennemis, et, en un mot, cela étant, il n'y a aucun honneur à acquérir à s'exposer à un si grand danger pour être un jour en présence, et il y a tout à risquer, ne pouvant y avoir aucune occasion de profiter d'aucun avantage sur eux, comme je me suis donné l'honneur de vous l'expliquer par une de mes lettres [2].

Il m'est revenu qu'on disait que j'évitais les flottes marchandes comme celle des ennemis : je n'ai eu connaissance que de celle des seize vaisseaux anglais qui allait à l'Amérique, que j'ai chassée aussitôt qu'elle a paru, et d'une des nôtres qui venait d'Irlande, que je crus effectivement l'armée ennemie par les signaux qui m'en furent faits et par les avis que MM. de la Roche-Allard et de Villars m'en venaient de donner, qui me dirent l'avoir

---

[1] « On se voit de plus de dix lieues en mer et on peut ne pas attendre qu'on se voie à une. »

[2] « On pourra juger de la vérité de ce raisonnement sur l'avis de tous les officiers généraux et de quelques bons capitaines, si on trouve à propos de le leur demander ; on peut dire cependant qu'une armée qui évite ne peut être attaquée que par les bons voiliers de l'armée ennemie qui la chassent, ou bien il faut que cette armée ennemie vienne avec tous ses vaisseaux ; en ce cas elle ne joindra jamais, étant certain, pour la conjoncture présente, que les Hollandais sont plus mauvais voiliers que les moins bons vaisseaux du Roi. S'ils se séparent, les premiers venus seront bien reçus par l'armée qui évite, qui sera en son entier, et ce serait le vrai moyen à cette armée supérieure de se faire battre pièce à pièce. Il n'est pas vraisemblable que M. de Tourville voulut entreprendre une telle action. Il ne fit jamais cette proposition l'année dernière qu'il était supérieur en nombre ; d'ailleurs il faut un temps infini pour faire joindre des armées lorsqu'il y en a une qui veut l'éviter, et la nuit arrivera presque toujours avant que cela soit fait. »

« Ceci est si vrai que M. de Tourville suppose dans son mémoire qu'on se verra dès le matin et qu'on ne sera qu'à une lieue de distance ; il veut aussi que ce soit dans les mois de juin et juillet, et jusqu'au 18 d'août, que les nuits sont courtes et la saison pas sujette à des coups de vent et à des brumes de longue durée ; mais il veut en même temps que cette brume devienne longue pour l'armée qui évite et que cela l'empêche de s'éloigner de l'armée ennemie. »

bien reconnue le soir d'auparavant; ce qui m'obligea de mettre l'armée en bataille, qui est la même manœuvre que je devais faire quand même j'aurais voulu combattre; et pour lors je n'avais que cinquante-cinq vaisseaux de guerre, ceux que j'avais détachés n'étant pas encore rassemblés [1].

Il n'y a point eu de nécessité, suivant mon instruction, de combattre les ennemis, étant aussi supérieurs qu'ils l'ont toujours été, puisqu'ils ne se sont point mis en devoir d'entreprendre sur les côtes de France, ce qu'ils eussent pu faire, ayant le vent sur moi, sans que j'eusse pu l'empêcher. Le hasard, cependant, eût pu m'obliger à combattre, si, ayant manqué d'être averti de leur marche, ils m'eussent joint, comme cela pouvait arriver; et il se pouvait encore qu'étant à la fin de mes vivres et ne pouvant me dispenser de rentrer dans la rade de Brest, j'eusse été contraint de les attaquer, les trouvant à mon passage.

N'ayant donc point dû combattre sans nécessité, n'ayant dû de même rien hasarder, ne pouvant s'attendre en cette rencontre que de risquer un combat, et ayant eu ordre de l'éviter, les ennemis étant supérieurs, j'ai dû, suivant ce que je viens d'expliquer, et suivant le sentiment des officiers généraux, éviter leur présence, puisque c'était le seul moyen d'éviter le combat; et je crois que la réputation de l'armée navale a été mieux ménagée en cachant sa marche aux ennemis, leur laissant croire qu'on les cherchait [2] ou leurs flottes marchandes, que de fuir vent arrière à leur vue; et comme il ne serait pas toujours assuré de tenir l'armée cinquante jours en mer sans que les ennemis la pussent joindre, j'estime que le Roi ne doit point la faire sortir sans nécessité une autre campagne si elle n'est pas assez forte pour risquer un combat quand elle y sera obligée, étant certain que si les ennemis avaient fait ce qu'ils auraient pu, ils auraient bien su nous joindre sans qu'on eût pu les éviter, surtout s'ils n'eussent pas été occupés une bonne partie de la campagne à leur flotte de Smyrne; et je suis même surpris que lorsqu'ils nous ont suivis, ils ne nous aient pas joints [3], ayant été obligés de marcher la nuit avec les huniers sur le ton, pour ne pas nous séparer; et j'ai eu besoin de mettre toute mon expérience en usage pour les éviter, et il n'y a pas lieu de douter qu'une armée qui combattra l'autre et qui sera supérieure de vingt-cinq vaisseaux, comme celle des ennemis l'eût été, et plus nombreuse d'un tiers de vaisseaux d'égale force aux nôtres, ne soit en état, se trouvant en pleine mer, de la mettre entièrement en déroute; et j'aurais mérité d'être

---

[1] « Il est vrai que l'armée du Roi mit à l'autre bord à la vue de la flotte qui revenait d'Irlande. Cette flotte était composée de 64 bâtiments, dont la plupart n'étaient que des barques. Cependant on y compta 80 vaisseaux du bord de M. le chevalier de Coëtlogon, et 76 de celui de M. de Belle-Ile, marque que l'avis du capitaine de brûlot sur lequel on a navigué toute la campagne était fort peu juste. »

[2] « Les ennemis ont été dissuadés de cette pensée s'ils avaient pu l'avoir, n'ayant pu ignorer qu'on les fuyait, et c'est ce qui à la fin les a rendus hardis à chasser l'armée du Roi jusqu'à cent lieues au large d'Ouessant, au moins a-t-elle fait ce chemin en les évitant. »

[3] « Peut-être n'en avaient-ils pas plus d'envie que nous. On dit que M. Russel a fait son apologie pour faire voir qu'avec une armée inférieure à celle de France il avait sauvé la flotte de Smyrne, il était venu dans nos ports et avait fait fuir les Français. »

punit ayant mon instruction et vos lettres qui me prescrivaient ensuite de m'y conformer, si j'avais exposé l'armée à un combat aussi inégal. Je ne vous informe point, monseigneur, de ce danger pour m'empêcher de combattre avec des forces aussi inférieures quand le Roi le jugera nécessaire, mais pour faire connaître à Sa Majesté et à vous les risques où son armée serait exposée.

Vous avez été assez informé, par le résultat du conseil des officiers généraux et par mes lettres, des besoins indispensables qui ont engagé le retour de l'armée navale seize jours plus tôt qu'il ne l'était porté par mon instruction, et les suites ne les ont que trop justifiées, et que l'armée se serait trouvée dans la dernière extrémité par la corruption du biscuit et par le peu de provisions qu'il y en avait à Brest pour en être secourus, quand même il aurait pu nous passer sûrement; sans parler des besoins où l'on se trouvait de toutes sortes de rafraîchissemens pour les malades, et d'eau et de boire.

Je suis avec beaucoup de respect, Monseigneur, votre très humble et très obéissant serviteur.

TOURVILLE.

(*Archives de la Marine.*)

A PONTCHARTRAIN.

3 juin 1692.

L'occupation dans laquelle j'ai été depuis le jour du combat m'a empêché de vous rendre compte de ce qui s'est passé jusqu'à présent. Après avoir été assez heureux, dans la nécessité où je me suis trouvé de combattre les ennemis, avec des forces aussi inégales, qui avaient quatre-vingt-huit vaisseaux, et moi n'en ayant que quarante-quatre, de n'en perdre aucun, après un combat opiniâtre de douze heures, je fus assez malheureux, le lendemain, qu'ayant pris le parti de passer par le raz Blanchart, qui était le seul qu'il y eût à prendre pour m'éloigner des ennemis, et qui avait réussi à la plus grande partie des vaisseaux qui étaient avec moi, pour que le jusant me manquât, ce qui m'ayant obligé de mouiller au commencement du flot, je me trouvai dans un fond qui fit chasser les ancres des vaisseaux qui étaient avec moi, et la rapidité du courant me rejeta sous le vent des ennemis. Me trouvant ainsi séparé, sans aucun espoir de pouvoir reprendre la route de Brest, ni de me tirer d'affaire en passant vers le nord, à cause du mauvais état où étaient les vaisseaux, ce qui m'aurait fait tomber indubitablement parmi les ennemis, qui n'étaient qu'à une demi-lieue de nous, et qui arrivèrent en même temps à la Hogue, je pris le parti d'y mouiller, afin d'éviter que les vaisseaux du Roi ne tombassent entre leurs mains, et d'en conserver les canons et les équipages, comme nous avons fait. J'avais devant moi l'exemple du *Soleil royal*, de l'*Admirable* et du *Triomphant*, qui avaient été obligés d'échouer à Cherbourg. N'ayant plus que ce moyen d'éviter d'être pris, je vins mouiller à la Maison-d'eau pour pouvoir échouer, et j'aurais même échoué en arrivant au coup de pleine mer, si, par les avis du roi d'Angleterre et de M. le maréchal de Bellefond, on n'eût suspendu cet échouage jusqu'au lendemain. J'ai reconnu depuis que mon premier avis était le meilleur.

Quant à ce qui est arrivé du brûlement du corps des vaisseaux, c'était une chose inévitable, dès que nous n'avions pas de forces suffisantes pour nous défendre contre un si grand nombre d'ennemis, la flotte entière des Hollandais et des Anglais s'étant trouvée rejointe ici.

Je n'ai manqué en cela que par une trop grande ponctualité des ordres contenus dans mon instruction et par le malheur des vents, qui, m'ayant retardé de mon côté, ont facilité en même temps la jonction des ennemis [1].

A Pontchartrain.

6 juillet 1693.

Étant mouillé à Lagos, le 26 du mois passé, je fus averti par des coups de canon qui se tiraient de temps en temps du cap Saint-Vincent, que c'était une flotte ennemie ; et, quelques moments après, je vis arriver une petite corvette avec un pavillon anglais, qui passa au travers de nos armées, pour me faire connaître que c'en était une effectivement. Le sieur Desangers vint deux heures après pour me le confirmer ; mais il ne l'avait pas assez bien reconnue pour me pouvoir assurer si c'était la flotte de guerre ou la marchande. Le sieur de Mons vint, immédiatement après lui, me raporter qu'il avait été chassé par trois de leurs vaisseaux, et qu'il y en avait eu un qui l'avait canonné ; qu'il avait compté cent cinquante voiles qui formaient trois colonnes, et qu'il ne pouvait rien dire de précis sur cette flotte, sinon qu'il croyait avoir vu deux pavillons.

A cette nouvelle, je fis tirer le coup de canon à six heures pour appareiller, et, après avoir levé l'ancre, je mis en panne jusqu'à onze heures ; j'allumai mes fanaux et fis les signaux de la cape avec le grand hunier, et ensuite je fis servir mes voiles pour m'ôter de la rade où j'étais. Je fis encore courir du côté de l'est-sud-ouest pour me mettre en parage, de manière à pouvoir éviter la flotte ennemie, en cas que ce fût celle de guerre, et aussi pour me mettre sur le passage de la flotte marchande, si elle faisait route pour Cadix. Le lendemain, au petit point du jour, je tirai un coup de canon pour appeler les généraux au conseil et mis le côté en travers, ce qui fut fait dans l'instant. Il fût résolu qu'au cas que les vaisseaux de garde me fissent les signaux que ce fût l'armée ennemie, on prendrait la route du côté du détroit pour aller joindre M. le comte d'Estrées. Des généraux s'en retournèrent, et je demeurai en panne jusque sur les onze heures. Pendant tout ce temps-là, j'entendais toujours tirer des coups de canon, tant le jour que la nuit, pour m'avertir que la flotte ennemie venait. Étant occupé à observer les signaux que les vaisseaux pouvaient faire, j'en aperçus un de l'avant-garde, avec un pavillon

---

[1] Sainte-Croix, *Histoire des progrès de la puissance navale de l'Angleterre*, t. II, p. 414 à 416.

rouge au grand mât, qui était le signal de la flotte marchande, ce qui m'obligea en même temps de forcer de voiles et de mettre le pavillon blanc au mât de misaine, et l'enseigne rouge à poupe, qui était le signal de M. Gabaret, pour chasser, avec les vingt-deux meilleurs voiliers, pour joindre la flotte marchande. Un quart d'heure après, je fis ôter le pavillon blanc du mât de misaine, et laissai l'enseigne rouge à poupe, qui était le signal pour faire chasser toute l'armée; et une demi-heure après je fis remettre le pavillon blanc au mât d'avant, qui était le signal de M. de Gabaret, qui ne laissait pas toujours de chasser, quoique j'eusse ôté son signal, parce que j'avais laissé l'enseigne rouge à poupe pour faire chasser toute l'armée.

La plupart de nos navires bons voiliers ne furent pas longtemps sans joindre les vaisseaux ennemis, qui venaient toujours vent arrière. Chaque capitaine ne songeait qu'à faire toute la force de voile qu'il pouvait pour joindre cette flotte. M. de Gabaret, de son côté, fit autant de voile qu'il put; mais, comme il fut proche des vaisseaux ennemis, il mit son pavillon d'ordre de bataille, pour rallier tous les vaisseaux qui chassaient devant lui. Le contretemps de ce signal empêcha que la plupart de nos navires ne fissent la même force pour joindre la tête de l'avant-garde des ennemis, qui se rallièrent à lui pour obéir à son signal. M. d'Enry fut le premier qui attaqua un vaisseau hollandais; M. Pannetié, le second qui attaqua ce même vaisseau. Après l'avoir désemparé, il alla canonner un autre vaisseau hollandais et le mit en désordre. Ces deux vaisseaux hollandais revirant de bord, M. Pannetié revira aussi : M. de Gabaret, au lieu de poursuivre les Anglais pour donner le mouvement à tous nos vaisseaux qui s'étaient ralliés à lui et à les suivre, revira aussi avec M. Pannetié; et, comme il fut proche d'un des vaisseaux de guerre hollandais, il y en eut un qui se rendit à lui, où il envoya son fils, et donna ordre à M. Pannetié, par le sieur Rocard, d'amariner ce vaisseau, aussi bien que l'autre, qui se rendit au sieur Pannetié, qui fut surpris de ce qu'il n'ordonnait point à quelque vaisseau particulier de les amariner, pour laisser la liberté à son vaisseau, qui est de cent pièces de canon et marche parfaitement bien, de poursuivre les Anglais. Il crut que M. de Gabaret voulait le faire; mais lui et tous les capitaines furent fort étonnés de voir qu'au lieu de les poursuivre, il mit en panne et y demeura presque toute la nuit en faisant des signaux, comme s'il avait été incommodé, et qui cependant ne signifiaient autre chose que pour rappeler sa chaloupe, qu'il avait envoyée aux vaisseaux hollandais. Cette manœuvre donna occasion aux vaisseaux hollandais de forcer de voiles et de se retirer. Il y eut deux de nos vaisseaux qui ne s'arrêtèrent point au pavillon d'ordre de bataille de M. de Gabaret; ils eurent raison et tinrent toujours les ennemis pendant la nuit à une portée de canon. Le *Saint-Esprit* en était un, commandé par M. de Belle-Ile; et l'autre, le *Conquérant*, commandé par M. Duchalart, qui tiraient des coups de canon de temps en temps pour avertir qu'ils voyaient les ennemis; et, le lendemain, ils se tinrent encore avec eux jusqu'à neuf heures du matin et essuyèrent quelques bordées de leurs vaisseaux de guerre. Ils firent trois prises à leur vue, qui étaient un peu sous le vent à eux, sans que les ennemis se missent en état de les défendre. Voilà au juste comme la manœuvre s'est passée, qui est un contre-temps des plus fâcheux qui ait pu nous arriver, parce que, de la manière que les choses étaient disposées, il ne devait échapper aucun bâtiment ennemi. M. de Vauvré vous fera savoir leur perte, qui consiste en plus de quarante vaisseaux, qu'on a été obligé de brûler, s'étant la plupart échoués à la côte. Il vous envoie la liste de ceux qui ont été pris ; je crois bien que leur perte va à vingt millions pour le moins. J'avais oublié à vous dire que le lendemain je vis M. de Gabaret sous le vent de moi ; et comme je n'aperçus plus aucun des vaisseaux des ennemis, je mis le pavillon de ralliement et m'en allai à toutes voiles devant Cadix, pour tâcher de couper de leurs vaisseaux qui auraient pu se sauver pendant la nuit. A la pointe du jour du 29, j'entendis tirer des coups de canon du côté de Cadix : c'étaient deux de nos vaisseaux qui en poursuivaient deux autres des ennemis, et qui les firent échouer sous la forteresse de Saint-Sébastien. Comme je fus arrivé à la rade, je détachai trois vaisseaux, commandés par M. Clanié, pour les faire brûler ; ce qu'ils firent. Ces deux vaisseaux valaient plus de 3 millions. Cela a été confirmé par trois personnes différentes qui sont venues de Cadix les unes après les autres. M. le chevalier de Blénac brûla le second, qui était plus du côté de la tour de Saint-Pierre. Le 30, je détachai M. de Châteaurenault avec son escadre pour aller du côté du cap Spartel, pour voir si les vaisseaux de guerre n'auraient pas été de ce côté-là pour entrer dans la Méditerranée, etc. [1].

A PONTCHARTRAIN.

6 may 1694.

(*Lettre signée.*)

Monsieur [2],

Je reçus hier la lettre que vous m'avés fait l'honneur de m'écrire du vingt-huit avril, j'ay aussy tost donné les ordres pour embarquer les raffraichissemens des malades et pour qu'on se dispose à partir ; et comme les vivres des vaisseaux sont embarqués et leurs équipages formés, je ne vois rien que les vents qui puissent les empescher d'aller aux isles d'Hières dans deux ou trois jours.

La destination du vaisseau de Monsieur le marquis de Nesmond n'estant point venüe et me paroissant que ce ne peut estre que pour *la Couronne*, je l'en ay mis en possession affin qu'il embarque ses provisions et qu'on règle ses officiers mariniers et son équipage, et pour éviter le retardement que cela causeroit, les galliottes et la flutte qui doit porter les bombes n'estant pas prestes, elles me viendront trouver aux isles d'Hières.

Je crois, Monsieur, que vous estes informé de la quantité de vaisseaux ennemis qui sont à Cadis et de leur mouvement ; il est à souhaitter qu'ils y demeurent pendant que nous serons aux isles d'Hières. J'ay montré à Monsieur le comte d'Estrées la lettre que vous avés pris la peine de m'écrire ; il ne s'attendoit point que vous envoyassiés l'ordre pour faire moüiller l'escadre

---

[1] Sainte-Croix, *Histoire des progrès de la puissance navale de l'Angleterre*, t. II, p. 416 à 422.
[2] Tourville est maréchal de France du 27 mars 1693. Suivant l'étiquette, il ne donne plus la qualification de *monseigneur* au ministre, mais seulement celle de *monsieur*.

aux isles d'Hières où l'on est exposé quand on a à aprehender un corps supérieur n'y ayant aucune retraitte. Quinze vaisseaux sont plus parés à la rade de Toulon pour passer en Catalogne qu'ils ne le sont aux isles d'Hières parcequ'on n'appareille qu'avec des vents de nord-oüest, et estant moüillés dans la rade de Toulon on est cinq lieües plus au vent qu'aux isles d'Hières, et on est en estat de doubler plus facilement l'isle de Minorque qui est la route pour y aller; s'il y avoit un grand nombre de vaisseaux, les isles conviendroient mieux par la difficulté qu'il y auroit de rassembler les équipages.

J'écrit à Monsieur le mareschal de Noailles que j'ay ordre de me tenir prest à partir, et je le prie de me faire sçavoir quand il souhaitte que l'escadre paroisse aux costes de Catalogne et en quel endroit.

J'ay dit à M. de Vauvré la nécessité qu'il y avoit d'avoir une flutte comme j'en ay toujours eü une pour la descharge des bestiaux de mon vaisseau.

J'ay sceu depuis que j'ay eü l'honneur de vous écrire que la troisième batterie du *St-Philippe* estoit garnye de canon de douze livres de balle, ainsy je ne vois pas que vous puissiés luy donner moins de huit cens hommes d'équipage.

Je suis avec beaucoup de respect, Monsieur, vostre très humble et très obéissant serviteur.

Le mareschal DE TOURVILLE.

A Toulon, ce 6° may 1694.

(*Archives de la Marine*. — Campagnes.)

A PONTCHARTRAIN.

9 may 1694.

(*Lettre signée.*)

Monsieur,

Depuis la dernière lettre que je me suis donné l'honneur de vous écrire, les vents d'est contraires avec de la pluye ont toujours régné, c'est ce qui empesche les vaisseaux d'aller aux isles d'Hières. On a achevé de faire le payement de quelques vaisseaux, les deux galliottes à bombes sortiront demain de ce port.

Il vient présentement d'arriver un courier de Monsieur le mareschal de Noailles qui m'aporte une lettre de sa part par laquelle il me marque que le vingt de ce mois il sera devant Palamos; je me mets en estat de partir affin qu'aussy tost que le courier que vous m'envoyerés sera arrivé, je puisse exécuter les ordres que vous m'adresserés. Monsieur le mareschal de Noailles me marque dans la lettre qu'il m'écrit que le rendés-vous des gallères et des vaisseaux doit estre a Rose. J'écris à M. le chevalier de Noailles qu'il est nécessaire que nous conférions ensemble pour prendre des mesures justes pour nos rendés-vous.

J'ay fait une épreuve des petits mortiers qu'on a fait qui seront très utiles Les bombes sont de trente livres; j'ay ordonné qu'on les prist pour les mettre dans nos chaloupes. On peut s'aprocher d'une place hors de la portée du mousquet et jetter des bombes de nuit dans les retranchemens des ennemis du costé de la mer.

Vous ne devés pas doubter, Monsieur, que je ne fasse toutte la diligence possible pour estre en estat d'exécuter les ordres que vous m'envoyerés.

En achevant ma lettre, un officier du *St-Philippe* vient de m'avertir que le tonnerre y avoit tombé, qu'il avoit mis le feu au grand mast et qu'on avoit esté obligé de le couper pour éviter un plus grand accident ; on fera toutte la diligence possible pour réparer ce malheur.

Je suis avec beaucoup de respect, Monsieur, vostre très humble et très obéissant serviteur.

Le mareschal DE TOURVILLE.

A Toulon, ce 9ᵉ may 1694.

(*Archives de la Marine.* — Campagnes.)

A PONTCHARTRAIN.

(*Lettre signée.*)

Monsieur,

Comme vous aurés esté informé par les couriers de Monsieur le mareschal de Noailles et de Monsieur de Chasteaurenauld des heureux succès de la terre et de la mer, je vous en ferois inutillement le détail ; je vous diray seulement que nostre escadre a esté d'un grand secours pour l'embarquement des canons, mortiers, munitions et vivres destinés pour le siège de Palamos ; je serois party aujourd'huy pour y aller, sy M. de Noailles ne m'avoit écrit de n'y pas paroistre avant luy qui ne peut y estre de trois ou quatre jours.

M. de Chasteaurenault est à la veüe ; je le laisseray icy pour faire de l'eau après quoy il me rejoindra. J'envoyeray à Toulon les fluttes chargées de vivres et les prises.

J'ay apris que les gallères sont à Colioure.

Je suis avec beaucoup d'estime, Monsieur, vostre très humble et très obéissant serviteur.

Le mareschal DE TOURVILLE.

A la rade de Rose, le 28 may 1694.

A PONTCHARTRAIN.

(*Lettre signée.*)

Monsieur,

L'escadre de M. de Chasteaurenault nous joignit hier à Rose, excepté le *Furieux* et le *Vaillant* qui sont restés de l'arrière pour escorter deux prises. Je détachay hier l'*Entendu*, commandé par le sieur Du Quesne, pour aller escorter à Toulon les prises et deux flustes chargées de vivres et de dix mortiers de fer.

M. le bailly de Noailles arriva hier au soir avec vingt-une gallères, en ayant laissé quatre à Colioures pour aporter de l'argeant pour l'armée de terre. Je reçus comme elles arrivoient une lettre de monsieur le mareschal de Noailles qui me prioit de faire transporter à Colioure deux mil sept cents prisonniers, je convins aussy tost avec monsʳ son frère que unze gallères en embarqueroient chacune cinquante et elles sont partyes ce matin de calme. Je nommay unze vaisseaux pour porter le reste dont je donnay les ordres sur le champ à M. de Chasteaurenault, que j'ay chargé de faire embarquer avec touttes les chaloupes de son escadre et l'on vient de me dire qu'ils sont tous embarqués; ils partiront aussy tost qu'il y aura du vent, jay choisy pour cela des vaisseaux de Ponant, parce que ceux de l'escadre de Levant avoient des poudres et des farines pour l'armée de terre et que M. de Noailles m'écrivoit qu'il seroit aujourdhuy ou demain devant Palamos, ce qui m'a obligé d'apareiller ce matin d'un petit vent de terre avec les vaisseaux de Toulon et les bastimens chargées de l'artillerye et des munitions, et j'ay réservé dix galères commandées par monsieur le Bailly de Noailles pour servir en cas calme à remorquer les bastimens proche de Palamos.

Je suis avec beaucoup d'estime, monsieur, votre très humble et très obéissant serviteur,

Le mareschal DE TOURVILLE.

A la rade de Rose, sous voille, le 30 may 1694.

A PONTCHARTRAIN.

3 juillet 1694.

(Lettre signée.)

Monsieur,

J'ay reçeu les trois lettres que vous m'avés fait l'honneur de m'écrire du seizième juin et vostre chiffre, les avis que vous avés eû de l'armée navalle des ennemis par la lettre du sieur de Louvigny, du quatorze du mesme mois, et par le rapport d'un capitaine ostendois, les ordres pour recevoir le sieur de l'Isle, chlᵉʳ de l'ordre de Saint-Louis et faire reconnoistre le chlᵉʳ de Norey pour capitaine de compagnie à la place du sieur de Loube [1] et le faire passer de *Lorgueilleux* sur le *Marquis*.

Je feray sçavoir à tous les capitaines les intentions du Roy sur le fait des rations de leurs vallets, et je leur aprendray le dessein où est Sa Majesté de leur accorder des gratifications à la fin de la campagne, en considération de ce qu'ils ont plus d'officiers qu'ils n'en avoient lorsque le Roy a réglé les tables, s'il n'y a aucunes plaintes contre eux et qu'ils se soient conformés aux

---

[1] De Loubes. — Volontaire, le 18 février 1683; — ancien garde de la marine, le 21 avril 1684; — enseigne de vaisseau, le 27 janvier 1686; — lieutenant de vaisseau, le 1ᵉʳ novembre 1689; — tué devant Port-Magne, le... mai 1694.

ordres de Sa Majesté à cet égard, et effectivement il y a de la justice dans la bonté que vous avés de vouloir bien entrer dans la dépence qu'ils sont obligés de faire, que la pluspart ne pouroient pas soutenir sans quelque secours, *les capitaines de gallères qui ont moins d'officiers ont cinq cents livres par mois* pour leur table et plus d'appointemens et moins de fatigue, ils ont encore l'aventage de n'embarquer que peu de bestiaux et de vollailes, parce qu'ils sont tous les jours à portée d'en acheter, au lieu que les capitaines de vaisseaux sont obligés d'en faire de grosses provisions dont il en meurt une bonne partye et qui leur coûtent beaucoup à nourir.

Monsieur le mareschal de Noailles m'ayant hier envoyé la coppie cy jointe de la lettre que le Roy luy a écrite du vingt-quatre de juin avec l'extrait de celle que Sa Majesté m'écrivoit sur les partis qu'il y auroit aprendre pour éviter de combattre avec des forces aussy supérieures que seroient celles que les ennemis faisoient passer dans la mer Méditerranée, et le vent estant au oüest-sud-oüest contraire pour m'amener vostre courier qui s'estoit embarqué à Colioure pour venir par mer, nous résolûmes ce que vous verrés dans le résultat de nostre conseil : la principale raison qui nous a obligé de partir incessamment pour aller à Toulon, ç'a esté pour avoir le temps de faire entrer sans confusion les vaisseaux dans les darces en pompant l'eau des gros vaisseaux et passant du canon sur l'avant, ce qui n'eust pas esté praticable à la veüe des ennemis n'y de se présenter pour entrer dans les rades où ils nous auroient pu suivre et où il n'y auroit pas de sureté de tenir nos vaisseaux, parce qu'avec un vent d'est on pouroit y estre insulté, au lieu que les mortiers et les batteries estant établies et bien gardées, il n'y a pas lieu de craindre que les ennemis s'aprochent assés pour les bombarder, ayan un peu de temps pour nous accommoder.

On n'a pas trouvé que le party d'aller en levant fut convenable, les soixante jours de vivres pour les gallères pouvoient estre longtemps à nous joindre. Il en partit hier une partye de Marseille que nous avons trouvés aujourd'huy en mer séparés par un coup de vent d'est et forcés par celuy qu'il fait de nord-oüest de retourner dans les ports de Provence, et quand mesme nous les aurions eus, on n'auroit pas crû devoir prendre ce party.

Il y aura deux mois le septième de celuy-cy que les vaisseaux de Ponant sont en mer, deux mois pour le moins qu'il faudroit encore tenir la mer. Dans les chaleurs de ce climat, les équipages seroient hors d'estat par les maladies de pouvoir repasser en Ponant en arrivant à Toulon, et je ne voudrois pas répondre d'y repasser de l'archipel avec l'armée dans l'esté en moins de deux mois; nous donnions du temps que nous estions à Messine aux vaisseaux que nous envoyions à Toulon pour six semaines de vivres.

A l'égard du party de passer en Ponant, n'ayant point de nouvelles certaines où sont les ennemis, c'eust esté s'exposer à les rencontrer plustost que de les éviter.

Je suis avec beaucoup de respect, Monsieur, vostre très humble et très obéissant serviteur.

Le mareschal DE TOURVILLE.

Le 3e juillet 1691, en mer.

(*Archives de la Marine.* — Campagnes.)

A Pontchartrain.

12 juillet 1694.

(Lettre signée.)

Monsieur,

J'ay receu le lendemain de mon arrivée dans cette rade la lettre du Roy du 24 de juin que vous m'avez envoyée par un courier exprès que je n'ay pas voulu vous renvoyer que je ne pusse vous informer des mesures que j'ay prises pour mettre les vaisseaux en seureté. Vous les verrez, Monsieur, par le plan que je vous envoye; le travail a esté grand, à cause des lieux inaccessibles où il a falu monter les canons et les mortiers et les équipages ont beaucoup travaillé. Il faut encore deux jours pour le perfectionner, mais on est dez à présent en estat de ne rien craindre. Je prévoyois bien qu'il faudroit beaucoup de temps pour mettre les choses en cet estat, et c'est une des principales raisons qui m'a obligé de venir icy sans aucun retardement. J'ay fait entrer avec facilité vingt-deux vaisseaux dans la nouvelle darce, le canal a cependant besoin d'estre aprofondy et il est trop étroit. J'en ay fait mettre douze dans la vieille darce de ceux qui tirent le moins d'eau, et les 13 autres qui sont icy, entre la grande tour et la vieille darce. J'ay esté bien aise de séparer ainsy les vaisseaux, quoiqu'ils pussent tous contenir dans la nouvelle darce, pour leur donner plus d'air, par raport à la santé des équipages, n'y ayant point de danger pour ceux qui sont dehors, par le moyen d'une estacade qui ferme le passage, qui, quoy qu'elle ne soit que simple, est assez forte, et ce que les vaisseaux ennemis n'y peuvent venir que de bouline et de biais, et qu'elle est de plus deffendue par les vaisseaux de MM. de Chateaurenault, de Villette et de Relingues [1] ; que si les ennemis étoient assez téméraires pour vouloir tenter de moüiller quelques galliottes vers les Vignettes pour jetter des bombes sur ces vaisseaux, on les peut tirer sur leurs amarres vers le canal de la nouvelle darce et les éloigner de leur portée, mais il n'est pas possible que des galliottes veües par les batteries comme elles le seroient, y pussent résister et quand elles ont essuyé à Alger une quantité extraordinaire de coups de canon, c'est parce qu'elles ne leur présentoient que la proüe et qu'elles n'étoient pas veües à revers, et d'ailleurs nos galères soutenues du feu de nos batteries, les enlèveroient sans que les leurs pussent l'empescher. Il n'y a pas lieu d'apréhender non plus que des vaisseaux ôsent mouiller ny s'engager dans les rades à cause de la quantité de canons et de mortiers qu'ils auroient à essuyer, comme vous le verrez par ce plan, et encore moins à louvoyer dans la petite rade.

J'ay fait mettre les canons et les munitions et ustensiles qui manquoient dans les tours et anciennes batteries ; j'ay donné le commandement des mortiers au sieur de Ressons [2] et aux officiers d'artillerie et à des capitaines de

---

[1] Le comte Ferdinand de Relingues. — Capitaine de vaisseau, le 5 septembre 1670 ; — à la Tour, le 16 juillet 1684 ; — chef d'escadre, le 1er novembre 1689 ; — lieutenant général, le 1er avril 1697 ; — mort à Malaga, de ses blessures, sur le *Terrible*, le 6 septembre 1704.

[2] Des Chiens de Ressons, de Bourgogne. — Nouveau garde de la marine, le 24 dé-

vaisseaux celuy des canons, et je leur ay désigné les canonniers et matelots nécessaires pour les servir un jour d'occasion.

J'ay visité avec M. le comte d'Estrées le sieur de Guilloire, major de la place qui est très bon officier d'infanterie et les sieurs Sartous [1], de la Jonquière [2] et Bombelles [3] tous les environs de cette rade pour observer les endroits où les ennemis pouroient faire des descentes; nous n'en avons pas trouvé du costé des Vignettes ny le long de cette coste à plus de trois lieües. Des ennemis n'en peuvent tenter que du costé des frères, où je fais mettre six pièces de canon et quatre petits mortiers de chaloupes, où quelques-uns des gros mortiers pourront porter. Il y a des retranchemens naturels sur le terrain pour couvrir le corps d'infanterie, qui sera posté de ce costé-là. M. le comte d'Estrées m'a donné un projet de bataillons que nous devions former de nos troupes que j'ay aprouvé, et comme du costé des Vignettes il n'y a rien à appréhender pour les descentes, je n'y mettray qu'un bataillon et je posteray les autres qui formeront environ 4,500 hommes du costé des frères avec 250 gardes de la marine et 400 grenadiers des galères. Je vous envoyeray incessamment la liste des officiers destinez pour servir dans les troupes et dans les batteries. Il seroit à désirer que les ennemis voulussent hazarder une descente, ils y seroient plus maltraitez qu'ils ne l'ont esté à Camaret où il n'y avoit que 800 hommes pour les recevoir, et qu'ils fassent entreprendre de vouloir entrer dans les rades et essuyer le feu de la quantité de canons et de mortiers où ils seroient exposez, mais il estoit très nécessaire de faire tout le travail que nous faisons icy pour estre en toute seureté contre le bombardement et les entreprises que les ennemis auroient osé tenter, et je ne me serois pas exposé à y venir si je n'avois bien jugé que j'aurois le temps de faire entrer les vaisseaux et de faire des batteries avant que les ennemis y pussent arriver, car autrement j'aurois plutost risqué de passer le détroit et de combattre, c'est pourquoy je n'ay pas perdu un moment pour me rendre icy, dèz que M. le maréchal de Noailles m'eut envoyé la lettre du Roy, et si les gardes que j'envoyay, en arrivant sur le cap Sicier, m'eussent fait le signal de l'armée ennemie, le vent estant bon pour venir sur nous, j'aurois coupé les câbles pour tenir la mer et tâcher à passer le détroit.

cembre 1683; — enseigne de galiote, le 1er janvier 1684; — lieutenant de galiote, le 21 avril 1684; — commissaire ordinaire d'artillerie, le 1er mars 1687; — commissaire général d'artillerie, le 1er janvier 1692; — capitaine de vaisseau, le 1er janvier 1693; — retiré pour servir à terre, le 18 novembre 1704.

[1] De Sartous. — Maréchal des logis des mousquetaires; — lieutenant de vaisseau, commandant des nouveaux gardes de la marine, le 23 novembre 1683; — capitaine de vaisseau, le 5 décembre 1685; — tué devant Barcelone, le 23 juin 1697.

[2] De la Jonquière, de Languedoc. — Capitaine dans Navarre, en 1674; — major dans Navarre, en 1684; — aide-major des galères, en...; — aide-major de la marine, le 15 mai 1692; — inspecteur et capitaine de vaisseau, le 3 janvier 1793; — cassé et dégradé de l'ordre de Saint-Louis, pour avoir rendu le Port-Mahon, sans le défendre, par le Conseil de guerre, le 9 janvier 1709, et confirmé par ordonnance du Roi du 24 janvier 1709.

[3] De Bombelles. — Capitaine major dans Champagne, en 1662; — aide-major des galères, le 1er juin 1682; — major des galères, le 8 janvier 1686; — inspecteur des galères, le 19 juin 1709; — retiré avec 3,000 livres, le 6 octobre 1710.

Vous verrez par le plan que je vous envoye la portée des mortiers par des quarts de cercles marquez par de petits O, que l'on ne met que de 1600 toises quoyqu'ils portent plus loing, et que si les galliottes ennemies estoient à 1200 toises des Vignettes, par où elles pouroient bombarder les vaisseaux de la fosse du Morillon, elles seroient veues à revers par les batteries de canons et de mortiers.

M. de Forville[1] m'ayant répété le besoin qu'il avoit de vingt pièces de canon de 24 lignes pour deffendre Marseille de l'aproche des vaisseaux et galliottes ennemies, j'ay cru qu'il estoit du service de les luy faire donner, ils partiront aussy tost que le vent le permettra. Il ne seroit pas impossible d'y faire passer les galères si l'on aprenoit que les ennemis voulussent s'attacher à bombarder la ville de Marseille et qu'ils fussent mouillez à l'Estaque. J'ay écrit à M. du Vivier, qui a passé à Marseille sans entrer icy, de venir dans ce port avec les cinq galères qu'il commande, suivant les ordres du Roy. S'il eust dépendu de moy, je les eusse laissé à Marseille pour rassurer et contenir le peuple; si les ennemis s'y attachoient et que le Roy le trouvast bon, je m'y rendrois en prenant tous les secours que je jugerois à propos pour empescher le bombardement.

J'eusse esté dans un très grand embarras, si le siège de Barcelonne estant formé, les ennemis eussent paru, et que les vents estant du costé du large dont la mer est fort grosse, je n'eusse pû rembarquer les soldats des vaisseaux, ce qui n'auroit pas empesché que je n'eusse exécuté ce que le Roy m'ordonnoit.

Je n'ay pas eu la moindre pensée, Monsieur, de désarmer les vaisseaux sans les ordres du Roy. J'ay seulement fait oster les poudres de ceux qui sont entrez dans les darces, de crainte des accidens.

Il seroit de la dernière conséquence que nous eussions quelques bons voiliers frais carennez pour observer l'armée ennemie.

Je suis avec beaucoup de respect, Monsieur, vostre très humble et très obéissant serviteur.

Le mareschal DE TOURVILLE.

Toulon, le 12 juillet 1694.

(*Archives de la Marine.* — Campagnes.)

A PONTCHARTRAIN.

15 juillet 1694.

(*Lettre signée.*)

Monsieur,

Depuis la dernière lettre que je me suis donné l'honneur de vous écrire, j'ay fait achever de perfectionner touttes les batteries et j'en ay fait faire une nouvelle de quatre canons de vingt-quatre aux Islets, en sorte que de quelque

---

[1] De Forville du Pilles. — Capitaine de galères, le 22 avril 1669; — chef d'escadre, le 1er janvier 1696; — mort à Marseille, le 22 mai 1711.

costé qu'on veüille aprocher la rade, un vaisseau sera découvert. Chaque batterie de canon est commandée par un capitaine de vaisseau avec son équipage, et les mortiers par les officiers de l'artillerye. M. de Vauvré vous en envoyera la liste et celle des officiers qui commanderont les troupes dont nous avons formé unze bataillons. Il seroit à souhaitter que nous eussions occasion de nous en servir. J'ay donné le commandement des grenadiers au chevalier de Chasteaumorant, parce que dans la descente de Gênes il estoit le seul capitaine qui les commandoit avec Monsieur le marquis de la Porte; par une lettre du Roy, sy Sa Majesté vouloit luy confirmer ce commandement pour les occasions qu'il poura y avoir dans la suite, j'oze luy respondre qu'il s'en acquittera fort bien.

J'avois fait difficulté d'envoyer M. de Forville à Marseille, sur la demande de Monsieur le comte de Grignan[1] et des Eschevins, mais Monsieur le duc de Vendosme m'en ayant écrit, je l'y ay envoyé sans sa gallère; ils m'avoient aussy demandé cinq à six cens soldats et quelques officiers d'artillerye, mais j'ay crû ne pouvoir détacher de soldats sans la permission du Roy, et j'y ay seulement envoyé le sieur Beaussier Félix[2] pour établir et commander les batteries, qui a esté capitaine de galliotte et fort capable de cette fonction.

Le *Content* et la *Perle* sont arrivés, la *Perle* me donne nouvelle qu'elle a trouvé seize gallères d'Espagne du costé d'Alicant qui alloient à Cartagène, ce qui me fait croire que la flotte ennemie n'aura pas voulu s'engager à venir aux costes de Catalogne à cause des calmes qu'ils n'ayent les gallères avec eux.

J'attends encore le *Bizarre* qui a receü l'ordre de revenir; le *Croissant*, l'*Héroyne* et la *Fée* resteront en garde.

J'ay détaché le brullot la *Favoritte*, dont j'ay fortifié l'équipage pour porter unze Turcs à Alger et avertir l'*Arc-en-Ciel* et le *Modéré* du dessein que les ennemis ont de faire passer leur flotte dans ces mers.

L'escadre de gallères commandée par Monsieur du Vivier vient d'arriver.

Je suis avec beaucoup de respect, Monsieur, vostre très humble et très obéissant serviteur.

Le mareschal DE TOURVILLE.

A Toulon, le 15 juillet 1694.

(*Archives de la Marine.* — Campagnes.)

---

[1] Comte de Grignan. — Lieutenant général des armées du Roi, commandant en Provence; — mort à 4 lieues de Marseille, dans une hôtellerie, le 30 décembre 1714.

[2] Beaussier Félix, de Provence. — Enseigne de vaisseau, le 28 décembre 1673; — détenu à la Tour, le 29 janvier 1679; — élargi, le 8 avril 1679; — capitaine de galiote, le 17 janvier 1684; — capitaine d'artillerie, le 1er mars 1692; — capitaine de vaisseau, le 1er janvier 1693; — mort à Toulon, le 9 août 1724.

A PONTCHARTRAIN.

26 juillet 1694.

(*Lettre signée.*)

Monsieur,

J'ay receu par le courier que vous m'avés dépesché la lettre que vous m'avés fait l'honneur de m'écrire du dix-huit de ce mois. M. du Vivier fut détaché le mesme jour pour Marseille avec dix gallères, dont celle que monte M. de Forville est du nombre. Je n'ay proposé d'y aller qu'en cas que les ennemis y fussent attachés avec leur armée, parce que le temps de leur exécution eust esté passé avant que j'eusse pû en donner avis et avoir la permission d'y aller.

J'ay fait aujourd'huy débarquer les troupes qui doivent deffendre la descente du costé des frères, affin qu'en jour d'occasion, chacun sache son poste.

On fait toutte la diligence possible pour la carène des six vaisseaux et je les détacheray suivant la destination que le Roy en a fait. Il seroit à propos que le *Modéré* et l'*Arc-en-Ciel* revinssent caréner pendant que les vaisseaux qui doivent garder les croisières du canal de Malthe, des isles Saint-Pierre et du cap Corse les occuperoient, affin qu'ils pussent estre de retour aux costes de Catalogne vers le dix ou le quinze de septembre pour avoir leurs soldats sy la flotte ennemie estant retirée le Roy vouloit entreprendre sur Barcelonne. Souvenés vous s'il vous plaist qu'on ne peut se passer de quelques gallères quand mesme on seroit maitres de la mer, pour servir à des transports et embarquemens de munitions et à remorquer des bastimens, à quoy dix bonnes gallères suffiront.

J'ay fait chanter le *Te Deum* sur les vaisseaux du Roy pour la prise de Géronne et j'ay fait tirer du canon des batteries parce que les vaisseaux sont trop près les uns des autres.

J'ay crû estre obligé pour empescher les gens de nos équipages de s'écarter, de faire un exemple de quelques-uns de ceux qui se trouveroient à terre sans congé par écrit des capitaines, et le prévost en ayant arresté trois, *je les ay fait mettre en gallère* suivant le ban que j'en avois fait publier, *après les avoir fait conduire au tour de tous les vaisseaux*. Comme ces trois matelots n'avoient aucun dessein de déserter et qu'un chastiment comme celuy-là me paroist un peu trop rude et que je ne l'ay fait publier que pour contenir les équipages, je crois, Monsieur, qu'il seroit à propos que le Roy eust la bonté de les faire retirer de gallère après la campagne.

Je suis avec beaucoup de respect, Monsieur, vostre très humble et très obéissant serviteur.

Le mareschal DE TOURVILLE.

A Toulon, le 26 juillet 1694.

(*Archives de la Marine.* — Campagnes.)

A Pontchartrain.

3 aoust 1694.

(Lettre signée.)

Monsieur,

Je ne suis point surpris que les ennemis ayent bombardé Dieppe, ils ont toujours esté les maitres de le faire quand mesme nous aurions eü une grande armée soit devant ou après nostre armement ou désarmement. J'ay eü l'honneur d'en dire plusieurs fois mon sentiment au Roy. Je n'ay point sceu la quantité de mortiers qu'il y avoit dans la ville pour répondre aux leurs, qui est la seule deffence qu'elle pouvoit avoir, estant scituée comme elle est. *Dans touttes les places maritimes, il devroit y avoir au moins quinze mortiers et vingt bombardiers; je suis persuadé qu'il n'y en a aucune qui n'en fist la dépence avec plaisir pour tascher d'interrompre le feu des ennemis et se mettre à couvert de l'insulte des bombes. Marseille devroit en avoir vingt, c'est une petite dépence pour une ville de cette importance; par ce secours et celluy des gallères elle pouroit en estre à couvert.*

J'ay achevé aujourdhuy d'examiner de quelle utilité peuvent estre les gallères à deux timons; je vous en envoyeray incessamment un mémoire.

Je n'ay point de nouvelles que les ennemis soyent entrés dans ces mers; j'ay peine à croire qu'ils y fassent yverner leur armée et supposé qu'ils le fissent, cela n'empescheroit point que le Roy ne pust entreprendre de former le siège de Barcelonne et de réussir dans cette entreprise en gardant un grand secret et en prenant de bonne heure des précautions et des mesures pour cette exécution. Comme il n'y a pas d'aparence que les ennemis ayent toujours des escadres mouillées devant cette place, on pouroit proffiter de leur absence pour y transporter par mer les canons, mortiers, bombes, madriers, treins d'artillerye et autres choses nécessaires; douze vaisseaux fins de voilles et frais carenés qui pouroient se retirer à la veüe des ennemis suffiroient pour ce transport et mesme pour celuy de quatre mil hommes de troupes sy le Roy jugeoit à propos de les faire passer plus tost par mer que par terre. On pouroit aussy dans ces mesmes vaisseaux y embarquer trois cents bombes dans chacun, par ce que ne prenant que pour deux mois de vivres, il resteroit une espace assés considérable dans leur fonds de calle pour faire cet embarquement et celuy des autres choses nécessaires. On pouroit se servir en cas de nécessité de quelques brullots aussy fins de voile pour les soulager et donner à chaque vaisseau une chaloupe à la remorque pour faciliter le débarquement de l'artillerye qui se feroit en moins de quatre heures d'un beau temps. Sy les choses estoient ainsy disposées, et l'armée de terre n'ayant aucune artillerye à conduire, il est certain qu'elle seroit en estat de faire de grands mouvemens à une grande diligence et je suis persuadé que la chose estant bien concertée et secrette, que Barcelonne seroit investy et pris avant que l'armée navalle ennemie fust en estat de le secourir. Comme nous sommes dans de continuelles mouvemens, on pouroit proffiter du prétexte d'envoyer à Marseille des canons, mortiers et bombes pour faire embarquer les choses qu'il conviendroit pour le siège de Barcelonne, sans que ce mouvement pust donner aucun soubçon. Ce sont des pensées qui me viennent et desquelles le Roy fera l'usage qu'il jugera à propos pour le bien de son service.

Le feu a pris cette nuit par accident aux magazins des vivres; le prompt secours qu'on y a apporté a empesché qu'il n'y ait eû aucune suitte fâcheuse. Je m'y suis transporté à deux heures après minuit; je redoubleray mes précautions pour la garde des quays, quoyqu'il soit très difficile d'y pouvoir rien adjouter.

Je suis avec beaucoup de respect, Monsieur, vostre très humble et très obéissant serviteur.

Le mareschal DE TOURVILLE.

Toulon, le 3 aoust 1694.

(*Archives de la Marine.* — Campagnes.)

A PONTCHARTRAIN.

5 aoùt 1694.

(*Lettre signée*).

Monsieur,

J'ay receu la lettre que vous m'avés fait l'honneur de m'écrire, du vingt-huit juillet, j'ay recommandé au capitaine qui commande la *Favoritte* d'avertir seulement le sieur Pallas que la flotte ennemie devoit entrer dans la Méditeranée et qu'il devoit prendre ses précautions, pour n'estre point surpris, sans touttes fois quitter ses croisières, à moins qu'il n'eust des avis de l'arrivée de cette flotte dans le parage où il est.

Ce qu'il y a à craindre pour le *Modéré* et l'*Arc-en-Ciel*, c'est qu'il y a longtemps qu'ils sont carenés et que sy des vaisseaux ennemis les trouvoient, il seroit à apréhender qu'ils ne les joignissent.

Je suis dans le mesme sentiment que la flotte ennemie ne peut pas rester longtemps dans ces mers, la saison estant fort avancée, à moins qu'elle n'eust pris des mesures pour y hiverner, ce que j'ay beaucoup de peine à croire.

J'ay desjà fait dire à tous les capitaines de se tenir prest à sortir affin qu'aux premiers ordres qui viendront de la cour on soit en estat de faire voille.

Je suis persuadé que les premières nouvelles que j'auray de la flotte ennemie, ce sera par la voye de monsieur le mareschal de Noailles qui m'envoyera comme nous sommes convenus, un courier exprès lorsqu'il en aprendra, à moins qu'elle ne voulust accompagner la flotte marchande jusques sur les isles de Saint-Pierre en cottoyant la Barbarie pour se jetter ensuitte sur les costes d'Italie, où elle donneroit rendés-vous à leurs gallères, on poura aussy en sçavoir par des bastimens génois qui reviendroient de la coste d'Espagne, à Marseille ou à Toulon, sy elle passoit le long des costes de Catalogne leurs gallères ne traverseroient point le golphe de Lyon et je suis persuadé que les vaisseaux les accompagneroient jusques à Minorque pour se jetter sur le cap Corse, et de là en Italie; je crois mesme que sy les vents estoient assés favorables le long des costes de Catalogne pour venir en Provence, et que le courier de monsieur de Noailles ne pust arriver aussy tost qu'elle dans ces mers pour m'en donner des nouvelles, nous n'en sçaurions que par l'Italie, par ce qu'elle voudra toujours estre accompagnée des gallères d'Espagne et que si elle venoit en droiture en Provence, leurs gallères seroient obligées de faire une autre route pour éviter le golfe de Lion.

J'examineray avec soin les bonnes qualités du vaisseau le *Bon*, on en peut faire une expériance juste par ce qu'il sortira avec le *Constant* et le *Sérieux*, qui ont esté carenés en mesme temps et qui sont des meilleurs voilliers de l'armée. Le sieur ch^{er} Damfreville m'a cependant dit qu'il en avoit de très bonne quoy qu'il n'ayt pas encore eû occasion de l'éprouver parfaitement.

J'ai examiné à fonds l'utilité des gallères à deux timons. Je suis bien aise que le sieur Chabert soit arrivé à Toulon pour conférer avec luy sur ce sujet, je ne vous en ay pas encore envoyé de mémoire à cause que touttes les épreuves n'en avoient pas encore esté faittes.

La carenne des trois premiers vaisseaux qui ont eû ordre de sortir est finie, ils achèvent de prendre leurs vivres et leur artillerye pour se mettre incessament à la voille; je ne les feray point cottoyer les costes de Catalogne par le risque qu'il y auroit à cause que s'ils estoient rencontrés des ennemis par un calme, ayant leurs gallères, ils ne seroient pas en estat de se retirer devant eux, je les feray passer sous le vent des isles de Majorque, Minorque, et il y en aura un qui s'avancera sy le temps luy permet, jusques sur le cap de Gathe, parce que je suis assuré que les gallères d'Espagne n'y seront pas et je luy donneray ordre d'éviter Cartagène, où sans doute les vaisseaux joindront leurs gallères.

Le sieur Delcampe[1] est arrivé aux isles d'Hières, il ne m'aporte aucune nouvelle des ennemis, je l'envoyeray du costé de Palamos affin que s'il en aprend quelqu'une et que les vents soyent propres pour traverser le golphe de Lyon, il viene en diligence m'en donner avis.

Les meilleurs et les plus seurs bastimens que l'on puisse avoir dans ces mers, pour estre informés des mouvemens des ennemis, ce sont des brigantins ou des scampagna, on les poste dans de certains endroits où ils ne sont point veûs et d'où ils peuvent découvrir leur armée et la route qu'ils tiendront sans aucun risque; ces sortes de brigantins sont armés avec vingt-deux hommes et peuvent se sauver devant des gallères.

Sy les ennemis entrent dans ces mers, il est absolument nécessaire que les consuls qui sont à Gêne et à Ligourne ayent vos ordres pour détacher des felouques génoises et les envoyer à la suitte de leur armée pour en observer les mouvemens et venir aussy tost m'en rendre compte en ce port, la chose ne leur sera pas difficile à cause qu'ils ont de ces patrons qui leur sont dévoués et qui ne feront aucune difficulté de rendre ce service en les payant raisonnablement.

Sy les vaisseaux que j'envoye à la découverte ne me donnent point de nou-

---

[1] Delcampe, de Picardie. — Ancien garde de la marine, le 1er mars 1670; — enseigne de vaisseau, le 28 février 1673; — lieutenant de vaisseau, le... 1675; — capitaine de vaisseau, le 15 septembre 1689; — mort le 30 septembre 1700.

velles des ennemis dans la fin de ce mois, comme il arriveroit seurement en cas qu'ils n'entrassent point dans ces mers, je crois que le Roy estant dans le dessein de faire le siège de Barcelonne pouroit ordonner que les douze vaisseaux dont je vous ay parlé dans ma dernière lettre, exécutassent le projet que je vous ay proposé, ce qui se peut faire avec tout le succès possible pour le secours que l'armée navalle peut donner à M. le mareschal de Noailles pour ce siège, et sans aucun risque des ennemis, par ce que ces douze vaisseaux peuvent porter l'infanterie de la marine, les canons et autres munitions d'artillerie, comme sy toutte l'armée y estoit, et aussy par ce que ces douze vaisseaux seront toujours en estat de se retirer de devant Barcelonne après y avoir fait leur débarquement, ayant pris pour cet effet les précautions nécessaires par le moyen de quelque felouque et d'une frégatte pour estre avertis des vaisseaux qui viendroient à eux.

Pour l'exécution de ce projet, que je vous ay proposé seulement, soit que les ennemis s'arrestent à Cadis, soit qu'ils entrent dans ces mers et aillent à la coste d'Italie ou en Sicile, il faut prendre des mesures pour avoir les six vaisseaux que je fais partir à présent nouvellement carenés et, pour cet effet, que vous me mandiés sy le Roy trouvera bon que j'envoye chercher les trois vaisseaux que je destine pour le canal de Malthe et les isles de Saint-Pierre et, en ce cas, je détacheray une ou deux corvettes pour les faire revenir incessamment et j'en useray de mesme pour avoir les trois autres vaisseaux que j'envoye à la découverte des ennemis; cependant il faudroit carener avec diligence six des meilleurs vaisseaux de l'armée pour en avoir le nombre de douze que je vous propose, et les brullots que je jugeray nécessaires à ce dessein pour le transport des munitions de guerre. Je ne vous en envoye point les listes, jugeant que le Roy voudra bien me laisser la liberté de les choisir.

Je ne vous propose de destiner les troupes de la marine pour ce siège que pour le mois de septembre, parce qu'alors elles ne seront plus nécessaires pour la garde du port et que c'est le temps propre pour l'exécution de ce projet, et aussy parce que j'estime ce secours absolument nécessaire à M. le mareschal de Noailles pour le succès du siège, car s'il pouvoit se passer des troupes de la marine ou que le Roy voulust en détacher de l'armée de monsieur le mareschal de Catinat, et les faire embarquer sur ces douze vaisseaux et les passer à Barcelonne, il est certain qu'il y auroit moins de desrangement dans les vaisseaux, lesquels restant armés avec leurs équipages, seroient en estat de sortir sy cela convenoit au service du Roy, et l'escadre de monsieur de Chasteaurenault en estat de repasser en Ponant, car il ne faut pas compter que les douze vaisseaux qui auroient débarqué les soldats de la marine à Barcelonne ou à Palamos pussent les rembarquer après le siège fait, d'autant qu'il est assuré que les ennemis ne manqueront point de se présenter sur cette coste, s'ils en sont à portée, dès qu'ils seront avertis du siège de Barcelonne; cependant sy cestoit une nécessité indispensable de destiner les troupes de la marine pour ce siège, le seul moyen de les faire revenir icy après l'expédition faitte, en cas que les vaisseaux ennemis fussent les maitres de la coste de Catalogne, ce seroit de faire passer par terre ces troupes jusques à Collioures et au Canet, et y faire trouver cinquante tartannes avec des vivres pour les ramener icy, ce qui se pouroit faire avec seureté à cause que les ennemis n'yront point se mettre dans le golfe de Lyon pour troubler la navigation de la coste de Languedoc.

En cas que le Roy ait intention de faire exécuter ce projet pour le siège de Barcelonne, il est nécessaire que j'en reçoive les ordres le plus tost qu'il se poura par ce que nous n'avons pas beaucoup de temps devant nous.

Je suis avec beaucoup de respect, Monsieur, vostre très humble et très obéissant serviteur.

Le mareschal DE TOURVILLE.

A Toulon, le 5 aoust 1694.

(*Archives de la Marine.* — Campagnes.)

A PONTCHARTRAIN.

10 août 1694.

(*Lettre signée.*)

(Extrait des observations sur les défauts des galères à deux timons.)

Monsieur,

J'ay examiné avec attention l'utilité qu'il y a pour le service du Roy de ce servir d'un certain nombre de gallères à deux timons. J'ay fait venir à la gallère de M. de Bourseville les capitaines qui en commandent pour m'en dire leurs sentimens. J'ay aussy fait avertir M. de Montaulieu de s'y trouver, affin que selon les objections que l'on me feroit de part et d'autre, je pus leur répondre et tascher de les convaincre selon les connaissances que j'en aurois.

J'ay premièrement fait voir à Messieurs les capitaines que de la manière que l'esperon estoit fait, il couroit risque de se rompre s'il trouvoit quelques mauvois temps à la mer. Ils en sont convenus. Je leur ay dit mon sentiment en présence des maistres charpentiers tant des gallères que des vaisseaux. Je leur ay fait connoistre qu'on le pouvoit fortifier, mais non pas sans luy donner plus de pesanteur.

Je les ay aussy fait convenir qu'il falloit placer la barre du gouvernail d'une autre manière qu'elle n'estoit, affin d'empescher qu'elle ne remorquast à l'eau lorsqu'on voudroit s'en servir. Je leur ay fait voir que le trou où on passoit la barre n'estoit pas bien percé, que le gouvernail devoit estre de la mesme largeur à la flotaison qu'il estoit à l'eau et qu'on pouvoit diminuer de sa grande largeur qui est fort nuisible, parce que plus le gouvernail est large et plus il est sujet à se rompre.

Le véritable usage des gallères à deux timons c'est de pouvoir prendre la vogue par derrière comme l'on fait en avant, affin de n'estre point exposée à un grand feu. Si elles estoient contraintes de faire un siesecours devant un vaisseau qui seroit le costé à travers devant elle, parce que en faisant ce siesecours la gallère montre tout le costé et par conséquent plus de prise, au lieu qu'en se retirant par la poupe elle ne montre que l'avant et peut en se retirant tirer son canon de coursier et incommoder le vaisseau ennemy.

Je trouve que dans une bataille c'est l'endroit où elles peuvent estre plus utiles par la raison qu'en ayant à l'avant-garde et à l'arrière-garde, on est assuré que de quelque bord l'arrivée soit amarée, elles sont toujours en estat de canoner pourveü que ce soit par un temps maniable.

Les gallères à deux timons sont encore d'une grande utilité, non seulement dans une bataille, mais encore dans des ports serrés pour empescher des galliottes de bombarder. Elles sont très utiles dans une meslée de vaisseaux et gallères pour remorquer un navire de guerre qui se trouveroit pressé par quelque brullot et c'est un très grand avantage de le pouvoir remorquer par la proüe comme par la poupe en y portant une amare.

Les gallères à deux timons sont nécessaires pour s'empescher d'estre bombardé, comme par exemple à Toulon. Elles pouroient aborder des galliotes et ensuitte se retirer la poupe la première sans faire siesecours qui seroit un temps qui pouroit en donner un autre à une gallère ennemie de la venir aborder, ce qu'elle éviteroit en prenant la vogue en arrière.

J'ay fait voir que la différence estoit fort grande d'une gallère qui avoit deux timons à celle qui n'en avoit qu'un, quoy qu'elles voguassent toutes deux en arrière, la poupe la première. Je fis mettre un vaisseau à un mil et demy des gallères et fis mettre les deux gallères sur une ligne parallèle pour voir celle qui gouverneroit le plus droit pour aller au vaisseau. Je fis voir que celle qui avoit deux timons alloit à pleine vogue droit au bastiment qui estoit à l'ancre sans aller plus à la gauche qu'à la droite, et celle qui n'avoit qu'un timon, il failoit la redresser à tout moment, tantost d'un costé ou de l'autre, ce qui luy faisoit perdre beaucoup de chemin. On a donc conclu qu'une gallère qui a deux timons gouvernoit incomparablement mieux que celle qui n'en avoit qu'un. Quelques officiers estoient du sentiment que la différence n'en estoit pas grande, mais ils ont esté connaisseurs du contraire.

Comme les gallères à deux timons prennent leur vogue tantost de l'arrière tantost de l'avant, il faut nécessairement pour faire autant de force d'un costé que de l'autre que les rames qui sont sur la posty y soient mises perpendiculairement, c'est-à-dire que la pasle de la rame n'ayt son plat plus panché du costé de la proue que de la poupe, affin que la chiourme puisse faire la mesme force tant en voguant en avant qu'en arière, et comme on est contraint de mettre cette rame perpendiculairement, comme je l'ay dit, il est certain que la chiourme fait plus de force en voguant la rame perpendiculairement sur la posty, qu'elle ne feroit si on laissoit la vogue comme elle doit estre naturellement. Cependant, nous avons conclu avec le sieur Chabert, premier maistre constructeur, qu'on pouvoit donner aux rames un peu de ce coup d'eau que la chiourme demande, affin de les faire voguer plus légèrement, c'est-à-dire de ne les pas mettre tout à fait perpendiculairement pour ce qui regarde les rames de l'arrière, quoiqu'elles soient perpendiculairement dans la posty. Cependant, comme la vogue remonte en arrière, elle trouve naturellement ce coup d'eau, mais non pas tant qu'elles ont accoutumé lorsqu'elles voguent à leur ordinaire.

J'ay examiné le temps qu'il falloit lever rang au quartier d'avant pour pouvoir mettre le canon de coursier en batterie. Je n'ay trouvé que dix-neuf secondes qui est un temps peu considérable et j'estime beaucoup mieux qu'on lève rang au quartier d'avant pour mettre le canon de coursier en batterie que de se servir d'un cabestan où il faut un temps considérable pour l'y remettre. J'ay aussy fait tirer plusieurs coups de canons de coursier qui n'ont point ébranlé le timon de l'avant. La seule chose que le sieur Chabert trouve d'incommode et de dangereux aux gallères à deux timons, c'est que dans un abordage de vaisseau, lorsque l'on y va à vogue ranquée, que le timon de l'avant ne rompe et que les aïguilles ne se trouvent endommagée. Il y a aussy une pièce de bois qui soutient le timon qui a deux pieds de large et qui est chevillée dans l'estrave qui pouroit estre extrèmement nuisible à la gallère si elle abordoit, par la raison que cette pièce venant à manquer par l'effort de l'abordage, les chevilles pouroient se rompre et faire faire de l'eau à la gallère. Je trouve sa raison très bonne. Après avoir beaucoup conféré sur ces deux timons, je luy ay demandé sy nous ne pouvions point trouver quelque invention pour gouverner la gallère en laissant l'esperon dans son estat naturel. Sur cette proposition, il m'a dit qu'il y avoit pensé et je luy ay donné ordre d'y travailler affin d'en voir l'effet pour vous en rendre compte, ce qui seroit d'une grande utilité.

Il m'a fait une démonstration en présence de plusieurs capitaines de gallère de la marine qu'il vouloit faire le changement de bancs avec plus de facilité et de vitesse sans l'oster de sa place du costé de la potance. Ils sont convenus qu'il n'y avoit rien de plus simple et de meilleur. Je l'ay fort aprouvé. Je le trouve très habile pour son mestier et très bon sujet.

Conclusion :

Dans un aussy grand corps de gallères comme celuy qu'a le Roy, il peut y avoir six gallères à deux timons de la manière qu'elles sont faites présentement en les perfectionnant de la manière que je l'ay expliqué dans le commancement de ma lettre. Mais sy on peut trouver l'invention de les faire gouverner et laisser l'esperon dans son estat naturel et que la chiourme puisse prendre la vogue en arrière sans changer les rames de leur premier estat, c'est-à-dire de ne point mettre la rame perpendiculairement sur la posty et que cependant elle puisse voguer assés bien en arrière pour pouvoir se retirer dans quelque occasion, je trouve qu'on doit mettre toutes les gallères de mesme parce que pour lors il n'y auroit que le changement de banc à faire qui est une chose simple et aysée, suivant la démonstration qu'en a fait le sieur Chabert. Il faut donc éprouver sy la gallère gouvernera de la manière que le sieur Chabert l'a projetté, aussy bien que de ne point mettre la rame perpendiculairement sur la posty lorsqu'on prendra la vogue en arrière.

J'avois oublié de vous dire qu'en faisant aborder une gallère à deux timons à vogue ranquée que l'estrave en peut estre endommagée n'y ayant point de taille mer qui soutient l'esperon pour rompre l'effort qu'une gallère fait en abordant.

J'ay proposé une manière de gallère qui auroit l'avant et l'arrière fait de la mesme manière et qui ne tireroit que cinq pieds d'eau et qui pouroit eschouer dans les mers de Ponant. Ce seroit des bastimens faits exprès pour les galliottes à bombes qui se présenteroient devant une place pour la bombarder. Le sieur Chabert en fera un plan de la manière que je luy ay proposé qu'on poura vous montrer cet hiver sy vous le jugiez à propos. Ce seroit des bastimens très utiles.

Je suis avec beaucoup de respect, Monsieur, vostre très humble et très obéissant serviteur.

Le mareschal DE TOURVILLE.

A Toulon, le 10 août 1694.

(*Archives de la Marine.* — Dossier Tourville.)

A PONTCHARTRAIN.

12 aoust 1694.

(*Lettre signée.*)

Monsieur,

J'ay receu la lettre que vous m'avés fait l'honneur de m'écrire le quatre de ce mois. Je n'ay point eü de nouvelles des ennemis depuis celles que je vous ay mandé par ma dernièrelettre qui m'estoient venûes de Ligourne et de Marseille, et qui se raportent à celles qui vous ont esté envoyées de Cadis, je ne serois point en peine d'estre informé de leurs nouvelles sy je sçavois qu'ils dussent venir, ou sur les costes de Catalogne, ou sur celles d'Italie, parce qu'alors j'en serois assés tost averty par monsieur le mareschal de Noailles et les consuls d'Italie, et d'ailleurs parce que je n'ay rien à adjouter aux préparatifs que j'ay fait icy pour mettre la rade en estat de deffense, mais ce que je trouve d'essentiel est d'estre averty lorsqu'ils prendront la route pour retourner vers le destroit et, pour cet effet, les faire suivre assés loing pour estre assuré qu'ils auront passé le cap Martin et le cap de Gathe, estant à présumer que lorsqu'ils auront pris le party de retourner à Cadis, ils ne pouront plus revenir sur les costes de Catalogne tant à cause de la saison qui sera fort avancée, qu'à cause qu'ils n'auront pas assés de vivres pour revenir une seconde fois en Catalogne et pour leur retour en Ponant; sur cela sy j'avois ozé changer la disposition des armemens ou petits bastimens sans craindre que le Roy l'eust trouvé mauvais, j'aurois pris les équipages de quelques courvettes que jaurois désarmé et jen aurois armé deux galliottes qui sont à Marseille et que j'aurois prié M. de Montmort de faire mettre en estat, jaurois confié ces deux bastimens à deux officiers seurs et expérimentés dans cette navigation et je les aurois envoyé l'un au sud des Fromentières, qui auroit mis une garde à terre et observé sy l'armée des ennemis auroit passé entre la Barbarie et les isles, et l'autre je l'aurois envoyé sur le Beltran, qui est un rocher à la pointe de l'isle d'Ivice, ou il n'eust point esté veü et auroit découvert tout ce qui auroit passé entre Ivice et le cap Martin, sy bien que ces bastimens auroient seurement veü les vaisseaux des ennemis lorsqu'ils auroient repassé pour retourner vers Cadis, et sur-le-champ ils seroient venus à la coste de Catalogne mettre un homme à terre pour en donner avis à monsieur le mareschal de Noailles, qui m'auroit aussy tost dépesché un courier pour m'en avertir et seroient eux-mesmes venus icy pour m'en aporter la nouvelle par mer. Je n'ay point destiné pour ces endroits que je viens de dire des vaisseaux ny des corvettes parce qu'ils ne peuvent point se cacher comme des bastimens de rade, qu'ils ne se peuvent point tenir à terre et qu'ils sont obligés de tenir le large où ils sont découverts; cependant, monsieur, je me dispose à faire partir les trois vaisseaux que le Roy a destiné pour la découverte, non pas tant pour aprendre des nouvelles de leur entrée dans les mers de Catalogne et d'Italie, que pour en sçavoir de leur sortie et s'ils se sont arrestés vers le destroit et ne se mettent point en estat de venir plus en deçà, ce qu'ils pouront aprendre par des bastimens génois qui viendront des endroits où sera leur armée.

J'ay considéré que je pourois encore sçavoir des nouvelles seures des ennemis par la voye d'Alger, parce qu'il y a toujours de leurs corsaires vers le destroit, qui donnent continuellement des nouvelles à Alger; ainsy j'y envoye une corvette, j'écris et fais écrire par monsieur Robert au consul françois, et de me faire sçavoir les nouvelles qu'il a des ennemis et d'avoir une attention particulière à m'informer du retour de leur armée vers le destroit sans rien oublyer de ce qui dépendra de luy pour en estre averty, mesme de m'envoyer un bastiment exprès lorsqu'il sçaura positivement qu'ils auront repassé le détroit, je regarde cette veüe comme un des plus seurs moyens pour en estre averty, le consul estant bien accrédité pouroit mesme obtenir un petit brigantin turc qui, sous prétexte de faire la course, pouroit aller observer l'armée des ennemis et donner des nouvelles de ce qu'elle feroit, et particulièrement de son retour dans l'Océan.

Quoy que je n'aye pas jugé le temps encore tout à fait propre pour faire partir les trois vaisseaux destinés pour la découverte, je ne les ay point retardé, car il leur a falu tout le temps qu'ils ont mis à se préparer à cause des grandes chaleurs, pendant lesquelles on n'a pas pu forcer le travail de peur de mettre la maladye dans les équipages.

Je me prépare à faire partir les trois vaisseaux destinés pour les isles de Saint-Pierre et j'envoye ordre aux capitaines du *Modéré* et de l'*Arc-en-Ciel* de revenir icy pour carener.

Je suis en peine de la frégate l'*Héroyne* que j'avois détachée des costes de Catalogne pour aller jusques sur le cap des moulins avec ordre d'y rester autant que ses vivres luy pouroient permettre, elle en a jusqu'à la fin de ce mois ainsi je l'attends incessamment.

Monsieur Robert vous aura informé il y a longtemps de la maladye de monsieur de Vauvré, qui se porte un peu mieux qu'il ne faisoit.

Je suis avec beaucoup de respect, Monsieur, vostre très humble et très obéissant serviteur.

Le mareschal DE TOURVILLE.

A Toulon, le 12 aoust 1694.

(*Archives de la Marine.* — Campagnes.)

A Pontchartrain.

19 aoust 1694.

(*Lettre signée.*)

Monsieur,

J'ay receu la lettre que vous m'avés fait l'honneur de m'écrire le unze de ce mois.

Lorsque j'ay fait la proposition de donner du secours à monsieur le mareschal de Noailles pour le siège de Barcelonne avec seulement douze navires frais carenés, j'ay supposé que l'armée des ennemis se retireroit à Cadis sans qu'on fust assuré qu'elle retourneroit en Angleterre pour y passer l'hyver, et je n'ay point compté qu'elle entrast dans le port Mahon ny qu'il restast ou au port Mahon ou à Cartagènes, une escadre de leurs vaisseaux parce qu'elle ne seroit point en seureté tant que nous serons tous armés dans ce port prêts d'en sortir, d'autant mieux que cette escadre ne nous empescheroit point de paroistre avec tous nos vaisseaux devant Barcelonne et de donner tout le secours qui dépend de la marine pour ce siège, et c'est la raison pour laquelle j'ay toujours cru que les ennemis ne se separeroient point pendant qu'ils seront dans ces mers. Je dois sur cela, monsieur, vous expliquer encore que le fondement de ma proposition a toujours esté que les ennemis seroient assés éloignés de Barcelonne pour que les vaisseaux qui y porteroient des troupes et des munitions, pouroient avec seureté les y débarquer sans estre en danger de se voir attaquer par eux, parce qu'estant frais carenés ils feroient leur traversée fort viste et se retireroient de mesme, ainsi les vaisseaux ennemis qui voudroient venir de Cadis pour les chercher sur la nouvelle de leur arrivée à Barcelonne ne les y trouveroient plus.

J'avois mesme songé aux expédiens dont on pouroit se servir pour faire passer promptement en Catalogne deux régimens de cavalerie qui sont à Hyères pour fortifier l'armée de monsieur le mareschal de Noailles, qu'on dit faible de cavalerye, *et pour cela j'ay vériffié et par expérience et par suputation, que trois vaisseaux à trois ponts deschargés de leur artillerye peuvent porter avec facilité deux régimens de cavalerye de douze compagnies chacun et les débarquer à Rose avec le secours de deux ou de quatre gallères*, dans la plage qu'on establiroit pour ce desbarquement; ce qui m'avoit fait songer à faire passer ces deux régimens de cavalerie par mer c'est par ce qu'ils sont nécessaires à Hyères jusques au dix septembre au moins, et qu'alors il leur faudroit trop de temps pour marcher par terre en Catalogne et y arriver assés tost.

A l'égard de ce que vous me mandés, Monsieur, qu'il y auroit peu de seureté à faire trouver les vaisseaux et l'armée de terre à Barcelonne au jour dont on seroit convenu, je me donne l'honneur de vous dire que monsieur le mareschal de Noailles estant à Hostabric, qui n'est éloigné de Barcelonne que de neuf lieües, il seroit à temps de marcher vers Barcelonne lorsqu'il auroit veü les vaisseaux devant Blanes, qui n'en est éloigné que de sept lieües, et de cette manière on seroit assurés de ne point manquer le rendés vous presque au jour nommé; il est vray que peut estre le temps ne permettroit pas de faire le débarquement aussy tost que les vaisseaux seroient arrivés, mais comme dans le mois de septembre les vents dépendent plus ordinairement de terre que du large, la mer y est toujours plus unie que pendant l'esté et les débarquemens par conséquent plus aisés.

Sur tout cela, Monsieur, je n'ay eû d'autre intention que de faire connoistre au Roy et à vous tout ce que la marine peut faire pour faciliter l'entreprise du siège de Barcelonne, et toutte l'utilité qu'on en peut tirer dans la conjoncture présente.

Les vaisseaux destinés pour aller croiser au canal de Malthe seroient partis il y a quatre jours comme j'ay eû l'honneur de vous le mander sans les vents d'est qui ont toujours continué extrêmement frais. J'ay encore esté ce matin avec M. Robert à ces vaisseaux pour voir s'ils pouroient apareiller et j'ay veû qu'ils ne le pouvoient pas.

Après les établissemens que je réglay en arrivant icy pour la deffense de la rade et du port, je fis assembler les troupes et après les avoir veû sous les armes, je chargeay monsieur le comte d'Estrées de les faire débarquer deux ou trois jours après aux endroits où je suis convenu de les mettre pour empescher le débarquement des ennemis, affin de les accoutumer au desbarquement et de leur faire connoistre leurs postes; ainsy monsieur le comte d'Estrées n'a rien fait que par mes ordres, *il prétend qu'estant vice-admiral il a un degré fort supérieur aux lieutenans généraux de la marine et qu'ainsy il ne doit point rouler avec eux, qu'ayant un caractère au-dessus d'eux, il doit estre détaché indifféremment dans les endroits où il y aura le plus de mouvement et d'action, ce que luy ayant donné mes ordres de s'y rendre, il doit y commander en mon absence*, sans que les lieutenans généraux de la marine doivent faire difficulté de luy obéir et prétendre qu'il roule également avec eux, *monsieur le comte de Chasteaurenault prétend au contraire que monsieur le comte d'Estrées, en qualité de vice-admiral, ne doit estre considéré que comme premier lieutenant général de la marine, ce qui ne me paroist pas juste, dautant qu'il n'y a point de compétence entre un vice-admiral et un lieutenant général de la marine et qu'on a toujours fait beaucoup de différence entre les deux caractères*, ainsy je crois monsieur le comte d'Estrées bien fondé dans ses prétentions.

J'ay appris par les lettres que je receu hier de monsieur le mareschal de Noailles, du douze, que l'armée des ennemis estoit encore devant Barcelonne et qu'on avoit compté cent trente voilles; je reçois présentement une lettre de monsieur le comte de Grignan qui me mande que le capitaine d'un vaisseau génois arrivé à Saint-Reme, venant de Barbarie, a dit avoir rencontré au delà de l'isle de Mayorque l'armée des ennemis et qu'elle estoit de deux cents voilles, mais il ne me marque point le temps auquel ce capitaine dit l'avoir rencontré, pour moy je juge par les vents qui ont régné tous ces jours-cy à l'est que tout ce que l'armée peut avoir fait est d'estre arrivée aux isles de Mayorque et de Minorque.

Je suis avec beaucoup de respect, Monsieur, votre très humble et très obéissant serviteur.

Le mareschal DE TOURVILLE.

Toulon, ce 19 aoust 1694.

(*Archives de la Marine*. — Campagnes.)

A Pontchartrain.

A Toulon, le 28 aoust 1694.

(*Lettre signée.*)

Monsieur,

J'ay receu la lettre que vous m'avés fait l'honneur de m'écrire le 18 de ce mois. M. Robert a du vous rendre compte des nouvelles que nous a donné le capitaine d'une gallère de Gênes qui est party de Barcelonne le vingt-unième de ce mois pour se rendre à Gênes et qui en passant a touché à Cassis. Par les avis que j'ay receu depuis, j'ay connu qu'il a accusé faux sur le nombre de navires de guerre dont il a dit que l'armée des ennemis estoit composée. J'ay receu hier une lettre du sieur Aubert, consul françois à Gênes, qui m'a envoyé une felonque exprès un officier des vaisseaux corsaires de Saint-Malo qui estoit prisonnier sur l'armée des ennemis, et qu'ils avoient mis à terre à Alicant avec environ quinze mattelots françois, d'où ils ont passé à Gênes sur un navire génois. Cet officier appellé le sieur Jacques Laisné, que je connois et qui sert en qualité de lieutenant sur les corsaires de Saint-Malo, m'a donné l'estat au juste des vaisseaux qu'il y a dans l'armée des ennemis au nombre de quatre-vingts, parmy lesquels il y en a plusieurs de quatre-vingts-dix et cent canons. Je vous envoye, Monsieur, une copie de cet estat. Il m'a dit que dès Alicant mesme où il a quitté l'armée des ennemis, il y avoit desjà sur leurs vaisseaux une très grande quantité de malades dont le nombre doit avoir augmenté du depuis, et il croit que cette armée sera obligée ou de s'en retourner incessamment en Angleterre ou d'aller se mettre dans des ports, dans ces mers icy, pour raffraichir les esquipages et se raccommoder. Il m'a assuré qu'il n'y a point de galliottes à bombes dans leur armée, il dit de plus que le dix-huit de ce mois faisant route sur le vaisseau génois sur lequel il a passé à Gênes, il vit à la veüe d'Ivice et de Majorque la flotte marchande des ennemis qui faisoit route pour le Levant et qui devoit ranger la coste de Barbarie, que les vents estoient pour lors au sud et que ce convoy estoit escorté par trois vaisseaux de guerre seulement, dont l'un de quatre-vingts canons et les deux autres de soixante à soixante-dix. Vous observerés, Monsieur, que les vaisseaux le *Marquis*, le *Trident* et le *Fleuron* estant partis d'icy le vingtième au matin d'un vent nord-ouest forcé, il y a tout lieu de croire qu'ils auront esté rendus entre les isles de Saint-Pierre et le cap Bon plustost que la flotte marchande des ennemys, parce qu'il m'est arrivé souvent d'avoir esté de Marseille ou Toulon jusqu'à Malthe en trois jours de temps avec des vents de nord-ouëst, si bien qu'on ne peut pas douter que nos trois vaisseaux estant frais carénés, n'ayent fait cette route très promptement, au lieu que la flotte des ennemis qui marche lentement, ne sçauroit avoir fait que très peu de diligence. Le mesme officier de Saint-Malo m'a assuré que la frégatte l'*Héroïne* avoit esté prise par les ennemis et que le capitaine ayant voulu reconnoistre de près leur armée pour nous donner des nouvelles justes et s'estant mêlé parmy les vaisseaux de leur avant-garde la nuit, le landemain matin comme il se retiroit, il fut chassé par quelques vaisseaux des meilleurs voilliers et quoy qu'il eut jetté canons et ancres à la mer et tout ce qui pouvoit l'embarrasser, il fut pris; cependant j'avois pris la précaution de faire espalmer cette frégatte à Palamos, avant de l'envoyer en garde.

J'ay pris touttes les précautions possibles pour la deffence de la rade de Toulon et j'ay destiné des troupes pour les envoyer aux environs où elles seroient nécessaires en cas de quelque entreprise des ennemys, sur quoy je dois vous représenter qu'il faudroit que touttes les compagnies de la marine eussent des tentes pour estre en estat de camper lorsqu'elles sont envoyées en destachement, et particulièrement en ce pays à cause des grandes chaleurs. J'ay toujours eû une relation exacte avec Monsieur le duc de Vandosme et M. le comte de Grignan, tant pour les nouvelles que pour les mesures à prendre pour la garde de la coste.

J'ay envoyé la corvette l'*Utille* à Palamos pour observer, en cas que les ennemys partent de Barcelonne, la route qu'ils feront, et s'ils iront du costé du destroit ou s'ils viendront du costé d'Italie, je pouray encore faire partir d'autres bastimens et les envoyer en d'autres endroits d'où ils pourront observer les ennemis. Je vous en informeray par le premier ordinaire; je n'envoye point de bastiment pour faire revenir les vaisseaux le *Marquis*, le *Trident* et le *Fleuron*, parce qu'ils ont ordre d'estre icy vers le dixième septembre, et que le bastiment que j'envoyerois ne seroit pas sitost arrivé qu'ils seront repartis pour venir icy.

Je n'ay rien fait changer, Monsieur, aux gallères à deux timons qui sont icy, j'ay seulement fait faire une espreuve de la nouvelle manière que le sieur Chabert a proposée sur la gallère du sieur chevalier de Bourseville[1] qui est de deux timons en avant au lieu d'un qui gouvernent parfaittement bien la gallère et qui la laissent dans son estat naturel, et après en avoir fait faire l'épreuve en présence des capitaines de gallères commandans celles à deux timons, ils ont trouvé que cette nouvelle manière est la plus commode et la plus utille, qu'elle n'est sujette à aucun inconvénient. Il n'y a pas moins de mérite au sieur chevalier de la Paletterie[2] d'avoir esté l'autheur de l'invention de la gallère à deux timons, et il n'est pas mal aisé quand on a trouvé quelque nouveauté de la perfectionner et de renchérir encore par dessus. Je dois aussi rendre justice au sieur Chabert en vous assurant que j'ay trouvé en luy beaucoup de connoissance et d'habileté pour son mestier.

A l'esgard de la proposition qui vous a esté faite par le sieur Saint-Michel de mettre sur les gallères des mortiers au lieu de bastardes[3], j'ay toujours

---

[1] Du Hamel, de Bourseville. — Lieutenant de galère, le 1er janvier 1674 ; — capitaine de galère, le 20 avril 1680 ; — commandant des gardes de l'étendard, le 31 octobre 1712 ; — chef d'escadre des galères, le 23 janvier 1713 ; — mort à Marseille, le 16 août 1716.

[2] Le bailli de la Pailleterie (Charles-David). — 7 ans cornette, lieutenant et capitaine de cavalerie ; — capitaine réformé dans les cuirassiers ; — sur la capitane de Malte ; — sous-lieutenant de la Réale, le 1er janvier 1685 ; — lieutenant de galère, le 14 mai 1685 ; — sous-inspecteur des écoles, le 7 février 1687 ; — capitaine de galère, le 1er mai 1690 ; — inspecteur à 2,000 livres, le 1er mars 1701 ; — chef d'escadre, le 14 juillet 1702 ; — mort à Marseille, le 5 octobre 1719.

[3] Coulevrines.

esté d'avis de songer aux moyens d'y establir des mortiers mais sans en oster les bastardes, en sorte qu'on peut se servir ou des mortiers ou des bastardes selon le besoin qu'on en auroit, et pour cet effet il faudroit ménager une place dans le fond de calle pour y mettre l'un ou l'autre, affin de ne pas laisser sur l'avant de la gallère les mortiers et les bastardes en mesme temps ce qui n'est pas possible. Il seroit nécessaire pour connoistre l'utilité de ce projet de faire faire un mortier dont on nous envoyrait les proportions. Il est certain que des gallères qui auroient des mortiers seroient en estat d'incommoder beaucoup une coste ennemye et serviroient très utilement pour une descente.

J'ay fait faire des plans justes de toutte la rade de Marseille, de la rade de Bruscq et de la rade de Gourjean avec les sondes et les fonds recherchés très exactement; j'ay chargé de ce soin le sieur Cleron[1], capitaine de frégatte légère qui y a travaillé avec beaucoup de soin et de succèz et comme le sieur Isnardon[2] connoist parfaitement la rade de Marseille estant de ce lieu mesme, je luy ay ordonné d'acompagner le sieur Cleron pour l'informer de tout ce qu'il en sçavoit. J'auray l'honneur de vous envoyer des copies de ces plans, et vous y verrés les endroits où j'ay marqué qu'on pouvoit establir des mortiers pour empescher des vaisseaux ennemis d'y mouiller et pour empescher le bombardement à l'égard de Marseille; il n'y a que la rade des isles d'Hyères dans laquelle une armée ennemie peut mouiller sans qu'il soit possible de l'empescher.

Je fais travailler présentement à lever le plan de la rade de la Ciotat et si vous voulés, Monsieur, survenir à la deffence des places et rades de la côste, il est nécessaire que vous commenciés de bonne heure à ordonner des mortiers de fer et des bombes suivant les modèles qu'on nous envoyeroit et que vous feriés examiner par le sieur de Landouillette[3].

Je suis avec beaucoup de respect, Monsieur, vostre très humble et très obéissant serviteur.

Le mareschal DE TOURVILLE.

(*Archives de la Marine.* — Campagnes.)

---

[1] Cleron, de Querdreux. — Enseigne de port, le 28 décembre 1673; — enseigne de vaisseau, le 18 septembre 1675; — lieutenant de vaisseau, le 28 novembre 1685; — capitaine de frégate, le 1er novembre 1689; — tué dans le golfe de Venise, commandant la *Gentille*, le 3 avril 1702.

[2] Jean Isnardon ou Ignardon, de Provence. — Enseigne de vaisseau, le 7 février 1678; — enseigne de port, le 6 avril 1680; — lieutenant de port, le 12 août 1684; — capitaine de frégate, le 1er janvier 1696; mort le 1er septembre 1707.

[3] Landouillette, de Logivière. — Commissaire général d'artillerie en charge, en 1684; — capitaine d'artillerie, le 12 juin 1702; — commissaire général d'artillerie par commission, le 1er janvier 1703; — capitaine de vaisseau, le 1er novembre 1705; — mort à Nîmes, le 21 août 1711.

A Pontchartrain.

A Toulon, le 12 septembre 1694.

(*Lettre signée.*)

Monsieur,

J'ay receu la lettre que vous m'avés fait l'honneur de m'écrire le premier de ce mois.

Je viens de recevoir présentement une lettre des eschevins de Marseille qui m'envoyent un mémoire des nouvelles qu'ils ont eu par les bastimens génois et maltés, entrés en leur port le dixième de ce mois, venans d'Alicant; je vous envoye copie de ce mémoire où vous verrez qu'un capitaine maltois a déclaré avoir veu le septième de ce mois l'armée navalle des ennemis mouillée devant Barcelonne; il est difficile de croire que l'amiral Russel en fut party s'il n'avoit point dessein de s'en esloigner, ce qui me fait juger que ce sont les vents de sud-ouest, contraires à sa route, qui l'ont obligé d'y relascher, n'estant pas possible avec un corps d'armée, dans des mers serrez et où les terres sont proches, de demeurer sous voiles avec des vents contraires; ainsi il n'est pas surprenant que les ennemys ayent relasché à Barcelonne, par ce que les vents sont depuis assez longtemps au sud-ouest, et qu'ils n'ont pas de rade où ils puissent estre plus commodément, à moins qu'ils n'eussent repassé Tarragone d'où ils auroient pu mouiller à la rade de Salos; j'espère avoir confirmation de cette nouvelle par monsr le maréchal de Noailles, et sçavoir par les bastimens qui viendront de la coste d'Espagne, si leur armée sera tousjours à Barcelonne ou si elle en sera partie.

J'ay escrit au sieur Chabert de m'envoyer un plan d'une gallère avec les deux timons de l'avant de la manière dont ils sont establis, je vous l'envoyeray dès que je l'auray receu.

J'ay fait remettre au sieur Pèbre [1] l'ordre du Roy pour son interdiction; je luy ay déclaré que s'il ne restitue aux gardes des fermes les hardes qu'il leur a prises et ne dit à quel marchand il a remis les marchandises qui estoient sur la flutte, il sera cassé.

Tous les plans des rades de la coste sont achevez et je les ay remis à M. de Vauvré, j'y ay marqué à chacun les endroits où l'on peut establir des mortiers affin d'empescher que la flotte des ennemys, tant vaisseaux que gallères, ne puisse mouiller dans lesdites rades du Bruscq, de la Ciotat et de Marseille; il vous les envoyera incessamment pour vous faire connoistre la nécessité de pourvoir à tout ce qu'il faut pour la conclusion de ces projets, en cas que le Roy les aprouve, et il en fera l'envoye des copies à monsieur de Vauban.

Le sieur de Rissons m'a fait voir le dessein d'un mortier qu'il propose pour jetter des bombes plus loin qu'elles ne vont avec nos mortiers ordinaires, je crois qu'il seroit bon d'en faire faire l'espreuve incessamment, par ce qu'il n'y

---

[1] Pèbre, de Provence. — Capitaine de flûte, le 1er janvier 1691; — interdit 3 mois, le 6 septembre 1694; — cassé, le 18 juillet 1695.

a pas de temps à perdre à faire travailler aux mortiers et bombes nécessaires pour la deffense des rades de la coste, et suivant mon projet je trouve qu'il faudra en tout cinquante mortiers et des bombes à proportion, parce qu'il sera nécessaire de retirer des batteries de terre les mortiers de fonte qui doivent estre conservés pour les galliottes.

Je crois, Monsieur, devoir encore vous représenter que le modelle du mortier et de la bombe de cinq livres pour les galères seroit d'une très grande utilité, parce que les galères du Roy n'ayant mesme que chacune un de ces mortiers, seroient extrêmement supérieures à celles des ennemys et auroient un très grand advantage dans une meslée de vaisseaux et gallères; il est vray que les ennemys en pouroient avoir dans les suites, mais il seroit tousjours bon de les prévenir et tenir ce projet le plus secret qu'il se pouroit, cela seroit très bon pour les descentes sur les costes des ennemys.

J'avois oublié de vous parler de la rade de Toulon et je crois, Monsieur, qu'on sera contraint de faire quelques ouvrages pour assurer les batteries et pour les mieux establir en cas que le Roy n'eust point d'armée navalle et qu'il n'y eust pas un corps d'infanterie pour empescher les ennemys de faire des destachemens pour se rendre maistres des batteries.

Monsieur de Vauvré vous a fait sçavoir la prise du bruslot la *Favoritte*, commandé par le sieur Terras[1], par trois corsaires flessingues, il l'avoit envoyé à Alger et sur la croisière du cap Bon pour donner avis aux sieurs de Palles et Du Quesne que les ennemys estoient dans ces mers; je suis informé que ledit sieur Terras s'est très bien deffendu et qu'on ne pouvoit pas faire plus de résistance qu'il en a fait avec un bastiment aussi faible que celuy qu'il avoit, il nous a fait sçavoir que les trois vaisseaux le *Marquis*, le *Fleuron* et le *Trident* estoient arrivez sur le cap Bon dès le 25 aoust et avoient fait la diligence que j'avois jugé qu'ils feroient du vent de nord-ouest qu'ils eurent en partant d'icy, et il nous a dit que deux des nostres ayant rencontré deux des vaisseaux flessinguois et ayant tenté de les aborder à diverses reprises, ils furent tous les deux desmattés en mesme temps de leur petit mat d'hune, ce qui donna le temps aux Flessinguois de se sauver.

Je suis avec beaucoup de respect, Monsieur, vostre très humble et très obéissant serviteur.

Le mareschal DE TOURVILLE.

(*Archives de la Marine.* — Campagnes.)

---

[1] Joseph Drognon Terras, de Provence. — Capitaine de brûlot, le 17 août 1689; — capitaine de frégate, le 1er janvier 1703; — retiré capitaine de vaisseau *ad honores*, avec 1000 livres sur la marine, le 7 août 1727; — mort le 2 avril 1728.

A Pontchartrain.

16 septembre 1694.

(Lettre signée.)

Monsieur,

J'ay receu la lettre que vous m'avés fait l'honneur de m'écrire le huit de ce mois, quoy que je n'aye point encore eü de nouvelles des ennemis par les vaisseaux que jay envoyé sous le commandement du sieur du Chalard pour les aller observer et sçavoir la routte qu'ils ont pris, on ne doit plus mettre en doutte qu'ils ne soyent allés à Cadis, car s'ils estoient à Minorque jen aurois desjà esté informé par l'un de ces trois vaisseaux, les derniers avis que j'ay eü par des felouques venües de Barcelonne à Marseille et par les lettres de monsieur le mareschal de Noailles qui vous a écrit les mesmes nouvelles, nous font voir que la dernière nouvelle du patron Maltois arrivé à Marseille qui a dit avoir veü leur armée devant Barcelonne le sept de ce mois, est très fausse sy bien que l'on doit juger que les ennemis estant partis le vingt-huit de Barcelonne peuvent estre présentement arrivés à Cadis s'ils ont eü des temps favorables.

M. du Vivier ma envoyé avant-hier les copies des lettres du prince d'Orange qu'il a trouvé dans une felouque de Gênes qui portoit un courier à l'amiral Russel et qui entra dans Marseille où il la fit visitter et trouva ces paquets et hier il m'écrivit qu'il en avoit trouvé les duplicata dans une autre felouque de Gênes qui estoit pareillement entrée dans Marseille, il me manda qu'il vous avoit envoyé les despêches du prince d'Orange à l'amiral Russel par un courier exprés, ce qui m'empesche de vous en envoyer un pour vous les faire tenir en diligence et de vous en écrire, ayant bien prévéu que le courier de M. du Vivier seroit arrivé bien plus tost que mes lettres. Il paroist par les ordres que le prince d'Orange donne à l'amiral Russel que son intention est que l'armée des alliés passe l'hyver à Cadis tant pour empescher les entreprises que nos vaisseaux pouroient tenter sur la Catalogne dans la fin de cette campagne que pour s'opposer au passage de nos vaisseaux des ports de Ponant qu'ils supposent devoir y retourner, mais il y a lieu de douter que ces despêches contiennent les véritables ordres du prince d'Orange et l'on peut soubçonner qu'elles ont esté faittes a dessein de les faire tomber entre nos mains pour nous persuader, quoy que les ennemis fassent, qu'ils resteront à Cadis, et nous engager à régler sur cela nos mouvemens, à cause qu'il paroist extraordinaire que des felouques de Gênes qui portent des couriers à l'armée des ennemis à la coste de Catalogne s'avisent d'entrer dans le port de Marseille pour exposer leur courier et leurs paquets a estre pris et pour perdre du temps, cependant sy les ordres de l'amiral Russel sont d'hyverner à Cadis et sy le Roy en a des avis seurs à n'en pouvoir plus douter, mon sentiment est de ne point exposer l'escadre des vaisseaux de Ponant à passer le détroit pour retourner hyverner dans leurs ports parce qu'ils courreroient trop de risque à un passage sy estroit et si facile à garder où les ennemis avec trente-cinq ou quarante vaisseaux choisis dans leur armée et tous leurs bruslots pouroient attaquer les nostres avec un très grand avantage parce que nous n'avons aucune retraitte en ces quartiers pour les vaisseaux incommodés après le combat et qu'ils ont pour eux tous les ports d'Espagne, les vaisseaux ennemis n'auroient qu'à se tenir pendant que les vents seroient à l'oüest dans la rade de Gibbraltar où ils ne manqueroient point de raffraichissemens en abondance, et lorsque les vents seroient à l'est ils apareilleroient et yroient se mettre sous le cap Spartel où ils sont à l'abry de la mer et d'où par leurs frégates d'avis et par les signaux qui se font à la coste d'Espagne ils seroient avertis sy nos vaisseaux parroissoient au cap de Gathe un jour après qu'on les y auroit veü.

Sy le Roy estoit obligé de faire désarmer tous les vaisseaux dans le port de Toulon, je crois qu'il seroit de son service de tenir douze bons vaisseaux armés pendant l'hyver pour garder les croisières en les détachant en plusieurs escadres pour incommoder le commerce des ennemis et assurer celuy des François et l'on pouroit en former les équipages des mattelots des provinces les plus éloignées comme de Normandie et de Bretaigne pour leur épargner la peine de retourner par terre en leur pays.

Vous avez esté informé, monsieur, que les vaisseaux le *Marquis*, le *Fleuron* et le *Trident* sont de retour en ce port et comme le *Marquis* et le *Trident* ont esté démastés chacun d'un mast d'hune estant près d'aborder chacun un corsaire de Flessingues que le malheur a sauvé, le *Marquis* a eü aussy deux coups de canon dans son beaupré qu'il faut changer par cette raison.

Le *Modéré* et l'*Arc-en-Ciel* sont pareillement arrivés et après leur quarantaine finie on fera carener le premier et désarmer l'autre ; il est arrivé à Marseille un vaisseau venant de Levant qui a dit avoir veü au sud de la Lampedouze dix-sept vaisseaux qu'on juge estre le convoy des ennemis et que le lendemain il apercent trois vaisseaux qu'il ne connut point et qui croisoient dans le canal de Malthe qui estoient seurement nos trois vaisseaux.

Je vous envoyeray monsieur le mémoire que vous souhaittés de la manière dont il faut establir des mortiers sur les gallères.

J'envoyeray le sieur de Ressons à Marseille avec le sieur Beaussier Felix qui est bon homme de mer pour voir avec messieurs du Vivier et de Forville les endroits où l'on peut placer des mortiers pour la deffense des moüillages des rades et ces deux officiers diront à ces messieurs mon sentiment pour l'establissement des mortiers pour empescher le moüillage des vaisseaux et gallères ennemis.

Le sieur Cleron ayant esté obligé à une dépense extraordinaire pour les voyages qu'il a fait à Marseille, à la Ciotat et au brusque pour lever les plans de ces rades et où il a amené avec luy à ses frais, j'espère que vous voudrés bien y avoir égard et l'en faire payer comme aussy le sieur Isnardon pour le voyage qu'il a fait à Marseille pour le mesme sujet ; le dernier vous a écrit monsieur pour vous supplier de luy accorder un brullot pour la course et il espère cette grâce en considération d'un contrat qu'il avoit fait avec le Roy pour un armement d'un vaisseau pendant trois ans qu'il n'a eü que pendant dix-huit mois quoy qu'il eust satisfait de sa part aux conditions portées par ce contrat.

Je suis avec beaucoup de respect, monsieur, vostre très humble et très obéissant serviteur.

Toulon, le 16 septembre 1694.   Le mareschal DE TOURVILLE.

(*Archives de la Marine.* — Campagnes.)

A Pontchartrain.

23 septembre 1694.

(Lettre signée.)

Monsieur,

J'ay receu la lettre que vous m'avés fait l'honneur de m'écrire le quinze de ce mois.

La pluspart de tous les vaisseaux qui estoient dans les darces sont sortis et on commencera aujourdhuy à embarquer les vivres, si le vent de nord-oüest qui a renforcé à la pointe du jour le peut permettre.

L'expédition de l'embarquement des troupes sera plus prompt avec des navires de guerre au Gourjean et y faire marcher les troupes qui sont à Nice sans s'arrêster aux gallères ny aux barques et tartaunes, parce qu'une partye des gallères qui sont à Toulon estant peu en estat de faire ce trajet par la quantité de malades qu'elles ont, dont M. de Vauvré vous envoyera le nombre, elles ne porteroient que quinze à seize cents hommes, et pour esparguer la dépense de l'armement de ces gallères et les nollis des autres bastimens, quinze vaisseaux de guerre suffisent pour embarquer au Gourjean les troupes que l'on distribuera aux isles d'Hyères chacun à proportion sur les autres vaisseaux.

Comme il pouroit arriver que les lettres du prince d'Orange écrites à l'amiral Russel pouroit faire changer le Roy de sentimens sur la manière du projet qu'il a fait du siège de Barcelonne et que son intention ne sera peut-estre plus de faire passer en Ponant l'escadre de Monsieur de Chasteaurenault, sy la flotte ennemie hyverne à Cadis, je prendray la liberté de luy représenter que, au cas qu'il ayt pris la résolution de former le siège de Barcelonne nonobstant le séjour de la flotte ennemie dans Cadis ou Gibraltar, on pouroit se servir de vingt-six vaisseaux de guerre choisis dont je vous envoye la liste qui sont tous les meilleurs voilliers de l'armée, qui peuvent porter toutte l'infanterie que le Roy a dessein de faire passer aux costes de Catalogne en y comprenant nos soldats et ceux des gallères, et ces vingt-six vaisseaux choisis sont plus en estat de se tirer d'affaire que toutte nostre flotte entière, en cas que les ennemis fussent assés à temps de nous venir chercher sur les costes de Catalogne après avoir embarqué leurs vivres, à moins que le Roy ne prist la résolution avec toutte nostre flotte d'attendre de pied ferme à Barcelonne, ce que je crois ne pas convenir à son service, soit par la supériorité de leur armée et de leurs gallères qui sont restées aux costes d'Espagne, soit que toutte nostre flotte ayant débarqué nos troupes, nous ne puissions pas les rembarquer. Les ennemis n'envoyeront pas une escadre dans l'incertitude où ils seront que nostre armée ny pût estre ou qu'elle ny pût arriver et ils y viendront avec toutte la leur.

Je trouve que la saison sera bien avancée pour mener des gallères quand nous partirons. Puisque vous voulés attendre ma réponse pour les commander, ce qui nous mènera au dix du mois prochain et le départ au quinze et passé le vingt il n'est pas possible d'y exposer plus de huit gallères, n'y ayant de retraittes pour elles qu'à Palamos où il ne s'en peut pas retirer d'avantage et ce nombre suffira pour empescher les petits secours et à la vérité on s'en pourra passer, parce que ce ne seront point les petits secours de quelques felouques qui empescheront la prise de cette place. Les ennemis peuvent y avoir touttes leurs gallères parce qu'ils ont les Anfas et la rade de Salo et envoyer des escadres supérieures aux nostres. Outre que les gallères peuvent estre trop longtemps à passer le golfe de Lion dans la saison qu'elles partiroient, il ne seroit pas inutile d'avoir deux galliottes à bombe pour escorter les gallères ennemies.

Il eust esté à souhaitter que le Roy m'eust plustost fait part de son dessein, j'aurois pris la liberté de luy représenter l'importance dont il estoit que tout eust esté prest du costé de terre et de la mer pour partir aux premiers avis certains que j'aurois eû du départ de la flotte ennemie pour Cadis, afin de proffiter du reste de la belle saison et du temps qu'il lui falloit pour aller prendre ses vivres ; j'eusse envoyé les brullots escortés d'une frégatte à Rose et à Palamos pour l'embarquement des canons, mortiers et munitions de l'armée de terre, ce qui causera encore un retardement ; on poura pour faire plus de diligence porter d'icy les canons qui seront nécessaires, s'il y en a à Colioures et d'autres munitions, il faudra se servir de tartannes.

J'ay cru devoir vous envoyer un courier exprès pour aprendre plustost les intentions de Sa Majesté, n'y ayant pas un moment de temps à perdre, parce qu'il seroit extrêmement à souhaitter que cette expédition pût estre achevée dans le mois d'octobre à cause des mauvais temps qui ne manqueront pas de venir dans le mois de novembre.

Je n'envoyeray point en mer les quatre vaisseaux que j'avois destiné de faire croiser sur le cap Corse et les isles Saint-Pierre.

Voicy les noms des trois matelots condamnés aux gallères pour estre trouvés sortis de Toulon, auxquels le Roy veut bien accorder leur liberté.

Dans le temps que je donneray l'ordre aux vaisseaux d'aller au Gourjean pour y embarquer les troupes, j'en donneray un autre en mesme temps à Marseille et dans tous les autres ports de la coste d'y arrester généralement touttes les felouques, vaisseaux et autres bastimens génois qui y viendront pour qu'ils ne puissent pas donner des avis des mouvemens que nous ferons.

Je suis avec beaucoup de respect, Monsieur, vostre très humble et très obéissant serviteur.

Le mareschal DE TOURVILLE.

A Toulon, le 23 septembre 1694.

(*Archives de la Marine.* — Campagnes.)

A PONTCHARTRAIN.

4 octobre 1694.

(*Lettre signée.*)

Monsieur,

Je reçu hier par vostre courier la lettre du Roy et celle que vous m'avés fait l'honneur de m'écrire le vingt-sept de septembre ; on a travaillé aussy tost à faire les états pour l'embarquement des vivres nécessaires pour le passage des troupes et des quinze premiers jours de décembre pour les équipages de l'armée, pour la diligence duquel j'ay donné tous les ordres nécessaires affin que rien ne puisse retarder nostre départ aussy tost que les troupes seront icy, où elles doivent arriver de demain au huit de ce mois ; cependant pour gagner beaucoup de temps, comm'il y a environ neuf cents tonneaux pesant de canons, mortiers, bombes et munitions de guerre à embarquer à Palamos et à Rose pour le siège de Barcelonne, dont monsieur le duc de Noailles m'a envoyé l'estat sans les farines, j'ay cru qu'il estoit absolument nécessaire d'y envoyer à l'avance les unze brullots de l'armée qui suffiront à peine pour tout ce chargement sous l'escorte de sept navires de guerre qui, avec les brullots, embarqueront les trois premiers bataillons qui arriveront icy aujourd'huy et demain, et partiront aussy tost que le vent le permettra et nous les suivrons lorsque les troupes seront achevées d'embarquer, sy le vent le permet ; ces sept vaisseaux, après le débarquement de leurs troupes, serviront à l'embarquement de l'artillerie et des munitions, qui demandent un long temps à charger et qui, sans le secours des équipages des vaisseaux de guerre et de leurs chaloupes et canots, seroient un temps infiny à embarquer, outre qu'on est quelquefois longtemps à pouvoir sortir de la baye de Rose et que vous sçavez qu'une partye de la diligence dépend du débarquement de ces munitions à la plage de Barcelonne, sans lesquelles on ne peut en former le siège. J'ay dépesché aujourd'huy un courier à M. le duc de Noailles pour l'en informer affin qu'il donne ses ordres à Palamos pour le lieu où se doivent débarquer ces trois premiers bataillons, et pour qu'on délivre les munitions aux brullots à Rose et à Palamos ; j'envoye le duplicata par une petite frégatte à Palamos avec une autre qu'elle yra joindre au cap Martin, pour découvrir s'il y auroit quelque escadre ennemie, ce que je ne crois pas, pour en venir avertir les vaisseaux détachés.

Il n'est encore arrivé que cent quatre-vingt-seize charges d'avoine, je feray embarquer sur les vaisseaux toutte celle qui arrivera avant nostre départ, et je laisseray la *Perle* pour escorter les bastimens qui chargeront le reste et l'aporter devant Barcelonne.

Vous ne devés pas douter, Monsieur, que je n'exécute l'ordre du Roy de rester devant Barcelonne jusqu'à ce que cette ville soit réduite sous son obéissance ; je détacheray des vaisseaux, comme vous me le marqués, pour avoir des avis des ennemiz qui ne peuvent me servir que pour avoir le temps de me mettre en estat de les combattre s'ils arrivoient avant la reddition de la place. Comme on ne peut pas dans cette saison mener touttes les gallères, les ennemis seroient supérieurs à l'escadre que nous aurions pouvant avoir touttes les leurs aux costes de Catalogne, comme aux Ofas et à Salo, mais je ne crois pas qu'elles y viennent qu'elles ne soyent accompagnées de leur armée dans la crainte qu'elles auroient que d'un gros vent elles ne soient coupées par nos vaisseaux, je n'en ay pris que six pour aider à remorquer les bastimens de charge et pour une expédition plus prompte pour le débarquement.

Jay envoyé dans tous les ports, depuis Cassis jusqu'à Antibes pour deffendre de laisser sortir jusqu'au quinze de ce mois (que je prolongeray si le vent nous retenoit icy) aucuns bastimens que ceux qui seront chargés pour ce port par le munitionnaire de la marine, mais je crains que le bruit ayant esté commun à Nice de la marche des troupes pour estre embarquées à Toulon, les avis n'en ayent esté à Turin et en Italie que les consuls ennemis n'auront pas manqué de faire passer en Espagne. J'envoyeray une frégatte à Palamos en passant devant cette place pour attendre le courier que vous devés m'y dépescher.

Le *Modéré* n'est pas assés fin voillier pour pouvoir prendre des corsaires, et vous ne vous en déferés point que vous n'ayés au moins trois vaisseaux armés des meilleurs voilliers.

Je vous ay prié d'avoir égard à la dépense qu'a faite le sieur Cleron pendant quarante jours qu'il a employé à lever les plans des rades de Provence que je vous ay envoyé, le sieur Isnardon y a travaillé avec luy, mais c'est pour luy et non pour le sieur Cleron que je vous ay demandé le brullot le *Dangereux*, pour l'indemniser de la perte qu'il a faite quand il l'arma en course et que le Roy le luy reprit deux ans avant l'échéance de son traitté.

Je ne vous répondis point, Monsieur, à l'article de la lettre que vous m'écrivîtes sur la manœuvre des sieurs Champigny[1] et de Villeluisant parce que je n'en estois pas encore informé à fond, mais après avoir interrogé tous leurs officiers majors et les principaux officiers mariniers, je dois leur rendre cette justice de vous dire qu'ils ont parfaitement manœuvré et qu'ils n'ont fait que ce qu'ils ont deû faire; le sieur de Champigny, en homme du mestier, voyant qu'il alloit mieux que le *Fleuron* et le *Trident*, ne s'arresta point au premier corsaire qu'il pouvoit joindre, jugeant qu'il ne pouroit échaper à ces deux vaisseaux et alla à l'autre en luy donnant chasse sans luy tirer aucun coup de canon, quoy que le corsaire luy tirast de temps en temps sa bordée, affin de ne pas perdre un moment de temps pour l'aprocher et il est arrivé par pur effet du hazard qu'estant prest à l'aborder, son petit mast de hune a esté coupé de coups de canon, ce qui l'a arresté sy proche de ce vaisseau que le pavillon du beaupré du *Marquis* toucha à celuy de poupe du corsaire, à l'égard du *Trident* et du *Fleuron* qui chassoient l'autre, le *Trident* le tenoit un peu au vent et le *Fleuron* de l'arrière sous le vent, affin de le joindre plus tost s'il eust pris le party de faire tout à fait vent arrière, mais le *Trident* prest de le joindre eut ses galaubans du petit mast de hune coupés qui fit

---

[1] Antoine Boschard, marquis de Champigny, de Normandie. — Ancien garde de la marine, le 25 janvier 1670; — enseigne de vaisseau, le 26 février 1673; — lieutenant de vaisseau, le 29 janvier 1675; — capitaine de vaisseau, le 31 janvier 1680; — chef d'escadre, le 27 septembre 1707; — lieutenant général, le 23 janvier 1720; — conseiller du conseil de marine, le... 1715; — mort à Paris, étant conseiller du conseil de marine, le 23 octobre 1720.

rompre ce mast le vent estant fort frais n'ayant point amené son petit hunier affin de ne se pas éloigner du corsaire qu'il n'eust pu rejoindre s'il l'eust amené et il a fait la véritable manœuvre qu'il devoit faire; à l'égard du *Fleuron, il a fait toutte la force de voilles qu'il devoit faire et l'a chassé toutte la nuit, il n'y a point d'officiers généraux qui ne soyent de mon sentiment et ces trois capitaines sont connus pour braves gens et de bonne volonté, et s'il m'avoit esté permis de suspendre les ordres je l'aurois fait estant persuadé que le Roy ne vouloit punir qu'une méchante manœuvre, et non point ce malheur qui pourroit arriver aux plus habiles gens de la mer.*

Je suis avec beaucoup de respect, Monsieur, vostre très humble et très obéissant serviteur.

Le mareschal DE TOURVILLE.

A Toulon, le 4 octobre 1694.

(*Archives de la Marine.* — Campagnes.)

A PONTCHARTRAIN.

(*Lettre signée.*)

Monsieur,

Je vous suis très obligé de la peine que vous avez pris de me faire expédier mon congé. J'ay beaucoup d'avoir le   de vous voir, mais j'ay encore à régler les ouvrages qu'il y a à faire aux Vaux désarmez avant que de pouvoir partir. Je vous suplie, Monsieur, de vouloir bien me faire payer de mon séjour dans le port sur le pied de 3,550 livres par mois, comme je l'ay esté à Brest, M. de Vauvré faisant difficulté de m'employer à plus de 3,000 livres sur ce que M. le comte d'Estrées a esté depuis peu réduit à cette somme et de considérer qu'estant en chef et maréchal de France, je seray encore moins payé que les autres maréchaux de France quand ils servent, ayant 7,000 livres par mois de 40 jours. J'espère que vous voudrez bien qu'il ne me soit rien retranché dans un temps où je fais plus de dépense qu'à la mer, et me faire la grâce d'estre persuadé du parfait attachement avec lequel je suis,

Monsieur, vostre très humble et très obéissant serviteur.

Le mareschal DE TOURVILLE.

Toulon, le 18 novembre 1694.

(*Bibliothèque nationale.* — Fonds Clairembaut.)

De la main de Pontchartrain est écrit : bon.

Au Mis de Barbézieux [1], Ministre de la Guerre.

A la Rochelle, ce 2 juin 1696.

Monsieur,

J'ay receu la lettre que vous m'avés fait l'honneur de m'écrire au sujet de l'ordonnance que Sa Majesté a fait expédier pour reigler les gardes de Messeigneurs les Princes du sang, des mareschaux de France et autres officiers de l'armée.

J'ay donné ordre au commandant du régiment de Valence de se tenir prest à marcher au premier ordre. J'en feray camper six compagnies à Marans, trois au port des Barques et les trois autres du costé de Fouras qui est l'entrée de la rivierre. Je ne les feray point marcher que je ne sasche plus particulièrement des nouvelles des ennemis que celle que jay apris par le maire des Sables d'Olone qui me marque que le 28 du mois dernier on despescha un courier de Belle-Isle pour la Cour affin de donner advis que la flotte ennemie avoit paru devant cette place, et qu'il paroissoit qu'elle faisoit route à la Rochelle.

Depuis le 28 du dit mois que cette flotte a paru à Belle-Isle, on m'auroit aparament envoyé quelque courier exprès pour m'en donner advis ; ainsy je ne croy pas cette nouvelle seure, si cependant j'aprend qu'elle soit à la coste, je ne perdray pas un moment de temps pour faire camper les dragons dans les lieux que je vous marque.

Je n'ay encores eü aucune nouvelle des arrierbans des gentilshommes que celuy de l'Orléanois qui est arrivé à Mirebaud et Moncontour ; aussitost que je feray marcher les dragons, je donneray ordre aux gentilshommes de l'arrierban les plus esloignez de venir occuper les lieux où estoient les dragons.

A l'esgard de nos batteries de la coste, nous y travaillons pour les mettre en estat. J'ay aussy fait touttes les dispositions pour les troupes et milices en cas de besoin, affin quils saschent tous les postes quils doivent occuper.

Personne n'est si sincèrement que moy, Monsieur, vostre très humble et très obéissant serviteur.

Le mareschal de Tourville [2].

A Pontchartrain.

La Rochelle, ce 12 juin 1696.

Monsieur,

J'ay receu la lettre que vous m'avés fait l'honneur de m'écrire le 6 juin. Je vous ai fait sçavoir par mes précédentes lettres tout ce qu'il y avait à faire

---

[1] Louis-François-Marie Le Tellier, marquis de Barbezieux, fils aîné de Louvois, né le 23 juin 1668. — Secrétaire d'État comme son père et chancelier des ordres du Roi ; — mort le 3 janvier 1701.

[2] *Dépôt général de la guerre.* 1694-1697. *Marine.*

à nos batteries ; je les laisseray dans le mesme estat qu'elles sont, à l'exception d'une batterie de 6 pièces de canon de trente six livres de balles, que nous establirons à une pointe de terre qui avance sur la gauche à la hance des Minismes, et comme nous avons à Rochefort du calibre de trente-six, je feray garnir le costé des Minismes autant que nous aurons d'affuts, en changeant quelques pièces qui sont d'un moindre calibre, et comme c'est le seul endroit où les ennemis s'attacheroient, s'ils voulloient tenter un bombardement, on sçauroit rendre ce lieu assez fort.

On mettra les parapets à barbette à touttes les batteries qui sont sur un terrain eslevé, affin d'avoir plus de facilité pour les pointer où il conviendra. Et pour ce qui regarde les batteries qui sont à ras de l'eau, on leur laissera leurs embrasseures avec leurs parapets. Le seul inconvénient qu'il y a, c'est que les plates-formes n'ont point assez d'estendue à droite et à gauche, de manière que lorsqu'on pointera et qu'on tirera le canon soit à droite, soit à gauche, l'affut reculera sur le terrin et quittera sa plate-forme par le peu d'estendue qu'elle a comme je vous le marque ; nous nous servirons de palans pour les mettre en batteries, et il nous faudra une plus grande quantité d'hommes que nous prendrons des batteries qui seront inutiles et qui ne tireront point.

Je n'ay point prétendu que les deux galères que je vous ay proposé pour les rades de la Rochelle peussent servir pour cette année, ce sont des bastimens qui y conviendroient extrémement, par la situation de la ville qui est esloignée de 1,000 toises de nos premières batteries.

Vous remarquerés que cette ville ne peut estre bombardée, qu'en postant de nuict les galliottes ennemies à 350 toises de ces premières batteries, de manière que les vaisseaux ennemis ne peuvent les apüyer à cette distance, et qu'ils ne peuvent destacher pendant la nuict que quelques frégates, pour s'aprocher de 4 à 500e toises de leur galliottes, ce qui ne leur donneroit aucun secours ; et si deux galères qui ne tireroient que 5 pieds d'eau et qui pouroient s'eschouër à touttes marées estoient en dedans de la digue, soit du costé du Chef de bois ou des Minismes, lorsque la marée viendroit à monter, ces deux galères se mettroient à flot et seroient en estat d'aller insulter les galiotes qui ne seroient, comme je vous le marque, qu'à 350 toises de nos batteries, au lieu que les galères que l'on fait ordinairement sont taillées et ont du creux plus que celles que je vous propose, ne sçauroient eschoüer et sont obligées de demeurer toujours à flot, en dehors des pointes des Minismes et du Chef de bois, fort au large et par conséquent en estat d'être insultées.

Vous remarquerés aussy que les galères viendroient terre à terre le long de la coste des Minismes pendant la nuict et se mettroient entre les galliottes ennemies et la terre accompagnées de nos chaloupes, de manière que les frégattes qui apuyroient les galliottes ne feroient aucun effect par leurs canons sur nos galères, et qu'ils incommoderoient davantage leurs galliottes que nos galères qui seroient cachées de la terre sans mesme qu'on les pust veoir, à cause du peu de distance qu'il y auroit entre les galliottes et la terre. Il faudroit que le boulet de canon des frégattes passa dessus leurs galliottes pour venir à nos galères qui, pendant la nuict, ne pouroient faire aucun effect.

Une ville qui est scituée sur le bord de la mer, qui n'a aucune pointe ou langue de terre avancée pour pouvoir establir des batteries, les galliottes se postent ordinairement à 900 ou 1000 toises de la ville et s'en esloignent autant que leurs mortiers plus ou moins leur peuvent permettre; pour lors l'armée ennemie peut destacher des vaisseaux légers sur les aisles de la droite et de la gauche des galliottes esloignées, touttes fois plus de 4 à 500 toises de leurs galliottes, pour pouvoir les apuyer en tirant de jour du canon sur les galères qui voudroient venir les insulter. Et il ne faut pas croire que dans un bombardement où il y a dans une ville des mortiers suffisans pour respondre aux galliottes les frégattes qui sont destachées puissent se mettre en ligne droite avec les galliottes qui bombardent : mais ils se postent comme je vous le marque à la portée du canon des galliottes pour pouvoir les secourir, en tenant des amares sur les dites galliottes pour les aprocher de leurs vaisseaux, en faisant couper le cable de leurs galliottes, ce qui interromperoit toujours le bombardement, s'ils faisoient cette manœuvre.

Puisque donc ils peuvent interrompre le bombardement par l'aproche des galères et particulièrement de nuict, estant esloignées des batteries de la place de 900 à 1000 toises, vous devés juger si les galliottes n'estant qu'à 350 toises comme elles seroient des batteries de la Rochelle, combien le bombardement seroit davantage interrompu, et de quelle utilité seroient des galères basties de cette manière par touttes les raisons que je vous ay marqué, dont la principalle est d'eschoüer et de tirer peu d'eau, affin de pouvoir passer entre les galliottes et la terre, ce que ne pourroit faire une galère bastie comme on les construit ordinairement, et qui ne sont d'aucune utilité dans ces rades, et je seray contraint de les laisser à l'entrée de la rivière de Charantes. Elles auroient estés utiles à Saint-Malo pour accompagner celles qui y sont, à cause qu'elles peuvent entrer dans la rivière de toutes marées. C'est le seul endroit où elles conviennent le mieux, aussy bien qu'à Brest, par ce qu'elles demeurent toujours à flot.

Pour ce qui est des galères qu'on voudroit faire rester au Havre, Calais et Dunkerque pour empescher les bombardemens, il faudroit qu'elles peussent demeurer toujours à flot sans crainte d'estre insultées par les ennemies ou avoir des galères qui peussent s'eschoüer à toutes marées.

Il ne faut pas croire que les galères que vous ferés bastir puissent naviguer facilement aux costes d'Angleterre, à moins qu'elles ne soient accompagnées de navire de guerre pour les soustenir, parce que si elles y estoient seules, et que les ennemis eussent des vaisseaux de guerre aux dunes et à l'isle d'Huirt, et que les galères fussent retenues aux costes d'Angleterre par un vent contraire, ce seroit des galères fort avanturées.

Les galères sont bonnes dans la Manche à naviguer terre à terre, à la coste de France, pendant l'esté, dans les endroits où il y aura de l'eau pour les recevoir.

Les galères seroient parfaitement bonnes dans la Manche pendant l'esté, avec une armée à peu près esgale à celle des ennemis, pour lors pouvant soustenir nos galères sans les abandonner, elles seroient d'une grande utilité, mais si l'armée du Roy estoit faible, et qu'elle fust obligée de se retirer devant les ennemis en estalant des marées, et que les galères ne peussent suivre les vaisseaux par des vents contraires, ce serait des galères perdues, et lorsque j'estois à la rade de Torbaye dans la Manche avec les galères, je fus contraint de demeurer quelques jours mouillé dans cette rade pour attendre que le beau temps fust favorable aux gallères pour passer en France, et mesme je demeuré toute la nuict en panne, avec l'armée et des frégattes destachées pour observer les gallères. Si elles se mettoient à la voile, et si elles n'avoient peu si mettre, j'aurois esté contrains d'aller remoüiller une seconde fois avec les gallères, dans la crainte que j'avois qu'un escadre de vaisseaux ne tombast sur elles; vous voyés donc qu'il faut que des gallères soient apuyées dans la Manche, particulièrement si elles veullent aller aux costes d'Angleterre. Et vous ne doutés pas qu'aussitost qui verront une escadre de six galères dans la Manche et à leurs costes, ils n'ayent des vaisseaux pour les observer et qui pouroient tomber dans un très grand inconvénient si elles estoient seules. Je souhaiterois pour le service du Roy que les deux gallères qui sont icy fussent à Saint-Malo.

Je suis avec bien du respect, Monsieur, vostre très humble et très obéissant serviteur.

Le mareschal DE TOURVILLE.

(*Archives de la Marine.* — Dossier Tourville.)

AU M^{IS} DE BARBÉZIEUX, MINISTRE DE LA GUERRE.

À La Rochelle, ce 7 juillet 1696.

Monsieur,

Sur l'advis que me donne M. de Pontchartrain qu'il a passé d'Angleterre à Calais, un homme de confiance qui raporte que le prince d'Orange a fait embarquer huit régimens d'infanterie sur sa flotte avec deux principaux ingénieurs, je prend touttes les précautions nécessaires pour n'estre point surpry.

Les dragons du régiment de Valance seront campez le 9 de ce mois, sçavoir six compagnies à Marans, trois au port des Barques, et trois à Fouras et demain au matin M. de Congy part pour les veoir et les establir.

J'ay donné ordre aux escadrons de Bourbonois, Orléanois et Champagne qui sont les plus esloignez de la Rochelle, de partir le douze de ce mois pour se rendre dans les quartiers qu'occupoient les dragons.

Il y a deux bataillons de la marine campez dans les dehors de Rochefort nomez Toulon et Marin, et il y en a deux autres du mesme corps à la Rochelle qui seront en estat de camper incessamment.

Je n'ay aucune nouvelle à vous mander de la mer que celle que je vous ay marqué dans mes précédentes lettres.

Comme l'escadron de Languedoc est arrivé à Angoulesme, je luy envoye un ordre pour se rendre à Xaintes et y demeurer jusques à nouvel ordre, et comme la Xaintonge nest pas comprise dans l'estendue de mon commandement, jescris à M. de Sourdy affin qu'il donne ordre au maire de Xaintes de les recevoir comme il s'est pratiqué les années précédentes ; il seroit néantmoins du service que vous prissiés la peine de m'envoyer un ordre du Roy pour pouvoir faire les mouvemens qui conviendroient, en cas de besoin, dans la Xaintonge et lieux circonvoisins.

J'arrive hier de l'isle de Rez avec MM. de Villette et de Congy où je visité la place et la cytadelle, je trouvé touttes choses dans un très bon estat.

Je suis très sincèrement vostre très humble et très obéissant serviteur.

Le mareschal DE TOURVILLE [1].

AU Mis DE BARBÉZIEUX, MINISTRE DE LA GUERRE.

A la Rochelle, ce 15 juillet 1696, à 10 heures du soir.

Monsieur,

J'avois desjà envoyé, Monsieur, les ordres du Roy pour faire partir les quatre compagnies de dragons du régiment de Valançay, mais à la veüe des ennemis j'ay creu qu'il estoit du bien du service de les retenir pour quelques temps, qui me seront d'une grande utilité.

Il est entré à deux heures après midy à la rade de Saint-Martin de Réz cinquante voiles des ennemis, qui ont commancé à bombarder Saint-Martin de Réz sur les quatre heures après midy, le reste de leur flotte n'a point paru aujourd'huy. J'en seray demain au matin esclaircy, et s'ils ne paroissent point ils pouroient estre devant Belle-Isle.

Les six compagnies de dragons qui estoient à Marans doivent arriver à minuict et aussitost je les feray marcher avec M. de Congy du costé de la Repentie pour observer les mouvemens, j'ay fait marcher un bataillon de la marine à Chef-de-Bois et l'autre du costé des Minismes.

J'ay donné mes ordres pour les arrierebans des gentilshommes qui arriveront demain au soir, il y en a quelques-uns qui ne peuvent arriver qu'après-demain. Je vous avois marqué par mes précédentes qu'il y avoit six compagnies de dragons campez sçavoir trois au port des Barques et trois à Fouras. M. de Sainte-Stève me fourny trois cents dragons de son gouvernement et une compagnie de cavalerie de Soubize et se doit porter avec toutte sa milice aux port des Barques et isles Madame, de plus il y a cinquante dragons de Rochefort et cinquante cavaliers qui se porteront aux endroits où ils seront nécessaires avec les deux bataillons de marine qui sont à Rochefort.

J'ay eu un courier de Brest de M. Desclouseau qui me marque qu'il y a seize mil hommes de troupes embarquez sur la flotte ennemie, ce que j'ay peine à croire, cependant je feray de mon mieux pour la conservation de ces provinces. Je vous avertiray de tous les mouvemens que les ennemis feront.

Soyez persuadez, Monsieur, que personne n'est si sincèrement que je suis vostre très humble et très obéissant serviteur.

Le mareschal DE TOURVILLE [2].

---

[1] *Dépôt général de la guerre.* 1694-1697. *Marine.*
[2] *Dépôt général de la guerre.* 1694-1697. *Marine.*

AU M¹ˢ DE BARBÉZIEUX, MINISTRE DE LA GUERRE.

A la Rochelle, ce 17 juillet 1696.

Monsieur,

J'ay receu une lettre de M. Daubarède qui me marque le bombardement de Saint-Martin-de-Rez, par le détachement de 47 voiles que les ennemis avoient fait de leur flotte, on a jetté environ 4,000 bombes dans la ville, il y a eu près de cent maisons de bruslées, et j'aprend dans ce moment, par un exprès que le sieur de la Salle m'envoie des Sables-d'Olone, qu'on a aperceu le 16 du courant 80 voiles gros vaisseaux qui faisoient route du costé de la Rochelle.

Les vaisseaux qui estoient devant l'isle de Rez ont apareillé ce matin pour aller rejoindre le corps de leur armée. Tous les escadrons des arrierebans sont à portée d'estre dans une heure et demie à la coste.

La pluspart des milices sont dans leurs postes, et jay mis touttes les choses dans le meilleur estat que j'ay peu pour les recevoir, je ne doute pas que s'ils ont embarqué 1600 hommes ce ne soit pour un grand dessein ; cependant nous ferons de nostre mieux. Je vous feray sçavoir tous les mouvemens que feront les ennemis.

Personne n'est si sincèrement, Monsieur, vostre très humble et très obéissant serviteur.

Le mareschal DE TOURVILLE ¹.

A JÉRÔME DE PONTCHARTRAIN ².

A la Rochelle, ce 19 juillet 1696.

(Lettre signée.)

Je suis obligé, Monsieur, de vous dire que quand les ennemis ont paru à la rade de Saint-Martin-de-Rez, il y avoit des comédiens dans cette ville, et qu'ayant cessé de joüer le peuple en a tiré des conséquences qui ont augmenté la consternation publique, j'ay creu que pour la faire cesser il falloit obliger les comédiens à recommencer de représenter. Ce n'estoit pas le sentiment de M. L'Evesque ³.

Ayés la bonté, Monsieur, de me faire sçavoir celuy de monsieur vostre père et le vostre, et de me croire très sincèrement vostre très humble et très obéissant serviteur.

Signé : le mareschal DE TOURVILLE.

(Archives de la Marine.)

---

¹ *Dépôt de la guerre.* 1994-1697. *Marine.*
² Fils du Ministre de la marine ; il succéda à son père dans cet emploi, le 6 septembre 1699, mais dès 1694 il s'occupait des affaires de la Marine.
³ Voir note 3, page 204.

Au Mᶦˢ de Barbézieux, ministre de la guerre.

A la Rochelle, ce 31 juillet 1696.

Monsieur,

Ayant apris par un vaisseau danois qui est venu dans ces rades que l'armée des ennemis estoit rentrée dans la Manche, sur cette nouvelle j'ay renvoyés les détachemens des matelots provenceaux que j'avois fait venir à la Rochelle, j'ay congédié la pluspart des matelots qui estoient dans les batteries avec ordre de se tenir prest en cas de besoin.

Jay aussy donné les ordres à tous les escadrons des arriereban que j'avois fait avancer aux environs de la Rochelle et de Rochefort, de s'en retourner aux quartiers que vous leurs aviez destinez.

On a retenu quelques matelots et canonniers afin de ne point desgarnir entièrement les postes.

Les six compagnies de dragons qui estoient campez proche Chef-de-Baye, je les renvoye dans leur camp à Marans jeudy prochain ; celles qui sont à Fouras et au port des Barques, je donneray les ordres pour les faire camper au dit Marans ou ailleurs.

Les deux bataillons de marine qui estoient campez du côtez des Minismes et de Chef-de-Baye rentreront jeudy prochain à la Rochelle.

Comme la pluspart des escadrons de l'arricreban doivent passer à Niort pour s'en retourner dans leurs quartiers, je prendray cette occasion pour les aller voir à leur passage, après quoy j'iray faire un tour à Rochefort, et de là je reviendray à la Rochelle, où je laisse monsieur de Congis.

Personne n'est si sincèrement que je suis, Monsieur, vostre très humble et très obéissant serviteur.

Le mareschal de Tourville.

Je viens de recevoir du 22 du mois dernier vostre lettre. Je ne feray pas partir les quatre compagnies de dragons que je ne reçoive de nouveaux ordres sur ce sujet [1].

A Jérôme de Pontchartrain.

La Rochelle, 26 août 1696.

M. l'intendant vient, monsieur, de me confirmer une chose qu'on m'avoit desjà mandée de Brest, comme venant de nostre bureau et que je trouvois si ridicule que je n'avois pas songé à nous l'es'crire; on dit que M. l'euesque de la Rochelle a rétabli le bon ordre dans cette ville et aux bateries quand les ennemis ont paru en ce pays icy. Si cela estoit ce seroit pour le Roy une

---

[1] *Dépôt de la guerre. 1694-1697. Marine.*

espargne considérable, car il n'auroit qu'à laisser le commandement de ses prouinces à messieurs les euesques, ils ne manqueroient pas d'estre bien segondés par tout le clergé. Cependant monsieur, il faut rendre justice à qui il appartient; il est vray que M. l'euesque nous feist à la veue des ennemis la proposition d'arester trante-six nouueaux conuertis des principaux et des plus honestes gens de la ville, ce qui auroit, comme uous le jugés bien, causé une sédition; son zèle ne s'en tint pas là, il conseilla à Massiot le comissaire de marine qui faisoit son denoir de se cacher pour metre sa vie en seureté, mais ce comissaire ne voulut pas suiure ces advis non plus que moy. Je ne sçaurois croire, monsieur, que M. vostre père [1] ayt escrit sur cella sérieusement à M. Bégon [2]; en tout cas voilà la chose comme elle (est) et tout ce que j'en sçay [3].

Je suis très sincèrement, monsieur, vostre très humble et très obéissant seruiteur.

Le mareschal DE TOURVILLE.

(*Bibliothèque nationale.* — Boîtes du Saint-Esprit.)

Le mareschal de Tourville vice-amiral de France commandant pour Sa Majesté ès-province de Poitou et d'Aunix.

Le Roy voullant que les nouueaux convertys, tant pères que mères, soient responsables de l'évasion et sortie du Royaume de leurs enfants et qu'ils soint punis de la prison sans aucunes procedures de justice. Et Sa Majesté nous ayant mandé d'y tenir la main à ces cauzes nous ordonnons que les presentes seront leues et affichées dans les provinces de Poitou et Aunix, enjoignons à nos prevosts d'y tenir la main et de nous advertir des contraventions à peine d'en répondre en leur propre nom.

A la Rochelle, le 16° octobre 1696.

Le mareschal DE TOURVILLE.

Et plus bas,

Par Monseigneur :

DE LABERTONNIÈRE,

Et scellé du sceau de nos armes.

---

[1] Louis Phélipeaux, secrétaire de la marine.
[2] Michel Bégon, intendant de la Rochelle et de Rochefort.
[3] L'évêque de la Rochelle, désigné par Tourville, était messire Charles-Magdelaine Frezeau de la Frezelière, qui occupa le siège épiscopal de la Rochelle, de 1693 à 1702. Avant d'entrer dans les ordres, il avait été colonel de dragons.

A PONCHARTRAIN.

23 octobre 1696.

(Lettre signée.)

Monsieur,

J'ay receu la lettre que vous m'avés fait l'honneur de m'écrire le 12 d'octobre, j'ay envoié arrester le nomé comte Charpentier de Nicul comme vous me le marqués dans vostre lettre, j'ay aussi fait une ordonnance dont je vous envoie la copie que j'ay fais afficher dans la pluspart des villes de Poictou et d'Aunix. M. de Barbezieux m'a envoyé mon congé par un courier dont je me serviray lorsque j'auray terminé quelques affaires de quelques gentilshommes de Poictou.

J'ay bien de l'impatience de vous asseurer que personne n'est avec plus de respect que moy, monsieur, vostre très humble et très obéissant serviteur.

Signé : Le mareschal DE TOURVILLE.

A Nyort, ce 23 octobre 1696.

(Archives de la Marine. — Dossier Tourville.)

AU Mis DE BARBÉZIEUX, MINISTRE DE LA GUERRE.

A la Rochelle, le 11 mai 1697.

Je vous donne avis, Monsieur, de mon arrivée à la Rochelle.

J'y attendray avec impatience les ordres que vous voudrez bien m'envoier de la part du Roy avec la commission pour commander en Poitou; j'ay laissé entre les mains de monsieur de Pontchartrain un mémoire qu'il m'avoit demandé, et que vous aurez sans doute veü.

Je vous supplie d'y vouloir faire attention et de me croire très sincèrement, Monsieur, vostre très humble et très obéissant serviteur.

Le mareschal DE TOURVILLE.

AU Mis DE BARBÉZIEUX, MINISTRE DE LA GUERRE.

A la Rochelle, ce 11 mai 1697.

C'est pour vous donner avis, Monsieur, de mon arrivée à la Rochelle. Je reçois dans ce moment une lettre de monsieur d'Ablege qui me marque que cent gentilshommes du ban de Nivernois viennent loger à Parthenay et qu'il y a déja trois compagnies du régiment de cavalerie de Cathulan qui y doivent demeurer et cent hommes d'infanterie de la marine, et que Parthenay estant une trop petite ville pour porter tout ce logement, il seroit à propos d'en oster les trois compagnies de Laval pour les mettre avec les autres du mesme régiment dans Niort, Fontenay et Saint-Maixent. Je viens de donner mes ordres pour cela, et je croy, Monsieur, que vous approuverez ce que je fais. J'attens tous ceux que vous voudriez m'envoier de la part du Roy, et je vous prie de trouver bon que je profite de cette occasion pour vous assurer, Monsieur, que personne n'est plus sincèrement que moy vostre très humble et très obéissant serviteur.

Le mareschal DE TOURVILLE [1].

AU Mis DE BARBÉZIEUX, MINISTRE DE LA GUERRE.

A la Rochelle, ce 17 may 1697.

J'ay receu, Monsieur, la lettre que vous m'avés fait l'honneur de m'escrire le six de ce mois avec l'estat des troupes qui seront sous mon commandement ; je donneray les ordres nécessaires aux commandans des escadrons affin que les gentilshommes vivent dans une grande discipline, et vous informeray en particulier de ceux qui y contreviendroient ; il n'y a rien de nouveau que l'escadre de M. de Nesmond qui partit le 15 de ces rades.

Je suis avec tout l'attachement possible, Monsieur, vostre très humble et très obéissant serviteur.

Le mareschal DE TOURVILLE [1].

AU Mis DE BARBÉZIEUX, MINISTRE DE LA GUERRE.

A Rochefort, ce 21 may 1697.

J'ay receu, Monsieur, la lettre que vous m'avés fait l'honneur de m'escrire avec l'ordre du Roy pour commander les troupes au pays d'Aunix, et les dépesches pour les officiers généraux qui doivent servir sous mes ordres ; je ne feray faire aucun mouvement au régiment de Cathulan que dans les premiers jours du mois de juin, je mettray trois compagnies du costé du port des Barques, et trois du costé de Fouras qui est l'entrée de la rivierre de Charente, et les six autres seront entre la Rochelle et Rochefort pour estre à portée de secourir l'une ou l'autre.

Il est venu un ordre du Roy pour armer cinq autres vaisseaux de manière qu'il ne nous restera de troupes de la marine qu'environ 1000 hômes ; j'iray

---

[1] *Dépôt général de la guerre. 1694-1697. Marine.*

dans quelques jours à Brouage et dans l'isle d'Olleron, je vous rendray compte des troupes que j'y auray veu.

Permettés-moy, Monsieur, de vous assurer que personne n'est si sincèrement ny avec plus d'attachement que moy vostre très humble et très obéissant serviteur.

Le mareschal DE TOURVILLE [1].

AU Mis DE BARBÉZIEUX, MINISTRE DE LA GUERRE.

... Juin 1697.

Tous les escadrons des arrierebans, Monsieur, sont arrivés au lieu de leur destination à l'exception des bans de Languedoc et de la vicomté de Tourenne. J'ay fait avancer à Luzignan l'escadron des gentilshommes du Maine qui estoit à Moncontour, parce qu'ils estoient un peu trop éloignés, et comme il doit y avoir trois escadrons de gentilshommes à Poitiers, je feray marcher celuy de Limoges dans peu à Fontenay, lorsque les quatre compagnies de cavalerie de Cathulan qui y sont seront campées à Marans, qui sera le quinze de ce mois.

Il manquera plus d'un quart des gentilshommes de la liste que vous m'avez envoyée selon la pluspart des reveues qui m'ont esté données. Lorsque tous les bans seront arrivés j'en feray un détail et je vous l'envoyeray.

Je suis, Monsieur, plus que personne du monde avec bien de l'attachement vostre très humble et très obéissant serviteur.

Le mareschal DE TOURVILLE [1].

Ordonnance de Mgr le M^al de Tourville, pour la marche de la procession.

4 juin 1697.

Le Mareschal DE TOURVILLE, vice-admiral de France, commandant pour Sa Majesté ès provinces de Poictou et d'Aunis.

Voullant prévenir les contestations qu'il pouroit y avoir pour le pas entre le Présidial et le Corps de ville à la procession du Saint-Sacrement quy se fera jeudy prochain,

Nous ordonnons que la procession se fera comme l'année dernière sans préjudice des droictz des parties qu'elles poursuivront ainsy qu'elles verront

---

[1] *Dépôt général de la guerre.* 1694-1697. **Marine.**

estre bon ny sans donner aucune atteinte aux arrests du Conseil rendus au proffit du Corps de ville.

Fait à la Rochelle, le quatriesme juin 1697.

(Archives de la Rochelle.)   Le mareschal DE TOURVILLE.

AU Mis DE BARBÉZIEUX, MINISTRE DE LA GUERRE.

A la Rochelle, ce 10 juillet 1697.

J'ay receu, Monsieur, la lettre que vous m'avés fait l'honneur de m'écrire au sujet du sieur de Chanteloup, capitaine dans Piedmont; j'ay donné ordre à M. de la Vogade de l'oster des arrests et je l'accomoderay avec le major de la place.

Je n'ay aucune nouvelle de la flotte ennemie, on dit qu'elle est à l'isle d'Huiet très nombreuse et qu'il y a six galliottes à bombes; je me suis préparé à les recevoir. J'ay fait une espreuve pour faire eschouer en dedans de la digue une gallère, qui a parfaitement réussi et qui nous sera d'une grande utilité si les ennemis venoient pour bombarder la Rochelle.

Personne n'est si sincèrement ny avec plus d'attachement que je suis, Monsieur, vostre très humble et très obéissant serviteur.

Le mareschal DE TOURVILLE [1].

---

[1] *Dépôt général de la guerre. 1694-1697. Marine.*

TABLE ANALYTIQUE

DES LETTRES DE TOURVILLE

(1668-1695)

———

		Pages.
28 mars 1668. De Toulon. A Colbert.	Remerciements de sa bienveillance..................	263
5 mars 1669. A Colbert.	Félicitations de sa nomination comme secrétaire d'État...	263
.... 1670. A M. d'Oppède.	Au sujet de l'enrôlement des matelots en Provence...	263
14 avril 1670. De St-Germain-en-Laye. A M. d'Oppède.	Même sujet............................,..........	264
18 avril 1670. De St-Germain-en-Laye. A M. de Peuil.	Au sujet du *Soleil-Royal* et de la conservation des bâtiments à Brest...............................	265
9 mai 1670. De Paris. Au sieur Léger.	Au sujet de l'éducation des jeunes officiers..........	265
9 mai 1670. De Paris. Au sieur Brodart.	Au sujet de la formation des équipages	265
16 mai 1670. De Paris. A Colbert de Terron.	Au sujet de Bléor................................	266
22 juin 1670. De St-Germain-en-Laye. A M. Pellissary.	L'*Écureuil* est le meilleur voilier de la mer. Il est important d'avoir des bâtiments qui puissent joindre les corsaires.....................................	266
12 avril 1671. De Port-Farine. A Seignelay.	Croisière à Sousse. Prise d'un bâtiment turc. Regrette de n'en avoir pu prendre et brûler 14 autres qui étaient dans le port............................	267

		Pages.
16 juillet 1673. De la Tamise. A Seignelay.	Il se recommande à lui et désire lui prouver qu'il mérite son intérêt............................	268
24 juillet 1675. De Messine. A Seignelay.	Il rend compte de sa campagne dans le golfe de Venise, où, commandant 2 vaisseaux, il a été détaché par Vivonne. — Avec Lhéry et Coëtlogon, il prend 2 navires espagnols et en brûle 2. — Éloges donnés à ses officiers (de Lhéry, Coëtlogon, des Gouttes, du Chaillard et d'O. de Villers). — Réclamation pour la date de son ancienneté. — Il voudrait bien être tiré du « capitanat de vaisseau » et appelé près du Ministre l'hiver, toujours prêt, d'ailleurs, à repartir pour le service du Roi.........	269
1ᵉʳ août 1675. A Seignelay.	10 galères espagnoles capturent une frégate française prise par le calme devant Reggio et l'amarrent sous la forteresse de la ville. — En plein midi, de Lhéry et Tourville, avec l'aide d'un brûlot, reprennent ce bâtiment et le brûlent en même temps que 14 autres navires et 30 maisons. — Des Gouttes sauve la vie de Serpault, qui commandait le brûlot. — Deux de nos canons ont crevé et tué 4 hommes. — Tourville demande des récompenses pour de Lhéry, Serpault et des Gouttes.................................	270
19 août 1675. A Seignelay.	Prise d'Agosta. — Tourville met à terre et enlève la position. — Coëtlogon a sa bonne part dans le succès. — Tourville espère « sortir cet hiver de l'emploi de capitaine de vaisseau qui devient assez insupportable »..	271
2 septembre 1675. A Colbert.	Vivonne a pris ses précautions pour que, du golfe de Venise, les nouvelles de la flotte ne parviennent en France que par lui. — Tourville tient à informer le Ministre et à lui parler à cœur ouvert, le priant de brûler sa lettre. — Il prend le fort d'Avolos sur les Espagnols. — Éloge du petit Vilette, un enfant de dix ans. — « Ce ne serait pas un mal pour les affaires du Roi si c'était M. Du Quesne qui nous menât chercher les ennemis. »..................	272
7 mai 1676. De Messine. A Colbert.	Il y a dans le corps des gens qui veulent diminuer les plus belles actions de M. Du Quesne............	273
26 août 1676. De Messine. A Colbert.	Il est malade d'un crachement de sang et demande à rentrer en France. — Cependant il veut tâcher de ne pas mourir chef d'escadre. — 14 navires hollandais leur ont échappé pendant la nuit, malgré tout ce qu'a fait M. Du Quesne pour les joindre.......	275
30 mai 1677. De Toulon. A Seignelay.	Il lui recommande le porteur de la lettre............	276
16 novembre 1677. De Toulon. A Colbert.	Il est arrivé à Toulon en assez méchante santé. — Il demande à ne pas être le chef d'escadre désigné pour commander les 4 vaisseaux qu'on va envoyer à Messine.....................................	276

		Pages.
1675 ou 1677. 5 novembre.	Il a remis le commandement de son vaisseau à Coëtlogon. — Éloge de des Gouttes. — Il sollicite un congé pour cause de maladie..................	277
9 janvier 1678. A Colbert.	Lui recommande l'enseigne de vaisseau Trullet, auquel Du Quesne n'a jamais voulu permettre d'aller faire valoir ses services à Paris (luy assurant qu'en servant assidument il auroit plustost satisfaction qu'en allant se montrer à Paris).....................	278
30 avril 1678. De Toulon. A Colbert.	Demande à remplacer de Preuilly si celui-ci vient à manquer. — Il fait observer avec exactitude la garde pour la conservation des vaisseaux du Roi dans le port..	278
28 mars 1679. A bord du *Sans-Pareil*. A Colbert.	M. de Villers, capitaine sur le *Sans-Pareil*, n'a que 200 livres par mois. — Tourville demande de le mettre à 100 écus, comme tous les capitaines en second à la mer.................................	279
10 août 1679. De la rade de Caillery. A Colbert.	Affaire du nommé Grion. — Arrestation de 2 gardes de la marine...................................	279
20 août 1679. De la rade de Caillery. A Colbert.	Il a reçu de Vivonne l'ordre de se rendre à Rochefort en se montrant à Cadix. — Croisière contre les bâtiments de Tripoli. — Il n'y a que les galères qui puissent mettre ces bâtiments à la raison. — Il indique 3 vaisseaux dont les équipages sont trop faibles. — Danger de cette situation. — Renvoie un brûlot porter en France les hommes qui ont le *mal de terre*..	281
19 septembre 1679. De Lisbonne. A Colbert.	Les vents l'ont empêché d'entrer à Cadix. — Il a débarqué une partie de ses équipages pour leur faire passer le *mal de terre*. — Soins pour la propreté et le bon entretien des navires. — Demande un logement dans le château de Rochefort, lorsqu'il sera arrivé dans ce port...........................	283
24 octobre 1679. De Belle-Isle. A Colbert.	Relation du naufrage du *Sans-Pareil*, qu'il commandait...	284
13 avril 1680. De Rochefort. A Colbert.	Il se rendra à Paris près de Colbert, comme il y a été invité. — En attendant, il s'instruit à fond sur les constructions navales, afin de pouvoir répondre à toutes les questions du ministre. — Défauts de nos vaisseaux ; leur batterie est noyée................	286
26 mai 1680. De Rochefort. A Colbert.	Au sujet des constructions navales de Renau et de Blaise...	286
30 mai 1680. De Rochefort. A Colbert.	Même sujet.......................................	287
7 juillet 1680. De Rochefort. A Colbert.	On ne peut pas voir de fonds de vaisseaux plus beaux que ceux que maître Blaise a faits au modèle qu'il construit. — Les vaisseaux du 1ᵉʳ rang ont une	

		Pages.
	juste proportion tant pour la bonté que pour la beauté. — Critique des plans de maître Hubac. — Des formes épargneraient beaucoup de journées de travail....................................	289
6 août 1680. De Rochefort. A Colbert.	Il est heureux d'apprendre qu'on a retardé la construction des 2 vaisseaux de qu'on amena à Rochefort (comme il l'avait demandé). — Le maître charpentier napolitain a fait un modèle extraordinaire. — On n'a jamais vu ni vaisseau mieux construit et avec de plus belles liaisons. — Examen des plans du bâtiment de Renau. — Il s'occupe de l'instruction des officiers, les envoie aux carênes, aux radoubs et aux constructions. — Il leur fait faire devant lui l'exercice du canon.................	289
15 août 1680. De Rochefort. A Colbert.	Il propose d'envoyer par mer le modèle construit à Rochefort par M⁰ Blaise. — Moyens à employer pour que Blaise fasse des élèves. — C'est le plus habile homme qu'il y ait encore en France.............	290
17 septembre 1680. A Colbert.	Il est malade et ne peut écrire lui-même. — Dimensions à donner à un navire de 1ᵉʳ et de 2ᵉ rang. — Constructions des Anglais. — Hubac a reconnu que le gabarit recommandé par Tourville est préférable au sien..	291
	(*Suivent 4 lettres de Renau au sujet des constructions*)................................	293-295
14 mai 1683. Rade de Toulon. A Colbert.	L'escadre commandée par M. Du Quesne, et dont il fait partie, a appareillé de Toulon le 6 mai. — A 8 lieues au large, on met en panne pour attendre les chaloupes et les bâtiments de Marseille qui n'arrivent que le lendemain. — M. Du Quesne laisse l'armée 2 jours sans signaux, ni rendez-vous. — Coup de vent. — Avaries de 3 vaisseaux. — M. Du Quesne, dans le fort du mauvais temps, a viré de bord et été mouiller à Hyères. — Tourville a accompagné les vaisseaux maltraités dans le coup de vent jusqu'en rade des îles d'Hyères................	296
30 juillet 1683 Rade d'Alger. A Colbert.	Renseignements sur la situation devant Alger. — Le bombardement continue. — Il a obtenu de M. Du Quesne que 3 galiotes à bombes tirassent de jour, et qu'on rapprochât de terre les 7 galiotes qui, de 9 heures du soir au jour, peuvent tirer 600 coups. — L'humidité des cales a endommagé la poudre. — « Le Père Le Vacher mis dans un canon et jeté au vent; le canon a crevé. » — Acte de bravoure du duc de Mortemart...........................	297
29 août 1683. Rade d'Alger. A Colbert.	Il remercie le Ministre de l'avoir fait désigner pour l'opération à exécuter sur l'estacade du port d'Alger. — Son plan d'attaque. — Il ne perd aucune occasion de dire à M. Du Quesne ce qu'il peut, mais lorsqu'il le dit avec fermeté et avec le respect dû à un commandant « il se met en colère et si on ne	

		Pages.
	plie avec lui et qu'on n'a pas une soumission aveugle, on devient son cruel ennemi ». — Pour croiser utilement l'hiver dans ces parages, il faut être sous voile. — 6 ou 7 navires suffiront pour cela, à la condition qu'ils soient « les meilleurs de voiles », comme le *Prudent*, commandé par de Lhéry...	301
8 décembre 1683. A bord du *Ferme*, près des îles d'Hyères. A Seignelay [1].	Il rend compte de sa navigation. — En prenant connaissance d'une lettre du Roi à de Lhéry, il a pu préserver 17 bâtiments français de tomber entre les mains des Espagnols. — Il évite la flotte espagnole forte de 19 navires de guerre et fait rallier la côte de Provence aux bâtiments français qu'il trouve sur la côte de Catalogne...............................	303
14 avril 1685. De Lyon. A Seignelay.	Il a appris qu'on lui a donné le commandement du *Fleuron*. — C'est un mauvais navire, le *Ferme* lui conviendrait mieux. — Il fera, néanmoins, ce que le ministre voudra. — Il se rend à Toulon. — Il recommande Chateaurenault........................	303
26 avril 1685. De Toulon. A Seignelay.	Il est prêt à partir, à l'arrivée de l'envoyé d'Alger. — Il demande à remplacer le chevalier de Gentis malade par le chevalier de Chasteaumorant...........	303
1er octobre 1685. De Toulon. A Seignelay.	Au sujet du nommé Hemery, qui se fera catholique et est prêt à servir le Roi.........................	304
25 novembre 1685. De Toulon. A Seignelay.	Au sujet d'un maître fondeur qui a fait abjuration. — Moyens à employer pour instruire les officiers de leur métier. — Construction et armement d'un petit vaisseau d'instruction. — Appréciation sur M^{tre} Coulon et sur maître Blaise. — Les vaisseaux de Toulon vont mieux que ceux de Brest. — Il s'adonne plus que jamais à l'étude des constructions. — Il a appris de Renau à tracer les lignes qui conviennent à un navire. — Il espère que quelque jour on lui donnera (à lui, Tourville) la direction de la construction d'un vaisseau...........................	305
4 décembre 1685. De Toulon. A Seignelay.	Il demande des instructions. — Un vaisseau de second rang doit être armé de 500 hommes. — Il rappelle ses demandes pour le remboursement de ses jours de table et le passage de l'ambassadeur d'Alger....	306
16 décembre 1685. De Toulon. A Seignelay.	On a commencé à faire l'examen des officiers. — Depuis qu'ils connaissent les intentions du Roy, ils travaillent nuit et jour. — Il demande qu'on donne au lieutenant de vaisseau de Pallas la direction de l'école des canonniers. — Demande à faire construire un petit vaisseau de 15 pieds de long......	307
20 décembre 1685. De Toulon. A Seignelay.	Même sujet. — Il a commencé à interroger lui-même les officiers. — Ils répondent généralement bien, mais la pratique leur manque. — Il voudrait un	

[1] Colbert, mort le 6 septembre 1683, est remplacé au ministère de la marine par Seignelay.

		Pages.
	navire de 50 pieds de long monté par 5 hommes; son utilité. — Il revient sur l'idée déjà exprimée par lui de faire venir maître Blaise en Provence. — En accommodant les fonds des vaisseaux du Levant avec les œuvres mortes du Ponant, on aura de bons navires...	308
22 décembre 1685. De Toulon. A Seignelay.	Les nouveaux gardes de la marine apprendront mieux leur métier en Ponant qu'en Levant. — Les anciens n'en apprendront pas plus qu'ils n'en savent. — L'essentiel pour la manœuvre du canon. — Il faudrait une bonne carte de la Méditerranée. — Erreurs des cartes.................................	309
27 décembre 1685. A Seignelay.	Dispositions à prendre, suivant lui, pour le bâtiment qui ira chercher les corsaires d'Alger. — Construction des vaisseaux. — Comparaison des fonds du Levant à ceux du Ponant. — Le *Prudent* est un bon type. — Il travaille 3 heures par jour avec Renau et est en mesure de surveiller la construction d'un navire..	311
19 janvier 1686. De Toulon. A Seignelay.	Il envoie des modèles d'éperons de vaisseaux par Renau, qui pourra dire que lui, Tourville, a continuellement travaillé sur les constructions. — Blaise fait des plans sur ceux de Renau. — La *machine nouvelle* (galiote à bombe) de Renau sera d'un usage merveilleux..	312
27 janvier 1686. De Toulon. A Seignelay.	Armement de l'*Aventurier*, destiné à courir contre les corsaires algériens. — Différences entre les fonds et les lignes d'eau des vaisseaux de maître Blaise et maître Coulon. — Avantages à faire des petits vaisseaux qu'on éprouvera avant d'en faire de grands. — Exemples à l'appui de son assertion..........	313
28 février 1686. De Toulon. A Seignelay.	Le véritable moyen d'arriver à la perfection des navires c'est de faire des modèles, comme on vient de le lui prescrire...................................	315
3 mars 1686. De Toulon. A Seignelay.	Il a essayé à la mer le petit vaisseau construit sur ses plans. — Succès complet. — Il n'a que 23 pieds de long et il peut aller au Havre en été. — Détails sur les constructions. — Il faut tracer les galères sur les fonds de maître Coulon. — Il ne faut pas se servir de la tablette. — Le meilleur charpentier de France, c'est maître Blaise. — Il a des ennemis...	316
10 mars 1686. De Toulon. A Seignelay.	Au sujet des équipages du *Magnifique*, du *Pompeux* et du vaisseau qu'il doit commander................	317
9 avril 1686. De Toulon. A Seignelay.	Détails de service. — Départ du duc de Mortemart. — Nomination du capitaine du bâtiment garde-côte dans l'arsenal. — Demande d'une solde de *trente sols* par jour pour l'officier qui sera à bord chargé du service..	348

		Pages.
7 juillet 1686. De Toulon. A Seignelay.	Il est arrivé avec l'escadre des vaisseaux. — On travaille au désarmement. — On ne peut désarmer que 4 navires à la fois. — Il a examiné tous les vaisseaux de Ponant. — Ils ne sont pas si fins de voiles que ceux de Levant. — Leur mâture est moins élevée. — Renseignements sur les divers vaisseaux...	318
4 août 1686. De Toulon. A Seignelay.	Rend compte d'un incident entre un laquais du gouverneur et un officier nommé de Lannion.........	320
8 août 1686. De Toulon. A Seignelay.	Au sujet d'un emploi de flèches pour l'attaque et la défense des bâtiments. — Il se rend à Marseille pour examiner les fonds des galères. — Il est persuadé qu'on peut les rendre meilleures...........	321
20 août 1686. De Toulon. A Seignelay.	Querelle entre les gardes de marine et la maréchaussée.	321
28 août 1687. Devant la Malgue. A Seignelay.	Détails sur la prise d'un vaisseau algérien de 42 canons et un des meilleurs d'Alger. — Insuffisance numérique des équipages sur les vaisseaux français. — Abjuration d'un Canadien. — Préparatifs contre les corsaires de Salé et d'Alger. — Il faut faire des chaînes pour mettre dans les canons. — Rien n'est si bon pour mettre hors de combat un navire. — Il s'est fait saluer par le vice-amiral de Hollande. — Des vaisseaux hollandais n'ont pas voulu d'abord saluer le comte d'Estrées. — Ils l'ont fait ensuite..	322
4 septembre 1687. Du cap Spartel. A Seignelay.	Faiblesse numérique de nos équipages. — Rencontre du duc de Grafton. — Question de salut. — Vaisseaux impropres à la guerre contre les Algériens. — Avec 250 hommes d'équipage et de bons capitaines le *Solide* et l'*Emporté* seront bons contre les Algériens....................................	325
13 octobre 1687. Rade de Cadix. A Seignelay.	Renseignements sur ses mouvements. — Encore les constructions navales. — Il a éprouvé les navires de maître Henrix avec les meilleurs voiliers de Provence (le *Cheval-Marin* et le *Marquis*). — Ils sont plus fins de voiles vent largue, vent arrière, mais ils ne sont pas si bons bouliniers que les navires de Toulon. — Ce sont de véritables vaisseaux de course contre les Algériens. — Visite d'un vaisseau anglais. — Remarques. — Il voudrait aller quelquefois en Angleterre pour voir les vaisseaux...............	326
27 octobre 1687. De Cadix. A Seignelay.	Il va faire caréner l'*Emporté* et deux autres vaisseaux à Cadix, où l'on trouve plus de commodités qu'à Gibraltar. — Situation de ces bâtiments..........	328
10 novembre 1687. De Cadix. A Seignelay.	Du 30 octobre au 12 novembre on a caréné le *Solide* et l'*Emporté*, avec 20 calfats de la division qu'il commande. — Prix de la journée des calfats espagnols (4 livres 1/2). — On lui a signalé 3 Salétins dehors. — Il se met à leur recherche. — Pain de	

TABLE ANALYTIQUE.

		Pages.
	retour envoyé aux équipages; ils ont le *mal de terre*. — Dispositions à prendre pour les vivres. — Éloge du consul de Cadix........................	330
29 novembre 1687. Devant Nice. A Seignelay.	Renseignements sur sa croisière. — Minorque est un bon endroit pour caréner........................	332
18 décembre 1687. De Fromentières. A Seignelay.	Il s'est présenté devant Alger avec le comte d'Estrées. — 15 vaisseaux dans le port. — On n'entend plus parler de corsaires dans la Méditerranée et sur les côtes d'Espagne........................	333
28 décembre 1687. En vue des îles de Saint-Pierre. A Seignelay.	M. de Septems a fait brûler un vaisseau algérien devant Port-Farine. — Tourville retourne devant Alger....	334
14 juillet 1688. Devant Alger. A Seignelay.	Mauvais temps éprouvé à Alger. — Les ancres des galiotes à bombes mal mouillées et les vaisseaux qui les servaient encore plus mal. — Effets du bombardement. — Visite sur le *Magnifique* d'un envoyé du Pacha d'Alger. — Le bombardement continue. — 10 à 12 chrétiens mis à la bouche des canons par les Algériens. — On pouvait tirer meilleur parti des galiotes. — Il demande un congé pour aller aux eaux..................................	335
16 juillet 1688. Devant Alger. A Seignelay.	Il se plaint que le comte d'Estrées ne l'ait pas voulu renvoyer en France. — Le conseil des généraux ne s'occupe pas des choses qui regardent la guerre....	336
....1690.	Mémoire donné au Roi. — Plan que les ennemis doivent avoir formé pour la prochaine campagne : empêcher la jonction des vaisseaux de Toulon à ceux de Brest. — Dispositions à prendre pour amener cette jonction. — Veut-on s'opposer aux descentes des ennemis sur les côtes du Royaume, même devant des forces supérieures? Mesures à adopter dans ce cas. — Feinte à employer pour donner le change aux ennemis. — 50 vaisseaux à envoyer de Brest dans la Méditerranée........................	337
11 juillet 1690. A 6 lieues du cap de Bévéziers. A Seignelay.	Relation du combat de Bévéziers contre les Anglais et les Hollandais........................	340
13 juillet 1690. A 4 lieues du cap de Fayerlay. A Seignelay.	Poursuite de la flotte ennemie après sa défaite.......	342
15 juillet 1690. A Seignelay.	Incendie des vaisseaux ennemis. — Il y en a déjà 7 de brûlés et 4 d'échoués que le même sort attend.....	343
16 juillet 1690. Devant Larie. A Seignelay.	Encore deux vaisseaux ennemis brûlés.............	344

TABLE ANALYTIQUE.

		Pages.
2 août 1690. Rade de Torbay. A Seignelay.	Les galères l'ont rallié à Torbay. — Préparatifs pour une attaque à terre....................	345
5 août 1690. Rade de Torbay. A Seignelay.	Le mauvais temps empêche toute entreprise. — Il est allé lui-même, dans son canot, reconnaître la côte.	346
1er juin 1691. Rade de Brest. A L. de Pontchartrain.	Débarquement à Tingmouth. — Les 12 vaisseaux ennemis dans ce port ont été incendiés. — Il se dirige sur Plymouth [1]. — Difficultés pour faire de l'eau à Belle-Isle. — Il devient avantageux de concentrer à Brest l'armée navale.................	347
6 juin 1691. Rade de Brest. A L. de Pontchartrain.	Résultat du conseil des officiers généraux et des intendants. — Leur avis (conforme à celui de Tourville) sur le lieu de jonction des vaisseaux. — Il se conformera aux ordres du Roy et est prêt à se rendre à son poste à Belle-Isle, tout en étant convaincu qu'il faut opérer la jonction des vaisseaux à Brest......	348
7 juin 1691. Rade de Brest. A L. de Pontchartrain.	Il donne l'ordre à M. de Villette de se rendre à Brest.	349
26 mai 1691.	Instructions du Roi à Tourville avec les annotations de ce dernier.................	349
9 juin 1691. Rade de Brest. A L. de Pontchartrain.	Il attend sur le *Soleil-Royal* les premiers vents favorables pour appareiller. — Il pense que la flotte de Smyrne passera par le nord de l'Écosse.........	354
22 juin 1691. Rade de Brest. A L. de Pontchartrain.	Le vent l'a empêché de partir. — Il ne lui manque plus que 4 vaisseaux. — Il est important que l'*Orgueilleux* ait rallié son pavillon avant qu'on cherche l'ennemi. — Discussion des points où la rencontre peut avoir lieu.................	355
7 juillet 1691. A 30 lieues d'Ouessant. A L. de Pontchartrain.	On a découvert la flotte ennemie. — Examen des diverses hypothèses qui peuvent se présenter.......	358
16 juillet 1691. A 48 lieues d'Ouessant. A L. de Pontchartrain.	Le convoi de Smyrne paraît se diriger sur l'Irlande. — Dispositions pour le surprendre. — Son livre de signaux. — Il a de la peine à tenir ses vaisseaux tous ensemble.................	358
26 juillet 1691. A 29 lieues au sud-ouest d'Ouessant. A L. de Pontchartrain.	Chasse donnée à un convoi de bâtiments marchands anglais, escortés par 2 vaisseaux de guerre. — Prise de 2 vaisseaux anglais. — La flotte de Smyrne est rentrée en Angleterre. — Il est obligé souvent de mettre en panne pour donner à certains de ces vaisseaux le temps de se rallier. — Prise de 2 bâtiments anglais.................	360

[1] Seignelay est remplacé au ministère de la marine par Louis de Pontchartrain, le 7 novembre 1690.

2 août 1691. A 44 lieues 1/2 sud-ouest d'Ouessant. A L. de Pontchartrain.	Il se met en ordre de bataille, car on lui signale la flotte ennemie à 10 lieues de la sienne, — tout en cherchant à l'éviter, — afin de ne pas risquer un combat dans lequel les ennemis ont 20 vaisseaux de plus. — Les vivres frais manquent. — Il faudra, avant la fin du mois, en aller chercher à Brest, quand même on devrait combattre...............	362
13 août 1691. Rade de Bertheaume. A L. de Pontchartrain.	Il explique comment il a été obligé de rentrer à Brest, ce dont Seignelay est vivement contrarié. — Un coup de vent l'a forcé de rentrer avec son escadre. — Avaries des bâtiments. — Les malades ont augmenté. — « Le mal de pain est devenu beaucoup plus grand. » — Le conseil des officiers généraux a été d'avis de rentrer à Bertheaume. — *Il lui serait plus agréable d'avoir à combattre les ennemis que de les éviter.* — Il établit qu'en rentrant à Bertheaume il a pris le meilleur parti. — Les officiers qui font à Paris les plus belles entreprises du monde, sont différents de sentiment ici. — Il envoie M. de Bermondis pour renseigner le Ministre sur les opérations de l'armée navale......................	363
17 août 1691. Rade de Bertheaume. A L. de Pontchartrain.	Il revient sur les raisons qui l'ont forcé de rentrer à Bertheaume (il aurait préféré Brest). — En restant en mer plus longtemps, il aurait fallu combattre l'ennemi qu'on lui recommandait d'éviter. — Les gens du métier considèrent pour beaucoup la conduite qu'il a tenue. — Comparaison des résultats obtenus par les deux flottes. — « Les ennemis auront bonne opinion de nous et compteront pour quelque chose d'avoir sorti avec 20 vaisseaux de moins qu'eux. » — L'escadre manque encore de pain....	367
27 août 1691. Rade de Brest. A L. de Pontchartrain.	Arrestation d'un officier. — C'est contre son sentiment qu'il a fait mouiller l'armée à Bertheaume. — Brest était préférable, mais les ordres du Roi défendaient d'y rentrer. — Les Anglais eux-mêmes trouvèrent hardie notre sortie et approuvèrent notre manœuvre et on sera peu content de la flotte en Angleterre...	370
25 octobre 1691. A L. de Pontchartrain.	Mémoire de Tourville à Pontchartrain au sujet de la dernière campagne. (Il est annoté d'observations critiques dont l'auteur est inconnu.)...............	374
3 juin 1692. A L. de Pontchartrain.	Rapport sur le combat de La Hougue...............	378
6 juillet 1693. A L. de Pontchartrain.	Combat de Lagos............................	379
6 mai 1694. De Toulon. A L. de Pontchartrain.	Il est prêt à partir pour les îles d'Hyères avec son escadre. — La rade de Toulon est plus sûre et plus commode pour agir en Catalogne. — Il faut 800 hommes d'équipage pour le *Saint-Philippe*, dont la 3e batterie est garnie de canons de 12 livres......	381
9 mai 1694. A L. de Pontchartrain.	Le mauvais temps retient toujours l'armée navale aux îles d'Hyères. — Le maréchal de Noailles annonce	

TABLE ANALYTIQUE. 437

Pages.

qu'il sera le 20 mai devant Palamos.. — Le rendez-
vous des vaisseaux et des galères est à Roses. —
Essai favorable des petits mortiers. — La foudre est
tombée sur le *Saint-Philippe*.................. 382

28 mai 1694.
Rade de Roses.
A L. de Pontchartrain.

L'escadre a contribué au succès de l'armée de terre.
— Les galères sont à Collioure................ 383

30 mai 1694.
Même rade, sous voiles.
A L. de Pontchartrain.

L'escadre de Château-Renault l'a rejoint. — Le bailly
de Noailles est arrivé avec 20 galères. — On trans-
porte 2,700 prisonniers à Collioure par 11 galères et
autant de vaisseaux 384

3 juillet 1694.
En mer.
A L. de Pontchartrain.

Règlement des tables des officiers. — Les capitaines
des galères ont 500 livres par mois pour leurs
tables. — Raisons qui l'ont décidé à rentrer à Toulon
et à renoncer à passer en Ponant.............. 384

12 juillet 1694.
De Toulon.
A L. de Pontchartrain.

Dispositions prises pour assurer la sécurité des vaisseaux, 22 sont dans la nouvelle darse, 12 dans les
vieilles et 13 entre la grande tour et la vieille darse,
une estacade ferme le passage aux ennemis, des
canons et des mortiers sont placés des côtés où une
attaque pourrait venir. — Un corps de troupes et
des marins disposés en bataillons sont couverts par
des retranchements. — Il envoie un plan de l'organisation de la défense de Toulon et de la côte. — Il
envoie 20 pièces de 24¹ à Marseille pour défendre la
ville. — Il lui faudrait quelques bons voiliers fraî-
chement carénés pour observer l'armée ennemie... 386

15 juillet 1694.
De Toulon.
A L. de Pontchartrain.

Il a achevé de perfectionner toutes les batteries et en a
fait faire une nouvelle de 4 canons de 24¹ aux îles.
— De sorte que dès qu'un vaisseau veuille approcher la rade il sera découvert. — Chaque batterie
de canons est commandée par un capitaine de vaisseau avec son équipage et les mortiers par les officiers de l'artillerie.............................. 388

26 juillet 1694.
De Toulon.
A L. de Pontchartrain.

10 galères sont envoyées pour la défense de Marseille.
— On va caréner 6 vaisseaux en toute diligence. —
Si on agit sur Barcelone, il faut 10 galères pour les
transports et embarquements de munitions et le re-
morquage des vaisseaux. — *Te Deum* chanté sur les
vaisseaux pour la prise de Girone. — Punition de
3 matelots qui se tinrent à terre sans permission... 390

3 août 1694.
De Toulon.
A L. de Pontchartrain.

Le bombardement de Dieppe ne l'a pas surpris. —
Toutes les places maritimes devraient avoir des mortiers pour leur défense. — Il a achevé son mémoire
sur l'utilité des galères à 2 timons. — Pas de bâtiments ennemis signalés. — Quand même il en viendrait, cela ne peut empêcher le siège de Barcelone.
— Dispositions à prendre dans ce cas. — Incendie
au magasin des vivres. — Il s'y est transporté à
deux heures de la nuit..... 391

		Pages.
5 août 1694. De Toulon. A L. de Pontchartrain.	Il a pris toutes ses précautions pour le cas où la flotte ennemie paraîtrait. — Il va examiner les qualités du vaisseau le *Bon*. — Il conférera avec Chabert au sujet des galères à 2 timons. — Les meilleurs bâtiments que l'on puisse avoir dans les mers. — Il envoie 12 vaisseaux à la découverte des ennemis. — Ces vaisseaux pourraient ensuite porter du personnel et du matériel à Barcelone, si l'on en décide le siège. — A partir de septembre les troupes de la marine ne seront plus nécessaires pour la garde du port de Toulon et pourraient être employées au siège de Barcelone............................	392
10 août 1694. De Toulon. A L. de Pontchartrain.	Mémoires sur les galères à deux timons............	395
12 août 1694. De Toulon. A L. de Pontchartrain.	Pas de nouvelles des ennemis. — Il indique ce qu'il serait à faire pour être bien au courant de leurs mouvements. — Il envoie une corvette à Alger. — Il va expédier 3 vaisseaux à la découverte.........	398
19 août 1694. De Toulon. A L. de Pontchartrain.	Concours que la marine peut donner pour le siège de Barcelone. — Questions de préséance entre le comte d'Estrées et le comte de Château-Renault........	400
28 août 1694. De Toulon. A L. de Pontchartrain.	L'armée navale ennemie se compose de 80 bâtiments. — Ils ont beaucoup de malades. — Pas de galiotes à bombes. — La flotte marchande ennemie en route pour le Levant a été vue entre Nice et Majorque. — L'*Héroïne* aurait été prise. — Mise en défense de Toulon. — Les compagnies de la marine à terre auraient besoin de tentes. — Essai d'une galère à deux timons. — Proposition de mettre des mortiers sur les galères. — Il a fait faire le plan, avec les sondages et les fonds, de Marseille et de ses environs. — Il va faire faire celui de La Ciotat...........	402
12 septembre 1694. De Toulon. A L. de Pontchartrain.	Envoi d'un mémoire des échevins de Marseille. — Tous les plans des rades de la côte sont achevés. — On y a marqué les endroits où l'on peut établir des mortiers. — Projet d'un nouveau mortier. — Ouvrages à faire pour la défense de la rade de Toulon. — Un brûlot pris par des corsaires de Flessingue...	405
16 septembre 1694. De Toulon. A L. de Pontchartrain.	L'escadre ennemie doit être allée à Cadix. — Lettres du prince d'Orange prises sur une felouque de Gênes. — N'est-ce pas un piège? — Si l'on désarme tous les vaisseaux dans le port de Toulon, il faut en tenir armés 12 bons pendant l'hiver. — Il enverra un officier à Marseille indiquer les points où il faut placer des mortiers.....	407
23 septembre 1694. De Toulon. A L. de Pontchartrain.	La plupart des vaisseaux sont sortis des darses et on commence à embarquer les vivres. — Si le Roi veut faire faire le siège de Barcelone, bien que l'escadre ennemie hiverne à Cadix, on pourrait charger l'infanterie sur 26 vaisseaux de guerre choisis parmi	

TABLE ANALYTIQUE. 439

Pages.

les meilleurs voiliers. — La saison est bien avancée pour emmener des galères.................... 409

4 octobre 1694.
De Toulon.
A L. de Pontchartrain.

Il a reçu la lettre du Roi et fait des préparatifs pour le siège de Barcelone. — Il restera devant cette ville jusqu'à ce qu'elle soit réduite. — Il donne son avis sur une manœuvre du *Fleuron* et du *Trident*..... 411

18 novembre 1694.
De Toulon.
A L. de Pontchartrain.

Il remercie de son congé. — Au sujet de sa solde.... 413

2 juin 1696.
Au Ministre de la guerre.

Mesures prises pour la défense des côtes.......... 414

12 juin 1696.
De la Rochelle.
A L. de Pontchartrain.

Mise en défense de la côte de la Rochelle et de Rochefort. — Même sujet pour le Havre, Calais et Dunkerque. — Les galères sont bonnes dans la Manche en été. — Ce qui lui est arrivé à Torbay avec les galères................................. 414

7 juillet 1696.
De la Rochelle.
Au Ministre de la Guerre.

Organisation de la défense des côtes............ 417

15 juillet 1696.
De la Rochelle.
Au même.

Même sujet...................... 418

17 juillet 1696.
De la Rochelle.
Au même.

Bombardement de l'île de Ré.... 419

19 juillet 1696.
De la Rochelle.
A Jérôme de Pontchartrain [1]

Au sujet de comédiens dont les représentations avaient lieu quand l'ennemi a paru. — Contre le sentiment de l'évêque, il a fait recommencer les représentations. — Il demande l'avis du Ministre.......... 419

31 juillet 1696.
De la Rochelle.
Au Ministre de la guerre.

L'escadre ennemie est rentrée dans la Manche...... 420

26 août 1696.
De la Rochelle.
A Jérôme de Pontchartrain.

L'évêque de la Rochelle a prétendu qu'il avait rétabli le bon ordre dans la ville quand les ennemis ont paru. — Ce qu'il a fait, en réalité............. 420

16 octobre 1696.

Proclamation au sujet des nouveaux convertis...... 421

23 octobre 1696.
De Niort.
A Jérôme de Pontchartrain.

Arrestation d'un charpentier............. 422

11 mai 1697.
De la Rochelle,
probablement.
A Jérôme de Pontchartrain.

Il annonce son arrivée à la Rochelle............. 422

Même date.

Même sujet........................... 422

[1] Jérôme de Pontchartrain succéda à son père, comme Ministre de la marine, le 6 septembre 1699.

		Pages.
17 mai 1697. De la Rochelle. Au Ministre de la guerre.	Défense des côtes............................	423
21 mai 1697. Au même.	Même sujet.................................	423
Juin 1697. Au Ministre de la Guerre.	Même sujet.................................	424
4 juin 1697.	Ordonnance pour la marche du Saint-Sacrement.....	424
10 juillet 1677. Au Ministre de la guerre.	Au sujet du sieur de Chanteloup................	425

APPENDICE

Nous publions en *Appendice* les documents ci-joints, qui ne pouvaient trouver place dans la correspondance de Tourville :

Le premier est un *Mémoire envoyé par M. Colbert du Terron sur tout ce qui a esté estimé à propos de faire par les officiers de marine pour se garantir des ennemis quelque entreprise quilz fassent.* (Ce mémoire daté du 1er juin 1674, est signé de Tourville.)

Le deuxième est le *Traité de paix conclu par Tourville avec le Dey d'Alger, le 25 avril 1684.*

Le troisième est la *Commission de capitaine général de la côte de Tourville, donnée au frère ainé de l'amiral, César-François, comte de Tourville, le 14 mai 1647.*

Le quatrième est une *Lettre de l'évêque d'Angoulême à Seignelay, du 6 décembre 1675, au sujet de la nomination de Tourville au grade de chef d'escadre.*

Enfin le cinquième est une *Lettre écrite à Colbert, le 10 décembre 1677, par le comte de Tourville, neveu de l'illustre marin.*

I.

Mémoire [1] envoyé par M. Colbert de Terron sur tout ce qui a été estimé à propos de faire par les officiers de marine pour se garantir des ennemis, quelque entreprise qu'ilz fassent.

(1er juin 1674.)

Mémoire pour servir de response à la dépesche de Monseigneur Colbert du 29 may 1674.

Les principaux officiers de la marine s'estant assemblés pour déliberer sur les quatre pointz de la dépesche susdite et en donner leur advis, il a esté jugé par eux qu'il ne se pouvoit prendre aucune résolution sur l'assemblée et

---

[1] Tourville étant au nombre des signataires de ce mémoire qui n'a pas été publié encore; nous le plaçons ici, parce qu'il contient des faits intéressants sur la défense des côtes de France, dont Tourville a été chargé plus tard (en 1692).

union des vaisseaux qui sont à Rochefort et à Brest, que les ennemis ne se soient attachés à un dessein, et que l'on ne connoisse certainement ce qu'ils veullent faire. S'ilz attaquent Bayonne et qu'après avoir remply le canal de la rivière d'un grand nombre de petitz bastimens, leurs gros vaisseaux se retirent au figuier, pour favoriser autant qu'ils pourront leur entreprise et garder l'entrée de la rivière, il n'y auroit rien à tenter pour le secours de Bayonne, la rivière ayant une barre qui en ferme l'entrée aux grands vaisseaux, et le gros de l'armée des ennemis se tenant ensemble. Il n'y auroit rien à entreprendre avec espérance de succez, sy les ennemis ayant commancé le siége de Bayonne, estendent leurs vaisseaux le long de la coste avec dessein de se rendre maistres de la mer et de nous incommoder dans tous les endroits où ilz croiront pouvoir faire quelque legère entreprise, il faut se tenir couvert, se mettre en estat de garantir cette rivière du mal qu'ils y pourront faire, et les laisser courir les risques du temps et de la mer.

Sy les ennemis n'ayant pu faire le siége de Bayonne rembarquent leurs troupes pour venir attaquer l'île de Ré et le fort de la Prée, il est certain qu'en mesme temps ils fermeront l'entrée de ceste rivière et qu'ainsy les grands vaisseaux ne pourront avoir d'action mais avec les esquipages on pourra faire agir divers petits bastimens, qui se trouveront dans les ports de la coste pour jetter du secours dans l'isle et la place et donner les assistences qu'il conviendra.

Sy les ennemis s'attachent à Brest, ils rendront de mesme inutiles pour toutte action de mer les vaisseaux qui sont dans la chambre, et l'escadre qui est à Rochefort pourroit tenter d'y jetter du secours et d'y faire quelque action de guerre.

Sy les ennemis entreprennent le siège de Belle-Isle qui est entre les deux portz, les vaisseaux qui sont à present à Rochefort et Brest doivent sortir pour faire un effort contre les ennemis par les deux extrémités de l'isle, selon que le vent servira, et dans le temps de cet effort soit de nuit ou de jour il faudroit que les bastimens que l'on auroit peu préparer pour le secours de la place (ce qui se pouroit mieux à Morbihan qu'ailleurs), fissent leur tentative pour entrer, et l'exéution de ce dessein peut estre fort justement conduitte par des signaux de reconnaissance donnés par avance à ceux qui entreront dans l'action.

Sy les ennemis font des détachemens considérables pour les isles ou pour la mer de Levant et qu'ils s'afloiblissent en sorte qu'ils ne puissent faire deux corps, en ce cas il faudra faire joindre les vaisseaux des deux portz pour tenir la mer, et estre en estat de faire ce que le temps et l'occasion pourront permettre.

S'ilz se partageoient en des corps aprochant du nombre des vaisseaux de Sa Majesté, en ce cas il y auroit tout à entreprendre.

Pour ce qui regarde la seureté de la rivière de Charente, Fouras qui est à l'entrée estant sous le soin et la charge de M. de Guadagne, il n'y a rien à faire de la part de messieurs de la marine que de luy offrir deux canoniers pour exécuter les XII pièces de canon qui sont en baterie sur le rocher dudit Fouras.

La baterie de la pointe estant gardée par des soldats détachés de la garnison de Brouage, il sera détaché du corps de la marine des canoniers pour servir soixante et dix pièces de canon qui sont en baterie audit lieu de la pointe avec des officiers pour comander et faire agir lesdits canoniers.

L'autre baterie du Vergeron sera servie par des gens détachés des vaisseaux avec de bons officiers et la ligne qui courre depuis ladite baterie jusques au chenal du Chail, sera gardée par les milices du Païs soutenues d'autant de gens qu'il s'en pourra détacher des vaisseaux, il faut achever de garnir ladite baterie du Vergeron des canons qu'il y doibt avoir et en mettre deux autres derrière la ligne, dans l'endroit qui sera jugé le plus avantageux.

Pour ce qui est de Mastrou, il sera préparé un petit bastiment du port pour estre coulé bas au besoin dans le passage du Rocher et on se servira de l'estacade qui est sur le lieu comme il sera jugé plus avantageux.

Signé :

DALMÉRAS, le marquis DE GRANCEY, CHATEAU-RENAULT, GOMBAUD, FORANT, le chevalier DE TOURVILLE, SAINT-AMANS [1].

II.

Articles de la paix accordée par le chevalier de Tourville,

AU NOM DU ROY,

au Bacha, Dey, Divan et milice d'Alger,

Signez le 25 avril 1684,

A Paris, de l'Imprimerie de François MUGUET, imprimeur ordinaire du Roy,

MDCLXXXIV

Par ordre exprès de Sa Majesté.

Articles et conditions de paix accordées par nous, chevalier de Tourville, Lieutenant général des armées navalles de Très-Puissant, Très-Excellent et Très-Invincible Prince Louis XIV, par la grâce de Dieu, Empereur de France et Roy de Navarre, aux Très-Illustres Bacha, Dey, Divan et milice de la ville et royaume d'Alger.

I.

Les capitulations faites et accordées entre l'Empereur de France et le Grand Seigneur, ou leurs prédécesseurs, ou celles qui seront accordées de nouveau par l'ambassadeur de France, envoyé exprès à la Porte, pour la paix et repos de leurs États, seront exactement et sincèrement gardées et observées, sans que de part et d'autre il y soit contrevenu directement ou indirectement.

[1] *Lettres à M. Colbert. Mélanges. Avril-juin 1674, t. 468 (Bibliothèque nationale).*

II.

Toutes courses et actes d'hostilité, tant par mer que par terre, cesseront à l'avenir entre les vaisseaux et sujets de l'Empereur de France, et les armateurs particuliers de la dite ville et royaume d'Alger.

III.

A l'avenir, il y aura Paix entre l'Empereur de France et les Très-Illustres Bacha, Dey, Divan et milice de la dite ville et royaume d'Alger et leurs sujets, et ils pourront réciproquement faire leur commerce dans les deux Royaumes et naviguer en toute sureté, sans en pouvoir estre empeschez pour quelque cause et sous quelque prétexte que ce soit.

IV.

Et pour parvenir à la dite Paix, il a esté convenu de part et d'autre de la restitution de tous les François détenus esclaves dans le royaume et domination d'Alger, et de ceux du corps de la milice du dit Royaume qui sont sur les galères de France, suivant les rôlles qui en seront fournis, le sieur du Sault, gouverneur du Bastion de France, se chargeant en son nom d'amener lesdits esclaves du corps de la dite milice, par des bastimens exprès; et le Divan et Puissances d'Alger de rendre tous les esclaves françois dans le moment dudit échange; et dès à présent toutes les prises qui seront faites depuis le jour de la conclusion du premier traité, seront renduës réciproquement de part et d'autre, sans qu'on puisse, sous quelque prétexte que ce soit, retenir aucuns bastimens, argent, marchandises ou robes, ny les gens trouvez sur lesdites prises.

V.

Les vaisseaux armez en guerre à Alger, ou dans les autres ports du Royaume rencontrant en mer les vaisseaux et bastimens navigeant sous l'étendart de France, et les passeports de Monseigneur l'admiral conformes à la copie qui sera transcrite en fin du Traité, les laisseront en toute liberté continuer leur voyage, sans les arrester, ny donner aucun empeschement, ains leur donneront tout le secours et assistance dont ils pourront avoir besoin, observant d'envoyer seulement deux personnes dans la chaloupe, outre le nombre des matelots nécessaires pour la conduite, et de donner ordre qu'il n'entre aucun autre que les dites deux personnes dans lesdits vaisseaux sans la permission expresse du commandant, et réciproquement les vaisseaux françois en useront de mesme à l'égard des vaisseaux appartenant aux armateurs particuliers de ladite ville et Royaume d'Alger, qui seront porteurs des certificats du consul françois qui est estably en ladite ville, desquels certificats la copie sera pareillement jointe en fin du présent Traité.

VI.

Les vaisseaux de guerre et marchands, tant de France que d'Alger, seront receus réciproquement dans les ports et rades des deux Royaumes, et il leur sera donné toute sorte de secours pour les navires et pour les équipages en cas de besoin ; comme aussi il leur sera fourny des vivres, agrez, et généralement toutes autres choses nécessaires, en les payant au prix ordinaire et accoutumé dans les lieux où ils auront relâché.

VII.

S'il arrivoit que quelques marchands françois estant à la rade d'Alger ou à quelqu'un des autres ports de ce Royaume, fussent attaquez par des vaisseaux de guerre ennemis sous le canon des forteresses, ils seront défendus et protégez par lesdits chasteaux, et le commandant obligera lesdits vaisseaux ennemis de donner un temps suffisant pour sortir et s'éloigner des dits ports et rades, pendant lequel seront retenus lesdits vaisseaux ennemis, sans qu'il leur soit permis de les poursuivre, et la mesme chose s'exécutera de la part de l'Empereur de France, à condition toutesfois que les vaisseaux armez en guerre à Alger et dans les autres ports du Royaume ne pourront faire des prises dans l'étenduë de dix lieuës des costes de France.

VIII.

Tous les François pris par les ennemis de l'Empereur de France, qui seront conduits à Alger et autres ports du dit Royaume, seront mis aussitost en liberté, sans pouvoir estre retenus esclaves, mesme en cas que les vaisseaux de Tripoli, Tunis et autres qui pourront estre en guerre avec l'Empereur de France, missent à terre des esclaves françois.

IX.

Lesdits Bacha, Dey, Divan et milice de la ville et royaume d'Alger donneront dès à présent ordre à tous leurs gouverneurs de retenir lesdits esclaves et de travailler à les faire racheter par le Consul françois au meilleur prix qu'il se pourra, et pareille chose se pratiquera en France à l'égard des habitants dudit royaume d'Alger.

X.

Tous les esclaves françois de quelque qualité et condition qu'ils soient, qui sont à présent dans l'étenduë du dit royaume d'Alger, qui ont esté pris, non-seulement depuis le dix-huit octobre 1681, mais mesme depuis le Traité fait entre l'Empereur de France et le Bacha, Dey, Divan et milice d'Alger, au mois de février 1670, seront mis dans une pleine et entière liberté sans aucune rançon ; et pour cet effet il sera permis au commissaire que ledit chevalier de

Tourville choisira, de se transporter avec un officier commis par le gouvernement de la dite ville dans tous les bagnes et autres lieux où sont retenus les dits François, pour prendre une liste exacte de leurs noms, sur laquelle ils seront mis en liberté, et en cas que par mégarde ou autrement il en fût oublié quelques-uns, ils seront restituez aussitost qu'ils seront demandez, encore que ce fût longtemps après le présent Traité, attendu qu'il n'y aura point de prescription sur cet article.

XI.

Et à l'égard des François qui ont esté pris avant le dit traité de 1670, a esté convenu qu'ils seront tous racheptez en payant trois cens livres pour la rançon de chacun, quelque somme qu'ils ayent esté payez par leurs patrons.

XII.

Les estrangers passagers trouvez sur les vaisseaux françois, ny pareillement les François pris sur les vaisseaux estrangers ne pourront estre faits esclaves sous quelque prétexte que ce puisse être, quand mesme les vaisseaux sur lesquels ils auroient esté pris se seroient défendus, ce qui aura pareillement lieu à l'égard des estrangers passagers trouvez sur les vaisseaux de la dite ville et royaume d'Alger, et des sujets du dit royaume sur des vaisseaux estrangers.

XIII.

Si quelque vaisseau françois se perdoit sur les costes de la dépendance du royaume d'Alger, soit qu'il soit poursuivy par les ennemis ou forcé par le mauvais temps, il sera secouru de tout ce dont il aura besoin pour estre remis en mer et pour recouvrer les marchandises de son chargement, en payant le travail des journées de ceux qui y auront esté employez, sans qu'il puisse estre exigé aucun droit ny tribut pour les marchandises qui seront mises à terre, à moins qu'elles ne soient venduës dans les ports du dit royaume.

XIV.

Tous les marchands françois qui aborderont aux ports ou costes du royaume d'Alger pourront mettre à terre leurs marchandises, vendre et acheter librement, sans payer autre chose que ce qu'ont accoûtumé de payer les habitans du dit royaume; et il en sera usé de la mesme manière dans les ports de la domination de l'Empereur de France, et en cas que lesdits marchands ne missent leurs marchandises que par entrepos, ils pourront les rembarquer sans payer aucuns droits.

XV.

Il ne sera donné aucun secours ni protection contre les François aux corsaires de Barbarie qui seront en guerre avec eux, ni à ceux qui auront armé sous leur commission; et feront les dits Bacha, Dey, Divan et milice d'Alger deffenses à tous leurs sujets d'armer sous commission d'aucun Prince ou État ennemy de la Couronne de France; comme aussi empescheront que ceux contre lesquels le dit Empereur de France est en guerre puissent armer dans leurs ports, pour courre sur ses sujets.

XVI.

Les François ne pourront estre contraints pour quelque cause ou sous quelque prétexte que ce puisse estre, à charger sur les vaisseaux aucune chose contre leur volonté, ni faire aucun voyage aux lieux où ils n'auront pas dessein d'alller.

XVII.

Pourra le dit Empereur de France continuer l'établissement d'un Consul à Alger, pour assister les marchands françois dans tous les besoins, et pourra le dit Consul exercer en liberté dans sa maison la Religion chrestienne, tant pour luy que pour tous les chrestiens qui y voudront assister. Comme aussi pourront les Turcs de la dite ville et royaume d'Alger qui viendront en France faire dans leur maison l'exercice de leur Religion. Et aura le dit consul la prééminence sur les autres consuls, et tout pouvoir et juridiction dans les différends qui pourront naistre entre les François, sans que les juges de la dite ville d'Alger en puissent prendre connoissance.

XVIII.

Il sera permis au dit consul de choisir son drogman et son courtier, et d'aller librement à bord des vaisseaux qui seront en rade, toutesfois et quantes qu'il luy plaira.

XIX.

S'il arrive quelque différend entre un François et un Turc ou Maure, ils ne pourront estre jugez par les juges ordinaires, mais bien par le Conseil des dits Bacha, Dey, Divan et milice de la dite ville et royaume, ou par le Commandant dans les ports où les différends arriveront.

XX.

Ne sera le dit Consul tenu de payer aucune debte pour les marchands françois, s'il n'y est obligé par écrit, et seront les effets des François qui mourront au dit païs remis ès mains du dit consul, pour en disposer au profit des François ou autres auxquels ils appartiendront; et la mesme chose sera observée à l'égard des Turcs du dit royaume d'Alger qui voudront s'établir en France.

XXI.

Jouïra le dit Consul de l'exemption de tous droits pour les provisions, vivres et marchandises nécessaires à sa maison.

XXII.

Tout François qui aura frappé un Turc ou Maure, ne pourra estre puni qu'après avoir fait appeller ledit consul pour deffendre la cause du dit François; et en cas que le dit François se sauve, ne pourra ledit consul en estre responsable.

XXIII.

S'il arrive quelque contravention au présent traité, il ne sera fait aucun acte d'hostilité, qu'après un déni formel de justice.

XXIV.

Et pour faciliter l'établissement du commerce, et le rendre ferme et stable, les très Illustres Bacha, Dey, Divan et Milice d'Alger envoyeront, quand ils l'estimeront à propos, une personne de qualité d'entre eux résider à Marseille, pour entendre sur les lieux les plaintes qui pourroient arriver sur les contraventions au présent Traité, auquel sera fait en la dite ville toute sorte de bon traitement.

XXV.

Si quelque corsaire de France ou du dit royaume d'Alger fait tort aux vaisseaux françois ou à des corsaires de la dite ville qu'il trouvera en mer, il en sera puny, et les armateurs responsables.

XXVI.

Si les vaisseaux d'Alger qui sont présentement en mer avoient pris quelques bastimens françois, ils seront rendus aussitost qu'ils seront arrivez en la dite ville avec toutes les marchandises, effets, argent comptant, et robes des équipages, et il en sera usé de mesme si les bastimens françois avoient pris quelque bastiment de la dite ville d'Alger.

XXVII.

Toutes les fois qu'un vaisseau de guerre de l'Empereur de France viendra moüiller devant la rade d'Alger, aussitost que le Consul en aura averty le Gouverneur, ledit vaisseau de guerre sera salüé, à proportion de la marque de commandement qu'il portera, par les chasteaux et forts de la ville, et d'un plus grand nombre de coups de canon que ceux de toutes les autres nations, et il rendra coup pour coup; bien entendu que la mesme chose se pratiquera dans la rencontre des dits vaisseaux de guerre à la mer.

XXVIII.

Si le présent traité de paix conclu entre le dit sieur chevalier de Tourville pour l'Empereur de France, et les Bacha, Dey, Divan et Milice de la dite ville et royaume d'Alger venoit à estre rompu, ce qu'à Dieu ne plaise, tous les marchands françois qui seront dans l'étendüe du dit royaume, pourront se retirer par tout où bon leur semblera, sans qu'ils puissent estre arrestez pendant le temps de trois mois.

XXIX.

Les articles cy-dessus seront ratifiez et confirmez par l'Empereur de France, et les Bacha, Dey, Divan et Milice d'Alger, pour estre observez par leurs sujets pendant le temps de cent ans; et afin que personne n'en prétende cause d'ignorance, seront publiez et affichez par tout où besoin sera [1].

Passeports dont les vaisseaux françois seront porteurs.

Louïs Alexandre, comte de Toulouse, admiral de France, à tous ceux qui ces présentes lettres verront, salut : sçavoir faisons, que nous avons donné congé et passeport à . . . . . maistre du vaisseau nommé . . . . . du port de . . . . de s'en aller à . . . . . chargé de . . . . . et armé de . . . . . après que visitation de . . . . . aura esté bien et duëment faite. En témoing de quoy nous avons fait mettre nostre seing et le scel de nos armes à ces présentes, et icelles fait contresigner par le Secrétaire de la marine. A Paris, le jour de . . . . . mil six cens quatre vingt . . . .

Signé :

Louïs Alexandre, comte de Toulouze, admiral de France,

et plus bas,

Par Monseigneur :

Et scellé.   LE FOUIN.

III.

Anne par la grâce de Dieu Reyne régente de France et de Navarre, mère du Roy possédant et exerçant la charge de grand maitre chef et surintendant général de la navigation et commerce de France, à tous ceux qui ces presentes lettres verront, Salut. Sçavoir faisons que sur le bon raport qui nous a esté fait de la personne de notre cher et bien amé César-François de Constantin (*sic*) comte de Tourville et de sa valeur, expérience et adresse au faict des armes de la marine et bonne dilligence et de la pleine confiance de ses sens, suffisance, loyauté, prudhommie, fidelité et affection au service du Roy notre très honnoré sieur et fils Iceluy, pour ces causes et autres bonnes considérations à ce nous mouvans, la provision de toutes les charges et commissions de la marine nous appartenans, avons commis, ordonné et député, commettons, ordonnons et députons par ces presentes à la charge de capi-

[1] Bibliothèque nationale. *Mélanges Clairambault*, t. 501.

taine général de la coste du lieu de Tourville depuis Agon jusques au Pont de la Roque vaccante par la mort du feu sieur de Tourville son père [1]. Pour veiller et pourvoir soigneusement à la garde et seureté de la dite coste, faire tenir les habitans subjects au guet d'icelle en bon estat avec les armes requises et nécessaires pour s'opposer aux descentes que les ennemis et pirattes pourroient faire le d. costé faire faire les monstres armées au s. d. habitans et troupes et ainsy qu'il est porté par les ordonnances, et en jouir, user par le sieur de Tourville tant qu'il nous plaira aux honneurs, authorités, prérogatives, prééminences, franchises, libertés, immunités, privilèges, exemptions de ban et arrière-ban, pouvoirs, droicts, fruicts, profflictz, revenus et esmolumens y appartenans ainsy qu'en a bien et dument jouy ou dulz jouir lediet deffunct sieur de Tourville son père, le tout conformément aux ordonnances faictes sur le faict de la marine à la charge d'observer soigneusement lesd. ordonnances. Sy mandons et ordonnons à tous officiers du Roy, notre dit sieur et fils, et aux nostres en la marine et de faire laisser jouir user led. sieur de Tourville de lad. charge de capitaine général de la coste dud. lieu de Tourville [2], et à luy obéir et entendre de tous ceux ainsy qu'il appartiendra ez choses concernant icelle charge. Car tel est notre plaisir. En tesmoing de quoy nous avons faict mettre le seel à ces presentes et icelles signer par notre secretaire de la marine.

Donné à Compienne le quatorzieme jour de may mil six cens quarante sept.

Par la Reyne regente mère du Roy,

Signé : DE LOYNES [3].

IV.

La nomination de Tourville au grade de chef d'escadre causa au moins autant de joie à ses parents qu'à lui-même, ainsi que le montre la lettre adressée au marquis de Seignelay par Mgr de Péricard, alors évêque d'Angoulême.

Mgr François de Péricard était fils de Charles, écuyer, baron des Botereaux et de Esther de Cotentin de Tourville [4].

LETTRE DE L'ÉVÊQUE D'ANGOULÊME AU MARQUIS DE SEIGNELAY.

De Paris, ce 6 décembre 1675.

Monsieur,

Je debvrois bien vous rendre mile très humbles grâces des obligations que vous a M. le chevalier de Tourville de l'honeur que le Roy lui a fait de le

---

[1] Décédé en avril 1647.

[2] La subdivision de la Basse-Normandie, qu'on désigne aujourd'hui sous le nom de Cotentin, s'appelait autrefois le Costentin ou Constantin. (*Dictionnaire* de Ch. Laurent.)

[3] *Archives de Saint-Lô.*

[4] *Gallia Christiana.*

nommer chef d'escadre, mais l'honorant au poinct que vous faites de vostre amitié je me contenterai de m'en réjouir avec vous et de vous asseurer toutesfois que lui et moy en aurons une éternelle recognoissance; je fis mon pouvoir à St-Germain pour vous le dire, mais je ne pus avoir l'honeur de vous voir quoyque je me presentasse à votre porte et à celle *de Monsieur vostre père* où l'on me dit que vous estiez. La goute qui me prit hier m'empesche de vous aller remercier tres humblement de la grâce que Monsieur l'archevesque de Paris m'a dit que vous aviès bien voulu faire à mon nepveu le chevalier de Serquigny pour une lieutenance sur les vesseaux à ce mois de janvier prochein; je vous suplie, Monsieur, si vous le trouvés ainsi bon que ce soit avec M. le marquis d'Anfreville auprès duquel il a servi toute la campagne aussi bien que ces aultres officiers sont morts ou revenus malades à Toulon, et le chevalier de Serquigny seul est resté sur son bor en Sicile; je suis certain qu'il recherchera toute sa vie avec soing les occasions de recognoistre les bontés que vous avés pour lui par ses très humbles services et en s'acquitant avec honeur de son debvoir. En vérité, la douleur que me cause la goute ne m'est pas si sensible que le chagrin quelle me donne en me privant de vous aller dire moy-mesme toutes ces choses et que je suis avec beaucoup de respect et de recognoissance,

Monsieur, vostre tres humble et tres obéissant serviteur,

FRANÇOIS. ET. D'ANGOULESME [1].

V.

LE COMTE DE TOURVILLE [2], NEVEU DE L'AMIRAL.

De Lyon, le Xe décembre 1677.

Monseigneur,

Je prend la liberté de vous escrire estant tombé malade, et ne pouvant moy-mesme vous aller rendre mes debvoirs, pour vous supplier très humblement de me faire l'honneur de me donner un brevet d'enseigne. Si j'osois espérer d'estre dans vostre souvenir, je ne vous aurois pas donné la peine de lire une lettre aussy peu importante, mais, Monseigneur, je me suis confié en la bonté que vous eustes de me faire espérer si j'apprenois le mestier de mate-

---

[1] Le fils de ce dernier, entré dans la marine sous les auspices de son oncle, écrivait, le 10 décembre 1677 à Colbert la lettre suivante pour lui demander le grade d'enseigne de vaisseau.
Fut tué au siège de Gênes, le 24 mai 1684. C'était le second fils de César-François, frère aîné de l'amiral.

[2] Lettre autographe. — Lettres à Colbert. — Mélanges. — Août-décembre 1675. T. 472 *bis* (Bibliothèque nationale).
Bien que cette lettre ne porte pas de suscription, on voit par son contenu qu'elle a dû être écrite à Seignelay plutôt qu'à Colbert.

lot de m'accorder la grâce que je vous demande, j'ay tasché estant avec mon oncle de m'y appliquer autant qu'il m'a esté possible, et si je n'ay pas eu d'occasion il n'a pas tenu à moy : je chercheré toujours celle qui vous poura persuader que j'auré toute ma vie le dernier attachement pour vostre personne, et que je suis avec toute la soubmission imaginable,

Monseigneur, vostre tres humble et tres obéissant serviteur.

Le comte DE TOURVILLE.

Les Normands sont, à juste titre, très fiers de leur illustre compatriote, et M. le vicomte de Resbecq[1] a bien voulu recueillir sur place les renseignements suivants :

On voit à Saint-Lô, dans l'ancienne salle des délibérations du Conseil général de la Manche, un beau buste de Tourville, œuvre de M. Levéel, qui est aussi l'auteur de la statue de Napoléon Ier à Cherbourg; au musée de Coutances, le portrait gravé de l'amiral, portant sa signature (sans doute, un envoi fait par lui-même à l'un de ses amis ou admirateurs), et à la bibliothèque ainsi qu'au musée archéologique de Valognes, des boulets, canons et autres débris du combat de la Hougue. Comme les légendes ne manquent jamais de se former lorsqu'il s'agit d'un grand homme, on montre sur la route qui va de Valognes à Saint-Vaast-la-Hougue, un tertre qu'on désigne sous le nom de *Tombeau de Tourville* (bien que ce dernier repose à Paris dans l'église Saint-Eustache) et qui est un *tumulus* gaulois.

Enfin, détail qui a bien son intérêt : la cloche que renferme la tour de l'église de Tourville, est de l'année 1700. Elle eut pour parrain l'amiral, ainsi que le fait connaître l'inscription ci-dessous :

Je m'appelle ANNE HILARION
et j'ai été nommée
par haut et puissant seigneur
ANNE HILARION DE COSTENTIN,
maréchal de Tourville.

[1] Lettre autographe. — Lettres à M. Colbert. — Mélanges. — Septembre-décembre 1677, t. 175.

« On ne peut que féliciter les habitants de Tourville, dit avec
« raison M. Renault, dans un article de l'*Annuaire de la Manche*,
« d'avoir religieusement conservé cette cloche, qui leur rappelle
« l'une des gloires de la marine française. »

Quant au château de l'amiral, situé à deux lieues de Coutances, il n'en reste plus que des ruines, et c'est actuellement une ferme : *Sic transit gloria mundi.*

J. DELARBRE,
Conseiller d'État honoraire,
Trésorier général des Invalides de la Marine.

INDEX

DES

PRINCIPAUX NOMS CITÉS OU ANNOTÉS.

A

Alméras (D'), 55; 56; 57; 70; 72; 79; 80; 273.
Amant (De Saint-), 78.
Amblimont (D'), 343.
Amfreville (D'), 109; 133; 214; 285; 304.
Ardens (Des), 82.
Armagnac (D'), 344.
Arnoul, 32; 51; 52; 54; 94; 95; 96; 101.
Artigny (D'), 9.

B

Barbezieux, 414.
Beaufort (Duc de), 10; 11; 22; 27; 28; 29; 31; 32; 33; 44; 45; 46; 49; 62; 63.
Beaulieu (De), 346.
Beaussier, 389.
Bégon, 421.
Bellefond (De), 198; 213.
Béroutte (De), 370.
Bethomas, 87; 124; 299.
Blaise, 98; 100; 150; 250; 287.
Bléor (Bitau de).
Bombelles (De), 387.
Bonrepaus, 194; 195; 213.
Bouillon (De), 344.
Brodart, 95; 101; 265.

C

Carigny, 11; 12.
Chabert, 286.
Challard (Du), 270.
Champigny (De), 412.
Chapizeaux, 344.
Château-Moraud (De), 74; 285; 322.
Château-Renault, 69; 94; 154; 155; 159; 177; 181; 482; 487.
Cléron, 404.
Coëtlogon, 84; 94; 158; 206; 207; 208; 227; 269.
Colbert, 10; 11; 13; 14; 16; 17; 18; 19; 20; 21; 23; 25; 27; 31; 32; 33; 37; 43; 45; 53; 56; 57; 58; 59; 64; 65; 67; 70; 74; 73; 84; 86; 87; 89; 90; 94; 95; 96; 101; 103; 104; 105; 106; 107; 140; 141; 142; 146; 147; 118; 422.
Coulon, 150; 151; 251.
Cruvillier, 9.

D

Delcampe, 393.

E

Estrées (Comte d'), 69; 74; 77; 148; 149; 154; 474; 486.
Estrées (De Cœuvres), 323.

F

Fayette (De la).
Flacourt (De), 357.
Forant, 357.
Frézélière (De la), 244 ; 421.

G

Gabaret, 91 ; 206 ; 207 ; 217 ; 219 ; 237 ; 266.
Genlis (De), 304.
Gennins, 343.
Goussonville,
Gouttes (Des), 269.
Gration (De), 280.
Grignan (De), 389.
Guette (La), 8 ; 12 ; 13 ; 14 ; 15 ; 16 ; 17 ; 18 ; 19 ; 20 ; 21 ; 22 ; 23 ; 25 ; 35.

H

Hamecourt (D'), 7 ; 8 ; 9 ; 10 ; 22 ; 26 ; 62 ; 92 ; 94 ; 107 ; 138 ; 139.
Hamel (Du), 403.
Harteloire (De la), 322.
Héry (De l'), 84 ; 86 ; 112 ; 113 ; 115 ; 120 ; 124 ; 134 ; 269.
Hocquincourt (D'), 9 ; 22 ; 23 ; 24.
Hoste (Le Père), 3 ; 4 ; 86 ; 151 ; 152 ; 153 ; 160 ; 174 ; 181 ; 253.
Hubac, 98 ; 106 ; 288.

I

Infreville (D'), 28 ; 29 ; 32 ; 33 ; 35 ; 43 ; 44 ; 50 ; 51 ; 52 ; 53 ; 54 ; 55 ; 56 ; 57 ; 59 ; 64 ; 208.
Isnardon, 404.

J

Jean Bart, 24 ; 88.
Jonquière (De la), 387.

L

Landouillette, 416 ; 318 ; 404.
Langeron (De), 343.
Lannion (De), 320.
Léger, 265.
Loubes (De), 384.
Luynes (De), 344.

M

Marigny, 23.
Martel (De), 3 ; 55 ; 56 ; 57.
Matharel, 73 ; 104.
Mons (De), 359.
Mortemart (De), 153.

N

Nesmond (De), 212 ; 217 ; 224 ; 328.
Neuchèze (De), 15.

O

Oppede, 264.

P

Pailleterie (De la), 403.
Pallas (De), 307.
Panetier, 344.
Papachin, 144 ; 147 ; 148 ; 155 ; 247 ; 449.
Pèbre, 405.
Pellissary, 266.
Pilles (Du), 388.
Ponchartrain, 189 ; 191 ; 194 ; 199 ; 228 ; 244 ; 347 ;
Porte (De la), 118 ; 142 ; 344.
Preuilly (De), 94 ; 444 ; 146 ; 276 ; 278.

Q

Quesne (Du), 14 ; 45 ; 82 ; 83 ; 85 ; 86 ; 113 ; 114 ; 115 ; 116 ; 117 ; 119 ; 120 ; 121 ; 122 ; 123 ; 124 ; 126 ; 130 ; 131 ; 132 ; 135 ; 143 ; 144 ; 158 ; 246 ; 248 ; 249.

R

Raymondis (De), 366.
Réals-Mornal (De), 349.
Relingues (De), 214 ; 386.
Renau-Petit, 98 ; 115 ; 120 ; 150 ; 176 ; 183 ; 198 ; 237 ; 251.
Resbecq (De), 221 ; 332.
Ressons (De), 386.
Reynie (De la), 37.
Ruyter, 30 ; 75 ; 76 ; 82 ; 83 ; 84 ; 85.

S

Sartous (De), 387.
Seignelay, 95; 101; 122; 129; 130; 131; 133; 139; 140; 144; 151; 165; 175; 183; 184; 185; 186; 187; 188; 189; 268.
Septèmes (De), 334.
Serpault, 271.
Serquigny (De), 304.
Seuil (De), 36; 98; 265.

T

Terras, 406.

Terron (Colbert de), 27; 29; 35; 36; 45; 49; 59; 79; 266.
Tessé (De), 221; 223; 225.
Toucas, 335.
Trubert, 50, 51, 52, 55.

V

Vauvré (De), 107; 118; 131; 133; 239; 330.
Villars, 360.
Villers (De), 270; 279.
Villette (De), 200.
Villette fils (Marmande), 274.
Villette-Monsay (De), 145.
Vivonne, 27; 32; 81; 82; 86; 272.

TABLE DES MATIÈRES

AVERTISSEMENT .... Pages. 1

CHAPITRE PREMIER.
(1642-1663.)

Naissance de Tourville. — Ses débuts comme chevalier de Malte. — Ses premiers combats contre les pirates barbaresques. — Expéditions infructueuses du duc de Beaufort. — Nos bâtiments, trop chargés, marchent moins bien que ceux des Turcs. — Question des victuailles. — Colbert, *amoureux du mesnage*. — Il veut qu'on rapporte au Roi, et non à lui, ce qui se fait de bien. — Ses recommandations à ses agents. — De la Guette, intendant général à Toulon......... 5

CHAPITRE II.
(1664-1667.)

Armements de Tourville avec d'Hocquincourt et Marigny contre les pirates barbaresques. — Ce qu'étaient ces armements faits par des particuliers. — Mort de d'Hocquincourt. — Tourville échappe comme par miracle au sort de ce dernier. — Déplorable composition des équipages à cette époque. — *Desiderata* de Beaufort. — Colbert cherche à remédier à la situation. — Guerre entre l'Angleterre d'un côté et la Hollande et la France de l'autre. — Était-elle *simulée* de la part de la France, comme certains historiens l'ont cru? Preuves du contraire. — Véritables causes de l'insuccès de la campagne de 1666. — Mesures prises par Colbert pour en éviter le retour dans l'avenir. — Lettre du Roi au duc de Beaufort (20 octobre 1666). — Inspection des ports par La Reynie : « *Il faut s'appliquer à bien connaître tous les abus.* » — Mode de payement des équipages. — Première commission de Tourville. — Paix de Bréda (1667). — Lettre du Roi au duc de Beaufort au sujet des armements de 1668 (déc. 1666). — Soins à prendre pour l'instruction du personnel.................................. 22

CHAPITRE III.
(1668-1670.)

Tourville porte à Alger sur le *Courtisan* le commissaire envoyé pour réclamer l'exécution d'un traité avec la Régence. — Premier autographe de Tourville (lettre à Colbert). — Difficultés que rencontrent les armements. — L'argent des communes. — Correspondance de d'Infreville, intendant général de la marine à Toulon. — Retour du *Courtisan*. — L'activité de Tourville signalée au ministre. Il est nommé au commandement du *Croissant*. — Rôle des intendants. Confiance et sévérité de Colbert à leur égard. — Embarras causés par les capitaines : « Il faut les assujettir à ne se mêler que du commandement des armes. » Mémoire de de Terron à ce sujet. — Règlement du 4 juillet 1670. — Tourville avec le *Courtisan* dans l'escadre du duc de Beaufort. — Sa lettre de commandement. — L'amiralat. — Attributions du grand-maître de la navigation. — Les capitaines de vaisseau d'après Laffilard. — Commission de Tourville sur l'*Hercule* (1669). — Tourville choisi pour servir à Toulon (1670). — Quelques lettres de lui. — Les capitaines ne feront plus la levée de leurs équipages (29 avril 1670).. 50

CHAPITRE IV.
(1671-1675.)

Expéditions contre les Salins. — Tourville commande le *Duc*. — Son heureux coup de main sur Sousse. — Lettre de Matharel à son sujet. — Lettre du Roi. — Tourville est nommé au commandement de l'*Excellent*. — Lettre de Colbert sur la composition des états-majors. — Guerre contre l'Angleterre et la Hollande. — Tourville commande le *Sage* dans l'escadre de d'Estrées. — Le *Sage* se distingue au combat du 7 juin 1672 contre Ruyter. — Campagne de 1673. — Tourville commande le *Sans-Pareil* au combat du 8 juin et le premier il rencontre Ruyter. — Il fait preuve d'une grande intrépidité et se montre bon manœuvrier. — Il commande l'*Excellent* (1674), puis la *Syrène* (1675). — Lettres et documents qui le concernent... 69

CHAPITRE V.
(1675-1678.)

Les lettres de Tourville deviennent plus nombreuses. — Prise de trois bâtiments espagnols. — Tourville en brûle quatorze dans Messine, ainsi que trente maisons de la ville. — Il fait partie de l'expédition de Vivonne et de Du Quesne contre la Sicile. — Il a mauvaise opinion de Vivonne et rend hommage à Du Quesne. — Campagne de 1676 (Du Quesne contre Ruyter). — Tourville est le matelot de Du Quesne au combat d'Alicur et commande le *Sceptre*. — Lettre de Colbert, qui le félicite au nom du Roi. — Combat d'Agosta (22 avril 1676). — Éloges donnés à Tourville par Du Quesne. — Combat de Tourville devant Palerme. — Liste des principaux capitaines des corsaires de Dunkerque. — Commission de Tourville comme chef d'escadre (19 juillet 1677). — Tourville est souffrant et obtient un congé................................ 80

CHAPITRE VI.
(1679-1680.)

Premier commandement de Tourville comme chef d'escadre; il monte le *Sans-Pareil*. — Perte de ce vaisseau. — Lettre du 24 octobre 1679. — Mécontentement extrême de Colbert et de Seignelay contre l'administration de Toulon. — L'intendant Arnoul est révoqué. — Véritable cause de la perte du *Sans-Pareil* et du *Conquérant*. — Tourville est invité par Colbert à l'accompagner à Bayonne et à Bordeaux. — Tourville s'adonne avec ardeur à l'étude des constructions navales. — Sa correspondance avec Colbert à ce sujet............   92

CHAPITRE VII.
(1681-1682.)

La faveur de Tourville grandit. — Il est chargé de l'instruction des jeunes officiers. — Son mémoire sur les manœuvres navales une fois terminé, il le mettra en pratique et viendra rejoindre le Ministre à la Rochelle. — Il obtient d'embarquer une escouade de canonniers sur l'*Éveillé*. — Il est chargé d'examiner des projets nouveaux de navires, — de lever le plan d'Ouessant, — de faire des expériences de canons et d'essayer des pompes anglaises. — Il est mandé en poste à Saint-Germain par le Roi. — Instruction royale sur la guerre à faire aux corsaires d'Alger. — Tourville se rend à Alger avec trois vaisseaux et attend Du Quesne. — Lettre du Roy du 9 juillet 1682 pour donner à Tourville le commandement de l'entreprise sur Alger, en l'absence de Du Quesne et de Preuilly. — Bombardement d'Alger. — Au retour de cette expédition, il est chargé par Colbert de l'inspection des bâtiments, de l'essai de l'artillerie, de l'étude de la création d'une école de bombardiers à Toulon............   102

CHAPITRE VIII.
(1683-1684.)

Nouvelle expédition sur Alger. — Tourville chargé de visiter les bâtiments qui doivent y prendre part. — Départ de Toulon. — Tourville monte le *Prudent* et a deux autres vaisseaux sous ses ordres. — Il est en correspondance particulière avec le Ministre. — Il doit prendre le commandement des vaisseaux et des galères, si Du Quesne vient à manquer. — Lettre du Roi (16 juin 1683). — Bombardement d'Alger. — L'avis de Tourville prévaut sur celui de Du Quesne. — Attaque de l'estacade d'Alger. — Bombardement de jour. — Mort de Colbert. — Son fils Seignelay lui succède. — Du Quesne reçoit l'ordre de rentrer en France et de laisser Tourville devant Alger. — Guerre avec l'Espagne. — Il faut en finir avec Alger. — Ordre de lever le plan de Gênes. — Tourville est chargé de commander comme chef d'escadre les vaisseaux devant Gênes. — Il y devance Du Quesne qui a quatre chefs d'escadre sous ses ordres, Tourville compris. — Bombardement de Gênes. — Tourville opère à terre un vigoureux débarquement. — Il vient rejoindre Du Quesne devant Rosas. — Il reçoit du Roi l'ordre de combattre l'escadre de Papachim. — Poursuite des galions d'Espagne. — Paix avec l'Espagne. — Tourville rentre à Toulon............   147

CHAPITRE IX.
(1685-1689.)

Pages.

Armements contre les Tripolitains. — Tourville y prend part et monte l'*Agréable*. — Il est ensuite envoyé à Alger. — Il y obtient satisfaction et revient à Toulon. — Il est félicité par Seignelay. — Armements contre l'Espagne. — Tourville, comme lieutenant général, monte le *Pompeux*. — Préparatifs à Toulon. — Tourville s'occupe de l'instruction des officiers et des constructions navales. — Comparaison des constructions du Ponant et du Levant. — Il prélude ainsi au traité composé sur son ordre par le Père Hoste. — Théorie sur la construction des vaisseaux. — Envoi à Toulon d'un bâtiment construit suivant ses idées. — Armements contre les Algériens. — Tourville, sur l'*Emporté*, commande cinq vaisseaux. — Prise d'une caravelle de 42 canons. — Révolution en Angleterre. Guerre contre l'Angleterre et la Hollande. — Tourville commande cinq vaisseaux dans la Manche. — Il attaque et défait cinq vaisseaux hollandais. — Il combat Papachim, qui est battu et forcé de saluer le pavillon de France. — Question du salut. — Tourville reçoit l'ordre de partir de Toulon avec l'escadre qu'il commande et d'opérer sa jonction avec l'escadre de Brest. — Son habile manœuvre pour entrer dans l'Iroise sans combattre. — Encore une relation technique du Père Hoste. — Tourville commande une armée navale de 70 vaisseaux et 100 brûlots, à la tête de laquelle il se met à la recherche de l'ennemi qui réussit à l'éviter — Seignelay était à bord du *Conquérant*. — La flotte rentre à Brest et y désarme. — Tourville est nommé vice-amiral du Levant.... 448

CHAPITRE X.
(1690-1691.)

Préparatifs pour la campagne de 1690. — Tourville a 47 ans. — Ses services depuis seize ans. — Il est nommé au commandement en chef de la flotte destinée à agir contre l'Angleterre, l'Espagne et la Hollande. — Mariage de Tourville. — La flotte de Brest (148 bâtiments). — Victoire navale de Bévéziers. — Appréciation raisonnée du Père Hoste sur les manœuvres de Tourville. — Poursuite de la flotte ennemie. — Croisière dans la Manche. — Descente à Tingmouth. — Mort de Seignelay, remplacé par Pontchartrain. — Campagne du Ponant. — Son double objet : prendre le convoi de Smyrne; préserver les côtes de France de toute attaque. — Inexpérience du nouveau Ministre de la marine. — Lettres de Tourville. — « Les officiers qui font de si beaux plans à Paris, sont différents de sentiments une fois à la mer. » — Résultats de la campagne du Ponant. — Mémoire justificatif de Tourville.. 465

CHAPITRE XI.
(1692-1701.)

Préparatifs pour une nouvelle expédition sur l'Irlande. — Triste état de l'administration de la marine sous Pontchartrain; il en arrive à proposer de supprimer la marine et de la remplacer en organisant un corps de troupes pour la garde des côtes. — Le Roi consulte à cet égard Bonrepaus. — Réponse de cet intendant. — Armements à Brest. — Instructions du Roi à Tourville (26 mars 1692). — Triumvirat à la Hougue dirigeant les opérations. — Tourville appareille avec

Pages.

39 vaisseaux. — De Villette le rallie avec 5 vaisseaux. — C'est avec ces 44 bâtiments qu'il reçoit l'ordre d'attaquer l'ennemi qui a 88 bâtiments dont 36 à trois ponts. — Il attaque à la Hougue. — Appréciations diverses sur ce combat. — Lettre de Tourville. — Relation existant à la Bibliothèque nationale. — Document emprunté aux archives anglaises. — Le Père Hoste. — D'Hamecourt. — Saint-Simon. — Jal. — Crisenoy. — Héroïque conduite de Tourville. —Dévouement de Coëtlogon. — Comment la nouvelle du combat arriva à Versailles. — Tourville est nommé maréchal de France (27 mars 1693). — Ses lettres de *Provisions*. — Réunion à Brest d'une flotte sous le commandement de Tourville. — Prise du convoi de Smyrne. — La perte des Anglais et des Hollandais est évaluée à 30 millions. — Siège de Palamos. — Dispositions prises par Tourville pour mettre les côtes de la Méditerranée à l'abri des attaques de l'ennemi. — Tourville investi du commandement des côtes de l'Aunis. — Curieuse lettre au sujet de l'évêque de la Rochelle. — Mort de Tourville le 28 mai 1701 à 59 ans. 193

CHAPITRE XII.

Comment Tourville nous apparaît dans sa correspondance.................. 246

Lettres de Tourville.. 263
Table analytique des lettres de Tourville..................................... 426
Appendice.. 427
Index des noms cités... 455

Paris. — Imprimerie L. BAUDOIN et Cⁱᵉ, 2, rue Christine.

DU MÊME AUTEUR

LA
LÉGION D'HONNEUR

HISTOIRE, ORGANISATION, ADMINISTRATION

Paris, 1887. 1 vol. in-8, L. BAUDOIN ET Cᵉ. — Prix : **6 fr.**

Paris. — Imprimerie L. BAUDOIN et Cᵉ, 2, rue Christine.

Contraste insuffisant

NF Z 43-120-14

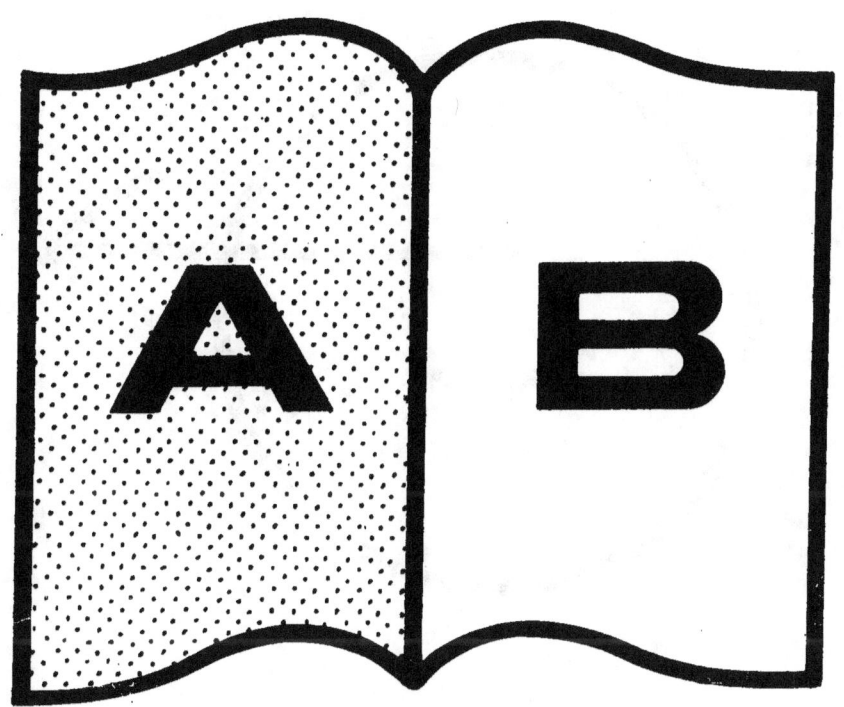

Contraste insuffisant

NF Z 43-120-14

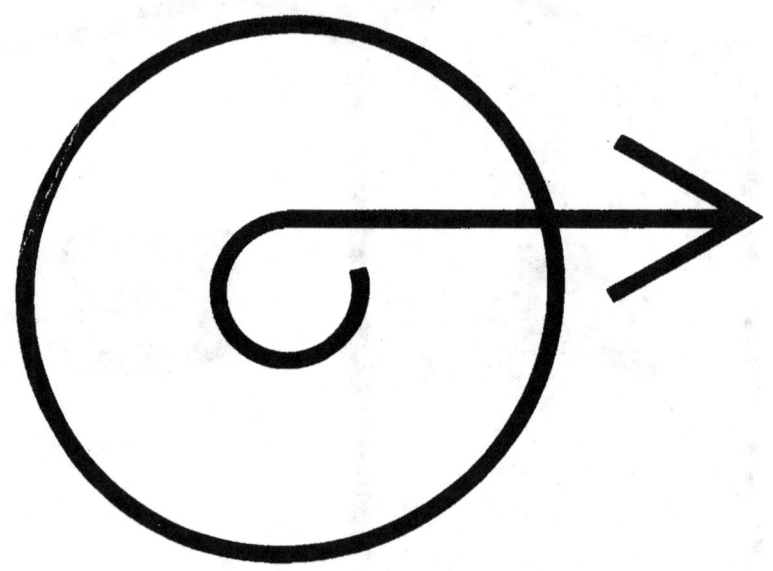

Fin de bobine
NF Z 43-120-3

www.ingramcontent.com/pod-product-compliance
Lightning Source LLC
Chambersburg PA
CBHW070602230426
43670CB00010B/1374